2025

KOREAN NATIONAL POLICE UNIVERSITY

경찰대학
기출문제

국어·영어·수학

3 개년 총정리

2024~2022

2025
경찰
대학
기출문제
3 총·정·리
2024~2022학년도
개년

인쇄일 2023년 10월 1일 6판 1쇄 인쇄 　　**발행처** 시스컴 출판사
발행일 2023년 10월 5일 6판 1쇄 발행 　　**발행인** 송인식
등 　록 제17-269호 　　　　　　　　　　**지은이** 경찰대학입시연구회
판 　권 시스컴2023

ISBN 979-11-6941-201-8 13350
정 　가 21,000원

주소 서울시 금천구 가산디지털1로 225, 514호(가산포휴) ｜ **홈페이지** www.nadoogong.com
E-mail siscombooks@naver.com ｜ **전화** 02)866-9311 ｜ Fax 02)866-9312

발간 이후 발견된 정오사항은 나두공 홈페이지 도서정오표에서 알려드립니다.(나두공 홈페이지 → 자격증 → 도서정오표)

머리말

경찰대학은 국가치안부문에 종사하는 경찰간부가 될 자에게 학술을 연마하게 하고 심신을 단련시키기 위하여 설립된 국립대학입니다. 경찰대학을 졸업하면 초급 간부인 경위로 임관하여 국가 수호의 주도적인 역할을 하게 됩니다. 즉, 경찰대학에는 졸업과 동시에 취업이 보장된다는 이점이 있기 때문에 해마다 응시 인원이 증가하고 있어 경찰대학의 높은 인기를 실감할 수 있습니다.

그렇다면 경찰대학에 입학하려면 무엇이 가장 중요할까요?

당연한 말이지만 바로 1차 필기시험입니다. 왜냐하면 1차 시험에서 6배수 안에 들어야 그 다음 사정에 응시할 수 있는 기회가 주어지기 때문입니다. 1차 시험을 잘 보기 위해서는 무엇보다도 기출문제를 꼼꼼하게 파악하고 풀어보는 것이 중요합니다. 그래야 실제 시험에서 긴장하지 않고 실수를 최소화할 수 있기 때문입니다. 기출문제 풀이는 모든 시험의 필수적인 요소라고 할 수 있습니다.

이에 본서는 경찰대학 입시에 필수적인 과년도 최신 기출문제를 실어 연도별로 기출문제를 풀어볼 수 있도록 구성하였으며, 정답 및 해설에서 알기 쉽고 자세하게 풀이하였습니다.

본서는 여러분의 합격을 응원합니다!

경찰대학 입학 전형

▌모집 정원

50명(남녀통합선발)(일반전형 44명, 특별전형 6명)
※학과는 법학과/행정학과 각 25명 정원이며 2학년 진학 시 결정
※일반/특별전형 미충원 시 다른 전형 정원으로 전환함

▌지원 자격

- 1983. 1. 1부터 2008. 12. 31까지 출생한 대한민국 국적을 가진 자
  ※군복무 기간 1년 미만은 1세, 1년 이상~2년 미만은 2세, 2년 이상은 3세 연장
- 고등학교 졸업자, 2025. 2월 졸업예정자 또는 법령에 따라 이와 같은 수준 이상의 학력이 있다고 인정된 자
  ※인문·자연계열 구분 없이 응시 가능
  ※검정고시 응시자는 2024년 12월 31일 이전에 합격한 사람에 한함

▌결격 사유

- 「경찰공무원법」 제8조 제2항의 결격사유에 해당하는 자
  ※「국적법」 제11조의2 제1항의 복수국적자는 입학 전까지 외국 국적 포기 절차가 완료되어야 함
- 경찰대학 학생모집 시험규칙으로 정한 신체기준(신체 조건과 체력 조건을 말한다)에 미달하는 자
- 위에서 지원 자격으로 제시된 학력, 연령, 국적에 해당하지 않는 자

▌1차 시험 방법

과 목		국 어	영 어	수 학
문 항 수		45문항	45문항	25문항
시험시간		60분	60분	80분
출제형태		객관식(5지 택일 형태) ※수학은 단답형 주관식 5문항 포함		
배점	전체	100점	100점	100점
	문항	2점, 3점	2점, 3점	3점, 4점, 5점
출제범위		독서, 문학	영어Ⅰ, 영어Ⅱ	수학Ⅰ, 수학Ⅱ

전형 절차

구 분		내 용	장 소
인터넷 원서접수 (11일간)		■ 대학 홈페이지에 접속하여 원서접수 (대행업체 홈페이지와 링크)	인터넷
1차 시험	시험	■ 지구(14개) : 서울 · 부산 · 대구 · 인천 · 광주 · 대전 · 경기 · 강원 · 충북 · 전북 · 경남 · 울산 · 제주 · 충남 ※ 지정장소는 원서접수 후 홈페이지 공지 ■ 수험표, 컴퓨터용 사인펜, 수정테이프, 신분증(주민등록증, 학생증, 운전면허증, 여권 등 사진 대조 가능) 휴대	응시지구 지방경찰청 지정장소
	시험문제 이의제기	홈페이지 1차 시험 이의 제기 코너에서 이의 접수	인터넷
	합격자 발표	■ 대학 홈페이지 발표 ■ 원서접수 홈페이지 성적 개별 확인	인터넷
2차 시험	구비서류 제출	미제출자 불합격 처리	인편 또는 등기우편
	자기소개서 제출	제출 기간 내 원서 접수 대행업체 "자기소개서 업로드"에 작성 완료한 자기소개서 제출(파일 업로드)	인터넷
	신체검사서 제출	경찰공무원 채용 신체검사(약물검사 포함) 가능한 국 · 공립 병원 또는 종합병원에서 개별 수검(검사비용 등 수험생 부담) ※ 미제출자 불합격 처리	인편 또는 등기우편
	체력 · 적성검사, 면접시험	세부 일정은 1차 시험 후 홈페이지 공지 ※ 식비는 수험생 부담	경찰대학
최종 합격자 발표		대학 홈페이지 발표	인터넷
합격자 등록		원서접수 홈페이지에서 입학등록 및 입학등록표 출력	인터넷
1차 추가합격자 발표		원서접수 홈페이지 개별 확인	인터넷
1차 추가합격자 등록		원서접수 홈페이지에서 입학등록 및 입학등록표 출력 ※ 이후 등록포기자 발생 시 개별 통지	인터넷
청람교육 입교		본인이 직접 입교 후 합숙 예정 ※ 미입교 및 퇴교자 발생 시 추가합격 개별 통지	경찰대학

신체 및 체력조건

- 신체조건(남 · 여 공통)

구 분	내 용
체격	국 · 공립병원 또는 종합병원에서 실시한 경찰공무원 채용시험 신체검사 및 약물검사의 결과 건강상태가 양호하고, 직무에 적합한 신체를 가져야 함
시력	시력(교정시력 포함)은 좌 · 우 각각 0.8 이상이어야 함
색각	색각 이상(약도 색약은 제외)이 아니어야 함
청력	정상(좌우 각각 40데시벨(db) 이하의 소리를 들을 수 있는 경우를 말함)이어야 함
혈압	고혈압 또는 저혈압이 아니어야 함 • 고혈압 : 수축기 혈압이 145mmHg을 초과하거나 확장기 혈압이 90mmHg 초과 • 저혈압 : 수축기 혈압이 90mmHg 미만이거나 확장기 혈압이 60mmHg 미만
사시(斜視)	복시(複視 : 겹보임)가 없어야 함(다만, 안과 전문의가 직무수행에 지장이 없다고 진단한 경우는 제외)
문신	내용 및 노출여부에 따라 경찰공무원의 명예를 훼손할 수 있다고 판단되는 문신이 없어야 함

- 순환식 체력검사 기준

채용기준	4분 40초 이하

• 합격 기록: 5분 10초 이하

• 불합격 기록: 5분 10초 초과

채용기준	4.2kg 조끼 착용

• 4.2kg 조끼 미착용 후 평가 실시

• 순환식 체력검사 불합격 시 당일에 한해 2회 추가기회 부여

• 경찰대학 입학생들은 졸업(임용) 전 채용기준으로 「순환식 체력검사」를 통과하여야 함

• 채용기준: 4.2kg 조끼를 착용하고 신체저항성 기구 32kg으로 중량 강화하여 4분 40초 이하 수행※체력검사의 평가종목 가운데 1종목이라도 1점을 받은 경우 불합격

▌최종 사정(1,000점 만점) 방법

– 1차 시험 성적(20%) : 환산 성적 200점 만점 → 최종사정 환산 성적=(3과목 합계점수)×200/300
– 체력검사 성적(5%) : 환산 성적 50점 만점 → 최종사정 환산 성적=20점+[(평가 원점수)×3/5]
– 면접시험 성적(10%) : 환산 성적 100점 만점 → 최종사정 환산 성적=50점+[(평가 원점수)÷2]

항 목	점수(100)	비고
적성	40	▪ 평가원점수 100점 만점 기준 60점 미만 불합격 ※적성 면접 평가 40점 만점 기준으로 4할(16점) 미만자는 전체 평가 원점수 60점 이상이어도 불합격 ▪ 생활태도 평가의 감점상한은 최대 10점으로 하고, 감점하는 사유는 면접시험 안내 시 별도로 설명
창의성 · 논리성	30	
집단토론	30	
생활태도	감점제	

– 학교생활기록부 성적(15%) : 교과 성적 135점, 출석 성적 15점 만점(고등학교 1학년 1학기~3학년 1학기)

교과성적 산출방법	▪ 이수단위와 석차등급(9등급)이 기재된 전 과목 반영 ▪ 산출공식 = 135점 − (5 − 환산평균) × 5 – 환산평균 = (환산총점) ÷ (이수단위 합계) – 환산총점 = (과목별 단위 수 × 석차등급 환산점수)의 합계 – 학교생활기록부 석차등급 환산점수

석차등급	1등급	2등급	3등급	4등급	5등급	6등급	7등급	8등급	9등급
점 수	5점	4.5점	4점	3.5점	3점	2.5점	2점	1.5점	1점

※ 예체능 교과(우수, 보통, 미흡 3등급 평가) 제외

출석성적 산출방법	1 · 2학년 및 3학년 1학기까지 결석일수를 5개 등급으로 구분

결석일수	1일 미만	1~2일	3~5일	6~9일	10일 이상
점 수	15점	14점	13점	12점	11점

 – 무단지각, 조퇴, 결과는 합산하여 3회를 결석 1일로 계산
 – 질병 및 기타 인정사항으로 인한 결석, 지각, 조퇴, 결과는 결석일수 계산에서 제외
  ※학교생활기록부 출결사항에서 사고(무단)의 경우만 산정

학생부 비적용 대상자	대학수학능력시험 성적에 따라 유사한 성적군의 학교생활기록부 성적과 비교하여 산출한 비교내신 반영 – 고등학교 졸업학력 검정고시 출신인 사람 – 고등학교에서 조기졸업을 하였거나 상급학교 조기입학 자격을 갖춘 사람 – 외국 소재 고등학교에서 과정의 1개 학기 이상을 이수하여 고등학교 1학년 1학기부터 3학년 1학기까지 1개 학기 이상의 학교생활기록부가 없는 사람 – 그 밖에 위에 나열한 사람에 준하는 사유로 고등학교 1학년 1학기부터 3학년 1학기까지 1개 학기 이상의 학교생활기록이 없는 사람 – 석차등급(9등급제)을 적용받지 않은 사람

– 대학수학능력시험 성적(50%) : 국어 · 수학 · 영어 및 탐구 2과목 필수(계열 구분없이 사회 · 과학탐구 영역 중 2과목 선택), 한국사 필수

영 역	합계	국어 · 수학	영어	탐 구	한국사
점 수	500점	각 140점	등급별 환산점수	80점	수능 환산 점수에서 등급별 감점

※탐구영역에서 제2외국어 · 직업탐구는 제외(사회탐구 · 과학탐구 대체 불가)

※한국사 : 수능 환산점수에서 등급에 따라 감점 적용

등급	1	2	3	4	5	6	7	8	9
반영점수	0	−0.5	−1	불합격					

▌ 구비 서류

1차 시험	▪ 대상 : 응시자 전원 ▪ 홈페이지에서 대행업체 웹사이트 접속하여 응시원서 접수(수수료 : 25,000원) ▪ 인터넷에 게시된 양식에 따라 응시원서 작성 ▪ 컬러사진 3.5cm×4.5cm(온라인 응시원서 작성 시 첨부파일로 첨부)
2차 시험	▪ 대상 : 1차 시험 합격자 ▪ 신원진술서 2부 ▪ 개인정보제공동의서 2부 ▪ 기본증명서(상세) 1부 ▪ 가족관계증명서(상세) 1부 ▪ 고등학교 학교생활기록부 2부 (비적용 대상자는 졸업증서나 검정고시 합격증 사본 등을 제출하되 원본은 면접시험 시 지참) ▪ 고등학교 개인별 출결 현황 1부(해당자만) ※3학년 기간 중 결석, 지각, 조퇴, 결과 기록이 있는 경우 발생한 학기의 증명을 위해 제출

▌ 응시자 유의사항

– 응시자는 경찰대학 홈페이지의 입학안내 게시사항을 확인하고 안내에 따라야 함
– 다음에 해당하는 응시자는 불합격(합격 및 입학 취소) 처리됨
  1. 제출기간 내 구비서류 미제출자
  2. 1차 시험 또는 2차 시험에 결시한 자
  3. 원서 접수 후 지원자격에 부합하지 않은 사실이 확인된 자
  4. 부정행위, 서류의 허위 기재, 위조, 변조, 기타 부정한 방법으로 지원한 자
  5. 신체검사, 체력검사, 면접시험 등 기준 미달자
  6. 국내 또는 외국 소재 고등학교 졸업(예정)자로서 최종 합격한 자 중 2022학년도 학기 개시일 이전 졸업 증명서를 제출하지 않은 자
  7. 사회적 물의 야기 등으로 경찰대학 대학운영위원회에서 합격취소 결정한 자
– 제출한 서류는 반환하지 않음

 모집 요강은 추후 변동될 수 있으므로 반드시 경찰대학 홈페이지에서 확인하시기 바랍니다.

순환식 체력검사

구분	합격		불합격
기록	5분 10초 이하		5분 10초 초과
	채용기준	4분 40초 이하	

※ 4.2kg 조끼 미착용 후 평가 실시 | 채용기준 | 4.2kg 조끼 착용 |

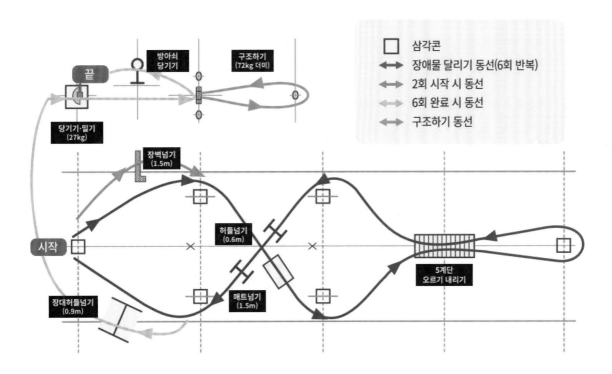

수행방법	① **[파란선]** 매트넘기, 5계단오르내리기, 허들넘기로 구성된 장애물 달리기* 1회
	*장애물 달리기: 매트넘기 1회, 5계단오르내리기 2회(왕복), 허들넘기 2회
	② [주황선] 장애물 달리기 2회 시작 시 1.5m 높이 장벽 넘기
	③ **[파란선]** 장애물 달리기 추가 5회 반복 수행
	④ [노란선] 장대허들(0.9m) 넘기 왕복 3회
	⑤ [노란선] 신체저항성 기구(27kg) 당기기·밀기 각 3회 총 6회

채용기준	32kg

⑥ [초록선] 72kg 더미 끌고 반환점 돌아오기(10.7m)

⑦ [노란선] 38권총 방아쇠 당기기(주손·반대손 각 16, 15회)

※ 순환식 체력검사 불합격 시 당일에 한하여 2회 추가기회 부여

※ 경찰대학 입학생들은 졸업(임용) 전 채용기준으로 「순환식 체력검사」를 통과하여야 함

– 채용기준: 4.2kg 조끼를 착용하고 신체저항성 기구 32kg으로 중량 강화하여 4분 40초 이하 수행

경찰대학 Q&A

Q1 경찰대학의 학과에는 무엇이 있나요?

법학과, 행정학과 총 2개의 학과가 있습니다.

Q2 학과별로 모집하나요?

학과 구분 없이 50명을 모집하며, 2학년 진학 시 학생의 희망에 따라 각 학과별 25명씩 학과를 선택합니다. 특정 학과 지원자가 많을 경우 1학년 성적에 의하여 강제로 나뉠 수 있습니다.

Q3 특성화 고등학교, 검정고시 합격자도 지원할 수 있나요?

특성화 고등학교, 검정고시 합격자 모두 아무 제한 없이 지원할 수 있습니다. 다만, 경찰대학에서 요구하는 대학수학능력시험의 영역을 응시해야 합니다.

Q4 편입학제도가 있나요? 타 대학 수시합격자도 지원할 수 있나요?

2023학년도부터 편입학제도가 실시됩니다.(일반 대학생 25명, 재직경찰관 25명)
※ 경찰대학은 특별법에 의해 설립된 대학으로 복수지원 금지규정에 해당되지 않습니다.

Q5 외국어 특기, 경시대회 입상, 학생회 활동, 봉사활동, 무도 단증 등에 대한 가산점이 있나요?

어떤 종류에 대해서도 가산점을 부여하지 않고 있으며, 아울러 차별이나 감점도 없습니다.

Q6 아버지, 친척 등이 전과자인데, 응시에 제한을 받나요?

연좌제는 법으로 금지되고 있으므로 부모, 형제, 친척의 전과 등으로 인해 본인에게 영향은 없습니다.

Q7 1차 시험은 어디에서 보나요?

1차 시험은 수험생 응시지구의 관할 지방경찰청이 지정하는 장소에서 실시되며 보통 해당 지방경찰청 소재지 내 지정학교에서 시행됩니다. 장소는 원서접수 후 홈페이지에 별도로 공지합니다.

Q8 **1차 시험은 어떤 과목을 보나요?**

1차 시험 과목은 국어, 영어, 수학입니다. 각각 100점 만점 기준 고득점자 순으로 모집정원(50명)의 6배수를 선발합니다. 커트라인 동점자는 모두 합격처리합니다.

Q9 **1차 시험의 시험시간, 출제형태, 난이도 등은 어떻게 되나요?**

1차 시험의 시험시간은 국어 60분(45문항), 수학 80분(25문항), 영어 60분(45문항)이고, 객관식(5지 택일 형)이며 수학 과목만 단답형 주관식 5문항이 포함되어 있습니다. 말하기, 듣기 평가는 제외됩니다. 문제의 난이도는 응시자의 수준을 고려하여 출제하므로 일반적인 시험보다 어렵다고 느끼는 학생들이 있으며, 문제 형식은 가급적 수능시험 형태를 유지하는 것을 기본으로 합니다.

Q10 **수학능력시험은 최종에 어떤 방법으로 반영하나요?**

국어, 수학, 영어 및 탐구 2과목(계열 구분없이 사회·과학탐구 영역 중 2과목) 표준점수를 총 500점 만점으로 반영합니다. 국어, 수학은 각 140점 만점으로 반영하고, 영어는 등급별 환산점수로, 탐구는 80점 만점으로 반영합니다. 최종사정 1,000점 만점 중 500점을 반영하므로 50% 반영하는 것입니다.

Q11 **내신은 어떤 방법으로 산출 하나요?**

내신성적 산출은 학교생활기록부에 기재된 과목별 석차등급(1-9등급)을 반영하여 산출하게 되며 1학년 1학기부터 3학년 1학기까지 5학기를 적용하고 학기별 배점비율은 동일합니다.

Q12 **수능시험만 잘 봐도 합격이 가능한가요?**

최종합격생 선발 시, 대학수학능력시험 성적은 50%가 반영되므로 수능만 잘 본다고 해서 반드시 합격하는 것은 아닙니다.

이 책의 구성과 특징

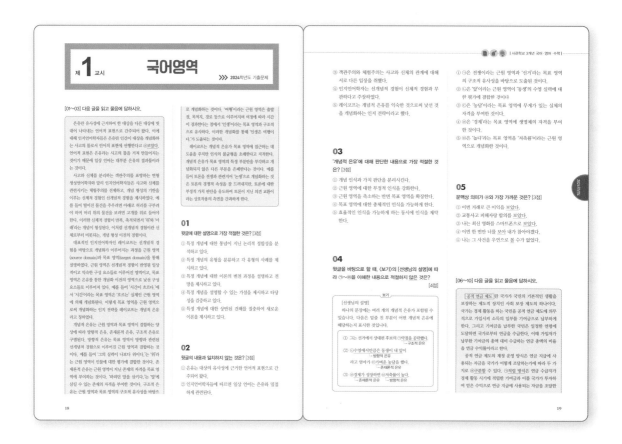

3개년 기출문제

경찰대학 1차 시험 국어, 영어, 수학, 세 과목의 기출문제를 2024학년도부터 2022학년도까지 연도별로 정리하여 수록함으로써 연도별 기출 경향과 출제 방향을 파악할 수 있도록 구성하였습니다.

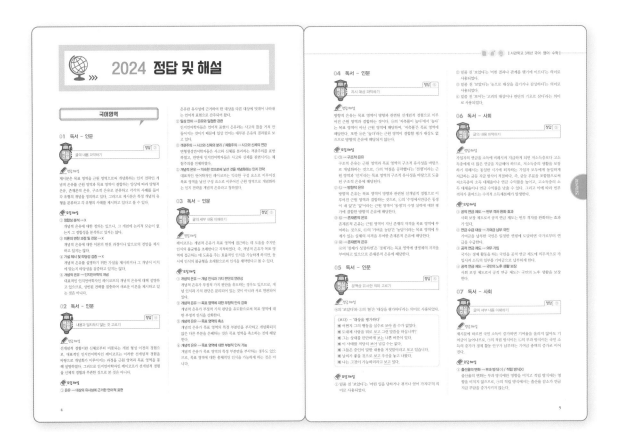

정답 및 해설

- **핵심주제** : 문항마다 핵심 주제를 제시하여 문제의 출제 의도를 보다 쉽게 간파하도록 하였습니다.

- **정답해설** : 각 문항별로 자세하고 알기 쉽게 풀이하여 수험생들이 쉽게 이해할 수 있도록 구성하였습니다.

- **오답해설** : 정답을 아는 것에서 나아가 오답이 오답인 이유를 명백히 이해할 수 있도록 오답에 대한 해설도 함께 수록하였습니다.

- **핵심노트** : 문제와 관련된 내용을 핵심노트로 정리하여 배경지식을 넓힐 수 있도록 구성하였습니다.

목차

[기출문제]

[정답 및 해설]

2024학년도 | 정답해설

2023학년도 | 정답해설

2022학년도 | 정답해설

경찰대학 스터디 플랜

날 짜	연 도	과 목	내 용	학습시간
Day 1~3	2024학년도	• 국어영역 기출문제 • 영어영역 기출문제 • 수학영역 기출문제		
Day 4~6	2023학년도	• 국어영역 기출문제 • 영어영역 기출문제 • 수학영역 기출문제		
Day 7~9	2022학년도	• 국어영역 기출문제 • 영어영역 기출문제 • 수학영역 기출문제		

2025 경찰대학 기출백서

2024학년도
기출문제

[01~05] 다음 글을 읽고 물음에 답하시오.

19세기 초반부터 의학 분야에서는 실험과학의 방법을 엄격히 적용해야만 의학이 진보할 수 있다는 믿음이 확산되고 있었고, 의학을 실험실에 접목하려는 실험실 의학이 체계적으로 시도되기 시작했다. 병실에서의 우연적이고 소극적인 관찰보다는 통제된 실험실 환경에서 살아 있는 동물을 대상으로 실험하는 것이 더 믿을 만한 정보를 줄 수 있을 것이라는 증거들이 확인되고 있었다.

19세기 초반의 실험실에 기반을 둔 의학 모델은 유스투스 리비히에 의해 개발되었다. 그는 기센 대학의 화학 교수로 일하며 생물학적 기능을 선천적인 생기적 활동의 소산으로 다루기보다 신체 내부의 화학적, 물리적 과정의 결과로서 연구하면서 의학 연구에 화학 연구를 결부시키는 전통을 확립하는 데 핵심적인 역할을 담당했다. 이와 비슷하게 클로드 베르나르도 실험실 과학을 프랑스 의학의 일부분으로 승격하는 데 중요한 역할을 했다. 특히 의학 교육과 연구에서 실험과학이 담당하는 역할을 강력하게 옹호했다. 그는 질병이 진행하는 방식을 알기 위해서는 통제된 실험실 환경에서 살아 있는 동물을 가지고 실험하는 것이 필수적이라고 생각했다.

실험실 연구 덕분에 1830년대 이후로 세포가 핵과 그 외의 여러 구조를 가지고 있다는 사실이 확인되었고 과학자들은 이를 빠르게 받아들였다. 하지만 썩은 고기나 고여 있는 물에서 단순한 생물이 생겨나는 것처럼 보인다는 '자연발생설'에 관한 해묵은 논쟁은 별개의 문제였다. 사람들은 아무것도 덮지 않고 식탁에 고기 조각을 방치하면 며칠 안에 구더기가 생긴다는 사실을 알고 있었다. 당시에는 파리가 낳은 알에서 구더기가 부화한다는 것을 알지 못했다. ㉠그렇다면 구더기가 어디에서 왔는지 어떻게 설명할 수 있겠는가? 이 시기 과학자들에게 가장 쉬운 설명은 영양분이 공급되는 환경에서 이 생물들이 일종의 화학적 과정을 통해 만들어졌다는 해석이었다. 이는 ㉡당시의 일반적인 견해에 따른 해석이었으며 이치에 맞는 것 같았다.

1850년대 후반부터 자연발생 여부를 두고 벌어진 '파스퇴르-푸셰 논쟁'은 실험 방법의 중요성이 다시금 확인된 사건이었다. 화학자로서 훈련이 되어 있던 파스퇴르는 다양한 화합물의 화학적 특성을 조사하는 데 능했고, 포도에 효모를 섞어 와인을 만들거나 효모를 넣어 빵을 부풀리거나 하는 발효 과정에 대해서도 잘 알고 있었다. 그 이전까지는 발효를 효모가 반응속도만 높이며 그 스스로는 변하지 않는 촉매 역할을 하는 일종의 화학적 반응으로 이해해 왔으나, 파스퇴르는 발효가 포도나 밀가루 반죽의 당분을 먹고 살아가는 효모 때문에 일어나는 생물학적 과정임을 보여주었다. 그는 상한 고기에서 구더기가 생기는 과정에도 다른 미생물이 관여했을 가능성을 생각했고, 엄밀한 실험 도구로 이를 증명할 수 있을 것이라 보았다.

파스퇴르와 유사한 실험을 했던 푸셰의 실험에서는 미생물이 발견되었다. 하지만 여러 차례의 실험을 통해 파스퇴르는 실험기구가 철저히 소독되어 있고 주변 환경이 오염되어 있지 않다면 어떤 상황에서도 유기물이 발생하지 않는다고 주장했다. 이것은 자연발생이 일어났다는 푸셰의 관찰은 외부 미생물에 의해 실험기구가 오염된 결과라는 것이었다. 물론 고온의 가열에도 죽지 않는 균이 존재함을 알고 있는 오늘날의 관점에서 보면, 미생물을 발견한 푸셰의 실험 결과가 틀렸다고 하기는 어렵다. 하지만 이 사실을 알 수 없었던 당시에 파스퇴르가 취했던 과학적 검증 방식은 합리적인 것이었다. 이 논쟁은 파스퇴르의 승리로 끝났다. 여기에는 '모든 세포는 세포에서 나온다.'라는 병리학자 피르호의 중요한 발언이 당시 지지를 얻고 있었다는 배경도 있었을 것이다. 사람들은 파스퇴르의 이론이 과학적으로 큰 발전을 이룬 것이었기 때문에 파스퇴르를 믿고 싶어 했고, 이는 과학적으로도 매우 중요했다. 1860~70년대에 파스퇴르는 미생물 연구를 진척시키는 동안에 질병세균설을 강력하게 옹호하였고, 이후 여러 백신을 개발하는 데 성공하였다.

실험 도구와 장비들의 개선은 당대 과학은 물론 의학 연구에 큰 발전을 가져왔다. 현미경뿐 아니라 렌즈 아래에 놓고 검사할 표본을 준비하는 도구도 크게 개선되었다. 염료처럼 작용하는 특수 화학물질인 착색제는 그냥 지나칠 수도 있는 세포 구조의 특징적인 부분에 색을 입혀 강조할 수 있었기 때문에 특히 중요했다. 염색된 핵에는 '염색체'라는 이름이 붙은, 어둡게 염색된 여러 가닥이 보였다. 세포분열 중에는 염색체가 부풀어 오르는 모습을 실제로 볼 수 있었다. 이러한 발견이나 과학자들이 확인한 세포의 다른 부분은 20세기가 되어서야 주목받기 시작했다. 하지만 이처럼 실험 도구와 방법들이 개선되는 과정에서 실험실 의학은 정당성을 확보할 수 있었다.

01

윗글의 중심 내용으로 가장 적절한 것은?

① 19세기 자연발생설의 양상
② 19세기 실험실 의학의 정립 과정
③ 1850년대 파스퇴르와 푸셰의 논쟁
④ 19세기 중반 생물학의 성과와 한계
⑤ 1860년 이후 파스퇴르의 미생물 연구

02

윗글의 내용과 일치하지 않는 것은?

① 실험을 통해서 파스퇴르와 푸셰는 생물의 자연발생 여부에 관해 논쟁했다.
② 19세기 초반까지 과학자들은 대체로 생물의 발생을 화학적 과정으로 이해했다.
③ 파스퇴르는 효모가 발효 과정에서 촉매 작용만 하지는 않는다는 것을 실험을 통해 확인했다.
④ 파스퇴르는 푸셰가 실험기구를 철저히 관리하지 않아 부정확한 실험 결과를 얻었다고 생각했다.
⑤ 실험실 의학의 중요성은 과학적 실험 방법이 마련된 20세기에 들어와서 비로소 인정되기 시작했다.

03

㉠의 진술 의도를 가장 잘 나타낸 것은? [3점]

① 답이 명확하다면 굳이 질문할 필요는 없다.
② 알 수 없는 것을 아는 것으로 속일 수는 없다.
③ 답은 알고 있으나 어떻게 말해야 할지 알지 못한다.
④ 최선의 답을 모른다면 차선의 답이라도 구해야 한다.
⑤ 답에 대한 시비가 있다면 확실해질 때까지 기다려야 한다.

04

㉡에 해당하지 않는 것은?

① 고온의 가열에도 죽지 않는 균이 존재한다.
② 발효는 효모에 의해 일어나는 화학적 과정이다.
③ 단순한 생물은 자연발생 과정으로 생겨날 수 있다.
④ 외부적 관찰을 통해 생물의 발생 과정을 확인할 수 있다.
⑤ 방치된 고기 조각에서 생긴 구더기는 화학적 변화의 결과이다.

05

윗글을 바탕으로 〈보기〉를 이해한 내용으로 가장 적절한 것은?

> ┤ 보기 ├
>
> 1879년에 파스퇴르는 우연한 일로 독성이 약해진 닭 콜레라 유발 미생물을 닭에게 주사하여 면역 여부를 확인하게 되었는데, 닭이 콜레라에 걸리지 않았을뿐더러 면역이 생기기도 했음을 확인했다. 이를 바탕으로 그는 양이나 소와 같은 가축에 생기는 탄저병에 관한 백신도 만들었고, 많은 사람들 앞에서 행한 공개실험을 통해 그 효과를 증명하기도 하였다. 즉, 백신을 주사한 양과 주사하지 않은 양에게 탄저균을 주입하여, 백신을 맞지 않은 양들은 거의 죽어가고 백신을 맞은 양들은 한 마리도 죽지 않은 것을 사람들에게 보인 것이다.

① 파스퇴르가 닭콜레라를 치료하는 데 백신을 사용한 까닭은 소독이 병균 억제에 중요했기 때문이겠군.
② 파스퇴르가 백신 개발에 성공한 것은 푸셰와의 논쟁에 사용했던 실험 방법을 그대로 따랐기 때문이겠군.
③ 파스퇴르는 발효나 미생물 발생 실험에서 이미 알고 있었기에 동물의 병을 일으키는 원인을 미생물과 관련지어 생각했겠군.
④ 파스퇴르는 같은 실험에서도 다른 결과가 생길 수 있다는 것을 알고 있었기에 백신의 발견에서도 우연에 의존했겠군.
⑤ 파스퇴르가 백신의 효과를 공개실험을 통해 확인하려 한 것은 실험실 연구로는 확실한 성과를 얻을 수 없었기 때문이겠군.

[06~10] 다음 글을 읽고 물음에 답하시오.

변화 없던 사내의 얼굴에 비로소 어떤 심상찮은 표정이 떠오른 것은 그가 그 2백여 미터 남짓한 교도소 길목을 빠져나와 공원 입구께에까지 닿았을 때였다.

―새들은 하늘과 숲이 그립습니다.

공원 입구의 오른쪽으로 한 작은 가겟집이 비켜 앉아 있고, 그 가겟집 부근의 벚나무 가지들에 크고 작은 새장들이 줄줄이 매달려 있었다. 그리고 그 벚나무 가지들 중의 몇 곳에 그런 비슷한 광고 문구가 씌어진 현수막이 이리저리 내걸려 있었다.

―새들에게 날 자유를 베풉시다.

―자비로운 방생은 당신의 자유로 보답받게 됩니다.

새장의 새를 사서 제 보금자리로 날려 보내게 해 주는 이른바 방생의 집이었다.

사내는 비로소 긴 망각의 골목을 벗어져 나온 듯 거기서 문득 발길을 머물러 섰다. 그리고는 ㉠어떤 깊은 반가움과 안도감에 젖으며 고개를 두어 번 끄덕여 댔다. 사내의 그 마르고 지친 얼굴 위로는 잠시 어떤 희미한 미소 같은 것이 솟아 번지기까지 하였다.

(가) ⎡ 사내는 이윽고 다시 고개를 돌려 그가 걸어 나 온 교도소 길목을 조심스럽게 한번 건너다보고 ⎣ 나서 그 방생의 집 쪽으로 길을 건너갔다.

마침 그때 그 길 건너 가겟집에서는 공원을 찾아온 중년의 사내 한 사람이 흥정을 한 건 끝내 가던 참이었다.

"이제 선생님께선 이 녀석에게 하늘과 숲을 마음껏 날 날개를 주신 겁니다. 그건 바로 이 녀석의 자유지요. 그리고 선생님께서 이 녀석의 자유를 사신 것은 바로 선생님 자신의 자유를 사신 것입니다……"

[중략 부분 줄거리] '방생의 집' 주인이 방생에 쓰일 새들의 날개에 상처를 입혀 새들이 멀리 날지 못하게 하여, 방생된 새들을 다시 수거하고서 장사에 재사용한다는 사실이 '사내'에 의해 밝혀진다. '사내'는 상처 입은 새를 구하여 고향을 향하는 길에 나선다.

"그래 어쨌거나 우리가 녀석을 떠나온 건 백 번 천 번 잘한 일이었을 게다. 게다가 이제부터 도시엔 겨울 추위가 몰아닥치게 되거든. 너 같은 건 절대로 그 도시의 추위를 견디지 못한다. 작자도 아마 그걸 알았을 게다. 글쎄, 네놈도 그 작자가 암말 못하고 멍청하게 날 바라보고만 있는 꼴을 봐 뒀겠지. 내가 네놈을 데리고 떠나려 할 때…… 아, 그야 나도 물론 작자한테 그만한 값을 치르긴 했지만 말이다."

맞은편 산굽이께로부터 도시를 향해 길을 거꾸로 들어가고 있는 사람들의 한 패가 사내의 곁을 시끌적하게 떠들고 지나갔다.

㉡사내는 잠시 말을 끊고 그 도시로 들어가는 사람들의 일행을 스쳐 보냈다. 그리고 그들의 말소리가 등 뒤로 멀리 사라져 간 다음 다시 말하기 시작했다.

"마지막 반 해분만이라도 내 그 노역의 품삯을 한사코 주머니 속에 깊이 아껴 뒀던 게 천만다행이었지. 널 데려올 수 있었던 건 순전히 그 돈 덕분인 줄이나 알아라. 하기야 그건 내가 정말로 집엘 닿는 날까지 기어코 안 쓰고 지니려던 거였지만…… 하지만 난 후회 않는다. 암 후회하지 않구말구. 그까짓 돈이야 몇 푼이나 된다구…… 이런 몰골을 하고 빈손으로 고향 길을 찾기는 좀 뭣할지 모르지만, 그런다구 어디 사람까지 변했나…… 아니, 아니 내 아들 녀석도 물론 그런 놈은 아니구."

㉢사내는 제풀에 고개를 한번 세차게 흔들었다.

가슴속 녀석이 응답을 해 오듯 발가락을 몇 차례 꼼지락거렸다. 그 바람에 잠시 발길을 멈추고 [녀석]의 발짓을 느끼고 있던 사내의 얼굴에 만족스런 웃음기가 번지고 있었다.

"그래, 어쨌든 잘했지. 떠나온 건 잘했어."

사내는 다시 발길을 떼 옮기며 말하기 시작했다.

"녀석도 아마 잘했다고 할 거야. 글쎄, 이렇게 내가 제 발로 녀석을 찾아 나섰기가 망정이지 하마터면 우리도 거기서 겨울을 지낼 뻔했질 않았나 말이다."

그리고 ㉣사내는 뭔가 더욱 은밀하고 소중스런 자신만의 비밀을 즐기듯 몽롱스런 눈길로 중얼거림을 이어갔다.

"너도 곧 알게 될 게다. 우리가 함께 남쪽으로 길을 나서길 얼마나 잘했는가를 말이다. 남쪽은 북쪽하곤 훨씬 다르다. 겨울에도 대숲이 푸른 곳이니까. 넌 아마 대숲이 있는 곳이면 겨울도 그만일 테지. 내 너를 그런 대숲이 있는 곳으로 데려다 줄 테다. 녀석의 집 뒤꼍에도 그런 대숲은 얼마든지 많을 테니까. 암 대숲이야 많구말구…… 넌 그럼 그 대숲으로 가거라. 그리고 거기서 겨울을 나려무나……."

사내의 얼굴은 이제 황홀한 꿈속을 헤매고 있는 사람의 그것처럼 밝고 행복하게 빛나고 있었다.

그는 계속 걸으면서 중얼댔다.

"넌 아마 그래야 할 게다. 가엾게도 작은 것이 날개를 너무 상했으니까. 이 겨울은 그 대숲에서 날개가 다시 길어 나기를 기다려야 할 게야. 내년에 다시 날이 풀리면 네 하늘을 맘껏 날 수가 있을 때까진 말이다. 그야 너만 좋다면 녀석의 집에서 이 겨울을 너와 함께 지내줄 수도 있지만, 그건 아무래도 네 맘은 아닐 테니까……"

석양의 햇발이 점점 더 풀기를 잃어 갔다.

ⓜ구불구불 남쪽으로 뻗어 나가고 있는 하얀 신작로 길도 먼 곳에서부터 차츰 윤곽이 아득히 흐려져 가고 있었다.

하지만 사내에겐 아직도 한줄기 햇볕이 등줄기에 그토록 따스할 수가 없었다. 그리고 그 한줄기 햇살이 꺼지지 않는 한 그의 눈앞에서 남쪽으로 뻗어 나가고 있는 좁은 신작로 길이 그토록 따뜻하고 맑게 빛나고 있을 수가 없었다. 그건 차라리 사내의 가슴속을 끝없이 비춰 주는 영혼의 빛줄기와도 같았다.

— 이청준, 「잔인한 도시」

06

윗글의 서술상 특징으로 가장 적절한 것은?

① 이야기의 전모를 알고 있는 전지적 서술을 통해 인물의 행위와 심리가 밀도 있게 드러나고 있다.

② 동시에 벌어진 일들을 교차시켜 편집한 장면의 제시를 통해 이야기의 구성이 다각화되고 있다.

③ 이념에 대한 대조적 입장의 병치를 통해 인물들의 생각이 대립적 국면으로 극화되고 있다.

④ 인물로 등장한 서술자의 개입을 통해 주인공이 직면한 문제 상황이 해소되고 있다.

⑤ 인물의 행위에 대한 객관적 서술을 통해 갈등 양상에 대한 판단이 유보되고 있다.

07

(가)의 서사적 기능에 대한 설명으로 가장 적절한 것은?

① 변화된 시간적 배경이 제시되어 사건의 개연성이 부각된다.

② 인물이 처한 상황의 변화가 대비되어 사건의 계기가 형성된다.

③ 일상에 변화를 주는 행위가 묘사되어 사건의 반전이 이루어진다.

④ 인물의 감정이 변화된 정황이 드러나서 사건의 위기감이 고조된다.

⑤ 공간적 배경의 변화된 분위기가 조성되어 사건 해결의 실마리가 생긴다.

08

녀석 에 대한 이해로 적절하지 않은 것은?

① '사내'의 연민을 부르는 대상이다.

② '사내'에게서 특별한 의미를 부여받은 대상이다.

③ '사내'가 몸의 감각을 통해 느낄 수 있는 대상이다.

④ '사내'로 하여금 마음의 위로를 얻게 하는 대상이다.

⑤ '사내'가 재회의 기대를 이루어 반가워하는 대상이다.

09

문맥을 고려할 때, ㉠~㉣에 대한 이해로 적절하지 않은 것은?

① ㉠: 자신이 바라는 어떤 것을 마주쳤음을 짐작하게 하는 행위가 나타난다.

② ㉡: 지향하는 가치관이 상반된 이들의 간섭으로 자신의 여정이 방해받고 있는 장면이 연출된다.

③ ㉢: 자신의 선택에 대해 잠시 들었던 의구심을 떨쳐 내려는 모습이 나타난다.

④ ㉣: 자신만의 생각에 몰입해 가는 정황이 드러난다.

⑤ ㉤: 시간의 변화로 대상의 속성이 약화되는 상황에 대한 의미가 부여되는 문맥이 형성된다.

10

<보기>를 바탕으로 하여 윗글을 감상한 내용으로 적절하지 않은 것은? [3점]

> 보기
>
> 「잔인한 도시」는 도시가 주요 인물처럼 설정된 소설이다. 수감 생활의 억압된 처지를 벗어난 자유로운 새 삶에 대한 염원을 새의 방생을 통해 기원하는 선한 의지가, 방생을 부당한 돈벌이 수단으로 악용하는 '잔인한 인간'에게 배신당하였음을 깨달은 '사내'는 도시를 떠나 고향을 향하는 길에 나선다. 이 길은 '잔인한 도시'에 대적하여 투쟁하는 수행에 수렴되는 것이라 해도 좋다. 다만 그 싸움의 승패를 섣불리 확신하기 어려운 것은, 대적의 상대가 현대 사회의 강력한 구조적 문제의 거점인 '도시'인 까닭이다.

① '교도소 길목'에서 '방생의 집'으로 향하는 '사내'의 심정은 자유로운 삶에 대한 염원을 기원하려는 선한 의지에 맞닿아 있겠군.

② '너 같은 건' '도시의 추위를 견디지 못한다'고 '새'에게 이르는 것을 보면, '방생의 집'으로 대변된 도시의 잔인한 이면에 대한 방증을 상처 입은 '새'의 처지를 보고 짐작할 수 있겠군.

③ '사내'가 자기 판단이 '잘한 일'이라고 말하는 장면에서 도시에 대적한 투쟁의 성공에 대한 확신과 의구심의 혼재가 '새'의 상태에서 비롯한 것임을 확인할 수 있겠군.

④ '겨울에도 대숲이 푸른 곳'은 '새'에게 상처를 준 '잔인한 도시'와는 달리 '새'의 상처를 치유할 수 있는 환경이라고 할 수 있겠군.

⑤ '사내'의 남행 길을 비추는 '한 줄기 햇볕'이 '영혼의 빛줄기'와 같다고 한 것을 보면, 도시를 떠나 고향을 향해 나선 '사내'의 새로운 삶에 대한 염원을 엿볼 수 있겠군.

[11~15] 다음 글을 읽고 물음에 답하시오.

(가)
어느 집에나 ㉠문이 있다
우리 집의 문 또한 그렇지만
어느 집의 문이나
문이 크다고 해서 반드시
잘 열리고 닫힌다는 보장이 없듯

문은 열려 있다고 해서
언제나 열려 있지 않고
닫혀 있다고 해서
언제나 닫혀 있지 않다
어느 집에나 문이 있다
어느 집의 문이나 그러나
문이라고 해서 모두 닫히고 열리리라는
확증이 없듯

문이라고 해서 반드시
열리기도 하고 또 닫히기도 하지 않고
또 두드린다고 해서 열리지 않는다

어느 집에나 문이 있다
어느 집이나 문은
담이나 벽을 뚫고 들어가
담이나 벽과는 다른 모양으로
자리 잡는다

담이나 벽을 뚫고 들어가
담이나 벽과 다른 모양으로
자리 잡기는 잡았지만
담이나 벽이 되지 말라는 법이나
담이나 벽보다 더 든든한
문이 되지 말라는 법은 없다

– 오규원, 「문」

(나)
㉡유리에 차고 슬픈 것이 어른거린다.
열없이 붙어 서서 입김을 흐리우니
길들은 양 언 날개를 파닥거린다.
지우고 보고 지우고 보아도
새까만 밤이 밀려 나가고 밀려와 부딪히고,
물 먹은 별이, 반짝, 보석처럼 박힌다.
밤에 홀로 유리를 닦는 것은
외로운 황홀한 심사이어니,
고운 폐혈관이 찢어진 채로
아아 너는 산새처럼 날아갔구나!

– 정지용, 「유리창 1」

11

(가), (나)에 대한 설명으로 가장 적절한 것은?

① (가)와 달리 (나)는 화자의 행동과 관련한 감각적 경험 내용이 직접 표현되고 있다.

② (가)는 (나)와 달리 현실과 환상을 함께 경험하는 화자가 모순된 감정을 느끼고 있다.

③ (가), (나) 어디에도 시적 대상에 대한 화자의 태도가 드러나지 않는다.

④ (가), (나)는 각기 상징적 표상을 사용하여 대상에 대한 통념을 비판한다.

⑤ (가), (나) 모두 작품 전반에 걸쳐 구조적인 반복과 병치를 사용함으로써 리듬을 형성한다.

12

(가)에 대한 감상으로 적절하지 <u>않은</u> 것은? [3점]

① 대상이 '우리 집'에서 '어느 집'으로 확대되어 가면서 시인의 인식도 확장되고 있군.

② 하루하루 살아가는 과정에서 깨닫게 된 삶의 무상함이 상징적 시어들을 통해 표현되고 있어.

③ 각각의 개인이 각각의 '집'이라 생각한다면 '문'이나 '담', '벽' 등은 사람들 사이의 다양한 소통 관계를 뜻한다고 할 수 있겠군.

④ 일상에서는 쉽게 놓칠 수 있는 대상의 여러 특징들을 성찰을 통해 발견하면서 대상의 의미에 대한 새로운 접근을 시도하고 있군.

⑤ 대상과 관련한 다양한 상황들을 제시하면서 그것의 의미들을 단정적으로 말하지 않는 것은 독자들이 직접 생각해 보게 하려는 까닭인 것 같아.

13

(가)의 주제와 가장 유사한 발상을 보여 주는 진술은?

① 우리 모두는 저마다 웃는 표정이 다르다.

② 어린아이의 웃음은 어른의 웃음보다 밝고 깨끗하다.

③ 어제는 모두가 웃고 있었지만, 오늘은 아무도 웃지 않는다.

④ 내가 보이는 웃음은 내 마음이 기쁘다는 것을 나타내는 표현이다.

⑤ 웃음이 선의를 나타낸다고 하지만, 그것은 어색함일 수도, 위선일 수도 있다.

14

(나)에 대한 이해로 적절하지 <u>않은</u> 것은?

① '차고 슬픈 것'에는 화자의 내면 심리가 투영되어 있다.

② '길들은 양 언 날개'는 시적 대상이 화자를 불러내었음을 보여준다.

③ 쉼표 전후에 배치한 '반짝'은 슬픔의 승화를 함축한다.

④ '고운 폐혈관이 찢어진 채'는 작품의 창작 배경을 암시한다.

⑤ '날아갔구나!'는 화자가 새삼 현실을 자각하게 되었음을 드러낸다.

15

㉠, ㉡에 대한 설명으로 가장 적절한 것은?

① 각 시의 화자는 ㉠, ㉡을 통해 외부와 소통하고 있다.

② 각 시의 화자는 ㉠, ㉡에 대해 탐구적인 태도를 취한다.

③ 각 시의 화자는 ㉠, ㉡의 실체가 확인되자 절망하고 만다.

④ 각 시의 화자는 ㉠, ㉡을 가변적 속성을 지닌 것으로 인식한다.

⑤ 각 시의 화자에게 ㉠, ㉡과의 관계 형성은 중요한 과제이다.

[16~20] 다음 글을 읽고 물음에 답하시오.

(가)

인간이 공간에 존재한다는 것은 어느 사물이 그릇 속에 존재하는 것과는 의미가 다르다. 인간은 사물들 중의 하나가 아니라 주변 세계와 관계를 맺는 주체이며 그런 의미에서 인간은 ㉠지향성이라는 특징으로 설명되어야 한다. 사람들은 그저 세상에 던져져 주어진 자리에 머무른 채 살지는 않는다. 어떤 필요에 따라 사물들을 이용하거나 대상에 대해 어떤 감각이나 느낌을 가지고 상호 작용하며 이리저리 생각하면서 어떤 일을 해 나가는데, 이러한 과정에서 필요한 수행의 영역이 인간 삶의 공간에 상응한다. 이 공간은 수행의 진전 여하에 따라 확장되거나 축소될 수 있고 다른 양태로 변경될 수도 있다.

공간은 인간 존재의 지향에 따라 의미를 얻는다. 인간은 공간 속 '어딘가에', 즉 특정한 위치에 존재한다. 인간이 어느 곳에 처해 있는 방식은, 그가 우연히 '어딘가에' 버려졌다고 느끼는지 아니면 바로 그 곳이 자신에게 속해 있고 자신과 한 몸처럼 묶여 있다고 느끼는지에 따라 각기 다를 수 있다. 인간은 공간에 버려진 듯이 느낄 수도 있고 공간에서 안도감을 느낄 수도 있다. 또 공간과 일체감을 느끼기도 하고 공간을 낯설게 여기기도 한다. 이것이 인간이 처한 공간에서 공간과 맺는 관계의 변화 양상이다.

하이데거는 인간 실존이 세계에 던져져 있는 상태에 대해 얘기한다. 던져진 상태는 인간이 그의 의지와 무관하게, 혹은 그의 의지에 반하여 낯선 세계 안에 들어 있음을 말한다. 이처럼 생각지도 않은 자리에 있는 인간은 무의미한 존재이기 때문에 그 상태에서 벗어나 삶의 영역에 상응하는 세계의 지평을 넓히려고 도모하는데, 이를 '존재의 기획'이라 한다. 이러한 기획을 성공적으로 수행하지 못할 경우, 인간은 던져진 상태에서 벗어나지 못하는 것이다. 이는 실제로 고향을 잃어버리고 뿌리가 뽑혀 나간 우리 시대의 인간이 공간과 맺고 있는 관계를 정확하게 본 모습이다. 이 모습은 인간과 공간의 관계에서 무엇인가 중요한 것이 결여된 경우에 나타나는 현대인의 특징이다.

(나)

사람들이 장소를 경험할 때는 보통 긴밀한 애착, 즉 친밀감이 생긴다. 친밀감은 특정 장소에서 '여기'를 알게 되는 과정의 일부이다. 우리가 장소에 내린 뿌리는 바로 이 애착으로 구성된 것이며, 이 애착이 포괄하고 있는 친밀감은 단지 장소에 대해 세부적인 것까지 알고 있는 것만이 아니라 그 장소에 대한 깊은 배려와 관심이다. 장소에 애착을 갖게 되고 그 장소와 깊은 유대를 가진다는 것은 인간의 중요한 욕구이다.

ⓒ한 장소에 뿌리를 내린다는 것은 세상을 내다보는 안전지대를 가지는 것이며, 사물의 질서 속에서 자신의 입장을 확고하게 파악하는 것이며, 특정한 어딘가에 의미 있는 심리적 애착을 가지는 것이다. 우리가 애착을 가지는 장소들은 그 속에 우리의 복잡다단한 경험이 있으며 복잡한 애정과 반응을 불러일으키는 환경이다. 그러나 장소를 소중히 여긴다는 것은 과거의 어떤 경험과 미래에 대한 기대 때문에 가지는 관심 이상이다. 실제로 어떤 장소에 대한 전적인 관심, 사람이 할 수 있는 어느 것 못지않은 심오한 관심이 거기에 있다. 소중히 한다는 것은 인간이 세계와 맺는 관계의 기초이기 때문이다.

그런 헌신과 책임에는 하이데거가 '아낌'이라고 부른 것이 포함된다. 즉, 아낌이란 사물, 여기서는 장소를, 그것이 존재하는 방식 그대로 두는 것이다. 예컨대 장소를 무리하게 인간의 의지에 복종시키려 하지 않으면서 건물을 세우거나 농사를 지음으로써 장소를 돌보는 것이 온당한 자세이다.

16

(가)의 내용에 부합하는 것은?

① 공간의 의미를 규정하는 유일한 기준은 인간과 공간의 일체감이다.

② 던져진 자리에 머무르는 행위는 사람들이 존재의 기획을 위한 주요 전략이다.

③ 어떤 곳에 묶여 있다고 느끼는 감각은 인간과 공간의 관계에 대한 올바른 이해를 방해한다.

④ 공간을 고정된 사물로 보는 것은 인간과 공간의 관계에 대한 논의의 전제로 적절하지 않다.

⑤ 인간이 특정한 공간에 부여한 의미에는 상황이나 조건의 변화에도 유지되는 불변의 자질이 있다.

17

(나)의 논지 전개 방식에 대한 설명으로 가장 적절한 것은?

① 기존 논의의 한계를 지적하며 새로운 논점을 제시하고 있다.

② 다른 학자의 견해를 제시하여 여러 해석의 가능성을 보이고 있다.

③ 용어의 개념적 이해를 바탕으로 논의의 논리적 맥락을 형성하고 있다.

④ 개념이 잘못 적용된 사례를 들고 이를 바로잡는 과정을 제시하여 설득력을 높이고 있다.

⑤ 난해한 표현을 대체할 일상적 표현을 제안한 뒤 둘의 공통점과 차이점을 해설하고 있다.

18

㉠에 주목하여 추론한 생각으로 가장 적절한 것은? [3점]

① 인간이 사물과 관계를 맺는 방식은 ㉠을 배제할 때 가능해진다.

② 인간이 고정불변의 사물로 규정된다는 것은 ㉠을 전제로 할 때 타당하다.

③ 인간이 필요에 따라 사물을 이용할 때 이미 ㉠의 방향은 결정된 상태이다.

④ 인간이 사물과 구별되는 속성은 ⓐ과 무관하게 선험적으로 부여받은 것이다.

⑤ 인간의 존재 방식과 사물의 존재 방식의 다른 점은 공간과 연관될 때 ⓐ의 자질이 나타나는지 여부이다.

19

ⓑ에 대한 이해로 적절하지 않은 것은?

① 인간이 세계에서 입지를 확고하게 할 수 있는 행위이다.

② 인간이 장소에 대해 친밀감을 가지려는 적극적인 행위이다.

③ 인간이 복잡다단한 삶을 이어갈 환경을 마련하는 행위이다.

④ 인간이 세계를 경험할 때 자신을 보호해 줄 영역을 확보하는 행위이다.

⑤ 인간이 과거 경험을 통해 미래의 장소에 대해 세부적인 것까지 알게 되는 행위이다.

20

윗글을 바탕으로 〈보기〉를 이해한 내용으로 적절하지 않은 것은?

─── 보기 ───

집은 건축물로서의 의미를 넘어, 생활 공동체의 근거지라는 가치를 함의한다. 가족들에게 집이란 거주의 공간이면서, 가족 구성원들에게 안정성을 보장하는 영역이다. 안정성이란 스스로의 의지에 따라 지속적으로 정착할 수 있는 가능성에서 비롯된다. 정착이 특정한 공간을 점유하는 것을 의미한다는 점을 고려할 때, 정착을 통해 집은 물리적 공간에서 개인적·심리적 가치를 지닌 곳으로 바뀔 수 있다.

외부 세계의 위협으로부터 보호와 안락을 제공하는 안식처로서의 집은, 가족들에게 자신들만의 고유한 가치를 부여한다. 일상생활을 함께 영위하면서 구성원들은 각자의 방식으로 외부 세계를 고찰하고 해석한다. 이 과정에서 발생하는 구성원들 간의 동질감은 생활 공동체를 유지하는 원동력으로 작용한다. 이때 집은 구성원들의 유대 관계를 형성하는 심리적 터전의 의미를 지닌다. 따라서 가족들이 집에 함께 머무는 것은 결속을 강화하여 외부 세계의 위협에 맞설 수 있는 계기가 된다.

① 집을 단순한 건축물이 아니라 공동체적 의미를 지닌 것이라 한 얘기는, 인간과 공간의 관계에 관한 생각을 드러내는군.

② 특정한 공간을 점유하는 인간과 공간의 관계는 공간을 돌보는 동시에 인간 자신의 의지에 복종시키는 현대인의 이중성을 드러내는군.

③ 정착을 통해 집의 가치가 물리적 차원에서 다른 차원으로 변환될 수 있다는 것은, 공간이 일정한 양태로 환원되지 않는다는 점을 방증하는군.

④ 집이 구성원들을 어우러지게 하는 심리적 터전이라고 보는 것은 인간이 특정한 장소에 심리적 애착을 가지는 성향이 있다는 견해와 부합하는 면이 있군.

⑤ 가족들이 집에 함께 머무는 것이 결속을 강화하여 외부 세계의 위협에 맞설 수 있는 계기가 된다고 하니, 어딘가에 거주하는 것이 안전지대를 얻고 자기 입장을 확고하게 파악하는 계기가 된다는 점을 이해할 수 있군.

[21~25] 다음 글을 읽고 물음에 답하시오.

서로 영향을 주고받는 상황에서 상대방의 행동을 고려하여 자신의 행동을 결정하는 것을 전략적 행동이라 한다. 게임이론은 이러한 '전략적 행동'을 연구하는데, 경제학에서 상호작용이 중요하게 작용하는 과점기업들의 경쟁을 설명하는 이론으로 활용된다. 현실에서 접하는 여러 경제 문제가 이 게임과 비슷한 구조를 지니고 있기 때문이다. 완전경쟁시장이나 독점시장의 분석에는 게임이론을 적용할 필요가 없다. 완전경쟁시장에서 각 기업의 규모는 시장 전체에 비해 매우 작아서 기업끼리의 상호작용은 중요하지 않으며, 독점시장에서는 기업이 하나뿐이어서 상호작용이라는 것이 가능하지 않기 때문이다. ⓒ

게임이론에서 자주 인용되는 죄수의 딜레마 게임을 살펴보자. 명백하게 징역 1년 형 정도의 범죄를 저지른 두 사람이 체포되었다. 이에 더해 이들은 이보다 더 중대한 범죄를 저질렀을 것이라는 혐의를 받고 있었다. 그 혐의를 입증하는 방법의 하나로 두 사람의 자백을 받아 내기 위해 각각 격리된 채 조사를 받게 되었다. 중대 범죄를 시인하고 다른 사람을 주범이라 증언하면 수사

에 협조한 대가로 석방되고 그 주범만 징역 20년 형을 받을 것이지만, 둘 다 시인하면 공범으로 8년 형씩 받을 것이라는 제안에 둘은 어떤 전략적 행동을 할까? 두 사람은 각각 자백과 침묵 중 하나를 선택할 수 있으므로 경우의 수는 네 가지로 한정된다. 이들이 받을 형량은 자신의 선택뿐만 아니라 상대방의 선택에도 달려 있다. 둘 다 자백하지 않는 것이 더 좋은 결과를 낳지만, 상대방이 자백할 것을 두려워하여 둘 다 자백하게 된다. ⓛ

게임이론의 핵심 개념은 '최적 대응'과 '내쉬균형'이다. 최적 대응은 상대방의 전략에 대응하여 자신에게 더 유리한 결과를 가져올 전략을 말한다. 상대방이 선택한 전략이 무엇이든 상관없이 자신의 입장에서 볼 때 최적의 전략이라면 이를 '우월전략'이라 하고, 둘 다 우월전략을 선택해서 다른 상태로 바뀔 유인이 없는 상황을 '우월전략균형'이라 한다. 죄수의 딜레마 게임에서 자백은 두 사람 모두에게 우월전략이며, 이 전략을 사용한 결과로 나타난 균형, 즉 둘 다 자백한 상태가 우월전략균형 에 해당한다. 그러나 죄수의 딜레마 게임처럼 우월전략균형이 존재하는 조건이 현실에서 완전히 충족되기는 무척 어려우며, 어느 한쪽만 우월전략을 갖는 경우도 그리 흔하지 않다. 게임에서 나타날 수 있는 여러 균형 중에는 우월전략균형 외에도 '내쉬균형'과 같은 다른 종류의 균형이 나타날 수 있다. 상대방의 모든 전략에 대해 최적 대응의 성격을 지니는 우월전략과 달리 내쉬균형 의 전략은 주어진 상대방의 전략에 대해서만 최적 대응이라는 성격을 갖는다. 이는 존 내쉬(John Nash)가 제안한 균형 개념의 핵심으로, 균형이 아닌 상태에서는 적어도 한쪽이 자신의 전략을 바꿀 유인을 가지며, 따라서 그 상태가 유지되지 않기에 균형이 아니다. ⓒ

죄수의 딜레마 게임에서 보듯이 과점기업들이 협조 관계를 유지한다면 더 많은 이윤을 얻을 수도 있지만 실제로 그렇게 하기는 어렵다. 정부가 과점기업들의 명시적 담합을 금지하고 있을 뿐만 아니라 기업들이 협조 관계를 유지하는 것이 말처럼 쉽지는 않기 때문이다. 그런데 현실에서는 협조 관계를 유지하는 경우도 발생한다. 만약 죄수의 딜레마 게임이 여러 번 반복된다면 상대방이 어떤 전략을 쓰는지 파악한 다음 자신의 전략을 수정할 수 있다. 예컨대 상대방도 범행을 부인하리라 믿고서 침묵으로 버텼는데 막상 상대방은 자백하는 전략을 선택했다고 하자. 반복되는 다음 게임에서는 자신도 자백하는 전략을 선택함으로써 상대방에게 보복을 가할 수 있다. 마찬가지로 기업 간의 협정을 위반해 일시적으로 이득을 얻을 수 있다고 해도 곧 다른 기업의

보복으로 인해 더 큰 손해를 입을 수 있다. ㉣

그렇다면 과점기업들이 현실적으로 협조 관계를 유지하기 힘들다는 것이 사회적 관점에서는 어떤 의미가 있을까? 공유자원을 사용하는 경우나 불필요한 군비 경쟁 등의 경우에는 협조 관계를 유지하는 것이 사회적으로 이득이 될 수 있다. 그러나 일반적으로는 과점기업들이 협조 관계를 유지하지 못하여 담합에 실패하는 것이 사회적으로 바람직할 수 있다. ㉤

21

윗글을 통해 답할 수 있는 질문으로 적절하지 <u>않은</u> 것은?

① 게임이론에서 핵심을 이루는 것은 무엇일까?
② 게임이론의 연구 대상인 전략적 행동은 무엇일까?
③ 게임이론에서 다루는 게임에는 어떤 것이 있을까?
④ 게임이론이 만들어져 지금까지 발전해 온 과정은 어떠한가?
⑤ 게임이론을 경제 문제의 분석에 적용하게 된 이유는 무엇일까?

22

윗글을 통해 알 수 있는 내용으로 적절하지 <u>않은</u> 것은?

① 인접한 두 나라 간에 벌어지는 국제적인 경제 정책과 그 효과를 분석하는 데에도 게임이론을 적용할 수 있다.
② 시장 전체의 규모에 비해 규모가 작은 다수의 기업이 경쟁하는 완전경쟁시장은 기업들의 상호작용이 중요하지 않다.
③ 담합을 통해 독점 이윤을 얻고자 하는 과점기업들이 협조 관계를 유지하지 못하는 것은 대체로 소비자들에게 유리하다.
④ 특정 재화를 독점 공급하는 기업이 이윤을 극대화하기 위해 가격정책을 수립하는 것에는 게임이론을 적용할 필요가 없다.
⑤ 과점기업들이 협정을 위반하는 것을 정부가 엄격히 단속하기 때문에 과점기업들은 더 많은 이윤을 얻기가 현실적으로 어렵다.

23

우월전략균형 과 내쉬균형 에 대한 이해로 가장 적절한 것은?

① '우월전략균형'은 '내쉬균형'을 이루기 위한 필수 조건이다.
② '내쉬균형'을 이루기 위한 전략은 상대의 전략과 상관없이 자신에게 최적인 전략이다.
③ '내쉬균형'을 이룬 상태에서 상대가 전략을 바꾸면 자신의 전략이 바뀔 수 있다.
④ 한 대상만 우월전략을 갖더라도 '우월전략균형'이 이루어질 수 있다.
⑤ 현실에서 '우월전략균형'의 조건이 충족되는 것은 불가능하다.

24

윗글의 주요 내용을 구체화하기 위해 〈보기〉의 사례를 추가한다고 할 때, 가장 적절한 곳은?

──── 보기 ────

우물이 2개뿐인 마을에서 각각의 소유주 두 사람은 물 공급량 결정을 매주 토요일 만나 결정하기로 한다. 물값은 공급량에 따라 시장에서 결정되며, 편의상 물을 퍼 올리는 비용은 들지 않는다고 하자. 또한 총생산량이 60갤런일 때 물값은 갤런당 60달러로 3,600달러의 최대 수입을 거두지만, 70갤런을 생산하면 물값은 갤런당 50달러로, 80갤런을 생산하면 갤런당 40달러로 점차 하락한다고 할 때 두 소유주의 물 공급량 결정은 어떠할까? 어느 한 소유주가 약속을 위반하고 40갤런을 생산하면 그 후로 둘은 모두 40갤런씩 생산하기로 하는 벌칙 조항을 정할 수 있다. 이런 벌칙만으로도 장래의 이윤을 중요하게 여기는 소유주라면 아무도 한 번의 높은 수입을 위해 약속을 위반하지는 않을 것이다.

① ㉠　　　　　　② ㉡
③ ㉢　　　　　　④ ㉣
⑤ ㉤

25

윗글을 바탕으로 〈보기〉를 이해할 때 가장 적절한 것은? [3점]

──── 보기 ────

어떤 마을에 경쟁 관계에 있는 사무용품 판매점 A, B 두 곳만 있다. A와 B는 각각의 이득을 극대화하기 위해 광고를 할지 고민하고 있다. A와 B가 벌어들인 수익을 상황별로 제시하면 다음과 같다. 이를 바탕으로 새로운 전략을 세우려고 한다.

		A의 선택	
		광고함	광고 안 함
B의 선택	광고함	400만원 / 400만원	300만원 / 700만원
	광고 안 함	700만원 / 300만원	800만원 / 800만원

① A, B 모두 광고를 하지 않은 경우, A는 전략을 바꿀 유인을 가진다.
② A, B 모두 광고를 하지 않은 경우, B는 전략을 바꿀 유인을 가진다.
③ A가 광고를 하고 B가 광고를 하지 않은 경우, B는 전략을 바꿀 유인을 가진다.
④ A가 광고를 하지 않고 B가 광고를 한 경우, A는 전략을 바꿀 유인을 갖지 않는다.
⑤ A, B 모두 광고를 한 경우, B는 전략을 바꿀 유인을 가진다.

[26~30] 다음 글을 읽고 물음에 답하시오.

적정기술이란 한 사회의 환경, 윤리, 문화, 사회, 경제적인 측면을 모두 고려하여 특별히 고안된 기술로, 적은 비용으로 제품을 제작할 수 있고 지역 생태 환경에 적합하며 자주적으로 유지·운영할 수 있는 지속 가능한 기술을 말한다. 이 개념은 1973년 영국의 경제학자 에른스트 슈마허의 저서 『작은 것이 아름답다(Small is Beautiful)』로부터 비롯되었다. 슈마허는 대중에 의한 생산을 강조하면서 지역에서 생산되는 자원을 최대한 활용할 수 있고 저렴하며 전문가가 아니더라도 사용법을 쉽게 익힐 수 있다는 의미에서 중간기술을 제안했다. 이것은 기술혁신이 빠르고 기술 집약도가 높으며 고부가가치 창출을 실현하기 위해 대규모로 자원을 소비하는 특징을 지닌 첨단기술과 구분되고 전래부터 사용해 온 토속기술과도 구분되는 중간적 의미를 지니는 것이었다.

슈마허가 중간기술을 구상했을 때, 그것은 빈곤국의 자원과 필요에 적합하게 소규모이며 간단하고 돈이 적게 드는 기술을 의미했다. 어느 정도 '가난한 사람을 위한 착한 기술'이라는 다소 추상적이고 정신적인 슬로건에 가까웠다. 따라서 주로 저개발국의 빈곤 퇴치나 기술의 자주성에 초점이 맞춰진 단순한 기술, 또는 값싼 기술로 인식되는 것이 일반적이었다. 이는 구매력이 있는 상위의 소비자들만을 대상으로 하는 첨단의 기술이 진정한 의미에서 적정기술이 될 수 있느냐는 문제의식, 곧 기술이 무엇을 위해 존재해야 하는가 하는 목적론적 관점의 문제의식을 반영한 것이었다. ㉠

하지만 그 이후 현지화된 발전, 지속가능한 발전, 환경 친화적 발전 같은 요소들을 공통적으로 포함하는 개념이 정리되어 가면서 얼마 지나지 않아 부유한 선진국에서도 각 나라가 처한 상황에 적합한 새로운 형태의 적정기술이 필요하다는 것이 확인되기 시작했다. 보편적인 관점에서 실제적인 필요와 당위성이 생겼던 것이다. 1973~1974년에 일어난 석유 파동은 사람들이 값싸고 풍족하게 여겼던 석유가 한순간에 고갈될 수 있다는 사실을 깨닫게 하기에 충분했다. 오랫동안 첨단기술에 의존하여 그 속에서 편리를 추구해 왔던 사람들은 첨단기술이 정작 위기상황에 취약하다는 것을 알게 되었다. 첨단기술은 지속 가능성을 염두에 두고 설계된 것이 아니었기에, 지정학적 불안정, 환경 재해, 자원 고갈 같은 문제들은 모두 위기를 야기하는 요인들이었다.

위기는 새로운 상황을 기존 시스템이 수용하지 못할 때 발생하며 그 자체가 위기상황이 된다. 2004년 남아시아 대지진으로 35만 명의 사망자를 냈던 쓰나미 사태라든가 2008년 리만 브라더스 파산과 함께 찾아온 세계적 차원의 금융·경제 위기 등은 첨단기술에 의지하고 있는 사회 시스템이 일순간에 무력해질 수 있다는 사실을 확인시켜 주고 있었다. 이에 따라 사람들은 기존의 고비용 중앙집중식 에너지 공급의 한계, 원자력 발전의 재난 위기 취약성, 성장 위주 경제 발전의 부작용 등의 문제들에 대해 다시 생각하게 되었고, 그와 함께 적정기술의 가치에 대해서도 재발견하게 되었다.

적정기술의 재발견과 관련하여 주목할 만한 사례가 있다. 리만브라더스 사태 이후 미국에서는 장기 주택담보 대출로 인한 고통을 피하려는 배경에서 '타이니 하우스'라는 새로운 주택 형태가 유행하였다. 10제곱미터 남짓의 작은 집 형태의 타이니 하우스는 이동이 가능한 데다가 태양광 발전으로 전기를 이용하고 빗물과 샘물을 활용하여 물을 얻는 친환경적 기술을 사용한다. 이 작은 집은 주택담보 대출의 과중한 부담으로부터 벗어나고 싶은 저소득층 청년들의 관심을 받아 인기를 끌었지만, 그 후로는 주거 환경에 대한 새로운 접근으로서 널리 알려졌다. 지속적인 경제 호황을 경험하던 시기에는 찾아보기 힘들었던 이러한 사례는 위기에 대응하면서 지속 가능한 발전을 모색하려는 적정기술의 지향적 가치에 부합하는 것이었다.

오늘날에 와서 적정기술은 경제적 수익을 창출하는 실용적이고 자립적인 기술로까지 개념이 확장되어 사용되고 있다. 미래의 자원을 끌어다 현재의 필요를 채우는 방식으로는 작동하지 않는 기술, 그렇기에 기본적으로 지속 가능한 시스템을 배경으로 작동하는 기술로서의 새로운 모색이다. 이제 적정기술은 단순하고 낮은 수준의 기술뿐 아니라 정보통신기술을 비롯한 첨단기술과의 접목을 통해 적은 비용으로 자원을 고갈시키지 않으면서 저개발 국가와 선진국의 다양한 사회 문제를 해결하는 복지 기술, 공동체 기술, 혹은 사회 문제 해결 기술 등과 같은 새 시대의 대안적 기술과 사업 모델로서 모색될 전망이다.

26

윗글의 서술 방식에 대한 설명으로 가장 적절한 것은?

① 가설과 검증을 통해 이론의 타당성을 마련하고 있다.
② 시간적 흐름에 따른 개념의 발전 과정을 소개하고 있다.
③ 다양한 사례를 통해 상반된 개념의 절충을 시도하고 있다.
④ 항목별로 구체적인 근거를 제시하면서 주장을 강화하고 있다.
⑤ 문제에 대한 서로 다른 관점에서의 분석 내용을 비교하고 있다.

27

윗글의 내용과 일치하는 것은?

① 적정기술은 극빈국 국민의 삶을 구제하기 위한 원조 기술이다.

② 영리를 기술 개발의 목적으로 삼는 것은 적정기술의 취지에 부합하지 않는다.

③ 적정기술은 사회 시스템의 도움을 받기 어렵기 때문에 대규모 위기상황에 취약하다.

④ 오늘날 적정기술은 다수의 시민들에게 경제적이며 실용적인 이득을 제공해 줄 수 있다.

⑤ 선진국이 적정기술에 새롭게 주목하는 까닭은 환경 문제 해결을 위해 첨단기술로부터 적정기술로의 전환이 필요해졌기 때문이다.

28

윗글의 맥락을 고려할 때, '첨단기술'에 대한 설명으로 적절하지 않은 것은?

① 적정기술과의 접목 가능성이 낮다.

② 저비용의 친환경적 기술로 보기 어렵다.

③ 저개발 국가에서는 사용하기 어려운 제약이 있다.

④ 대규모 에너지 공급을 안정적으로 지원받아야 한다.

⑤ 위기상황에 대처하는 유연한 체제를 갖추고 있지 못하다.

29

㉠에 제시할 만한 사례로 적절하지 않은 것은? [3점]

① 책가방 없이 학교에 오는 아이들이 대부분인 어느 학교에서는 교실에서도 아이들이 공책을 바닥에 놓고 공부하는 경우가 많다. 이 아이들을 위해 가방 기능을 하는 책상인 '헬프데스크'가 제작되었다. 폐지를 모양대로 자른 뒤 접어서 만들 수 있는 이 제품은 적은 비용으로 가방이나 책상을 사용할 수 있게 해 준다.

② 과일이나 채소 작물은 일시적으로 다량 생산된다. 이것들의 수확과 가공에는 주로 여성 노동이 투입되는데, 손으로 딱딱한 껍질을 제거하기에 긴 노동 시간과 부상의 위험이 뒤따른다. 금속과 콘크리트로 만든 '범용 견과 껍질 제거기'는 농촌 마을 여성들의 노동 부담을 줄여주며 판매 수익을 높이는 데 기여한다.

③ 물과 전기가 부족한 어느 시골에서는 '페달 펌프'가 제작되어 사용된다. 페달 펌프는 실린더를 제외하면 현지에서 나는 대나무 재료를 사용하여 만들 수 있고 사람의 힘으로 소규모 농업용수를 확보할 수 있다. 이 펌프를 사용하여 농부들은 지하 6~7미터 깊이에 있는 물을 쉽게 끌어올릴 수 있다.

④ 어느 시골에서는 전기가 안 들어와 대낮에도 움막 형태의 집안은 매우 어둡다. 투명 페트병 안에 물과 표백제를 넣고 지붕의 틈새에 끼워 태양 빛을 투과하게 하면 빛의 산란으로 집안은 상당히 밝아진다. 페트병은 매우 적은 비용을 필요로 할 뿐 아니라 꽤 오랫동안 사용할 수 있는 경제성을 지니고 있다.

⑤ 전기 사정이 안 좋은 어느 나라에서는 기부자나 투자자의 자본 및 기술 지원으로 소규모 친환경 태양광 발전소를 운영하고 있다. 다수의 태양광 패널을 결합하여 사용하면 소형 가전부터 냉장고나 텔레비전 같은 중형 가전의 전력을 공급할 수 있어 전기 문제를 해결할 수 있다.

30

〈보기〉에 언급된 사례가 윗글에서 설명하는 '적정기술'로서 적합하지 <u>않은</u> 가장 주된 이유는? [3점]

─〈보기〉─

플레이펌프(PlayPump)는 전기가 보급되지 않는 오지 지역의 주민들에게 놀이와 전력 공급이라는 두 가지 수단을 동시에 갖게 한 상품이다. 아이들이 회전목마를 돌리면서 놀기만 하면 그것이 동력이 되어 지하수를 끌어올려 탱크에 물을 채우는 장치이다. 이 간단한 아이디어 사업에 미국의 정치가와 기부자들이 동참했고, 수천만 달러의 기부금을 모아 남아프리카 모잠비크에 1,500대가 넘는 플레이펌프를 공급했다. 이로 인해 한때 적정기술의 대표적 사례로 다루어지기도 했다. 하지만 시간이 지난 후 이 제품은 실패한 적정기술의 사례로 회자되고 있다. 이 제품을 설치한 마을에서 아이들이 주민들이 먹을 만큼 지하수를 올리려면 학교도 가지 않고 하루 종일 놀이기구를 돌려야 하는 불편을 감수해야 한다는 사실이 확인되었기 때문이다.

① 다른 지역에 적용하기 어려웠다.
② 지속 가능한 발전을 고려하지 못했다.
③ 환경 친화적인 기술을 적용하지 않았다.
④ 사업에 필요한 자금을 기부를 통해 모았다.
⑤ 기술을 구현하는 데 많은 천연 자원이 필요했다.

[31~35] 다음 글을 읽고 물음에 답하시오.

(가)
추성(楸城) 진호루(鎭胡樓) 밖에 울어 예는 저 시냇물아
무엇을 하려고 주야로 흐르느냐
㉠임 향한 내 뜻을 좇아 그칠 때를 모르는도다 〈제3수〉

뫼는 길고 길고 물은 멀고 멀고
어버이 그리워하는 뜻은 많고 많고 크고 크고
어디서 ⓐ외기러기는 울고 울고 가나니 〈제4수〉

어버이 그리워할 줄을 처음부터 알았건마는
임금 향한 뜻도 하늘이 생기게 했으니
㉡진실로 임금을 잊으면 불효인가 여기노라 〈제5수〉
　　　　　　　　　　　　– 윤선도, 「견회요(遣懷謠)」

(나)
청천에 떠서 울고 가는 ⓑ외기러기 날지 말고 내 말 들어
한양성 안에 잠깐 들러 부디 내 말 잊지 말고 웨웨쳐 불러 이르기를 ㉢월황혼 겨워 갈 때 적막한 빈방에 던진 듯 홀로 앉아 임 그려 차마 못 살레라 하고 부디 한 말을 전하여 주렴
우리도 임 보러 바삐 가는 길이오매 전할동 말동 하여라
　　　　　　　　　　　　– 작자 미상

(다)
일조(一朝) 낭군 이별 후에 소식조차 돈절하야
㉣자네 일정(一定) 못 오던가 무슨 일로 아니 오더냐
이 아해야 말 듣소
황혼 저문 날에 개가 짖어 못 오는가
이 아해야 말 듣소
춘수(春水)가 만사택(滿四澤)하니 물이 깊어 못 오던가
이 아해야 말 듣소
하운(夏雲)이 다기봉(多奇峰)하니 산이 높아 못 오던가
이 아해야 말 듣소
한 곳을 들어가니 육관 대사 성진이는
석교(石橋)상에서 팔선녀 데리고 희롱한다
지어자 좋을시고
병풍에 그린 황계(黃鷄) 수탉이 두 나래 둥덩 치고
짧은 목을 길게 빼어 긴 목을 에후리어
사경(四更) 일점(一點)에 날 새라고 꼬끼요 울거든 오려는가
자네 어이 그리하야 아니 오던고
너는 죽어 황하수(黃河水) 되고 나는 죽어 도대선(都大船) 되어
밤이나 낮이나 낮이나 밤이나
바람 불고 물결치는 대로 어하 둥덩실 떠서 노자
저 달아 보느냐
㉤임 계신 데 명휘(明輝)를 빌리려문 나도 보게
이 아해야 말 듣소
추월(秋月)이 양명휘(揚明輝)하니 달이 밝아 못 오던가
어데를 가고서 네 아니 오더냐
지어자 좋을시고
　　　　　　　　　　　　– 작자 미상, 「황계사」

31

(가)~(다)의 공통점으로 가장 적절한 것은?

① 대상의 부재를 시적 상황으로 삼고 있다.
② 계절의 변화에 따라 시상을 전개하고 있다.
③ 세태에 대한 비판적인 시선을 기본으로 하고 있다.
④ 자연과 속세를 대비하여 주제의식을 강조하고 있다.
⑤ 규범과 현실의 괴리로 인한 심리 상태를 부각하고 있다.

32

(가)의 표현상 특징으로 가장 적절한 것은?

① 시어의 반복을 통해 소재의 속성을 강조하고 있다.
② 색채 이미지를 활용하여 분위기를 조성하고 있다.
③ 점층법을 사용하여 화자의 감정을 표출하고 있다.
④ 반어적 표현을 통해 시적 긴장감을 형성하고 있다.
⑤ 다양한 의성어를 활용하여 생동감을 자아내고 있다.

33

ⓐ, ⓑ에 대한 이해로 가장 적절한 것은?

① ⓐ는 화자의 소망을 실현해 주는 자연물이고, ⓑ는 화자의 희망을 방해하는 자연물이다.
② ⓐ는 화자의 감정을 이입한 대상이고, ⓑ는 화자의 바람을 실행해 주기를 기대하는 대상이다.
③ ⓐ, ⓑ는 모두 화자의 불만을 유발하는 소재이다.
④ ⓐ와 달리 ⓑ는 화자의 추억을 촉발하는 요소이다.
⑤ ⓑ와 달리 ⓐ는 화자의 고민을 해결해 주는 존재이다.

34

㉠~㉤에 대해 이해한 내용으로 적절하지 않은 것은?

① ㉠ : 어버이와 임금을 향한 뜻이 영원히 변치 않을 것이라는 다짐에서 화자의 강한 의지를 확인할 수 있다.
② ㉡ : 충성과 효도를 동등한 것으로 여기는 것에서 화자의 가치관을 파악할 수 있다.
③ ㉢ : 시간적·공간적 배경과 함께 진술된 외로운 상황에서 화자의 절박한 심정을 느낄 수 있다.
④ ㉣ : 상대방이 못 오는지 안 오는지 묻는 화자의 어조에서 상대방을 그리워하는 화자의 마음을 엿볼 수 있다.
⑤ ㉤ : 밝은 달빛을 빌려 임이 계신 곳을 비추려는 화자의 모습에서 임의 안위에 대한 화자의 걱정을 엿볼 수 있다.

35

〈보기〉를 바탕으로 (다)를 감상한 내용으로 적절하지 않은 것은? [3점]

> **보기**
>
> 조선 후기 유행한 십이가사에는 관념적이고 추상적인 조선 전기 사대부 가사와 달리 정제된 형식적 틀에서 벗어나 가창 현장의 자유분방한 분위기가 반영되어 있다. 특정한 어구의 반복, 장황하다고 느낄 정도의 구체적 묘사 등은 가창 현장의 즉흥적이고 흥겨운 유흥적 상황이 반영된 결과들이다. 특히 대중의 통속적 흥미와 관심에 맞추기 위해 널리 알려진 소설, 시조, 한시 등으로 노랫말을 구성하다 보니, 작품 내용과 무관한 어구가 삽입되고 노랫말의 유기성이 떨어지는 특징을 보이기도 한다.

① '이 아해야 말 듣소'와 같은 표현을 반복적으로 사용한 것은 가창 현장의 특성을 고려하여 음악적 효과를 형성하기 위한 것이겠군.
② '육관 대사 성진이는 석교상에서 팔선녀 데리고 희롱한다'는 구절을 제시한 것은 대중들에게 잘 알려진 소설의 내용을 활용하여 대중들의 흥미를 불러일으키려고 한 것이겠군.
③ 노랫말의 맥락과는 동떨어진 정서의 '지어자 좋을시고'를 이용한 것은 가창 현장에 모인 대중들의 흥을 돋우기 위한 것이겠군.
④ '춘수가 만사택', '하운이 다기봉', '추월이 양명휘'라는 한시 구절을 인용한 것은 관념적이고 추상적인 사대부 가사에 문제를 제기하기 위한 것이겠군.
⑤ '병풍에 그린 황계 수탉'이 우는 모습을 구체적으로 묘사하여 나타낸 것은 가창 현장의 자유분방한 분위기에 발맞추기 위한 것이겠군.

[36~40] 다음 글을 읽고 물음에 답하시오.

여 부인이 상서를 심하게 꾸짖으니 상서가 아무 말도 못 하고 가만히 생각하다가 여쭙기를,

"누님께서 주관하신 줄 몰랐나이다. 예전에 양왕(梁王)이 구혼하여 허락했는데, 요즘 '선이 부모 모르게 미천한 사람을 얻어 혼례를 치렀다' 하여 조정에 시비가 들끓기에 낙양 수령에게 기별했나이다."

하니 여 부인이 말했다.

㉠"부부의 인연은 하늘이 정한 것이며, 애정에는 천하고 귀한 것이 없는지라. 옛날 송나라 황제도 정궁(正宮)을 폐하고 우궁(後宮)을 맞이하여 죽을 때까지 사랑한 일이 있소. 내가 비록 그대 모르게 주관했으나, 그 낭자는 첩과는 다르오. 또한 선이 급제하여 벼슬이 높아지면 두 부인을 얻는 것이 어렵지 않을 것이니, 그때 상서가 원하는 가문을 골라 며느리를 구해도 될 것이오. 그러니 더 이상 죄 없는 낭자를 죽이려 하지 마시오."

상서는 본래 충효를 겸비한 사람이었다. 속으로는 탐탁지 않았지만, 맏누이의 말씀이라 거역하지 못하고 말하기를,

"그렇게 하오리다."

하고 새로 보낸 낙양 수령을 불러 분부했다.

㉡"그 여자를 반드시 죽이려 했는데, 우리 누님이 하도 말리시니 그럴 수가 없도다. 그 여자를 죽이지 말고 놓아 주되, 멀리 보내 그 근처에 얼씬거리지 못하게 하라."

[중략 부분 줄거리] 상서 부인은 아들 이선을 낳을 때 해산을 도운 선녀가 남양 땅 김전의 딸 숙향이 아들의 배필이라고 한 말을 뒤늦게 떠올리고서 숙향을 다시 불러들인다.

"네 집은 어디며, 부모는 누구이고, 나이는 몇이나 되었느냐?"

낭자가 절을 하고 바르게 고쳐 앉으며 여쭈었다.

"다섯 살 때 부모님을 난리 중에 잃고 길거리를 방황했는데 어떤 짐승이 업어다 남군 땅 장 승상 댁에 내려놓았나이다. 마침 그 집에 자식이 없어 저를 친자식처럼 십 년을 기르셨으니, 고향은 물론 부모님의 성명도 모르옵나이다."

상서가 또 묻기를,

"장 승상이라 하면 남군 땅 장송밖에는 없는데, 거기 있다가 어찌하여 이화정 할미의 집으로 왔느냐?"

하니 낭자가 대답했다.

"승상 댁에 있던 사향이란 종이 승상 부인의 봉채를 훔쳐다 첩의 화장 그릇에 넣어 놓고 첩이 훔친 것처럼 모함했나이다. 그 일로 인해 승상 댁에서 쫓겨나 포진 물에 빠져 죽으려 했는데, 마침 연꽃을 따는 아이들이 구해 주며 동쪽으로 가라 했나이다. 동쪽으로 가다 또 갈대밭에서 화재를 만나 거의 죽게 되었사온데, 화덕진군이라는 노인이 구하여 살아나게 된 것을 이화정 할미가 지나가다 보고 데려갔나이다."

"장 승상 댁에서 할미 집까지 며칠 만에 왔느냐?"

"장 승상 댁에서 하룻밤 자고, 그 이튿날 바로 왔나이다."

㉢"장 승상 댁에서 여기까지는 삼천삼백오십 리나 되니, 비록 천리마를 탔을지라도 쉽게 오기 어려우리라. 그런데 이틀 만에 왔다고 하니, 참으로 이상하도다."

상서와 낭자의 문답이 끝난 뒤에 부인이 물었다.

"네 이름은 무엇이며, 몇 년 몇 월에 태어났느냐?"

"이름은 숙향이옵고, 나이는 열여섯 살이며, 기축년 4월 초파일 해시(亥時)에 났사옵니다."

"부모님 성명도 모르면서 생월생시는 어찌 그렇게 자세히 아느냐?"

"어렸을 때 부모님께서 제게 ⓐ비단주머니를 채워주셨는데, 자란 후에 보니 생월생시를 적어넣었더이다."

숙향이 주머니를 끌러 부인에게 드렸다. 부인이 비단주머니를 풀어 보니, 붉은 비단조각에 '이름은 숙향이요, 자는 월궁선이며, 기축년 4월 초파일 해시생이라'는 글씨가 금자(金字)로 쓰여 있었다.

부인이 크게 기뻐하며 말하기를,

"네가 내 아들과 나이가 같고, 이름도 선녀가 일러준 것과 같되, 다만 부모가 누구인지 모른다고 하니, 참으로 답답하구나."

하니 상서가 말하기를,

"이 글을 금자로 썼으니, 틀림없이 성은 김씨인가 하노라."

했다. 낭자가 말하기를,

㉣"제가 자란 후에 우연히 듣자오니, 지난번에 낙양 수령으로 계시던 김전이 제 부친이라 하더이다. 그러나 제가 어찌 그것을 자세히 알 수 있사오리까?"

하니 상서가 말했다.

"만일 그렇다면 오죽 좋으랴."

이에 부인이 묻기를,

"그 사람이 어떤 사람이나이까?"

하니 상서가 말했다.

"김전은 이부상서 운수 선생의 아들이라. 가문이 어찌 거룩하지 않으리오."

부인이 말하기를

ⓜ"시간이 지나면 자연 알게 되리이다."

하고 낭자에게 이선의 처소인 봉황당에 가 있으라고 했다. 낭자가 봉황당으로 내려가니, 낭군이 부리던 시녀 여남은 명이 낭자를 매우 공경하면서 극진하게 모시더라.

– 작자 미상, 「숙향전」

36

윗글의 서술상 특징으로 가장 적절한 것은?

① 배경 묘사를 통해 극적 긴장감이 고조되고 있다.

② 인물들의 대화를 통해 과거 행적이 드러나고 있다.

③ 편집자적 논평을 통해 비극적 분위기가 조성되고 있다.

④ 과거와 현재의 대비를 통해 부당한 현실을 비판하고 있다.

⑤ 구체적인 시대 상황을 통해 사건의 사실성에 주목하고 있다.

37

윗글의 내용으로 적절하지 <u>않은</u> 것은?

① 맏누이는 숙향을 죽이려는 상서를 질타했다.

② 이화정 할미는 숙향을 데려다 친자식처럼 십 년 동안 길렀다.

③ 상서 부부는 숙향의 부모가 누구인지 알고 싶어 한다.

④ 낙양 수령을 지낸 김전은 이부상서를 지낸 가문의 자손이다.

⑤ 낭자는 상서 부인의 말에 따라 낭군의 처소에 머물게 된다.

38

㉠~㉤에 대한 설명으로 적절하지 <u>않은</u> 것은?

① ㉠ : 역사적 사실을 근거로 제시하여 자신의 요구를 관철하려는 태도가 드러나 있다.

② ㉡ : 연장자의 권위를 감히 침범하지 못하는 입장을 내세워 자신의 생각을 마지못해 수정하는 모습이 드러나 있다.

③ ㉢ : 현실적으로 실현되기 어려움을 지적하며 상대방의 말에 의문을 표하는 모습이 나타나 있다.

④ ㉣ : 자신이 알게 된 사실이 전해 들은 것임을 들어 판단에 신중을 기하는 태도가 나타나 있다.

⑤ ㉤ : 자연의 이치를 고려하면서 이후에 펼쳐질 사태에 대해 염려하는 자세가 나타나 있다.

39

ⓐ에 대한 설명으로 가장 적절한 것은?

① 사건이 현실성을 지니게 한다.

② 현재 사건의 원인이 드러나도록 한다.

③ 인물을 대하는 태도가 호의적으로 바뀌게 한다.

④ 권선징악의 주제의식이 표출되도록 한다.

⑤ 인물의 감춰진 재능이 발휘되게 한다.

40

〈보기〉를 참고하여 윗글을 감상한 내용으로 적절하지 <u>않은</u> 것은? [3점]

> **보기**
>
> 조선 후기에 창작된 「숙향전」은 남녀 주인공의 결합을 위한 고난의 여정으로 이루어져 있다. 여러 차례의 위기가 두 인물의 결합을 방해하지만, 이들은 다른 존재의 도움으로 고난을 극복하며 하늘의 예정된 운명에 따라 혼인한다. 이 과정에서 애정을 중시하는 두 남녀가 봉건적 신분 질서와 가문을 중시하는 지배층과 갈등을 빚기도 한다. 개인적 차원의 애정이 권위적인 지배 이념과 충돌하는 대목을 통해 신분제가 동요되는 당시의 사회현상을 엿볼 수 있다.

① 불에 타 죽을 위기에 처한 숙향을 화덕진군이 구해 주는 것은 다른 존재의 도움으로 고난을 극복한 경우이겠군.

② 부모 몰래 아들이 결혼한 것이 조정의 시빗거리가 되었다는 상서의 말은 권위적인 지배 이념에 따라 나타난 반응이겠군.

③ 숙향의 이름이 선녀가 일러준 것과 같다는 상서 부인의 말은 하늘의 예정된 운명을 받아들이려는 의지의 표현이겠군.

④ 아들이 미천한 여자와 결혼했다는 이유로 상서가 낭자를 죽이려는 것은 개인적 애정보다 가문의 위상을 중시한 결과이겠군.

⑤ 사향의 모함으로 장 승상 댁에서 쫓겨난 숙향이 죽으려 한 것은 남녀 주인공이 결합에 이르는 여정 중 겪는 고난에 해당하겠군.

[41~45] 다음 글을 읽고 물음에 답하시오.

융에 의하면, 인간에게는 태어날 때부터 마음의 토대를 이루고 있는 무의식의 층이 있다. 그것은 개인의 특수한 생활사에서 나온 무의식의 층과는 달리, 인간이면 누구나 태어날 때부터 갖추어져 있는 인간 고유의 원초적이며 보편적인 무의식의 층이다.

융은 이를 '집단 무의식'이라고 했다. 융의 이와 같은 가설은 환자뿐만 아니라 많은 건강한 사람의 꿈과 원시 종족의 심성, 신화와 종교, 서양 사상과 인도·중국 등 동양의 사상을 비교하여 고찰한 결과다. 융은 무의식이 개인 생활의 경험 자료만이 아니라 인류의 태곳적부터 끝없이 반복되어 경험되는 일정한 인간적 체험의 조건들을 갖추고 있다고 본다. 이러한 무의식은 수많은 신화적 상징으로 표현되고 경험되며 모든 의식된 마음에 활력을 주고 그 기능을 조절하여 의식과 통일된 '전체 정신'을 실현시킬 수 있는 원동력을 가지고 있다. 한마디로 무의식은 충동의 창고, 의식에서 쓸어 낼 쓰레기 장이거나 병적인 유아기 욕구로 가득 찬 웅덩이에 불과한 것이 아니라, 마음을 성숙케 하는 '창조의 샘'이라는 얘기다.

㉠무의식의 창조적 작용은 자율성과 보상 작용으로 표현된다. 자아 의식이 한 방향으로만 나가면 무의식이 자율적으로 작동하여 의식의 방향과는 다른 방향의 이미지를 보내서 그것을 보상한다. 예컨대, 지나치게 이성적인 사람이 꿈속에서는 매우 불합리한 행동을 하거나 욕망에만 사로잡힌 일을 벌일 수 있는데, 이는 단순한 욕구 충족을 위해서가 아니라, 의식의 일방성을 깨우치고 의식이 소홀히 하고 있는 것이 무엇인지를 알려 주기 위한 무의식의 의도를 드러낸 것이다. 무의식이 자율적으로 보상 작용을 발휘하여 의식화할 수 있는 기회가 생긴 셈이다.

이 맥락에서 융이 말하는 그림자 개념이 주목을 끈다. 그림자는 무의식의 열등한 인격으로, 자아의 어두운 면이다. 그림자는 자아와 비슷하면서도 자아와는 대조되는, 자아가 가장 싫어하는 열등한 성격을 지니고 있다. 자아의식이 한쪽 면을 지나치게 강조하면, 그림자는 그만큼 반대편 극단을 나타낸다. 그래서 일상적으로 자아는 자신이 어떤 그림자를 가지고 있는지 모른다. 그것은 자아에게는 보이지 않는 무의식의 그늘에 속하는 인격이기 때문이다. 자아의식으로서는 결코 있을 수 없는 성격, 가장 싫어하기 때문에 절대로 그렇게 되지 않으려고 노력해 온 바로 그 성격이다. 가령, 친구한테 비난당할 때 심한 분노를 느낀다면, 바로 그 순간 미처 의식하지 못하고 있던 자기 그림자의 일부를 발견할 수 있다.

그림자를 밖으로 투사(projection)할 때 그 투사 대상을 향한 자기의 감정을 살펴볼 수 있다. 투사란 어떤 대상에 대하여 강력한 감정 반응을 일으키고 자아가 그 대상에 집착하게 만든다. 투사는 나쁜 것은 남에게만 있다고 생각함으로써 괴로운 마음을 피하려는 자기 방어의 수단으로서만 아니라 자기의 무의식적인 마음의 일부를 의식화할 수 있는 기회를 갖도록 하는 목적으로도 일어난다. 무의식의 내용이 밖에 있는 어떤 대상에 투사되면 우리는 최소한 우리 안에 있는 것을 투사 대상에게서 경험하게 되고 그런 경험을 통해서 자기 마음속의 무의식적 내용을 깨달을 수 있는 가능성이 생긴다.

그림자의 투사는 집단 차원에서도 벌어진다. 그림자의 집단적 투사는 어떤 집단 성원의 무의식에 같은 성질의 그림자가 형성되어 다른 집단에 투사되는 것을 가리킨다. 이 경우 그림자는 개인적인 특성을 가지기보다 집단적 특성을 지닌다. 그러한 그림자가 생기는 이유는 그 집단의 구성원이 자신을 하나의 집단 의식과 동일시하고 있기 때문이다. 가령 '우리는 하나'로 대변되는 슬로건 밑에 결속을 다짐할 때, 거기에 속하지 않은 집단과의 차별화가 일어나고 이 집단은 쉽게 배타적이 되거나 다른 집단으로부터 배타적이라는 비난을 받게 된다.

그러므로 지향하는 집단적 목표가 일방적이고 뚜렷한 것일수록 이에 어긋나는 요소가 억압되어 공통된 그림자를 집단 성원이 나누어 가지게 된다. 아무리 선의로 뭉친 집단이라도 너무 밝은 목표에 치중한 나머지 자기 집단 성원의 그림자를 보지 못할 때 처음의 좋은 뜻을 펼치는 데 실패할 ⓛ<u>공산이 크다.</u>

다만, 인간 집단은 집단 행동을 통하여 집단적 그림자를 만들어내고 이를 다른 집단에 투사하여 서로 반목하고 비난하며 싸우기도 하지만, 때로는 그림자를 사회 표면으로 끌어내어 사람들이 그것을 보고 경험하게 하는, '카니발'과 같은 문화적 장치를 가지고 있다. 한 사람에게 집단적으로 그림자를 투사하여 속죄양을 만들고 자기의 그림자를 보지 않으려는 부정적인 기능을 가진 경우가 아니라, 문화적으로 허용되고 예술적으로 승화된 형태에서 '그림자 놀이'를 통해 각자의 그림자를 살려서 도덕이나 규범 의식과 무의식적 충동 사이의 단절을 지양할 수 있는 것이다.

41

윗글을 통해 알 수 있는 것은?

① 의식과 무의식의 조화를 이루기 위한 시도는 불가능하다.

② 집단 무의식은 특정한 문화권에서만 발견되는 특수한 현상이다.

③ 무의식이 제어 불가능한 충동으로 가득차 있다는 점에서 집단적 무의식의 발현은 공동체에 위해를 가한다.

④ 속죄양에 관한 개념을 만들어 자아의 부정적인 이미지를 입히는 것은 무의식이 작용하는 결과이다.

⑤ 사회적인 차원에서는 무의식이 자율적인 방식으로 작동하므로 항상 예술적으로 승화된 형태의 결실을 낳는다.

42

㉠에 대한 이해로 가장 적절한 것은?

① 의식이 안정된 상태에서 이루어지는 정신 활동의 일부이다.

② 의식이 무의식과 활발하게 상호 작용한 결과로 주어지는 보상이다.

③ 의식이 한 방향으로만 활성화될 경우 그에 반발하여 표출되는 무의식의 이미지 작용이다.

④ 의식이 작동하지 않는 상태에서 의식이 지향하는 인격을 대신 구현하려는 무의식의 작용이다.

⑤ 의식이 무의식을 억압하는 강도가 커질 때 무의식이 의식 표층에 떠오르는 이상 징이다.

43

그림자 **에 관한 이해로 적절하지 않은 것은? [3점]**

① 분노의 상황에서는 그림자를 볼 수 없다.

② 그림자는 무의식의 그늘에 속하는 인격이다.

③ 그림자는 집단 차원에서도 나타나는 현상이다.

④ 그림자는 자아가 싫어하여 닮으려고 하지 않는 열등한 성격의 일부이다.

⑤ 사회 표면으로 그림자를 끌어 내어 경험할 수 있게 하는 문화적 장치가 있다.

44

윗글을 바탕으로 〈보기〉를 이해한 내용으로 적절하지 않은 것은?

> **보기**
>
> 카니발은 가톨릭교회가 지배하고 있는 라인강 유역에서 명맥을 유지하고 있다. 해가 바뀌는 연말에는 각지에서 가면무도회가 열리고, 부활절 전의 카니발에서는 기상천외한 분장을 한 사람들이 대규모로 등장한다. 마치 근엄한 가톨릭 수도원 곳간에 유폐되었던 이교(異敎)의 귀신과 악마와 별의별 부도덕한 불한당들이 뚜껑을 열고 나온 듯하다. 신분적 위계나 윤리 규범의 제약 속에서 억압된 욕망을 분출하는 극적 상황이 연출되는 것이다. 이러한 양상은 신분적 위계 질서에서 하층에 속하는 이들이 펼치는 의례나 연희, 놀이 등에서 자주 확인된다. 가령 탈춤판에서 양반 세력을 희화화하고 농락하며 신분적 위계를 해체한 가운데 성원들 서로가 어우러지는 장이 펼쳐지는 것은 카니발을 떠올리게 한다.

① 기성 질서에서 지배층은 '집단적 그림자'가 만든 무의식의 그늘에서 벗어날 특권을 얻는다고 할 수 있겠군.

② '가면'을 쓰거나 기괴한 모습으로 '분장'하는 행위는 투사된 '그림자'를 극적으로 연출한 것이라고 할 수 있겠군.

③ '카니발'은 참여자들의 억눌린 감정을 표출할 수 있는 계기가 되므로, '그림자 놀이'를 설명하는 예로 삼을 수 있겠군.

④ '수도원 곳간'은 현실에서 허용되지 않는 욕망에 연관된 '집단적 그림자'를 가두는 수용소에 상응하는 표상이라 할 수 있겠군.

⑤ '탈춤'은 신분 질서에 억눌린 욕구가 연희를 통해 투사되는 장을 연다고 할 수 있으니 '집단적 그림자'가 승화된 형태라 할 수 있겠군.

45

문맥상 ⓛ을 바꿔 쓰기에 가장 적절한 것은?

① 기회(機會)가 많다
② 단서(端緖)가 많다
③ 여지(餘地)가 많다
④ 예외(例外)가 많다
⑤ 정보(情報)가 많다

[01~05] 밑줄 친 부분의 뜻으로 가장 적절한 것을 고르시오.

01

No art can conquer the people alone — the people are conquered by an ideal of life <u>advocated</u> by authority.

① opposed
② championed
③ disregarded
④ undermined
⑤ overwhelmed

02

We rarely begin with completely open minds, which would allow us to discuss a topic in a completely <u>impartial</u> way.

① fair
② harmless
③ meaningful
④ timely
⑤ creative

03

We read through the <u>minutes</u> of the last meeting.

① hours
② records
③ moment
④ duration
⑤ melody

04

The youngest police officer's duties were <u>confined</u> to taking statements from the crowd.

① limited
② enlarged
③ classified
④ promoted
⑤ conformed

05

<u>It goes without saying that</u> the difficulties of color photography are multiplied when movement is added to the composition, and when the image is projected.

① Arguably
② Probably
③ Fortunately
④ Agreeably
⑤ Obviously

[06~07] 다음 대화의 빈칸에 들어갈 말로 가장 적절한 것을 고르시오.

A: Have you finished your assignment?
B: No, not yet. I plan to do it tonight.
A: Tonight? Aren't you going to the football game?
B: Oh, the game! I completely forgot about it. I've been looking forward to this game.
A: I know. I guess you have a big decision to make.

B: Right. Should I go to the game or just stay home and do the assignment?

A: _____

B: I know. Still, I don't know what to do.

A: Don't worry. I know you'll make the right decision.

06

① You should've practiced harder.

② I need to stay home tomorrow.

③ Well, it's up to you.

④ I have a profound question.

⑤ We watched the football game yesterday.

07

A: What are you doing?

B: My car doesn't start. I'm trying to find out what's wrong.

A: Oh, no. Do you know about cars? Did you find something?

B: I think the battery is dead. I was out of town for a few weeks, and during that time, nobody had used my car.

A: Did you call your insurance company?

B: For what?

A: Normally, car insurance companies offer battery recharging services. They'll come to you and recharge the battery instantly. It's very convenient.

B: Oh, I didn't know that. _____ I'll call right away.

A: You're welcome.

① This runs great!

② Take your time.

③ What is the registration number?

④ I didn't do anything wrong.

⑤ Thanks for the tip.

[08~09] 밑줄 친 부분 중, 어법상 틀린 것을 고르시오.

08

No one had yet attempted to survey the consequences of the fifteenth-century communications shift from script to print. While recognizing that it would take more than one book to remedy this situation, I also felt that a preliminary effort, however inadequate, was better than none, and began a decade of study — devoted primarily to ① become acquainted with the special literature on early printing and the history of the book. Between 1968 and 1971 some preliminary articles were published to draw reactions from scholars and to take advantage of ② informed criticism. My full-scale work, *The Printing Press as an Agent of Change*, ③ appeared in 1979. It has been abridged for the general reader in the present version. Illustrations have been added, but footnotes ④ have been dropped from this abridgment. The unabridged version should be consulted by any reader ⑤ seeking full identification of all citations and references.

*preliminary: 예비의 **abridge: 단축하다

09

There is no neutral position from which to evaluate the benefits and burdens of new technologies. ① Consider the mass-produced Ford Model T at the beginning of the twentieth century or self-driving cars in the twenty-first century. With cars, we weigh benefits of autonomous mobility and ② swiftly transport against human congestion and earth-devastating pollution. And so it is with photography. Since its inception, skeptics worried that widespread and uncontrolled photography would destabilize communities and governments by spreading lies and ③ invading privacy. This anxiety arose in the early years of the Kodak camera, ④ when its popularity combined with the spread of yellow journalism to produce invasive and misleading photographs. These concerns persist today with ubiquitous digital camera phones, deep-fake videos, and the viral internet. Then and now, arguments about how cameras work and the power of photographic expression ⑤ concern personal lives, international politics, and public justice. [3점]

*inception: 시작

[10~12] (A), (B), (C)의 각 네모 안에서 문맥에 맞는 낱말로 가장 적절한 것을 고르시오.

10

Thanks to its broad popularity, sports could be a powerful tool for raising awareness about the climate crisis among people across the world, regardless of their geographical location and social background. Simply put, the industry could (A) restrain / share important messages about the environment to billions of individuals that are involved in sports either as spectators, practitioners, or facilitators. Such strategy of increasing awareness and educating has shown good results in the past. Research found that fans are (B) receptive / resistant to ecological initiatives organised at sporting events, some even to the extent that they are willing to change their lifestyle habits regarding sustainability. This study precisely concluded that "the norms related to sport events have a significant relationship with

(C) negative / positive perceptions of the efforts undertaken by sport organisations while also influencing at-home environmental behavioural intentions."

	(A)	(B)	(C)
①	restrain	receptive	negative
②	restrain	resistant	positive
③	share	resistant	positive
④	share	receptive	positive
⑤	share	resistant	negative

11

Whenever a scholar needed a technical term to refer to a concept that English didn't have name for, they would import one from Greek or Latin. If Greek or Latin didn't have name for the concept either — a situation that became increasingly (A) frequent / rare as scientific knowledge rapidly expanded beyond the dreams of the ancients — they would make up a name for the concept out of Latin and/or Greek roots, rather than from English roots. This practice continues to this day. As a result, many (B) abandoned / borrowed Latin terms, and newly formed words from Latin roots as well as affixes that had never been used in Cicero's time, entered English in this period. Many such words fell out of use almost immediately, but many others were (C) picked up / taken out by contemporaries and are still with us today.

	(A)	(B)	(C)
①	frequent	abandoned	picked up
②	frequent	abandoned	taken out
③	frequent	borrowed	picked up
④	rare	abandoned	taken out
⑤	rare	borrowed	picked up

12

The two centuries prior to the time of Plato and Aristotle had been a period of economic liberalization, and with this came an enormous rise in commercial activity including international trade. Moreover, tremendous economic disturbance and social instability accompanied the rapid commercial (A) expansion / reduction , and this greatly influenced Plato and Aristotle's economic thinking. They believed that the instability resulted from the pursuit of financial gain, which, as the fable of Midas made clear, brought with it dreadful consequences. Just as Midas had (B) destroyed / liberated himself in the pursuit of gold, so too had the pursuit of wealth endangered Greek society. It was partly in response to this threat that Plato and Aristotle undertook to examine what life would look like in the ideal state, and their analysis was built around the question of what, in such a state, would constitute "the good life"? It was clear to them that economic growth had undesirable effects, and they stressed the need for an economic system that generated a relatively (C) dynamic / stationary level of economic activity. [3점]

	(A)	(B)	(C)
①	expansion	destroyed	dynamic
②	expansion	liberated	dynamic
③	expansion	destroyed	stationary
④	reduction	destroyed	dynamic
⑤	reduction	liberated	stationary

[13~14] 밑줄 친 부분 중, 문맥상 낱말의 쓰임이 적절하지 <u>않은</u> 것을 고르시오.

13

Because all evidence of the past can only be found in the present, creating a story about the past inevitably implies ① interpreting this evidence in terms of processes with a certain history of its own. We do so because we experience both the surrounding environment and our own persons to be such processes. As a result, all historical accounts are reconstructions of some sort, and thus likely to ② change over time. This also means that the study of history cannot offer absolute certainties, but only ③ precision of a reality that once was. In other words, true historical accounts do not exist. This may sound as if there is endless leeway in the ways the past is viewed. In my opinion, that is not the case. Just as in any other field of science, the major test for historical reconstructions is whether, and to what extent, they ④ accommodate the existing data in a concise and precise manner. Yet there can be no way around the fact that all historical reconstructions consist of a ⑤ selected number of existing data placed within a context devised by the historian. [3점]

*leeway: 여지

14

The battle against single-use plastic bags may not be won, but it's definitely under way. Restrictions on their use are in place in almost a dozen US states and in many other countries around the world. And in many cases, these efforts have been ① successful at eliminating new sales of thin plastic bags that float up into trees, block waterways, leech microplastics into soil and water, and harm marine life. But this environmental success story of sorts ② <u>masks</u> another problem. Many of us are ③ <u>drowning</u> in reusable bags that retailers sell cheaply or give away to customers as an apparently greener alternative to single-use plastic. Campaigners say these bag hoards are ④ <u>solving</u> fresh environmental problems, with reusable bags having a much higher carbon footprint than thin plastic bags. According to one eye-popping estimate, a cotton bag should be used at least 7,100 times to make it a truly environmentally friendly alternative to a ⑤ <u>conventional</u> plastic bag. The answer to what's the greenest replacement for a single-use plastic bag isn't straightforward, but the advice boils down to this: Reuse whatever bags you have at home, as many times as you can.

*leech: 달라붙어 떨어지지 않다 **hoard: 축적

15

다음 글의 내용과 일치하는 것은?

The son of a minister in Basel, Switzerland, Jacob Burckhardt originally intended to follow his father's footsteps and become a Protestant minister. However, while studying theology in Basel, he came to the conclusion that Christianity was a myth. Turning instead to the study of history and art history, he spent four years studying with Leopold Ranke in Berlin. Burckhardt's relationship with Ranke is the subject of contrary points of view among historians. Some argue that Burckhardt retained a high regard for Ranke throughout his life, despite their differences, which were fundamental. While Ranke saw the power of the state as guardian of order and stability, Burckhardt regarded power as tied to evil. Ranke, the Protestant scholar, confidently sought the hand of a generous God in the events of the past; but Burckhardt, skeptical and withdrawn, saw in history an unending struggle between hostile forces. These differences led other historians to argue that we should not be misled by Burckhardt's references to Ranke as 'my great master'. Rather, Burckhardt came to reject both Ranke's personal ambition and his intellectual approach.

*theology: 신학

① Jacob Burckhardt never wanted to become a minister.
② Jacob Burckhardt studied art history in Basel.
③ Jacob Burckhardt's relationship with Ranke is uncontroversial.
④ Jacob Burckhardt thought power and evil went hand in hand.
⑤ Jacob Burckhardt embraced Ranke's intellectual approach.

[16~17] 다음 글의 내용과 일치하지 <u>않는</u> 것을 고르시오.

16

During a certain stage of sleep, which can be identified by rapid eye movements and characteristic brain wave patterns, we engage in dreaming. Everybody dreams, but unless we concentrate on remembering what we just dreamed, the images fade almost immediately once we wake up. Dreams are often bizarre because they are formed without outside stimulation and are based instead on our own internal associations, memories, and emotional inputs. Often, we can trace our associations to the symbols and metaphors that occur in dreams. Sometimes we are able to decode what it is that the dream sequence and images were expressing. The existence of "lucid dreams" has been established in research studies. People who can have lucid dreams are able to influence their own dreams, recognize that they are having a dream, and are able to wake themselves up if they wish.

① While people are dreaming, their eyes can move.

② Not everyone remembers what they dreamed.

③ Dreams are related with our mind and thought.

④ Dreams can be figurative and be interpreted.

⑤ People are unable to affect their own dreams.

17

Noise from inland wind farms, part of a growing industry located largely in the central midwestern United States and in the Canadian provinces of Ontario and Quebec, is the subject of scientific controversy. It is believed by many scientists to subject nearby residents to insomnia and headaches as well as the muscle aches, anxiety, and depression that result from sleep loss, from low-frequency noise, and possibly from changes in air pressure caused by operation of the turbines. Whether these symptoms are the result of actual wind turbine activity, of weather sensitivity, or of stress reactions brought on by noise annoyance is not entirely clear. Because

the definition of noise annoyance includes emotional reactions as well as physical symptoms, studies are showing conflicting results: each side of the controversy can cite extensive evidence, but neither side is convinced by the other's interpretation of research design or findings.

*insomnia: 불면증

① Noise from inland wind farms is a scientifically controversial topic.

② Residents near inland wind farms probably experience both mental and physical illness.

③ Scientists have not successfully identified the major cause of the symptoms that residents near inland wind farms suffer.

④ Noise annoyance is defined only within emotional reactions.

⑤ The results of the research on the noise from inland wind farms are still inconclusive.

[18~22] 다음 글의 빈칸에 들어갈 말로 가장 적절한 것을 고르시오.

18

Different cultural groups think, feel, and act differently. There is no scientific standards for considering one group as essentially superior or inferior to another. Studying differences in culture among groups and societies presupposes a position of cultural relativism. It does not imply normalcy for oneself, nor for one's society. It, however, calls for judgment when dealing with groups or societies different from one's own. Information about the nature of cultural differences between societies, their roots, and their consequences should _____. Negotiation is more likely to succeed when the parties concerned understand the reasons for the differences in viewpoints. [3점]

① construct our cultural identity
② precede judgment and action
③ form presupposed goals
④ be reevaluated objectively
⑤ explain the fundamental principles

19

Scientific superstructures resemble historical truths, or theological notions of God. They are provisionally useful as being the best we have for the moment, but they are _____. Our acceptance of them remains provisional, our commitment something less than wholehearted, while we continue to search for something better to displace them. In whatever area of human aspiration, the ultimate goal — the 'truth' or 'god' or 'reality' — remains forever elusive, out of reach, beyond us; but our belief that it's there provides the necessary motivation for our continuing search.

① to become the proof of aspiration
② to transform our lifestyle
③ not to motivate your life
④ to display the absolute truth
⑤ not to be relied upon for ever

20

It is estimated that for every human being alive today, there are as many as two hundred million individual insects. Just the total weight of all the ants in the world, all nine thousand

different kinds, is twelve times greater than the weight of all the humans on the planet. Despite their amazing numbers and the fact that they are found virtually everywhere, insects and other arthropods are still very alien to us, as if they were beings from another planet. They move on six or more legs, stare with unblinking eyes, breathe without noses, and have hard skinless bodies made up of rings and plates, yet there is something _____ about them, too. Arthropods have to do all the things people do to survive, such as find food, defend themselves from their enemies, and reproduce. They also rely on their finely tuned senses to see, touch, hear, smell, and taste the world around them.

*arthropod: 절지동물

① surprisingly suspicious
② minutely categorized
③ steadily progressive
④ humanly productive
⑤ strangely familiar

21

The fact remains that meditation has been practiced for centuries. Critics agree that, whatever the reason, it does seem to work. It is possible that psychological benefits may exist, even if physiological changes are not well established. Furthermore, studies have not controlled possible differences between persons who choose to practice meditation and those who do not. It is possible that such subject differences exist and that they influence the results of the meditation more than the technique itself. What we can conclude here is that _____. People will continue to meditate, often with beneficial results. Therapists will continue to use it to treat conditions of hypertension, alcohol abuse, drug abuse, insomnia, and many other psychiatric disorders. Similarly, behavioral scientists will continue to study meditation and its effects until more definitive findings are available. Yet there will always be those who refuse to accept objective, scientific evidence as the standard of acceptance and belief. [3점]

*meditation: 명상 **physiological: 생리학의

① the meditation waters are muddy
② its critics should try to practice meditation
③ meditation can relieve various physical pains
④ the definition of meditation is now unclouded
⑤ scientists should examine the methods of meditation

22

Ecological people interact with nature, in contrast with logical people who act upon nature and mythological people who are acted upon by nature. They engage in dialogue with nature. Dikes in Holland are made with layers of mud and rocks and woven willow mats. When the fury of the North Atlantic strikes these dikes they absorb the force with the flexibility of willow branches by moving in tune with the waves. This ecological solution stands in contrast to the logical solution of most European port cities that have built sea walls of steel-reinforced concrete to stop the waves. Acting against nature, these firm walls are eventually smashed apart and need to be rebuilt unlike the Dutch dikes that

_____. The mythological solution is to passively accept the edict of nature by neither building firm walls nor flexible dikes. Following the mythological solution, one third of Holland would be under water. [3점]

*dike: 제방 **edict: 칙령, 명령

① silently remain as objective observers
② constantly change with dramatic shifts
③ flexibly move with the natural rhythms
④ actively respond to the ecological mysteries
⑤ simply disregard the order of natural worlds

[23~24] 다음 글의 제목으로 가장 적절한 것을 고르시오.

23

Claims are *not*, as you might think, the opposite of facts. Nor does a claim 'become' a fact once we know it is true. A claim is always a claim, but the truth of some claims is established. And a claim does not necessarily involve some personal advantage or bias. Although in everyday speech we often use the word 'claim' to try to distinguish between statements whose truth is suspect or that are biased and those statements (called 'facts') whose truth is established and that are unbiased, these distinctions are dangerously misleading. All the statements that we think of as 'facts' are, actually, claims; they are so widely and clearly accepted as true that they *seem* different from claims that are not accepted. Put simply, claims are those statements that express beliefs or views about the way the world is or the way the world should be. Whether they are true or not is, of course, important, but it does not determine whether or not they are claims.

① Can We Separate Facts from Claims?

② Landmarks of the Truthful Claims

③ Facts, Everlasting Promises!

④ What Is the Opposite of Facts and Claims?

⑤ A Journey from Suspicion to Determination

24

Don't be afraid to try or to fail. It teaches you strength and how to overcome your personal challenges. Life's trials are not unique to you; they happen to everyone in differing degrees and help develop your mental tolerance and a strong character giving you the tools to help others to avoid the dangers. When you do not achieve the conclusion that you aimed for in a project or task, you often look on it as a defeat. This thought process can keep you stuck in a position of stalemate and prevent real progress because you give up. Never look at this experience as something bad, trying and failing is progress in every sense of the word. It can prove to be the vehicle that really launches you forward with renewed energy and a desire to try again.

*stalemate: 교착상태

① A Stay at the Bottom of Fate

② Welcome Hardships, Kicks of Life

③ Giving Up Is Part of Life's Trials

④ How to Apply Knowledge to Reality

⑤ Be Open-minded to New Experiences

[25~26] 다음 글의 요지로 가장 적절한 것을 고르시오.

25

We are regularly confronted by the need to make choices in our use of language. For most of the time, no doubt, coping with variance does not constitute anything of a problem and may indeed be unconscious: we are dealing with family and friends on everyday affairs; and what is more, we are usually talking to them, not writing. It is in ordinary talk to ordinary people on ordinary matters that we are most at home, linguistically and otherwise. And fortunately, this is the situation that accounts for the overwhelming majority of our needs in the use of English.

① The vast majority of us make careless mistakes in ordinary talk.

② We should not confront family and friends about their everyday affairs.

③ A linguistically diverse group of people must try harder to live in harmony.

④ Making unconscious choices does not constitute using language creatively.

⑤ Our everyday use of English does not usually require coping with variance.

26

As we observe the "objective" world, we view it through our own lenses or filters. Our everyday environment is like water to a fish—it's just there; we don't take note of it. Most of the time, we're not particularly conscious of what we consider normal activities, since we already have a place for them on our mental map; they fall into familiar categories. We have a tendency, as linguists have shown, to generalize from what we know to what we don't know— and either to distort or to delete (edit out) anything that doesn't make sense, given that view. All snow may look alike to Floridians; their experience does not provide a "map" for differentiation, so differences in the type of snow are ignored. Swedes or Aleuts, on the other hand, have the worldview, including the language, to distinguish among many different kinds of snow. Deleting or distorting that information would cause them real inconvenience.

① We should keep the objective filters of our perception.
② We see the world through a lens of subjectivity.
③ Our expectations shape our dream.
④ Our reason should avoid distorted information.
⑤ We must take a neutral position in generalizing what we know.

27

다음 글의 주제로 가장 적절한 것은?

Celtic Studies is a field long connected with the study of mythology. In the western European context the Celtic-speaking peoples have been amongst those most often held up as the recipients of a rich body of 'tradition'. From early descriptions of the Gauls through to modern accounts of Scottish Highland culture we find a reappearing emphasis on oral culture and a concern with the supernatural in daily life. In modern scholarship Celtic languages developed a strong connection to the discipline of comparative Indo-European philology and, in turn, to theories of comparative mythology

that are its by-products. Aside from these external perspectives, a primary stimulus of interest for mythologists is the very strong sense of the mythic present within Celtic literature itself; reference to gods, to heroes with supernatural qualities, and to events of the distant past. For these reasons, studies of Celtic religion, folklore and literature have very often been made subject to mythological models of interpretation.

*philology: 문헌학

① the repeated theme in describing supernatural qualities in gods
② the importance of Scottish Highland culture in classic literature
③ the characteristics of Celtic Studies and its connection to mythology
④ the novel perspectives on how to understand Celtic-speaking peoples
⑤ the rich body of tradition present in comparative Indo-European philology

[28~29] 다음 글에서 전체 흐름과 관계 <u>없는</u> 문장을 고르시오.

28

Camouflage, also known as cryptic coloration, is the one-size-fits-all defense in the world of animals. Animals as small as insects and as large as the boldly patterned giraffe —towering at a height of 18 feet (6 m) —depend on their cryptic colorations to help them blend in. ① Colors and patterns may camouflage an animal not only by helping it blend in, but also by breaking up its shape. ② That way, a predator does not recognize it at first. ③ An animal's coloring can hide the roundness of its body, making it look flat. ④ Our planet continues to be damaged as its inhabitants are indifferent to environmental issues. ⑤ Colors and patterns also can help hide an animal's shadow.

*cryptic: 숨은, 비밀의

29

The structuring of time can have many functions, some of which are more or less important in different cultures. But everywhere, one of the main functions is to set the schedule of the culture and, thereby, coordinate the activities of individuals in the culture. Other functions may be to relate the group's activities to some natural phenomena or to some supernatural phenomena. ① The structure may be used to order events in the past or in the future, or to measure the duration of events, or to measure how close or far they are from each other or from the present. ② Above all, the structure provides a means of orientation and gives form to the occurrence of events in the lives of individuals, as well as in the culture. ③ It provides a continuous and coherent framework in which to mark periodically repeating events and in which to place special events. ④ Mathematical ideas as fundamental as order, units, and cycles are the very building blocks. ⑤ As such, the structure imposed on time extends well beyond itself, reflecting and affecting much in a culture.

[30~34] 글의 흐름으로 보아, 주어진 문장이 들어가기에 가장 적절한 곳을 고르시오.

30

Odysseus got most of these aboard again, though he had to abandon his dead and seriously wounded.

According to the *Odyssey*, a poem that shows Odysseus in a different light, he first sailed for Thrace after leaving Troy. There he attacked and burned the city-port of Ismarus. (①) A priest of Apollo, whose life he undertook to spare, gratefully gave him several jars of sweet wine, half of which his men drank at a picnic on the beach. (②) Some Thracians who lived inland saw flames rising from Ismarus, and charged vengefully down on the drunken sailors. (③) A fierce north-easterly storm then drove his ships across the Aegean Sea towards Cythera, an island at the southernmost point of Greece. (④) Taking advantage of a sudden calm, he made his men use their oars and tried to round Cythera, bearing north-west for Ithaca, but the storm sprang up more fiercely than before, and blew nine days. (⑤) When at last it dropped, Odysseus found himself within sight of Syrinx, the Lotus-eaters' Island off the North African coast. [3점]

*vengeful: 복수심에 불타는 **oar: 노

31

Of course, grills are but one component of the growing interest in outdoor kitchens.

For consumers who desire more flexibility, an increasing number of companies are offering hybrid gas grills outfitted with pans or pullout drawers to accommodate charcoal and/or wood. (①) In addition, some barbecues can be customized with carts containing refrigeration or even an oven, allowing one to grill and bake at the same time. (②) And those who like their meat smoked on occasion can opt for accessories such as smoking trays and smoker boxes, or simply invest in a separate smoker. (③) In addition, because grilling is a day- and nighttime activity, many of today's barbecues incorporate surface lighting, as well as LEDs on the control panel to ensure temperature settings are visible after dark. (④) However, as these spaces continue to expand in functionality, taking on features that allow for year-round enjoyment, so too will the development of grill technology. (⑤) After all, as Russ Faulk noted, "Everything tastes better off a grill."

*incorporate: 포함하다

32

If an epidemic is particularly fierce or prolonged (like the Black Death), a great number of people who were weak will die, leaving the resistant survivors to repopulate their communities.

When an epidemic hits a population, there will be individuals in that population who have genetic mutations that make them more naturally resistant to infection. (①) Upon facing exposure to the pathogen, they will be more likely to survive than their normal, nonmutant counterparts. (②) After many generations of such "weeding out," the new surviving population will have a much higher frequency of individuals with the mutation than did the original, pre-epidemic population. (③) As a result, they will be more genetically prepared if that epidemic were to ever hit again. (④) Therefore, an epidemic can act as a selective pressure that triggers a change in the genetic profile of a population over time. (⑤) In other words, it can promote human evolution.

*epidemic: 전염병 **pathogen: 병원균

33

The only reason we know even this bare outline is that the tale was passed on by word of mouth until a visitor from the Mediterranean world wrote it down.

Over two thousand years ago, someone on the cold and windswept shores of the Atlantic Ocean sat down before a blazing fire and told a story. (①) Long ago, this person said, there were two gods who were brothers, twins born together from a great mother goddess of the sea. (②) When these brothers grew up, they left the ocean behind and came to dwell among the people who lived near the sea. (③) There was much more to the story, but that is all that survives. (④) In time, that document found its way to a Greek historian named Timaeus from the island of Sicily, who lived just after the age of Alexander the Great. (⑤) He recorded the story as part of his impressive history of the world from legendary times until his own day.

34

> In France, many words of the conquering Frankish Germans were incorporated into the vocabulary.

In the fifth century, Germanic expansion brought about the fall of the Roman Empire. Subsequently, without the Roman army to defend them, many lands passed under the control of Germanic tribes. (①) The movements of the West Germanic tribes are particularly important to the story of English. (②) By the end of the fifth century, West Germanic speakers had taken control of much of France and England. (③) These words included the name of the land itself: called *Gallia* (*Gaul*) under the Romans, it now came to be called *Francia* (*France*) 'land of the Franks'. (④) Still, Latin remained the language of France. (⑤) It is perhaps surprising that the conquerors adopted the language of the conquered people, but the high prestige of Latin as the language of a great empire and civilization may have contributed to its survival.

[35~38] 주어진 글 다음에 이어질 글의 순서로 가장 적절한 것을 고르시오.

35

> Petroleum is the "blood" of industry. But as it is buried deep in the earth, how can we find it? Sometimes, considerable labor, materials, and money are spent without exactly identifying the distribution range of petroleum.

(A) Therefore, when explorers detect a great amount of such bacteria in a place, they know there is probably petroleum. On the basis of the quantity of bacteria detected in the sample, they can also predict the quantity of petroleum and gas in reserve.

(B) Here, bacteria can be said to have a mysterious bond with petroleum. Petroleum is composed of various organic compounds, of which the majority is a carbon and hydrogen compound called hydrocarbon.

(C) Although petroleum is buried deep, there are always some hydrocarbons coming up to the earth's surface through the gaps in rock formations. Gas components in petroleum can also leak to the surface. Some bacteria feed on petroleum.

① (A) − (C) − (B)　　② (B) − (A) − (C)

③ (B) − (C) − (A)　　④ (C) − (A) − (B)

⑤ (C) − (B) − (A)

36

> Pearl Harbor transformed the nature of Hollywood's social concern, and criticism of government information services in the first half of 1942 led the President to create one unified body, the Office of War Information (OWI), from three existing agencies.

(A) It also encouraged Hollywood to publicise the efforts of the Allies and of resistance groups in Norway, Yugoslavia and elsewhere in occupied Europe. By late 1942 the manual began to have an impact on studio production.

(B) Lowell Mellett, a close friend of and adviser to the President, became head of the Bureau of Motion Pictures, part of the OWI's domestic branch. In the same month, June 1942, the administration issued a *Government Information Manual for the Motion Picture Industry*, a document written by Mellett's appointee Nelson Poynter and his staff.

(C) The manual has been seen as 'the clearest possible statement of New Deal, liberal views on how Hollywood should fight the war'. It stressed that the 'people's war' was not just a fight of self-defense but also a fight for democracy. [3점]

① (A) − (C) − (B) ② (B) − (A) − (C)
③ (B) − (C) − (A) ④ (C) − (A) − (B)
⑤ (C) − (B) − (A)

37

The reproducibility of published results is the backbone of scientific research. Objectivity is crucial for science and requires that observations, experiments and theories be checked independently of their authors before being accepted for publication.

(A) Unfortunately, this is not the case today, as most peer-reviewed journals belong to a few major publishers, who keep scientific articles behind pay-walls.

Since all over the world the majority of research programs are supported by public funds financed by taxpayers, not only researchers, but everyone from everywhere should have access to scientific publications.

(B) Consequently, the set of all scientific publications is the common heritage that researchers have collectively built over centuries, and are constantly developing. Given the constructive and universal nature of science, any researcher should have access, as early and easily as possible, to all scientific publications.

(C) Indeed, a result to be recognized as scientific must be presented and explained in an article which has been reviewed and accepted by peers, i.e., researchers able to understand, verify and, if necessary, correct it. It is only after successful peer review that a new result can be published and belongs to scientific knowledge.

① (A) − (C) − (B) ② (B) − (A) − (C)
③ (B) − (C) − (A) ④ (C) − (A) − (B)
⑤ (C) − (B) − (A)

38

The psychological answers to the question of why we should be bothered with history may seem too obvious to labour.

(A) But, if only because they seem so obvious, these answers can easily be taken for granted, and it's only when we are deprived of our pasts that we realise their importance—if not our actual dependence on them. That is why the examples of deprivation and abnormality recorded by Oliver Sacks and others are so instructive.

(B) From them we can see that a malfunctioning memory, or a complete loss of memory, has crucial implications for our sense of personal identity and therefore our ability to live in society with other people. Our personal histories provide support for our selves and our sanity.

(C) After all, it has become a platitude of history's defenders that the subject is needed as an essential part of education to provide a sense of national identity; and, at the personal level, we are all well enough aware that we have memories that have something to do with who we are, and where we are, and even where we hope to go. [3점]

*sanity: 제정신 **platitude: 상투어

① (A) − (C) − (B)　　② (B) − (A) − (C)
③ (B) − (C) − (A)　　④ (C) − (A) − (B)
⑤ (C) − (B) − (A)

[39~40] 다음 글의 내용을 한 문장으로 요약할 때, 빈칸 (A), (B)에 들어갈 말로 가장 적절한 것을 고르시오.

39

Though it sounds so simple and obvious, people screw this up all the time. When you train, many different factors influence each other and cause the resultant adaptations of the body. The experiences of trainees in gyms around the world for the last century, when combined with research over the last few decades, has enabled us to establish a fairly clear order of importance as to what will and won't give you the most from your training efforts. When you see seemingly conflicting advice —which exercises to do, how heavy to go, how many sets to perform, whether to train to failure, lifting explosively or slowly to 'feel the burn' etc. —you need to decide how important these factors are relative to your goals, and how they will affect the other aspects of your training. By looking at these variables through the lens of a pyramid of importance, you'll save yourself unnecessary confusion. As the classic saying goes, if you want to "fill your cup to the brim" when it comes to your training potential, get your big rocks in place before your pebbles, and your pebbles in place before your sand.

*brim: 가장자리 **pebble: 자갈

As considering ___(A)___ factors in training is crucial for maximizing results, a pyramid of importance can help ___(B)___ the key elements over seemingly conflicting advice.

	(A)		(B)
①	various	······	prioritize
②	limited	······	prioritize
③	unique	······	generate
④	diverse	······	generate
⑤	powerful	······	characterize

40

Theory and practice are often at odds. Yet there is something particularly strange in the way in which the received theory and the presumed practice of toleration in contemporary societies seem to go their separate ways. Theoretical statements on toleration assume at the same time its necessity in democratic societies, and its impossibility as a coherent ideal. In her introduction to a comprehensive collection on tolerance and intolerance in modern life, Susan Mendus appropriately makes the point that the commitment that liberal societies have to toleration 'may be more difficult and yet more urgent than is usually recognised'. In contrast with the urgency insisted on by the theory, the practice can appear contented: liberal democratic societies seem to have accepted the need for the recognition and accommodation of difference without registering its depth. So much so that 'practical' people often just dismiss such toleration as an excess of permissiveness. The success of 'zero tolerance' as a slogan for a less forgiving society bears witness to the spread of such a mood in public opinion.

*coherent: 통일성 있는.

Theoretically, tolerance is regarded   (A)   in democratic societies, but in reality, some people frequently overlook it as a(n)   (B)   of permissiveness.

	(A)		(B)
①	fundamental	⋯⋯	overflow
②	fundamental	⋯⋯	lack
③	radical	⋯⋯	balance
④	customary	⋯⋯	luxury
⑤	customary	⋯⋯	shortage

[41~42] 다음 글을 읽고, 물음에 답하시오.

Why do we gesture? Many would say that it brings emphasis, energy and ornamentation to speech (which is assumed to be the core of what is taking place); in short, gesture is an "add-on." However, evidence is against this. The lay view of gesture is that one "talks with one's hands." You can't find a word so you resort to gesture. Marianne Gullberg debunks this ancient idea. As she simply puts it, rather than gesture starting when words stop, gesture stops as well. The reasons we gesture are more profound. Language is _____. While gestures enhance the material carriers of meaning, the core is gesture and speech together. They are bound more tightly than saying the gesture is an "add-on" or "ornament" implies. They are united as a matter of thought itself. Even if, for some reason, the hands are restrained and a gesture is not externalized, the imagery it embodies can still be present, hidden but integrated with speech (it may surface in some other part of the body, the feet for example).

*debunk: (정체를) 폭로하다

41

윗글의 제목으로 가장 적절한 것은?

① The Hidden Power of Language
② Dissociation Between Gesture and Thought
③ Essential Principles of Gestures
④ Can We Measure the Depth of Our Thought?
⑤ Gestures: More Than Supplements

42

윗글의 빈칸에 들어갈 말로 가장 적절한 것은? [3점]

① inseparable from imagery

② emphasized by underlying meaning

③ different from superficial embodiment

④ dependent upon linguistic decoration

⑤ constructed by externalization

[43~45] 다음 글을 읽고, 물음에 답하시오.

(A)

"Dad, are you keeping an eye on the time?" Tom asked. He thought they had to go to the gate now, but (a) his dad seemed careless about the time. "Yes, I am, Tom. Don't worry. We're not going to be late," Dad said, but he had been saying that for at least twenty minutes. Dad was trying to find a duty-free shop with one special brand of watches. When they got there, the place was packed with a multitude of people. It seemed as though everyone in the airport wanted something from this duty-free shop

(B)

However, Dad did not even look at his son. He was talking with a salesman while examining a few watches in front of him. The salesman was very patient and considerate. Finally, Dad chose one, and the salesman said, "I'll wrap this for you then." Dad paid quickly and received the package from (b) him. Finally, the transaction was over. Dad turned to his son and said, "Let's roll." Before even Dad finished his words, Tom was already running.

(C)

They dashed along the passageway like 100-meter racers, and the bag of the package was flying, chasing after them. In the distance, (c) the son saw the gate closing and shouted, "Wait, we are here!" "Wait, please!" the father yelled too, right after his son. The attendant saw them, and they made it by the skin of their teeth. Sitting in his seat, Dad said, "See, I was right!" Tom didn't know what to say, but (d) he simply sighed with relief.

(D)

In the shop, there were many small booths selling different goods, and Dad was again walking around to look for the watch booth. "The plane leaves at four thirty, and the boarding begins thirty minutes earlier, which means we have to be at the gate by four," Tom was calculating in his mind and looked at (e) his watch. It was almost four. They should have been at the gate already. It would take at least ten minutes to reach the gate from where they were. Tom looked at his dad and made a long face.

43

주어진 글 (A)에 이어질 내용을 순서에 맞게 배열한 것으로 가장 적절한 것은?

① (B) – (D) – (C)　　② (C) – (B) – (D)

③ (C) – (D) – (B)　　④ (D) – (B) – (C)

⑤ (D) – (C) – (B)

44

밑줄 친 (a)~(e) 중에서 가리키는 대상이 나머지 넷과 다른 것은?

① (a)　　　　　② (b)

③ (c)　　　　　④ (d)

⑤ (e)

45

윗글에 관한 내용으로 적절하지 <u>않은</u> 것은?

① Tom was concerned about his dad's attitude toward time.

② The duty-free shop Tom visited was very crowded.

③ The salesperson provided a patient and considerate service.

④ Tom and his dad successfully went on board.

⑤ Tom was delighted with his dad's shopping.

[01~20] 각 문항의 답을 하나만 고르시오.

01

부등식 $\left(\log_{\frac{1}{2}}x-2\right)\log_{\frac{1}{4}}x<4$를 만족시키는 자연수 x의 개수는? [3점]

① 1   ② 3
③ 5   ④ 7
⑤ 9

02

함수 $y=f(x)$의 그래프가 그림과 같다.

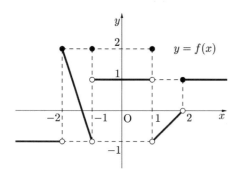

$\lim_{x\to 1-}(f\circ f)(x)+\lim_{x\to-\infty}f\left(-2-\dfrac{1}{x+1}\right)$의 값은?

[3점]

① -4 ② -2
③ 0   ④ 2
⑤ 4

03

〈보기〉에서 옳은 것만을 있는 대로 고른 것은? [3점]

> ┌─ 보기 ─┐
>
> ㄱ. 함수 $y=\tan\dfrac{3\pi}{2}x-\sin 2\pi x$의 주기는 2이다.
>
> ㄴ. 함수 $y=2\pi+\cos 2\pi x\,\sin\dfrac{4\pi}{3}x$의 주기는 3이다.
>
> ㄷ. 함수 $y=\sin\pi x-\left|\cos\dfrac{3\pi}{2}x\right|$의 주기는 2이다.

① ㄱ   ② ㄷ
③ ㄱ, ㄴ   ④ ㄴ, ㄷ
⑤ ㄱ, ㄴ, ㄷ

04

두 다항함수 $f(x)$, $g(x)$가 다음 조건을 만족시킨다.

> (가) $\displaystyle\int xf'(x)dx=x^3+3x^2+C$ (단, C는 적분상수)
>
> (나) $g(x)=\displaystyle\int_{-1}^{x}tf(t)dt$

$g'(2)=0$일 때, $f(-2)$의 값은? [3점]

① -30 ② -24
③ -18 ④ -12
⑤ -6

05

두 실수 a, b가 다음 조건을 만족시킬 때, a^3-2b의 값은? [4점]

> (가) b는 $-\sqrt{8a}$의 제곱근이다.
> (나) $\sqrt[3]{a^2}\,b$는 -16의 세제곱근이다.

① $-2-2\sqrt{2}$ ② -2

③ $4-2\sqrt{2}$ ④ 2

⑤ $2+2\sqrt{2}$

06

$x\geq 0$에서 정의된 함수 $f(x)=\dfrac{x^2}{12}+\dfrac{x}{2}+a$에 대하여 $f(x)$의 역함수를 $g(x)$라 하자.

방정식 $f(x)=g(x)$의 근이 b, $2b$ $(b>0)$일 때, $\displaystyle\int_b^{2b}\{g(x)-f(x)\}dx$의 값은?

(단, a는 상수이다.) [4점]

① $\dfrac{2}{9}$ ② $\dfrac{1}{3}$

③ $\dfrac{4}{9}$ ④ $\dfrac{5}{9}$

⑤ $\dfrac{2}{3}$

07

3θ는 제1사분면의 각이고 4θ는 제2사분면의 각일 때, θ는 제m사분면 또는 제n사분면의 각이다. $m+n$의 값은? (단, $m\neq n$) [4점]

① 3   ② 4

③ 5   ④ 6

⑤ 7

08

모든 항이 음수인 수열 $\{a_n\}$이

$$\frac{1}{2}\left(a_n-\frac{2}{a_n}\right)=\sqrt{n-1}\ (n\geq 1)$$

을 만족시킬 때, $\displaystyle\sum_{n=1}^{99}a_n$의 값의? [4점]

① -20 ② $-10-3\sqrt{11}$

③ $-10-7\sqrt{2}$ ④ $-9-3\sqrt{11}$

⑤ $-9-7\sqrt{2}$

09

실수 전체의 집합에서 연속인 두 함수 $f(x)$, $g(x)$가 다음 조건을 만족시킨다.

(가) 모든 실수 x에 대하여 $f(x)+f(-x)=1$이다.
(나) $x^2-x-2\neq0$일 때,
$$g(x)=\frac{2f(x)-7}{x^2-x-2}$$이다.

방정식 $f(x)=k$가 반드시 열린구간 $(0,\ 2)$에서 적어도 2개의 실근을 갖도록 하는 정수 k의 개수는? [4점]

① 3 　　　　　② 4
③ 5 　　　　　④ 6
⑤ 7

10

함수
$$f(x)=\begin{cases}2(x-2) & (x<2)\\4(x-2) & (x\geq2)\end{cases}$$와 실수 t에 대하여
함수 $g(t)$를 $g(t)=\int_{t-1}^{t+2}|f(x)|dx$라 하자.

$g(t)$가 $t=a$에서 최솟값 b를 가질 때, $a+b$의 값은? [4점]

① 6 　　　　　② 7
③ 8 　　　　　④ 9
⑤ 10

11

두 실수 $a(a>0)$, b에 대하여 수직선 위를 움직이는 점 P의 시각 $t(t\geq0)$에서의 위치 $x(t)$가
$$x(t)=t^3-6at^2+9a^2t+b$$
일 때, $x(t)$는 다음 조건을 만족시킨다.

(가) 점 P가 출발한 후 점 P의 운동 방향이 바뀌는 순간의 위치의 차는 32이다.
(나) 점 P가 출발한 후 점 P의 가속도가 0이 되는 순간의 위치는 36이다.

$b-a$의 값은? [4점]

① 18 　　　　　② 23
③ 28 　　　　　④ 33
⑤ 38

12

함수
$$f(x)=\begin{cases}\dfrac{x^2+ax+b}{x-5} & (x\neq5)\\7 & (x=5)\end{cases}$$
에 대하여 두 함수 $g(x)$, $h(x)$를
$$g(x)=\begin{cases}\sqrt{4-f(x)} & (x<1)\\f(x) & (x\geq1)\end{cases},$$
$$h(x)=|\{f(x)\}^2+a|-11$$
이라 하자. 함수 $f(x)$가 실수 전체의 집합에서 연속일 때, 함수 $g(x)h(x)$도 실수 전체의 집합에서 연속이 되도록 하는 모든 실수 a의 값의 곱은? (단, a, b는 상수이다.) [4점]

① -34 　　　　　② -36
③ -38 　　　　　④ -40
⑤ -42

13

삼각형 ABC가 다음 조건을 만족시킨다.

(가) $\cos^2 A + \cos^2 B - \cos^2 C = 1$

(나) $2\sqrt{2}\cos A + 2\cos B + \sqrt{2}\cos C = 2\sqrt{3}$

삼각형 ABC의 외접원의 반지름의 길이가 3일 때, 삼각형 ABC의 넓이는? [4점]

① $4\sqrt{3}$ 　　　　 ② $5\sqrt{2}$

③ $6\sqrt{2}$ 　　　　 ④ $5\sqrt{3}$

⑤ $6\sqrt{3}$

14

최고차항의 계수가 양수인 다항함수 $f(x)$와 $f(x)$의 한 부정적분 $F(x)$가 다음 조건을 만족시킨다.

(가) $\displaystyle\lim_{x \to \infty} \frac{\{F(x)-x^2\}\{f(x)-2x\}}{x^5} = 3$

(나) $\displaystyle\lim_{x \to 0} \frac{f(x)-2}{x} = 2$

(다) $f(0)F(0) = 4$

곡선 $y = F(x) - f(x)$와 x축으로 둘러싸인 도형의 넓이는? [4점]

① $\dfrac{1}{3}$ 　　　　 ② $\dfrac{2}{3}$

③ 1 　　　　 ④ $\dfrac{4}{3}$

⑤ $\dfrac{5}{3}$

15

모든 항이 양수인 수열 $\{a_n\}$이 다음 조건을 만족시킨다.

(가) $a_2 = \pi$

(나) $7a_n - 5a_{n+1} > 0 \ (n \geq 1)$

(다) $2\sin^2\left(\dfrac{a_{n+1}}{a_n}\right) - 5\sin\left(\dfrac{\pi}{2} + \dfrac{a_{n+1}}{a_n}\right) + 1 = 0 \ (n \geq 1)$

$\dfrac{(a_4)^5}{(a_6)^3}$의 값은? [4점]

① 4 　　　　 ② 9

③ 16 　　　　 ④ 25

⑤ 36

16

$0 \le x \le 1$인 모든 실수 x에 대하여 부등식
$2ax^3 - 3(a+1)x^2 + 6x \le 1$

이 성립할 때, 양수 a의 최솟값은? [4점]

① $\dfrac{11+\sqrt{5}}{6}$ ② $\dfrac{5+\sqrt{5}}{3}$

③ $\dfrac{3+\sqrt{5}}{2}$ ④ $\dfrac{4+2\sqrt{5}}{3}$

⑤ $\dfrac{7+5\sqrt{5}}{6}$

17

두 실수 a, b가 다음 조건을 만족시킬 때, $a+b+c+d$

의 값은? [5점]

(가) $\lim\limits_{x \to \infty}(\sqrt{(a-b)x^2+ax}-x)=c$ (c는 상수)

(나) $\lim\limits_{x \to -\infty}(ax-b-\sqrt{-(b+1)x^2-4x})$
   $=d$ (d는 상수)

① $-\dfrac{5}{2}$ ② -3

③ $-\dfrac{7}{2}$ ④ -4

⑤ $-\dfrac{9}{2}$

18

모든 자연수 n에 대하여 세 점 $(n-1, 1)$, $(n, 0)$, $(n, 1)$을 꼭짓점으로 하는 삼각형을 T_n, 직선 $y=\dfrac{x}{n}$ 가 직선 $y=1$과 만나는 점을 A_n, 점 A_n에서 x축에 내린 수선의 발을 B_n이라 할 때, 삼각형 $T_1, T_2, \cdots, T_n$ 의 내부와 삼각형 OA_nB_n의 내부의 공통부분의 넓이를 a_n이라 하자. 예를 들어, 그림과 같이 a_3은 세 삼각형 T_1, T_2, T_3의 내부와 삼각형 OA_3B_3의 내부의 공통부분 의 넓이를 나타내고 $a_3=\dfrac{7}{12}$이다. a_{50}의 값은? (단, O 는 원점이다.) [5점]

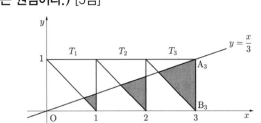

① $\dfrac{49}{6}$ ② $\dfrac{101}{12}$

③ $\dfrac{26}{3}$ ④ $\dfrac{107}{12}$

⑤ $\dfrac{55}{6}$

19

실수 $t(2<t<8)$에 대하여 이차함수
$f(x)=(x-2)^2$ 위의 점 $P(t, f(t))$에서의 접선이
x축과 만나는 점을 Q라 하자.
직선 $y=2(t-2)(x-5)$ 위의 한 점 R를 $\overline{PR}=\overline{QR}$
가 되도록 잡는다. 삼각형 PQR의 넓이를 $S(t)$라 할
때, $\lim\limits_{t\to 2+}\dfrac{S(t)}{(t-2)^2}$의 값은? [5점]

① $\dfrac{3}{2}$ ② 2

③ $\dfrac{5}{2}$ ④ 3

⑤ $\dfrac{7}{2}$

20

$0\leq x<2\pi$일 때, 함수
$f(x)=2\cos^2 x-|1+2\sin x|-2|\sin x|+2$에 대
하여 집합 $A=\{x|f(x)$의 값은 0 이하의 정수$\}$라 하
자. 집합 A의 원소의 개수는? [5점]

① 6 ② 7

③ 8 ④ 9

⑤ 10

[21~25] 각 문항의 답을 답안지에 기재하시오.

21

최고차항의 계수가 1인 삼차함수 $f(x)$에 대하여 함수
$g(x)$를
$$g(x)=\begin{cases} f(x) & (x<1) \\ -f(x) & (x\geq 1) \end{cases}$$
이라 하자. 함수 $g(x)$가 실수 전체의 집합에서 미분가
능하고 $x=-1$에서 극값을 가질 때, 함수 $f(x)$의 극
댓값을 구하시오. [3점]

22

다항함수 $f(x)$가 다음 조건을 만족시킬 때, $f(1)$의 값
을 구하시오. [4점]

> (가) 모든 실수 x에 대하여 $2f(x)-(x+2)f'(x)-$
> $8=0$이다.
> (나) x의 값이 -3에서 0까지 변할 때, 함수 $f(x)$의 평균
> 변화율은 3이다.

23

방정식 $3^x + 3^{-x} - 2(\sqrt{3^x} + \sqrt{3^{-x}}) - |k-2| + 7 = 0$
이 실근을 갖지 않도록 하는 정수 k의 개수를 구하시오. [4점]

24

수열 $\{a_n\}$과 공차가 2인 등차수열 $\{b_n\}$이

$$n(n+1)b_n = \sum_{k=1}^{n}(n-k+1)a_k \ (n \geq 1)$$

을 만족시킨다. $a_5 = 58$일 때, a_{10}의 값을 구하시오.

[4점]

25

두 함수 $y = 4^x$, $y = \dfrac{1}{2^a} \times 4^x - a$의 그래프와 두 직선 $y = -2x - \log b$, $y = -2x + \log c$로 둘러싸인 도형의 넓이가 3이 되도록 하는 자연수 a, b, c의 모든 순서쌍 (a, b, c)의 개수를 구하시오. [5점]

There is nothing like a dream to create the future.
미래를 창조하기 위해서 꿈만 한 것은 없다.

– 빅토르 위고(Victor Hugo)

2023학년도
기출문제

제1교시 국어영역

제2교시 영어영역

제3교시 수학영역

[01~05] 다음 글을 읽고 물음에 답하시오.

현대 사회와 문명의 발전을 대표하는 요인으로 과학과 민주주의를 들 수 있다. 그러나 이 요인들이 위기에 봉착하지 않는 것은 아니다. 과학은 환경 위기의 재앙을 낳았고 민주주의는 전체주의로 퇴행할 위험이 상존한다. 칼 포퍼 는 '반증주의'로 이러한 위기에 대응하고자 한다.

우선 그는 **과학 이론**이 논리적으로 모순이 없다고 해도 반드시 경험적 적용을 통해 타당성을 검증해야 한다고 본다. 이론들은 자연에 대해 이런저런 설명을 시도하지만 항상 오류 가능성을 포함하고 있다. 이때 경험적 적용은 이론의 예외가 되는 반증 사실이 있는지에 대해 검증하는 것으로서 만약 반증이 성립하면 그 이론은 수정되거나 폐기될 수밖에 없다. 반증은 과학 이론에 대해 지속적인 비판이 이루어진다는 것을 의미한다. 그러하기에 모든 과학 이론은 완전하지 않으며 반증 가능성을 통해 개선되거나 폐기된다.

그러나 모든 이론의 가설이 동일한 정도로 반증 가능성이 있는 것은 아니다. 예컨대 "검은 백조는 없다."라는 가설은 "여기 검은 백조가 있다."라는 경험적 적용을 통해 반증되지만, "모든 백조는 희다."라는 가설은 여러 색깔의 백조가 있을 가능성까지 배제하기 때문에 더 많은 반증이 필요하다. 이런 관점에서 좋은 이론은 반증 가능성이 큰 대담한 내용을 내포함에도 쉽게 무너지지 않는 이론으로 볼 수 있다. 포퍼는 자연의 진화처럼 과학 이론 역시 끊임없는 반증과 오류 제거를 통해 점진적으로 발전한다고 본다.

포퍼는 정치 역시 반증 가능성이 발전의 조건이 된다고 본다. 그는 현대 사회가 민주주의 사회로 발전했지만 다수결에 의해 폭군과 독재자가 통치하도록 결정될 수 있다는 역설을 배제할 수 없다고 본다. 민주주의 사회는 '열린 사회'지만 그렇다고 해서 '닫힌 사회'로 퇴보할 가능성이 없어진 것은 아니라는 것이다. 그가 보기에 닫힌 사회는 주술적이다. 통치자가 어떤 반박도 허용하지 않는 ㉠주술적 가치를 통해 지배하기 때문이다. 열린 사회를 구성하는 합리주의는 자신의 한계를 인식하고, 범할 수 있는 오류를 인정하기에 다른 의견을 경청하는 지적 겸손의 태도를 지니는 반면, 닫힌 사회의 독단주의는 소수의 폐쇄된 집단만 사태를 정확히 인식한다고 전제하는 지적 오만을 드러낸다.

그리하여 포퍼는 역사가 어떤 일반적 법칙에 따라 정해진 목적을 향해 발전해 간다는 역사주의를 비판한다. 그에게 역사주의란 전체론, 역사적 법칙론, 그리고 유토피아주의를 합쳐놓은 사상이다. 먼저 그는 전체 자체를 인식할 수 있다는 전체론이 오류라고 지적한다. 예컨대 국가를 구성원들 간의 단순한 집합 이상의 것이라고 한다면, 구성원 개개인을 넘어서는 국가 전체의 정신이나 논리를 전제할 수밖에 없다. 이런 관점에서는 국민이 희생되어도 국가 전체에 대한 지식을 소유한 소수 집단에게 국가 운영을 맡겨야 한다는 전체주의가 @ 싹트게 된다. 그래서 그는 단편적 지식만 아는 다수가 자신이 아는 지식을 자유롭게 교환하면서 국가의 미래를 논의하는 것이 전체주의보다 낫다고 본다.

다음으로 그는 역사적 법칙이 미래를 확실히 예측하는 수단인 것 같지만 실제로 이러한 예측은 불가능하며 오히려 그 법칙이 독단이 되어 국민을 억압하게 된다고 역사적 법칙론을 비판한다. 예를 들어 공산주의는 유물론의 법칙에 따라 국가가 모순이 완전히 해결된 공산사회로 나아갈 것이라고 보았지만, 그것은 닫힌 사회로의 퇴행일 뿐이다. 포퍼는 인간의 역사를 독단적인 법칙에 따라 예언할 수 없으며, 자연의 진화처럼 사회도 시행착오와 오류 제거를 통해 변화한다고 본다.

마지막으로 유토피아주의는 불변적이고 절대적인 이상 사회에 대한 믿음을 뜻하는데, 이는 독단의 법칙에 의해 뒷받침된다. 미래에 실현될 최종 유토피아가 완전하면 할수록 현재의 세계는 더욱 극복해야 할 부정적 대상이 된다. 포퍼는 열린 사회에서는 유토피아처럼 궁극적인 최종 목적이 아니라 현재 문제를 점진적으로 해결하려는 합리적 과정을 통해 설정된 단기적 목적을 이루는 것이 더 중요하다고 본다. 미래가 어떨지는 누구도 알 수 없고, 그것을 주장하는 사람은 마법사일 뿐이라는 것이다. 이런 관점에서 그는 '누가 통치해야 하는가' 대신, ㉡'사악하거나 무능한 지배자들이 심한 해악을 끼치지 않도록 어떻게 정치 제도를 만들 것인가'를 질문해야 한다고 역설한다.

01

윗글에 따를 때, '과학 이론'에 대한 설명으로 적절하지 않은 것은?

① 반증 가능성의 정도가 각기 다를 수 있다.
② 오류 제거를 통해 점진적으로 발전할 수 있다.
③ 가치 있는 이론은 반증을 잘 견디는 성질이 있다.
④ 경험적 적용은 이론을 이상적으로 만드는 방안이다.
⑤ 이론에 논리적 모순이 없더라도 타당성이 없을 수 있다.

02

㉠에 대한 설명으로 적절하지 않은 것은?

① 비판과 검증을 허용하지 않는 가치이다.
② 열린 사회에서는 배척되어야 하는 가치이다.
③ 사회를 무오류의 상태로 바꾸려는 가치이다.
④ 미래가 어떻게 될지 확신할 수 있는 가치이다.
⑤ 다수결에 따를 때는 나타날 수 없는 가치이다.

03

㉡에 대한 답변으로 적절하지 않은 것은?

① 단편적인 지식을 가진 개인들의 의견을 모으게 하는 제도가 필요하다.
② 소수 집단이라 해도 자신의 의견을 자유롭게 개진하게 하는 제도가 필요하다.
③ 치열한 토론과 자유로운 의사 결정이 침해되지 않게 하는 제도가 필요하다.
④ 단기적 목적을 세워 문제를 합리적으로 해결하게 하는 제도가 필요하다.
⑤ 시행착오로 인한 희생이 있어도 이상적 미래를 구현하게 하는 제도가 필요하다.

04

ⓐ와 의미가 통하는 한자어로 가장 적절한 것은?

① 태동(胎動)   ② 준동(蠢動)
③ 활동(活動)   ④ 가동(可動)
⑤ 약동(躍動)

05

〈보기〉의 견해에 대해 [칼 포퍼]가 제기할 만한 반론으로 가장 적절한 것은? [3점]

─── 보기 ───

어떤 시각 장애인이 코끼리 다리를 만지고 "코끼리는 원기둥 모양이다."라는 가설을 세웠다고 하자. 이후 많은 시각 장애인이 똑같이 그렇게 하여 같은 결론을 내린다면, 그 가설은 반증이 소용없다는 것을 뜻하는 것이 아닌가? 오히려 "우리가 만진 것은 코끼리 전체가 아닌 일부분이 아닐까?"라고 생각의 틀 자체를 바꾸는 발상이 필요하다. 과학의 발전은 한 이론적 틀에서 다른 틀로 급격히 전환되는 과정을 거쳐야만 이루어진다. 정치 역시 마찬가지다. 당면한 문제에 대한 방안은 치열한 토론으로 마련할 수도 있지만, 그것으로는 작은 과제들만 겨우 해결할 수 있다. 현대 정치가 부딪친 문제들은 작은 과제들이 아닌 전반적인 사회 구조에 의해 생기며, 따라서 정치는 사회 구조가 혁명적 과정을 통해 변해야만 발전할 수 있다.

① 과학의 이론적 틀은 하나여서 결코 바뀌지 않으며, 모든 정치적 문제는 작은 문제부터 해결하는 것이 출발점이 되어야 한다.
② 많은 반증이 제시된다고 해서 과학의 이론적 틀이 무너지는 것은 아니며, 사회 구조가 급격히 바뀐다고 해서 정치가 발전하는 것도 아니다.
③ 이전의 과학적 틀에 따른 가설들이 새로운 가설로 바뀌는 과정은 급격하며, 정치적 문제를 해결하는 방안들도 혁명 후에는 급격하게 바뀔 것이다.
④ 과학의 이론적 틀이 바뀌어도 반증을 통한 검증은 여전히 필요하며, 혁명적 과정에서 나타날 수 있는 정치적 독단은 문제 해결을 오히려 저해할 수 있다.
⑤ 과학의 이론적 틀은 여럿이기 때문에 어떤 틀을 택하는지가 중요하며, 정치적 문제의 해결책도 여럿이기 때문에 어떤 해결책을 택하는지가 중요하다.

[06~10] 다음 글을 읽고 물음에 답하시오.

(가)
알록조개에 입맞추며 자랐나
눈이 바다처럼 푸를뿐더러 까무스레한 네 얼굴
가시내야
나는 발을 얼구며
무쇠다리를 건너온 함경도 사내

바람소리도 호개*도 인전 무섭지 않다만
어두운 등불 밑 안개처럼 자욱한 시름을 달게 마시련다만
어디서 흉참한 기별이 뛰어들 것만 같애
두터운 벽도 이웃도 못 미더운 북간도 술막

온갖 방자의 말을 품고 왔다
눈포래를 뚫고 왔다
가시내야
너의 가슴 그늘진 숲속을 기어간 오솔길을 나는 ㉠헤매
이자
술을 부어 남실남실 술을 따르어
가난한 이야기에 고히 잠거다오

네 두만강을 건너왔다는 석 달 전이면
단풍이 물들어 천리 천리 또 천리 산마다 불탔을 겐데
그래두 외로워서 슬퍼서 초마폭으로 얼굴을 가렸더냐
두 낮 두 밤을 두리처럼 울어 울어
불술기* 구름 속을 달리는 양 유리창이 흐리더냐

차알삭 부서지는 파도소리에 취한 듯
때로 싸늘한 웃음이 소리 없이 새기는 보조개
가시내야
울 듯 울 듯 울지 않는 전라도 가시내야
두어 마디 너의 사투리로 때아닌 봄을 불러 줄게
손때 수집은 분홍 댕기 휘 휘 날리며
잠깐 너의 나라로 돌아가거라

이윽고 얼음길이 밝으면
나는 눈포래 휘감아치는 벌판에 우줄우줄 나설 게다
노래도 없이 사라질 게다
자욱도 없이 사라질 게다

– 이용악, 「전라도 가시내」

*호개 : '승냥이'의 방언
*불술기 : '기차'의 방언

(나)
조국(祖國)을 언제 떠났노,
파초(芭蕉)의 꿈은 가련하다.

남국(南國)을 향한 불타는 향수(鄕愁),
너의 넋은 수녀(修女)보다도 더욱 외롭구나.

소낙비를 그리는 너는 정열(情熱)의 여인(女人),
나는 샘물을 길어 네 발등에 붓는다.

이제 밤이 차다,
나는 또 너를 내 머리맡에 있게 하마.

나는 즐겨 너를 위해 종이 되리니,
네의 그 드리운 치마자락으로 우리의 겨울을 ㉡가리우
자.

– 김동명, 「파초」

06

(가), (나)의 공통점으로 가장 적절한 것은?

① 대상을 의인화하여 동적인 이미지를 구현한다.
② 독백적 어조로 자신의 상황을 반성적으로 성찰한다.
③ 장면을 시간순으로 배열하여 서사적 맥락을 형성한
다.
④ 반어의 수사적 표현으로 대상의 부정적 면모를 부각
한다.
⑤ 대상의 과거 상황을 상상하여 대상의 현재 처지를
이해한다.

07

**(가), (나)의 화자가 시적 대상에 대해 가지고 있는 태도
로 가장 적절한 것은?**

① (가), (나) : 관조적 태도
② (가), (나) : 공감적 태도
③ (가), (나) : 반성적 태도
④ (가) : 풍자적 태도, (나) : 숭배적 태도
⑤ (가) : 비관적 태도, (나) : 낙관적 태도

08

가시내에 대한 이해로 적절하지 <u>않은</u> 것은?

① 고향을 그리워하고 있다.

② 가을 무렵 두만강을 건넜다.

③ 봄이 오면 술막을 떠날 예정이다.

④ 자신의 처지에 냉소적이기도 하다.

⑤ 먼 길을 떠나 현재의 장소에 오게 되었다.

09

맥락에 따라 시어 **불타는**을 읽은 내용으로 적절하지 <u>않은</u> 것은? [3점]

① '불타는'과 '정열(情熱)'은 모두 뜨거움의 의미를 갖는데 이는 '남국'의 특성이므로, '너'가 '남국'을 그리워하는 까닭을 알 수 있군.

② 뜨거움을 뜻하는 '불타는'이 '밤이 차다', '우리의 겨울'과 대립적이므로, '너'는 '밤'과 '겨울'에 저항하는 능동적인 존재임을 알 수 있군.

③ '향수(鄕愁)'를 '불타는' 것으로 설정한 데서 갈증이 연상되는데 '샘물'은 이를 해소해 줄 수 있으니, '너'가 '나'를 필요로 하는 까닭을 알 수 있군.

④ '불타는'은 '향수(鄕愁)'를 낮게 하기 위한 수단이 '소낙비'임을 암시하므로, '샘물'을 발등에 붓는 '나'의 행동이 '너'에 대한 배려를 뜻함을 알 수 있군.

⑤ '불타는'의 '불'은 '정열(情熱)'과 함께 상승적 이미지를 갖는데 이는 긍정적 가치로 볼 수 있으므로, '너'라는 시적 대상이 긍정적인 가치를 갖는 존재임을 알 수 있군.

10

㉠, ㉡에 대한 설명으로 가장 적절한 것은?

① ㉠의 행위 주체는 화자이지만, ㉡의 행위 주체는 청자이다.

② 화자와 청자의 심리적 거리는 ㉠의 행위로는 멀어지지만, ㉡의 행위로는 가까워진다.

③ ㉠, ㉡ 모두 청자에게 행위의 동참을 요구하고 있다.

④ ㉠, ㉡ 모두 불확실한 미래에 대한 걱정을 바탕으로 한다.

⑤ ㉠, ㉡ 모두 행위가 실현되면 현실의 고난에서 벗어날 수 있다는 믿음이 담겨 있다.

[11~15] 다음 글을 읽고 물음에 답하시오.

여기에는 여러 가지 이유가 있는 것이다. 그러나 ㉠이러한 사실도 그중의 중요한 원인들이 되었을 것이다. ─조선 사람은 외국인에게 대해서 아무것도 보여 준 것은 없으나, 다만 날만 새면 자릿속에서부터 담배를 피워 문다는 것, 아침부터 술집이 번창한다는 것, 부모를 쳐들어서 내가 네 애비니 네가 내 손자니 하며 농지거리로 세월을 보낸다는 것, 겨우 입을 떼어 놓은 어린애가 엇먹는 말부터 배운다는 것, 주먹 없는 입씨름에 밤을 새고 이튿날에는 대낮에야 일어난다는 것…… 그 대신에 과학지식이라고는 소댕 뚜껑이 무거워야 밥이 잘 무른다는 것조차 모른다는 것을, ㉡외국 사람에게 실물로 교육을 하였다는 것이다. 하기 때문에 그들이 조선에 오래 있다는 것은 그들이 우리를 경멸할 수 있는 사실을 골고루 보고 많이 안다는 의미밖에 아니 되는 것이다.

"담바구야 담바구야…… 노이구곤 오데기루네……."

입을 이상하게 뾰족이 내밀었다 오므렸다 하고, 젓가락으로 화롯전을 두들겨 가며 장단을 맞춰서 콧노래를 하다가 뚝 그치더니,

"얘가 제일 잘 해요. 우리는 온 지가 삼사 년밖에 아니 되었지만……."

하며 벙벙히 앉았는 **화롯불 가져온 아이**를 가리킨다.

"응! 그래? 너는 얼마나 있었길래?"

말담도 별로 없이 조용히 앉았는 것이 어디로 보아도 건너온 지 얼마 안 되는 숫보기로만 생각하였던 것이, 조선 소리를 잘 한다니 조선애가 아닌가도 싶다.

"예서 아주 자라났답니다. 제 어머니가 조선 사람인데요."

하며 담바고타령을 하던 계집애가 이때까지 하고 싶던 이야기를 겨우 하게 되었다는 듯이 입이 재게 즉시 대답하고 나서,

"그렇지!"

하며 당자에게 얼굴을 들이댄다. 그 소리가 너무도 커닿기 때문에 조소하는 것같이 들리었다. 일인 애비와 조선인 에미를 가졌다는 계집애는 히스테리컬하게 얼굴

이 주홍빛이 되고 눈초리가 샐룩하여졌다. 어쩐지 조선 사람 어머니를 가진 것이 앞이 굽는다는 모양이다.

"정말 그래? 그럼 어머니는 어디 있기에?"

나는 호기심이 생겨서 물었다.

"대구에 있에요."

고개를 숙이고 앉았다가 간신히 쳐들면서 대답을 한다.

"그래 어째 여기 와서 있니? 소식은 듣니?"

왜 여기까지 와서 있느냐고 묻는 것은 우스운 수작이지만 나는 정색으로 이렇게 물었다.

그 계집애는 생글생글하며 나를 쳐다보더니,

"글쎄 그러지 않아두 누가 대구 가시는 이나 있으면 좀 부탁을 해서 알아보고 싶어두 그것도 안 되구……천생 언문으로 편지를 쓸 줄 알아야죠."

하며 이번에는 자기 신세를 조소하듯이 마음 놓고 커닿게 웃는다.

"그럼 아버지하군 지금 헤져서 사는 모양이구나?"

"그야 벌써 헤졌죠. 내가 열 살 적인가, 아홉 살 적에 장기(長崎)로 갔답니다."

"그래 그 후에는 소식은 있니?"

"한참 동안은 있었는데 지금은 어떻게 되었는지……? 하지만 이 설이나 쇠고 나건 찾아가 볼 테에요."

하며 흑흑 느끼듯이 또 한 번 어색하게 웃는다. 그 웃음은 어느 때든지 자기의 기이한 운명을 <u>스스로 조소</u>하면서도 하는 수 없다는 단념에서 나오는, 말하자면 큰일을 저지르고 하도 깃구멍이 막혀서 나오는 웃음 같았다.

"아무리 조선 사람이라두 길러낸 어머니가 정다울 테지? 너의 아버지란 사람이 어떤 사람인지는 모르겠다마는, 지금 찾아간대야 그리 반가워는 아니 할걸?"

조선 사람 어머니에게 길리어 자라면서도 조선말보다는 일본말을 하고, 조선옷보다는 일본옷을 입고, 딸자식으로 태어났으면서도 조선 사람인 어머니보다는 일본 사람인 아버지를 찾아가겠다는 것은, 부모에 대한 자식의 정리를 지나서 ⓒ<u>어떠한 이해관계</u>나 일종의 추세라는 타산이 앞을 서기 때문에 이별한 지가 벌써 칠팔 년이나 된다는 애비를 정처도 없이 찾아간다는 것이라고 생각할 제, 이 계집애의 팔자가 가엾은 것보다도 ⓓ<u>그 에미가 한층 더 가엾다</u>고 생각지 않을 수 없었다.

(중략)

젊은 사람들의 얼굴까지 시든 배춧잎 같고 주눅이 들어서 멀거니 앉았거나, 그렇지 않으면 빌붙는 듯한 천한 웃음이나 '헤에' 하고 싱겁게 웃는 그 표정을 보면 가엾기도 하고, 분이 치밀어 올라와서 소리라도 버럭 질렀

으면 시원할 것 같다.

(가)
┌ '이게 산다는 꼴인가? 모두 뒈져 버려라!'
찻간 안으로 들어오며 나는 혼자 속으로 외쳤다.
└ '무덤이다! 구더기가 끓는 무덤이다!'

나는 모자를 벗어서 앉았던 자리 위에 던지고 난로 앞으로 가서 몸을 녹이며 섰었다. 난로는 꽤 달았다. 뱀의 혀 같은 빨간 불길이 난로 문틈으로 날름날름 내다보인다. 찻간 안의 공기는 담배 연기와 석탄재의 먼지로 흐릿하면서도 쌀쌀하다. ⓔ<u>우중충한 남폿불</u>은 웅크리고 자는 사람들의 머리 위를 지키는 것 같으나 묵직하고도 고요한 압력으로 지그시 내리누르는 것 같다.

– 염상섭, 「만세전」

11

윗글의 서술 방식으로 가장 적절한 것은?

① 인과 관계가 약한 사건들을 병치하여 우연성을 강조하고 있다.

② 서술자는 이야기 속 이야기를 통해 인물의 과거를 소개하고 있다.

③ 상징적 소재를 통해 중심 갈등이 해소되는 과정을 서술하고 있다.

④ 인물의 내적 독백을 통해 인물들의 긍정적인 면모를 부각하고 있다.

⑤ 등장인물인 서술자가 다른 인물들을 관찰하며 논평하고 있다.

12

(가)에 드러난 태도로 가장 적절한 것은? [3점]

① 실의에 빠진 대상을 포용하면서도 절망적인 상황에 좌절하는 태도

② 어떤 기대도 더 이상 할 수 없는 대상을 일방적으로 저주하는 태도

③ 한심한 모습의 대상에 대한 안타까움과 분노를 같이 드러내는 태도

④ 큰 소리로 말하고 싶지만 대상이 잘 받아들이지 않을 것을 염려하는 태도

⑤ 무기력한 대상을 구원하려던 시도가 좌절되었을 때의 실망한 태도

13

화롯불 가져온 아이 에 대한 설명으로 적절하지 <u>않은</u> 것은?

① 조선에서 태어나고 자랐다.
② 자신이 혼혈인 것이 드러나는 것을 꺼린다.
③ 자신을 얕보는 동료에게 무례한 행위를 한다.
④ 어머니와 헤어진 상태이다.
⑤ 한글로 편지를 쓸 줄 모른다.

14

㉠~㉤의 문맥적 의미를 해석한 것으로 적절하지 <u>않은</u> 것은?

① ㉠: 조선인들이 일본인에게 천대를 받는 것은 조선인들에게 원인이 있다는 사실
② ㉡: 외국 사람에게 조선인들이 실제 물건들을 사용하여 교육하는 것
③ ㉢: 일본인 아버지에게 기대어 사는 것이 더 이롭다는 계산
④ ㉣: 그 어머니는 남편과 딸에게 모두 버림받았기 때문에 더 가엾다고 생각함
⑤ ㉤: 무덤 같은 찻간의 분위기를 더욱 무겁게 만드는 흐리고 침침한 램프 불빛

15

〈보기〉를 참조하여 윗글에 드러난 '나'의 생각을 비판한 것으로 가장 적절한 것은?

> ┌─ 보기 ┐
>
> 「만세전」의 제목에 쓰인 '만세'는 3·1운동을 가리킨다. 이 작품은 3·1운동 직전인 1918년 12월 일본 동경에서 식민지 수도 서울로의 여행을 통해 일본에서 유학하던 주인공이 본 당시 식민지 조선의 상황을 그려내고 있다. 그 다음 해에 일어난 3·1운동은 일제강점기가 시작된 이후 펼쳐진 조선총독부의 억압적인 무단통치에 온 민족이 들고일어나 독립 만세를 외친 역사적 사건이다. 이 운동을 통해 우리 민족은 일제가 아니라 우리가 우리의 운명을 결정한다는 자주성을 높이 드러내었다.

① '나'는 무덤 같은 환경에 지배받았던 당시 조선인들의 삶을 그들이 자주적으로 선택한 삶이라 보고 있어.
② 일제 총독부의 무단통치가 낳은 폐해를 목격하면서도 '나'는 일본에 기대어야 한다는 생각을 벗어나지 못한 거야.
③ '나'는 구습에 젖은 당시 조선인들에게서도 희망을 발견하려는 자신이 우월하다는 생각에 갇혀 있어.
④ 당시 조선인들을 무덤 속 구더기로 보는 '나'의 관점으로는 조선에서 왜 자주적인 만세 운동이 일어났는지 이해할 수 없을 거야.
⑤ 시대에 뒤떨어졌다고 해서 조선인들을 경멸하는 것은 일본인들의 잘못이기에 '나'는 일본인들이 잘못을 깨달으면 상황이 나아질 것이라고만 보고 있어.

[16~19] 다음 글을 읽고 물음에 답하시오.

> 생물학에서 유전 물질 간의 전이는 DNA가 전사를 통해 RNA가 되며 이 RNA가 번역을 통해 단백질을 형성하는 과정을 거친다. 이 과정의 마지막 단계에서 형성된 단백질은 세포나 조직의 구조를 이루거나, 기능상 혹은 조절상 중요한 역할을 한다. 그 때문에 적절한 시점에 정상적으로 단백질이 발현되지 않으면 질병으로 이어지게 된다. 근본적인 유전 물질인 DNA의 변이가 질병의 원인일 경우 RNA와 단백질에도 문제가 생기게 되므로 유전자의 변이를 고칠 수 있다면 단백질 이상 발현이 생길 가능성이 현저히 줄어들 것이다. 이처럼 근본적인 원인이 되는 비정상 유전자를 고치는 것을 유전자 치료라고 하는데, 그중 현재 가장 발전한 것이 ㉠3세대 유전자 가위, 크리스퍼 시스템이다.
>
> 세균과 고세균에서만 발견되는 특이한 반복서열을 사용하였다고 하여 이름 붙여진 크리스퍼 시스템은 면역 반응을 이용하여 바이러스 유전체의 염기서열을 조작하는 유전자 치료 방법으로, 2012년 엠마뉴엘 샤펜티어 교수와 제니퍼 다우드나 교수 연구팀에 의해 제안되었다. 이 시스템은 기술적으로 비교적 다루기 쉽고 비용이 적게 든다는 장점이 있어 〈사이언스〉에서 가장 혁신적인 기술로 선정되기도 했다. 앞서 2000년대 초반 징크핑거 뉴클레아제가 1세대 유전자 가위로 등장했고 이후 2세

대 유전자 가위로 탈렌이 등장한 바 있었으나, 기술적으로 다루기 어렵고 비용이 많이 든다는 단점이 있었다.

자연계에는 세균의 후천성 면역 작동 기제의 한 종류로 크리스퍼 시스템이 존재한다. 1987년 일본에서 박테리아의 유전체 분석 과정 중에 특이하게 반복되는 서열이 발견되었다. 이 서열은 일정한 간격(스페이서)을 두고 반복되었는데, 당시로는 그것이 갖는 중요성이 충분히 인지되지 못했다. 2000년대 초반에 염기서열 분석 기술이 비약적으로 발전하자 저렴한 가격으로 더 빠르게 유전체 분석을 할 수 있게 되었고, 지난 10여 년 동안 잊혔던 반복서열이 주목받기에 이르렀다. 2002년에 세균과 고세균에서만 발견되던 이 반복서열은 크리스퍼(CRISPR)라고 명명되었다. 크리스퍼 근처에 자리잡고 있으면서 그 기능에 중요한 역할을 할 것이라고 예상되는 유전자도 발견되었으며, 이 유전자는 카스(Cas: CRISPR associated protein)라고 이름 붙여졌다.

이렇게 세균에서 구조적인 특징이 발견되자, 연구자들은 이 시스템의 기능 연구에 몰두하게 되었는데 2005년에 스페이서 서열이 세균을 숙주로 하는 바이러스의 유전체와 일부 동일하다는 여러 논문이 나왔다. 이 사실을 바탕으로 크리스퍼 시스템은 적응 면역과 관련 있을 가능성이 제시되었으며, 2007년 실험적으로 증명되어 〈사이언스〉에 발표되었다. 이 연구에서 크리스퍼 시스템은 다음과 같이 정리되었다. 우선 세균 내에서 크리스퍼의 반복서열을 인식하는 트랜스활성화RNA와, 스페이서 서열과 반복서열을 포함한 크리스퍼RNA를 만든다. 만약 이전에 감염된 적이 있는 바이러스의 유전체 서열 정보가 스페이서 서열에 포함되어 있다면, 다시 그 바이러스가 침입한 경우 이를 크리스퍼RNA가 인식하고, 이 반응에 맞춰 트랜스활성화RNA와 카스 단백질은 바이러스의 유전체를 공격해 절단한다. 또한 2012년에는 앞에서 언급한 엠마뉴엘 샤펜티어 교수와 제니퍼 다우드나 교수의 연구를 통해 세균 내에 따로 존재하는 트랜스활성화RNA와 크리스퍼RNA를 하나로 이어 만든 가이드RNA에 카스 단백질을 넣으면 세균의 크리스퍼 시스템의 모사가 가능하다는 사실이 밝혀지기도 했다. 또한 세균 내 스페이서 서열이 바이러스를 인식하는 것과 비슷하게 스페이서 서열 대신 우리가 원하는 표적의 서열을 넣으면 원하는 유전체를 자를 수 있다는 것도 증명되었다. 이듬해에는 인간을 포함한 고등생물에서도 이 크리스퍼 시스템이 사용될 수 있다는 것이 증명되기도 했다.

크리스퍼 시스템은 생명과학 분야에서 유전자 교정을 통해 동식물의 생산량과 안정성을 조절하는 데 기여할

수 있을 것으로 예상된다. 또한 유전자 드라이브, 곧 인간이 아닌 생물의 유전자를 변형시켜 유전자 구성을 바꾸는 과정을 통해 바이러스 매개체인 야생 모기 등을 멸종시키는 것도 가능할 것이다. 그리고 생명 윤리의 문제를 해결한다면 유전자 치료를 통해 유전질환을 치료하는 데에도 활용될 수 있을 것으로 기대된다. 하지만 크리스퍼 시스템은 아직까지는 기술적 정확성 면에서 한계가 있고 유전자 변이를 완벽히 통제하지 못하고 있다는 제약을 가지고 있다. 나아가 미래 생명 과학이 우생학적 편견 같은 잘못된 가치관과 만났을 때의 문제를 보여준 영화 〈가타카〉(1997)에서 알 수 있듯이 유전자 편집의 경계 기준이 단지 기술적인 차원에서뿐 아니라 생명 윤리의 차원에서 다루어질 필요도 있다는 점을 간과해서는 안 된다.

16

윗글의 서술 방식으로 가장 적절한 것은?

① 대상의 속성들을 나열한 후, 그것을 통일된 구조로 종합하고 있다.

② 대상을 정의한 후, 그와 관련된 사항들을 구체적으로 설명하고 있다.

③ 권위 있는 의견을 제시한 후, 대상이 그것에 부합함을 설득하고 있다.

④ 대상의 세부적인 요소를 분석한 후, 그 전체적인 외양을 묘사하고 있다.

⑤ 대상에 관한 다양한 사례를 제시한 후, 그것을 하나의 개념으로 요약하고 있다.

17

윗글에서 밝힌 사건의 순서를 바르게 파악한 것은?

<보기>

ⓐ 세균의 유전자에 존재하는 특정한 반복 염기서열을 크리스퍼로 명명

ⓑ 크리스퍼 시스템과 적응 면역의 관련 가능성을 실험적으로 증명

ⓒ 박테리아 유전체에서 일정한 스페이서를 둔 서열 발견

ⓓ 인간의 유전자에 크리스퍼 시스템을 사용할 수 있음을 확인

① ⓐ - ⓑ - ⓒ - ⓓ
② ⓐ - ⓒ - ⓓ - ⓑ
③ ⓒ - ⓐ - ⓓ - ⓑ
④ ⓒ - ⓐ - ⓑ - ⓓ
⑤ ⓓ - ⓐ - ⓑ - ⓒ

18

윗글에 따를 때, '크리스퍼 시스템'의 핵심적인 작동 기제는? [3점]

① 크리스퍼RNA와 트랜스활성화RNA의 결합
② 가이드RNA에 의한 스페이서 서열의 절단
③ 트랜스활성화RNA에 의한 크리스퍼RNA의 복제
④ 가이드RNA와 카스에 의한 표적 염기서열 절단
⑤ 트랜스활성화RNA와 크리스퍼RNA에 의한 표적 염기서열의 복제

19

㉠의 의의를 진술한 것으로 적절하지 않은 것은?

① 비용이 비교적 적게 드는 처리 방법이다.
② 고등생물을 대상으로 사용할 수 있다고 증명된 방법이다.
③ 생명 윤리 차원에서 우생학적 편견을 안고 있는 방법이다.
④ 식량 증산을 위한 산업적 활용의 가능성이 있는 방법이다.
⑤ 현재까지는 기술적으로 가장 발전한 유전자 치료 방법이다.

[20~23] 다음 글을 읽고 물음에 답하시오.

국어사전에 따르면, '구독'은 '책이나 신문, 잡지 따위를 구입하여 읽음'으로 풀이되어 있다. 몇 년 전까지만 해도 무엇인가 '구독'한다고 할 때에는 주로 이 뜻을 떠올렸다. 하지만 요즈음 사전에서는 '정기적으로 내는 기부금, 가입, 모금, (서비스) 사용'으로도 정의한다. 영어로는 서브스크립션(subscription)이라고 하는데, 여기에는 '이용'한다는 의미가 담겨 있다. 실제로 구독 서비스는 소유보다는 이용에 초점을 두고 있으며, 이 때문에 구독 경제가 소유에서 이용으로 경제 패러다임을 전환시켰다는 평가를 받기도 한다. ㉠

1913년 자동차 대량생산을 위해 '포드 시스템'이 도입된 이래, 지난 백여 년간 우리의 주된 소비 방식은 구매하고 소유하는 것이었다. 소비자들에게는 선택권이 많지 않았고 기업과 소비자 사이에서 이루어지는 거래는 단순했다. 기업은 소비자의 수요를 고려하여 싸고 질좋은 제품을 판매하고 소비자는 합당한 가격을 지불하고 구매하여 소유하는 것이 당연한 일이었다. 경제 성장으로 노동자들의 수입이 증가하고 가처분 소득이 늘면서 소유가 주는 의미는 각별해졌다. 큰 집, 고급 승용차, 고가의 보석, 그리고 더 많은 물건을 내 것으로 만들어 자신이 거둔 성공을 과시하는 것이 소비의 목적 중 하나가 되었다. 지금도 소유는 어느 정도 그런 의미를 내포한다. 하지만 소유는 소비의 유일한 목적이 아니다. ㉡

책을 예로 들면, 소장 자체를 목적으로 책을 사는 소비자들도 있지만, 대개는 책을 읽으면서 지식을 넓히고 정서적 풍요를 누리며 무료한 시간을 즐겁게 보내려고 한다. 이 때문에 굳이 비싼 비용과 긴 시간의 기다림과 추가적인 보관 공간의 부담 없이도 이용할 수 있는 전자책 구독 서비스가 활성화되는 바탕이 마련된다. 소유를 하지 않더라도 구독을 통해 책을 읽는 각자의 목적이 충족될뿐더러 새로운 서비스로 인해 책과 관련된 경험이 여전히 풍부하고 즐거울 수 있는 것이다. 구독 서비스는 이렇게 소비자의 다양한 소비 목적 달성과 그 과정에서 얻게 되는 경험에 주목하는 경제 모델이다. 판매자와 소비자의 관계에서도 판매는 판매자가 상품을 소비자에게 건네주고 소비자가 그에 맞는 비용을 지불함으로써 그 관계가 일단 완성되는 반면, 구독은 소비자가 비용을 지불한 이후에도 계약 기간 동안 그 관계가 지속된다. ㉢

오늘날 구독 경제가 하나의 주요한 경제 모델로서 확산된 데에는 판매자와 소비자가 직접 연결될 수 있게 한

기술적 발전의 기여가 크다. 판매에서는 판매자와 소비자 사이에 계층화된 영업소와 영업사원이 있다. 이 전통적인 유통 채널은 일방향성이라는 소통적 특성과 시간적 지연으로 인해 소비자의 욕구와 불만을 후속 판매에 반영하는 데 제약이 있다. 소유를 전제로 한 이러한 경제 모델은 미래에도 존재할 것이다. 하지만 모바일 기술이나 콜드 체인 기술 같은 발전된 기술로 인해 판매자와 소비자가 직접 연결될 수 있게 되었고, 구독 서비스의 등장을 통해 기업이나 판매자가 소비자와 쌍방향적으로 직접 소통하며 소비자의 요구에 따라 특화되거나 개별화된 상품을 신속하게 제공하는 것이 가능하게 되었다. 기술적 발전 외에도 1인 세대가 증가한 것이 주요 원인이 되기도 했으며, 이른바 가성비를 중시하는, 혹은 이와는 달리 가격과 관계없이 높은 만족감을 주는 상품을 중시하는 가치 소비 세대로서 밀레니얼 세대가 새로운 소비 주체로 등장하게 된 것도 구독 경제의 규모를 키우는 주요한 요인이 되었다고 평가된다. ㉣

구독 경제는 소비 주체가 충성 고객이 될 수 있는지 여부에 항상 촉각을 곤두세운다. 충성 고객을 많이 확보할수록 판매자는 발전할 수 있고 구독 경제 또한 성장한다. 그렇기에 판매자인 유통 회사들은 자신들의 정체성을 판매업에서 서비스업으로 변화시키는 혁신에 나선다. 구독 경제에서 충성 고객이 되는 소비자들은 흔히 '최우수 고객'으로 불린다. 그들에게는 여느 고객이 누리는 혜택에 더하여 배타적이고 고객 특화적인 추가 혜택이 주어지며 무료 혜택이 함께 부여되기도 한다. 그런 만큼 이러한 자격을 갖게 된 소비자는 구독료가 비싸더라도 구독 서비스에 충성한다. 판매자 또한 충성도 높은 소비자를 확보하기 위해 구독료에 비해 훨씬 비싼 구독 서비스를 제공하는 비용 지출을 감수할 수 있다. 그것은 소비자의 반복된 구독에 의해 생산되는 구독 정보를 구독 서비스의 비용 절감을 위한 평가 및 예측 정보로 활용할 수 있고 나아가 상품이나 서비스와 직접 관련이 없는 소비자 정보까지도 빅데이터로 활용하여 새로운 사업 진출에 중요한 판단 근거로 활용할 수 있기 때문이다. ㉤

20

윗글의 내용과 일치하지 않는 것은?

① 구독 서비스는 비용을 지불한 서비스의 계약 기간을 조건으로 한다.

② 구독 경제에서는 상품을 위한 비용 지불 이후에도 판매자와 소비자의 관계가 지속된다.

③ 모바일 기술 발전으로 판매자와 소비자가 직접 연결됨으로써 판매자는 특정 소비자에 특화 상품 및 서비스를 제공할 수 있게 된다.

④ 밀레니얼 세대의 가치 소비 경향은 구독 경제를 지탱하는 주요한 요인 중 하나이다.

⑤ 충성도 높은 소비자를 유지하기 위해 구독 서비스가 선택하는 일반적인 전략은 값싼 구독료를 유지하는 것이다.

21

윗글에 따를 때, 판매와 비교하여 구독 서비스가 갖는 특징으로 가장 적절한 것은?

① 상품의 독점적 사용

② 상품의 저렴한 가격

③ 상품의 높은 품질과 명성

④ 유통 채널의 직접성과 쌍방향성

⑤ 소비 수요를 고려한 상품 생산과 제공

22

윗글의 맥락을 고려하여 이해한 내용으로 적절하지 않은 것은?

① 미래에는 소유를 목적으로 한 소비는 사라질 것이다.

② 구독 경제는 오늘날 경제에서 규모를 키워가고 있다.

③ 구독 서비스의 활성화는 세대 구성의 변화와 밀접한 관련이 있다.

④ 구독 서비스에서는 소비자가 상품 생산에 직접적인 영향을 끼치기도 한다.

⑤ 소비자의 구독 정보는 해당 구독 서비스 외의 목적을 위해서도 활용될 수 있다.

23

윗글의 주요 내용을 구체화하기 위해 〈보기〉의 사례를 추가한다고 할 때, 가장 적절한 위치는? [3점]

──────── 보기 ────────

○○는 꽃 구독 서비스이다. 2주 단위로 그 시기에 가장 아름다운 꽃을 주제로 꽃다발이나 꽃바구니를 꾸며 제공한다. 가격대별로 여러 방식으로 제공되는 서비스가 있으며 여기에는 꽃꽂이 강좌 구독 같은 병행 서비스도 포함된다. 기존의 꽃 배달 서비스가 상품인 꽃을 일회적으로 판매하는 것인 데 반해, 꽃 구독 서비스는 꽃의 선별과 장식, 그리고 정보 제공 등을 서비스의 대상으로 삼아 자기 자신을 위해 주문하는 소비자에게 주기적으로 제공한다. 꽃 구독 서비스는 자주 꽃을 사서 직접 장식하기에는 시간과 노력의 부담이 있지만 집을 아름답고 생기 있게 꾸미고자 하는 젊은 가치 소비 세대에게 특히 호응을 얻고 있다.

① ㉠
② ㉡
③ ㉢
④ ㉣
⑤ ㉤

[24~27] 다음 글을 읽고 물음에 답하시오.

'가스라이팅'은 1944년 조지 쿠커가 감독한 영화 〈가스등(Gaslight)〉에서 유래한 용어이다. 이 영화에서 남편 그레고리는 계속 상황을 조작하여 아내 폴라의 판단과 기억력에 영향을 줌으로써 그녀가 왜곡된 현실 감각으로 자신을 미쳤다고 의심하도록 정신적으로 조종한다. 영화에서처럼 현실의 인간관계에서도 정서적 학대를 동반하는 심리적 지배나 억압의 사례들이 많이 발견되는데, 이에 착안하여 가스라이팅이라는 용어가 생겼다. 이 용어는 이제 널리 퍼져서, 반복적인 강요나 압박, 두려움에 의한 복종 같은 것들과 혼동되기도 한다. 하지만 이런 것들과 달리 가스라이팅은 지속적인 심리 조작으로 피해자가 자기 불신과 가해자에 대한 자발적 순종 또는 의존을 하게 만드는 심리적 억압 기제를 갖는다. 여기에 반드시 범죄적 의도나 폭력적 강제가 동반되는 것은 아니다.

흔히 가스라이팅은 불평등한 남녀 관계와 관련하여 많

이 주목되지만, 개인과 집단의 관계, 더 나아가 사회 제도와의 관계에서도 구조적으로 발생한다. 이 때문에 가스라이팅은 사회적 불평등에 뿌리를 둔 사회학적 현상이라고 주장되기도 한다. ㉠집단 내 가스라이팅은 특히 억압적 질서와 과잉된 친밀함을 제도화하고 있는 집단에서 강한 권력관계에 의한 불평등한 위계질서를 바탕으로 나타나며, 편견과 차별을 강화하는 방향으로 심화된다. 이러한 집단 내에서 구성원들에게 친밀감이나 정서적인 일체감을 강요하는 것은 일상적이다. 이때 발생하는 정서적 억압은 집단 내에 있지 않을 때 자신을 미약하고 무의미한 존재일 뿐이라고 여기게 하고 집단 내에 있어야 자신이 보호받을 수 있다고 생각하게 만듦으로써 자발적 복종에 이르게 한다.

집단 내의 가스라이팅은 강한 권력 관계를 바탕으로 주로 서열상 말단이나 하위에 있는 사람들을 피해자로 만든다. 권력 관계는 집단 구성원들이 불평등을 받아들이는 정도인 '권력 거리(power distance)'를 만드는데, 권력 관계가 강할수록 서열의 경계가 뚜렷해지고 상급자와 하급자가 분리되는 가운데 권력 거리도 커지는 공고한 위계질서가 생기게 된다. 권력 거리가 커질수록 피지배적 지위에 있는 하급자가 권력을 가진 상급자에게 자신의 의견을 나타낸다거나 저항, 도전, 항거 따위를 하기는 어렵다. 그리고 집단의 권력 관계가 강해지면, 더 커지는 권력 거리를 은폐하기 위해 집단 내 친밀성은 더 강하게 요구된다. 하지만 더 커진 권력 거리로 인해 피해자가 가스라이터의 거짓된 친밀함을 자각할 가능성도 커진다. ㉡아이러니한 것은, 가해자와의 더 큰 권력 거리로 인해 피해자는 더 큰 무력감을 느끼게 되고 자신이 겪는 고통도 해결할 수 없기에 심지어 가스라이팅을 자신의 무지와 무능 때문에 받는 처벌처럼 받아들여 가해자에게 의존할 가능성도 더 커진다는 것이다. 권력을 가진 상급자는 이러한 조직 특성을 악용하여 하급자에 대한 가스라이팅을 일상화한다.

집단 내 가스라이팅은 상급자에 의해 저질러지는 위계에 의한 성폭력 즉 권력형 성범죄를 포함하여 조직 내 괴롭힘의 형태인 폭력, 갑질, 업무 과중, 따돌림 등의 다양한 형태로 표현된다. 그래서 가스라이팅을 자각하는 경우라 하더라도 피해자는 여전히 가해자에 의한 과다한 업무 부여나 업무 배제로 인해 압박감을 느끼고, 승진 배제나 징계 등으로 좌절감을 느끼며, 집단 내 따돌림으로 인해 고립감을 겪게 될 수 있다. 피해자의 동료들이 도움이 될 수도 있지만, 이들이 만약 피해자와 비슷한 처지에 있다면 서로에게 느끼는 연민과 공감의 감정에도 불구하고 가해자에게 저항하기란 쉽지 않다. 개인 간 가스라이팅에 비해 집단 내 가스라이팅은 훨씬 공공연하고, 피해자와 동료 모두가 가해자가 지닌 권력의 통제권 내에 있기 때문이다. 집단 내 가스라이팅이 그 집단의 조직 문화인 것처럼 치부될 수 있는 것은, 피해자의 동료들이 침묵으로 가스라이팅의 방관자가 되고 무력감으로 인해 피해자와 동료들 모두가 순응하게 됨으로써 집단에 속한 다수나 전체, 더 나아가 집단 자체가 가학적이든 자학적이든 가스라이팅에 참여하게 되기 때문이다.

집단 내 가스라이팅은 사회적이며 구조적인 사태이기 때문에, 한 개인의 용기나 저항으로 해결되기는 쉽지 않다. 가스라이터는 자기 주관이 약하고 의존적인 심리를 갖는 사람을 표적으로 삼는다. 가스라이팅을 당하지 않거나 거기서 벗어나기 위해서 집단의 구성원은 자신의 목소리를 낼 수 있어야 할 뿐 아니라 그 목소리를 키우기 위해 같은 처지의 구성원들과 연대해야 한다. 가스라이팅은 권력에 의해 지배받지 않으려는 자유의지를 가진 구성원에게는 작동하지 않기 때문이다.

24

윗글을 통해 답할 수 있는 질문으로 적절하지 않은 것은?

① 가스라이팅이라는 용어는 어디서 비롯되었는가?
② 개인적 차원의 가스라이팅이 일어나는 까닭은 무엇인가?
③ 가스라이팅이 일어나는 집단은 어떤 특징을 지니는가?
④ 집단 내 가스라이팅은 어떤 방식으로 이루어지는가?
⑤ 가스라이팅을 극복하기 위한 방법은 무엇인가?

25

윗글의 중심 내용을 뒷받침할 사례로 가장 적절한 것은? [3점]

① 조금만 실수를 해도 "내가 없어서 그래."라고 하면서 자신의 중요성을 강조하는 친구
② TV 토론에 나와 사회의 급격한 인구 감소 원인이 시민들이 자신의 삶만을 중시하는 이기적인 태도 때문이라고 주장하는 토론자

③ 전투에 앞서 부대원들에게 조국이 있어야 내가 있고 조국과 나는 한몸이라며 목숨을 내던져서라도 조국을 지켜야 한다고 연설하는 부대장
④ 학교의 유구한 전통과 진학 성과를 강조하면서 학생들에게 자랑스러운 학교의 구성원으로서 명문대에 합격해 줄 것을 믿는다고 매주 훈시하는 교장
⑤ 심판의 날이 다가왔다면서 신도들로 하여금 지옥에 떨어지지 않기 위해 모든 재산을 헌납하고 종교활동에만 몰두하도록 지속적으로 세뇌하는 신흥 종교의 교주

26

㉠에 대한 설명으로 적절하지 않은 것은?

① 자기 주관이 강한 사람이 주로 가스라이팅의 표적이 된다.
② 피해자는 자신의 무지와 무능력 때문에 가스라이팅을 당한다고 자책한다.
③ 강한 권력 관계로 인해 불평등한 위계질서가 뚜렷한 조직에서 주로 나타난다.
④ 가해자는 친밀함으로 위장된 권력 관계를 이용하여 하급자에 대한 가스라이팅을 시도한다.
⑤ 피해자의 동료들이 침묵의 방관자가 되거나, 심지어는 가스라이팅의 동조자가 되기도 한다.

27

㉡의 문맥적 의미에 대한 이해로 가장 적절한 것은?

① 친밀감이 커지면서 권력 거리도 커지는 것
② 가스라이팅이 지속될수록 가스라이팅의 정체가 드러나는 것
③ 가스라이팅의 고통에서 벗어나려고 가스라이터에게 더 의존하는 것
④ 문제 상황에 대한 인식이 분명해질수록 문제 해결의 의지가 커지는 것
⑤ 피해자와의 서열의 경계가 뚜렷해져서 가스라이팅을 하기가 더 어려워지는 것

[28~32] 다음 글을 읽고 물음에 답하시오.

(가)

㉠뎨 가는 뎌 각시 본 듯도 ᄒᆞ뎌이고
텬샹(天上) 빅옥경(白玉京)을 엇디ᄒᆞ야 니별(離別)ᄒᆞ고
ᄒᆡ 다 뎌 져믄 날의 눌을 보라 가시는고
어와 네여이고 이내 스셜 드러 보오
내 얼굴 이 거동이 님 괴얌즉 ᄒᆞ가마는
엇던디 날 보시고 네로다 녀기실ᄉᆡ
나도 님을 미더 군ᄠᆞᆮ디 젼혀 업서
ⓐ이릭야 교팀야 어ᄌᆞ러이 ᄒᆞ돗썬디
반기시는 ᄂᆞᆾ비치 녜와 엇디 다른신고
누어 싱각ᄒᆞ고 니러 안자 혜여ᄒᆞ니
내 몸의 지은 죄 뫼ᄀᆞ티 빠혀시니
하늘히라 원망ᄒᆞ며 사ᄅᆞᆷ이라 허믈ᄒᆞ랴
셜워 플텨 혜니 조믈(造物)의 타시로다
글란 싱각 마오 ᄆᆡ친 일이 이셔이다
ⓑ님을 뫼셔 이셔 님의 일을 내 알거니
믈 ᄀᆞ튼 얼굴이 편ᄒᆞ실 적 몃 날일고
츈한 고열(春寒苦熱)은 엇디ᄒᆞ야 디내시며
츄일 동텬(秋日冬天)은 뉘라셔 뫼셧ᄂᆞᆫ고
쥭조반(粥早飯) 죠셕(朝夕) 뫼 녜와 ᄀᆞ티 셰시ᄂᆞᆫ가
기나긴 밤의 ᄌᆞᆷ은 엇디 자시ᄂᆞᆫ고

– 정철, 「속미인곡」

(나)

어화 긔 뉘신고 염치(廉恥) 업산 ᄂᆡ옵노라
초경(初更)도 거읜딕 긔 엇지 와 겨신고
연년(年年)에 이러ᄒᆞ기 구차(苟且)ᄒᆞᆫ 줄 알건만ᄂᆞᆫ
쇼 업슨 궁가(窮家)애 혜염 만하 왓삽노라
공ᄒᆞ나 갑시나 주엄즉도 ᄒᆞ다마ᄂᆞᆫ
다만 어제 밤의 거넨 집 져 사ᄅᆞᆷ이
목 불근 수기치(雉)을 옥지(玉脂)읍(泣)게 쑤어 ᄂᆡ고
간 이근 삼해주(三亥酒)을 취(醉)토록 권(勸)ᄒᆞ거든
이러한 은혜(恩惠)을 어이 아니 갑흘넌고
내일(來日)로 주마 ᄒᆞ고 큰 언약(言約) ᄒᆞ야거든
ⓒ실약(失約)이 미편(未便)ᄒᆞ니 사셜이 어려왜라
실위(實爲) 그러ᄒᆞ면 혈마 어이할고

– 박인로, 「누항사」

(다)

형님 온다 형님 온다 분고개로 형님 온다
형님 마중 누가 갈까 형님 동생 내가 가지

©형님 형님 사촌 형님 시집살이 어떱뎁까
이애 이애 그 말 마라 시집살이 개집살이
앞밭에는 당추 심고 뒷밭에는 고추 심어
고추 당추 맵다 해도 시집살이 더 맵더라
둥글둥글 수박 식기(食器) 밥 담기도 어렵더라
도리도리 도리소반 수저 놓기 더 어렵더라
오 리(五里) 물을 길어다가 십 리(十里) 방아 찧어다가
아홉 솥에 불을 때고 열두 방에 자리 걷고
외나무다리 어렵대야 시아버니같이 어려우랴
ⓓ나뭇잎이 푸르대야 시어머니보다 더 푸르랴
시아버니 호랑새요 시어머니 꾸중새요
동세 하나 할림새요 시누 하나 뾰족새요
시아지비 뾰중새요 남편 하나 미련새요
ⓔ자식 하난 우는 새요 나 하나만 썩는 샐세

– 작자 미상, 「시집살이 노래」

28

(가), (나), (다)에 대한 설명으로 적절하지 <u>않은</u> 것은?

① (가), (나), (다) 모두 대화체를 통해 주제를 표현하고
있다.
② (가)와 (나)는 억울한 일을 당한 원통함의 정서가 공
통된다.
③ (가)와 (다)는 여성 화자를 등장시켜 주제를 선명히
하고 있다.
④ (가)에 비해 (나)는 화자의 경제적 궁핍이 구체적으
로 그려져 있다.
⑤ (가)에 비해 (다)는 화자가 일상에서 겪는 실제적인
어려움이 나타나 있다.

29

<보기>와 (가)를 비교한 내용으로 가장 적절한 것은?

보기

엇그제 님을 뫼셔 광한뎐(廣寒殿)의 올낫더니
그 더딕 엇디ᄒᆞ야 하계(下界)예 ᄂᆞ려오니
올 적의 비슨 머리 얼킈연 디 삼 년(三年)이라
연지분(臙脂粉) 잇ᄂᆡ마는 눌 위ᄒᆞ야 고이 홀고
ᄆᆞ음의 ᄆᆡ친 실음 텹텹(疊疊)이 빠혀 이셔
짓ᄂᆞ니 한숨이오 디ᄂᆞ니 눈믈이라

– 정철, 「사미인곡」

① (가)는 '님'과의 이별을, 〈보기〉는 '님'과의 재회를 그려낸다.

② (가)는 '님'에 대한 걱정을, 〈보기〉는 화자의 현재 처지를 나타낸다.

③ (가)는 슬픔과 자책의 감정을, 〈보기〉는 분노와 절망의 감정을 드러낸다.

④ (가)는 정중하고 우아한 태도를, 〈보기〉는 경박하고 소심한 태도를 보인다.

⑤ (가)는 고유어와 고사성어를, 〈보기〉는 한자어와 한시구를 주로 사용한다.

30

(나), (다)에 대해 비교하여 설명한 것으로 가장 적절한 것은?

① (나)는 낭만적인 분위기가, (다)는 고상한 취향이 나타나 있다.

② (나)는 시간의 역전을 통해, (다)는 공간의 배치를 통해 시상을 전개하였다.

③ (나)는 당시의 음식이 소재로 쓰였고, (다)는 가사노동의 양상이 반영되어 있다.

④ (나)는 상징적, 역설적인 표현을, (다)는 감각적, 직설적인 표현을 주로 사용하였다.

⑤ (나)는 대상을 풍자하기 위해, (다)는 주제를 드러내기 위해 서사적인 상황을 설정하였다.

31

㉠, ㉡의 기능에 대한 설명으로 가장 적절한 것은?

[3점]

① 화자의 내면적 욕망을 드러내는 기능을 한다.

② 상대의 생각과 태도를 비판하는 기능을 한다.

③ 상대와의 친밀한 관계를 깨뜨리는 기능을 한다.

④ 시적인 상황에 대해 자세히 묘사하는 기능을 한다.

⑤ 상대의 발화를 이끌어내어 주제가 드러나게 하는 기능을 한다.

32

ⓐ～ⓔ에 대한 이해로 적절하지 않은 것은?

① ⓐ: 자기의 행동에 대한 자부심과 만족감이 드러나 있다.

② ⓑ: 화자가 예전에 '님'을 모신 적이 있음이 나타나 있다.

③ ⓒ: 부탁을 들어주기 어렵다는 거절의 뜻을 완곡하게 전달하고 있다.

④ ⓓ: 화자를 힘들게 하는 시어머니에 대해 말하고 있다.

⑤ ⓔ: 자녀 양육과 시집살이로 인한 마음의 고통을 나타내고 있다.

[33～37] 다음 글을 읽고 물음에 답하시오.

(가)

초란이 말했다.

"듣자 하니 특재라는 자객이 사람 죽이는 것을 주머니 속에서 물건 꺼내듯 한다고 하옵니다. 그에게 많은 돈을 주어 밤에 들어가 길동을 해하게 하면, 상공이 아신다 하더라도 어찌할 수 없사오리니 부인은 다시 생각하소서."

부인과 좌랑이 눈물을 흘리며 말했다.

"이는 차마 못 할 바이나, 첫째는 나라를 위함이요, 둘째는 상공을 위함이요, 셋째는 가문을 보존하기 위함이라. 너의 계교대로 행하라."

초란이 크게 기뻐하며 다시 특재를 불러 이 말을 자세히 이르고 오늘 밤으로 급히 행하라 하니, 특재가 응낙하고 밤이 깊어지기만을 기다렸다.

한편, 길동은 그 원통한 일을 생각하면 잠시도 머물지 못할 일이지만 상공의 엄명이 중하므로 어찌할 길이 없어 밤마다 잠을 이루지 못했다. 그날 밤 촛불을 밝히고 「주역」을 보며 깊이 생각하다가 문득 들으니 까마귀가 세 번 울고 가는 것이었다. 길동이 괴이하게 여겨 혼자 말하기를,

"이 짐승은 본디 밤을 꺼리거늘 지금 울고 가니 심히 불길하도다."

하고, 잠깐 팔괘를 벌여 점을 쳐 보고는 크게 놀라 책상

을 물리고 둔갑법을 행하여 동정을 살피고 있었다. 사경쯤 되자 한 사람이 비수를 들고 천천히 방문을 열고 들어왔다. 길동이 급히 몸을 감추고 진언을 외우니, 홀연 한바탕 음산한 바람이 일어나며 집은 간데없고 ⓐ첩첩산중(疊疊山中)에 풍경이 거룩했다. 특재가 크게 놀라 길동의 조화가 신기함을 알고 비수를 감추고 피하고자 하니, 갑자기 길이 끊어지고 층암절벽이 앞을 가리니 ⓑ진퇴유곡(進退維谷)이었다. 사방으로 방황하고 있을 때 문득 피리 소리가 들렸다. 정신을 차려 살펴보니 한 소년이 나귀를 타고 오며 피리 불기를 그치고 꾸짖었다.

"네 무슨 일로 나를 죽이려 하느냐? 죄 없는 사람을 해하면 어찌 하늘의 재앙이 없으리오?"

소년이 진언을 외우니 홀연 한바탕 검은 구름이 일어나며 큰비가 퍼붓듯이 쏟아지고 모래와 돌이 날렸다. 특재가 정신을 수습하고 살펴보니 길동이었다. 비록 그 재주를 신기하게 여기나 '어찌 나를 대적하리오?' 하고 달려들며 큰소리로 말했다.

㉠"너는 죽어도 나를 원망하지 말라. 초란이가 무녀, 관상녀와 함께 상공과 의논하고 너를 죽이려 한 것이니 어찌 나를 원망하리오?"

특재가 칼을 들고 달려드니 길동이 분한 마음을 참지 못해 요술로 특재의 칼을 빼앗아 들고 크게 꾸짖었다.

"네 재물을 탐하여 사람 죽이는 것을 좋아하니 너같이 무도한 놈을 죽여 후환을 없애리라."

길동이 한번 칼을 드니 특재의 머리가 방 가운데로 떨어졌다. 길동이 분한 마음을 이기지 못해 그날 밤 바로 관상녀를 잡아 특재가 죽은 방에 들이밀고 꾸짖기를,

"네 나와 무슨 원수를 졌기에 초란과 더불어 나를 죽이려 했느냐?"하고 칼로 베니, 어찌 가련하지 않으리오.

– 허균, 「홍길동전」

(나)

일귀 왈,

"적실히 그러하면 유심의 집을 함몰하여 후환이 없게 함이 옳을까 하노라."

한담이 옳다 하고, 그 날 삼경에 가만히 승상부에 나와 나졸 십여 명을 차출하여 유심의 집을 둘러싸고 화약 염초를 갖추어 그 집 사방에 묻어 놓고 화심에 불붙여 일시에 불을 놓으라고 약속을 정하니라.

이때에 장 부인이 유 주부를 이별하고 충렬을 데리고 한숨으로 세월을 보내더니, 이날 밤 삼경에 홀연히 곤하여 침석에 졸더니 어떠한 한 노인이 홍선(紅扇) 일 병을 가지고 와서 부인을 주며 왈,

"이날 밤 삼경에 대변이 있을 것이니 이 부채를 가졌다가 화광이 일어나거든 부채를 흔들면서 후원 담장 밑에 은신하였다가 충렬만 데리고 인적이 그친 후에 남천(南天)을 바라보고 가없이 도망하라. 만일 그렇지 아니하면 옥황께서 주신 아들이 화광 중에 고혼이 되리라."하고 문득 간데없거늘 놀라 깨어 보니 ⓒ남가일몽(南柯一夢)이라.

충렬이 잠이 깊이 들어 있고 과연 홍선 한 자루 금침 위에 놓였거늘 부채를 손에 들고 충렬을 깨워 앉히고 안절부절하며 잠도 못 자던 차에, 삼경이 당하매 ⓓ일진광풍(一陣狂風)이 일어나며 난데없는 천불이 사면으로 일어나니 웅장한 고루거각이 일시에 무너지고 전후에 쌓인 세간 ⓔ추풍낙엽(秋風落葉) 되었도다. 부인이 창황 중에 충렬의 손을 잡고 홍선을 흔들면서 담장 밑에 은신하니, 화광이 충천하고 재만 땅에 가득하니 구산(丘山)같이 쌓인 기물 화광에 소멸하였으니 어찌 아니 망극하랴.

사경이 당하매 인적이 고요하고 다만 중문 밖에 두 군사가 지키거늘 문으로 못 가고 담장 밑에 배회하더니, 어슴푸레한 달빛 속으로 두루 살펴보니 중중(重重)한 담장 안에 나갈 길이 없었다. 다만 물 가는 수챗구멍이 보이거늘 충렬의 옷을 잡고 그 구멍에 머리를 넣고 복지(伏地)하여 나올 제, ㉡겹겹이 싸인 담장 수채로 다 지나 중문 밖에 나서니 충렬이며 부인의 몸이 모진 돌에 긁히어서 백옥 같은 몸에 유혈이 낭자하고 월색같이 고운 얼굴 진흙빛이 되었으니, 불쌍하고 가련함은 천지도 슬퍼하고 강산도 비감한다.

– 작자 미상, 「유충렬전」

33

(가), (나)를 비교하여 설명한 것으로 가장 적절한 것은?

① (가)와 (나)는 모두 적대자 측이 주인공의 부모 상봉을 방해한다.

② (가)와 (나)는 모두 주인공 측이 위기에 빠졌을 때 구원자가 나타난다.

③ (가)와 (나)는 모두 주인공 측과 적대자 측의 갈등이 심각한 양상으로 나타난다.

④ (가)는 주인공의 내면적 고뇌, (나)는 주인공의 행동과 태도가 중점적으로 드러난다.

⑤ (가)는 적대자 측의 주인공 측에 대한 공격, (나)는 주인공 측의 적대자 측에 대한 포용이 나타난다.

34

〈보기〉를 참조하여 (가), (나)의 사건에 대해 설명한 것으로 가장 적절한 것은? [3점]

보기

영웅 소설은 영웅의 일대기 구조로 이루어진 소설들을 말한다. '고귀한 혈통—비정상적인 출생—비범한 능력—어릴 때 버려짐—구출 및 양육자의 도움—성장 후의 위기—승리와 성공'의 서사적 구조로 짜여 있다.

① 영웅이 애초에 고귀한 혈통으로 이 세상에 태어났다는 점을 강조하는 내용이나.
② 영웅이 당하는 고난의 동기가 비정상적인 출생에 있음을 보여주는 내용이다.
③ 비범한 능력의 영웅이 고난 중에 그 능력을 전혀 발휘하지 못하는 과정이다.
④ 영웅과 협력 관계를 맺고 있는 보조 인물들에 의해 도움을 받는 과정이다.
⑤ 최종의 성공에 이르기 위해 영웅이 역경에 처하여 고난을 겪는 과정이다.

35

㉠에 대해 이해한 것으로 적절하지 않은 것은?

① 길동이 특재의 재물 욕심을 꾸짖는 이유가 되었다.
② 특재는 자신에게 잘못이 없다는 이유를 댄 것이다.
③ 특재가 이전의 상황에 거짓을 덧붙여 말한 것이다.
④ 특재와 길동이 날카롭게 대립하는 중에 나온 말이다.
⑤ 이후에 길동이 하는 행동을 촉발하는 계기로 작용하였다.

36

㉡에 대한 설명으로 적절하지 않은 것은?

① 인물이 당하는 고난의 과정을 강조하여 그리고 있다.
② 사건 전개상 이후의 사건을 암시하는 복선이 들어 있다.

③ 인물과 사건에 대한 서술자의 직접적인 개입이 나타나 있다.
④ 평상시의 모습에 대조하여 인물의 현재 모습을 부각하고 있다.
⑤ 독자의 동정심을 유발하기 위해 감정을 자극하는 표현을 쓰고 있다.

37

ⓐ~ⓔ의 뜻풀이로 적절하지 않은 것은?

① ⓐ: 여러 산이 겹치고 겹친 산속
② ⓑ: 이러지도 저러지도 못하고 꼼짝할 수 없는 궁지
③ ⓒ: 꿈속에서 꿈 이야기를 하듯이 종잡을 수 없는 말
④ ⓓ: 한바탕 몰아치는 사나운 바람
⑤ ⓔ: 가을바람에 떨어지는 낙엽

[38~41] 다음 글을 읽고 물음에 답하시오.

장애가 오로지 의료나 복지의 문제로만 취급되는 것에 반대하면서, 이를 사회적 억압의 한 형태로 재공식화하는 작업은 1970년대 영국에서 시작되었다. 장애인과 장애 단체들은 여러 문제 중에서도 특히 거주 시설로의 수용, 노동 시장에서의 배제, 강요된 빈곤 등에 저항하기 위해 조직화하여 운동하였다. 이러한 ⓐ장애인 운동은 다시 장애에 대한 급진적이고 새로운 개념을 낳았다. 장애는 손상을 지닌 사람들을 고려하지 않고 사회 활동의 주류로부터 배제하는, 당대의 사회 조직에 의한 불이익이나 활동의 제한이라는 것이다. 이러한 재정의로 인해 장애인이 경험하는 활동의 제한과 수많은 불리함이 손상 자체에서 야기된 것보다는 손상을 지닌 사람들과 그렇지 않은 사람들 간의 사회적 관계의 결과로 간주되어 사회의 책임으로 돌려질 가능성이 열렸다. 의료적, 복지주의적 담론들 내의 장애 개념에 대해 ㉠반박할 수 있게 된 것이다.
장애가 사회 제도의 결과라는 ⓑ사회적 모델론의 개념은 장애학의 중심 사상이 되었다. 사회적 모델은 장애인 운동에 공감하는 장애 단체들을 불러 모으는 호각(號

角)이었다. 장애인들이 사회적 모델을 접했을 때 그 효과는 계시적이고 해방적이었으며, 그들이 겪는 대부분의 어려움이 사회적으로 초래된 것임을 인식할 수 있게 해 주었다. 주거, 교육, 고용, 교통, 문화·여가 활동, 보건·복지 서비스, 시민적·정치적 권리 등 사회생활의 모든 영역에서 장애를 만들어 내는 장벽들이 시야에 들어와 장애인 운동이 다면화되었다.

당대의 사회 구조와 관행에 의해 부과된 활동의 제한으로서 장애는 어떻게 발생했는가? 그 답은 산업 자본주의의 등장에 있다. 영국에서 18세기 말부터 임노동 관계가 점점 더 대규모 산업과 연결되면서, 손상을 지닌 사람들은 경제 활동으로부터 체계적으로 배제되기 시작했다. 공장의 장시간 노동에 표준화된 숙련도·속도·강도가 요구되는 상황에서 그들 중 다수는 노동력을 팔 수 없었다. 그들은 사회적으로 점점 더 의존적인 존재로 자리매김되고 일반화된 상품 생산 경제에서 배제되었다. 19세기 동안 대규모 산업이 소규모 매뉴팩처와 소상품 생산을 잠식함에 따라 그들의 의존성은 공고화되었다. 20세기에 장애인들이 경험했던 배제와 의존성은 자본주의의 초기에 손상을 지닌 사람들이 '비생산적'이고 의존적인 존재로 강등되었던 사실에서 기원을 찾을 수 있다.

사회적 모델론은 장애가 초역사적이고 어디에나 존재하는 사회 현상이 아니며, 특정한 역사적 시점의 사회적 관계들과 밀접히 관련되어 있음을 주장한다. 장애란 언제나 어떤 유형의 '제한된 활동'을 발생시킨다는 개념을 넘어서 공간적, 시간적, 경제적으로 의미가 다르게 자리매김된다. 이러한 의의에도 불구하고 사회적 모델론은 자본주의 경제 체제 내에서 일어나고 있는 현대의 변화된 양상들을 다룰 수 있도록 이론적 분석을 새롭게 할 필요성이 있다. 지구적 자본주의 또는 초자본주의로 특징지어지는 현재의 경제 제도들이 손상을 지닌 사람들의 사회적 위상을 어떻게 변화시키고 있는지를 검토해야 한다.

근래에 들어 사회적 모델론은 그 자신이 비판의 대상이 되었다. 코커는 사회적 모델이 견지하는 유물론에서는 인간의 행위 주체성이 누락되고, 담론은 사회 구조의 부수적 효과로 간주되기 때문에, 행위 주체성도 담론도 사회 변화를 위한 초점이 될 수 없다고 비판한다. 그보다 ⓒ손상을 지닌 사람들에 관한 부정적인 사회 문화적 인식들이 장애를 구성하는 역할을 하고 있다는 것을 강조한다. 이러한 인식들은 혐오스러운 것으로 속성화된 신체적·행동적 차이를 지닌 사람들을 제약하고, 무력하고 의존적인 상태에 위치시키며, 그들의 자존감과 정체성을 심각하게 훼손한다.

사회적 모델론자들은 손상을 지닌 삶에 대한 개인적 경험은 장애학의 관심사가 아니며, 지적이고 정치적인 에너지는 장애의 좀 더 넓은 사회적 원인들을 다루는 데 집중되어야 한다고 주장한다. 그러나 손상 자체에 주의를 기울여야 한다는 주장도 제기된다. 첫째, 사회적 모델이 손상을 '사적이고 개인적인 것'의 영역으로 격하한 것은, 공적·사회적인 것과 개인적·사적인 것을 분할한 것이라고 주장한다. 손상의 경험은 장애의 정치와 장애학 내에서 논의되고 공유되어야 한다는 것이다. 둘째, 장애와 손상 간의 구별이 본질주의적·이원론적 사고의 산물이라는 주장이다. 이러한 관점에서는 손상과 장애는 모두 담론적으로 구성된 사회적 범주이고, 그 중 손상은 생물학적 실재와 아무런 관련성을 갖지 않는 그 자체로 또 하나의 구성 개념이다. 셋째, 몸을 자체적 동력이 없는 물질적인 대상, 자아와 분리된 것으로 다룸으로써 손상을 생물학적 영역으로 격하해서는 안 된다는 주장이다. 손상에 대한 체험의 중요성을 강조하는 손상의 사회학, 몸의 사회학을 추구한다.

38

윗글에 대한 이해로 적절하지 않은 것은?

① 1970년대 이전에는 장애를 의료와 복지의 문제로 취급하였다.

② 사회적 모델론은 손상의 체험이 지닌 중요성이 간과되었다고 비판받았다.

③ 사회적 모델론은 인간의 행위 주체성이 누락되었다는 이유에서 비판받았다.

④ 사회적 모델론은 초기 자본주의가 장애에 끼친 영향을 다루지 못한 한계를 지닌다.

⑤ 지구적 자본주의 경제 제도에서 손상을 지닌 사람들의 사회적 위상에 대한 이론적 분석의 필요성이 제기된다.

39

〈보기〉의 관점에 대한 ⊙의 내용으로 적절하지 <u>않은</u> 것은?

─── 보기 ───

의료적 모델의 관점은 장애를 손상과 동일한 것으로 본다. 그래서 손상을 치료하거나 개선하여 정상적인 기능을 회복하도록 하는 것을 과제로 삼는다. 장애는 개인적 문제로 간주되고, 장애인이 사회 제도에 적응할 수 있도록 하는 것이 목표가 된다. 지식과 기술을 지닌 전문가에게 권한과 영향력이 부여된다.

① 장애는 손상과 구분되는 개념이다.
② 장애는 사회 제도에 의한 제약이다.
③ 장애는 손상 자체로부터 야기된 것이다.
④ 장애는 사회적 관계로부터 나타난 결과이다.
⑤ 장애에 대한 해결책을 전문가에게만 맡길 일은 아니다.

40

〈보기〉를 ⓒ과 관련지어 이해한 것으로 적절하지 <u>않은</u> 것은? [3점]

─── 보기 ───

장애 보조 기술이나 보조 장치에는 장애를 두드러져 보이게 하는 것들이 많다. 시각 장애는 흰 지팡이를 사용할 때 더 드러난다. 발달장애 혹은 자폐가 있는 사람이 사진이나 그림, 스마트폰 앱을 이용한 '보완 대체 의사소통'을 쓴다면 장애는 더 드러날 것이다. 이처럼 기술이나 장치의 사용으로 숨겨져 있던 장애를 드러내고, 이를 통해 장애의 낙인 효과를 발생시키는 것을 '보조 기술 낙인'이라고 한다. 이 때문에 장애인들이 보조 기술 사용을 꺼리거나 아예 거부하기도 한다.

① 장애를 구성하는 데 사회 문화적 인식들이 역할을 하고 있다.
② 신체적 · 행동적 차이가 드러나기에 사회적 제약을 받을 수 있다.
③ 기술의 발달은 장애인을 사회적 의존 상태에서 벗어나게 한다.
④ 보조 기술 낙인은 장애에 대한 일종의 사회 문화적 인식이라 할 수 있다.

⑤ 보조 기술 낙인으로 인해 장애인의 자존감과 정체성이 훼손될 수 있다.

41

ⓐ와 ⓑ의 관계로 가장 적절한 것은?

① 서로 영향을 주고받는 상호 계기적 관계이다.
② 양쪽의 논리가 충돌하는 상호 모순적 관계이다.
③ 지향하는 목적이 상반되는 상호 대척적 관계이다.
④ 각각의 결점을 서로 채워주는 상호 보완적 관계이다.
⑤ 서로의 개념과 활동을 한정하는 상호 규정적 관계이다.

[42~45] 다음 글을 읽고 물음에 답하시오.

동굴 입구가 무너져 두 사람이 갇혔는데 산소가 모자란다. 당신이라면 어떻게 하겠는가? 가능한 방안은 1) 다른 사람을 희생시키거나, 2) 그냥 있거나, 3) 다른 사람을 위해 당신이 기꺼이 희생하는 것이다. 이 세 방안은 다른 윤리적 입장을 드러낸다. 2)는 피동적으로 운명에 맡기는 운명주의의 입장이지만, 사람들은 대개 적극적으로 1)이나 3)을 시도할 것이다. 이때 1)은 ⊙윤리적 이기주의로, 3)은 ⓒ윤리적 이타주의로 부른다.

윤리적 이타주의는 타인의 이익을 위해 행동해야 한다는 입장이다. 몸으로 수류탄을 덮어 부하를 구한 경우가 전형적 사례이다. 이는 성인(聖人)의 경지라고 하겠지만, 가족을 위할 때나 익명으로 기부할 때처럼 평범한 이들도 이러한 행위를 할 수 있다. 그러나 윤리적 이타주의를 모두가 행할 수는 없으며, 설혹 타인을 위하려 해도 어려운 점이 있다. 무엇이 타인을 위한 행위가 되는지 모를 수 있고, 적절한 행위가 떠오른다고 해도 그것을 실제로 행할 능력이 없을 수도 있다. 실현성에서 윤리적 이타주의는 큰 난점이 있는 것이다.

반면에 윤리적 이기주의는 인간이 본능적인 이기심을 가진다는 사실과 부합한다. 인간은 무엇이 자신에게 이익이 될까 생각하고 실제로 그렇게 행동하기 때문이다.

이처럼 인간은 '오로지' 자기 이익을 위해서만 행동하도록 동기 부여된 존재이며 타인을 위한 동기를 갖지 않는다고 보는 것을 ⓒ심리적 이기주의라고 한다. 윤리적 이기주의자들은 자신의 입장이 심리적 이기주의를 기반으로 성립한다고 주장한다. 심리적 이기주의가 타당하다면 인간은 자기 이익을 위해 행동하는 것이 마땅하다는 윤리 규범도 성립한다는 것이다.

(가)

'이기심'이라는 용어에 대해 인간의 심리적 동기를 기준으로 살펴보면, 일반적으로 인간의 모든 심리적 동기는 여섯 유형으로 구분된다. 이는 1) 타인에게 해를 끼치는 악의적 동기, 2) 오로지 자신의 이익만 추구하는 이기적 동기, 3) 자신과 타인의 이익을 같이 고려하는 합리적 동기, 4) 타인의 이익만을 고려하는 이타적 동기, 5) 자신과 타인의 이익 대신 오로지 도덕적으로 옳은 것만을 고려하는 의무적 동기, 6) 마음의 유덕한 성품에서 저절로 우러나오는 유덕한 동기이다.

심리적 이기주의는 이 가운데 2)만 인정할 수밖에 없다. 그래서 일단 1)과 3)은 2)의 변형이며, 특히 3)에 대해서는 자신의 이익이 우선일 것으로 본다. 여기에 4), 5), 6)까지 불가능해야 심리적 이기주의가 타당하게 될 것인데, 5)와 6)에 대해서는 그 이면에 자기 이익이라는 동기가 반드시 숨어 있을 것이므로 2)와 같다고 보며, 4)에 대해서는 이에 따른 행위가 불가능하다고 본다. 그러나 4)에 따른 행위가 실제로 있다는 반박에 대해 또 다른 해명을 시도한다. 4)는 겉으로는 이타적일지 몰라도 속으로는 심리적 자기만족이라는 동기가 숨어 있기에 결국 2)가 된다는 것이다. 그러나 이에 대해 또 다른 반박이 가능하다. 그러한 해명은 타인을 속이거나 무시하여 정당한 몫 이상의 이익을 추구한다는 이기적이라는 말의 뜻을 '고상한 욕구 만족'이라는 뜻으로 슬쩍 대체하여 4)를 2)인 것처럼 보이게 한 궤변이라는 것이다. 이로 볼 때 심리적 이기주의를 기반으로 윤리적 이기주의가 성립한다는 주장은 근거가 빈약하게 된다. 그러나 윤리적 이타주의로 되돌아가도 인간의 모든 행위를 포괄할 수 없다면, 실현성 있는 윤리적 이기주의를 좀 더 가다듬을 필요가 있다.

'죄수의 딜레마'로 불리는 실험이 있다. 이는 공범 관계의 두 혐의자에게 범죄를 먼저 자백한 사람은 바로 석방하지만 남은 사람에게는 5년의 형량을 부과하며, 모두 자백하지 않으면 3년을 부과한다고 제안하는 사고 실험이다. 이때 두 사람 각각에게 가장 이익이 되는 것은 동료를 배신하고 먼저 자백하는 것인데, 이는 부도덕하다

는 비난을 받기 쉽겠지만 윤리적 이기주의의 입장에서는 타당한 것이 된다. 그러나 배신의 선택이 가장 나을까? 플러드와 드레셔는 이 같은 유형의 실험을 반복하는 연구를 수행한 결과, 배신하지 않을 확률이 높아진다고 보고하였다. 이는 이기심이 맹목적으로 지금 당장 자신만 위하게끔 하는 경향 외에 무엇이 자신에게 장기적으로 더 이익이 될 것인지 고려하면서 타인과 협력하거나 상호부조를 하게끔 하는 합리적인 경향으로도 나타날 수 있음을 시사한다.

이에 따라 윤리적 이기주의는 좀 더 큰 안목의 합리적인 경향으로 이기심을 드러내어야 한다는 규범을 마련할 수 있다. 이를 ⓒ'합리적인 윤리적 이기주의'라고 한다면, 이는 이기심을 긍정하는 윤리의 출발점이 될 것이다.

42

윗글에 대한 이해로 적절하지 <u>않은</u> 것은?

① 윤리 규범은 인간의 심리적 사실을 기반으로 성립한다.
② 인간은 이기심을 통하여 타인과 상호부조를 할 수 있다.
③ 이기심으로 인간의 모든 행위를 포괄하여 설명하기 어렵다.
④ 어떤 행위를 해야 타인의 이익이 될 것인지 모를 때가 있다.
⑤ 성인이 아닌 평범한 사람은 타인을 위한 행위를 할 수 없다.

43

〈보기〉의 관점에서 ㉠이 ㉡을 평가하는 말로 가장 적절한 것은? [3점]

> **보기**
>
> 칸트는 윤리 규범이 성립하기 위하여 요구되는 원칙으로 '당위 가능 원칙'을 들었다. 이 원칙에서 '당위'는 마땅히 해야 할 것을 뜻하며, '가능'은 실천에 옮길 수 있다는 것을 뜻한다. 곧 마땅히 해야 할 것이라 해도 실천할 수 있어야 규범이 될 수 있다는 것이다.

① 이타적인 행위를 정확히 정의할 수 없다면 ⓒ은 규범으로 성립할 수 없다.

② 이타적인 행위가 아무리 옳다고 해도 실천할 수 없기에 ⓒ은 규범으로 성립할 수 없다.

③ 이기적인 행위에도 이타적인 동기가 개입될 수 있으므로 ⓒ은 규범으로 성립할 수 없다.

④ 이기적인 행위든 이타적인 행위든 모두 인간의 자연스러운 행위이기에 ⓒ처럼 규범으로 정할 필요가 없다.

⑤ 이타적인 행위는 이기적인 행위와 관계없이 인간이 당연히 행해야 할 덕목이므로 ⓒ처럼 규범으로 징할 필요가 없다.

44

〈보기〉는 (가)에 제시된 동기들의 사례를 든 것이다. 이에 대한 ⓒ의 해석으로 적절하지 않은 것은?

보기

ⓐ 악의적 동기: 재판에서 피고인을 곤경에 빠뜨리려고 거짓 증언을 함

ⓑ 합리적 동기: 친구와 즐거운 시간을 보내려고 놀이 공원에 가고자 함

ⓒ 이타적 동기: 연인과 헤어진 동료에게 위로차 식사를 대접하고자 함

ⓓ 의무적 동기: 말기 암 환자에게 암에 걸린 사실을 알려주고자 함

ⓔ 유덕한 동기: 길거리에 쓰러진 할머니를 측은하게 여기는 마음으로 돕고자 함

① ⓐ: 피고인을 곤경에 빠뜨림으로써 얻는 유형무형의 이익이 반드시 있을 것이다.

② ⓑ: 자신의 즐거움이라는 이익을 보려 한 것이 우선일 것이며, 친구의 즐거움은 부수적일 것이다.

③ ⓒ: 동료에게 자신이 인간적임을 드러내는 만족감을 느끼려 했을 것이다.

④ ⓓ: 진실을 알려줌으로써 환자에게 죽음에 대비할 시간을 주려고 했을 것이다.

⑤ ⓔ: 할머니를 돕는 데 드는 노력과 시간보다 할머니를 외면함으로써 받을 도덕적 비난을 받지 않는 것이 더 낫다고 보았을 것이다.

45

ⓔ의 입장에서 〈보기〉의 '그'에게 할 수 있는 말로 가장 적절한 것은?

보기

그는 고속도로로 차를 운전하며, 다른 사람들도 차를 운전한다. 그는 운전 중에 다른 운전자들을 의식하지 않고, 안전하게 교통 규칙을 지키면서도 목적지에 빠르게 도착하는 데에 관심을 쏟으면서 운전한다. 결국 그는 목적지에 빠르고 안전하게 도착한다.

① '그'를 포함한 모든 운전자들이 교통 규칙을 지키는 것이 더 이익이 된다고 믿었으니까 목적지에 빠르고 안전하게 도착하게 된 거야.

② 원래부터 목적지에 빠르고 안전하게 도착하게끔 예정된 운명이었으니까 '그'가 다른 운전자들을 의식하지 않아도 괜찮았던 거야.

③ '그'가 목적지에 빠르고 안전하게 도착하기만 하면 된다고 생각하면서 운전한 것이 의도치 않게 다른 운전자들에게도 이익이 된 거야.

④ 다른 운전자들을 의식하더라도 사정이 그다지 바뀌는 것은 없기에 '그'만 조심해서 안전하게 운전하는 것이 가장 큰 이익이야.

⑤ '그'는 다른 운전자들에게 폐가 될까 걱정해서 안전하게 운전했으니까 사고가 난 것보다 빠르게 목적지에 도착하는 이익을 거둔 거야.

영어영역

[01~05] 밑줄 친 단어의 뜻으로 가장 적절한 것을 고르시오.

01

When I was a trainee doctor, one of my first patients was an old man with a persistent cough.

① fatal
② occasional
③ irregular
④ chronic
⑤ infectious

02

During the televised court case, the witness statements contradicted each other.

① agreed
② opposed
③ confirmed
④ duplicated
⑤ appreciated

03

As many as two billion people might not exist now if it hadn't been for the advent of agribusiness.

① emergence
② transformation
③ collapse
④ manipulation
⑤ supplement

04

Promotion in the first year is only given in exceptional circumstances.

① adverse
② suspicious
③ customary
④ profitable
⑤ unusual

05

When a nurse holds a bias toward her patients, she may provide substandard care.

① sophisticated
② considerate
③ temporary
④ conventional
⑤ insufficient

[06~07] 다음 대화의 빈칸에 들어갈 말로 가장 적절한 것을 고르시오.

06

A: Hey, Mom. Do you know where my favorite red shirt is?
B: Did you check the top drawer in your room?
A: Yes. But it wasn't there.
B: Take a look inside the dryer, then.
A: Oh, here it is. But it's still wet.
B: _____.

A: Oh, no! The school bus is going to be here any minute.

B: Well, you're just going to have to wear a different shirt then.

① You can buy a new shirt instead

② Then you can wear it right away

③ Just put it in the washing machine

④ I hope you find your favorite shirt soon

⑤ It's going to take at least twenty more minutes

07

A: Congratulations on getting the Medal of Honor, Sergeant Park.

B: I don't know if I deserve it, Commissioner.

A: Of course you do. What you did to save that young man's life was very brave.

B: _____.

A: That's very modest of you. It's people like you that make our department proud.

B: Thank you. I'm just glad the young man is doing well.

A: Thanks to you, our city's streets are a little safer and warmer.

B: I will cherish this moment forever.

① I've never been afraid of anything

② I've always considered myself to be a hero

③ I'm sure anyone else would have done the same

④ I'm not sure if you're the right person for this medal

⑤ I think arresting criminals should come before everything

[08~09] 밑줄 친 부분 중, 어법상 <u>틀린</u> 것을 고르시오.

08

The most common theory points to the fact that men are stronger than women, and that they have used their greater physical power to force women into submission. A more subtle version of this claim argues that their strength allows men to monopolise tasks that demand hard manual labour, such as ploughing and harvesting. This gives them control of food production, which in turn ① <u>translate</u> into political power. However, the statement that 'men are stronger than women' is true only on average, and only with regard to certain types of strength. Women are generally more resistant to hunger, disease and fatigue than men. There are also many women who can run faster and ② <u>lift</u> heavier weights than many men. Furthermore, and most problematically for this theory, women have, throughout history, ③ <u>been excluded</u> mainly from jobs that require little physical effort such as the priesthood, law and politics, while ④ <u>engaging</u> in hard manual labour in the fields, in crafts and in the household. If social power ⑤ <u>were</u> divided in direct relation to physical strength, women should have got far more of it. [3점]

09

Hugs play a role in physical intimacy and health. Researchers examined the interplay between exposure to illness, social support, and daily hugs. In the name of science (and possibly a hundred bucks), 404 healthy adults agreed to inhale nasal drops that exposed

① them to the common cold. First, the researchers drew blood samples to confirm ② that the volunteers were not immune. Then they surveyed the participants over fourteen consecutive days, ③ asked about hugs received. Finally, they exposed volunteers to the cold virus and ④ monitored symptoms, such as mucus production, in quarantine for five days. Those who got daily hugs ⑤ were 32 percent less likely to get sick. Hugs don't make you impervious to a cold, it turns out. But the huggers who did get sick didn't get as sick. They had less severe symptoms and got better faster.

Then, after they have reached the end of their life—which may be after just a few years— more energy is required to decommission and recycle them. This and the development impact actually make hybrid cars (C) less / more environmentally friendly than the manufacturers would like you to believe.

	(A)		(B)		(C)
①	poor	⋯⋯	lower	⋯⋯	less
②	poor	⋯⋯	lower	⋯⋯	more
③	poor	⋯⋯	higher	⋯⋯	less
④	superb	⋯⋯	higher	⋯⋯	more
⑤	superb	⋯⋯	higher	⋯⋯	less

[10~12] (A), (B), (C)의 각 네모 안에서 문맥에 맞는 낱말로 가장 적절한 것을 고르시오.

10

Are hybrid cars really environmentally friendly? It depends on how they're used. They're great for city drivers, when a hybrid can rely almost fully on its electric motor, which is quiet, doesn't create any emissions, will turn off completely when the car is stationary and, crucially, gives (A) poor / superb fuel economy. Drive out onto the highway, though, and the hybrid will have to fall back on its petrol engine because the electric motor simply doesn't have the power to drive the car at (B) higher / lower speeds, nor the energy to run for long distances. In such cases the hybrid will act just like a comparable conventional petrol-powered car, offering similar fuel economy and the same emissions. You should also take into account that the manufacturing of batteries for a hybrid car requires a lot of energy.

11

Given the diversity of American society, it has been impossible to insulate the schools from pressures that result from differences and tensions among groups. When people differ about basic values, sooner or later those (A) agreements / disagreements turn up in battles about how schools are organized or what the schools should teach. Sometimes these battles remove a terrible injustice, like racial segregation. Sometimes, however, interest groups (B) retain / politicize the curriculum and attempt to impose their views on teachers, school officials, and textbook publishers. Across the country, even now, interest groups are pressuring local school boards to remove myths and fables and other imaginative literature from children's readers and to inject the teaching of creationism in biology. When groups cross the line into extremism, advancing their own agenda without regard to reason or to others, they threaten public education itself, making it difficult to teach any issues honestly and making the entire curriculum (C) invulnerable / vulnerable to political campaigns.

	(A)	(B)	(C)
①	agreements	retain	invulnerable
②	agreements	politicize	vulnerable
③	disagreements	retain	invulnerable
④	disagreements	politicize	vulnerable
⑤	disagreements	retain	vulnerable

12

As the largest predatory fish on Earth, great white sharks are already impressive, armed with up to 300 sharp teeth and weighing up to 5,000 pounds. Now, new research adds more intrigue to the oceanic beasts, suggesting that the animals can change color—perhaps as a (A) camouflage / cluster strategy to sneak up on prey. In new experiments off South Africa, researchers dragged a seal decoy behind a boat to (B) dispel / entice several sharks to leap out of the water near a specially designed color board with white, gray, and black panels. The team photographed the sharks each time they jumped, repeating the experiment throughout the day. One shark, easily (C) concealable / identifiable because of a mark on its jaw, appeared as both dark gray and much lighter gray at different times of day. The scientists verified this using computer software to correct for variables such as weather, light levels, and camera settings.

	(A)	(B)	(C)
①	camouflage	dispel	identifiable
②	camouflage	entice	identifiable
③	camouflage	entice	concealable
④	cluster	entice	concealable
⑤	cluster	dispel	identifiable

[13~14] 밑줄 친 부분 중, 문맥상 낱말의 쓰임이 적절하지 않은 것을 고르시오.

13

Left to their own devices, most children won't hesitate to, say, lick a doorknob or wipe snot with their sleeve. But is there any truth to the idea that their ① distaste for getting dirty can be beneficial to their health? That theory dates to the 1800s, when European doctors realized that farmers suffered fewer allergies than city slickers. However, it didn't gain widespread attention until 1989, when British epidemiologist David Strachan discovered that youngsters with older siblings were less susceptible than other kids to hay fever and eczema. Strachan suggested that early childhood infections "transmitted by unhygienic contact" helped ② foster a robust immune system. His theory, called the hygiene hypothesis, provides a ③ convenient explanation for why allergies and asthma, as well as autoimmune disorders like multiple sclerosis and Crohn's disease, have increased 300 percent or more in the U.S. since the 1950s. Maybe Western societies have become too clean for their own good, and parents too ④ fearful of a little dirt. "Whatever it is that's happening in the modern world, it's causing the immune system to be ⑤ active when it doesn't need to be," says microbiologist Graham Rook of University College London.

[3점]

14

Age is much more than the number of birthdays you've ① clocked. Stress, sleep, and diet all influence how our organs cope with the wear and tear of everyday life. Factors like these might make you age faster or slower than people born on the same day. That means your biological age could be quite different from your chronological age-the number of years you've been alive. Your biological age is likely a better ② reflection of your physical health and even your own mortality than your chronological age. But calculating it isn't nearly as ③ straightforward. Scientists have spent the last decade developing tools called aging clocks that assess markers in your body to ④ veil your biological age. The big idea behind aging clocks is that they'll essentially indicate how much your organs have ⑤ degraded, and thus predict how many healthy years you have left.

15

Porcelain Tower에 관한 다음 글의 내용과 일치하는 것은?

In early 15th-century China, the Yongle Emperor of the Ming dynasty ordered the construction of a towering monument to honor his mother. The Porcelain Tower was a grand pagoda built in the city of Nanjing—the imperial capital at the time—as part of the grand Bao'en Buddhist Temple complex. The tower was constructed from white porcelain bricks, which would have glistened in the sunlight, and adorned with vibrant glazed designs of animals, lowers and landscapes in greens, yellows and browns. Historians studying the remnants suggest that the glazed porcelain bricks were made by highly skilled workers, but sadly the methods used to make them have been lost to history. Some of the largest bricks were more than 50 centimeters thick and weighed as much as 150 kilograms each, with the colored glazes staying bright for centuries. Nowadays, workers trying to replicate these porcelain slabs struggle to make anything larger than five centimeters thick and their colors fade after just a decade.

① Its bricks were all the same size.
② It stood in a temple of a rural area.
③ It was built to honor the Emperor's mother.
④ It was decorated with the shapes of the sun.
⑤ Its porcelain slabs have been successfully replicated today.

16

Nadine Gordimer에 관한 다음 글의 내용과 일치하는 것은?

The South African novelist Nadine Gordimer was awarded the Nobel Prize for Literature in 1991 not only for her excellent literary skills but also for her consistent and courageous criticism of apartheid, which was a system of strictly segregating the blacks from the whites in all spheres of life. Her attack on apartheid was not primarily a political gesture. As a novelist, she was more interested in the human aspect of apartheid and racism. She knew, for one thing, that she herself, as a white middle-class intellectual living in South Africa, benefited from the system. She also knew that the whites responsible for keeping up the racist system suffered in their own ways from it. Her novels and short stories, therefore, concentrate on the moral dilemmas imposed on the individuals by the social relations of South Africa. Although as an intellectual she is capable of making unambiguous political statements on delicate social issues, as a novelist she is more interested in the less clear aspects of humans living in a society based on inequality and injustice.

① Her novels neglected the ethical problems faced by the whites.

② Her fight against apartheid was mainly driven by political ambition.

③ Her growth as a writer was attributed to her middle-class black parents.

④ She was acknowledged for her strong stance against racial discrimination.

⑤ She was praised for her ability to avoid delicate issues on South African politics.

[17~23] 다음 글의 빈칸에 들어갈 말로 가장 적절한 것을 고르시오.

17

Imagine you jump into a river to save a drowning child. This would probably seem to most people a good thing to do. For Kant, however, it is only a good thing to do if you jumped into the river to save the drowning child because you knew it was your moral duty to do so. If you jumped into the river to save the child because you thought it might make you look good, would impress your friends and get you on television or even because you cared for the child, then, from a Kantian perspective, it is no longer

a moral act. For Kant, it is not essential that you actually save the drowning child. What counts is the will or intention to save them. Where the consequentialist, obviously, would be primarily focused on the outcome, Kant is concerned with choice and _____ . [3점]

① repression

② decision

③ intuition

④ satisfaction

⑤ motivation

18

The ability to record information is one of the lines of demarcation between primitive and advanced societies. Basic counting and measurement of length and weight were among the oldest conceptual tools of early civilizations. By the third millennium B.C. the idea of recorded information had advanced significantly in the Indus Valley, Egypt, and Mesopotamia. Accuracy increased, as did the use of measurement in everyday life. The evolution of script in Mesopotamia provided a precise method of keeping track of production and business transactions. Written language enabled early civilizations to measure reality, record it, and retrieve it later. Together, measuring and recording _____ the creation of data. They are the earliest foundations of datafication.

① complicated

② reversed

③ imitated

④ hindered

⑤ facilitated

19

The news is not what it used to be. These days most consumers get most of their bulletins online. Since online publishing is cheap, a profusion of new sources have sprung up. Websites run by established newspapers compete with newer, online-only outlets and professional (or amateur) blogs, not to mention the mix of articles, digital chain-letters and comments curated by the algorithms of social-media sites such as Facebook and Twitter. Established media have struggled. Much of the advertising that used to pay journalists' salaries has gone to Facebook and Google, the two big technology firms that dominate the market for online advertising. Print circulation has collapsed. Local papers have been particularly hard hit, with many going bust. Social-media algorithms prioritise attention-grabbing clickbait over _____, which helps propel nonsense around the world. Collins, a dictionary-publisher, declared "fake news" its 2017 neologism of the year.

① subjective opinion

② racy headlines

③ boring truth

④ online etiquette

⑤ exaggerated ads

20

Since the 1990s, businesses and police have teamed up to pump classical music onto crime-ridden streets, parking lots, and malls. Why? Because there's evidence that a little bit of Bach may deter crime. In 2005, the London Underground started piping classical music at certain Tube stations, and within a year, robberies and vandalism were sliced by a third. Light-rail stations in Portland, Oregon—and other transit hubs like New York's Port Authority bus terminal—have also reported drops in vagrancy thanks to the crime-stopping powers of Baroque maestros like Vivaldi. The logic? For one, classical music can be calming. But more importantly, the people who loiter and vandalize—often teenagers—usually don't enjoy orchestral music. And if an environment's soundscape annoys you, then chances are you won't _____. Apparently, this works on animals too. At Gloucestershire Airport in Staverton, England, airport chiefs learned the best way to scare away birds was to drive a van blaring Tina Turner's biggest hits. [3점]

*vagrancy: 방랑, 부랑죄

① get emotionally stable

② want to loaf around there

③ be in the mood for classical music

④ commit a serious crime on the spot

⑤ pay attention to the music any more

21

African American psychologists Kenneth and Mamie Phipps Clark used sets of toy babies—some with white skin, some with brown—to understand how black children living under segregation in the 1940s developed their sense of self. Black kids presented with both options preferred the pale doll; some even cried when asked which looked like them. The Clarks took this as evidence that youths

_____ : They saw themselves as inferior because of their skin color. The tests impressed attorneys in the famous *Brown v. Board of Education* lawsuit, where Kenneth testified that segregation led to self-hatred. The Supreme Court's 1954 ruling on that case finally integrated schools and spurred a growing movement for civil rights.

① felt the need to free themselves to succeed

② were burdened with expectations from their elders

③ internalized the social values of their environment

④ learned how to avoid oppressive norms and conventions

⑤ had the desire to develop and realize their own potential

22

Astrology contends that which constellation the planets are in at the moment of your birth profoundly influences your future. A few thousand years ago, the idea developed that the motions of the planets determined the fates of kings, dynasties, and empires. Astrologers studied the motions of the planets and asked themselves what had happened the last time that, say, Venus was rising in the Constellation of the Goat; perhaps something similar would happen this time as well. It was a subtle and risky business. Astrologers came to be employed only by the State. In many countries it was a capital offense for anyone but the official astrologer to read the signs in the skies: a good way to overthrow a regime was to predict its downfall. Chinese court astrologers who made

inaccurate predictions were executed. Others simply doctored the records so that afterward _____. Astrology developed into a strange combination of observations, mathematics and careful record-keeping with fuzzy thinking and fraud. [3점]

① a more cautious position would be adopted

② they were in perfect conformity with events

③ people would pay close attention to the stars

④ descendants could learn from their ancestors

⑤ observations of the planets could be encouraged

23

Why don't teens talk to their parents? "Basically, they don't think their parents will understand," says a noted psychologist. "When they are constantly reprimanded or instructed, they may feel that a parent doesn't care how they feel. Silence for a teenager is a weapon. It's their way of saying, "You can't control me anymore." But that doesn't mean you need to spend the next few years in suspended animation. It does mean you have to establish an atmosphere of trust, understanding and flexibility. Here is how: _____ . If your daughter tells you her best friend said her new outfit was awful, refrain from saying, "Why should you care what Jennifer says?" Teenagers care very much what their peers think, and the wise parent accepts that as normal. Try instead, "That must have made you feel terrible. It hurts when people we care about say mean things."

① Resist the temptation to control and keep silent

② Acknowledge and legitimize a teenager's feelings

③ Encourage teens to accept criticism from others

④ Maintain family rituals as a way of staying in touch

⑤ Take adolescent mood swings and silences personally

[24~26] 다음 글의 제목으로 가장 적절한 것을 고르시오.

24

It wasn't unusual in Victorian London to see children digging through junkyards, looking for anything they could resell: scraps of metal, rags, bones—which could be used to make buttons and soap—and even dead cats, which they sold to furriers. But the most prized find? Coal dust. Brickmakers, who mixed it with clay to make blocks, paid a pretty penny for it. It's not that coal dust was scarce. In fact, because of open-hearth fires, ash was everywhere, and would have clogged the city's streets were it not for the dustmen who lugged it from dustbins to the city's outskirts. The scene resembled a regular Dickensian recycling operation: women, men, and children working thigh-deep in dust. Their bosses got filthy rich, but as London's dust supply outstripped demand, profits declined. By the late 19th century, prospects had already tarnished for these once "Golden Dustmen."

① When Victorians Got Rich on Dust

② A Foolproof Recipe for Brickmaking

③ How Bad Is Working in a Coal Mine?

④ Child Labor During the Industrial Revolution

⑤ Air Pollution: Why London Struggled to Breathe

25

The company formerly known as Facebook is so convinced that the metaverse is the future of the internet that last year it changed its name to Meta. Meta and its boss Mark Zuckerberg think that eventually many of us will work, play, and shop in the metaverse. Or at least our avatars will. While for many people this all sounds fanciful, a growing number of companies are buying up space in the metaverse so that they can set up shop there. These firms include the likes of Adidas, Burberry, Gucci, Tommy Hilfiger, Nike, Samsung, Louis Vuitton, and even banks HSBC and JP Morgan. The question for such businesses, though, is what location they pick. There are now some 50 or so different providers of worlds within the metaverse, with the most popular ones including The Sandbox, Decentraland, Voxels, and Somnium Space, plus Meta's own Horizon Worlds. Retailers and other investors are having to gamble on which of these will go on to become the dominant force in the metaverse, gaining the most visits from our avatars. And which other worlds may fade away into obscurity. Further, within the winning ecosystems, firms have to try to pick what will be the most popular areas.

① Setting up Shop in the Metaverse

② Opening Electronic Bank Branches

③ Building Virtual Eco-friendly Environments

④ Climbing the Social Ladder in the Metaverse

⑤ Dominating the Shopping Space with Avatars

26

A new study tests the common belief that the angrier people appear after a service failure, the more compensation they'll get—and shows that often the reverse is true. The effect of intense anger on service reps, the researchers found, varies according to a cultural trait known as *power distance*, or PD: a person's level of acceptance of power differences and hierarchy. Across four experiments involving simulated service interactions, participants with high PD—those who accepted power differences as natural or inevitable—gave more compensation to mildly angry customers than to intensely angry ones, while participants with low PD did just the opposite. Why? The high-PD subjects saw displays of intense anger as inappropriate and punished them, while the low-PD subjects saw the displays as threatening and rewarded them. But when the perception of threat was mitigated (participants were told that customers couldn't harm them), low-PD people, too, gave more compensation to mildly angry customers.

① Does Time Really Fly When You're Having Fun?

② Does the Squeaky Wheel Get the Most Oil?

③ Can a Rolling Stone Gather Any Moss?

④ Can Too Many Chefs Spoil the Broth?

⑤ Can a Stitch in Time Save Nine?

[27~28] 다음 글의 주제로 가장 적절한 것을 고르시오.

27

After the go-go 1990s and 2000s, the pace of economic integration stalled in the 2010s, as firms struggled with the aftershocks of a financial crisis, a populist revolt against open borders and President Donald Trump's trade war. The flow of goods and capital stagnated. Many bosses postponed big decisions on investing abroad: just-in-time gave way to wait-and-see. No one knew if globalisation faced a blip or extinction. Now the waiting is over, as the pandemic and war in Ukraine have triggered a once-in-a-generation reimagining of global capitalism in boardrooms and governments. Everywhere you look, supply chains are being transformed, from the $9 trillion in inventories, stockpiled as insurance against shortages and inflation, to the fight for workers as global firms shift from China into Vietnam. This new kind of globalisation prioritises doing business with people you can rely on, in countries your government is friendly with. It could descend into protectionism, big government and worsening inflation.

① the era of globalisation ushered in by new businesses

② the promotion of globalisation through cost efficiency

③ the switch to a security-first model of globalisation

④ the disruption of globalisation caused by war

⑤ the threat of globalisation to workers' rights

28

Members of the Lost Generation viewed the idea of the "American Dream" as a grand deception. This becomes a prominent theme in F. S. Fitzgerald's *The Great Gatsby* as the story's narrator Nick Carraway comes to realize that Gatsby's vast fortune had been paid for with great misery. To Fitzgerald, the traditional vision of the American Dream—that hard work led to success—had become corrupted. To the Lost Generation, "living the dream" was no longer about simply building a self-sufficient life, but about getting stunningly rich by any means necessary. The term "American Dream" refers to the belief that everyone has the right and freedom to seek prosperity and happiness, regardless of where or into what social class they were born. A key element of the American Dream is the assumption that through hard work, perseverance, and risk-taking, anyone can rise "from rags to riches," to attain their own version of success in becoming financially prosperous and socially upwardly mobile. Since the 1920s, the American Dream has been questioned and often criticized by researchers and social scientists as being a misplaced belief that contradicts reality in the modern United States.

① the repentance of self-reliance through hard work
② the fallacy of the great American Dream
③ the revision of the American Dream
④ the criticism of material success in America
⑤ the realization of the Lost Generation's ideals

[29~30] 다음 글의 요지로 가장 적절한 것을 고르시오.

29

Caitlin Mooney is 24 years old and passionate about technology that dates to the age of Sputnik. Mooney, a recent New Jersey Institute of Technology graduate in computer science, is a fan of technologies that were hot a half-century ago, including computer mainframes and software called COBOL that powers them. That stuff won't win any cool points in Silicon Valley, but it is essential technology at big banks, insurance companies, government agencies and other large institutions. During Mooney's job hunt, potential employers saw her expertise and wanted to talk about more senior positions than she was seeking. "They would get really excited," Mooney said. She's now trying to decide between multiple job offers. The resilience of decades-old computing technologies and the people who specialize in them shows that new technologies are often built on lots of old tech.

① Old technology can still be of great use.
② Keep up with the changing times in the tech world.
③ The best job is one that makes full use of your abilities.
④ Silicon Valley is always in the market for new technology.
⑤ The future of digital technology lies within academic institutions.

30

It's tempting to assume that past successes are a sign of good judgment, and in some cases they may be. The multigenerational success of some German midsize companies and the sheer longevity of Warren Buffett's investment performance are frequently cited examples. But success can have other parents. Luck, the characteristic that Napoleon famously required of his generals, is often the unacknowledged architect of success. Those in sports can attest to the importance of luck as well as skill. Grant Simmer, navigator and designer in four America's Cup yachting victories, has acknowledged the help of luck in the form of mistakes made by his competitors. Sometimes, what looks like sustained success may conceal trickery. Before the Enron scandal broke, in 2001, CEO Jeff Skilling was hailed as a highly successful leader. Toshiba's well-regarded boss, Hisao Tanaka, resigned in disgrace in 2015 after a $1.2 billion profit overstatement covering seven years was unearthed. [3점]

① A watched pot never boils.

② All that glitters is not gold.

③ Time and tide wait for no man.

④ Birds of a feather flock together.

⑤ Don't put all your eggs in one basket.

[31~32] 다음 글에서 전체 흐름과 관계 없는 문장을 고르시오.

31

For centuries, natives of the New Hebrides islands considered a head full of lice a sign of good health. "Observation over the centuries had taught them that people in good health usually had lice and sick people very often did not. The observation itself was accurate and sound," writes Darrell Huff in *How to Lie with Statistics*. ① But the correlation didn't mean lice are the key to good health-it's the other way around. ② Healthy people had lice because their body was just the right temperature, a perfect home for bugs. ③ Thus the proliferation of lice was a key determinant in promoting health in the human body. ④ But when people ran a high fever, their flesh became hot, sending the lice scattering. ⑤ Lice didn't cause good health-they preyed on it.

32

Cryptocurrencies have been around since 2009, and in all this time they have never come to play a major role in real-world transactions—El Salvador's much-hyped attempt to make bitcoin its national currency has become a disaster. ① Suppose, for example, that you use a digital payments app like Venmo, which has amply demonstrated its usefulness for real-world transactions. ② So how did cryptocurrencies come to be worth almost $3 trillion at their peak? ③ Why was nothing done to rein in "stablecoins," which were supposedly pegged to the U.S. dollar but were clearly subject to all the risks of unregulated banking, and are now experiencing a cascading series of collapses reminiscent of the wave of bank failures that helped make the Great Depression great? ④ My answer is that while the crypto industry has never managed to come up with products that are of much use in the real economy, it has been spectacularly successful at marketing itself, creating an image of being both cutting edge and respectable. ⑤ It has done so, in particular, by cultivating prominent people and institutions. [3점]

*cryptocurrency: 암호화폐

34

Lead ions—while still toxic in other ways—also helped produce nitric oxide, a free radical that killed bacteria before they could infect the eyes.

Egyptians famously rimmed their eyes with black makeup. The makeover wasn't just for humans—cows led into ritual slaughter also got the face paint, as shown in art from 2500 B.C.E. (①) Manuscripts from the era claimed that the eyeliner protected wearers from eye infections, but modern-day scientists were skeptical. (②) After all, the most common formula contained lead. (③) But in 2009, a team of chemists led by a researcher from the University of Pierre and Marie Curie in Paris analyzed samples scraped from tombs and found the ancients were onto something. (④) Further, some of the compounds in the eyeliner aren't native to Egypt, leading researchers to believe that the makeup wasn't just used because it was on hand—it was deliberately manufactured. (⑤) The study's authors dubbed the eyeliner the first large-scale chemical manufacturing process known to us.

[33~34] 글의 흐름으로 보아, 주어진 문장이 들어가기에 가장 적절한 곳을 고르시오.

33

But newly analyzed fossils including wing bones, presented today in the journal *Royal Society Open Science*, have changed the story.

In ancient Flores, an island in eastern Indonesia, "hobbit"-size humans shared the landscape with an immense bird. (①) At more than five feet tall, the Ice Age stork *Leptoptilos robustus* would have towered over the three-foot-tall Homo floresiensis, who lived more than 60,000 years ago. (②) Paleontologists previously thought the big bird was a flightless species that had adapted to live in an isolated island ecosystem. (③) Despite the stork's size, its 12-foot wingspan likely would have allowed it to soar overhead. (④) This new realization prompted paleontologists to revise what they previously thought about the anatomy and behavior of *L. robustus*. (⑤) Rather than a hunter of small prey, the new study suggests the bird was probably a scavenger like other prehistoric, flying storks that are known to have relied on dead animals for their meals.

*paleontologist: 고생물학자

35

다음 글의 내용을 한 문장으로 요약할 때, 빈칸 (A), (B)에 들어갈 말로 가장 적절한 것은?

Ancient Greek democracy allowed the public to participate directly in the affairs of government, choosing policies and making governing decisions. In this sense, the people were the state. In contrast, the Roman Empire laid out the concept of republicanism, which emphasized the separation of powers within a state and the representation of the public through elected officials. Thus, while Greece gives us the idea of popular sovereignty, it is from Rome that we derive the notion of legislative bodies like a senate. In their earliest forms, neither Greek democracy nor Roman republicanism would be defined as liberal democracies by today's standards. Both emphasized certain democratic elements but restricted them in fundamental ways. As political rights and institutions have expanded over the centuries, republicanism and democracy have become intertwined to produce the modern liberal democratic regime we know today.

↓

Although the forms of government in ancient Greece and Rome were   (A)   , together they provided the   (B)   for modern democracy.

	(A)		(B)
①	primitive	……	deficiencies
②	interchangeable	……	inspiration
③	ideal	……	riddles
④	dissimilar	……	foundation
⑤	groundbreaking	……	groundwork

36

다음 글의 빈칸 (A), (B)에 들어갈 말로 가장 적절한 것은?

How we look at purpose is often connected to perceived importance.   (A)   , we say that the purpose of the bee is to pollinate the flower if we see the flower as the object of primary concern; but if we are,

say, beekeepers, we would be more likely to say that the purpose of the bee is to produce honey to feed the hive. Here purpose can be seen to be relative to a larger context-carrying seeds for flowers, or producing honey for the hive-and is connected with exploiting or using something for certain ends.   (B)   , in nature it is often not quite clear who is using who. Is the small bird that eats ticks from the hide of the rhinoceros using the rhino as a large all-you-can-eat buffet, or is the rhino using the bird as a means of ridding itself of annoying ticks? They both need each other. So purpose is relative, then, and relates to something's or someone's relative importance.

	(A)		(B)
①	For instance	……	Otherwise
②	In contrast	……	Moreover
③	For instance	……	Yet
④	In contrast	……	Thus
⑤	Furthermore	……	However

[37~38] 주어진 글 다음에 이어질 글의 순서로 가장 적절한 것을 고르시오.

37

The women's movement since the sixties has developed in a way that exactly mirrors traditional male attitudes. It is as if we have a pattern burned into our brains and we can't move outside it. I've been thinking recently about why on the whole the women's movement has not fulfilled its potential.

(A) In today's Japan there are very few women in public life, much fewer than anywhere in the West, and when they are, it's nearly always in cultural things. So, all the great explosion of energy has ended up with a very narrow section of the female population doing better than it did before.

(B) They have good jobs, usually in cultural things like television and radio, newspapers, and so on. This is also true in countries where women have an extremely bad time, like Japan.

(C) It burst on the scene with enormous energy all over Europe and in America. Yet the energy dissipated, and what has actually been achieved is this: that in all the European countries and America and Canada middle-class women who were probably young in the sixties and are now middle-aged have done rather well.

① (A) − (C) − (B)   ② (B) − (A) − (C)
③ (B) − (C) − (A)   ④ (C) − (A) − (B)
⑤ (C) − (B) − (A)

38

Ever more scholars see cultures as a kind of mental infection or parasite, with humans as its unwitting host. Organic parasites, such as viruses, live inside the body of their hosts.

(A) The human dies, but the idea spreads. According to this approach, cultures are not conspiracies made up by some people in order to take advantage of others.

Rather, cultures are mental parasites that emerge accidentally, and thereafter take advantage of all people infected by them.

(B) In just this fashion, cultural ideas live inside the minds of humans. They multiply and spread from one host to another, occasionally weakening the hosts and sometimes even killing them. A cultural idea can compel a human to dedicate his or her life to spreading that idea, even at the price of death.

(C) These parasites multiply and spread from one host to the other, feeding off their hosts, weakening them, and sometimes even killing them. As long as the hosts live long enough to pass along the parasite, it cares little about the conditions of its host.

[3점]

① (A) − (C) − (B)   ② (B) − (A) − (C)
③ (B) − (C) − (A)   ④ (C) − (A) − (B)
⑤ (C) − (B) − (A)

[39~40] 다음 글을 읽고, 물음에 답하시오.

To many Americans, Cinco de Mayo is a day for eating Mexican food and drinking liberally. But the real history is far more _____.

It started in the 1860s. France wanted to expand its empire into Mexico, and Napoleon III ordered his troops to head toward Mexico City to overthrow Mexico's democratically elected President Benito Juárez, while Abraham Lincoln was preoccupied with the Civil War. The hyperorganized French forces were widely expected to triumph, leading to a new Mexican monarchy that would side with the Confederacy.

But then, on May 5, 1862, the Mexican forces defeated the French in the Battle of Puebla. That surprise victory brought together Latinos who had come north during the gold rush, leading to spontaneous celebrations, says David E. Hayes-Bautista, author of *El Cinco de Mayo: An American Tradition*. (The first took place in Tuolumne County in California.) Soon they started a network of organizations to support the fight against slavery both in Mexico and the U.S.

But in the 1930s, though, as the Civil War became a more distant memory, Cinco de Mayo's significance as a civil rights holiday started to fall by the wayside. By the 1980s and 1990s the number of Hispanic consumers had risen dramatically, and marketers—especially within the spirits industry—seized the moment. They made the holiday ubiquitous by turning it into a general celebration of Mexican-American culture, and the parties rage on today.

39

윗글의 빈칸에 들어갈 말로 가장 적절한 것은? [3점]

① geographically driven
② politically charged
③ conspiracy ridden
④ culturally distorted
⑤ economically balanced

40

윗글의 제목으로 가장 적절한 것은?

① The Surprising Evolution of Cinco de Mayo
② The Political Significance of Mexican Cuisine

③ Revisiting the History of Mexican Immigration
④ All Against Slavery: Struggles of the Confederacy
⑤ The Restoration of Civil Rights Through Cinco de Mayo

[41~42] 다음 글을 읽고, 물음에 답하시오.

Have you ever looked at the nighttime horizon and gasped at the sight of a spectacularly large moonrise? Typically, if you glance up at the sky hours later, the moon will seem to have shrunk. Dubbed the moon illusion, this phenomenon has been witnessed for thousands of years, a visual trickery that takes place all in the mind. And, even after so long, scientists still disagree on what exactly is happening in our brains. To test it, you can snap a picture of the rising moon on the horizon and compare it to an image taken later that night. The size will remain consistent, even if your eyes deceive in the moment. (A)   , during a supermoon, when the date of the full moon coincides with the point closest to Earth in the lunar orbit and the moon appears roughly 7 percent bigger, the naked eye can barely see the increase—even if you convince yourself otherwise.

One common explanation for the illusion is that when the moon is near the horizon, trees or buildings juxtaposed against the sky fool your brain into perceiving the moon as closer to Earth, and therefore extra big.   (B)   , astronauts in orbit also witness the moon illusion without foreground objects, so this doesn't quite solve the problem.

While other hypotheses abound, the moon illusion still holds some intrigue for scientists—and anyone who takes the time to sit back and savor this lunar mystery.

*juxtapose: 나란히 놓다

41

윗글의 제목으로 가장 적절한 것은?

① Traveling to the Moon Made Easy
② Lunar Eclipse During Supermoons
③ The Breathtaking View from Outer Space
④ The Optical Illusion of the Size of the Moon
⑤ The Shrinking Universe: A Cause for Worry?

42

윗글의 빈칸 (A), (B)에 들어갈 말로 가장 적절한 것은?

	(A)		(B)
①	Similarly	……	Moreover
②	For example	……	On one hand
③	Similarly	……	However
④	For example	……	Likewise
⑤	On the contrary	……	Therefore

[43~45] 다음 글을 읽고, 물음에 답하시오.

(A)

It was 1948, and Eleanor Abbott was bored. The retired schoolteacher was stuck in a San Diego hospital surrounded by young children who, like her, were suffering from polio. The kids were lonely and sad, and Abbott, with nothing else to do, decided that a cheerful board game could be the perfect antidote. So she supposedly grabbed a piece of butcher paper and started sketching plans.

(B)

While Milton Bradley kept that origin story under wraps for decades, the game's connection to the disease didn't stop there. It's possible that polio helped make *Candy Land* famous. In the early 1950s, a polio epidemic swept the country. The best way to stay healthy was to avoid people. Public swimming pools, playgrounds, and bowling alleys were shuttered. Moviegoers were encouraged to sit far from each other at the theater. Wary parents wouldn't even let their kids outside to play. Healthy or sick, everybody needed entertainment to help pass the time. That, coupled with the fact that postwar Americans had more money and leisure time than ever, provided ideal conditions for making a child's board game popular. Plus, it was about candy!

(C)

Today, polio has practically been eradicated from the globe. *Candy Land*, however, keeps on giving. It's sold more than 40 million copies and was inducted into the National Toy Hall of Fame in 2005. But Abbott kept a humble low profile for the rest of her life. According to Nicolas Ricketts of The Strong-a museum in Rochester, New York, devoted to the history and exploration of play-when Abbott received her first royalty check, she gave much of the money right back to the children she met in the ward. How sweet!

(D)

The end result was perfect for young children. No counting. No reading. Players simply needed to grasp colors and follow instructions on the cards to travel around the board, stopping at various delicious-sounding locations along the way. She shared it with the children in the polio ward, and they loved it. One year later, Milton Bradley bought the game-and it became a surprise hit: *Candy Land*.

43

주어진 글 (A)에 이어질 내용을 순서에 맞게 배열한 것으로 가장 적절한 것은? [3점]

① (B) − (D) − (C)
② (C) − (B) − (D)
③ (C) − (D) − (B)
④ (D) − (B) − (C)
⑤ (D) − (C) − (B)

44

윗글의 제목으로 가장 적절한 것은?

① How to Play *Candy Land* with Kids
② The Bittersweet History of *Candy Land*
③ Using *Candy Land* as an Educational Tool
④ *Candy Land*: Boosting Children's Confidence
⑤ The Decline of the Popularity of *Candy Land*

45

윗글의 내용과 일치하지 <u>않는</u> 것은?

① *Candy Land* requires basic arithmetic skills.
② America was struck with an epidemic in the 1950s.
③ Eleanor Abbott made *Candy Land* while hospitalized.
④ Eleanor Abbott shared her first royalty check with others.
⑤ At first, Milton Bradley did not reveal the origin story of *Candy Land*.

[01~20] 각 문항의 답을 하나만 고르시오.

01

넓이가 $5\sqrt{2}$인 예각삼각형 ABC에 대하여 $\overline{AB}=3$, $\overline{AC}=5$일 때, 삼각형 ABC의 외접원의 반지름의 길이는? [3점]

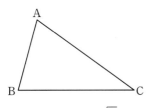

① $\dfrac{3\sqrt{3}}{2}$

② $\dfrac{7\sqrt{3}}{4}$

③ $2\sqrt{3}$

④ $\dfrac{9\sqrt{3}}{4}$

⑤ $\dfrac{5\sqrt{3}}{2}$

02

시각 $t=0$일 때 동시에 원점을 출발하여 수직선 위를 움직이는 두 점 P, Q의 시각 $t(t\geq0)$에서의 속도가 각각

$$v_P(t)=3t^2+2t-4,\ v_Q(t)=6t^2-6t$$

이다. 출발한 후 두 점 P, Q가 처음으로 만나는 위치는? [3점]

① 1

② 2

③ 3

④ 4

⑤ 5

03

직선 $x=a$와 세 함수

$$f(x)=4^x, g(x)=2^x, h(x)=-\left(\dfrac{1}{2}\right)^{x-1}$$

의 그래프가 만나는 점을 각각 P, Q, R라 하자. $\overline{PO}:\overline{QR}=8:3$일 때, 상수 a의 값은? [3점]

① 1

② $\dfrac{3}{2}$

③ 2

④ $\dfrac{5}{2}$

⑤ 3

04

자연수 $k(k\geq2)$에 대하여 집합

$$A=\{(a,\ b)\,|\,a,\ b는 자연수,\ 2\leq a\leq k,$$

$\log_a b\leq2\}$의 원소의 개수가 54일 때, 집합 A의 원소 (a,b)에 대하여 $a+b+k$의 최댓값은? [3점]

① 27

② 29

③ 31

④ 33

⑤ 35

05

사차함수 $f(x)$는 $x=1$에서 극값 2를 갖고, $f(x)$가 x^3으로 나누어떨어질 때,

$$\int_0^2 f(x-1)dx$$의 값은? [4점]

① $-\dfrac{12}{5}$ ② $-\dfrac{7}{5}$

③ $-\dfrac{2}{5}$ ④ $\dfrac{3}{5}$

⑤ $\dfrac{8}{5}$

06

두 정수 a, b에 대하여

$$a^2+b^2 \le 13, \quad \cos\dfrac{(a-b)\pi}{2}=0$$

을 만족시키는 모든 순서쌍 (a, b)의 개수는? [4점]

① 16   ② 20

③ 24   ④ 28

⑤ 32

07

최고차항의 계수가 1인 삼차함수 $f(x)$는 $x=1$과 $x=-1$에서 극한값을 갖는다.

$\{x \,|\, f(x) \le 9x+9\} = (-\infty, \, a]$를 만족시키는 양수 a의 최솟값은? [4점]

① 1   ② 2

③ 3   ④ 4

⑤ 5

08

원 $x^2+y^2=r^2$ 위의 점 (a, b)에 대하여 $\log_r |ab|$의 최댓값을 $f(r)$라 할 때, $f(64)$의 값은? (단, r는 1보다 큰 실수이고, $ab \neq 0$이다.) [4점]

① $\dfrac{7}{6}$ ② $\dfrac{4}{3}$

③ $\dfrac{3}{2}$ ④ $\dfrac{5}{3}$

⑤ $\dfrac{11}{6}$

09

집합 $A=\{1, 2, 3, 4, 5\}$에서 A로의 함수 중에서 다음 조건을 만족시키는 함수 $f(x)$의 개수는? [4점]

> (가) $\log f(x)$는 일대일함수가 아니다.
>
> (나) $\log\{f(1)+f(2)+f(3)\}$
> $=2\log 2+\log 3$
>
> (다) $\log f(4)+\log f(5)\leq 1$

① 134   ② 140

③ 146   ④ 152

⑤ 158

10

함수 $f(x)=\begin{cases}(x+2)^2 & (x\leq 0) \\ -(x-2)^2+8 & (x>0)\end{cases}$

이 있다. 실수 $m(m<4)$에 대하여 곡선 $y=f(x)$와 직선 $y=mx+4$로 둘러싸인 부분의 넓이를 $h(m)$이라 할 때, $h(-2)+h(1)$의 값은? [4점]

① 75   ② 78

③ 81   ④ 84

⑤ 87

11

수열 $\{a_n\}$의 일반항이 $a_n=\dfrac{\sqrt{9n^2-3n-2}+6n-1}{\sqrt{3n+1}+\sqrt{3n-2}}$

일 때, $\sum\limits_{n=1}^{16} a_n$의 값은? [4점]

① 110   ② 114

③ 118   ④ 122

⑤ 126

12

좌표평면에서 점 $(18, -1)$을 지나는 원 C가 곡선 $y=x^2-1$과 만나도록 하는 원 C의 반지름의 길이의 최솟값은? [4점]

① $\dfrac{\sqrt{17}}{2}$ ② $\sqrt{17}$

③ $\dfrac{3\sqrt{17}}{2}$ ④ $2\sqrt{17}$

⑤ $\dfrac{5\sqrt{17}}{2}$

13

좌표평면 위의 점 (a, b)에서 곡선 $y=x^2$에 그은 두 접선이 서로 수직이고 $a^2+b^2 \le \dfrac{37}{16}$일 때, $a+b$의 최댓값을 p, 최솟값을 q라 하자. pq의 값은? [4점]

① $-\dfrac{33}{16}$ ② $-\dfrac{35}{16}$

③ $-\dfrac{37}{16}$ ④ $-\dfrac{39}{16}$

⑤ $-\dfrac{41}{16}$

14

두 다항함수 $f(x), g(x)$에 대하여
$$f(1)=2, g(1)=0, f'(1)=3, g'(1)=2$$
일 때, $\displaystyle\lim_{x \to \infty} \sum_{k=1}^{4} \left\{ xf\left(1+\dfrac{3^k}{x}\right) g\left(1+\dfrac{3^k}{x}\right) \right\}$의 값은?

[4점]

① 400   ② 440

③ 480   ④ 520

⑤ 560

15

좌표평면에서 정삼각형 ABC에 내접하는 반지름의 길이가 1인 원 S가 있다. 실수 $t(0 \le t \le 1)$에 대하여 삼각형 ABC 위의 점 P와 원 S의 거리가 t인 점 P의 개수를 $f(t)$라 하자. 함수 $f(t)$가 $t=k$에서 불연속인 k의 개수를 a, $\displaystyle\lim_{t \to 1^-} f(t)=b$라 할 때, $a+b$의 값은?

(여기서, 점 P와 원 S의 거리는 점 P와 원 S 위의 점 X에 대하여 선분 PX의 길이의 최솟값이다.) [4점]

① 6   ② 7

③ 8   ④ 9

⑤ 10

16

좌표평면에 네 점 $A(0, 0)$, $B(1, 0)$, $C(1, 1)$, $D(0, 1)$이 있다. 자연수 n에 대하여 집합 X_n은 다음 조건을 만족시키는 모든 점 (a, b)를 원소로 하는 집합이다.

> (가) 점 (a, b)는 정사각형 $ABCD$의 내부에 있다.
> (나) 정사각형 $ABCD$의 변 위를 움직이는 점 P와 점 (a, b) 사이의 거리의 최솟
> 값은 $\dfrac{1}{2^n}$이다.
> (다) $a=\dfrac{1}{2^k}$이고 $b=\dfrac{1}{2^m}$인 자연수 k, m이
> 존재한다.

집합 X_n의 원소의 개수를 a_n이라 할 때, $\sum\limits_{n=1}^{10} a_n$의 값은? [4점]

① 100
② 120
③ 140
④ 160
⑤ 180

17

두 자연수 a, b에 대하여 함수
$f(x)=\sin(a\pi x)+2b\,(0\le x\le 1)$
이 있다. 집합 $\{x\,|\,\log_a f(x)$는 정수$\}$의 원소의 개수가 8이 되도록 하는 서로 다른 모든 a의 값의 합은?

[5점]

① 12
② 15
③ 18
④ 21
⑤ 24

18

함수 $f(x)=\begin{cases} 1+x & (-1\le x<0) \\ 1-x & (0\le x\le 1) \\ 0 & (|x|>1) \end{cases}$

에 대하여 함수 $g(x)$를
$$g(x)=\int_{-1}^{x} f(t)\{2x-f(t)\}dt$$
라 할 때, 함수 $g(x)$의 최솟값은? [5점]

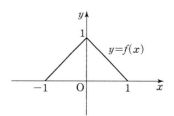

① $-\dfrac{1}{4}$
② $-\dfrac{1}{3}$
③ $-\dfrac{5}{12}$
④ $-\dfrac{1}{2}$
⑤ $-\dfrac{7}{12}$

19

최고차항의 계수가 양수인 다항함수 $f(x)$와 함수 $y=f(x)$의 그래프를 y축에 대하여 대칭이동한 그래프를 나타내는 함수 $g(x)$가 다음 조건을 만족시킨다.

> (가) $\lim\limits_{x \to 1} \dfrac{f(x)}{x-1}$의 값이 존재한다.
>
> (나) $\lim\limits_{x \to 3} \dfrac{f(x)}{(x-3)g(x)}=k$ (k는 0이 아닌 상수)
>
> (다) $\lim\limits_{x \to -3+} \dfrac{1}{g(x)}=\infty$

$f(x)$의 차수의 최솟값이 m이다. $f(x)$의 차수가 최소일 때, $m+k$의 값은? [5점]

① $\dfrac{10}{3}$ ② $\dfrac{43}{12}$

③ $\dfrac{23}{6}$ ④ $\dfrac{49}{12}$

⑤ $\dfrac{13}{3}$

20

곡선 $y=x^3-x^2$ 위의 제1사분면에 있는 점 A에서의 접선의 기울기가 8이다. 점 $(0, 2)$를 중심으로 하는 원 S가 있다. 두 점

$B(0, 4)$와 원 S 위의 점 X에 대하여 두 직선 OA와 BX가 이루는 예각의 크기를 θ라

할 때, $\overline{BX}\sin\theta$의 최댓값이 $\dfrac{6\sqrt{5}}{5}$가 되도록

하는 원 S의 반지름의 길이는? (단, O는 원점이다.) [5점]

① $\dfrac{3\sqrt{5}}{4}$ ② $\dfrac{4\sqrt{5}}{5}$

③ $\dfrac{17\sqrt{5}}{20}$ ④ $\dfrac{9\sqrt{5}}{10}$

⑤ $\dfrac{19\sqrt{5}}{20}$

[21~25] 각 문항의 답을 답안지에 기재하시오.

21

수열 $\{a_n\}$이 모든 자연수 n에 대하여

$$\sum_{k=1}^{n} \frac{a_k}{2k-1}=2^n$$

을 만족시킬 때, a_1+a_5의 값을 구하시오. [3점]

22

실수 a, b, c가

$\log\dfrac{ab}{2}=(\log a)(\log b)$,

$\log\dfrac{bc}{2}=(\log b)(\log c)$,

$\log(ca)=(\log c)(\log a)$,

를 만족시킬 때, $a+b+c$의 값을 구하시오. (단, a, b, c는 모두 10보다 크다.) [4점]

23

최고차항의 계수가 1인 이차함수 $f(x)$에 대하여 함수 $g(x)$를 $g(x)=\begin{cases}-x^2+2x+2 & (x<1) \\ f(x) & (x\geq 1)\end{cases}$

이라 하자. 함수 $g(x)$가 $x=1$에서 연속이고 실수 전체의 집합에서 증가하도록 하는 모든 함수 $f(x)$에 대하여 $f(3)$의 최솟값을 구하시오. [4점]

24

모든 실수 x에 대하여 부등식

$$(a\sin^2 x-4)\cos x+4\geq 0$$

을 만족시키는 실수 a의 최댓값과 최솟값의 합을 구하시오. [4점]

25

세 집합 A, B, C는

$A=\left\{(2+2\cos\theta,\ 2+2\sin\theta)\ \middle|\ -\dfrac{\pi}{3}\leq\theta\leq\dfrac{\pi}{3}\right\}$,

$B=\left\{(-2+2\cos\theta,\ 2+2\sin\theta)\ \middle|\ \dfrac{2\pi}{3}\leq\theta\leq\dfrac{4\pi}{3}\right\}$,

$C=\{(a,\ b)\,|\,-3\leq a\leq 3,\ b=2\pm\sqrt{3}\}$

이다. 좌표평면에서 집합 $A\cup B\cup C$의 모든 원소가 나타내는 도형을 X라 하고, 도형 X와 곡선 $y=-\sqrt{3}x^2+2$가 만나는 점의 y좌표를 c라 하자. 집합 X로 둘러싸인 부분의 넓이를 α, 곡선 $y=-\sqrt{3}x^2+2$와 직선 $y=c$로 둘러싸인 부분의 넓이를 β라 하자.

$\alpha-\beta=\dfrac{p\pi+q\sqrt{3}}{3}$일 때, $p+q$의 값을 구하시오.

(단, $p,\ q$는 정수이다.) [5점]

There is nothing like a dream to create the future.
미래를 창조하기 위해서 꿈만 한 것은 없다.

– 빅토르 위고(Victor Hugo)

2022학년도
기출문제

[01~05] 다음 글을 읽고 물음에 답하시오.

한국에 사는 외국인들의 한국어 구사 능력은 적응 정도에 따라 차이가 나지만, 그들이 구사하는 한국어는 한국어를 모국어로 배운 사람들의 한국어와는 꽤 다르다. 그들의 모국어가 새로 익힌 한국어에 간섭하고 있기 때문이다. 이것은 한국인이 외국어를 배울 때도 생기는 일이다.

한국어는 음운 구조나 통사 구조가 주류 언어들과 크게 달라서, 외국인들이 쓰는 한국어에는 이들의 모국어가 행사하는 간섭의 흔적이 짙어 보일 수밖에 없다. 많은 외국어에서 조음부가 같은 자음들을 성대 울림 유무(유성/무성)로 변별하는 데 견주어, 한국어는 조음부가 공기의 흐름을 어떻게 ㉠ 방해하는지에 따라 이 자음들을 변별한다. 그래서 한국인들에게는 너무 쉬운 /ㄱ/ /ㅋ/ /ㄲ/, /ㄷ/ /ㅌ/ /ㄸ/, /ㅂ/ /ㅍ/ /ㅃ/의 구별이 어떤 외국인들에게는 ㉡ 넘지 못할 산이다.

한국어에서 유성 자음은 /ㄴ/ /ㄹ/ /ㅁ/ /ㅇ/ 소리 말고는 유성음(이들 네 자음과 모음) 사이의 동화로만 실현된다. 예컨대 '가구'의 첫 음절과 둘째 음절은 둘 다 'ㄱ'으로 시작하지만, 음성 수준에선 각각 [k]와 [g]로 실현된다. 그래서 '가구'는 [ka:gu]로 발음된다. 둘째 음절의 무성 평자음 'ㄱ'이 그것을 둘러싼 두 모음의 영향을 받아 유성음으로 변하는 것이다. 한국인들은 어려서부터 이런 규칙을 깊이 내면화하고 있어서 그걸 깨닫지도 못한 채 실현하지만, 자신들의 모국어에 이런 규칙이 없는 외국인들에게는 이것이 쉽지 않다.

[A]
무성 평자음이 두 유성음 사이에서 유성 자음으로 변한다는 규칙을 비롯해 한국어는 복잡한 음운 규칙들을 많이 지니고 있다. 예컨대 '독립문'을 글자 그대로 [독립문]으로 읽지 않고 [동님문]으로 읽어야 하고, '실내'를 [실내]로 읽지 않고 [실래]로 읽어야 한다. 또 '낯을', '낮을', '낫을'을 발음할 땐 첫 음절 마지막 음운이 글자대로 [ㅊ], [ㅈ], [ㅅ]으로 실현되는 데 비해, 앞의 명사들이 홀로 남아 '낯', '낮', '낫'이 되면 그 마지막 소리가 왜 하나 같이 [ㄷ]으로 실현되는지 한국어를 배우기 시작한 외국인들은 알 도리가 없다.

사실 그 정확한 이유는 대다수 한국인들도 모른다. 그들은 다만 그 규칙을 내면화하고 있을 뿐이다. 그런데 그 내면화가 자신들의 모국어에 이런 규칙이 없는 외국인들에겐 매우 어려운 일이다. 예컨대 /ㅡ/나 /ㅓ/ 같은 모음을 지닌 언어는 매우 드물어서, 외국인들이 이 소리를 제대로 익히는 일도 쉽지 않다.

통사 수준의 어려움은 이보다 훨씬 더하다. 통사 구조가 한국어와 꽤 엇비슷한 일본어 화자가 아닌 경우에, 한국어 초보자 외국인들은 단어들을 똑바른 순서로 배열하는 데 적잖은 어려움을 느낀다. 또한 주격 조사 '이', '가'와 보조사 '은', '는'의 구별은 이들에게 ㉢ 악몽이다. 구별은커녕 많은 외국인들이 자신들의 모국어에 없는 조사라는 ㉣ 괴물을 아예 생략해 버린다. 통사 구조를 익히는 것으로 마무리될 일도 아니다. 한국인들도 더러 헷갈려할 만큼 복잡한 경어 체계가 그 뒤에 기다리고 있다. 방송 프로그램에 나와서 유창하게 한국어를 구사하는 외국인들은 이 모든 ㉤ 어려움을 이겨낸 예외적인 사람들이다.

01

윗글의 내용과 일치하는 것은?

① 한국어와 일본어는 어순이 비슷하다.
② 한국어를 배우려는 외국인이 늘고 있다.
③ 한국어의 음운 구조는 통사 구조와 달리 체계적이다.
④ 한국어 음운 규칙의 이유를 한국인들은 잘 이해하고 있다.
⑤ 한국어의 조음부가 같은 자음은 성대 울림 유무로 변별된다.

02

[A]에 대한 이해로 적절하지 않은 것은?

① 무성 평자음이 두 유성음 사이에서 유성 자음으로 변한 사례로는 '논리[놀리]'가 있다.

② '독립문[동님문]'의 음운 규칙에 해당하는 사례로는 '섭리[섬니]'가 있다.

③ '실내[실래]'의 음운 규칙에 해당하는 사례로는 '칼날[칼랄]'이 있다.

④ '낯을', '낯을'의 음운 규칙에 해당하는 사례로는 '옷이', '옻이'가 있다.

⑤ '낫', '낯'의 음운 규칙에 해당하는 사례로는 '갓', '갖'이 있다.

03

윗글을 읽고 추론한 내용으로 적절하지 <u>않은</u> 것은?

① 어떤 외국인들은 '의사'를 정확하게 발음하기가 어렵겠군.

② 복잡한 음운 규칙을 내면화한 한국인이 외국어를 발음하기는 어렵지 않겠군.

③ 외국인들이 가끔 실수로 반말하는 것은 한국어의 경어 체계에 익숙하지 못하기 때문이겠군.

④ 외국인들이 "아이 학교 가요."라고 불분명하게 말하는 것은 조사선택에 어려움을 느꼈기 때문이겠군.

⑤ 영어 초보자 한국인이 "Marry me."라고 하지 않고 "Marry with me."라고 실수하는 것은 모국어인 한국어가 영어에 간섭한 것이겠군.

04

〈보기〉를 참고해 윗글을 이해한 내용으로 적절하지 <u>않은</u> 것은? [3점]

---보기---

음성은 사람의 입을 통해 나오는 소리 가운데 말할 때에 사용되는 소리를 가리킨다. 머릿속에서 추상적으로 인식하는 소리인 음운과 달리 음성은 물리적으로 귀에 들리는 구체적인 소리로, 의미변별의 기준이 되지 못한다. 반면에 음운은 의미 변별에 관여하는 최소의 말소리이다.

① 외국인에게는 '가구'의 'ㄱ'들이 서로 다르게 들릴 수 있겠군.

② '가구[kaːgu]'의 'k'와 'g'는 한국어에서 음운이 아닌 음성이겠군.

③ '가구'에서 둘째 음절의 'ㄱ'이 유성음이 됨으로써 의미 변별이 되는군.

④ 한국어에서는 성대 울림 유무만으로 단어의 뜻이 변별되는 경우는 없겠군.

⑤ 한국어에서는 음운으로서의 자격을 가지는 자음과 모음만 다른 글자로 표기하는군.

05

㉠~㉤ 중 문맥상 의미가 <u>다른</u> 하나는?

① ㉠   ② ㉡

③ ㉢   ④ ㉣

⑤ ㉤

[06~08] 다음 글을 읽고 물음에 답하시오.

빌렘 플루서는 디지털 시대에 들어서서 글쓰기에 중요한 변화가 나타났다고 주장한다. 특히 그는 디지털이라는 형식이 긍정적이든 부정적이든 인간 행동, 의식, 지각에 커다란 영향을 끼친다는 점을 눈여겨보았다. 따라서 그는 ㉠ 패러다임 변화에 발맞추어 새로운 글쓰기 방식을 실험하고 구성해야 한다고 주장한다. 디지털 글쓰기 장(場)에서는 저자로부터 독자로 향하는 일방적 의미 전달 관계가 저자와 독자의 상호 대화적 관계로 변화할 수 있다. 이러한 소통방식은 글쓰기에 있어서 새로운 도전 영역이다. 우리는 이러한 방식을 어떻게 활용할 것인가에 대해 따져 보아야 한다.

[A] 디지털 시대는 글쓰기 조건, 지식 전달 방식, 지식 분배 방식을 변화시킨다. 디지털 글쓰기는 대화 구조에서 사용되는 양방향적 채널을 통해 지식을 확대·재생산한다. 이뿐만 아니라 과거 일방적 전달 방식이 구조화한 지식의 특징까지 비판적으로 수용할 수 있다.

디지털 시대 이전의 저자는 머릿속에 떠오른 이미지를 문자와 개념으로 바꿔 독자에게 의미를 전달하는 사람이었다. 하지만 ⓛ 디지털 시대의 저자는 문자와 개념을 디지털 이미지로 만들어 수용자와 주고받는 사람이다. 여기서 한 걸음 더 나아가면 만들어진 이미지를 개념으로 재구조화해 새로운 의미를 생산할 수도 있다.

플루서는 기술적 발전과 대중 매체 확산에 따른 대중문화 현상들이 인간과 세계를 의미화하는 강력한 방식으로 대두되었으므로 이에 대한 깊이 있는 인식이 절실하다고 강조한다. 그가 디지털 시대의 주도적 소통방식으로 명명한 ⓒ 기술적 형상은 이전 시대의 주도적 소통방식이었던 문자의 개념적 의미를 이미지로 펼쳐 보여준다. 하지만 쉽고 빠르게 수용자에게 전달되는 디지털 이미지는 그 안에 담긴 상징적 의미를 은폐하거나 왜곡할 가능성을 갖고 있다.

플루서는 디지털 이미지가 갖는 현실 은폐와 기만의 작용을 간파해야 한다고 강조한다. 그에 따르면 우리는 아직 기술적 형상이라는 새로운 소통방식에 어울리는 의식을 갖추지 못한 채 쉽고 간단한 이미지에 만족해 메시지를 주고받는 것에만 집중한다. 대중이 비판의 필요성을 간과하거나 무시할 때 권력과 자본은 기술적 형상을 장악하고 대중 매체를 이용해 정보 수용자들을 탈정치화, 탈윤리화, 탈가치화할 수 있다. 이에 저항하려면 기술적 형상을 이해하고 기술을 이용해 상상과 개념을 종합하는 새로운 능력이 절실하다. 플루서는 이를 ⓔ 기술적 상상력이라고 이름 짓는다. 또한 기술적 상상력을 갖춘 사람을 기술적 상상가라고 부른다. 디지털 시대의 기술적 상상가, ⓜ 정보 유희자가 되려면 만인을 위한 커뮤니케이션 매체가 기만의 도구로 오용될 위험을 간파해야 한다.

06

문맥상 ㉠~㉣의 의미로 가장 적절한 것은?

① ㉠: 글쓰기의 조건과 방식, 도구, 정보 전달 방향 등을 포함한 일체의 변화
② ㉡: 이미지와 상징을 문자로 표현하는 사람
③ ㉢: 디지털 도구나 기계를 이용해 만든 대화 구조
④ ㉣: 문자가 개념화한 의미를 선형적으로 배열하는 능력
⑤ ㉤: 디지털 이미지가 갖는 정보를 일방향적으로 전달하는 사람

07

[A]에 해당하는 사례로 적절하지 않은 것은?

① 바둑, 장기, 체스 경기 이해에 필요한 기본 규칙
② 폐쇄 회로 카메라와 얼굴 인식 기능의 영상 접속 프로그램
③ 누구나 글을 올리고 수정할 수 있는 소프트웨어 미디어 위키
④ 이용자 정보를 활용해 새로운 정보를 추천하는 SNS 알고리즘
⑤ 모든 것이 검색되고 저장되는 스마트 기기, 트위터, 구글, 페이스북

08

윗글의 논지를 지지하는 근거로 적절하지 않은 것은?
[3점]

① 대중 매체와 대중문화 현상은 디지털 사회와 깊은 연관성을 갖고 있다.
② 기술적 발전은 의미의 해독과 생산을 방해해 수용자들을 탈정치화한다.
③ 상호 작용성, 지식 개방과 공유, 참여와 협력 등 디지털 글쓰기의 가능성을 개발해야 한다.
④ 디지털 글쓰기 주체들은 협력적으로 지식을 생산, 공유해 탈정치화에 저항할 수 있다.
⑤ 디지털 사회의 통제 위험성에서 벗어나기 위해 새로운 소통방식에 어울리는 의식을 갖추어야 한다.

[09~13] 다음 글을 읽고 물음에 답하시오.

(가)
바다는 뿔뿔이
달아나려고 했다.

푸른 도마뱀 떼같이
재재발렀다.

꼬리가 이루
잡히지 않았다.

흰 발톱에 찢긴
산호(珊瑚)보다 붉고 슬픈 생채기!

가까스로 몰아다 부치고
변죽을 둘러 손질하여 물기를 씻었다.

이 애쓴 해도(海圖)에
손을 씻고 떼었다.

찰찰 넘치도록
돌돌 구르도록

휘동그란히 받쳐 들었다!
지구(地球)는 연(蓮)잎인 양 오므라들고…… 퍼고…….
　　　　　　　　　　　　　　　　－ 정지용, 「바다2」

(나)
막차는 좀처럼 오지 않았다
대합실 밖에는 밤새 송이 눈이 쌓이고
흰 보라 수수꽃 눈 시린 유리창마다
톱밥 난로가 지펴지고 있었다
그믐처럼 몇은 졸고
몇은 감기에 쿨럭이고
그리웠던 순간들을 생각하며 나는
한 줌의 톱밥을 불빛 속에 던져 주었다
내면 깊숙이 할 말들은 가득해도
청색의 손바닥을 불빛 속에 적셔 두고
모두들 아무 말도 하지 않았다
산다는 것이 때론 술에 취한 듯
한 두릎의 굴비 한 광주리의 사과를
만지작거리며 귀향하는 기분으로

침묵해야 한다는 것을
모두들 알고 있었다
오래 앓은 기침 소리와
쓴 약 같은 입술 담배 연기 속에서
싸륵싸륵 눈꽃은 쌓이고
그래 지금은 모두들
눈꽃의 화음에 귀를 적신다
자정 넘으면
낯설음도 뼈아픔도 다 설원인데
ⓐ 단풍잎 같은 몇 잎의 차창을 달고
밤 열차는 또 어디로 흘러가는지
그리웠던 순간들을 호명하며 나는
한 줌의 눈물을 불빛 속에 던져 주었다
　　　　　　　　　　　　　　　－ 곽재구, 「사평역에서」

(다)
　　마른 잎사귀에 도토리 알 얼굴 부비는 소리 후두둑 뛰어내려 저마다 멍드는 소리 멍석 위에 나란히 잠든 반들거리는 몸 위로 살짝살짝 늦가을 햇볕 발 디디는 소리 먼길 날아 온 늙은 잠자리 채머리 떠는 소리 맷돌 속에서 껍질 타지며 가슴 동당거리는 소리 사그락사그락 고운 뼛가루 저희끼리 소근대며 어루만져 주는 소리 보드랍고 찰진 것들 물속에 가라앉으며 안녕 안녕 가벼운 것들에게 이별 인사 하는 소리 아궁이 불 위에서 가슴이 확 열리며 저희끼리 다시 엉기는 소리 식어 가며 단단해지며 서로 핥아주는 소리

　　도마 위에 다갈빛 도토리묵 한 모

　　모든 소리들이 흘러 들어간 뒤에 비로소 생겨난 저 고요
　　저토록 시끄러운, 저토록 단단한,
　　　　　　　　　　　　　　　－ 김선우, 「단단한 고요」

09

(가)~(다)에 대한 설명으로 가장 적절한 것은?

① (가)와 (나)는 이국적인 소재를 시어로 활용해 신선한 느낌을 주었다.

② (가)와 (다)는 대상을 살아 있는 것으로 비유하여 생동감을 드러내고 있다.

③ (나)와 (다)의 지배적 정서는 삶에 대한 슬픔과 회한

이다.

④ (가)~(다)는 시제 변화를 통해 화자와 독자 사이 거리를 조절한다.

⑤ (가)~(다)는 화자의 시선 이동에 따른 공간 변화를 활용해 정서의 변화를 이루었다.

10

(가)의 표현상 특징으로 적절하지 않은 것은?

① 다양한 비유와 선명한 이미지를 사용했다.

② 색채 대비를 통해 파도치는 해변을 형상화했다.

③ 음성 상징어를 사용해 바다의 움직임을 제시했다.

④ 반어적 표현을 활용해 파도의 흔적을 구체화했다.

⑤ 전반부는 관찰을, 후반부는 상상을 중심으로 시상을 전개했다.

11

〈보기〉를 참고해 (나)를 감상한 내용으로 적절하지 않은 것은?

보기

「사평역에서」는 소박하고 일상적인 소재, 냉온 감각 등을 도입해 막차를 기다리는 사람들의 풍경을 그리고 있다. 고단한 삶을 사는 사람들에 대한 화자의 연민과 애정 어린 시선이 따뜻한 공감을 불러일으킨다.

① '대합실'은 다양한 서민 군상들이 모여 있어 애환이 느껴지는 공간이군.

② '톱밥 난로'는 막차를 기다리는 사람들을 위로해 주는 소재로 사용되었군.

③ '그믐처럼 몇은 졸고'는 사람들의 지친 모습을 나타내고 있군.

④ '모두들 아무 말도 하지 않았다'는 서로를 믿지 않는다는 점을 암시하는군.

⑤ '한 줌의 눈물을 불빛 속에 던져 주었다'는 고달픈 삶에 대한 화자의 연민을 보여 주는군.

12

〈보기〉를 참고할 때, 원관념과 보조 관념의 관계가 ⓐ와 유사한 것은? [3점]

보기

비유는 원관념과 보조 관념 각각의 구상성과 추상성에 따라 의미와 효과가 달라진다. ⓐ의 경우 원관념과 보조 관념이 모두 구상성을 지니고 있다.

① 사랑은 숭고한 정념

② 내 마음같이 푸른 모래밭

③ 추억인 양 내리는 물안개

④ 푸른 건반인 듯 주름진 계단

⑤ 해바라기처럼 타오르는 기도

13

(다)에 대한 설명으로 적절하지 않은 것은?

① 유사한 시구를 반복하여 리듬감을 조성했다.

② 역설법과 도치법을 통해 대상의 이미지를 강조했다.

③ 정서를 배제하고 대상의 회화적 이미지를 만들었다.

④ 다양한 감각을 활용해 대상의 변화 과정을 나타냈다.

⑤ 시적 대상이 만들어지는 단계에 따라 시상을 전개했다.

[14~17] 다음 글을 읽고 물음에 답하시오.

플라톤의 사유는 가짜 정치가들로부터 진짜 정치가를, 소피스트들로부터 진짜 철학자를 가려내기 위한 '진품 가려내기'의 철학이라고 할 수 있다. 그래서 플라톤의 철학은 일반적으로 가짜들 속에서 진짜를 가려내기 위한 철학이라고 본다.

플라톤에게 '진짜와 '가짜'의 구분은 대단히 중요한 주제이다. 기만적 현실에 대한 의구심과 환멸에서 출발했기 때문에 그의 사유에는 가짜, 허상, 이미지 등에 대한 강한 저항 의식이 배어있다. 이러한 측면에서 그에게 진짜와 가짜의 구분은 본질적 문제였다. 여기에서 그의 사유 전체를 관류하는 기본적인 주제들 중 하나가 성립한다. 만일 진짜가 존재하고 우리가 그것을 알 수 있다면, 다른 모든 것들은 진짜에 대한 모방의 성공 정도에 입각해 존재론적으로 파악할 수 있다는 것이다. 물론 그의 이런 생각에는 현실 세계가 제작된 것으로 보는 관점이 맞물려 있으며, 이는 곧 현실 세계가 이데아 세계를 모방하도록 창조되었다는 의미이기도 하다.

이데아 모방론을 전제할 때 자연스럽게 따라 나오는 결론 중 하나는 인공물에 대한 자연물의 존재론적 우위에 관한 것이다. 자연은 이데아를 모방한 산물이지만 인공물은 자연물을 다시 모방한 산물이기 때문이다. 나아가 인공물 중에서도 실물과 그것을 그린 회화 사이에는 다시 존재론적 위계가 설정된다. 가령, '인공물로서의 의자' 그리고 '의자를 그린 그림'은 존재론적 위계에서 차이가 난다. 현실 세계의 의자는 의자의 이데아를 모방한 인공물이다. 의자를 그린 그림은 이 현실 세계의 의자를 다시 모방한 것으로 이데아로부터 두 단계나 떨어져 있다. 플라톤에게 있어 이데아의 세계와 현실 세계의 관계에서 후자의 폄하는 현실 세계와 인위적 세계의 관계에서 후자에 대한 폄하이다. 이러한 존재론적 위계는 플라톤의 사유 전체를 떠받치고 있다.

플라톤의 가치관이 압축적으로 담겨 있는 저서로『소피스트』를 들 수 있다. 여기에서 플라톤은 '모상술(模像術)'을 '사상술(寫像術)'과 '허상술(虛像術)'로 위계화한다. 『소피스트』에서 플라톤은 이데아의 세계와 현실 세계를 구분하는 것 못지않게, 아니 그 이상으로 이데아와 유사한 것, 이데아로부터 아예 멀어진 것을 구분하는 것이 중요하다고 역설한다.

존재론을 우선시하는 일반적 해석과 달리, 플라톤이 이데아론을 체계화한 목적이 사실은 현실 세계 사물들 사이의 위계를 세우기 위함이었음을 추측해 볼 수 있다. 이데아는 바로 이 구분과 위계를 설명하는 기준이 된다. 즉, 이데아는 허상으로부터 직선을 긋고 그 선을 계속 연장할 때 도달하게 되는 가장 진실한 극점이다. 역으로 이데아라는 극점에서 직선을 긋고 그 직선을 계속 연장했을 때 도달하는 반대 극점은 허상이다. 이렇게 생각해 보면 이데아론은 애초부터 순수 존재론적 맥락에서가 아니라 오히려 가치론적 맥락에서 착상되지 않았을까 하고 추측해 볼 수 있다.

14

윗글에 대한 설명으로 가장 적절한 것은?

① 특정 이론의 견해를 구성하는 핵심 개념을 정의한 후 주장의 특징을 열거하고 있다.

② 특정 이론의 견해에 대한 통념을 제시하고 통념과는 다른 해석 관점을 설명하고 있다.

③ 특정 이론의 견해가 지닌 한계점을 지적한 후 이를 보완할 수 있는 새로운 견해를 주장하고 있다.

④ 특정 이론의 일반적 견해에 대한 상반된 평가 내용을 비교한 후 그 이론의 의의를 소개하고 있다.

⑤ 특정 이론의 견해가 등장한 역사적 배경을 설명하고 시대적 흐름에 따른 수용 양상을 제시하고 있다.

15

윗글의 내용과 일치하지 <u>않는</u> 것은?

① 일상생활에서 사용하는 의자는 실물과 유사하게 그린 의자 그림보다 이데아에 더 가깝다.

② 이데아론은 진짜와 가짜를 구분할 뿐 아니라 모방물 사이의 가치를 구분하는 기준이 된다.

③ 이데아 모방론에서는 자연물의 존재론적 가치와 인공물의 존재론적 가치를 다르게 평가한다.

④ 현실 세계의 존재들은 이데아로부터 얼마나 가까운가 떨어져 있는가를 기준으로 위계를 갖는다.

⑤ 현실 세계는 이데아의 세계보다 존재론적으로 가치가 있지만, 인위적 세계의 가치는 이데아에 대한 모방의 성공 정도에 따라 다르다.

16

윗글을 읽은 학생의 반응으로 적절하지 <u>않은</u> 것은?

① 아름: 실제의 남자 철수와 실제의 여자 순이는 현실 세계에 존재하지만 남자의 이데아와 여자의 이데아는 현실 세계에 존재하지 않아.

② 다운: 비슷한 맥락으로 볼 때 인간은 신을 모방한 창조물이라는 주장으로 나아갈 수 있겠네.

③ 우리: 성공한 케이팝 아이돌의 이미지가 팬에게 힘을 발휘하기만 한다면 그 아이돌의 이미지는 이데아인 거야.

④ 강산: 그림 그릴 때 활용하는 원근법, 명암, 투시법은 가짜를 진짜처럼 보이게 하는 방법이지.

⑤ 만세: 여러 개의 의자 그림에 대해 가치를 매기려면 우선 의자의 이데아가 어떤 건지 알아야 하겠군.

17

윗글을 참고해 〈보기〉의 내용을 이해한 것으로 가장 적절한 것은? [3점]

> **─ 보기 ─**
>
> 아리스토텔레스는 '서사시가 역사보다 위대하다.'고 보았다. 모방 대상의 본질을 꿰뚫은 허구는 이데아에 가깝기 때문이다. 이러한 진실을 '시적 진실'이라고 한다.

① '시적 진실'은 현실을 모방한 가짜의 극점이다.

② '시적 진실'은 '역사'보다 이데아로부터 떨어져 있다.

③ 모방 대상의 본질을 꿰뚫은 '서사시'는 '역사'보다 가치론적으로 우위에 있다.

④ '서사시'의 허구적 가치는 허상들의 위계를 명확히 구분하는가에 달려 있다.

⑤ '서사시가 역사보다 위대하다.'는 견해는 현실 세계에 대한 폄하가 반영되어 있다.

[18~20] 다음 글을 읽고 물음에 답하시오.

우리는 잠자리에서 몸을 보호하거나 장식하던 옷을 벗어 놓고 보다 편안한 상태가 되려 한다. 이어서 잠이 들 때는 마치 옷을 벗어 놓는 행위처럼 의식도 벗어서 한쪽 구석에 치워 둔다. 정신적 측면에서 볼 때 잠드는 일은 판단과 책임으로부터 자유로운 태아 상태로 돌아가는 것과 비슷하다. 정신 분석학에서는 자궁 속 태아, 말 배우기 이전의 유아처럼 스스로의 행동을 책임지지 않아도 되는 상태로 되돌아가 자아를 보호하려는 방어기제를 ⓐ'퇴행'이라고 부른다. 실제로 많은 사람들은 잠을 잘 때 자궁 속 태아와 같은 자세를 취한다. 그리고 잠자는 사람의 정신 상태는 의식의 세계에서 거의 완전히 물러나 있으며, 외부에 대한 관심도 정지되는 것처럼 보인다.

하지만 잠자는 동안 꿈을 통해 정신 활동은 계속 이루어지고 있다. 꿈을 자세히 관찰하면 수면 중 인간의 정신적 상태에 대해 많은 내용을 알 수 있다. 그동안 이루어진 여러 연구들은 꿈이 철저하게 자기중심적이라는 점, 꿈에서 주도적인 역할을 하는 주체는 항상 꿈꾸는 사람 자신이라는 점 등을 밝혀 주었다. 꿈의 이러한 특징을 '수면 상태의 나르시시즘'이라고 부르는데, 이는 정신의 작용 방향이 외부 세계에서 자기 자신으로 바뀌면서 나타나는 현상이다.

또한 꿈속에서는 모든 감각이 크게 과장되어 있어 깨어 있을 때보다 더 빨리, 더 분명하게 정신적, 신체적 이상 증상을 감지할 수 있다. 이러한 감각의 과장을 '꿈의 과장성'이라 부르는데 이 역시 수면 상태의 나르시시즘처럼 꿈꾸는 사람이 외부 세계로 향하던 정신적 에너지를 자아로 되돌려 집중하기 때문에 가능하다.

꿈이 중요한 또 다른 이유로 꿈꾸는 사람 자신이 깨닫지 못하는 무의식의 세계를 구체적 형태로 바꾸어서 보여 준다는 점을 들 수 있다. 꿈은 꿈을 꾼 사람이 미처 인식하지 못하지만 마음에 방해가 되는 어떤 사건을 암시해 주고 그 사건에 어떻게 대처하면 좋을지도 암시해 준다. 꿈속에서는 정신적 에너지를 외부 세계가 아닌 내면세계로 집중하므로 평소에 억누르고 있던 내적 욕구나 콤플렉스를 민감하게 느낄 수 있다. 정신 분석학에서는 무의식의 세계를 외적 형태로 구체화하는 꿈의 역할을 '투사'로 설명하기도 한다. 예를 들어 전쟁터에서 살아 돌아온 사람이 몇 달 동안 계속해서 죽은 동료의 꿈을 꾸는 경우, 이는 꿈꾸는 사람 내면에 잠재한, 그러나 깨어 있을 때는 인정하고 싶지 않은 죄책감이 구체화되어 나타난 투사로 볼 수 있다.

깨어 있을 때는 꿈이 알려 주는 문제를 쉽사리 알아내기가 어렵다. 따뜻하고 화려한 옷이 상처나 결점을 가려 주는 것처럼 깨어 있는 의식은 내면세계를 가리거나 보호해 내면의 관찰을 방해하기 때문이다. 우리는 정신이 옷을 벗기를 기다려 비로소 한 사람의 내면세계로 들어갈 수 있다.

18

윗글을 이해한 내용으로 적절하지 않은 것은?

① 꿈은 인간의 내면세계를 들여다볼 수 있게 해 주는 기제이다.

② 수면 상태에서는 외부로 향하는 정신 에너지가 더욱 강해진다.

③ 꿈을 꿀 때 정신의 작용은 외부 세계가 아니라 꿈꾸는 사람의 내면으로 집중된다.

④ 깨어 있는 사람의 정신 상태는 꿈이 알려 주는 문제를 가리거나 발견을 어렵게 한다.

⑤ 깨어 있을 때보다 꿈을 통해서 신체적 이상 징후를 더 신속하고 정확하게 알 수 있다.

19

ⓐ에 해당하는 사례로 가장 적절한 것은?

① 알코올 중독 치료 후 금주 강연을 다니는 사람

② 엄격한 부친을 두려워하지만 닮고자 하는 남자

③ 외모 콤플렉스로 인해 자신을 비하하는 청소년

④ 외과 수술에 거부 반응이나 두려움이 없는 의료진

⑤ 동생이 태어난 후 대소변을 제대로 못 가리는 아이

20

〈보기〉를 참고해 윗글을 이해한 내용으로 가장 적절한 것은? [3점]

---보기---

정신 분석학자 프로이트가 제시한 정신의 세 가지 영역은 꿈에도 영향을 준다.

○ 이드(id): 즉각적인 쾌락을 추구하는 무의식. 쾌락 원칙을 따른다.

○ 자아(ego): 현실을 고려하여 욕구를 억제하는 의식. 현실 원칙을 따른다.

○ 초자아(superego): 성장 과정에서 규범과 가치를 내면화한 의식. 도덕 원칙을 따른다.

① 꿈은 '이드'를 의식 세계와 연결하는 역할을 한다.

② 꿈은 '자아'의 표현이므로 쾌락 원칙으로 해석해야 한다.

③ '꿈의 과장성'은 '초자아'가 무의식에 관여하기 때문이다.

④ 꿈에서 '이드'는 정신 작용의 방향을 외부 세계로 돌린다.

⑤ 꿈은 외부 세계에 대한 관심이므로 도덕 원칙으로 해석해야 한다.

[21~25] 다음 글을 읽고 물음에 답하시오.

내가 지금까지 상상한 바로는, 도시란 결코 그처럼 가까운 곳에 있는 것이 아니었다. ㉠ 도시란 보다 더 멀고 아득한 곳에 있어야만 했다. 그래서 그곳에 닿기 위해서는 철로 위를 바람처럼 내달리는 급행열차로도 하루 낮 하루 밤은 꼬박 걸려야만 했다. 그런데 우리가 타고 온 것은 털털거리는 짐차였다. 그것으로도 고작 두세 시간밖에 걸리지 않다니…… 그처럼 가까운 곳에 있다는 사실이 무슨 결함처럼 내게는 느껴졌다.

녀석들은 지금도 그 교실에 앉아 있을 것이었다. 사철나무가 병사들처럼 늘어서 있는 남향 창으로는 풋풋한 햇살이 온종일 들이치고, 방아깨비 선생의 낮고 부드러운 목소리가 간단없이 흘러나오는 그 4학년 우리 반 교실에 말이다. 유일하게 나의 자리는 비어 있을 게다. 창 쪽으로 둘째 줄 여섯 번째 책상…… 거기 내가 남긴 흠집과 낙서를 누군가 눈여겨보고 있을지도 모른다. 그리고는 도회지로 전학 간 나를 조금은 부러워할 게다. 하지만 작정만 한다면 누구나 쉽게 우리 뒤를 쫓아올 수 있으리라고 나는 생각했다. 도시란 생각보다 훨씬 가까운 곳에 있기 때문이었다. 그래서 ㉡ 나는 조금 자존심이 상했다.

아버지는 물 대신 나에게 돈을 주셨다. 그것은 단풍잎처럼 작고 빨간 1원짜리 종이돈이었다. 나는 곧장 한길가로 뛰어나갔다. 딸딸이 위에다 어항보다 큰 유리 항아리를 올려놓은 물장수가 거기 있었다. 항아리 속엔 온갖 과일 조각들이 얼음 덩어리와 함께 채워져 있었다.

나는 꼭 쥐고 있던 돈을 한 잔의 물과 맞바꾸었다. 유리컵 속에 든 물은 짙은 오렌지 빛이었다. 손바닥에 닿는 냉기가 갈증을 더 자극했다. 그러나 ⓒ 나는 마시지 않았다. 이 도시와 그 생활이 주는 어떤 경이와 흥분 때문에 실상은 목구멍보다도 가슴이 더 타고 있었다. 나는 유리컵을 조심스럽게 받쳐 든 채 천천히 돌아섰다. 그러고는 두어 걸음을 떼어 놓았다. 물론 나의 그 어리석은 짓은 용납되지 않았다. 나는 금세 제지를 받았던 것이다.

"이봐, 너 어디로 가져가는 거냐?"

나를 불러 세운 물장수가 그렇게 물었다. 나는 금방 얼굴을 붉히었다. 무언가 잘못을 저지르고 있다고 판단되었기 때문이다.

ⓓ 나는 아무런 대답도 하지 못했다. 그러자 물장수가 다시 말했다.

"잔은 두고 가야지, 너, 시골서 온 모양이로구나. 그렇지?"

나는 단숨에 잔을 비웠다. 숨이 찼다. ⓜ 콧날이 찡해지고 가슴이 꽉 막혔다. 그러나 ⓐ 그 자리에 더 어정거리고 있을 수는 없었다. 내던지듯 잔을 돌려준 나는 숨을 헐떡거리면서 가족이 있는 곳으로 되돌아왔다.

우리 세간살이들이 골목에 잔뜩 쌓여 있었다. 시골집 안방 윗목을 언제나 차지하고 있던 옛날식 옷장, 사랑채 시렁 위에 올려두던 낡은 고리짝, 나무로 만든 쌀 뒤주와 조롱박, 크고 작은 질그릇 등. 판잣집들이 촘촘히 들어서 있는 그 골목길 위에 아무렇게나 부려 놓은 세간살이들은 왠지 이물스런 느낌을 주었다. 그것들은 지금까지 흔히 보고 느껴 오던 바와는 사뭇 다른 모양이요, 빛깔이었다. 아마도 이웃인 듯한, 낯선 사람 몇이 아버지와 어머니의 바쁜 일손을 거들고 있었다.

나는 판자벽을 기대고 웅크려 앉았다. 물맛이 어떠했던가를 생각해 보려 했지만 도무지 기억에 남아 있지 않았다. 가슴이 답답하고 머리가 어지러웠다. 속이 메스껍기도 했다. 눈앞의 사물들이 자꾸만 이물스레 출렁거렸다. 이사를 왔다, 하고 나는 막연한 기분으로 중얼댔다. 그래, 도시로 이사를 왔다. 아주 맥 풀린 하품을 토해 내며 새삼 주위를 두리번거렸다. 촘촘히 들어앉은 판잣집들, 깡통 조각과 루핑이 덮인 나지막한 지붕들, 이마를 비비대며 길 쪽으로 늘어서 있는 추녀들, 좁고 어둡고 질척한 그 많은 골목들, 타고 남은 코크스 덩어리와 검은 탄가루가 낭자하게 흩어져 있는 길바닥들, 온갖 말씨와 형형색색의 입성을 어지러이 드러내고 있는 주민들, 얼굴도 손도 발도 죄다 까맣게 탄 아이들…… ⓑ 나는 자꾸만 어지럼증을 탔고, 급기야는 속

옛것을 울컥 토해 놓고 말았다. 딱 한 잔 분량의, 오렌지 빛 토사물이었다.

세간살이들을 대충 들여놓은 다음에 우리 가족은 이른 저녁을 먹었다. 아니 그것은 때늦은 점심이기도 했다. 어쨌거나 우리 가족이 도시에서 가진 첫 식사였다.

밥은 오렌지 물을 들이기라도 한 것처럼 노란 빛깔이었다. 물이 나쁜 탓일 거라고 아버지가 말했다. 공동 펌프장에서 길어 온 그 물은 역할 정도로 악취가 심했다.

"시궁창 바닥에다가 한 자 깊이도 안 되게 박아 놓은 펌프 물이니 오죽할라구요……."

어머니는 아예 숟갈을 잡을 생각조차 없는 듯 조그만 목소리로 중얼대기만 했다.

"내다 버린 구싯물을 다시 퍼마시는 거나 다름없지 뭐예요."

하지만 나는 심한 허기에 시달리고 있던 판이었다. 게다가 어쨌든 귀한 이밥이었다. 식구들 중에서 제일 먼저 한 술을 떠 넣었다. 그러고는 생전 처음 입에 넣어 보는 음식처럼 조심스레 씹었다. 쇳내 같은, 아니 쇠의 녹 냄새 같은 게 혀끝에서 달착지근하게 느껴졌다. 다시 한 숟갈을 퍼 넣었다. 그러자 저 오렌지 빛의 물을 마시고 났을 때처럼 속이 다시 출렁거리기 시작했다.

― 이동하, 「장난감 도시」

21

윗글의 서술 방식에 대한 설명으로 가장 적절한 것은?

① 언어유희를 통해 당시의 세태를 희화화하고 있다.

② 인물이 서술자가 되어 자신의 경험을 서술하고 있다.

③ 요약적 서술을 통해 사건을 긴박감 있게 전개하고 있다.

④ 동시에 벌어지는 사건을 병치하여 주제를 강화하고 있다.

⑤ 공간적 배경의 변화를 통해 인물의 갈등이 해소되는 과정을 보여주고 있다.

22

㉠~㉤에 대해 이해한 내용으로 적절하지 <u>않은</u> 것은?

① ㉠ : '나'에게 도시는 아무나 쉽게 갈 수 없는 곳으로 막연한 이상과 동경이 투영된 곳이었다.

② ㉡ : 도시가 '나'의 상상보다 실제로는 가까이 있었음을 그동안 미처 알지 못한 것이 스스로 부끄럽게 생각되었다.

③ ㉢ : '나'는 도시에서의 경이로운 체험이 주는 즐거운 흥분을 오래도록 느끼고자 한다.

④ ㉣ : '나'는 뭔가 잘못하였지만 그것이 구체적으로 무엇인지 알지 못해 당혹해 한다.

⑤ ㉤ : 도시의 낯선 생활에 대한 '나'의 실수로 인해 시골 출신이라고 무안당한 '나'의 심리가 나타난다.

23

ⓐ에서의 '나'의 상황에 어울리는 말로 가장 적절한 것은?

① 간에 기별도 안 간다.
② 도랑 치고 가재 잡는다.
③ 바늘 도둑이 소도둑 된다.
④ 쥐구멍에라도 들어가고 싶다.
⑤ 여우를 피하려다 호랑이를 만난다.

24

ⓑ의 이유로 가장 적절한 것은?

① 가족 간 갈등의 조짐이 보이기 시작했기 때문이다.
② 낯선 도시 생활에 대한 적응이 어려웠기 때문이다.
③ 도시의 물과 주변 환경이 비위생적이었기 때문이다.
④ 도시의 위치를 제대로 몰랐던 것을 알게 되었기 때문이다.
⑤ 도시를 두려워해 피하기만 한 자신이 부끄러웠기 때문이다.

25

〈보기〉를 참고해 윗글을 이해한 내용으로 적절하지 <u>않은</u> 것은? [3점]

> **보기**
>
> 「장난감 도시」는 시골에서 도시로 이사 온 소년의 이야기이다. 이 작품에는 이주 초기에 소년 '나'가 여러 가지 사건을 겪으면서 도시에 대해 갖는 인상과 감정이 시골에서의 추억과 대비되거나, 어떤 사건을 경험하기 전과 후의 심리 변화가 다채롭게 표현되어 있다.

① 시골집에서는 아무렇지도 않게 생각되던 세간살이들이 이사 와서 보니 촌스럽고 보잘것없게 느껴졌다.

② 도시에 와서 첫 끼니로 시골에서는 귀했던 이밥을 지었으나 시골과 달리 나쁜 물 때문에 밥은 노란색을 띠고 녹 냄새가 났다.

③ 물장수로부터 핀잔을 듣기 전에는 새로운 도시 생활에 신기해했지만, 핀잔을 들은 후에는 가슴이 답답하고 머리가 어지럽고 속이 메스껍게 되었다.

④ 도시는 급행열차로 하루 낮과 하루 밤이 걸려 닿을 수 있을 것으로 예상했던 것과 달리 털털거리는 짐차로 두세 시간 만에 도착한 사실에 실망했다.

⑤ 시골 교실은 풋풋한 햇살이 비치고 선생님의 낮고 부드러운 목소리가 들리는 곳인 반면, 도시의 판잣집들 주변은 좁고 어둡고 질척한 곳으로 묘사된다.

[26~30] 다음 글을 읽고 물음에 답하시오.

계약을 이행하는 데 드는 비용이 계약 이행으로 당사자들이 얻는 편익보다 더 큰 경우에는 계약을 이행하지 않는 쪽이 더 효율적이다. 다시 말해 계약을 이행하지 않음으로써 사회적 순편익을 더 크게 만드는 경우가 있는데, 이를 '효율적 계약불이행'이라고 한다.

먼저 (가) 사례를 보자. 큰 레스토랑을 개업하려는 A는 한빛조명이란 회사에 2천만 원짜리 샹들리에를 주문하고 한 달 안에 공급받기로 계약을 체결했다. 그는 이 샹들리에에 대해 2천 5백만 원의 가치를 부여하고 있으며, 한빛조명이 이를 생산하는 데 드는 비용은 1천 7백만 원이다. 단, 이 사례에 등장하는 모든 경제주체는 위험 부담에 대해 중립적이라고 가정한다.

A는 계약 이행을 믿고 개업 전단지를 돌렸다. 이 광고에 2백만 원의 비용이 들었는데, 이 비용은 한빛조명이 계약을 이행하지 않아 A가 정한 날에 개업하지 못하면 전혀 쓸모없는 지출이 되고 만다. 그 광고비는 계약이 이행될 것을 믿고 행한 투자라는 의미에서 ㉠ 신뢰투자라고 부른다.

만약 한빛조명이 계약을 지켜 정해진 날짜까지 샹들리에를 갖다 주면 A는 이 계약으로부터 3백만 원에 해당하는 순편익을 얻게 된다. 한편 한빛조명은 이 거래로부터 3백만 원의 이윤을 얻을 것이므로, 계약이 이행되었을 경우의 사회적 순편익은 이 둘을 합친 6백만 원이 된다.

그런데 이 둘 사이의 계약 관계에 건축업자 B라는 인물이 끼어들었다. 그는 샹들리에를 급하게 구하고 있어, 최고 2천 8백만 원까지 지불해도 좋으니 구하기만 하면 다행이라고 생각했다. 그는 A에게 배달될 예정인 샹들리에를 발견하고 2천 4백만 원을 줄 테니 그것을 자신에게 팔라고 한빛조명에 제의했다. 만약 한빛조명이 이 제의를 받아들이면 그 회사의 이윤은 7백만 원으로 늘게 된다. 문제는 계약을 위반할 때 A에게 어느 정도의 손해배상을 해 주어야 하느냐에 있다. 그 회사는 계약 위반에서 생기는 추가적인 이윤이 손해 배상액보다 더 크다고 판단되는 경우에만 계약을 위반하려 할 것이기 때문이다.

(가) 사례의 경우, 사회적인 관점에서 볼 때는 원래의 계약이 파기되는 것이 더 효율적이라고 말할 수 있다. A가 아닌 B가 그 샹들리에를 공급받을 때 사회적 순편익이 더 크기 때문이다. 이를 표로 정리하면 다음과 같다.

	구입자의 순편익	한빛조명의 이윤	사회적 순편익
계약 이행 시	A : 300만 원	300만 원	600만 원
계약 불이행 시	A : −200만 원 (신뢰투자분) B: 400만 원	700만 원	900만 원

그렇다면 계약법에 손해 배상의 규칙을 어떻게 정해 놓을 때 이와 같은 효율적 계약불이행이 나타날 수 있을까? 다시 말해 효율적 계약불이행을 가져오기 위해서는 계약 위반 시의 구제 방법을 어떻게 만들어 놓아야 할까? 일반적으로 계약 위반이 일어났을 때 다음 두 가지 원칙 중 하나의 구제 방법이 채택되는 것이 보통이다.

ⓐ 기대손실의 원칙은 계약을 위반한 측이 이로 인해

손해를 본 측에게 만일 계약이 이행되었더라면 누렸을 효용 수준과 동일한 수준의 효용을 보장하는 금액을 배상할 것을 요구한다. 이때 신뢰투자로 지출한 것은 계약이 이행되어야만 의미를 갖기 때문에 이 부분도 보상을 해 주어야 한다는 점에 유의해야 한다. 반면에 ⓑ 신뢰손실의 원칙은 계약을 위반한 측이 이로 인해 손해를 본 측에게 애당초 그 계약이 맺어지지 않았더라면 누렸을 효용 수준과 똑같은 수준의 효용을 보장할 수 있는 금액을 보상해 줄 것을 요구한다.

계약을 위반하는 측인 한빛조명은 요구되는 손해 배상액이 계약불이행으로 말미암아 회사가 얻게 된 추가적 이윤보다 작으면 계약을 파기할 가능성이 크다. (가) 사례에서 계약을 위반함으로써 한빛조명의 이윤은 4백만 원만큼 증가하게 된다. 만약 요구되는 손해 배상액이 이보다 작으면 한빛조명은 계약을 이행하지 않는 선택을 하게 될 것이다. 따라서 (가) 사례의 경우는 신뢰손실의 원칙이 효율적 계약불이행을 유발한다고 볼 수 있는 반면에, 기대손실의 원칙하에서는 계약이 이행되는 비효율적 결과가 나타난다.

하지만 이 사례만 보고 신뢰손실의 원칙이 언제나 효율적인 계약불이행을 가져다주고, 기대손실의 원칙은 언제나 비효율적인 결과를 유발한다고 속단해서는 안 된다. (가) 사례의 내용 중 약간만 달리하여 (나) 사례를 상정해 보자. 즉 B가 그 샹들리에의 가치를 2천 4백만 원으로 평가하고 있으며, 한빛조명에게 2천 3백만 원을 제의한 것으로 바꾸면, 이번에는 신뢰손실의 원칙이 비효율적인 결과를 가져오게 된다.

(나) 사례에서는 한빛조명이 그 샹들리에를 B에게 팔면 6백만 원의 이윤을 얻는데 이는 계약을 이행했을 때 얻을 수 있는 이윤보다 3백만 원이 증가한 금액이다. 이 경우의 사회적 순편익은 B의 순편익 1백만 원에 한빛조명의 이윤 6백만 원을 더한 것에서 A의 신뢰투자 지출액 2백만 원을 빼어 구한 5백만 원이 된다. 그런데 계약이행 시의 사회적 순편익은 (가)와 마찬가지로 6백만 원이 된다. 따라서 이와 같은 상황에서는 계약을 이행하는 것이 더 효율적이다.

그런데 한빛조명은 기대손실의 원칙하에서 손해 배상액이 계약파기로 증가하는 이익보다 크므로 계약을 그대로 이행하기로 결정한다. 그러나 신뢰손실의 원칙하에서는 손해 배상액이 계약 파기로 증가하는 이익보다 작으므로 계약을 이행하지 않는 비효율적 결과가 나타난다. 즉 이제는 기대손실의 원칙이 효율적인 결과를 가져오는 상황으로 반전된 것이다.

26

윗글의 내용 전개 방식으로 가장 적절한 것은?

① 통계 자료를 활용하여 논지의 신뢰성을 강화하고 있다.

② 다양한 추론과 해석을 통해 문제의 원인을 규명하고 있다.

③ 가설 검증을 통해 기존의 권위 있는 학설을 비판하고 있다.

④ 서로 다른 주장과 사례를 비교해 근거의 타당성을 평가하고 있다.

⑤ 개념 정의와 예시를 통해 이해를 돕고 질문을 통해 설명의 범위를 확장하고 있다.

27

㉠에 해당하는 사례로 가장 적절한 것은?

① 백혈병 환우 돕기 캠페인에 참여하여 헌혈하는 경우

② 유동 인구가 많은 곳에 편의점을 임대하고 점포세를 받는 경우

③ 땅값이 오르고 있다는 지인의 조언을 듣고 부동산을 매입하는 경우

④ 조카에게 게임기를 사 주겠다며 친구와 사이좋게 지내라고 당부하는 경우

⑤ 방학 동안 해외에 있는 친구의 집을 빌려 쓰기로 하고 비행기표를 미리 구입하는 경우

28

윗글에서 계약 위반 시의 구제 방법으로 ⓐ와 ⓑ를 채택했을 때, '한빛조명'이 'A'에게 보상해 주어야 할 금액은? [3점]

	ⓐ	ⓑ
①	5백만 원	2백만 원
②	5백만 원	3백만 원
③	7백만 원	2백만 원
④	7백만 원	3백만 원
⑤	7백만 원	5백만 원

29

(가) 사례에 대한 이해로 적절하지 <u>않은</u> 것은?

① 효율적 계약불이행이 일어날 수 있는 사례가 된다.

② 계약불이행 시의 사회적 순편익은 B의 순편익과 한빛조명의 이윤을 더한 값이다.

③ 계약이 이행되었을 때의 사회적 순편익인 6백만 원보다 계약 불이행 시의 사회적 순편익이 더 크다.

④ 계약불이행 시의 한빛조명의 이윤은 B가 제안한 2천 4백만 원에서 샹들리에 제작비 1천 7백만 원을 뺀 것이다.

⑤ 계약불이행 시 B의 순편익은 샹들리에 구입에 지불할 용의가 있었던 2천 8백만 원에 샹들리에 구입을 제안한 금액인 2천 4백만 원을 뺀 것이다.

30

윗글을 읽고 추론한 내용으로 적절하지 <u>않은</u> 것은?

① 두 손해 배상 원칙 모두 과다한 신뢰투자를 유발할 수 있다는 문제점이 있다.

② 기대손실의 원칙하에서는 계약의 불이행이 효율적인데도 이행하게 되는 경향이 있다.

③ 어떤 손해 배상의 원칙이 효율적인 결과를 가져오는지는 주변여건에 따라 달라지지 않는다.

④ 신뢰손실의 원칙하에서는 과다한 계약 파기 혹은 과소한 계약이행의 문제가 발생할 수 있다.

⑤ 계약의 모든 당사자들은 위험 부담에 대해 선호하거나 기피하지 않고 화폐액의 기대치만을 기준으로 계약을 진행하고 있다.

[31~35] 다음 글을 읽고 물음에 답하시오.

(가)
어름 우희 댓닙 자리 보와 님과 나와 어러 주글만뎡
어름 우희 댓닙 자리 보와 님과 나와 어러 주글만뎡
졍(情)둔 오늜 밤 더듸 새오시라 더듸 새오시라

경경(耿耿) 고침샹(孤枕上)애 어느 즈미 오리오
셔창(西窓)을 여러ᄒ니 도화(桃花)ㅣ 발(發)ᄒ두다
도화ᄂ 시름업서 쇼춘풍(笑春風)ᄒᄂ다 쇼춘풍ᄒᄂ다

넉시라도 님을 ᄒᄃ 녀닛 경(景) 너기더니
넉시라도 님을 ᄒᄃ 녀닛 경(景) 너기더니
벼기더시니 뉘러시니잇가 뉘러시니잇가

올하 올하 아련 비올하
여흘란 어듸 두고 소해 자라 온다
소콧 얼면 여흘도 됴ᄒ니 여흘도 됴ᄒ니

남산(南山)애 자리 보와 옥산(玉山)을 벼여 누어
금슈산(錦繡山) 니블 안해 샤향(麝香) 각시를 아나 누어
남산애 자리 보와 옥산을 벼여 누어
금슈산 니블 안해 샤향 각시를 아나 누어
약(藥)든 ᄀᄉᆷ을 맛초ᄋᆸ사이다 맛초ᄋᆸ사이다

아소 님하 원ᄃ평ᄉᆼ(遠代平生)에 여흴ᄉᆯ 모ᄅᆞᆸ새
　　　　　　　　　　　　　　 – 작자 미상, 「만전춘별사」

(나)
[A] ┌ 이화우(梨花雨) 흩날릴 제 울며 잡고 이별한 님
　　│ 추풍낙엽(秋風落葉)에 저도 나를 생각하는가
　　└ 천 리(千里)에 외로운 꿈만 오락가락 하괘라
　　　　　　　　　　　　　　 – 매창

[B] ┌ 뫼ㅅ버들 가려 겪어 보내노라 님의손대
　　│ 자시는 창 밖에 심어두고 보소서
　　└ 밤비에 새 잎 곧 나거든 나인가도 여기소서
　　　　　　　　　　　　　　 – 홍랑

(다)
인간 이별 만사 중에 독수공방(獨守空房)이 더욱 섧다
㉠ 상사불견(相思不見) 이내 진정(眞情)을 제 뉘라셔 알리
매친 시름 이렇저렁이라 흐트러진 근심 다 후리쳐 던져
두고 자나 깨나 깨나 자나 임을 못 보니 가슴 답답

어린 양자(樣姿)* 고운 소리 눈에 암암(黯黯) 귀에 쟁쟁
(錚錚)
보고지고 임의 얼굴 듣고지고 임의 소리
비나이다 하느님께 임 생기라 비나이다
전생차생(前生此生) 무슨 죄로 우리 둘이 생겨나서
죽지 마자 하고 백년기약
만첩청산을 들어간들 어느 우리 낭군이 날 찾으리
㉡ 산은 첩첩하여 고개 되고 물은 충충 흘러 소(沼)가
된다
오동추야(梧桐秋夜) 밝은 달에 임 생각이 새로 난다
한번 이별하고 돌아가면 다시 오기 어려워라
㉢ 천금주옥(千金珠玉) 귀 밖이요 세사(世事) 일부(一
富) 관계하랴
　　　　　　　　 …(중략)…
일조(一朝) 낭군 이별 후에 소식조차 돈절(頓絕)하니
오늘이나 들어올까 내일이나 기별 올까
일월무정(日月無情) 절로 가니 옥안운빈공로(玉顔雲鬢
空老)*로다.
이내 상사(相思) 알으시면 임도 나를 그리리라
㉣ 적적(寂寂) 심야(深夜) 혼자 앉아 다만 한숨 내 벗이라
일촌간장(一寸肝腸) 구비 썩어 피어나니 가슴 답답
㉤ 우는 눈물 받아내면 배도 타고 아니 가랴
피는 불이 일러나면 임의 옷에 당기리라
사랑겨워 울던 울음 생각하면 목이 멘다
　　　　　　　　　　　　　　 – 작자 미상, 「상사별곡」

* 양자 : 앳된 얼굴.
* 옥안운빈공로 : 고운 얼굴과 머리숱 풍성하던 젊은 여인이 헛되
　이 늙음.

31

(가)~(다)의 공통점으로 적절하지 않은 것은?

① 임과의 이별 상황에서 임을 향한 애절한 목소리가
　담겨 있다.
② 화자와 임 사이의 정서적 또는 물리적 거리감이 드
　러나 있다.
③ 임 소식이 없어 답답해하는 화자의 일방향적인 감정
　이 드러나 있다.
④ 상심에서 벗어나 사태를 객관적으로 파악하려는 화
　자의 태도가 나타나 있다.
⑤ 임에 대한 추억 또는 원망의 감정이 가장 고조되는
　시간을 '밤'으로 설정하고 있다.

32

(가)~(다)의 표현상 특징으로 가장 적절한 것은?

① (가)의 '어러 주글만뎡'과 (나)의 '천 리(千里)'에는 과장적 표현을 반복하여 화자의 심정을 고조하고 있다.

② (가)의 '아련 비올하'와 (다)의 '피는 불이 일러나면'은 풍자적 기법을 활용하여 교훈의 효과를 높이고 있다.

③ (나)의 '보내노라 님의손대'와 (다)의 '듣고지고 임의 소리'는 어순 도치를 통해 화자의 가치관을 강조하고 있다.

④ (나)의 '추풍낙엽'과 (다)의 '오동추야'는 시간과 자연물을 활용하여 화자의 심정을 드러내고 있다.

⑤ (나)의 '새 잎 곧 나거든'과 (다)의 '일촌간장 구비 썩어'는 과거와 현재를 대비하여 화자의 처지를 부각하고 있다.

33

(가)와 (나)를 이해한 것으로 적절하지 <u>않은</u> 것은?

① (가)의 2연에서 '도화'는 화자와 대비되어 화자의 마음을 아프게하는 객관적 상관물이다.

② (가)의 3연에서 '넉시라도 님을 흔딕'는 이별 전에 임과 화자가 함께 약속한 것이다.

③ (가)의 5연에서 '옥산'과 '금슈산'은 임과의 만남을 기대하며 상상해 낸 공간이다.

④ (나)의 [A]에서 '외로운 꿈'과 '오락가락'은 임과의 재회가 어려울 것이라는 화자의 심리를 드러내고 있다.

⑤ (나)의 [B]에서 '뫼ㅅ버들 가려 꺾어'는 임에 대한 화자의 원망을 행동으로 보여 주고 있다.

34

(다)의 ㉠~㉤을 이해한 것으로 적절하지 <u>않은</u> 것은?

[3점]

① ㉠ : 작품 전체의 내용과 주제를 압축적으로 제시해 놓고 있다.

② ㉡ : 산과 물의 속성을 활용해 화자의 고립감을 부각하고 있다.

③ ㉢ : 화자가 임과 이별하게 된 이유를 간접적으로 드러내고 있다.

④ ㉣ : '적적', '혼자'는 '한숨'의 의미와 이유를 강조하고 있다.

⑤ ㉤ : 임을 향한 화자의 연정을 과장되게 나타내고 있다.

35

<보기>를 참고해 (가)의 형식상 특징을 설명한 것으로 적절하지 <u>않은</u> 것은?

> **보기**
>
> 「만전춘별사」는 신라와 고려 시대 시가 갈래의 형식에 영향을 받아 만들어졌다고 보기도 한다. 기존 시가 갈래로는 분연체이면서 '위~경(景) 긔 엇더ᄒ 니잇고'가 반복되는 경기체가, 감탄사나 3단 구성이 보이는 10구체 향가, 시조, 향가계 고려 속요, 그리고 분연체와 후렴구가 두드러진 고려 속요 등이 있다. 향가계 고려 속요에는 「정과정」과 「도이장가」 2편이 있는데, 이중 '넉시라도 님은 ᄒ 딕 녀져라 아으' 표현으로 대표되는 「정과정」은 충신연주지사의 시초이다.

① 제2연과 제5연에는 시조의 4음보 율격이 드러나 있다.

② 제2연과, 반복되는 부분을 뺀 제5연은 시조의 3단 구성과 유사하다.

③ 제3연의 '넉시라도 님을 흔딕'는 향가계 고려 속요에도 등장한다.

④ 제3연에서 '녀닛 경(景) 너기더니'는 경기체가의 양식적 특징과 유사하다.

⑤ 제6연의 '아소 님하'는 고려 속요에서 연과 연 사이에 발견되는 후렴구이다.

[36~40] 다음 글을 읽고 물음에 답하시오.

21세기에 인간은 자연 선택의 법칙을 깨면서 스스로의 한계를 초월하는 중이다. 40억 년에 걸쳐 이어져 온 자연 선택이라는 구(舊) 체제가 오늘날 완전히 다른 종류의 도전에 직면하고 있다. 전 세계의 실험실에서 과학자들은 살아 있는 개체의 유전자를 조작해 원래 해당 종에게 없던 특성을 제공하는 ㉠생명 공학을 통해 자연 선택의 법칙을 위반하는 중이다. 이외에도 자연 선택을 지적 설계로 대체하는 기술로는 사이보그 공학, 비유기물 공학 등이 있다.

사이보그 공학에서 말하는 사이보그는 생물과 무생물을 부분적으로 합친 존재로, 생체 공학적 의수(義手)를 지닌 인간이 그 하나의 예이다. 어떤 의미에서 우리는 거의 모두가 생체 공학적 존재이다. 타고난 감각과 기능을 안경, 심장 박동기, 의료 보장구, 그리고 ㉡컴퓨터와 스마트폰으로 보완하고 있기 때문이다. 우리는 지금 진정한 사이보그가 되려는 경계선에 아슬아슬하게 발을 걸치고 있다. 이 선을 넘으면 우리는 신체에서 이러한 보완기를 떼어낼 수 없으며 우리의 능력, 욕구, 성격, 정체성이 달라지게 하는 비유기물적 속성을 갖게 될 것이다.

인간 역시 사이보그로 변하는 중이다. '망막 임플란트'라는 회사는 시각 장애인이 부분적으로라도 볼 수 있도록 망막에 삽입하는 장치를 개발 중이다. 환자의 눈에 작은 마이크로칩을 삽입하는 게 핵심이다. 마이크로칩을 활용해 광세포의 역할을 보완할 수 있기 때문이다. 광세포는 감각 수용체로서, 눈에 비치는 빛을 흡수해 이를 전기 신호로 바꾸는 역할을 한다. 이 전기 신호는 망막의 손상되지 않은 신경 세포로 전달되고, 이 신호는 뇌로 전송된다. 뇌는 이 전기 신호를 번역해 무엇이 보이는지를 파악한다.

현재 이 기술은 환자들이 방향을 정하고 문자를 식별하며 심지어 얼굴을 인식하게 해 줄 정도로 발전했다. 한편, 현재 진행되는 프로젝트 중에 가장 혁명적인 것은 뇌와 컴퓨터를 직접 연결하는 방법을 고안하려는 시도다. 컴퓨터가 인간 뇌의 전기 신호를 읽어내는 동시에 뇌가 읽을 수 있는 신호를 내보내는 것이 목표다. 이런 인터페이스가 뇌와 컴퓨터를 직접 연결한다면, 혹은 여러 개의 뇌를 직접 연결한다면 어떻게 될까? 그렇게 해서 일종의 뇌 인터넷을 만들어 낸다면? 만일 뇌가 집단적인 기억 은행에 직접 접속할 수 있게 된다면 인간의 기억, 의식, 정체성에는 어떤 일이 일어날까? 그런 상황이 되면 가령 한 사이보그가 다른 사이보그의 기억을 검색할 수 있을 것이다. 그러면 마치 자신의 것인 양 기억하게 된다. 뇌가 집단으로 연결되면 자아나 성 정체성 같은 개념은 어떻게 될까? 어떻게 스스로를 알고 자신의 꿈을 좇을까? 그 꿈이 자신의 기억 속이 아니라 모종의 집단 기억 저장소에 존재한다면 말이다.

그리고 자연 선택의 법칙을 바꾸는 또 다른 방법은 완전히 무생물적 존재를 제작하는 것이다. 유전적 프로그래밍은 컴퓨터 과학에서 가장 흥미로운 분야인데, 유전자의 진화를 모방하려 노력하고 있다. 많은 프로그래머가 창조자에게서 완전히 독립한 상태로 학습, 진화할 능력을 갖춘 프로그램을 창조하는 꿈을 꾼다.

이 경우 프로그래머는 원동력이자 최초로 움직인 자가 되겠지만, 그 피조물의 진화는 아무 방향으로나 자유롭게 이뤄질 것이다. 프로그램 작성자를 포함해 어느 누가 마음속에 그렸던 방향과도 전혀 상관없이 말이다.

이런 프로그램의 원형은 이미 존재한다. 바로 컴퓨터 바이러스다. 컴퓨터 바이러스는 포식자인 백신 프로그램에 쫓기는 한편, 사이버 공간 내의 자리를 놓고 다른 바이러스들과 경쟁하면서 스스로를 수없이 복제하며 인터넷을 통해 퍼져 나간다. 그 복제 과정에서 어느 날 실수가 일어나면, 컴퓨터화한 돌연변이가 된다. 어쩌면 애초에 인간 엔지니어가 무작위적 복제 실수가 일어나도록 프로그램을 ⓐ짰기 때문일 수도 있고, 아니면 무작위적 오류 탓일 수도 있다. 우연히 이 변종 바이러스가 다른 컴퓨터에 침범하는 능력을 잃지 않으면서 백신 프로그램까지 피하는 능력이 더 우수하다면, 그것은 더 잘 살아남고 번식하게 될 것이다.

미래에 사이버 공간은 새 바이러스들로 가득 찰 것이다. 그렇다면 아무도 일부러 설계하지 않았지만, 무기물로서 스스로 진화를 거친 개체들은 과연 살아 있는 피조물일까? 그 답은 '살아 있는 피조물'을 어떻게 정의하느냐에 달렸다. 이 바이러스가 유기체 진화의 법칙과 한계와는 전혀 무관한 새로운 진화 과정에 의해 만들어진 것임은 분명한 사실이다.

36

윗글의 내용과 일치하는 것은? [3점]

① 컴퓨터 바이러스는 백신 프로그램을 무력화할 수 있도록 만들어졌다.

② 인간은 성격과 정체성을 바꾸는 비유기물적 속성을 선천적으로 갖고 있다.

③ 컴퓨터는 뇌의 전기 신호를 읽어낼 뿐, 스스로 복제할 수 있는 능력이 없다.

④ 망막의 신경 세포는 외부의 빛을 전기 신호로 바꾸어 뇌에 전기 신호를 보낸다.

⑤ 자연 선택을 지적 설계로 대체한 결과, 인간의 뇌와 컴퓨터를 직접 연결하는 방법이 시도되고 있다.

37

윗글로 미루어 볼 때, ㉠의 예로 적절하지 않은 것은?

① 곰팡이 유전자를 변형해 인슐린을 생성한다.

② 대장균 유전자를 조작해 바이오 연료를 생산한다.

③ 뇌의 신경망을 모방한 컴퓨터 전기 회로를 컴퓨터 안에 심는다.

④ 매머드에서 복원한 DNA를 코끼리 DNA를 제거한 코끼리 수정란에 삽입해 자궁에 넣는다.

⑤ 벌레에서 추출한 유전 물질을 돼지에 삽입해 해로운 지방산을 건강에 이로운 지방산으로 바꿔 준다.

38

윗글로 미루어 볼 때, ㉡을 사이보그 공학의 일부로 보는 이유로 가장 적절한 것은?

① 인간의 생리 기능과 면역계, 수명에 영향을 미치기 때문이다.

② 인간이 자연 선택의 결과로 갖게 된 물리적 힘을 보여 주기 때문이다.

③ 인간의 뇌가 담당해야 하는 자료 저장, 처리의 부담을 덜어 주기 때문이다.

④ 전기적 명령을 해석할 수 있는 생체 공학용 팔의 원시적 형태물이기 때문이다.

⑤ 인간의 뇌가 일상생활에서 데이터를 처리하는 능력의 한계를 알 수 있기 때문이다.

39

윗글을 참고할 때, 〈보기〉의 ㉮에 들어갈 말로 가장 적절한 것은?

> **보기**
>
> 완전히 무생물적 존재를 만들어 내는 비유기물 공학에서 주요하게 연구하는 대상은 독립적인 진화가 가능한 (㉮)이다.

① 전기 신호 ② 신경 세포

③ 뇌 인터넷 ④ 컴퓨터 프로그램

⑤ 컴퓨터 전자 회로

40

문맥상 ⓐ와 바꿔 쓸 수 있는 말로 적절하지 않은 것은?

① 제작(製作)했기 ② 구성(構成)했기

③ 조직(組織)했기 ④ 개발(開發)했기

⑤ 활용(活用)했기

[41~45] 다음 글을 읽고 물음에 답하시오.

[앞부분 줄거리] 전라도 남원에 양생이라는 노총각은 일찍이 부모를 여의고 만복사에서 외롭게 지냈다. 젊은 남녀가 절에 와서 소원을 비는 날, 양생은 법당에서 자신에게 좋은 배필을 달라고 소원을 빌며 부처와 저포 놀이 시합을 하여 이긴다. 양생은 외로운 신세를 한탄하며 배필을 얻게 해 달라는 내용의 축원문을 읽던 아름다운 처녀를 만나 절에서 하룻밤을 보낸다.

이때 달이 서산에 걸리며 인적 드문 마을에 닭 울음소리가 들렸다. 절에서 종소리가 울리기 시작하며 새벽빛이 밝아 왔다. 여인이 말했다.

"얘야, 자리를 거둬 돌아가려무나."

여종은 "네." 하고 대답하자마자 자취 없이 사라졌다. 여인이 말했다.

"인연이 이미 정해졌으니 제 손을 잡고 함께 가셔요."

양생이 여인의 손을 잡고 마을을 지나갔다. ㉠ 울타리에서 개들이 짖어 댔고 길에는 사람들이 다니고 있었다. 그런데 지나가던 이들은 양생이 여인과 함께 가는 것을 알지 못한 채 다만 이렇게 묻는 것이었다.

"이렇게 일찍 어딜 가시나?"

양생이 대답했다.

"술에 취해 만복사에 누워 있다가 친구 집에 가는 길입니다."

아침이 되었다. 여인이 이끄는 대로 풀숲까지 따라와 보니, 이슬이 흥건한 것이 사람들 다니는 길이 아니었다. 양생이 물었다.

"어찌 이런 곳에 사시오?"

여인이 대답했다.

"혼자 사는 여자가 사는 곳이 본래 이렇지요, 뭐."

여인은 이렇게 우스갯소리를 건넸다.

[A]
─ 이슬 젖은 길 / 아침저녁으로 다니고 싶건만
  옷자락 적실까 나설 수 없네.

  양생 역시 장난으로 이런 한시(漢詩)를 읊었다.

  여우가 짝을 찾아 어슬렁거리니
  저 기수(淇水)의 돌다리에 짝이 있도다.
  노(魯)나라 길 확 트여 / 문강(文姜)이 쏜살같이 달
─ 려가네.

한시를 읊조리고 나서 껄껄 웃었다. 두 사람은 마침내 개녕동에 도착했다. ㉡ 쑥이 들판을 뒤덮었고, 가시

나무가 하늘을 가렸다. 그 속에 집 한 채가 있는데, 크기는 작지만 매우 화려했다. …(중략)… 술자리가 끝나고 헤어질 때가 되었다. ㉢ 여인이 양생에게 은그릇을 하나 내주며 이렇게 말했다.

"내일 저희 부모님이 보련사에서 제게 밥을 주실 거예요. 길가에서 기다리고 계시다가 함께 절에 가서 부모님께 인사를 드렸으면 하는데, 괜찮으시겠어요?"

양생은 그렇게 하겠다고 대답했다.

이튿날 양생은 여인의 말대로 은그릇을 들고 길가에서 기다리고 있었다. 잠시 후, 과연 명문가 여인의 대상(大祥)*을 위한 행차가 보였다. 이들 일행의 수레와 말이 길을 가득 메운 채 보련사에 올라가다가 선비 하나가 그릇을 들고 서 있는 것을 보고는 하인 하나가 이렇게 말했다.

"㉣ 아씨와 함께 묻은 물건을 누가 훔쳐서 갖고 있사옵니다."

주인이 말했다.

"뭐라고?"

하인이 말했다.

"이 선비가 아씨의 그릇을 가지고 있사옵니다."

주인이 말을 멈추고 사정을 묻자, 양생은 앞서 여인과 약속했던 일을 그대로 말했다. 여인의 부모가 놀라 한참을 어리둥절해하더니 이렇게 말했다.

"우리 외동딸이 노략질하던 왜구의 손에 죽었는데 아직 장례를 치르지 못하고 임시로 개녕사 골짜기에 매장했구려. 차일피일 하다 지금껏 장사를 지내지 못한 채 오늘에 이르게 되었소이다. 오늘이 벌써 세상을 뜬 지 두 돌이 되는 날이라 절에서 재(齋)를 베풀어 저승 가는 길을 배웅하려는 참이라오. 청컨대 딸아이와 약속했던 대로 여기서 기다렸다가 함께 절로 와 주셨으면 하오. 부디 놀라지 말아 주었으면 하오."

그렇게 말하고는 먼저 절로 갔다.

양생은 우두커니 서서 여인을 기다렸다. 약속 시간이 되자 ㉤ 여자 한 사람이 여종과 함께 사뿐히 걸어오고 있었다. 과연 기다리던 그 여인이었다. 양생과 여인은 기쁘게 손을 잡고 절로 향했다.

여인은 절에 들어가 부처님께 절하고 하얀 장막 안으로 들어갔다. 여인의 친척들과 절의 승려들은 모두 여인의 존재를 믿지 않았다. 오직 양생의 눈에만 여인이 보였기 때문이다. 여인이 양생에게 말했다.

"음식을 함께 드시지요."

양생이 여인의 부모에게 그 말을 전하자, 부모는 시험해 볼 생각으로 그렇게 해 보라고 했다. 수저 소리만

들릴 따름이었지만, 그 소리는 사람들이 밥 먹을 때와 똑같았다. 부모는 깜짝 놀라 마침내 양생더러 장막에서 함께 자라고 권유했다.

한밤중에 말소리가 낭랑하게 들렸는데, 다른 사람들이 자세히 엿들어 보려 하면 그때마다 말소리가 뚝 그쳤다. 여인의 말은 다음과 같았다.

[B] "제가 규범을 어겼다는 건 저 역시 잘 알지요. 어려서 『시경』과 『서경』을 읽어 예의범절을 조금은 알고 있사오니, 「건상(褰裳)」*과 「상서(相鼠)」*가 부끄러워할 만한 것인 줄 모르지 않아요. 하오나 오랜 세월 쑥대밭 너른 들판에 버려진 채 살다 보니 마음속에 있던 정이 한번 일어나자 끝내 다잡을 수 없었어요. 며칠 전 절에서 소원을 빌고 불전(佛殿)에 향을 사르며 제 기구한 일생을 한탄하던 중에 문득 삼세의 인연을 이루게 되었지요. 서방님의 아내가 되어 나무 비녀를 꽂고 백 년 동안 시부모님을 모시며 음식 시중에 옷 시중으로 평생 아내의 도리를 다하고 싶었어요. 하지만 한스럽게도 정해진 운명은 피할 수 없고, 이승과 저승의 경계는 넘을 수 없군요. 기쁨이 아직 다하지 않았는데 슬픈 이별이 눈앞에 이르렀어요. 지금 이별하고 나면 다시 만나긴 어렵겠지요. 이별할 때가 되니 너무도 서글퍼 무슨 말을 해야 할지 모르겠어요."

이윽고 여인의 영혼을 떠나보내는데 여인의 울음소리가 끊이지 않았다.

– 김시습, 「만복사저포기」

* 대상 : 2년 상을 마치고 탈상(脫喪)하는 제사.
* 「건상(褰裳)」: 시경에 실린, 자유분방한 여인의 마음을 읊은 노래.
* 「상서(相鼠)」: 시경에 실린, 예의를 모르는 사람을 풍자한 노래.

41

윗글에 대한 이해로 가장 적절한 것은?

① 여인은 양생의 아내가 되어 함께 살다가 죽음을 맞이했다.
② 여인은 양생에게 자신의 거처를 소개하는 것이 부끄러웠다.
③ 부모는 양생을 만나기 위해 일행을 이끌고 보련사로 향했다.
④ 양생은 아침 일찍 지나가는 이들의 질문에 마지못해 대답했다.

⑤ 양생은 이별의 날에야 여인이 장례 후 저승으로 간다는 사실을 알았다.

42

〈보기〉를 참고해 [A]의 역할을 이해한 것으로 가장 적절한 것은?

> **보기**
>
> 애정 전기(傳奇) 소설은 서사와 서정의 교직(交織)이 다른 갈래보다 더 두드러진다. 작품에 한시(漢詩)가 다수 등장하는데, 이때 한시는 여러 서사적 기능을 담당한다. 분위기 조성, 감정 전달, 사상 전달, 대상 묘사는 물론, 등장인물 간 대화를 대신하거나 남녀 간 만남의 매개 역할을 한다.

① 등장인물 간 대화를 대신하고 있다.
② 남녀 주인공의 감정을 위로하고 있다.
③ 남녀 주인공의 첫 만남을 매개하고 있다.
④ 경물을 묘사하여 사건의 결말을 암시하고 있다.
⑤ 이별의 슬픔을 표현하여 주제 의식을 드러내고 있다.

43

윗글의 등장인물에 대한 이해로 적절하지 않은 것은?

① 양생이 혼자 살며 부처와 저포 놀이까지 한 것으로 보아 양생의 외로움은 여인과 만나기 위한 필요조건이다.
② 여인의 부모가 양생이 딸과 함께 절로 와 주기를 청한 것으로 보아 그들은 딸이 살아 돌아오기를 소망하고 있다.
③ 여인의 부모는 수저 소리를 듣고 양생을 믿게 되어 그에게 장막에 머물 것을 권했다.
④ 여인이 어릴 적부터 시경과 서경을 읽었다는 것으로 보아 여인은 명문가 규수로서 소양을 갖춘 인물이다.
⑤ 이승과 저승의 경계를 넘을 수 없어 저승으로 가야 한다는 것으로 보아 여인은 운명론적 세계관을 지니고 있다.

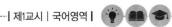

44

㉠~㉤에 대해 설명한 내용으로 가장 적절한 것은?

① ㉠은 사건을 이해하는 데 필요한 대상의 특징을 묘사하고 있다.

② ㉡은 공간 묘사를 통해 여인이 처하게 되는 위기 상황을 나타내고 있다.

③ ㉢은 소재를 활용하여 이어지는 사건 전개의 필연성을 강화하고 있다.

④ ㉣은 하인의 말을 통해 양생의 비범한 능력을 부각하고 있다.

⑤ ㉤은 등장인물이 이승의 존재가 아님을 직설적으로 드러내고 있다.

45

[B]를 참고해 윗글을 이해한 것으로 적절하지 <u>않은</u> 것은? [3점]

① 명혼(冥婚) 이야기를 통해 결핍 상태인 현실 세계에서 벗어나고픈 남녀 주인공의 욕망을 형상화하고 있다.

② 양생이 간절히 바라던 배필이 귀신이었다는 사실은 양생의 고독이 이 세상에서 해소될 수 없음을 의미한다.

③ 인간적 욕망으로 원통한 죽음을 넘어서고자 하나 실현하지 못하는 데에서 비극적 아이러니를 드러내고 있다.

④ 여인이 규범을 어기면서까지 양생과의 결연을 시도한 것은 현실세계에서의 고달픈 삶을 긍정하는 민중의식을 보여 준다.

⑤ 양생과 죽은 여인 간에 삼세의 인연이 맺어진 것은 배필을 원했던 여인의 발원이 부처의 도움으로 이루어졌음을 의미한다.

[01–05] 밑줄 친 단어의 뜻으로 가장 적절한 것을 고르시오.

01

> Tracking stray dogs may soon be easier thanks to the ubiquitous microchip.

① vociferous
② equivocal
③ omnipresent
④ inexorable
⑤ complimentary

02

> Through public education, political advocacy, and protests, we also sought to protect open spaces and forests from unscrupulous developers.

① prudent
② abnormal
③ industrious
④ indifferent
⑤ dishonest

03

> Individuals who took such action risked being ostracized by their fellow workers.

① bewildered
② rectified
③ inundated
④ permeated
⑤ excluded

04

> Stuttering was an embarrassing nemesis that Timothy struggled with throughout his childhood.

① adversary
② catalyst
③ convention
④ prodigy
⑤ zenith

05

> As I exchanged banal congratulations with the climbers filing past, inwardly I was frantic with worry.

① affectionate
② aversive
③ ordinary
④ apprehensive
⑤ exaggerated

[06–07] 다음 대화의 빈칸에 들어갈 말로 가장 적절한 것을 고르시오.

06

> A : Hey, you know what? Last night, I saw the International Space Station with my own eyes!
> B : Really? That's amazing! Is it really possible to see the ISS from Earth?

A : Yes. It looked like a bright star moving across the sky.

B : _____?

A : It moved very quickly, so I could easily tell the difference between it and the stars around it. You can check the location of the ISS on the NASA website if you want to see it.

B : That sounds really neat. I'll try that.

① Would you explain the difference between the ISS and the NASA

② Can you see the star in the center of the clouds

③ What was the purpose of watching the ISS

④ How did you know that it was the ISS

⑤ How far is it from Earth

07

A : What are you doing?

B : I'm looking through a blog about some interesting things.

A : What is so interesting?

B : According to this blog, a monster called Nessie lives in a lake in Scotland.

A : Oh, that's quite interesting, but you'd better not believe it. These kinds of things are not proven.

B : _____.

A : The photos could have been modified. I think it is important to approach things with reasonable suspicion rather than just believing everything that you see.

B : Okay, I'll try to keep that in mind.

① Scientists believed its existence, really

② However, that seems to be my mistake

③ The monster disturbs the order of nature

④ There are lots of photos of Nessie, though

⑤ Yes, they are completely proven to be authentic

08

밑줄 친 부분 중, 어법상 틀린 것은?

Mental illness in many ways remains a mystery to us. Some scientists think that it is hereditary. Others think it is caused by a chemical imbalance in the body. Other factors ① considering are a person's environment or perhaps an injury to the brain. Experts have differing opinions as to ② what causes mental illness and different ideas on how to treat it. One method is to place mentally ill people in hospitals and even prisons ③ to separate them from society. Another method is to give medications under the supervision of a psychiatrist to modify behavior. Mentally ill persons under medication often ④ live in supervised housing. Another method of treatment pioneered by Sigmund Freud is psychoanalysis, ⑤ whereby the patient receives many hours of counseling and talk therapy at a psychiatrist's office. The above treatments are often combined.

[09~11] (A), (B), (C)의 각 네모 안에서 문맥에 맞는 낱말로 가장 적절한 것을 고르시오.

09

Some people get (A) nervous / relaxed living placidly and safely. They run as surely toward danger as most people run away from it. They bungee jump, or skid down gravel roads on mountain bikes, or hang by their fingertips from minuscule cracks in the face of cliff, or even quit secure jobs in order to take a chance on some risky venture. They are risk-takers, and scientists have long wondered why they deliberately (B) court / evade loss, injury, or even death. Answers to that question involve a complex interplay of psychological and physiological factors. The key ingredient in the body's physiological response to danger is adrenaline. The body produces this chemical in the center of the adrenal glands atop the kidneys. When a physically or mentally stressful situation (C) arises / disappears, a flood of adrenaline into the blood stream prepares the body to act swiftly and forcefully to protect itself.

	(A)		(B)		(C)
①	nervous	⋯⋯	court	⋯⋯	arises
②	nervous	⋯⋯	evade	⋯⋯	disappears
③	relaxed	⋯⋯	court	⋯⋯	arises
④	relaxed	⋯⋯	court	⋯⋯	disappears
⑤	relaxed	⋯⋯	evade	⋯⋯	arises

10

(A) Fleeing / Hunting has been perfected to a fine art, inspiring mythic levels of speed, endurance, and agility in prey species. Plain animals, such as antelopes, gazelles, and zebras, have also learned to measure their attackers' talents against their own. Knowing that lions, leopards, and cheetahs are capable of only short bursts of speed, the hoofed residents rarely (B) idle / panic at the sight of a cat as long as they have running room and a head start. The important thing is to keep an eye out so the predator doesn't "steal the bases" and get close enough for a deadly sprint. Against hunting dogs and wolves,

however, prey animals know they can't depend on their endurance alone. Canines are not as fast as cats, but they can run for a long time, long enough to (C) exhaust / invigorate weak, old, or sick prey.

	(A)		(B)		(C)
①	Fleeing	⋯⋯	idle	⋯⋯	exhaust
②	Fleeing	⋯⋯	panic	⋯⋯	invigorate
③	Fleeing	⋯⋯	panic	⋯⋯	exhaust
④	Hunting	⋯⋯	panic	⋯⋯	invigorate
⑤	Hunting	⋯⋯	idle	⋯⋯	invigorate

11

If you're thinking your way through a melodic and harmonic combination and you're struggling a little, often the best combinations of these two elements work in (A) contrary / parallel motion. In other words, as your melody rises up, try to make the bass note of the chord progression you're accompanying it with fall. Equally, when your melody line falls, bring the bass notes (and their chords) upwards. This doesn't have to be true for every single melody note and every single chord but, as a rule, (B) implanting / separating the movement between these two parts and imagining a mirror between them—so that movement in one direction prompts movement the other way in the other part—often works well. The reason for this is that the listener likes to hear one part as a melody and the other part as (C) discord / harmony, so that a single line can be identified as carrying 'the tune'. Somehow, this is often easier for the brain if the supporting line is as different as possible from the part playing the melody. [3점]

	(A)		(B)		(C)
①	contrary	⋯⋯	separating	⋯⋯	harmony
②	contrary	⋯⋯	implanting	⋯⋯	discord
③	contrary	⋯⋯	implanting	⋯⋯	harmony
④	parallel	⋯⋯	implanting	⋯⋯	discord
⑤	parallel	⋯⋯	separating	⋯⋯	harmony

[12–13] 밑줄 친 부분 중, 문맥상 낱말의 쓰임이 적절하지 <u>않은</u> 것을 고르시오.

12

Running a farm in the Middle West today is likely to be a very expensive operation. This is particularly true in the Corn Belt, where the corn that ① <u>fattens</u> the bulk of the country's livestock is grown. The heart of the Corn Belt is in Iowa, Illinois, and Indiana. The soil is extremely ② <u>futile</u>, the rainfall is abundant, and there is a long, warm growing season. All this makes the land extremely valuable. When one adds to the cost of the land the cost of livestock, seed, machinery, fuel, and fertilizer, farming becomes a very expensive operation. Therefore many farmers are ③ <u>tenants</u> and much of the land is owned by banks, insurance companies, or wealthy business people. These owners rent the land out to farmers, who generally provide machinery and labor. Some farms operate on contract to milling companies. The companies buy up farms, put in managers to run them, provide the machinery to farm them, and take the ④ <u>produce</u> for their own use. Machinery is often equipped with electric lighting to ⑤ <u>permit</u> round-the-clock operation.

13

Digital information plays a part in the increasing uncertainty of knowledge. First, the infinitude of information now accessible through the Internet ① <u>dwarfs</u> any attempt to master a subject—it is simply no longer possible to know what is to be known in any area. The response is to focus on ever narrower or more esoteric disciplines or interests, or to admit that all that can be done is to ② <u>sample</u> the field. Second, the stature of knowledge is challenged, because the quality of what can be accessed is often ③ <u>unknown</u>. In the printed book, the signs of quality—publisher, author affiliation, and so on— are usually clearly marked. But the quality of information on the Internet is not always so obvious, sometimes deliberately ④ <u>unveiled</u>, sometimes simplistic but loud. Even the encyclopedic is not guaranteed: Wikipedia bills itself as 'the free encyclopedia that anyone can edit'. Despite the theory that correct material will usually overcome incorrect, there is nevertheless a caveat that knowledge is always ⑤ <u>relative</u>.

14

Songbird House에 관한 다음 글의 내용과 일치하는 것은?

Songbird House opened July 23, 2012 and is located in an historic house built in 1904. While our focus is coffee and tea, you will love our house-made pastries and breakfast sandwiches. We are proud to have a low staff turn-over so that we all personally get to know our customers and in turn, our customers are assured of consistent quality.

Sixty percent of the faces we welcome are our regulars, but we have fun meeting a beautiful variety of people from all walks of life every day. No matter who you are, who you love, or where you are in life. Come on in! Business people, students, creatives, nursing mothers— I want you to feel comfortable. Songbird is an extension of your living room.

① Songbird House was a well-known historical site in 1904.
② Breakfast is not offered in Songbird House.
③ New staff members are frequently employed.
④ More than half of the customers visit this cafe regularly.
⑤ Songbird House is a company which renovates living rooms.

15

cobra lily에 관한 다음 글의 내용과 일치하지 <u>않는</u> 것은?

The cobra lily is a unique and eye-catching plant thanks to its dramatic leaves that resemble the heads of cobra snakes. Its curling leaves rise from the base of the plant and round out into hooded foliage. Along with its almost startling appearance, these carnivorous plants feed on insects as well as small vertebrates. Native to North America, the cobra lily is often found growing in distinct groupings in boggy areas that are devoid of nutrition. Their hooded leaves secrete an aroma that attracts insects and then allows the plant to gather fuel from trapping and digesting their prey. Once inside, it's difficult for insects to escape, and the plant will also secrete digestive enzymes to help break down the animal matter. Unlike many other pitcher

plants, however, cobra lily plants are not able to collect rainwater to trap prey.

① Its leaves take after the heads of cobra snakes.
② It is eaten by small animals with a backbone.
③ It is often found in marshlands.
④ It attracts insects by secreting a pleasant smell.
⑤ It does not trap prey by gathering rainwater.

[16-17] 다음 글의 제목으로 가장 적절한 것을 고르시오.

16

Its unmistakable smell permeates Seoul subway carriages during the rush hour, and admirers claim it is the healthiest food on the planet. Once valued as a source of vitamin C before the arrival of refrigerators, kimchi now crops up on menus far from its birthplace on the Korean peninsula. The spicy, garlicky cabbage dish is to be found as a pizza topping and taco filling in the UK, Australia and the US. Kimjang, the traditionally communal act of making kimchi, was recently awarded world cultural heritage status by UNESCO. But despite its growing popularity in restaurants from Los Angeles to London, Korea's national dish is in crisis in its country of origin. To kimchi's basic ingredients of napa cabbage, garlic, seasoning and copious amounts of chilli power, we can now add a trade war with China and fears of lasting damage to Korean cultural identity.

① Kimchi : Soaring in Popularity
② How does Kimchi Impact Health?
③ Korea Wins a Trade War Against China
④ Kimjang : Put Forward for UNESCO Award
⑤ Popularity and Crisis of Korea's National Dish

17

Innovative solutions—to prevent, monitor and clean (PMC) marine litter—are necessary to restore healthy oceans and maintain their well-being over time. And again, little is known about how many of these solutions have been developed and implemented, and to what extent they have been effective as information is scattered across platforms and not easily accessible. In a global analysis by Bellou and colleagues, also in *Nature Sustainability*, the researchers identify 177 PMC solutions and find that 106 of them address monitoring; 33 address prevention (mostly via wastewater treatment); only 30 address cleaning. They also find an inconsistent use of litter size terms across the various developers, which required a harmonization effort to assess the type of litter addressed—results show that 137 of the solutions targeted macrolitter. Overall, only few solutions reached technical readiness and no solution was validated for efficiency and environmental impacts. [3점]

① Saving Marine Animals : Target the Microlitter
② A Passive Journey to the Marine Discovery
③ Oceanic Threats to Human Race
④ Want to Heal the Ocean? More Work Needed
⑤ Questioning the Utility of Sea Wastes Recycling

[18~19] 다음 글의 주제로 가장 적절한 것을 고르시오.

18

After observing the "care" given the aged in the United States, I can only conclude that personalization in that culture involves not only the acquisition of certain symbols and statuses, but also the achievement of a series of successes. By that token, an individual who fails or who has lost the capacity to succeed is considered less a person, because he or she has withdrawn from the success mechanism. Old people in the United States, because they have withdrawn or have been displaced from the occupational system, are deprived of the ability to succeed or fail; they are seen as scarcely persons at all—unless they can still symbolize their past success by continued consumption capability. In this way an individual's retention of consumption capability, even after he or she has withdrawn from the success machinery, is taken as an adequate substitute for success, because, through this consumption, an indispensable service is rendered to the economy.

① various strategies of personalization
② a typical misconception about old people
③ problems of aged care in the United States
④ one aspect of personalization in the United States
⑤ contribution of consumption to the United States economy

19

It is simply unclear just how technologies can be inevitable, at least from an ethical perspective, and how they can be autonomous. Some individuals elect to use a given technology; others do not. For any technology, it could be the case that all individuals elect not to use it. A competitor could arise, or moral argument may appear and convince a critical number of people no longer to use a technology. That technology then ceases to be implemented because of individuals' decisions. The technology, or at least its implementation, is thus not inevitable. Insofar as it depends upon individuals' electing to maintain it, it is not autonomous. An effort to fashion an ethics of technology based upon technologies' inevitability and autonomy would not reflect the way that people make choices, much less ethical decisions, nor reflect the entire relationship between individuals and technologies.

① technical critiques against autonomy

② the impact of ethics on the innovative technology

③ how to understand and utilize an ethical technology

④ reasons why people have to publicize their favorite technology

⑤ the destiny of a technology determined by individual choices

[20–22] 다음 글의 요지로 가장 적절한 것을 고르시오.

20

The flood of people—foreign-born and native-born, white and black—fit no single profile. A minority were professionals: businessmen and teachers, doctors and lawyers, priests, ministers, and rabbis. Most were working people who filled the factories, built the homes, scrubbed the floors, and nursed the babies of the well-to-do. These new residents brought more than brawn to the cities, though. They brought their religions, their politics, their institutions, and their art. They jammed the streets on the feast days of their village saints and they emptied them on the Day of Atonement. They opened tiny storefront churches and substantial fraternal lodges. They rushed to vaudeville theaters, where Jewish entertainers honed their craft, and to the ghetto dancehalls, where ragtime bands pushed the boundaries of American music. And they elbowed their way into the cities' public life.

① American frontiers overcame unexpected troubles.

② The perilous damage was begot by the new people.

③ Diverse immigrants engendered the political renaissance.

④ Minor cultures are transformed so as to fit into American public life.

⑤ The immigrants released their own cultures into the American mainstream.

2022학년도

21

The power of apologies as a display of caring lies at the heart of the veritable avalanche of them that we are now seeing in the public sphere. Government, for instance, can demonstrate that they care about a group that was wronged, such as when the United States apologized in 1997 to African-American men who were denied treatment for syphilis as part of a medical experiment. Offering an apology to another country is an effective way to lay the ground work for future cooperation. In the late 1990s, the Czech Republic remained the only European nation with which Germany had not reached a settlement providing restitution for Nazi persecution during World War II. Germany refused to pay Czech victims until the Czechs formally apologized for their postwar expulsion of ethnic Germans from the Sudetenland. In the interest of receiving both reparations and Germany's support for inclusion in NATO, the Czech government offered the apology in 1997. Germany responded by setting up a philanthropic fund for the benefit of the Czechs, and both NATO and the European Union have invited the Czech republic to join their ranks. [3점]

① Germany did not pay Czech victims until the Czechs expressed apologies for their postwar behavior.
② Apologies help people repair schisms between the rich and the poor countries.
③ Apologies restore equilibrium in domestic and international relations.
④ Apologies are often manipulated to suggest that people let bygones be bygones.
⑤ The United States apologized to African-American men who were denied treatment for syphilis.

22

Nothing is more jarring to the nervous system than repeated interruptions when you're in the midst of concentrating on an important problem. One of the worst mistakes is to get into the habit of taking every phone call no matter what you're doing. A good way to handle the telephone is to concentrate your calls in one time segment, say between nine and ten in the morning or four and five in the afternoon. During that time you take all calls, and call people back who called you. You aren't being rude to refuse a call because you are busy. You are being wise. If you are a victim of the telephone, telephone screening can change your work life.

① Consciously project ease and enjoyment.
② Beware of any lingering fears of success.
③ Become aware of your natural optimum work cycles.
④ Think of success as a process, not a final destination.
⑤ Insulate yourself as much as possible from interruption.

[23~30] 다음 글의 빈칸에 들어갈 말로 가장 적절한 것을 고르시오.

23

You can buy a television at the store so you can watch television at home, but the television you buy isn't the television you watch, and the television you watch isn't the television you buy. Expressed that way, it seems confusing, but in daily life it isn't confusing at all, because we never have to think too hard about what television is, and we use the word *television* to talk about all the various different parts of the bundle: industry, content, and appliance. Language lets us work at the right level of _____; if we had to think about every detail of every system in our lives all the time, we'd faint from overexposure. This bundling of object and industry, of product and service and business model, isn't unique to television. People who collect and preserve rare first editions of books, and people who buy mass-market romance novels, wreck the spines, and give them away the next week, can all legitimately lay claim to the label book lover.

① consistency　　② literacy

③ ambiguity　　④ discretion

⑤ popularity

24

　The situations into which the product of mechanical reproduction can be brought may not touch the actual work of art, yet the quality of its presence is always depreciated. This holds not only for the art work but also, for instance, for a landscape which passes in review before the spectator in a movie. In the case of the art object, a most sensitive nucleus—namely, its authenticity—is interfered with whereas no natural object is vulnerable on that score. The authenticity of a thing is the essence of all that is transmissible from its beginning, ranging from its substantive duration to its testimony to the history which it has experienced. Since the historical testimony rests on the authenticity, the former, too, is jeopardized by reproduction when substantive duration ceases to matter. And

what is really jeopardized when the historical testimony is affected is the _____ of the object. [3점]

① authority　　② negativity

③ promotion　　④ performance

⑤ limitation

25

　Remember those electrons that are orbiting the nucleus of an atom. Well those electrons contain energy; however, this energy is not always stable. The stability depends on the number of electrons that are within an atom. Atoms are more stable when their electrons orbit in pairs. An atom with an odd number of electrons must have an unpaired electron. When oxygen has one unpaired electron it is known as superoxide. Atoms and molecules such as superoxide that have unpaired electrons are called free radicals. The unpaired electron in free radicals makes the atom or molecule unstable. Electrons in atoms "hate" not existing in pairs. An atom with an unpaired electron wants to become stable again, so it quickly seeks out _____ to "steal" from another atom or molecule. The instability of free radicals is what poses a threat to macromolecules such as DNA, RNA, proteins, and fatty acids.

① other cells　　② powerful energy

③ a stable nucleus　　④ another electron

⑤ nutritious proteins

26

Underlying the issues about the role of self-esteem in language learning are the fundamental concepts of attribution and self-efficacy. Attribution theory focuses on how people explain the causes of their own success and failures. Bernard Weiner describes attribution theory in terms of four explanations for success and/or failure in achieving a personal objective : ability, effort, perceived difficulty of a task, and luck. Two of those four factors are internal to the learner: ability and effort; and two are attributable to external circumstances outside of the learners : task difficulty and luck. According to Weiner, learners tend to explain, that is, to attribute, their success on a task on these four dimensions. Depending on the individual, a number of causal determinants might be cited. Thus, failure to get a high grade on a final exam in a language class might for some be judged to be a consequence of their poor ability or effort, and by others to difficulty of exam, and perhaps others to _____ .

① just plain old bad luck
② previous learning experiences
③ excessive self-esteem in language learning
④ using inappropriate teaching methods
⑤ the lack of self-efficacy

27

Black and Hispanic New Yorkers represent 51% of the city's population, yet account for 62% of Covid-19 deaths. They have twice the rate of death compared with whites, when adjusted for age. This disparity likely is the result of several factors. Co-morbid conditions, such as hypertension and diabetes, are strongly associated with death from Covid-19 and are more common in black and Hispanic communities. But what causes high rates of poorly controlled hypertension and diabetes? Lack of appropriate health care. People who cannot easily find good health care for reasons of money, time, location, or trust may be more likely to stay at home undiagnosed and spread the virus—as well as experience potentially fatal delays in diagnosis and treatment. The explanation is the same for New York City as for Italy, New Orleans and probably Iran : _____ in health and health care.

① doctors are reluctant to carry out their roles
② minorities develop an appropriate policy
③ the virus exploits weaknesses
④ we have understood the urgency
⑤ treatments for the variants of Covid-19 require education

28

The sociocultural approach begins by attacking the heart of the problem : What is creativity? To explain creativity, we _____ , and this turns out to be surprisingly difficult. All of the social sciences face the task of defining concepts that seem everyday and familiar. Psychologists argue over the definitions of intelligence, emotion, and memory; sociologists argue over the definitions of group, social movement, and institution. But defining creativity may be one of the most difficult tasks facing the social sciences, because everybody wants to believe he's creative. People typically use "creativity" as a complimentary term of praise. It turns out that what gets called creative has varied according to the historical and cultural period. Psychologists have sometimes wondered if we'll ever reach a consensus about creativity, and even whether it is a useful subject for scientific study at all. [3점]

① should establish a set of rules
② first need to agree on what it is
③ must do an extensive research on the word
④ examine the psychological implication of the term
⑤ mostly concentrate on the essence of its meaning

29

Every new tool shapes the way we think, as well as what we think about. The printed word helped make our cognition linear and abstract, along with vastly enlarging our stores of knowledge. Newspapers shrank the world; then the telegraph shrank it even more dramatically. With every innovation, cultural prophets bickered over whether we were facing a technological apocalypse or a utopia. Depending on which Victorian-age pundit you asked, the telegraph was either going usher in an era of world peace or drown us in a Sargasso of idiotic trivia. Neither prediction was quite right, of course, yet neither was quite wrong. The one thing that both apocalyptics and utopians understand and agree upon is that every new technology pushes us toward new forms of behavior while nudging us away from older, familiar ones. Living with new technologies means understanding _____. [3점]

① why they were ignored in the past
② how the telegraph functions properly
③ what innovations should be made in the future
④ what causes technological innovations
⑤ how they bias everyday life

30

A moral argument is often stopped in its tracks when someone refuses to consider a position by saying that '_____'. The implication is that anybody's judgement is as good as anyone else's, and that no one has a right to tell others what to do. The fact that I do not like bananas may be a fact about me, but it has no bearing on what you may enjoy. Similarly, it is implied, if I disapprove of something, that may tell you about me, but it has no relevance to what you should do. The confusion in all this is displayed by the idea that we have no 'right' to tell others what to do. We seem at the same moment to be denying that moral claims can tie everyone down, and asserting that there is at least one moral claim that we should all respect, namely that we ought not to impose our views on others. [3점]

① action speaks louder than words
② I can't agree with you more
③ that is just your opinion
④ we are on the same boat
⑤ never judge a book by its cover

31

다음 글의 빈칸 (A), (B)에 들어갈 말로 가장 적절한 것은?

The nature of the initial attachments we make in life is crucial to our later development and social and emotional experiences. These attachments have a strong influence on any later attachments that we might make. So,   (A)   , if an initial attachment has been ambivalent, flicking about between feeling secure and feeling insecure, then such might also be a person's commitment to a group. A person might join an interest group reluctantly, become enthusiastic for a time but constantly be on the alert for social slights or loss of status perceived as brought about by other members of the group. This would lead to a tendency to withdraw.   (B)   , a person whose initial attachments were secure might well be attracted in a straightforward way to joining groups and to be reasonably steadfast in membership.

	(A)		(B)
①	for example	......	In comparison
②	for example	......	Hence
③	in fact	......	Nevertheless
④	in addition	......	Therefore
⑤	in addition	......	On the other hand

[32~33] 다음 글에서 전체 흐름과 관계 없는 문장을 고르시오.

32

It is time for a deeper probe in a different setting, entered at a different angle, to a greater depth, and exploring a deeper causation. Why have the creative arts so dominated the human mind, everywhere and throughout history? We will not find the answer in the finest art galleries and symphony halls. ① The innovations of jazz and rock, arising more directly from human experience, will probably give us a better idea of where to excavate. ② Nevertheless, Hollywood composers began experimenting in the vocabularies of jazz and the structuring model of rock. ③ Because the creative arts entail a universal, genetic trait, the answer to the question lies in evolutionary biology. ④ Bear in mind that Homo sapiens has been around about 100,000 years but literate culture has existed for less than a tenth of that time. ⑤ So the mystery of why there are universal creative arts comes down to the question of what human beings were doing during the first nine-tenths of their existence. [3점]

33

To keep from breaking glass, all movement near and on the glass must be parallel (don't put any pressure on the glass when scraping), and always use a pull-type scraper. ① That way if you slip, all the force is away from the glass and it won't break. ② To remove glazing points, hook the sharp edge of the pull-type scraper into their soft metal points and pull them out along with the putty. ③ The glass manufacture corporations have begun to move their factories to some of East Asian countries to reduce the production cost. ④ Double-check to make sure all of the glazing points are removed, and that old putty beside and under the edge of the glass is loose. ⑤ If not, you need another round of heat.

[34-35] 주어진 글 다음에 이어질 글의 순서로 가장 적절한 것을 고르시오.

34

Psychologists and behaviour ecologists think that the ability to learn should be favoured over the genetic transmission of fixed trait when the environment in which an animal lives changes often, but not too often.

(A) In such a case, the environment is stable enough to favour learning, but not so stable as to favour genetic transmission. David Stephens, while agreeing with the above, has challenged the assumptions about environmental stability saying that various types of stability need to be separated.

(B) Information is best passed on by genetic transmission when the environment rarely changes, because such a means of transmission avoids the cost of learning and the environment the offspring encounters is similar to that of their parents. However, if the environment is constantly changing, there is nothing worth learning as what is learnt is completely irrelevant in the next situation.

(C) Past experience, thus, is of no predictive value. Therefore, genetic transmission of a fixed response, rather than a learned response, is favoured. Somewhere, in between an environment that never changes and one that always does, learning is favoured over genetic transmission of a fixed response as it is worth paying the cost of learning. [3점]

① (A) − (C) − (B) ② (B) − (A) − (C)
③ (B) − (C) − (A) ④ (C) − (A) − (B)
⑤ (C) − (B) − (A)

35

One of the more recent theories of creativity is *psychoeconomics*. This may not sound like it applies directly to education, but actually it does help to clarify what needs to be done in the classroom and why there are problems designing education that supports creativity.

(A) Consider, for example, the idea of educational objectives. Educators have only so much time in the school day, and just so many resources, and there is a great deal of accountability in today's schools, at least in the United States.

(B) Additionally, creative thinking is original, so by definition an educator will not know what the result will be if he or she presents an open-ended task that in fact does allow creative thinking. The problem, then, is that the benefits are uncertain and it is difficult to justify the costs (i.e., the investment of time).

(C) This all means that the curriculum must have a clear payoff. Creativity does not. It is often dependent on a student's intrinsic motivation and the self-expression of an individual student.

① (A) − (C) − (B) ② (B) − (A) − (C)
③ (B) − (C) − (A) ④ (C) − (A) − (B)
⑤ (C) − (B) − (A)

36

글의 흐름으로 보아, 주어진 문장이 들어가기에 가장 적절한 곳은?

> However, some businesses (for example, small retailers) do not usually find it practical to match each sale to a particular cost of sales figure as the accounting period progresses.

The cost of sales (or cost of goods sold) figure for a period can be identified in different ways. (①) In some businesses, the cost of sales is identified at the time a sale has been made. (②) Sales are closely matched with the cost of those sales and so identifying the cost of sales figure for inclusion in the income statement is not a problem. (③) Many large retailers (for example, supermarkets) have point-of-sale (checkout) devices that not only record each sale but also simultaneously pick up the cost of the goods that are the subject of the particular sale. (④) Other businesses that sell a relatively small number of high-value items also tend to match sales revenue with the cost of the goods sold at the time of the sale. (⑤) They find it easier to identify the cost of sales figure at the end of the accounting period.

[37~38] 다음 글을 읽고, 물음에 답하시오.

On June 23, 1970, I had just been mustered out of the Army after completing my one-year tour of duty in Vietnam. I was a 23-year-old Army veteran on a plane from Oakland, Calif., returning home to Dallas, Texas.

I had been warned about the hostility many of our fellow countrymen felt toward returning Nam vets at that time. There were no hometown parades for us when we came home from that unpopular war. Like tens of thousands of others, I was just trying to get home without incident.

I sat, in uniform, in a window seat, chain-smoking and avoiding eye contact with my fellow passengers. No one was sitting in the seat next to me, which added to my isolation. A young girl, not more than 10 years old, suddenly appeared in the aisle. She smiled and, without a word, timidly handed me a magazine. I accepted her offering, her quiet "welcome home." All I could say was, "Thank you." I do not know where she sat down or who she was with because right after accepting the magazine from her, I turned to the window and wept. Her small gesture of compassion was the first I had experienced in a long time.

That young girl undoubtedly has no memory of what happened years ago. I like to think of her as having grown up, continuing to touch others and teaching her children to do the same. I know she might have been told to give me the "gift" by her mother. Her father might still have been in Vietnam at that point or maybe he had not survived the war. It doesn't matter why she gave me the magazine. The important thing is she did.

Since then, I have followed her example and tried, in different ways for different people, to do the same for them. Like me on that long ago plane ride, they will never know why a stranger took the time to extend a hand. But I know that my attempts since then are all because of that little girl. Her offer of a magazine to a tired, scared andlonely soldier has echoed throughout my life.

37

윗글의 제목으로 가장 적절한 것은?

① Can We Beat the Combat?

② A Small Act of Kindness Matters

③ The Triumph of a Courageous Soldier

④ Pain in the Mind of War Veterans

⑤ In Search of the Little Girl

38

윗글의 내용과 일치하는 것은?

① The narrator has to return to Vietnam in a month.

② The narrator had been one of the military personnel.

③ The narrator was emotionally hurt by the young girl.

④ The young girl had been a good friend of the narrator.

⑤ The young girl followed the narrator's footsteps in her life.

[39~40] 다음 글을 읽고, 물음에 답하시오.

The twentysomething age group is often referred to as the period of emerging adulthood. Some say that being 30 is now equivalent to being age 21 a generation ago. The term *quarterlife crisis* was coined to describe the problems and issues facing twentysomethings. According to recent college graduates, the quarterlife crisis is a "response to overwhelming instability, constant change, too many choices, and a panicked sense of helplessness." Indecision and apprehension are common companions during this period. On leaving the protective spheres of family and college, twentysomethings encounter disorientation and confusion regarding identity, career choices, living arrangements, establishing independence, discovering and harnessing a life passion, and creating new social networks. Having little experience at making major life decisions and accepting responsibility for them places twentysomethings in a transition zone of trying to find guideposts on what to do, where to go, and who to be. It is a time of _____, making premature resolutions, and sometimes paralysis due to indecision.

39

윗글의 제목으로 가장 적절한 것은?

① Twentysomethings in Their Heyday

② The Hot-blooded Youth of the Twenties

③ Challenges : What the Emerging Adult Faces

④ Infinite Possibilities of Twentysomethings

⑤ A Mind of Steel in the Twenties

40

윗글의 빈칸에 들어갈 말로 가장 적절한 것은?

① body and soul　　② cause and effect

③ pride and joy　　④ pros and cons

⑤ trial and error

[41~42] 다음 글을 읽고, 물음에 답하시오.

The response to mother figure is called filial imprinting. The range of objects which can elicit approach and attachment in young birds (a) are very large. Stimuli for imprinting may be visual, auditory or olfactory. There seems to be no limit to the range of visual stimuli. Movements help to catch attention like flashing lights. A stationary object will attract young birds (b) provided it is contrasting with its background.

Auditory stimuli are found to be attractive to many young birds. For example, in mallard ducklings, sound is very important to induce following the mother figure. Wood-ducks nest in holes in trees. The call of the mother from the water outside the nest hole induces the young ones (c) to approach the mother in spite of the fact that they have not seen her properly.

An example of odor stimuli is provided by the 5 to 14 day old baby shrews. These baby shrews become imprinted on the odor of the individual mother that is nursing them. Young shrews form a caravan early in life, having learned the odor of their mother, (d) which they will follow. When 5 or 6 day old shrews are provided with a substitute mother of another species, the odor of this caretaker mother becomes imprinted upon them.

Later, when the shrews are 15 days old, they are returned back to their real mother. It was seen that these siblings do not follow her and do not form the caravan like chain on any siblings that (e) were left with the real mother. However, they followed a piece of cloth impregnated with the odor of their caretaker mother, a response that demonstrates that young shrews become imprinted with the _____.

41

밑줄 친 (a)~(e) 중에서 어법상 틀린 것은?

① (a) 　　　② (b)

③ (c) 　　　④ (d)

⑤ (e)

42

윗글의 빈칸에 들어갈 말로 가장 적절한 것은? [3점]

① time spent in following their caretaker mother

② odor of whoever nurses them when they are young

③ call of their caretaker mother before they leave their nest

④ amount of visual attention paid to their real mother

⑤ care of their real mother when they grow up

[43~45] 다음 글을 읽고, 물음에 답하시오.

(A) "Are you carrying any fruit or handguns?"
　"Sure, I've got three kilos of kiwis in the trunk, and she has a .44 magnum in her purse."
　No, that's not what I say to the border guard. It's best not to joke with these guys. They don't have much of a sense of humor, and they like to tear cars apart. Border guards make me nervous. I feel better as soon as I'm beyond those expressionless eyes and frozen faces.

(B) The rain slashes sideways, driving me back inside under an awning I try to use for cover. The ferry is starting to sway. Margaret tells a story of a ferry ride she once took from Sicily to Malta when she got seasick from diesel fumes and waves. Some kids are running toy cars up and down the plastic seats. Through rain mottle windows the mountaintops are obscured in mist. Soon we're pulling into the dock on the far side. Cars file off the ferry, and we heard the last nine miles to the hot springs. Admission is $4.00 Canadian.

(C) It winds along Kootenai Lake for fifty miles with only about three spots for cars to pass the whole way. We're the last car to board. Nautical looking workers in navy blue direct us to a parking space on the lower deck. We climb steep stairs to the passenger level. The wind and rain gain intensity as the ferry pulls away from the dock and heads across the lake. I step outside on the deck, but only for a minute.

(D) But a trip to Ainsworth is worth facing a hundred border guards. Ainsworth Hot Springs. I've been wanting to go for years now. Everyone I know has been there. It's gotten to the point where I feel deprived whenever anyone starts talking about Ainsworth. So off my friend Margaret and I go on a cold, rainy November Tuesday— not a bad day for hot spring. A few miles into Canada the road changes.

(E) There aren't any locker; each of us gets a plastic bag to put our clothes in, which we check with a clerk who gives out velcro wristbands with claim numbers on them. Mine is 38. Rain dots my body as I head out to the pool. The big pool is warm—a good place to get psyched-up for the hotter pool above and the caves. The caves! That's what makes Ainsworth so unique. We paddle back into the mountainside following the hot water to its source. Dim lights reveal an incredible scene.

43

주어진 글 (A)에 이어질 내용을 순서에 맞게 배열한 것으로 가장 적절한 것은?

① (B) − (D) − (C) − (E)
② (B) − (D) − (E) − (C)
③ (D) − (C) − (B) − (E)
④ (D) − (C) − (E) − (B)
⑤ (E) − (C) − (D) − (B)

44

윗글에 나타난 Ainsworth에 대한 화자의 심경 변화로 가장 적절한 것은?

① relieved → tensed
② determined → excited
③ frightened → amazed
④ regretful → committed
⑤ dejected → uninterested

45

윗글의 내용과 일치하지 <u>않는</u> 것은?

① The narrator did not have a casual talk with the border guard.
② Ainsworth was nine miles away from the Canadian border.
③ The travelers faced heavy rain and wind on the ferry.
④ Margaret went to the trip with the narrator.
⑤ The cave was the point that made Ainsworth distinctive from other hot springs.

수학영역

[01~20] 각 문항의 답을 하나만 고르시오.

01

두 양수 a, b가

$$\log_b a + \log_a b = \frac{26}{5}, \; ab = 27$$

을 만족시킬 때, $a^2 + b^2$의 값은? (단, $a \neq 1$, $b \neq 1$)

[3점]

① 240　　　　　　② 242

③ 244　　　　　　④ 246

⑤ 248

02

삼각형 ABC에서 선분 BC의 길이가 3이고

$$4\cos^2 A - 5\sin A + 2 = 0$$

일 때, 삼각형 ABC의 외접원의 반지름의 길이는? [3점]

① $\dfrac{3}{2}$　　　　　② 2

③ $\dfrac{5}{2}$　　　　　④ 3

⑤ $\dfrac{7}{2}$

03

수직선 위를 움직이는 점 P의 시각 $t(t \geq 0)$에서의 속도 $v(t)$가

$$v(t) = at^2 + bt \;(a, b는 상수)$$

이다. 시각 $t=1$, $t=2$일 때, 점 P의 속도가 각각 15, 20이다. 시각 $t=1$에서 $t=5$까지 점 P가 움직인 거리는? [3점]

① $\dfrac{166}{3}$　　　　② 56

③ $\dfrac{170}{3}$　　　　④ $\dfrac{172}{3}$

⑤ 58

04

다항함수 $f(x)$가 다음 조건을 만족시킬 때, $f(2)$의 값은? (단, a는 0이 아닌 상수이다.) [3점]

(가) $\displaystyle\lim_{x \to \infty} \dfrac{f(x) - ax^2}{2x^2 + 1} = \dfrac{1}{2}$

(나) $\displaystyle\lim_{x \to 0} \dfrac{f(x)}{x^2 - ax} = 2$

① 1　　　　　　② 2

③ 3　　　　　　④ 4

⑤ 5

05

두 양수 a, b에 대하여 $0 \leq \log_a a \leq 2$, $0 \leq \log_a b \leq 2$ 이고 $\log_a(a+b)$가 정수일 때, 두 점 $(4, 2)$와 (a, b)사이의 거리의 최솟값을 m, 최댓값을 M이라 하자. $m^2 + M^2$의 값은? [4점]

① 12

② 14

③ 16

④ 18

⑤ 20

06

모든 항이 양수인 등비수열 $\{a_n\}$에 대하여

$$a_1 = 2a_4,\ a_3^{\log_a 3} = 27$$

일 때, 집합 $\left\{ n \middle| \log_4 a_n - \log_a \dfrac{1}{a_n} \text{은 자연수} \right\}$의 모든 원소의 개수는? [4점]

① 4

② 5

③ 6

④ 7

⑤ 8

07

실수 k에 대하여 함수 $f(x) = x^3 + kx^2 + (2k-1)x + k + 3$의 그래프가 k의 값에 관계없이 항상 점 P를 지난다. 곡선 $y = f(x)$ 위의 점 P에서의 접선이 곡선 $y = f(x)$와 오직 한 점에서 만난다고 할 때, k의 값은? [4점]

① 1

② 2

③ 3

④ 4

⑤ 5

08

자연수 n과 $\displaystyle\lim_{x \to \infty} \dfrac{f(x) - x^3}{x^2} = 2$인 다항함수 $f(x)$에 대하여 함수 $g(x)$가

$$g(x) = \begin{cases} \dfrac{x-1}{f(x)} & (f(x) \neq 0) \\ \dfrac{1}{n} & (f(x) = 0) \end{cases}$$

이다. $g(x)$가 실수 전체의 집합에서 연속이 되도록 하는 n의 최솟값은? [4점]

① 7

② 8

③ 9

④ 10

⑤ 11

09

삼차함수 $f(x)=x^3+x^2$의 그래프 위의 두 점 $(t,$ $f(t))$와 $(t+1, f(t+1))$에서의 접선의 y절편을 각각 $g_1(t)$와 $g_2(t)$라 하자. 함수 $h(t)=|g_1(t)-g_2(t)|$의 최솟값은? [4점]

① $\dfrac{1}{3}$ ② $\dfrac{2}{3}$

③ 1 ④ $\dfrac{4}{3}$

⑤ $\dfrac{5}{3}$

10

두 수열 $\{a_n\}$, $\{b_n\}$이
$$a_n=\sum_{k=1}^{n}k,$$
$$b_1=1, \quad b_n=b_{n-1}\times\frac{a_n}{a_n-1}(n\geq2)$$
를 만족시킬 때, b_{100}의 값은? [4점]

① $\dfrac{44}{17}$ ② $\dfrac{46}{17}$

③ $\dfrac{48}{17}$ ④ $\dfrac{50}{17}$

⑤ $\dfrac{52}{17}$

11

그림과 같이 원에 내접하는 삼각형 ABC가 있다. 호 AB, 호 BC, 호 CA의 길이가 각각 3, 4, 5이고 삼각형 ABC의 넓이가 S일 때, $\dfrac{\pi^2 S}{9}$의 값은? [4점]

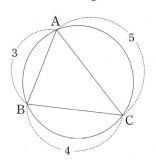

① $2-\sqrt{3}$ ② $\sqrt{3}$

③ $1+\sqrt{3}$ ④ $2+\sqrt{3}$

⑤ $3+\sqrt{3}$

12

다항함수 $f(x)$가 다음 조건을 만족시킬 때, 상수 a의 값은? [4점]

(가) 모든 실수 x에 대하여
$$\frac{d}{dx}\left\{\int_1^x (f(t)+t^2+2at-3)dt\right\}$$
$$=\int_1^x\left\{\frac{d}{dt}(2f(t)-3t+7)\right\}dt$$

(나) $\displaystyle\lim_{h\to0}\frac{f(3+h)-f(3-h)}{h}=6$

① -1 ② -2

③ -3 ④ -4

⑤ -5

13

실수 $r=\dfrac{3}{\sqrt[3]{4}-\sqrt[3]{2}+1}$에 대하여

$$r+r^2+r^3=a\sqrt[3]{4}+b\sqrt[3]{2}+c$$

일 때, $a+b+c$의 값은? (단, a, b, c는 유리수이다.)

[4점]

① 7 ② 9
③ 11 ④ 13
⑤ 15

14

삼각형 ABC에서 $\angle A=\dfrac{2\pi}{3}$이고 $\overline{AB}=6$이다.

$\overline{AC}$와 $\overline{BC}$의 합이 24일 때, $\cos B$의 값은? [4점]

① $\dfrac{19}{28}$ ② $\dfrac{5}{7}$
③ $\dfrac{21}{28}$ ④ $\dfrac{11}{14}$
⑤ $\dfrac{23}{28}$

15

실수 p에 대하여 곡선 $y=x^3-x^2$과 직선 $y=px-1$의 교점의 x좌표 중 가장 작은 값을 m이라 하자. $m<a<b$인 모든 실수 a, b에 대하여

$$\int_a^b (x^3-x^2-px+1)\,dx>0$$

이 되도록 하는 m의 최솟값은? [4점]

① $-\dfrac{1}{2}$ ② -1
③ $-\dfrac{3}{2}$ ④ -2
⑤ $-\dfrac{5}{2}$

16

자연수 n에 대하여 곡선

$$y = n\sin(n\pi x) \ (0 \leq x \leq 1)$$

위의 점 중 y좌표가 자연수인 점의 개수를 a_n이라 할 때, $\sum\limits_{n=1}^{10} a_n$의 값은? [4점]

① 340   ② 350

③ 360   ④ 370

⑤ 380

17

자연수 n에 대하여 함수

$$f(x) = |x^2 - 4|(x^2 + n)$$

이 $x = a$에서 극값을 갖는 a의 개수가 4이상일 때, $f(x)$의 모든 극값의 합이 최대가 되도록 하는 n의 값은? [5점]

① 1   ② 2

③ 3   ④ 4

⑤ 5

18

실수 $t (0 < t < 3)$에 대하여 삼차함수

$$f(x) = 2x^3 - (t+3)x^2 + 2tx$$

가 $x = a$에서 극댓값을 가질 때, 세 점 $(0, 0)$, $(a, 0)$, $(a, f(a))$를 꼭짓점으로 하는 삼각형의 넓이를 $g(t)$라 하자. $\lim\limits_{t \to 0} \dfrac{1}{g(t)} \displaystyle\int_0^a f(x)\,dx$의 값은? [5점]

① 1   ② $\dfrac{13}{12}$

③ $\dfrac{7}{6}$ ④ $\dfrac{5}{4}$

⑤ $\dfrac{4}{3}$

19

두 함수 $f(x)$와 $g(x)$가

$$f(x)=\begin{cases}\cos x & (\cos x \geq \sin x)\\ \sin x & (\cos x < \sin x)\end{cases},$$
$$g(x)=\cos ax \ (a>0인 \ 상수)$$

이다. 닫힌구간 $\left[0, \dfrac{\pi}{4}\right]$에서 두 곡선 $y=f(x)$와 $y=g(x)$의 교점의 개수가 3이 되도록 하는 a의 최솟값을 p라 하자. 닫힌구간 $\left[0, \dfrac{11}{12}\pi\right]$에서 두 곡선 $y=f(x)$와 $y=\cos px$의 교점의 개수를 q라 할 때, $p+q$의 값은? [5점]

① 16   ② 17

③ 18   ④ 19

⑤ 20

20

최고차항의 계수가 1인 두 이차다항식 $\mathrm{P}(x)$, $\mathrm{Q}(x)$에 대하여 두 함수 $f(x)=(x+4)\mathrm{P}(x)$, $g(x)=(x-4)\mathrm{Q}(x)$가 다음 조건을 만족시킨다.

(가) $f'(-4)\neq 0$, $f(4)\neq 0$, $g(-4)\neq 0$
(나) 방정식 $f(x)g(x)=0$의 서로 다른 모든 해를 크기 순으로 나열한 -4, a_1, a_2, a_3, 4는 등차수열을 이룬다.
(다) $f'(a_i)=0$인 $i\in\{1, 2, 3\}$은 하나만 존재하고 모든 $i\in\{1, 2, 3\}$에 대하여 $g'(a_i)\neq 0$이다.

두 곡선 $y=f(x)$와 $y=g(x)$가 서로 다른 두 점에서 만날 때, 두 교점의 x좌표의 합은? [5점]

① $-\dfrac{1}{2}$ ② $-\dfrac{1}{4}$

③ 0 ④ $\dfrac{1}{4}$

⑤ $\dfrac{1}{2}$

[21~25] 각 문항의 답을 답안지에 기재하시오.

21

방정식 $\log_a(x+4)+\log_{\frac{1}{2}}(x-4)=1$을 만족시키는 실수 x의 값을 구하시오. [3점]

22

이차방정식 $x^2-x-1=0$의 두 근을 α, β라 하자. 수열 $\{a_n\}$이 모든 자연수 n에 대하여

$$a_n=\dfrac{1}{2}(\alpha^n+\beta^n)$$

을 만족시킬 때, $\displaystyle\sum_{k=1}^{3}a_{3k}$의 값을 구하시오. [4점]

23

최고차항의 계수가 1인 이차함수 $f(x)$에 대하여 함수 $g(x)$는

$$g(x)=\int_{-1}^{x}f(t)dt$$

이다. $\lim_{x\to1}\dfrac{g(x)}{x-1}=2$일 때, $f(4)$의 값을 구하시오.

[4점]

24

좌표평면 위에 원점을 중심으로 하고 반지름의 길이가 1인 원 C와 두 점 $A(3, 3)$, $B(0, -1)$이 있다.

실수 $t(0<t\leq4)$에 대하여 $f(t)$를 집합

　　$\{X|X$는 원 C 위의 점이고, 삼각형 ABX의 넓이는 $t\}$

의 원소의 개수라 하자. 함수 $f(t)$가 연속하지 않은 모든 t의 값의 합을 구하시오. [4점]

25

두 집합 X, Y를

　　$X=\{\{a_n\}\,|\,\{a_n\}$은 모든 항이 자연수인 수열이고, $\log a_n+\log a_{n+1}=2n\}$,

　　$Y=\{a_4\,|\,\{a_n\}\in X\}$

라 하자. 집합 Y의 모든 원소의 합이 $p\times100$일 때, p의 값을 구하시오. [5점]

SPECIAL INFORMATION
· 2025 ·
SERVICE COMPANY

경찰대학 기출문제 국어·영어·수학

책 속의 책
정답 및 해설

3

2024~2022
개념 총정리

시스컴
SISCOM

2025

KOREAN NATIONAL POLICE UNIVERSITY

경찰대학 기출문제

국어·영어·수학

3 개년 총정리

2024~2022

빠른 정답 찾기

2024학년도

국어영역

01 ②	02 ⑤	03 ④	04 ①	05 ③
06 ①	07 ②	08 ⑤	09 ②	10 ③
11 ①	12 ②	13 ⑤	14 ②	15 ④
16 ④	17 ③	18 ⑤	19 ⑤	20 ②
21 ④	22 ②	23 ③	24 ④	25 ③
26 ②	27 ④	28 ①	29 ⑤	30 ②
31 ①	32 ①	33 ②	34 ⑤	35 ④
36 ②	37 ②	38 ⑤	39 ③	40 ③
41 ④	42 ③	43 ①	44 ①	45 ③

영어영역

01 ②	02 ①	03 ②	04 ①	05 ⑤
06 ③	07 ⑤	08 ①	09 ②	10 ④
11 ③	12 ③	13 ③	14 ④	15 ④
16 ⑤	17 ④	18 ②	19 ⑤	20 ⑤
21 ①	22 ①	23 ①	24 ②	25 ⑤
26 ②	27 ③	28 ④	29 ④	30 ③
31 ④	32 ②	33 ④	34 ③	35 ③
36 ③	37 ⑤	38 ④	39 ①	40 ①
41 ⑤	42 ①	43 ④	44 ②	45 ⑤

수학영역

01 ②	02 ⑤	03 ⑤	04 ②	05 ③
06 ①	07 ①	08 ④	09 ①	10 ②
11 ①	12 ④	13 ④	14 ④	15 ②
16 ③	17 ③	18 ②	19 ①	20 ⑤
21 4	22 31	23 9	24 118	25 78

2023학년도

국어영역

01 ④	02 ⑤	03 ⑤	04 ①	05 ④
06 ⑤	07 ②	08 ③	09 ②	10 ①
11 ⑤	12 ③	13 ③	14 ②	15 ④
16 ②	17 ④	18 ④	19 ③	20 ⑤
21 ④	22 ①	23 ④	24 ①	25 ⑤
26 ①	27 ③	28 ②	29 ②	30 ③
31 ⑤	32 ①	33 ③	34 ④	35 ①
36 ②	37 ③	38 ④	39 ③	40 ③
41 ①	42 ⑤	43 ②	44 ④	45 ①

영어영역

01 ④	02 ②	03 ①	04 ⑤	05 ⑤
06 ⑤	07 ③	08 ①	09 ③	10 ⑤
11 ④	12 ②	13 ①	14 ④	15 ④
16 ④	17 ⑤	18 ⑤	19 ③	20 ②
21 ③	22 ②	23 ②	24 ④	25 ①
26 ②	27 ③	28 ②	29 ①	30 ②
31 ③	32 ①	33 ③	34 ④	35 ④
36 ③	37 ⑤	38 ⑤	39 ②	40 ①
41 ④	42 ③	43 ④	44 ②	45 ①

수학영역

01 ①	02 ④	03 ③	04 ⑤	05 ①
06 ③	07 ④	08 ⑤	09 ⑤	10 ③
11 ②	12 ④	13 ②	14 ①	15 ③
16 ①	17 ①	18 ②	19 ④	20 ②
21 146	22 250	23 7	24 14	25 34

국어영역

01 ①	02 ①	03 ②	04 ③	05 ①
06 ①	07 ①	08 ②	09 ②	10 ④
11 ④	12 ④	13 ③	14 ②	15 ⑤
16 ③	17 ③	18 ②	19 ⑤	20 ①
21 ②	22 ②	23 ④	24 ②	25 ①
26 ⑤	27 ⑤	28 ①	29 ②	30 ③
31 ④	32 ④	33 ⑤	34 ③	35 ⑤
36 ⑤	37 ③	38 ③	39 ④	40 ⑤
41 ⑤	42 ①	43 ②	44 ③	45 ④

영어영역

01 ③	02 ⑤	03 ⑤	04 ①	05 ③
06 ④	07 ④	08 ①	09 ①	10 ③
11 ①	12 ②	13 ④	14 ④	15 ②
16 ⑤	17 ④	18 ④	19 ⑤	20 ⑤
21 ③	22 ⑤	23 ③	24 ①	25 ④
26 ①	27 ③	28 ②	29 ⑤	30 ③
31 ①	32 ②	33 ③	34 ③	35 ①
36 ⑤	37 ②	38 ②	39 ③	40 ⑤
41 ①	42 ②	43 ③	44 ②	45 ②

수학영역

01 ④	02 ②	03 ③	04 ④	05 ①
06 ②	07 ③	08 ①	09 ①	10 ④
11 ⑤	12 ③	13 ⑤	14 ④	15 ②
16 ⑤	17 ③	18 ⑤	19 ②	20 ①
21 12	22 49	23 21	24 5	25 217

2024 정답 및 해설

하지 않는다.

01 독서 - 과학

정답 ②

글의 중심 내용 파악하기

정답 해설

글의 서두에 19세기 초반부터 의학을 실험실에 접목하려는 실험실 의학이 체계적으로 시도되기 시작했다고 그 중심 내용을 밝히고 있다. 그리고 이후의 단락에서 19세기 초반부터 19세기 후반에 이르기까지 실험실 의학의 정립 과정을 상세히 소개하고 있다. 그러므로 '19세기 실험실 의학의 정립 과정'이 제시문의 중심 내용으로 가장 적절하다.

오답 해설

① 자연발생설 → 파스퇴르-푸셰 논쟁의 실험 주제

자연발생설은 1850년대 후반 '파스퇴르-푸셰 논쟁'의 실험 대상으로 소개된 주제일 뿐 제시문의 중심 내용은 아니다.

③ 파스퇴르와 푸셰의 논쟁 → 실험 방법의 중요성 재확인

자연발생 여부를 두고 벌어진 1850년대 파스퇴르와 푸셰의 논쟁은 실험 방법의 중요성을 재확인한 실험실 의학의 정립 과정 중하나이다.

④ 생물학의 성과와 한계 → 역사적 사건

19세기 중반 파스퇴르와 푸셰의 논쟁, 1860~70년대의 미생물 연구의 진척과 질병세균설 옹호 등의 생물학적 성과는 실험실 의학의 정립 과정을 설명하기 위한 역사적 사건으로 제시된 것일 뿐 제시문의 중심 내용은 아니다.

⑤ 파스퇴르의 미생물 연구 → 파스퇴르의 업적

1860년 이후 파스퇴르의 미생물 연구는 질병세균설의 옹호와 더불어 여러 백신을 개발하는 데 성공한 파스퇴르의 업적으로 소개된 내용일 뿐 제시문의 중심 내용은 아니다.

02 독서 - 과학

정답 ⑤

내용과 일치하지 않는 것 고르기

정답 해설

첫 번째 문단에서 19세기 초반부터 의학을 실험실에 접목하려는 실험실 의학이 체계적으로 시도되기 시작했다고 서술되어 있다. 그러므로 실험실 의학의 중요성은 과학적 실험 방법이 마련된 20세기에 들어와서 비로소 인정되기 시작했다는 설명은 제시문의 내용과 일치

오답 해설

① 파스퇴르-푸셰 논쟁 → 생물의 자연발생 여부에 관한 실험

네 번째 문단에서 1850년대 후반부터 자연발생 여부를 두고 벌어진 '파스퇴르-푸셰 논쟁'은 실험 방법의 중요성이 다시금 확인된 사건이었다고 서술되어 있다. 그러므로 실험을 통해서 파스퇴르와 푸셰가 생물의 자연발생 여부에 관해 논쟁했다는 설명은 적절하다.

② 19세기 초반 과학자들 → 생물의 발생 : 화학적 과정

세 번째 문단에서 영양분이 공급되는 환경에서 생물들이 일종의 화학적 과정을 통해 만들어졌다는 해석이 1830년대 당시 과학자들의 일반적인 견해였다고 서술하고 있다. 그러므로 19세기 초반까지 과학자들이 대체로 생물의 발생을 화학적 과정으로 이해했다는 설명은 적절하다.

③ 발효 → 효모: 생물학적 과정

네 번째 문단에서 그 이전까지는 발효를 효모가 반응속도만 높이며 그 스스로는 변하지 않는 촉매 역할을 하는 일종의 화학적 반응으로 이해해 왔으나, 파스퇴르는 실험을 통해 발효가 포도나 밀가루 반죽의 당분을 먹고 살아가는 효모 때문에 일어나는 생물학적 과정임을 보여주었다고 서술하고 있다. 그러므로 효모가 발효 과정에서 촉매 작용만 하지는 않는다는 것을 파스퇴르가 실험을 통해 확인했다는 설명은 적절하다.

④ 파스퇴르 → 푸셰의 관찰: 실험기구의 오염 결과

다섯 번째 문단에서 파스퇴르는 자연발생이 일어났다는 푸셰의 관찰은 외부 미생물에 의해 실험기구가 오염된 결과라고 주장하였다. 그러므로 파스퇴르는 푸셰가 실험기구를 철저히 관리하지 않아 부정확한 실험 결과를 얻었다고 생각했다는 설명은 적절하다.

03 독서 - 과학

정답 ④

진술 의도 파악하기

정답 해설

과학적인 진리들은 현재는 최선의 답이지만, 사실 그것들을 대체할 더 나은 무언가를 찾을 때까지만 임시적으로 유용한 차선의 답이라는 것이다. 파스퇴르의 실험을 통해 미생물에 의한 생물학적 과정임이 밝혀지기 전까지는 영양분이 공급되는 환경에서 일종의 화학적 과정을 통해 만들어졌다는 것이 당시에는 ㉠의 질문에 대한 최선의 답이었다. 그러므로 ㉠의 질문에 최선의 답을 모른다면 차선의 답이라도 구해야 함을 의미한다.

04 독서 - 과학

핵심주제 글의 세부 내용 이해하기 　정답 ①

정답 해설

제시문에서 고온의 가열에도 죽지 않는 균이 존재함을 알고 있는 오늘날의 관점에서 보면, 미생물을 발견한 푸셰의 실험 결과가 틀렸다고 하기는 어렵다고 서술하고 있다. 그러므로 "고온의 가열에도 죽지 않는 균이 존재한다."는 설명은 당시의 일반적인 견해에 해당되지 않음을 알 수 있다.

오답 해설

② 발효 : 화학적 과정 → 당시의 일반적 견해

제시문에서 이전까지는 발효를 효모가 반응속도만 높이면 그 스스로는 변하지 않는 촉매 역할을 하는 일종의 화학적 반응으로 이해해 왔다고 설명하고 있다. 그러므로 발효가 효모에 의해 일어나는 화학적 과정이라는 사실은 당시의 일반적 견해에 해당한다.

③ 생물 : 자연발생 → 당시의 일반적 견해

제시문에서 썩은 고기나 고여 있는 물에서 단순한 생물이 생겨나는 것처럼 보인다는 '자연발생설'은 당시의 해묵은 논쟁이었다고 서술하고 있다. 그러므로 단순한 생물은 자연발생 과정으로 생겨날 수 있다는 사실은 당시의 일반적 견해에 해당한다.

④ 외부적 관찰 : 생물의 발생 과정 확인 → 당시의 일반적 견해

제시문에서 파스퇴르는 자연발생이 일어났다는 푸셰의 관찰은 외부 미생물에 의해 실험기구가 오염된 결과로 보았다고 서술하고 있다. 그러므로 외부적 관찰을 통해 생물의 발생 과정을 확인할 수 있다는 사실은 당시의 일반적 견해에 해당한다.

⑤ 구더기 : 화학적 변화의 결과 → 당시의 일반적 견해

제시문에서 방치된 고기 조각에서 생긴 구더기는 영양분이 공급되는 환경에서 일종의 화학적 과정을 통해 만들어졌다는 것이 당시의 일반적인 견해에 따른 해석이었다고 서술하고 있다. 그러므로 방치된 고기 조각에서 생긴 구더기가 화학적 변화의 결과라는 사실은 당시의 일반적인 견해에 해당된다.

05 독서 - 과학

핵심주제 글의 세부 내용 이해하기 　정답 ③

정답 해설

파스퇴르가 독성이 약해진 닭콜레라 유발 미생물을 닭에게 주사하여 면역 여부를 확인한 것은 파스퇴르가 발효나 미생물 발생 실험에서 동물의 병을 일으키는 원인이 미생물과 관련이 있을 거라는 사실을 이미 알고 있었기 때문이라고 추측할 수 있다.

06 현대 소설

핵심주제 서술상 특징 찾기 　정답 ①

정답 해설

전지적 작가 시점은 작가가 등장인물의 행동과 태도는 물론 그의 내면세계까지도 분석·설명하여 이야기를 이끌어가는 방식으로, 해당 작품은 이야기의 전모를 알고 있는 전지적 서술을 통해 인물의 행위와 심리가 밀도 있게 드러나고 있다.

✅ **핵심노트**

이청춘, 「잔인한 도시」
- 갈래 : 현대 소설, 단편 소설
- 성격 : 비판적
- 시점 : 전지적 작가 시점
- 배경 : 시간 – 1970~1980년대, 공간 – 도시의 교소도 근처 공원
- 주제 : 폭력과 억압에서 벗어난 자유로운 세계 추구
- 특징
  – 알레고리 수법을 이용해 형상화
  – 인간 상주의 따뜻한 고향으로 귀환하려는 한 죄수의 방생 이야기를 담음
  – 인간의 꿈과 그 구제의 가능성을 상징적인 수법으로 그려냄
  – 진정한 자유를 추구하려는 인간에 대한 희망적 주제 의식을 보여줌
  – 고향과 도시의 대비, 인물의 대비를 통해 주제 의식을 형상화함

07 현대 소설

핵심주제 서사적 기능 이해하기 　정답 ②

정답 해설

(가)를 통해 사내가 교도소에 복역하며 자유가 억압됐던 상황과 출소 후 자유의 몸이 된 상황의 변화가 대비되어 새 장수에 의해 조작된 구속과 해방이라는 새로운 사건의 계기가 형성되는 서사적 기능을 이해할 수 있다.

오답 해설

① 시간적 배경 제시: 사건의 개연성 부각 → X

(가)에서는 시간적 변화의 흐름은 나타나 있지 않으며, 실제로 일어날 법한 일에 대한 개연성을 부각하고 있지도 않다.

③ 일상의 변화 묘사: 사건의 반전 → X

(가)에서는 교도소에서의 출소라는 특별한 변화가 묘사되어 있으며, 사건의 반전이 아니라 사건의 시작점을 형성하고 있다.

④ 인물의 감정 변화: 위기감 고조 → X

(가)에서는 교도소에서 막 출소한 사내의 조심스러운 감정을 느낄 수 있으나, 사건의 위기감이 고조되고 있지는 않다.

⑤ 공간적 배경의 변화: 사건 해결의 실마리 → X

(가)에서는 교도소에서 공원으로 공간적 배경의 변화가 감지되나, 사건 해결의 실마리를 제공하고 있지는 않다.

08 현대 소설

핵심주제 작품 속 대상 이해하기 　정답 ⑤

정답 해설

'녀석'과 함께 고향으로 향하는 '사내'가 재회할 것으로 기대하는 대상

2024학년도

은 '사내'의 아들이다. 그러므로 '녀석'은 '사내'가 재회의 기대를 이루어 반가워하는 대상은 아니다.

오답 해설

① 녀석 → 연민의 대상
"가엾게도 작은 것이 날개를 너무 상했으니까"라는 말에서 '녀석'은 '사내'의 연민을 부르는 대상임을 알 수 있다.

② 녀석 → 특별한 대상
'사내'가 한사코 주머니 속에 깊이 아껴 뒀던 노역의 품삯으로 '녀석'을 데려온 것을 보면 '녀석'은 '사내'에게서 특별한 의미를 부여받은 대상임을 알 수 있다.

③ 녀석 → 느낄 수 있는 대상
'사내'가 발가락을 몇 차례 꼼지락거리는 '녀석'의 발짓을 느끼고 있으므로, '녀석'은 '사내'가 몸의 감각을 통해 느낄 수 있는 대상이다.

④ 녀석 → 위로를 주는 대상
'녀석'의 발짓을 느끼고 있던 사내의 얼굴에 만족스런 웃음기가 번지고 있는 데서, 또한 "녀석도 아마 잘했다고 할 거야."라고 말한 부분에서 '녀석'은 '사내'로 하여금 마음의 위로를 얻게 하는 대상임을 알 수 있다.

09 현대 소설

핵심주제 작품의 세부 내용 이해하기 | 정답 ②

정답 해설

ⓒ은 사내 곁을 지나가는 사람들의 말소리가 시끄러워 그들의 말소리가 사라질 때까지 기다린 것이지, 지향하는 가치관이 상반된 이들의 간섭으로 자신의 여정이 방해받고 있는 장면을 연출한 것은 아니다.

오답 해설

① ㉠ → 자신이 바라는 어떤 것을 마주함
㉠은 교도소에서 출소한 사내의 발길이 문득 머무른 곳이 새장의 새를 사서 제 보금자리로 날려 보내게 해 주는 방생의 집인 것을 사내가 확인하고 반가움에 안도한 것이다.

③ ⓒ → 의구심을 떨쳐내려는 모습
ⓒ은 새를 방생하느라 모아둔 돈을 다 써버린 사내가 볼품없는 모양새를 하고 빈손으로 아들을 만나러 가는 것에 대해 혹시 아들 녀석이 못 마땅하게 여기지 않을까 하는 의구심을 떨쳐내려는 모습을 표현하고 있다.

④ ⓔ → 자신만의 생각에 몰입
ⓔ은 사내가 직접 아들을 찾기 위해 남쪽으로 길을 나선 것에 대해 자신의 선택이 옳았다는 생각에 몰입해 가는 정황을 드러내고 있다.

⑤ ⓜ → 시간의 변화로 대상의 속성 약화
ⓜ은 날이 저물고 어두워지는 시간의 변화로, 남쪽으로 가는 사내의 길이 차츰 윤곽이 흐려지고 있음을 표현한 것이다.

10 현대 소설

핵심주제 부적절한 감상 내용 찾기 | 정답 ③

정답 해설

'사내'가 자기 판단이 '잘한 일'이라고 말하는 장면에서 도시에 대적한 투쟁의 성공에 대한 확신과 의구심의 혼재는 '새'의 상태에서 비롯된 것이 아니라, 대적의 상대가 현대 사회의 강력한 구조적 문제의 거점인 '도시'인 까닭이다. 따라서 '사내'는 그 싸움의 승패를 섣불리 확신하기가 어렵다.

오답 해설

① '교도소 길목'에서 '방생의 집' → 자유로운 삶에 대한 염원
'교도소 길목'에서 '방생의 집'으로 향하는 '사내'의 심정은 억압된 처지에서 벗어나 자유로운 삶에 대한 염원을 새의 방생을 통해 기원하려는 선한 의지와 연결되어 있다.

② '도시의 추위를 견디지 못한다' → '새'의 처지
그 '새'가 도시의 추위를 견디지 못하리라고 '사내'가 짐작한 이유는 방생에 쓰일 새들의 날개에 상처를 입혀 멀리 날지 못하게 한 후, 방생된 새들을 다시 수거하여 재사용하는 '방생의 집' 주인의 잔인한 이면을 보았기 때문이다.

④ '겨울에도 대숲이 푸른 곳' → '새'의 상처를 치유할 수 있는 곳
'사내'와 '새'가 북쪽의 '잔인한 도시'를 떠나 함께 가는 곳은 남쪽에 위치해 있어 '겨울에도 대숲이 푸른 곳'으로, '새'가 겨울을 나고 상처를 치유하기에 적합한 환경이다.

⑤ '영혼의 빛줄기' → '사내'의 새로운 삶에 대한 염원
'사내'의 남행 길을 비추는 '한 줄기 햇볕'이 사내의 가슴속을 끝없이 비춰주는 '영혼의 빛줄기'와 같다고 한 것은, '잔인한 도시'를 떠나 진정한 자유를 추구하는 새로운 삶에 대한 '사내'의 염원을 엿볼 수 있다.

11 현대 시

핵심주제 작품의 내용 이해하기 | 정답 ①

정답 해설

(가)가 단정적 진술을 사용하여 '문'이라는 사물의 고정관념에 대한 비판의식을 표현하는 반면, (나)는 화자가 유리에 입김을 불고 닦는 행동을 감각적으로 묘사함으로써 어린 자식을 잃은 화자의 슬픔과 그리움을 직접적으로 표현하고 있다.

오답 해설

② (나) → 화자의 모순된 감정
(가)에서는 화자가 현실과 환상을 함께 경험하고 있지 않으며, (나)에서는 화자가 유리창을 닦으면서 아이의 부재에서 오는 '외로움'과 입김으로나마 아이를 느낄 수 있는 '황홀함'의 모순된 감정을 드러내고 있다.

③ (가) → 고정관념에 대한 비판과 저항
(가)에서는 '문'이 지닌 고정관념에 대한 화자의 비판과 저항 의식을 드러내고 있으나, (나)는 그렇지 않다.

④ (가) → 대상에 대한 통념을 비판

(가)는 문이 열려 있지만 열려 있지 않다는 표현 등을 통해 '문'이 지닌 일반적인 속성을 부정함으로써 '문'에 대한 기존 통념을 비판하고 있으나, (나)는 그렇지 않다.

⑤ (가) → 유사한 통사 구조의 반복

(가)에서는 작품 전반에 걸쳐 유사한 통사 구조의 반복과 병치를 통해 시적 의미를 강조하고 리듬감을 형성하고 있으나, (나)는 그렇지 않다.

 핵심노트

(가) 오규원, 「문」
- **갈래** : 자유시, 서정시, 운문시
- **성격** : 비판적, 성찰적, 저항적, 역설적
- **제재** : 문
- **주제** : 문에 대한 일반적인 인식 비틀기
- **특징**
  - 동일 구절의 반복으로 문이 있는 일상적인 상황 제시
  - 대비되는 시어를 활용하여 주제 의식 강조
  - 통사 구조의 반복으로 운율감과 시적 의미 강조
  - 대상에 대한 통념을 부정하여 새로운 인식 부여

(나) 정지용, 「유리창 1」
- **갈래** : 자유시, 서정시
- **성격** : 감각적, 회화적, 상징적
- **제재** : 어린 자식의 죽음
- **주제** : 죽은 자식에 대한 그리움
- **특징**
  - 감각적인 이미지를 사용하여 화자의 정서를 드러냄
  - 애절한 슬픔을 드러내지 않고 절제하여 표현
  - 모순적인 표현으로 시의 함축성을 높임

12 현대 시

 핵심주제 부적절한 감상 내용 고르기 **정답** ②

✏️**정답해설**

(가)는 일상생활에서 접하는 '문'에 대한 통념을 비틀어 '문'에 대한 새로운 인식을 제시하고 있으나, 하루하루 살아가는 과정에서 깨닫게 된 삶의 무상함을 표현하고 있지는 않다.

✏️**오답해설**

① 대상의 확대 → 시인의 인식 확장

대상이 '우리 집'에서 '어느 집'으로 확대되어 가면서 '문'에 대한 통념에서 벗어난 시인의 새로운 인식도 확장되고 있다.

③ '문', '담', '벽' → 다양한 소통 관계

각각의 개인이 각각의 '집'이라 생각한다면 '문'이나 '담', '벽' 등은 사람들 사이의 다양한 소통 관계를 뜻한다. '문'은 '소통의 연결'을 의미하는 반면, '담'과 '벽'은 '소통의 단절'을 의미하는 것이 통념인데, 연결의 속성을 가진 '문'이 단절의 속성을 가진 '담'이나 '벽'이 되기도 하고, 심지어 '담'이나 '벽'보다 더 든든한 단절의 속성을 가지기도 한다.

④ 대상의 의미 → 새로운 접근

일상에서는 쉽게 놓칠 수 있는 '문'의 여러 특징들을 성찰을 통해 발견함으로써, '소통과 연결'이라는 '문'의 원래 의미와 다른 새로운 접근을 시도하고 있다.

⑤ 단정적 언급 회피 → 독자들의 자각

'문'과 관련한 다양한 상황들을 제시하면서 화자가 그것의 의미들에 대한 단정적 언급을 회피한 것은 독자들의 자각을 통해 당연하다고 생각되는 통념을 비틀어 새로운 시각으로 세상을 바라볼 수 있게 유도하기 위한 것이다.

13 현대 시

 핵심주제 작품의 주제와 유사한 진술 찾기 **정답** ⑤

✏️**정답해설**

(가)의 주제는 '문에 대한 일반적인 인식 비틀기'이다. 즉, 일상적인 '문'에 대한 기존 통념을 비틀어 '문'에 대한 새로운 시각을 제시하고 있다. ⑤에서 '웃음'은 일반적으로 선의라고 하는 긍정적 시각이 통념인데, '웃음'이 어색함일 수도 있고 위선일 수도 있다고 하며 '웃음'의 부정적 시각을 제시하고 있다. 그러므로 ⑤는 '웃음'에 대한 일반적인 인식 비틀기로, (가)의 주제와 가장 유사한 발상을 보여 주는 진술이다.

14 현대 시

핵심주제 작품의 내용 이해하기 **정답** ②

✏️**정답해설**

'길들은 양 언 날개'는 사라지는 입김이 새처럼 날개를 파닥거리는 듯하게 보이는 모양으로, 화자가 시적 대상인 죽은 자식의 환영을 불러내었음을 보여준다. 즉, '길들은 양 언 날개'는 시적 대상이 화자를 불러낸 것이 아니라, 화자가 시적 대상을 불러낸 것이다.

✏️**오답해설**

① 차고 슬픈 것 → 화자의 내면 심리 투영

'차고 슬픈 것'은 화자가 유리창에 입김으로 만들어낸 죽은 자식의 환영으로, 자식을 잃은 슬픔과 안타까움이라는 화자의 내면 심리가 투영되어 있다.

③ '반짝' → 슬픔의 승화 함축

'물먹은 별'은 화자가 눈물이 가득 고인 눈으로 별을 바라보는 것으로, 쉼표 다음에 나오는 '반짝'이 이러한 슬픔의 승화를 함축하여 표현하고 있다.

④ '고운 폐혈관이 찢어진 채' → 작품의 창작 배경

'고운 폐혈관이 찢어진 채'는 아이가 죽은 이유로 짐작되며, 이것이 시인이 작품을 창작하게 된 배경임을 암시하고 있다.

⑤ '날아갔구나' → 화자의 현실 자각

'날아갔구나!'는 어린 자식이 산새처럼 훌쩍 떠나 버린 것에 대한 현실을 화자가 새삼 자각하게 되었음을 드러내고 있다.

15 현대 시

지시 대상 이해하기 　　　　　　　정답 ④

✏️ 정답 해설

(가)에서 화자는 ㉠(문)을 열리기도 하고 닫히기도 하며, 연결하기도 하고 단절되기도 하는 가변적 속성을 지닌 것으로 인식한다. 또한 (나)에서 화자는 ㉡(유리)을 죽은 자식을 단절하는 동시에 만남을 매개하는 가변적 속성을 지닌 것으로 인식한다.

✏️ 오답 해설

① ㉡ → 외부와의 소통

　　(나)에서 화자는 ㉡(유리)을 통해 죽은 아이와 소통하고 있으나, (가)에서는 화자가 ㉠(문)을 통해 외부와 소통하고 있지는 않다.

② ㉠ → 탐구적 태도

　　(가)에서 화자는 ㉠(문)이 지닌 여러 아이러니한 속성에 대해 탐구적인 태도를 취하고 있으나, (나)에서 화자는 ㉡(유리)을 죽은 아이와 소통하는 매개체로 보고 있다.

③ ㉡ → 실체에 대한 절망

　　(나)에서 화자는 ㉡(유리) 넘어 산새처럼 날아간 죽은 아이를 더 이상 만날 수 없음에 절망하고 있으나, (가)에서 화자는 탐구를 통해 ㉠(문)에 대한 새로운 인식을 부여하고 있다.

⑤ ㉡ → 관계 형성의 중요성

　　(나)에서 화자는 ㉡(유리)을 통해 죽은 자식과 단절하기도 하고 소통하기도 한다는 점에서 ㉡(유리)과의 관계 형성은 중요한 과제이나, (가)에서 ㉠(문)은 화자에게 탐구의 대상이지 관계 형성의 대상은 아니다.

16 독서 – 철학

부합하는 내용 고르기 　　　　　　　정답 ④

✏️ 정답 해설

첫 번째 문단에서 인간 삶의 공간은 수행의 진전 여하에 따라 확장되거나 축소될 수 있고 다른 형태로 변경될 수도 있다고 하였다. 그러므로 공간을 고정된 사물로 보는 것은 인간과 공간의 관계에 대한 논의의 전제로 적절하지 않다고 볼 수 있다.

✏️ 오답 해설

① 인간과 공간의 일체감 → 공간의 유일한 기준(X)

　　두 번째 문단에서 인간은 공간에 버려진 듯이 느낄 수도 있고 공간에서 안도감을 느낄 수도 있으며, 공간과 일체감을 느끼기도 하고 공간을 낯설게 여기기도 한다고 하였다. 그러므로 인간과 공간의 일체감이 공간의 의미를 규정하는 유일한 기준은 아니다.

② 던져진 자리에 머무르는 행위 → 실패한 존재의 기획

　　세 번째 문단에서 존재의 기획을 성공적으로 수행하지 못할 경우, 인간은 던져진 상태에서 벗어나지 못하는 것이라고 하였다. 따라서 던져진 자리에 머무르는 행위는 실패한 존재의 기획이므로, 존재의 기획을 위한 주요 전략은 아니다.

③ 공간과의 일체감 → 인간이 공간과 맺는 관계의 변화 양상 중 하나임

　　인간이 어떤 곳에 묶여 있다고 느끼는 공간과의 일체감은 인간이 처한 공간에서 공간과 맺는 관계의 변화 양상 중 하나이므로, 그것이 인간과 공간의 관계에 대한 올바른 이해를 방해하는 것은 아니다.

⑤ 인간이 특정한 공간에 부여한 의미 → 가변적

　　두 번째 문단에서 "공간은 인간 존재의 지향에 따라 의미를 얻는다."는 것은 인간이 특정한 공간에 부여한 의미가 상황이나 조건에 따라 달라질 수 있다는 것을 의미한다. 그러므로 인간이 특정한 공간에 부여한 의미에는 상황이나 조건의 변화에 따라 움직이는 가변의 자질이 있다고 보아야 한다.

17 독서 – 철학

적절한 논지 전개 방식 고르기 　　　　　　　정답 ③

✏️ 정답 해설

제시문은 장소에 대한 개념적 이해를 바탕으로 논리적 맥락을 형성해 가고 있으며, 이를 추가적으로 지원하기 위해 하이데거의 견해를 사례로 들어 설명하고 있다. 즉, 용어의 개념적 이해를 바탕으로 논의의 논리적 맥락을 형성하고 있는 것이다.

✏️ 오답 해설

① 기존 논의의 한계 지적 → X

　　제시문은 장소의 개념적 이해를 바탕으로 하며, 기존 논의의 한계를 지적하거나 새로운 논점을 제시하고 있지는 않다.

② 다양한 해석의 가능성 → X

　　앞에서 설명한 장소에 대한 논리적 맥락을 추가적으로 지원하기 위해 다른 학자의 견해를 제시하고 있을 뿐, 해석의 가능성을 다양화 하고 있지는 않다.

④ 개념이 잘못 적용된 사례를 바로잡는 과정 → X

　　제시문은 장소의 개념적 이해에 대한 맥락을 형성하고 있을 뿐, 개념이 잘못 적용된 사례를 제시하거나 이를 바로잡는 과정은 나타나 있지 않다.

⑤ 난해한 표현을 대체할 일상적 표현의 제안 → X

　　제시문은 난해한 표현을 사용하여 장소에 대한 개념적 이해를 설명하고 있지 않으며 그리고 이를 대체하기 위해 일상적 표현을 사용한 것도 아니다.

18 독서 – 철학

적절한 추론 고르기 　　　　　　　정답 ⑤

✏️ 정답 해설

인간은 사물들 중의 하나가 아니라 주변 세계와 관계를 맺는 주체로, 그저 세상에 던져져 주어진 자리에 머무른 채 살지 않는 지향성의 존재이다. 반면에 사물은 그릇 속의 존재처럼 공간 속에 머무르는 객체이다. 그런 의미에서 인간의 존재 방식과 사물의 존재 방식은 공간과 연관될 때 ㉠(지향성)의 자질이 나타나는지의 여부에 따라 다르다고 볼 수 있다.

계를 경험할 때 자신을 보호해 줄 영역을 확보하는 행위라고 볼 수 있다.

20 독서 – 철학

 핵심주제 부적절한 내용 고르기 정답 ②

정답 해설

(나)에서 장소를 무리하게 인간의 의지에 복종시키려 하지 않으면서 건물을 세우거나 농사를 지음으로써 장소를 돌보는 것은 온당한 자세라고 하였다. 그러므로 인간이 집을 짓고 특정한 공간을 점유하는 인간과 공간의 관계는 공간을 인간 자신의 의지에 복종시키는 부당한 행위라고 볼 수 없다.

오답 해설

① 집: 공동체적 의미 → 인간과 공간과의 관계

집은 인간에게 필요한 수행의 영역이 인간 삶의 공간에 상응하는 것으로, 집을 단순한 건축물이 아니라 공동체적 의미를 지닌 것으로 간주하는 것은 인간이 공간과 일체감을 느끼는 관계로 볼 수 있다.

③ 공간 → 가변적 양태

정착을 통해 집의 가치가 물리적 차원에서 개인적·심리적 가치를 지닌 곳으로 변환될 수 있는 것은 인간이 공간과 맺는 다양한 관계의 변화 양상 중 하나이며, 따라서 공간이 일정한 양태로 환원되지 않는 가변적 양태라는 점을 방증한다.

④ 집: 심리적 터전 → 심리적 애착

집이 구성원들을 어우러지게 하는 심리적 터전이라고 보는 것은 특정한 장소에 심리적 애착과 깊은 유대를 가지는 것이 인간의 중요한 욕구이며, 우리가 집이라는 장소에 내린 뿌리는 바로 이 애착으로 구성되어 있기 때문이다.

⑤ 집 → 안전지대

한 장소에 뿌리를 내린다는 것은 세상을 내다보는 안전지대를 가지는 것이며, 사물의 질서 속에서 자신의 입장을 확고하게 파악하는 것이다. 그러므로 가족들이 집에 함께 머무는 것은 결속을 강화하고 외부 세계의 위협에 맞설 수 있는 계기가 된다고 볼 수 있다.

21 독서 – 사회

 핵심주제 부적절한 질문 고르기 정답 ④

정답 해설

제시문은 경제 문제의 분석에 적용하기 위한 게임이론의 핵심 개념과 전략적 행동에 대해 서술하고 있으나, 게임이론의 발전 과정에 대해 서술하고 있지는 않다. 그러므로 "게임이론이 만들어져 지금까지 발전해 온 과정은 어떠한가?"라는 질문은 제시문을 통해 알 수 없는 부적절한 질문 내용이다.

오답 해설

① 게임이론의 핵심 개념 → 최적 대응과 내쉬균형

게임이론의 핵심 개념은 '최적 대응'과 '내쉬균형'이라고 세 번째

오답 해설

① 인간이 사물과 관계 맺는 방식 → 지향성 배제 불가능

인간은 어떤 필요에 따라 사물들을 이용하거나 대상에 대해 어떤 감각이나 느낌을 가지고 상호 작용한다. 그러므로 인간이 사물과 관계를 맺는 방식은 ㉠(지향성)을 배제하면 불가능하다.

② 인간 → 지향성의 존재

인간은 사물들 중의 하나가 아니라 주변 세계와 관계를 맺는 주체이며, 그저 세상에 던져져 주어진 자리에 머무른 채 살지 않는 지향성의 존재이다. 그러므로 인간을 고정불변의 사물로 규정할 수 없다.

③ 지향성의 방향 결정 → 인간이 상호 작용하며 어떤 일을 처리해 나갈 때

인간이 필요에 따라 사물을 이용할 때 이미 ㉠(지향성)의 방향이 결정된 것이 아니라, 어떤 감각이나 느낌을 가지고 상호 작용을 하며 어떤 일을 처리해 나갈 때 ㉠(지향성)의 방향이 결정된다고 볼 수 있다.

④ 지향성 → 인간과 사물을 구별하는 속성

인간의 존재 방식과 사물의 존재 방식은 공간과 연관될 때 ㉠(지향성)의 자질이 나타나는지의 여부에 따라 다르므로, ㉠(지향성)은 인간과 사물을 구별하는 속성이라고 볼 수 있다.

19 독서 – 철학

 핵심주제 지시 대상 이해하기 정답 ⑤

정답 해설

(나)에서 우리가 장소에 내린 뿌리는 애착으로 구성된 것이며, 이 애착이 포괄하고 있는 친밀감은 단지 장소에 대해 세부적인 것까지 알고 있는 것만이 아니라 그 장소에 대한 깊은 배려와 관심이라고 하였다. 그러므로 ㉡(한 장소에 뿌리를 내린다는 것)은 인간이 과거 경험을 통해 미래의 장소에 대해 세부적인 것까지 알게 되는 행위 이상의 것이다.

오답 해설

① ㉡ → 입지를 확고히 할 수 있는 행위

(나)에서 '한 장소에 뿌리를 내린다는 것'은 사물의 질서 속에서 자신의 입장을 확고하게 하는 것이라고 설명하고 있다. 그러므로 ㉡은 인간이 세계에서 입지를 확고하게 할 수 있는 행위라고 할 수 있다.

② ㉡ → 친밀감을 가지려는 행위

(나)에서 '한 장소에 뿌리를 내린다는 것'은 특정한 어딘가에 의미 있는 심리적 애착을 가지는 것이라고 설명하고 있다. 그러므로 ㉡은 인간이 장소에 대해 친밀감을 가지려는 적극적인 행위라고 볼 수 있다.

③ ㉡ → 삶의 환경을 마련하는 행위

(나)에서 애착을 가지는 장소들은 그 속에 우리의 복잡다단한 경험이 있으며 복잡한 애정과 반응을 불러일으키는 환경이라고 설명하고 있다. 그러므로 ㉡은 인간이 복잡다단한 삶을 이어갈 환경을 마련하는 행위라고 볼 수 있다.

④ ㉡ → 보호 영역을 확보하는 행위

(나)에서 '한 장소에 뿌리를 내린다는 것'은 세상을 내다보는 안전지대를 가지는 것이라고 설명하고 있다. 그러므로 ㉡은 인간이 세

문단에 제시되어 있으므로, "게임이론에서 핵심을 이루는 것은 무엇일까?"라는 질문은 적절한 질문 내용이다.

② 게임이론의 전략적 행동 → 우월전략, 우월전략균형, 내쉬균형

우월전략, 우월전략균형, 내쉬균형 등 게임이론의 전략적 행동에 대해 세 번째 문단에서 소개하고 있다. 그러므로 "게임이론의 연구 대상인 전략적 행동은 무엇일까?"라는 질문은 적절한 질문 내용이다.

③ 죄수의 딜레마 게임 → 게임이론 적용

게임이론에서 자주 인용되는 게임은 죄수의 딜레마 게임이라고 두 번째 문단에 제시되어 있으므로, "게임이론에서 다루는 게임에는 어떤 것이 있을까?"라는 질문은 적절한 질문 내용이다.

⑤ 게임이론 → 경제 문제의 분석 적용

현실에서 접하는 여러 경제 문제가 게임과 비슷한 구조를 지니고 있기 때문에, 게임이론이 경제학에서 상호작용이 중요하게 작용하는 과점기업들의 경쟁을 설명하는 이론으로 활용된다고 첫 번째 문단에 제시되어 있다. 그러므로 "게임이론을 경제 문제의 분석에 적용하게 된 이유는 무엇일까?"라는 질문은 적절한 질문 내용이다.

22 독서 – 사회

 부적절한 내용 파악하기　　　　　정답 ⑤

 정답 해설

네 번째 문단에서 정부가 과점기업들의 명시적 담합을 금지하고 있다고 서술하고 있으나, 과점기업들이 협정을 위반하는 것을 정부가 단속하고 있다는 내용은 제시되어 있지 않다. 그러므로 과점기업들이 협정을 위반하는 것을 정부가 엄격히 단속하기 때문에 과점기업들이 더 많은 이윤을 얻기가 현실적으로 어려운지의 여부는 제시문을 통해 알 수 없다.

오답 해설

① 국제 경제 정책 → 게임이론 적용 가능

첫 번째 문단에서 게임이론이 경제학에서 상호작용이 중요하게 작용하는 과점기업들 간의 경쟁을 설명하는 이론이라고 하였다. 따라서 인접한 두 나라 간의 국제 경제 정책에서도 상호작용이 중요하게 작용하므로, 게임이론을 적용하는 것이 가능하다고 볼 수 있다.

② 완전경쟁시장 → 기업 간 상호작용이 중요치 않음

완전경쟁시장에서 각 기업의 규모는 시장 전체에 비해 매우 작아서 기업끼리의 상호작용은 중요하지 않다고 첫 번째 문단에 제시되어 있다.

③ 과점기업들 간의 담합 실패 → 소비자에게 유리

마지막 문단에 일반적으로 과점기업들이 협조 관계를 유지하지 못하여 담합에 실패하는 것이 사회적으로 바람직할 수 있다고 서술되어 있다. 그러므로 담합을 통해 독점 이윤을 얻고자 하는 과점기업들이 협조 관계를 유지하지 못하는 것은 대체로 소비자들에게 유리하다고 볼 수 있다.

④ 독점기업 → 게임이론 불필요

첫 번째 문단에서 독점시장에서는 기업이 하나뿐이어서 상호작용이라는 것이 가능하지 않기 때문에 게임이론을 적용할 필요가 없다고 설명하고 있다. 그러므로 특정 재화를 독점 공급하는 기업이

이윤을 극대화하기 위해 가격정책을 수립하는 것에는 게임이론을 적용할 필요가 없다고 볼 수 있다.

23 독서 – 사회

지시 대상 이해하기　　　　　정답 ③

정답 해설

제시문에 따르면 내쉬균형의 전략은 주어진 상대방의 전략에 대해서만 최적 대응이라는 성격을 가지며, 균형이 아닌 상태에서는 적어도 한쪽이 자신의 전략을 바꿀 유인을 갖는다고 하였다. 그러므로 '내쉬균형'을 이룬 상태에서 상대가 전략을 바꾸면 균형이 아닌 상태가 되므로 자신의 전략이 바뀔 수 있다.

오답 해설

① 우월전략균형과 내쉬균형 → 별개의 균형

게임에서 나타날 수 있는 여러 균형 중 우월전략균형과 내쉬균형은 서로 다른 종류의 균형이다. 즉, '우월전략균형'이 '내쉬균형'을 이루기 위한 필수 조건은 아니다.

② 상대의 전략과 상관없이 자신에게 최적인 전략 → 우월전략

상대의 전략과 상관없이 자신에게 최적인 전략은 '우월전략'이다.

④ 둘 다 우월전략 선택 → 우월전략균형

둘 다 우월전략을 선택해서 다른 상태로 바뀔 유인이 없는 상황을 '우월전략균형'이라고 하였으므로, 한 대상만 우월전략을 갖더라도 '우월전략균형'이 이루어지는 것은 아니다.

⑤ '우월전략균형'의 조건 충족 → 불가능

제시문에 죄수의 딜레마 게임처럼 우월전략균형이 존재하는 조건이 현실에서 완전히 충족되기는 무척 어려우며, 어느 한쪽만 우월전략을 갖는 경우도 그리 흔하지 않다고 서술하고 있다. 그러므로 현실에서 '우월전략균형'의 조건이 충족되는 것은 불가능하다고 볼 수 있다.

24 독서 – 사회

사례를 추가할 위치 찾기　　　　　정답 ④

정답 해설

〈보기〉의 사례는 기업 간의 협정을 위반해 일시적으로 이득을 얻을 수 있다고 해도 곧 다른 기업의 보복으로 인해 더 큰 손해를 입을 수 있는 상황에 해당하므로, ㉣에 추가하는 것이 가장 적절하다.

25 독서 – 사회

사회
글의 세부 내용 이해하기　　　　　정답 ③

정답 해설

A가 광고를 하고 B가 광고를 하지 않을 경우, A의 수익은 700만원

이고 B의 수익은 300만원이므로, B의 수익이 A의 수익보다 적다. 그러므로 B는 수익을 올리기 위해 전략을 수정할 필요가 있다.

 오답해설

①·② A, B 모두 광고를 하지 않은 경우 → A와 B 모두 전략을 바꿀 유인을 갖지 않음

A, B 모두 광고를 하지 않은 경우, A의 수익은 800만원이고 B의 수익도 800만원으로 동일하다. 그러므로 A와 B 모두 전략을 바꿀 유인을 갖지 않는다.

④ A가 광고를 하지 않고 B가 광고를 한 경우 → A는 전략을 바꿀 유인을 가짐

A가 광고를 하지 않고 B가 광고를 한 경우, A의 수익은 300만원이고 B의 수익은 700만원으로 A의 수익이 B의 수익보다 적으므로, A는 전략을 바꿀 유인을 가진다.

⑤ A, B 모두 광고를 한 경우 → A와 B 모두 전략을 바꿀 유인을 갖지 않음

A, B 모두 광고를 한 경우, A의 수익은 400만원이고 B의 수익도 400만원으로 동일하므로, A와 B 모두 전략을 바꿀 유인을 갖지 않는다.

26 독서 - 기술

 핵심주제 서술 방식 파악하기 　정답 ②

정답해설

1973년 슈마허가 적정기술의 개념을 처음 소개할 때, 그것은 첨단기술과 토속기술과 구분되는 중간기술로써 빈곤국의 자원과 필요에 적합하며 소규모이며 간단하고 돈이 적게 드는 기술을 의미했다. 그러나 1973~1974년의 석유 파동, 2004년의 남아시아 대지진, 2008년의 리만 브라더스 파산 등의 위기를 겪으면서 지속 가능한 기술로서의 적정기술이 부각되었고, 오늘날에는 경제적 수익을 창출하는 실용적이고 자립적인 기술로까지 그 개념이 확장되었다고 서술하고 있다. 그러므로 제시문은 시간적 흐름에 따라 적정기술 개념의 발전 과정을 소개하는 서술 방식이라고 볼 수 있다.

오답해설

① 가설과 검증을 통한 이론의 타당성 → X

적정기술이 이론적으로 타당한 것인지를 검증하기 위해 가설을 세우고 있지는 않다.

③ 상반된 개념의 절충 시도 → X

적정기술 개념의 발전에 따른 다양한 사례를 들고는 있으나, 적정기술과 상반된 개념과의 절충을 시도하고 있지는 않다.

④ 항목별 구체적 근거 제시 → X

시간적 흐름에 따른 적정기술 개념의 발전 과정을 서술하고 있으나, 적정기술 개념에 대한 필자의 주장을 드러내고 있지는 않다.

⑤ 분석 내용의 비교 → X

사례를 통해 첨단기술의 문제점을 밝히고 이에 대한 대안으로써 적정기술의 재발견을 주목하고 있으나, 서로 다른 관점에서 분석 내용을 비교하고 있지는 않다.

27 독서 - 기술

핵심주제 내용과 일치하는 것 고르기 　정답 ④

정답해설

제시문에 따르면 오늘날 적정기술은 경제적 수익을 창출하는 실용적이고 자립적인 기술로까지 그 개념이 확장되어 사용되고 있다고 서술되어 있다. 그러므로 "오늘날 적정기술은 다수의 시민들에게 경제적이며 실용적인 이득을 제공해 줄 수 있다"는 ④의 설명은 제시문의 내용과 일치한다.

오답해설

① 적정기술 → 기술의 자주성

적정기술은 극빈국 국민의 삶을 구제하기 위한 원조 기술이 아니라, 저개발국의 기술의 자주성에 초점이 맞춰진 단순한 기술이다.

② 적정기술 → 영리에 부합

오늘날 적정기술은 경제적 수익을 창출하는 실용적이고 자립적인 기술로까지 그 개념이 확장되고 있으므로, 영리를 기술 개발의 목적으로 삼는 것도 적정기술의 취지에 부합한다고 볼 수 있다.

③ 적정기술 → 지속 가능한 시스템 배경

적정기술은 기본적으로 지속 가능한 시스템을 배경으로 작동하는 기술이기 때문에 사회 시스템의 도움을 받기 어려운 것은 아니다.

⑤ 첨단기술로부터 적정기술로의 전환 → X

적정기술은 단순하고 낮은 수준의 기술뿐 아니라 정보통신기술을 비롯한 첨단기술과의 접목을 추구한다. 그러나 첨단기술로부터 적정기술로의 전환을 의미하는 것은 아니다.

28 독서 - 기술

 핵심주제 핵심 정보 파악하기 　정답 ①

정답해설

제시문의 마지막 문장에서 적정기술은 정보통신기술을 비롯한 첨단기술과의 접목을 통해 적은 비용으로 자원을 고갈시키지 않으면서 저개발 국가와 선진국의 다양한 사회 문제를 해결하는 복지 기술, 공동체 기술, 혹은 사회 문제 해결 기술 등과 같은 새 시대의 대안적 기술과 사업 모델로서 모색될 전망이라고 서술하고 있다. 그러므로 첨단기술이 적정기술과의 접목 가능성이 낮다고 볼 수 없다.

오답해설

② 첨단기술 → 저비용 친환경 기술(X)

첨단기술은 기술혁신이 빠르고 기술 집약도가 높으며 고부가가치 창출을 실현하기 위해 대규모로 자원을 소비하는 특징을 지녔으므로, 저비용의 친환경적 기술로 보기 어렵다.

③ 첨단기술 → 저개발 국가에서의 사용 제약

첨단기술은 구매력이 있는 상위의 소비자들만을 대상으로 하기 때문에 저개발 국가에서는 사용하기 어려운 제약이 있다.

④ 첨단기술 → 대규모의 안정적 에너지 공급 필요

첨단기술은 고부가가치 창출을 실현하기 위해 대규모로 자원을 소비하는 특징을 지녔으므로, 대규모 에너지 공급을 안정적으로

지원받아야 한다.

⑤ 첨단기술 → 위기상황에 취약

첨단기술은 지속 가능성을 염두에 두고 설계된 것이 아니기 때문에 정작 위기상황에 취약하며, 위기상황에 대처하는 유연한 체제를 갖추고 있지 못하다.

29 독서 - 기술

 부적절한 사례 고르기 **정답** ⑤

정답 해설

⑤번 사례의 경우 기부자나 투자자의 자본 및 기술 지원을 받은 소규모 친환경 태양광 발전소는 소규모이고 친환경이라는 점에서는 적정기술에 부합하나, 적은 비용으로 제품을 제작할 수 있고 자주적으로 유지·운영할 수 있는 지속 가능한 기술이 아니라는 점에서 적정기술로 볼 수 없다.

오답 해설

① 헬프데스크 → 적정기술

폐지로 만든 '헬프데스크'는 작고 사용하기 간단하며 저렴하고 친환경적이라는 점에서 적정기술에 부합한다.

② 범용 견과 껍질 제거기 → 적정기술

금속과 콘크리트로 만든 '범용 견과 껍질 제거기'는 노동 부담을 줄여주고 판매 수익을 높이는 데 기여하므로, 오늘날의 적정기술이 경제적 수익을 창출하는 실용적이고 자립적인 기술로까지 그 개념이 확장된다는 점에서 적성기술로 볼 수 있다.

③ 페달 펌프 → 적정기술

현지 대나무 재료를 사용한 '페달 펌프'는 그 지역에서 생산되는 자원을 최대한 활용하고, 자주적으로 유지·운영할 수 있는 지속 가능한 기술이라는 점에서 적정기술에 부합한다.

④ 물과 표백제를 넣은 투명 페트병 → 적정기술

전등불을 대신하기 위해 물과 표백제를 넣은 투명 페트병은 소규모이고 간단하며 적은 비용의 지속 가능한 기술이라는 점에서 적정기술에 부합한다.

30 독서 - 기술

 부적합한 이유 고르기 **정답** ②

정답 해설

〈보기〉에 플레이펌프(PlayPump)를 설치한 마을에서 아이들이 주민들이 먹을 만큼 지하수를 올리려면 학교도 가지 않고 하루 종일 놀이 기구를 돌려야 하는 불편을 감수해야 한다는 사실이 확인되었기 때문에 실패한 적정기술이 되었다고 서술하고 있다. 그러므로 지속 가능한 발전을 고려하지 못했다는 점이 플레이펌프(PlayPump)가 적정기술로서 부적합한 가장 주된 이유이다.

오답 해설

① 타 지역 적용 불가 → 부적합 이유(X)

다른 지역에 적용하기 어려운 기술이 적정기술로 부적합한 이유는 아니다.

③ 친환경 기술 미적용 → 알 수 없음

〈보기〉의 지문을 통해 플레이펌프(PlayPump)가 환경 친화적인 기술을 적용했는지 안 했는지 정확하게 알 수 없다.

④ 기부를 통한 자금 모집 → 부적합 이유(X)

사업에 필요한 자금을 기부를 통해 모은 것이 적정기술로 부적합한 이유는 아니다.

⑤ 많은 천연 자원의 필요 → 부적합 이유(X)

기술을 구현하는 데 많은 천연 자원을 필요로 한 것이 적정기술로 부적합한 이유는 아니다.

31 갈래 복합

 작품의 공통점 찾기 **정답** ①

정답 해설

(가)에서는 임금과 부모에 대한 그리움, (나)에서는 임을 만날 수 없는 안타까움, (다)에서는 임에 대한 간절한 그리움과 기다림의 정서를 표현하고 있다. 그러므로 (가), (나), (다) 모두 임금, 부모, 임 등의 대상의 부재를 시적 상황으로 삼고 있다.

오답 해설

② 계절의 변화에 따른 시상 전개 → (다)

(다)에서는 '춘수(春水)', '하운(夏雲)', '추월(秋月)' 등 계절적 요소를 나타내는 시어들을 사용하여 계절의 변화에 따른 시상을 전개하고 있다. 그러나 (가)와 (나)에서는 계절의 변화가 드러나 있지 않다.

③ 세태에 대한 비판적 시선 → (가)

(가)에서는 모함을 받아 유배를 가는 세태에 대한 화자의 비판적 시선을 기본으로 하고 있으나, (나)와 (다)에서는 그러한 비판적 시선이 보이지 않는다.

④ 자연과 속세를 대비한 주제의식 강조 → X

(가), (나), (다) 모두 자연과 속세를 대비하여 주제의식을 강조하고 있는 부분은 나타나 있지 않다.

⑤ 규범과 현실의 괴리 → (가)

(가)에서는 〈제5수〉에서 임금을 잊으면 그것이 불효라며 규범과 현실의 괴리로 인한 심리 상태를 부각하고 있으나, (나)와 (다)에서는 그러한 심리 상태가 드러나 있지 않다.

✅ 핵심노트

(가) 윤선도, 「견회요(遣懷謠)」
- 갈래 : 평시조, 연시조(전 5수)
- 성격 : 우국적, 연군적
- 정서 : 정의감, 충성심, 그리움
- 주제 : 사친과 우국충정
- 특징
  - 감정이입을 통해 화자의 정서를 드러냄
  - 대구법과 반복법을 사용하여 의미와 운율을 강조함
  - 각 연이 독립적이면서도 전체 주제 안에서 유기적으로 연관을 맺음

(나) 작자 미상, 「청천에 떠서」
- 갈래 : 사설시조, 정형시, 서정시
- 성격 : 예상적, 대조적
- 주제 : 임을 만날 수 없는 안타까움
- 특징
  – 기러기를 이중적 의미로 사용하여 기대와 실망을 드러냄
  – 청자를 설정하여 말을 건네는 어조로 화자의 처지를 드러냄
  – 화자와 기러기를 대조해 화자의 외로움을 심화함
  – 시간적, 공간적 배경을 통해 화자의 처지를 드러냄

(다) 작자 미상, 「황계사」
- 갈래 : 가사
- 성격 : 연모적, 애상적, 해학적
- 주제 : 임에 대한 간절한 그리움과 기다림
- 특징
  – 이별에 대한 슬픔을 해학적으로 유쾌하게 표현함
  – 임이 못 오는 까닭을 다양하게 제시하며 원망의 정서를 드러냄
  – 대중에게 인지도가 높은 고전 작품을 차용하여 호응을 유도함
  – 후렴구를 삽입하여 구비적 성격을 보여줌

32 갈래 복합

 적절한 표현상 특징 찾기 | 정답 ①

정답 해설

(가)의 〈제4수〉에서 '뫼는 길고 길고', '물은 멀고 멀고', '어버이 그리워하는 뜻은 많고 많고 크고 크고', '외기러기는 울고 울고' 등에서 시어의 반복과 문장의 대구를 통해 각 소재가 갖는 속성을 강조하고 있다.

33 갈래 복합

지시 대상 이해하기 | 정답 ②

정답 해설

(가)의 ⓐ는 화자의 정서와 관련된 객관적 상관물로써 화자의 감정을 이입한 대상이고, (나)의 ⓑ는 임에게 화자의 바람을 실행해 주기를 기대하는 의인화 된 대상이다.

34 갈래 복합

 지시 대상 이해하기 | 정답 ⑤

정답 해설

ⓜ은 밝은 달빛을 빌려 임이 계신 곳을 비추려는 화자의 모습에서 임을 향한 화자의 간절한 그리움을 표현하고 있다. 그러므로 밝은 달빛을 빌리는 것이 임의 안위에 대한 화자의 걱정을 의미하는 것은 아니다.

오답 해설

① ㉠ → 어버이와 임금을 향한 변함없는 애정

㉠은 밤낮으로 쉬지 않고 흐르는 시냇물처럼 어버이와 임금을 향한 변함없는 사랑과 충성심을 다짐하는 화자의 강한 의지를 보여주고 있다.

② ㉡ → 충과 효는 하나라는 가치관

㉡은 자식이 부모를 모시듯 신하가 임금을 섬기지 않으면 불효와 같다는 의미로, 충과 효는 하나라는 화자의 가치관을 드러내고 있다.

③ ㉢ → 시·공간적 배경을 통한 화자의 절박함 표현

㉢은 '월황혼'이라는 시간적 배경과 '빈방'이라는 공간적 배경을 통해 화자의 외로운 처지를 절박하게 표현하고 있다.

④ ㉣ → 임을 그리워하는 마음

㉣은 임이 못 오는지 안 오는지 궁금해 하는 화자의 어조를 통해 임에 대한 화자의 그리운 심정을 느낄 수 있다.

35 갈래 복합

 부적절한 감상 내용 고르기 | 정답 ④

정답 해설

'춘수가 만사택', '하운이 다기봉', '추월이 양명휘'는 중국 육조 시대의 시인인 도연명의 「사시(四時)」에서 차용한 한시 구절로, 관념적이고 추상적인 사대부 가사에 문제를 제기하기 위한 것이 아니라 대중의 통속적 흥미와 관심에 맞추기 위함이다.

오답 해설

① '이 아해야 말 듣소' → 가창 현장의 특성 고려

'이 아해야 말 듣소'와 같은 표현을 반복적으로 사용한 것은 조선 후기 가창 현장의 자유분방한 분위기가 반영되어 음악적 효과를 형성하기 위한 것이다.

② '육관 대사 성진~' → 소설 내용 차용

'육관 대사 성진이는 석교상에서 팔선녀 데리고 희롱한다'는 구절을 제시한 것은 대중들에게 잘 알려진 김만중의 '구운몽'의 내용을 차용함으로써 대중의 흥미를 불러일으키려고 한 것이다.

③ '지어자 좋을시고' → 대중들의 흥을 돋움

노랫말의 맥락과는 동떨어진 정서인 '지어자 좋을시고'를 이용한 것은 가창 현장에 모인 대중들의 흥을 돋우기 위해 즉흥적이고 흥겨운 유흥적 상황이 반영된 결과들이다.

⑤ '병풍에 그린 황계 수탉'의 우는 모습 → 가창 현장의 자유분방한 분위기

'병풍에 그린 황계 수탉'이 우는 모습을 구체적으로 묘사하여 나타낸 것은 정제된 형식의 틀에서 벗어나 가창 현장의 자유분방한 분위기를 반영하기 위한 것이다.

36 고전 소설

정답 ②

핵심주제: 서술상 특징 찾기

정답 해설

상서 부부와 숙향과의 대화를 통해 숙향이 부모님을 잃고 장 승상 댁에 들어가 십 년을 살게 된 까닭, 그리고 이화정 할미와 만나기까지의 경위 등 숙향이 태어나서 열여섯 살이 되기까지 살아 온 과거의 행적이 드러나고 있다.

> ☑ 핵심노트
>
> 작자 미상, 「숙향전」
> • 갈래 : 염정 소설, 적강 소설, 영웅 소설
> • 성격 : 도교적, 낭만적, 초현실적
> • 시점 : 전지적 작가 시점
> • 배경 : 시간 – 중국 송나라 때 / 공간 – 형초 땅
> • 제재 : 숙향과 이선의 사랑
> • 주제 : 고난의 시련을 극복한 운명적 사랑의 성취
> • 특징
>   – 천상계와 지상계의 이원적 공간이 설정됨
>   – 영웅의 일대기 구조가 나타남
>   – 주인공 숙향은 영웅으로서의 능력을 구비하지 못함

37 고전 소설

정답 ②

핵심주제: 부적절한 내용 고르기

정답 해설

"다섯 살 때 부모님을 난리 중에 잃고 길거리를 방황했는데 어떤 짐승이 업어다 남군 땅 장 승상 댁에 내려놓았나이다. 마침 그 집에 자식이 없어 저를 친자식처럼 십 년을 기르셨으니, 고향은 물론 부모님의 성명도 모르옵나이다."라는 숙향의 말을 통해 숙향을 데려다 친자식처럼 십 년을 기른 인물이 장 승상임을 알 수 있다.

오답 해설

① 숙향을 죽이려는 상서를 질타 → 여부인(상서의 맏누이)

여 부인이 상서를 심하게 꾸짖으니 상서가 아무 말도 못하였다는 대목과 "더 이상 죄 없는 낭자를 죽이려 하지 마시오."라는 여 부인의 말을 통해 맏누이가 숙향을 죽이려는 상서를 질타했음을 알 수 있다.

③ 숙향의 부모가 누구인지 궁금함 → 상서 부부

"네가 내 아들과 나이가 같고, 이름도 선녀가 일러준 것과 같되, 다만 부모가 누구인지 모른다고 하니, 참으로 답답하구나."라는 대목에서 상서 부부는 숙향의 부모가 누구인지 알고 싶어 함을 알 수 있다.

④ 김전 → 낙양 수령, 이부상서를 지낸 가문의 자손

낭자가 "제가 자란 후에 우연히 듣자오니, 지난번에 낙양 수령으로 계시던 김전이 제 부친이라 하더이다. 그러나 제가 어찌 그것을 자세히 알 수 있사오리까?"라고 말한 대목에서 김전이 낙양 수령을 지냈음을 알 수 있다. 또한 상서가 "김전은 이부상서 운수 선생의 아들이라. 가문이 어찌 거룩하지 않으리오."라고 말한 대목

에서 김전이 이부상서를 지낸 가문의 자손임을 알 수 있다.

⑤ 낭자(숙향) → 낭군(이선) 처소에 머무름

부인이 말하기를 "시간이 지나면 자연 알게 되리이다."하고 낭자에게 이선의 처소인 봉황당에 가 있으라고 말한 대목에서 낭자가 상서 부인의 말에 따라 낭군의 처소에 머물게 되었음을 알 수 있다.

38 고전 소설

정답 ⑤

핵심주제: 부적절한 지시 대상 고르기

정답 해설

상서 부인이 ⑩처럼 말한 이유는 상서가 "김전은 이부상서 운수 선생의 아들이라. 가문이 어찌 거룩하지 않으리오."라는 말을 듣고 기대의 마음에 시간적 여유를 갖고 차차 알아보자는 의미이지, 자연의 이치를 고려하면서 이후에 펼쳐질 사태에 대해 염려하는 것은 아니다.

오답 해설

① ㉠ → 역사적 사실을 근거로 자신의 요구를 관철

㉠에서는 상서의 누님이 역사적 사실인 송나라 황제의 예를 들어 상서에게 숙향을 죽이지 말라는 자신의 요구를 관철시키고 있다.

② ㉡ → 상서가 숙향을 죽이려는 생각을 고침

㉡은 상서의 누님이 숙향을 죽이지 말라고 상서를 말리자, 상서가 연장자인 누님의 말을 어기지 못하고 마지못해 숙향을 죽이려는 자신의 생각을 고치고 있다.

③ ㉢ → 현실적으로 불가능 일에 대한 의문

㉢은 장 승상 댁에서 삼천삼백오십 리나 되는 길을 이틀 만에 왔다는 숙향의 말에 이상하다고 의문을 표하고 있다.

④ ㉣ → 전해 들은 이야기에 대한 신중한 태도

㉣에서 숙향은 지난번에 낙양 수령으로 계시던 김전이 자기 부친이라는 사실이 우연히 들은 이야기라 자세히 알 수 없다고 신중한 태도를 보이고 있다.

39 고전 소설

정답 ③

핵심주제: 지시 대상 이해하기

정답 해설

ⓐ의 '비단주머니'를 보고 상서 부인이 크게 기뻐한 것이며, 상서가 적극적으로 숙향의 성씨를 추측하는 데서 숙향에 대한 상서 부부의 태도가 호의적으로 바뀌었음을 알 수 있다.

오답 해설

① ⓐ → 사건의 현실성(X)

ⓐ의 '비단주머니'로 이해할 수 있는 숙향의 출신은 아직 밝혀지지 않은 가설이므로, 사건의 현실성을 의미하는 것은 아니다.

② ⓐ → 과거 사실의 증거

ⓐ의 '비단주머니'는 현재 사건의 원인이 아니라 숙향의 출신과 신분을 밝혀줄 과거 사실의 증거이다.

④ ⓐ → 권선징악의 주제의식(X)

ⓐ의 '비단주머니'가 선을 권하고 악을 벌한다는 권선징악의 주제의식을 표출하고 있지는 않다.

⑤ ⓐ → 인물의 감춰진 출신과 신분

ⓐ의 '비단주머니'를 통해 숙향의 감춰진 재능이 아니라 감춰진 출신과 신분이 드러나고 있다.

40 고전 소설

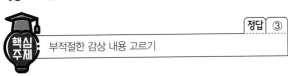

정답 ③

부적절한 감상 내용 고르기

 정답 해설

선녀는 상서 부인이 아들인 이선을 낳을 때 해산을 도와준 사람으로, 숙향의 이름이 선녀가 일러준 것과 같다는 상서 부인의 말은 숙향이 선녀가 알려준 사람과 동일한 인물임을 확인한 것일 뿐, 하늘의 예정된 운명을 받아들이려는 의지의 표현을 의미하는 것은 아니다.

오답 해설

① 화덕진군 → 숙향을 도와준 천상계의 존재

화덕진군은 불에 타 죽을 위기에 처한 숙향을 도와준 천상계의 존재이다.

② 부모 몰래한 아들의 결혼 → 권위적인 지배 이념과의 충돌

부모 몰래 아들이 결혼한 것이 조정의 시빗거리가 되었다는 상서의 말은 개인적 차원의 애정이 권위적인 지배 이념과 충돌하는 대목이다.

③ 상서가 숙향을 죽이려는 이유 → 가문의 위상을 중시한 결과

아들이 미천한 여자와 결혼했다는 이유로 상서가 낭자(숙향)를 죽이려는 것은 개인적 애정보다 가문의 위상을 중시한 결과로 볼 수 있다.

⑤ 사향의 모함 → 남녀 주인공의 결합을 위한 고난의 여정

사향의 모함으로 장 승상 댁에서 쫓겨난 숙향이 죽으려 한 것은 남녀 주인공의 결합을 위한 고난의 여정이다.

41 독서 – 철학

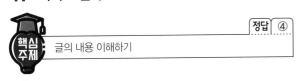

정답 ④

글의 내용 이해하기

 정답 해설

속죄양에 관한 개념을 만들어 자아의 부정적인 이미지를 입히는 것은 무의식이 자율적으로 보상 작용을 발휘하여 의식화하도록 무의식이 작용하는 결과이다.

42 독서 – 철학

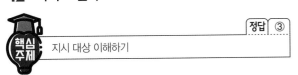

정답 ③

지시 대상 이해하기

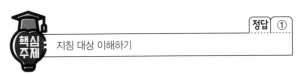

정답 ①

지칭 대상 이해하기

 정답 해설

세 번째 문단에서 ㉠(무의식이 창조적 작용)은 자율성과 보상 작용으로 표현되는데, 자아 의식이 한 방향으로만 나가면 무의식이 자율적으로 작동하여 의식의 방향과는 다른 방향의 이미지를 보내서 그것을 보상한다고 설명하고 있다. 그러므로 ㉠(무의식이 창조적 작용)은 의식이 한 방향으로만 활성화될 경우 그에 반발하여 표출되는 무의식의 이미지 작용이라고 말할 수 있다.

43 독서 – 철학

정답 해설

제시문에서 친구한테 비난당할 때 심한 분노를 느낀다면, 바로 그 순간 미처 의식하지 못하고 있던 자기 그림자의 일부를 발견할 수 있다고 하였다. 그러므로 분노의 상황에서는 그림자를 볼 수 있다.

오답 해설

② 그림자 → 무의식의 그늘에 속하는 인격

그림자는 자아에게는 보이지 않는 무의식의 그늘에 속하는 인격이다.

③ 그림자 → 집단 차원에서도 나타남

그림자의 투사는 집단 차원에서도 벌어지며, 그것은 어떤 집단 성원의 무의식에 같은 성질의 그림자가 형성되어 다른 집단에 투사되는 것을 가리킨다.

④ 그림자 → 열등한 성격

그림자는 자아와 비슷하면서도 자아와는 대조되는, 자아가 가장 싫어하는 열등한 성격을 지니고 있다.

⑤ 사회 표면으로 그림자를 끌어 내는 문화적 장치 → 카니발

인간 집단은 집단 행동을 통하여 그림자를 사회 표면으로 끌어 내어 사람들이 그것을 보고 경험하게 하는, '카니발'과 같은 문화적 장치를 가지고 있다.

44 독서 – 철학

정답 ①

부적절한 내용 찾기

 정답 해설

그림자는 집단에서도 발생 가능한 무의식의 그늘에 속하는 인격이므로, 기성 질서에서 지배층도 '집단적 그림자'가 만든 무의식의 그늘에서 벗어날 수는 없다.

오답 해설

② '가면'을 쓰거나 '분장'하는 행위 → '그림자'의 극적 연출

'가면'을 쓰거나 기괴한 모습으로 '분장'하는 행위는 억압된 욕망이 투사된 '그림자'를 극적으로 연출한 것이라고 할 수 있다.

③ '카니발' → '그림자 놀이'의 예

'카니발'은 참여자들의 억눌린 감정을 표출할 수 있는 계기가 되므로, 문화적으로 허용되고 예술적으로 승화된 형태의 '그림자 놀이'

를 설명하는 예로 삼기에 적당하다.

④ 수도원 곳간' → '집단적 그림자'를 가두는 수용소
'수도원 곳간'은 이교(異敎)의 귀신과 악마와 별의별 부도덕한 불한당과 같은 욕망과 연관된 '집단적 그림자'를 가두는 수용소이다.

⑤ '탈춤' → '집단적 그림자'가 승화된 형태
'탈춤'은 양반 세력을 희화화하고 농락함으로써, 신분 질서에 억눌린 욕구가 연희를 통해 투사되는 장을 연다고 할 수 있으므로, '집단적 그림자'가 승화된 형태라 할 수 있다.

45 독서 – 철학

정답 ③

핵심주제 | 적절한 바꿔 쓰기

✍️ 정답 해설

ⓒ의 '공산이 크다'에서 '공산'은 '어떤 상태가 되거나 어떤 일이 일어날 수 있는 확실성의 정도'를 의미하는 말로, '여지', '가능성'과 유사한 단어이다. 그러므로 '공산이 크다'는 '여지(餘地)가 많다' 또는 '가능성이 크다' 등으로 바꿔 쓸 수 있다.

✍️ 오답 해설

① 기회(機會): 어떠한 일을 하는 데 적절한 시기나 경우
② 단서(端緖): 어떤 문제를 해결하는 방향으로 이끌어 가는 일의 첫 부분
④ 예외(例外): 일반적 규칙이나 정례에서 벗어나는 일
⑤ 정보(情報): 관찰이나 측정을 통하여 수집한 자료를 실전 문제에 도움이 될 수 있도록 정리한 지식 또는 그 자료

영어영역

01 유사 어휘 고르기

정답 ②

암기박사 | advocate : 옹호하다, 지지하다 = champion : 싸우다, 옹호하다

✍️ 정답 해설

'advocate'는 '옹호하다, 지지하다'의 뜻으로, 'champion(싸우다, 옹호하다)'와 그 의미가 가장 유사하다.

✍️ 오답 해설

① 반대하다
③ 무시하다
④ 약화시키다
⑤ 압도하다

핵심 어휘

• advocate : 옹호하다, 지지하다
• authority : 권위, 권한
• disregard : 무시하다, 묵살하다
• undermine : 약화시키다, 침식시키다
• overwhelm : 압도하다, 제압하다

해석

어떤 예술도 사람들을 홀로 정복할 수 없다. 사람들은 권위에 의해 옹호되는 삶의 이상에 의해 정복된다.

02 유사 어휘 고르기

정답 ①

암기박사 | impartial : 편파적이지 않은, 공평한 = fair : 공정한, 공평한

✍️ 정답 해설

'impartial'는 '편파적이지 않은, 공평한'의 뜻으로, 'fair(공정한, 공평한)'와 그 의미가 가장 유사하다.

✍️ 오답 해설

① agreed → 동의하다
③ confirmed → 확인하다
④ duplicated → 복사하다
⑤ appreciated → 인정하다

핵심 어휘

• impartial : 편파적이지 않은, 공평한
• harmless : 해가 없는, 악의 없는
• meaningful : 의미 있는, 중요한
• timely : 시기적절한, 때맞춘

해석

우리는 완전히 열린 마음으로 시작하는 일이 거의 없으며, 이는 우리가 어떤 주제를 완전히 <u>공평한</u> 방식으로 논의할 수 있도록 해줄 것이다.

03 유사 어휘 고르기

정답 ②

minutes : 회의록, 의사록 = records : 기록물

정답 해설

'minutes'는 '회의록, 의사록'의 뜻으로, 'records(기록물)'와 그 의미가 가장 유사하다.

오답 해설

① 시각
③ 순간
④ 기간
⑤ 곡조

핵심 어휘

- **read** : through 다 읽다, 통독하다
- **minute** : 회의록, 의사록
- **duration** : 지속, 기간

해석

우리는 지난 <u>회의록</u>을 끝까지 읽었다.

04 유사 어휘 고르기

정답 ①

confine : 국한하다, 한정하다 = limit : 제한하다, 한정하다

정답 해설

'confine'은 '국한하다, 한정하다'의 뜻으로, 'limit(제한하다, 한정하다)'와 그 의미가 가장 유사하다.

오답 해설

② 확대하다
③ 분류하다
④ 촉진하다
⑤ 순응하다

핵심 어휘

- **confine** : 국한시키다, 한정[제한]하다
- **statement** : 진술, 서술
- **conform** : 따르다, 순응하다

해석

막내 경찰관의 임무는 군중으로부터 진술을 받아내는 것에 <u>국한되었다</u>.

05 유사 어휘 고르기

정답 ⑤

it goes without saying that : ~은 말할 것도 없다, 두말하면 잔소리다 = obviously : 분명히, 확실히

정답 해설

'it goes without saying that'은 '~은 말할 것도 없다, 두말하면 잔소리다'의 뜻으로, 'obviously(분명히, 확실히)'와 그 의미가 가장 유사하다.

오답 해설

① 틀림없이
② 아마도
③ 다행히도
④ 흔쾌히

핵심 어휘

- **it goes without saying that** : ~은 말할 것도 없다, 두말하면 잔소리다
- **photography** : 사진술, 사진 촬영
- **multiply** : 증가하다, 배가하다
- **composition** : (그림·사진의) 구도
- **arguably** : 주장하건대, 거의 틀림없이
- **agreeably** : 기분 좋게, 흔쾌히
- **obviously** : 확실히, 분명히

해석

구도에 움직임이 더해질 때, 그리고 영상이 비칠 때 컬러 촬영의 어려움이 배가되는 것은 <u>말할 것도 없다</u>.

06 빈칸 추론하기

정답 ③

중요한 의사 결정하기

정답 해설

빈칸에 들어갈 말은 축구 경기에 가야할지 아니면 집에서 숙제를 해야 할지를 묻는 B의 질문에 대한 A의 답변이다. A의 대답에 B가 알고 있다고 말하며, 어떻게 해야 할지 결정을 내리지 못하고 있는 것으로 보아, 빈칸에 들어갈 말로는 "글쎄, 그건 네게 달려 있어."가 가장 적절하다.

오답 해설

① 더 열심히 연습했어야 해.
② 내일은 집에 있어야 해.
④ 중요한 질문이 있어.
⑤ 우리는 어제 축구 경기를 보았다.

핵심 어휘

- **assignment** : 과제, 임무
- **be up to** : ~에 달려 있다
- **profound** : 깊은, 심오한

해석

A: 숙제는 다 끝냈니?
B: 아니요, 아직이요. 오늘 밤에 하려고요.
A: 오늘 밤? 축구 경기에 가지 않니?
B: 아, 그 경기! 완전히 잊고 있었네요. 그 경기를 기대하고 있었는데요.
A: 그러게. 중요한 결정을 내려야 할 것 같아.
B: 맞아요. 경기에 가야 하나요 아니면 그냥 집에서 숙제를 해야 하나요?
A: 글쎄, 그건 네게 달려 있어.
B: 알아요. 아직 어떻게 해야 할지 모르겠어요.
A: 걱정하지 마. 네가 옳은 결정을 할 거야.

07 빈칸 추론하기

정답 ⑤
자동차 보험사의 배터리 충전 서비스 이용하기

정답 해설

자동차 보험사에서 배터리 충전 서비스를 해 준다는 A의 말에 B가 몰랐다며 바로 전화해 본다고 하였으므로, B에 들어갈 말로는 "알려줘서 고마워."가 가장 적절하다.

오답 해설

① 이거 정말 잘 돼 네!
② 천천히 해.
③ 등록번호가 어떻게 돼?
④ 난 잘못한 게 없어.

핵심 어휘

• insurance company : 보험 회사
• recharge : 충전하다
• take your time : 천천히 하다, 여유를 가지다
• registration : 등록

해석

A: 뭐 하고 있어?
B: 차가 시동이 안 걸려. 뭐가 잘못됐는지 알아보고 있어.
A: 오, 이런. 너 차에 대해 아니? 뭔가 찾았어?
B: 배터리가 다 된 거 같아. 몇 주 동안 외지에 있었는데, 그 동안 아무도 내 차를 이용하지 않았어.
A: 보험사에 전화했니?
B: 무엇 때문에?
A: 보통 자동차 보험사에서 배터리 충전 서비스를 해줘. 바로 와서 충전해 줄 거야. 아주 편해.
B: 아, 난 몰랐네. 알려줘서 고마워. 지금 바로 전화해 볼 게.
A: 천만에.

08 어법상 틀린 것 고르기

 정답 ①
devote to + ~ing : ~에 헌신[전념]하다

 정답 해설

'devote to'는 '~에 헌신[전념]하다'는 뜻으로, 'to'가 전치사이므로 뒤에 동사가 올 경우 동명사의 형태로 써야 한다. 그러므로 become은 becoming으로 고쳐 써야 옳다.

핵심 어휘

• script : 문자, 활자
• remedy : 바로잡다, 해결하다
• preliminary : 예비의, 서문의
• inadequate : 부족한, 불충분한
• decade : 10년
• devote to ~ing : ~하는데 전념[헌신]하다
• become acquainted with : ~에 정통하다, ~을 익히다[숙지하나]
• informed : 잘 아는, 유식한, 정통한
• full-scale : 완벽한, 전면적인
• agent : 대리인, 대행사
• abridge : 단축하다, 요약하다
• version : 버전, 판
• illustration : 삽화, 도해
• footnote : 각주(각 페이지 하단에 붙이는 주석)
• abridgement : 요약, 축약, 간추림
• unabridged version : 무삭제판, 완본
• identification : 확인, 검증, 증명
• citation : 인용, 인용구

해석

아직 아무도 15세기 통신 수단이 활자에서 인쇄로 이동한 결과를 조사하려고 시도하지 않았다. 이 상황을 해결하기 위해서는 책 한 권 이상이 필요하다는 것을 깨달으면서, 나는 예비적인 노력이 아무리 불충분하더라도 없는 것보다 낫다고 느꼈고, 주로 초기 인쇄에 관한 특별한 문헌과 책의 역사를 숙지하는 데 전념하는 10년간의 연구를 시작했다. 1968년과 1971년 사이에 몇몇 예비 논문들이 학자들의 반응을 이끌어내고 정통한 비판을 이용하기 위해 출판되었다. 나의 완벽한 작품인 「변화의 대행자로서의 인쇄술」은 1979년에 등장했다. 그것은 현재 판본에서 일반 독자들을 위해 요약되었다. 삽화가 추가되었지만 이 요약본에서 각주는 삭제되었다. 요약되지 않은 완본은 모든 인용구와 참고 문헌을 완전히 확인하려고 하는 독자라면 누구나 참고해야만 한다.

09 어법상 틀린 것 고르기

정답 ②
A and B 구문 ⇒ A와 B는 동일 형태

정답 해설

swiftly → swift
등위 접속사 and에 의한 A and B의 형태에서, 형용사 + 명사의 구조인 'autonomous mobility(자율적인 이동)'에 대응하여 'swiftly transport'는 'swift transport(신속한 운송)'가 되어야 한다. 즉, 부사 형태인 'swiftly(신속하게)'를 형용사 형태인 'swift(신속한)'로 고쳐 써야 하며, 여기서 'transport'의 품사는 동사가 아니라 명사이다.

핵심 어휘

• neutral : 중립의, 중립적인

18

- **burden** : 짐, 부담
- **mass-produced** : 대량 생산의
- **autonomous mobility** : 자율이동
- **swift** : 빠른, 신속한
- **congestion** : 혼잡, 밀집
- **earth-devastating** : 지구를 파괴하는
- **inception** : 시작, 개시
- **skeptics** : 회의론자
- **destabilize** : 불안정하게 만들다
- **invading** : 침입하는
- **yellow journalism** : 황색 저널리즘, 선동적 언론
- **invasive** : 급속히 퍼지는, 침략[침입]하는
- **misleading** : 오해의 소지가 있는, 현혹시키는
- **ubiquitous** : 어디에나 있는, 아주 흔한
- **deep-fake** : 가짜의, 조작의
- **viral** : 바이러스성의, 바이러스에 의한

해석

신기술의 혜택과 부담을 평가하는 데 중립적인 입장은 없다. 20세기 초 대량 생산된 포드 모델 T나 21세기의 자율주행 자동차를 생각해보라. 자동차를 통해, 인간의 혼잡과 지구를 파괴하는 오염과 대조하여 자율적인 이동과 신속한 운송의 이점을 평가한다. 그것은 사진술에서도 마찬가지이다. 시작부터 회의론자들은 광범위하고 통제되지 않은 사진술이 거짓을 퍼뜨리고 사생활을 침해함으로써 공동체와 정부를 불안정하게 할 것이라고 걱정했다. 이러한 불안은 코닥 카메라 초기에, 그것의 인기가 선동적 언론의 확산과 결합하여 침해와 오해의 소지가 있는 사진들을 만들어내면서 발생했다. 이러한 걱정은 아주 흔한 디지털 카메라 폰, 조작 영상, 그리고 바이러스성 인터넷과 더불어 오늘날에도 계속된다. 그때나 지금이나, 카메라의 작동 방법과 사진 표현력에 관한 논쟁은 사생활, 국제 정치 그리고 공공 정의에 관한 것이다.

10 문맥에 맞는 낱말 고르기

정답 ④

(A) share ⇒ 공유하다　　(B) receptive ⇒ 수용적인
(C) positive ⇒ 긍정적인

정답 해설

(A) 스포츠는 전 세계 사람들이 기후 위기에 대한 인식을 높이는 강력한 도구가 될 수 있으므로, 스포츠와 관련된 수십억 명의 사람들이 환경에 대한 메시지를 함께 할 수 있다. 그러므로 빈칸에 들어갈 말로는 'share(공유하다)'가 적절하다.

(B) 스포츠 팬들은 그들의 생활 습관을 바꿀 정도로 스포츠 행사에서 준비한 생태학적 계획을 적극적으로 받아들인다. 그러므로 빈칸에 들어갈 말로는 'receptive(수용적인)'가 적절하다.

(C) 스포츠 조직이 행하는 환경에 대한 노력은 가정에서 행하는 환경 목표에 또한 바람직한 영향을 미친다. 그러므로 빈칸에 들어갈 말로는 'positive(긍정적인)'가 적절하다.

핵심 어휘

- **awareness** : 앎, 인식, 관심
- **geographical** : 지리적인, 지리학상의
- **restrain** : 제한하다, 억제하다
- **spectator** : 관중, 관람객
- **practitioner** : 전문직 종사자

- **facilitator** : 조력자, 협력자
- **receptive** : 수용적인, 받아들이는
- **ecological** : 생태학적인
- **initiative** : 시작, 계획, 발의
- **regarding** : ~에 관하여[대하여]
- **sustainability** : 지속[유지] 가능성
- **norm** : 표준, 규범, 기준
- **significant** : 중요한, 상당한, 의미심장한
- **perception** : 지각, 인식, 통찰력
- **behavioural intention** : 행동 목적

해석

광범위한 인기 덕분에, 스포츠는 지리적인 위치와 사회적 배경에 관계없이 전 세계 사람들에게 기후 위기에 대한 인식을 높이는 강력한 도구가 될 수 있다. 간단히 말해서, 그 산업은 관중, 종사자 또는 협력자로서 스포츠와 관련된 수십억 명의 개인들에게 환경에 대한 중요한 메시지를 (A) 공유할 수 있다. 인식을 높이고 교육을 하는 그러한 전략은 과거에 좋은 결과를 보여주었다. 팬들이 심지어 지속해왔던 그들의 생활 습관을 기꺼이 바꿀 정도로, 스포츠 행사에서 준비된 생태학적 계획에 (B) 수용적이라는 사실이 연구에서 밝혀졌다. 이 연구는 "스포츠 행사와 관련된 규범은 가정에서 이루어지는 환경 행동 목표에도 또한 영향을 미치면서, 스포츠 조직이 행하는 노력에 대한 (C) 긍정적 인식과 상당한 관련이 있다"고 정확히 결론을 내렸다.

11 문맥에 맞는 낱말 고르기

정답 ③

(A) frequent ⇒ 빈번한　　(B) borrowed ⇒ 차용했다
(C) picked up ⇒ 받아들였다

정답 해설

(A) 영어 어원이 아닌 라틴어나 그리스 어원으로 개념에 대한 이름을 짓는 일은 과학적 지식이 급속히 확장함에 따라 점점 더 증가하였다. 그러므로 빈칸에 들어갈 말로는 'frequent(빈번한)'가 적절하다.

(B) 영어로 이름을 붙일 수 없는 개념을 언급하기 위해 라틴어 어원을 가져와 이름을 붙인 것이므로, 빈칸에 들어갈 말로는 'borrowed(차용했다)'가 적절하다.

(C) 일부 단어들은 즉시 사용되지 않았지만, 일부 단어들은 동시대 사람들에 의해 오늘날에도 여전히 사용되므로, 빈칸에 들어갈 말로는 'picked up(받아들였다)'가 적절하다.

핵심 어휘

- **rare** : 드문, 희귀한
- **make up a name for** : ~에 대한 이름을 짓다
- **affix** : 접사
- **pick up** : 들이게[익히게] 되다
- **take out** : 없애다, 제거하다
- **contemporary** : 동년배, 동시대 사람

해석

학자들이 영어로 이름을 붙일 수 없는 개념을 언급하기 위해 전문적인 용어가 필요할 때마다, 그들은 그리스어나 라틴어에서 하나를 가져왔다. 만일 그리스어나 라틴어에도 그 개념에 대한 이름이 없다면 – 과학적 지식이 고대인들의 꿈을 넘어 급속히 확장되면서 점점 더 (A) 빈번해진 상황 – 그들은 영어

어원이 아닌 라틴어 및/또는 그리스어 어원에서 그 개념에 대한 이름을 지을 것이다. 이 관행은 오늘날까지 계속되고 있다. 결과적으로 많은 사람들이 라틴어 용어를 (B) 차용했고, 키케로의 시대에 전혀 사용되지 않았던 접사뿐만 아니라 라틴어 어원에서 새로 형성된 단어들이 이 시기에 영어로 들어왔다. 그 단어들의 상당수가 거의 즉시 사용되지 않았지만, 다른 많은 단어들은 동시대 사람들에 의해 (C) 받아들여졌고 오늘날에도 여전히 함께 한다.

12 문맥에 맞는 낱말 고르기

정답 ③

(A) expansion ⇒ 팽창　　(B) destroyed ⇒ 파괴하다
(C) stationary ⇒ 정적인

정답 해설

(A) 국제 무역을 포함한 상업 활동이 엄청난 상승의 시기였다고 서술되어 있으므로, 빈칸에 들어갈 말로는 'expansion(팽창)'이 적절하다.
(B) 금전적 이익의 추구로 무서운 결과를 가져온 마이다스의 우화처럼, 그리스 사회 또한 부의 추구로 위험에 빠졌다고 설명하고 있으므로, 빈칸에 들어갈 말로는 'destroyed(파괴하다)'가 적절하다.
(C) 플라톤과 아리스토텔레스 모두 경제 성장이 바람직하지 못한 영향을 미쳤다고 생각하고 있으므로, 그들은 경제활동이 멈추길 바란다. 그러므로 빈칸에 들어갈 말로는 'stationary(정적인)'가 적절하다.

핵심 어휘

• liberalization : 자유화
• enormous : 엄청난, 막대한
• tremendous : 거대한, 굉장한
• disturbance : 방해, 소란, 장애
• instability : 불안정
• expansion : 확장, 팽창
• reduction : 축소, 감소
• liberate : 해방시키다, 자유롭게 해주다
• ideal state : 이상 국가
• constitute : 구성하다, 이루다
• undesirable : 달갑지 않은, 바람직하지 않은
• relatively : 비교적, 상대적으로
• stationary : 정지된, 비유동적인

해석

플라톤과 아리스토텔레스 시대 이전의 2세기는 경제적 자유화의 시기였고, 이것과 더불어 국제 무역을 포함한 상업 활동에 엄청난 상승이 왔다. 더욱이 광장한 경제적인 혼란과 사회적인 불안정은 급속한 상업적 (A) 팽창을 동반했고, 이것은 플라톤과 아리스토텔레스의 경제적 사고에 큰 영향을 미쳤다. 그들은 그 불안정은 마이다스의 우화가 알려준 것처럼, 무서운 결과를 가져온 금전적 이익의 추구에서 비롯되었다고 믿었다. 마이다스가 금을 쫓기 위해 자신을 (B) 파괴했던 것처럼, 부의 추구 또한 그리스 사회를 위험에 빠뜨렸다. 플라톤과 아리스토텔레스가 이상 국가에서의 삶은 어떠한 모습인지 조사에 착수한 것은 부분적으로 이러한 위협에 대한 대응이었고, 그 상태에서 그들의 분석은 "좋은 삶"을 어떻게 이룰 것인가란 문제를 중심으로 수립되었다. 경제 성장이 바람직하지 못한 영향을 미쳤다는 것은 그들에게 분명했고, 그들은 비교적 (C) 정적인 경제 활동 수준을 생성하는 경제 시스템의 필요성을 강조했다.

13 문맥상 부적절한 낱말 고르기

정답 ③

precision(정확성) ⇒ similarity(유사성) / approximation(근사치)

정답 해설

제시문에 따르면 모든 역사적 기록들은 시간이 지남에 따라 바뀔 수도 있는 일종의 재구성으로, 절대적인 확실성을 제공할 수 없다고 하였다. 즉, 진정한 역사적 기록들은 존재하지 않으며, 과거 사실의 유사성 또는 근사치만을 제공할 뿐이다. 그러므로 ③의 'precision(정확성)'은 'similarity(유사성)' 또는 'approximation(근사치)' 등으로 고쳐 써야 옳다.

핵심 어휘

• inevitably : 필연적으로, 불가피하게
• account : 기록, 설명, 해석
• reconstruction : 복원, 재건, 재현
• certainty : 확실성, 필연성
• precision : 정확, 정밀
• leeway : 여지, 자유, 재량
• accommodate : 담다, 수용하다
• concise : 간결한, 축약된
• no way around : 방도가 없는, 피할 수 없는

해석

과거의 모든 증거는 현재에서만 발견될 수 있기 때문에, 과거에 관한 이야기를 만드는 것은 필연적으로 이 증거를 그 자체의 어떤 역사를 가진 과정의 측면에서 해석하는 것을 의미한다. 그렇게 하는 것은 주변 환경과 우리 자신들 모두 그러한 과정이 되는 것을 경험하기 때문이다. 결과적으로 모든 역사적 기록들은 일종의 재구성이며, 따라서 시간이 지남에 따라 바뀔 수도 있다. 이것은 또한 역사에 관한 연구가 절대적인 확실성을 제공할 수 없고, 단지 한때 그랬던 현실의 정확성(→ 유사성)만을 제공한다는 것을 의미하기도 한다. 다시 말해서, 진정한 역사적 기록들은 존재하지 않는다. 이것은 마치 과거를 바라보는 방식에 끝없는 자유가 있는 것처럼 들릴 수도 있다. 내 생각에는 그렇지 않다. 다른 과학 분야에서와 마찬가지로, 역사적 재구성에 대한 주요한 시험은 그것들이 기존 자료를 간결하고 정확한 방식으로 수용하는가, 그리고 어느 정도로 수용하는가이다. 그럼에도 불구하고 모든 역사적 재구성이 역사가가 생각해 낸 문맥 속에 배치된 선별된 수의 기존 자료들로 구성된다는 사실을 피할 방도는 없다.

14 문맥상 부적절한 낱말 고르기

정답 ④

solving : 해결하는 ⇒ causing : 일으키는

정답 해설

일회용 비닐봉지의 대안으로 여겨졌던 재사용 가능 봉지가 탄소 발자국(carbon footprint) 즉, 이산화탄소 배출량이 오히려 더 높게 나타나는 등 새로운 환경 문제를 낳고 있다. 그러므로 ④의 'solving(해결하는)'는 'causing(일으키는)'으로 고쳐 써야 옳다.

② 야콥 부르크하르트는 바젤에서 미술사를 공부했다. → 바젤에서 신학
을 공부했고, 미술사는 베를린에서 공부함
③ 야콥 부르크하르트와 랑케의 관계는 논란의 여지가 없다. → 부르크하
르트와 랑케의 관계는 역사학자들 사이에서 상반된 관점의 주제임, 즉 논란의 여지가 많음
⑤ 야콥 부르크하르트는 랑케의 지적 접근법을 받아들였다. → 랑케의
개인적 야망과 지적 접근법 둘 다 거부함

핵심 어휘

• **single-use** : 일회용의
• **definitely** : 분명히, 확실히
• **restriction** : 제한, 제약
• **in place** : 시행 중인, 가동 중인
• **eliminate** : 없애다, 줄이다
• **leech** : 달라붙어 떨어지지 않다
• **microplastic** : 미세 플라스틱
• **reusable** : 재사용[재활용]할 수 있는
• **retailer** : 소매업자, 소매상
• **apparently** : 분명하게, 명백하게
• **campaigner** : 운동가, 활동가
• **hoard** : 축적, 비축
• **carbon footprint** : 탄소 발자국(온실 효과를 유발하는 이산화
탄소의 배출량)
• **eye-popping** : 눈이 튀어나올 정도의, 깜짝 놀랄 정도인
• **environmentally friendly alternative** : 환경 친화적 대안
• **conventional** : 전통적인, 재래식의
• **replacement** : 교체, 대체
• **straightforward** : 간단한, 솔직한
• **boil down to** : ~으로 요약하다, ~으로 귀결되다

해석

일회용 비닐봉지와의 싸움은 패배할지 모르지만, 그것은 확실히 진행 중이다. 그것들의 사용에 대한 제한은 거의 12개의 미국 주들과 세계의 많은 다른 국가들에서 시행 중이다. 그리고 많은 경우, 이러한 노력들은 나무 위에 떠다니고, 수로를 막고, 미세 플라스틱을 땅과 물속에 달라붙게 하고, 해양 생물들에게 해를 끼치는 얇은 비닐봉지의 신규 판매를 줄이는데 성공적이었다. 그러나 이런 종류의 환경에 대한 성공 이야기는 또 다른 문제를 감추고 있다. 우리 중 대다수는 분명 일회용 비닐보다 더 친환경적인 대안으로 소매상들이 값싸게 팔거나 손님들에게 나눠주는 재사용 가능한 봉지에 치이고 있다. 환경운동가들은 재사용 가능한 봉지가 얇은 비닐봉지보다 훨씬 더 이산화탄소 배출량이 높으며, 이러한 봉지 꾸러미가 새로운 환경 문제를 해결하고(→ 일으키고) 있다고 말한다. 한 놀라운 추정에 따르면, 면봉지가 전통적인 비닐봉지의 진정한 환경 친화적 대안이 되려면 최소한 7,100번이 사용되어야 한다. 일회용 비닐봉지의 가장 친환경적인 대체물이 무엇인지에 대한 답은 간단하진 않지만, 그 조언은 이와 같이 요약된다. 집에 있는 어떤 봉지든 가능한 한 많이 재사용하라.

15 내용과 일치하는 문장 고르기

 정답 ④
야콥 부르크하르트와 랑케의 사상 비교

정답 해설

제시문에서 랑케가 국가의 권력을 질서와 안정의 수호자로 여긴 반면, 부르크하르트는 권력을 악과 연결된 것으로 간주했다. 즉, 권력과 악이 손을 잡고 있다고 생각했다.

오답 해설

① 야콥 부르크하르트는 결코 목사가 되고 싶지 않았다. → 원래는 아버
지를 따라 개신교 목사가 되려고 함

핵심 어휘

• **Protestant minister** : 개신교 목사
• **theology** : 신학
• **contrary** : 정반대의, 상반된
• **retain** : 유지[보유]하다, 지탱하다
• **regard** : 존경, 높은 평가
• **guardian** : 수호자, 후견인
• **confidently** : 자신 있게, 당당히
• **skeptical** : 회의적인, 회의론자 같은
• **withdrawn** : 내성적인, 내향적인
• **hostile forces** : 적군, 적대 세력
• **reference** : 말, 언급
• **reject** : 거절하다, 거부하다
• **uncontroversial** : 논란의 여지가 없는
• **embrace** : 받아들이다, 수용하다

해석

스위스 바젤에서 목사의 아들인 야콥 부르크하르트는 원래 그의 아버지의 발자취를 따라서 개신교 목사가 되려고 하였다. 그러나 바젤에서 신학을 공부하는 동안, 그는 기독교가 신화라는 결론에 도달했다. 역사와 미술사 연구로 눈을 돌려, 그는 베를린에서 레오폴드 랑케와 함께 공부하며 4년을 보냈다. 부르크하르트와 랑케의 관계는 역사학자들 사이에서 상반된 관점의 주제이다. 어떤 이들은 근본적인 그들의 차이에도 불구하고, 부르크하르트가 일생 동안 랑케를 높게 평가했다고 주장한다. 랑케가 국가의 권력을 질서와 안정의 수호자로 여긴 반면, 부르크하르트는 권력을 악과 연결된 것으로 간주했다. 개신교 학자인 랑케는 과거의 사건들에서 자신 있게 관대한 신의 손을 구했지만, 회의적이고 내향적인 부르크하르트는 역사에서 적대 세력들 사이의 끊임없는 투쟁을 보았다. 이러한 차이로 인해 다른 역사가들은 랑케를 '나의 위대한 주인'이라고 언급한 부르크하르트의 말에 현혹되어서는 안 된다고 주장하였다. 오히려 부르크하르트는 랑케의 개인적 야망과 그의 지적 접근법 둘 다 거부하게 되었다.

16 내용과 불일치 문장 고르기

 정답 ⑤
자각몽

정답 해설

제시문의 마지막 문장에서 자각몽을 꿀 수 있는 사람들은 자신의 꿈에 영향을 미칠 수 있고, 그들이 꿈을 꾸고 있다는 것을 인식할 수 있으며, 원한다면 스스로 깨어날 수도 있다고 서술되어 있다. 그러므로 사람들은 자신의 꿈에 영향을 미칠 수 없다는 ⑤의 설명은 제시문의 내용과 일치하지 않는다.

오답 해설

① 사람들이 꿈을 꾸는 동안, 그들의 눈은 움직일 수 있다. → 꿈을 꾸는

것은 빠른 눈의 움직임과 특이한 뇌파 패턴에 의해 확인됨

② 모든 사람들이 무슨 꿈을 꾸었는지 기억하는 것은 아니다. → 방금 꿈을 꾼 것을 기억하려고 집중하지 않는 한 무슨 꿈을 꾸었는지 알 수 없음

③ 꿈은 우리의 마음과 생각과 연관이 있다. → 꿈은 우리 자신의 내적인 연상, 기억, 그리고 감정적 투입에 기초함

④ 꿈은 상징적이고 해석될 수 있다. → 꿈속에서 일어나는 상징과 은유로 연상을 추적할 수 있고, 꿈속 장면과 이미지가 표현했던 것이 무엇인지 해독할 수 있음

핵심 어휘

- characteristic : 특유의, 특이한, 독특한
- bizarre : 기이한, 특이한
- internal : 내부의, 내적인
- association : 연계, 연상, 연계
- metaphor : 은유, 비유
- decode : 해독하다, 이해하다
- sequence : 연속적인 사건들
- lucid dream : 자각몽(꿈꾸고 있음을 자각하면서 꾸는 꿈)
- figurative : 비유적인, 표상[상징]적인
- interpret : 설명하다, 해석하다

해석

빠른 눈의 움직임과 특이한 뇌파 패턴에 의해 확인될 수 있는 수면의 특정 단계 동안, 우리는 꿈을 꾼다. 모두가 꿈을 꾸지만, 방금 꿈을 꾼 것을 기억하려고 집중하지 않는 한, 그 이미지는 우리가 깨어나면 거의 바로 사라진다. 꿈은 종종 외부의 자극 없이 형성되고 대신 우리 자신의 내적인 연상, 기억, 그리고 감정적 투입에 기초하기 때문에 특이하다. 종종 우리는 꿈속에서 일어나는 상징과 은유로 우리의 연상을 추적할 수 있다. 때때로 우리는 꿈속 장면과 이미지가 표현했던 것이 무엇인지 해독할 수 있다. "자각몽"의 존재는 조사 연구에서 확립되었다. 자각몽을 꿀 수 있는 사람들은 자신의 꿈에 영향을 미칠 수 있고, 그들이 꿈을 꾸고 있다는 것을 인식할 수 있으며, 원한다면 스스로 깨어날 수도 있다.

17 내용과 불일치 문장 고르기

 정답 ④

과학적 논란의 대상인 내륙 풍력 발전소의 소음

정답 해설

제시문에서 소음 성가심의 정의가 신체적 증상뿐만 아니라 감정적 반응을 포함하기 때문에, 연구들은 상충되는 결과를 보여주고 있다고 서술하고 있다. 그러므로 소음 성가심이 감정적인 반응 내에서만 국한된다는 ④의 설명은 제시문의 내용과 일치하지 않는다.

오답 해설

① 내륙 풍력 발전소에서 발생하는 소음은 과학적으로 논란의 여지가 많은 화제이다. → 내륙 풍력 발전소의 소음은 과학적 논란의 대상임

② 내륙 풍력 발전소 근처의 주민들은 아마도 정신적인 병과 신체적인 병을 모두 경험할 것이다. → 소음 성가심은 신체적 증상뿐만 아니라 감정적 반응도 포함되므로, 주민들은 정신 질환과 신체 질환을 모두 겪음

③ 과학자들은 내륙 풍력 발전소 근처의 주민들이 겪고 있는 증상의 주요 원인을 성공적으로 밝혀내지 못했다. → 과학자들은 내륙 풍력 발전소 소음이 인근 주민들에게 미치는 증상에 대한 연구 계획이나 결과들에 확신을 갖지 못함

⑤ 내륙 풍력 발전소에서 발생하는 소음에 대한 연구결과는 아직 결

론이 나지 않았다. → 내륙 풍력 발전소에서 발생하는 소음에 대한 연구결과는 과학자들 사이에서도 상충되고 논란의 여지가 많음

핵심 어휘

- inland : 벽지의, 내륙의
- wind farm : 풍력 발전 지역
- provinces : 주(州), 지방, 지역
- controversy : 논란, 논쟁
- resident : 거주자, 주민
- insomnia : 불면증
- low-frequency : 저주파
- air pressure : 기압
- symptom : 증상, 징후
- sensitivity : 세심함, 예민함, 민감성
- annoyance : 시달림, 성가심
- extensive : 아주 넓은, 광범위한
- interpretation : 해석, 이해, 설명
- controversial : 논란이 많은, 논란의 여지가 있는
- inconclusive : 결정[확정]적이 아닌, 결론에 이르지 못한

해석

주로 미국 중서부 그리고 캐나다의 온타리오 주와 퀘벡 주에 위치한 성장 산업의 일부인 내륙 풍력 발전소의 소음은 과학적 논란의 대상이다. 많은 과학자들은 인근 주민들이 수면 손실, 저주파 소음, 그리고 아마도 터빈의 작동으로 인한 기압의 변화에서 비롯된 근육통, 불안, 그리고 우울증뿐만 아니라 불면증과 두통의 대상이 된다고 믿는다. 이러한 증상들이 실제 풍력 터빈의 활동 결과인지, 날씨 민감성 결과인지, 아니면 소음 성가심으로 인한 스트레스 반응의 결과인지 완전히 명확하지는 않다. 소음 성가심의 정의가 신체적 증상뿐만 아니라 감정적 반응을 포함하기 때문에, 연구들은 상충되는 결과를 보여주고 있다. 즉, 논란의 각 측은 광범위한 증거를 인용할 수 있지만, 어느 쪽도 연구 계획이나 결과들에 대한 상대방의 설명에 확신을 얻지 못한다.

18 빈칸 추론하기

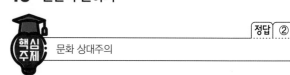 **정답 ②**

문화 상대주의

정답 해설

문화 상대주의의 입장에서 다른 문화를 대할 때 판단하고 행동하기에 앞서 문화 차이의 본질, 뿌리 및 결과에 대한 정보를 먼저 이해해야 한다고 설명하고 있다. 그러므로 빈칸에 들어갈 말은 ②의 '판단과 행동에 선행하다'이다.

오답 해설

① 우리 문화의 정체성을 구축하다

③ 전제된 목표를 형성하다

④ 객관적으로 재평가되다

⑤ 기본 원리를 설명하다

핵심 어휘

- presuppose : 필요조건으로 하다, 전제로 하다
- relativism : 상대주의, 상대론
- normalcy : 정상임, 정상 상태

- **negotiation** : 협상, 교섭, 절충
- **precede** : 앞서다, 선행하다
- **cultural identity** : 문화 정체성
- **reevaluate** : 재평가하다, 재해석하다

해석

각각의 문화 집단은 다르게 생각하고, 느끼고, 행동한다. 한 집단이 다른 집단보다 본질적으로 더 우월하거나 열등한 것으로 간주하는 과학적 기준은 없다. 집단과 사회 간의 문화 차이를 연구하는 것은 문화 상대주의의 입장을 전제로 한다. 그것은 자신을 위한 정상 상태를 의미하는 것도 아니며, 자신의 사회를 위한 정상 상태를 의미하는 것도 아니다. 그러나 자신과 다른 집단이나 사회를 대할 때는 판단을 요한다. 사회 간 문화 차이의 본질, 뿌리, 그리고 그 결과에 대한 정보가 <u>판단과 행동에 선행되어야만 한다</u>. 협상은 관점의 차이에 대한 이유를 관련 당사자들이 이해할 때 성공할 가능성이 더 높다.

19 빈칸 추론하기

 정답 ⑤
과학적 상부구조에 대한 고찰

 정답 해설

제시문에 따르면 과학적인 진리들은 현재는 최고의 진리이지만, 그것들을 대체할 더 나은 무언가를 찾을 때까지만 임시적으로 유용한 것이지 영원한 것은 아니라는 것이다. 그러므로 ⑤의 '영원히 의존할 수 없다'가 빈칸에 들어갈 말로 가장 적절하다.

오답 해설

① 열망의 증거가 되다
② 우리의 생활 방식을 변화시키다
③ 당신의 삶에 동기를 부여하지 않다
④ 절대적인 진리를 보여주다

핵심 어휘

- **superstructure** : 상부 구조, 어떤 원리 위에 선 철학
- **theological** : 신학상의, 신학적인
- **provisionally** : 임시로, 잠정적으로
- **for the moment** : 잠시, 당장은, 지금은
- **commitment** : 전념, 헌신, 책무
- **wholehearted** : 전적인, 전폭적인
- **displace** : 대신하다, 대체하다
- **aspiration** : 열망, 염원, 포부
- **elusive** : 찾기 힘든, 달성하기 힘든

해석

과학적인 상부구조들은 역사적인 진리들 또는 신의 신학적인 개념들과 닮았다. 그것들은 우리가 현재 가지고 있는 최상의 것으로서 임시적으로 유용하지만, <u>영원히 의존할 수 있는 것은 아니다</u>. 그것들을 대체할 더 나은 무언가를 계속 찾는 동안, 그것들에 대한 수용은 임시적으로 남아 있고, 우리의 헌신은 전폭적이지 않다. 인간이 열망하는 어떤 영역에서든 궁극적인 목표, 즉 '진실', '신', '현실'은 우리의 손길이 미치지 않는 곳에서 영원히 찾기 어려운 채로 남아 있지만, 그것이 그곳에 있다는 우리의 믿음은 계속되는 탐구에 필요한 동기를 부여한다.

20 빈칸 추론하기

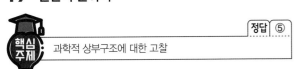 **정답** ⑤
곤충과 절지동물의 이상한 친숙함

정답 해설

곤충들과 절지동물들은 마치 다른 행성에서 온 존재들처럼 생김새나 모습이 매우 이질적으로 보이지만, 사람처럼 보고, 만지고, 듣고, 냄새 맡고, 맛을 본다. 그러므로 빈칸에는 ⑤의 '이상하게 친숙한'이 들어갈 말로 가장 적절하다.

오답 해설

① 놀랍도록 의심스러운
② 상세히 분류된
③ 꾸준히 발전하는
④ 인간적으로 생산적인

핵심 어휘

- **estimate** : 평가하다, 추정하다
- **virtually** : 거의, 사실상
- **arthropod** : 절지동물
- **alien** : 외계의, 이국의, 이질적인
- **stare** : 응시하다, 빤히 쳐다보다
- **unblinking** : 눈을 깜박이지 않는
- **reproduce** : 재생하다, 번식하다
- **finely** : 섬세하게, 정교하게
- **tuned** : 조정된, 정비된
- **suspicious** : 의심스러운, 미심쩍은
- **minutely** : 자세하게, 상세하게

해석

오늘날 살아있는 모든 인간에게는 2억 마리나 되는 개별 곤충들이 있다고 추정된다. 세상의 모든 9천 종의 다른 개미들의 총 무게는 지구상의 모든 인간들의 무게보다 12배나 크다. 그들의 놀라운 숫자와 거의 어디에서나 발견된다는 사실에도 불구하고, 곤충들과 다른 절지동물들은 마치 다른 행성에서 온 존재들처럼 우리에게 여전히 매우 이질적이다. 그들은 여섯 개 이상의 다리로 움직이고, 깜빡이지 않는 눈으로 응시하며, 코 없이 숨을 쉬고, 고리와 판으로 이루어진 피부 없는 딱딱한 몸을 가지고 있지만, 그럼에도 그들에게 또한 <u>이상하게 친숙한</u> 무언가가 있다. 절지동물은 먹이를 찾고, 적으로부터 자신을 방어하고, 번식하는 것과 같이, 사람들이 생존하기 위해 하는 모든 일들을 해야 한다. 그들은 또한 자기 주변의 세상을 보고, 만지고, 듣고, 냄새 맡고, 맛을 보기 위해 정교하게 조정된 감각에 의존한다.

21 빈칸 추론하기

 정답 ①
불명확한 명상의 치료 효과

정답 해설

명상의 효과는 명상을 수행하는 사람마다 차이가 있을 수 있고, 명상을 수행하는 기술보다 명상의 결과에 더 많은 영향을 미칠 수도 있으므로 명상이 치료에 어떤 효과가 있을 지는 계속해서 연구를 해봐야

한다는 것이다. 그러므로 ①의 '명상의 물은 혼탁하다'가 빈칸에 들어갈 말로 가장 적절하다.

오답 해설

② 명상 비판가들은 명상을 수행하려고 노력해야 한다.
③ 명상은 여러 신체적 고통을 완화시킬 수 있다.
④ 명상의 정의는 이제 명확하다.
⑤ 과학자들은 명상 방법을 조사해야 한다.

핵심 어휘

- **meditation** : 명상, 묵상
- **physiological** : 생리적인, 생리학상의
- **therapist** : 치료사, 치료 전문가
- **hypertension** : 고혈압
- **insomnia** : 불면증
- **psychiatric disorder** : 정신 질환
- **definitive** : 확정적인, 명확한
- **muddy** : 진흙투성이의, 혼탁한
- **unclouded** : 구름이 없는, 맑은

해석

명상이 수세기 동안 수행되었다는 것은 사실이다. 비평가들은 그 이유가 무엇이든 간에, 그것이 효과가 있는 것처럼 보인다는 것에 동의한다. 비록 생리학적인 변화가 잘 확립되어 있지 않더라도, 심리적인 이익이 존재할 수도 있다. 더욱이 연구들은 명상을 수행하기로 결정한 사람들과 그렇지 않은 사람들 사이의 가능한 차이를 통제하지 않았다. 대상마다 차이가 존재할 가능성이 있으며 그것들이 기술 자체보다 명상의 결과에 더 많은 영향을 미칠 가능성이 있다. 여기서 우리가 결론을 내릴 수 있는 것은 <u>명상의 물은 혼탁하다는</u> 것이다. 사람들은 명상을 계속할 것이며, 종종 유익한 결과도 있을 것이다. 치료사들은 고혈압, 음주 과다, 약물 남용, 불면증, 그리고 많은 다른 정신 질환들을 치료하기 위해 명상을 계속 이용할 것이다. 마찬가지로 행동 과학자들은 더 확실한 결과들이 나올 때까지 계속해서 명상과 그것의 효과를 연구할 것이다. 그러나 객관적이고 과학적인 증거를 수용과 믿음의 기준으로 받아들이기를 거부하는 사람들은 항상 존재할 것이다.

22 빈칸 추론하기

 핵심 주제 자연과 상호작용하는 생태학적 사람들 **정답** ③

정답 해설

철근 콘크리트로 된 대부분의 유럽 항구도시들의 방파제는 파도에 부서지는 반면에, 진흙과 바위 층 및 버드나무 매트로 만들어진 네덜란드의 제방은 유연하게 파도의 충격을 흡수한다. 그러므로 ③의 '자연스러운 리듬에 맞추어 유연하게 움직이다'가 빈칸에 들어갈 말로 가장 적절하다.

오답 해설

① 객관적인 관찰자로 조용히 남아 있다
② 극적인 변화와 함께 끊임없이 변화하다
④ 생태계의 신비에 적극 대응하다
⑤ 단순히 자연계의 질서를 무시하다

핵심 어휘

- **ecological** : 생태계의, 생태학의
- **mythological** : 신화의, 신화적인
- **dike** : 제방, 둑
- **willow** : 버드나무, 버드나무 재목
- **fury** : 맹렬, 격렬
- **flexibility** : 신축성, 유연성
- **in tune with** : ～와 맞추어, ～와 조화되어
- **sea wall** : 방파제, 방조제
- **steel-reinforced concrete** : 철근 콘크리트
- **firm** : 단단한, 딱딱한
- **smash apart** : 박살나다, 산산조각 나다
- **edict** : 칙령, 명령
- **disregard** : 무시하다, 묵살하나

해석

생태학적 사람들은 자연에 능동적으로 작용하는 논리적 사람들과 자연에 수동적으로 작용하는 신화적 사람들과 대조적으로 자연과 상호작용한다. 그들은 자연과 대화한다. 네덜란드의 제방은 진흙과 바위 층 및 버드나무 매트로 만들어졌다. 북대서양의 맹렬한 파도가 몰아칠 때 이 제방은 파도에 맞추어 움직임으로써 버드나무 가지의 유연성으로 그 충격을 흡수한다. 이 생태학적 해결책은 파도를 막기 위해 철근 콘크리트로 된 방파제를 건설한 대부분의 유럽 항구도시들의 논리적 해결책과 대조를 이룬다. 자연에 역행하는 이 단단한 벽들은 결국 산산조각이 나고 <u>자연의 리듬에 따라 유연하게 움직이는</u> 네덜란드의 제방들과 달리 다시 건립되어야 한다. 신화적 해결책은 단단한 벽도 유연한 제방도 건설하지 않음으로써 자연의 명령을 수동적으로 받아들이는 것이다. 신화적 해결책을 따르면, 네덜란드의 3분의 1이 물에 잠기게 된다.

23 글의 제목 유추하기

 핵심 주제 사실과 주장을 구분할 수 있을까? **정답** ①

정답 해설

제시문에서 주장은 사실의 반대가 아니며, 우리가 '사실'이라고 생각하는 모든 진술은 실제는 주장이라고 서술하고 있다. 즉, 사실과 주장을 잘못 구분하고 혼용하여 사용하고 있다는 의미이므로, ①의 '사실과 주장을 구분할 수 있을까?'가 제시문의 제목으로 가장 적절하다.

오답 해설

② 진실한 주장의 표식
③ 사실, 영원한 약속!
④ 사실과 주장의 반대는 무엇인가?
⑤ 의혹에서 결단으로의 여정

핵심 어휘

- **claim** : 주장, 요구, 요청
- **bias** : 편견, 편향
- **suspect** : 의심하다, 수상하게 여기다
- **unbiased** : 편견이 없는, 선입견이 없는
- **misleading** : 오해의 소지가 있는, 오해를 불러일으키는
- **landmark** : 획기적인 사건, 표식, 목표

- **everlasting** : 영원한, 끊임없는
- **suspicion** : 혐의, 의심
- **determination** : 결정, 확인

 해석

주장은 여러분이 생각하는 것처럼 사실의 반대가 아니다. 어떤 주장이 참이라는 것을 안다고 해서 사실이 되는 것도 아니다. 어떤 주장은 항상 주장이지만, 어떤 주장의 진실은 성립한다. 그리고 어떤 주장이 개인적인 장점이나 편견을 반드시 포함하는 것은 아니다. 비록 일상의 언어에서 우리는 진실이 의심스럽거나 편향된 진술 그리고 진실이 성립되고 편견이 없는 진술('사실'이라고 불린다)을 구별하기 위해 자주 '주장'이라는 단어를 사용하지만, 이러한 구별은 위험할 정도로 오해를 불러일으킨다. 우리가 '사실'이라고 생각하는 모든 진술은 실제는 주장이다. 즉, 그것들은 너무 광범위하고 명확하게 사실로 받아들여져서 받아들여지지 않는 주장들과 다른 것처럼 보인다. 간단히 말해서, 주장은 세상의 지금 모습이나 또는 세상 본연의 모습에 대한 신념이나 관점을 표현하는 그런 진술이다. 물론 그것들이 참인지 아닌지는 중요하지만, 그것들이 주장인지 아닌지를 결정하지는 않는다.

24 글의 제목 유추하기

 핵심 주제

정답 ②

인생의 추진력, 고난을 환영하라

정답 해설

제시문에서 시도하고 실패하는 것은 진정한 진보이며, 그것은 새로운 에너지와 다시 시도하려는 열망으로 우리를 앞으로 나가게 하는 수단이 된다고 하였다. 그러므로 ②의 '인생의 추진력, 고난을 환영하라'가 제시문의 제목으로 가장 적절하다.

오답 해설

① 운명의 밑바닥에 머물기
③ 포기는 인생의 시련의 일부이다
④ 지식을 현실에 적용하는 방법
⑤ 새로운 경험에 마음의 문을 열어라

핵심 어휘

- **tolerance** : 관용, 관대
- **stuck** : 움직일 수 없는, 꼼짝 못하는
- **stalemate** : 교착 상태
- **in every sense of the word** : 그 단어의 모든 의미에 있어서, 진정으로
- **vehicle** : (운송) 수단, 매개체
- **launch** : 시작하다, 착수하다
- **hardship** : 고난, 역경

해석

시도하거나 실패하는 것을 두려워하지 마라. 그것은 여러분에게 힘과 개인적인 도전들을 극복하는 방법을 가르쳐 준다. 인생의 시련들은 여러분에게만 특별한 것은 아니다. 그것들은 정도를 달리하여 모든 사람들에게 일어나고 여러분에게 다른 사람들이 위험을 피하기 위한 도구를 제공하는 정신적 관용과 강인한 성격을 발달시키도록 돕는다. 여러분이 프로젝트나 과제에서 목표했던 결론을 달성하지 못할 때, 그것을 종종 패배로 여긴다. 이러한 사고 과정은 교착 상태에 빠트리고 포기하기 때문에 진정한 진보를 막을 수 있다. 이러한 경험을 결코 나쁜 것으로 보지 마라. 시도하고 실패하는 것은 진정한 진

보이다. 그것은 새로운 에너지와 다시 시도하려는 열망으로 여러분을 정말로 앞으로 나가게 하는 수단임을 증명할 수 있다.

25 글의 요지 파악하기

핵심 주제

정답 ⑤

일상생활에서의 무의식적인 영어 사용

정답 해설

제시문에서 평범한 문제들에 대해 평범한 사람들과 평범하게 이야기하는 것이 일상생활에서 영어 사용의 압도적인 대다수를 차지하고 있기 때문에 변화에 대처하는 것은 어떤 문제도 되지 않는다고 하였다. 그러므로 ⑤의 "일상적인 영어 사용은 보통 변화에 대한 대처를 필요로 하지 않는다."가 제시문의 요지로 가장 적절하다.

오답 해설

① 우리들 대다수는 일상적인 대화에서 부주의한 실수를 한다. → 우리들 대다수는 일상적인 대화에서 가장 편안함을 느낌
② 우리는 일상적인 일에 대해 가족과 친구들과 대립해서는 안 된다. → 일상적인 일로 가족과 친구들 마주함
③ 언어적으로 다양한 집단의 사람들은 조화롭게 살기 위해 더 노력해야 한다. → 변화에 대한 대처가 필요 없는 일상생활에서의 무의식적인 언어 사용에 대해 서술함
④ 무의식적인 선택을 하는 것은 언어를 창조적으로 사용하는 것이 아니다. → 일상생활에서의 영어 사용에 있어 변화에 대한 대처는 무의식적일 수도 있음

핵심 어휘

- **confront** : 맞서다, 마주치다, 대립하다
- **cope with** : ~에 대처하다[대항하다]
- **variance** : 변화, 변동, 변천
- **constitute of a problem** : 문제가 되다
- **unconscious** : 무의식적인, 부지불식간의
- **at home** : 편안한
- **linguistically** : 언어상, 언어학적으로
- **account for** : ~을 차지하다
- **overwhelming** : 압도적인, 강력한
- **vast** : 어마어마한, 대단한
- **diverse** : 다른, 다양한

해석

우리는 언어 사용에 있어 선택을 해야 하는 필요에 정기적으로 마주친다. 대부분의 경우, 의심의 여지없이, 변화에 대처하는 것은 어떤 문제도 되지 않으며 실제로 무의식적일 수도 있다. 우리는 일상적인 일로 가족과 친구들을 상대하고 있으며, 더욱이 글을 쓰는 것이 아니라 대게 그들과 이야기를 나눈다. 언어적으로나 다른 면에서 우리가 가장 편안한 것은 바로 평범한 문제들에 대해 평범한 사람들과 평범하게 이야기하는 것이다. 그리고 다행히도 이것이 영어 사용이 필요한 압도적인 대다수를 차지하는 상황이다.

26 글의 요지 파악하기

핵심주제 주관성의 렌즈를 통해 세상 보기 　　　**정답** ②

정답 해설

플로리다 사람들에게는 다 똑같아 보이는 눈이 스웨덴 사람들이나 알류트족에게는 다른 종류의 눈으로 보이는 것은 그들만의 렌즈나 필터를 통해 눈을 바라보기 때문이다. 그러므로 ②의 "우리는 주관성의 렌즈를 통해 세상을 본다."가 제시문의 요지로 가장 적절하다.

오답 해설

① 우리는 인식의 객관적인 필터를 유지해야 한다. → 세상을 주관적으로 바라보는 것에 대한 고찰만 있을 뿐, 객관적인 필터를 유지하라는 조언은 없음

③ 우리의 기대가 꿈을 만든다. → 기대와 꿈과의 관계가 아니라 세상을 바라보는 방법에 대한 기술임

④ 우리의 이성은 왜곡된 정보를 피해야 한다. → 의미가 통하지 않는 것을 왜곡하거나 삭제하는 것이 일반적인 경향임

⑤ 우리가 알고 있는 것을 일반화하는 데 있어 중립적인 입장을 취해야 한다. → 일반화의 방향에 대해서만 서술되어 있고, 일반화의 중립적 입장에 대한 내용은 없음

핵심 어휘

- take note of : ~에 주목하다, 알아채다
- fall into category : 범주에 들다[속하다]
- distort : 비틀다, 왜곡하다
- edit out : ~을 잘라 내다[삭제하다]
- make sense : 의미가 통하다, 이해가 되다
- differentiation : 차별, 구별
- worldview : 세계관
- inconvenience : 불편, 애로
- perception : 지각, 통찰력, 인식
- subjectivity : 주관, 주관성

해석

"객관적인" 세계를 관찰할 때, 우리는 자신의 렌즈나 필터를 통해 그것을 본다. 우리의 일상적인 환경은 물과 물고기의 관계와 같다. 즉, 그것은 그곳에 있을 뿐이며, 우리는 그것에 주목하지 않는다. 우리의 정신 지도에 그것들을 위한 공간이 이미 있기 때문에, 대부분의 경우 우리는 정상적인 활동이라고 생각하는 것을 특별히 의식하지 않는다. 그것들은 친숙한 범주에 속한다. 언어학자들이 보여주었듯이 우리는 아는 것으로부터 모르는 것으로 일반화하고, 그러한 관점을 고려할 때 의미가 통하지 않는 것은 왜곡하거나 삭제하는(잘라 내는) 경향이 있다. 플로리다 사람들에게 모든 눈은 똑같아 보일지도 모른다. 그들의 경험은 구별을 위한 "지도"를 제공하지 않기 때문에, 눈의 종류의 차이는 무시된다. 반면에 스웨덴 사람들이나 알류트족들은 많은 다양한 종류의 눈들을 구별할 수 있는 언어를 포함한 세계관을 가지고 있다. 그 정보를 삭제하거나 왜곡하는 것은 그들을 정말 불편하게 할 것이다.

27 글의 주제 파악하기

핵심주제 켈트학의 특징과 신화와의 연관성 　　　**정답** ③

정답 해설

글의 서두에서 켈트어학은 오랫동안 신화학과 연관된 분야라고 핵심 주제를 밝히고 있다. 그리고 켈트족 문학은 신화학자들에게 주요한 관심의 대상이었고, 켈트족의 종교와 민속 및 문학에 대한 연구는 신화적 해석의 모델이 되어 왔다고 서술되어 있다. 그러므로 ③의 '켈트학의 특징과 신화와의 연관성'이 제시문의 주제로 가장 적절하다.

오답 해설

① 신들의 초자연적 특성을 설명하는 데 있어 되풀이되는 주제
② 고전문학에 있어서 스코틀랜드 하이랜드 문화의 중요성
④ 켈트어를 사용하는 민족들을 이해하는 방법에 대한 새로운 관점
⑤ 비교 인도유럽 문헌학에 존재하는 풍부한 전통 주제

핵심 어휘

- Celtic : 켈트족의, 켈트어의
- amongst = among
- hold up as : ~으로 보여주다[간주되다]
- recipient : 수령인, 수취인
- description : 기술, 묘사, 표현
- Gauls : 갈리아인(지금의 북이탈리아, 프랑스, 벨기 등을 포함한 고대 켈트인)
- reappear : 재현하다, 재출현하다
- oral culture : 구전[구술] 문화
- supernatural : 초자연적인
- discipline : 규율, 훈련
- comparative : 비교적, 상대적인
- philology : 문헌학
- aside from : ~을 제외하고, ~외에도
- perspective : 관점, 투시, 원근법
- mythologist : 신화학자, 신화 작가
- folklore : 민속, 전통 문화
- interpretation : 해석, 이해, 설명
- novel : 새로운, 신기한

해석

켈트어학은 신화학과 오랫동안 연관된 분야이다. 서유럽 상황에서 켈트어를 사용하는 민족들은 그들 중 풍부한 '전통' 주제를 받은 사람들로 아주 흔히 간주되어 왔다. 갈리아인들의 초기 묘사부터 스코틀랜드 하이랜드 문화에 대한 현대적 설명까지 구전 문화에 대한 강조와 일상생활에서 초자연적 현상에 대한 관심이 재현되는 것을 발견한다. 현대 학문에서 켈트족 언어들은 비교 인도유럽 문헌학 및 그 부산물인 비교 신화학 이론과 강한 연관성을 발전시켰다. 이러한 외부적인 관점 외에도, 신화학자들에게 주요한 관심 대상은 켈트족 문학 자체 내에 존재하는 매우 강한 신화 감각, 즉 신, 초자연적 특성을 가진 영웅 및 먼 과거의 사건에 대한 언급이다. 이러한 이유 때문에 켈트족 종교, 민속 및 문학에 대한 연구는 종종 신화적 해석 모델의 대상이 되어 왔다.

28 전체 흐름과 관계 없는 문장 고르기

핵심주제 동물들의 위장술 　　　**정답** ④

정답 해설

제시문은 동물들의 방어 기술로써 신비의 색이라고도 불리는 동물들

의 위장 방법에 대해 소개하고 있다. 그런데 ④에서는 지구 거주자들의 무관심한 환경 문제에 대해 언급하고 있으므로, 글의 전체 흐름과 어울리지 않는다.

핵심 어휘

- **camouflage** : 위장, 속임수
- **cryptic** : 비밀의, 신비적인
- **coloration** : 천연색, 채색, 배색
- **one-size-fits-all** : 누구에게나 다 맞는, 널리[두루] 적용되도록 만든
- **boldly** : 선명하게, 뚜렷하게
- **inhabitant** : 주민, 거주자, 서식 동물

해석

신비의 색이라고도 알려진 위장은 동물 세계에서 모두에게 적용되는 방어이다. 곤충만큼 작고 선명한 무늬가 있는 18피트(6미터) 높이의 우뚝 솟은 기린처럼 큰 동물들은 그들이 뒤섞이는 것을 돕기 위해 신비의 색에 의존한다. ① 색과 무늬는 동물이 뒤섞이는 것을 도와줄 뿐만 아니라, 그 모양을 분산시킴으로써 위장할 수도 있다. ② 그런 식으로, 포식자는 처음에 그 동물을 알아보지 못한다. ③ 동물의 색상은 몸을 납작하게 보이게 만들어서, 몸의 통통함을 숨길 수 있다. ④ 거주자들이 환경 문제에 무관심하기 때문에 우리의 행성은 계속해서 훼손된다. ⑤ 색과 무늬는 또한 동물의 그림자를 감추는 것을 도울 수 있다.

29 전체 흐름과 관계 없는 문장 고르기

정답 ④

시간 구조화의 기능

정답 해설

제시문은 일정을 정하고 그것에 따라 개인의 활동을 조정하는 등 주어진 시간을 어떻게 보낼 것인지에 대한 시간의 구조화가 갖는 기능에 대해 설명하는 글이다. 그런데 ④는 순서, 단위, 주기와 같은 수학적 개념의 구성 요소에 대해 설명하고 있으므로, 글의 전체 흐름과 어울리지 않는다.

핵심 어휘

- **thereby** : 그렇게 함으로써, 그것 때문에
- **coordinate** : 조직화하다, 편성[조정]하다
- **duration** : 지속, 기간
- **orientation** : 방향, 성향, 오리엔테이션
- **give form to** : ~을 형성하다
- **coherent** : 일관성 있는, 논리[조리] 정연한
- **periodically** : 정기[주기]적으로
- **building block** : 구성 요소
- **impose** : 도입하다, 부과하다

해석

시간의 구조화는 많은 기능을 할 수 있는데, 그 중 일부는 다른 문화에서 다소 중요하다. 그러나 어디에서든 주요한 기능 중 하나는 문화의 일정을 설정하고, 그것에 따라 문화에서 개인의 활동을 조정하는 것이다. 다른 기능은 그 집단의 활동을 일부 자연 현상 또는 일부 초자연 현상과 연관시키는 것일 수도 있다. ① 구조는 과거 또는 미래에서 사건을 주문하거나, 사건의 지속 시간을 측정하거나, 서로 또는 현재로부터 얼마나 가깝거나 멀리 있는지를 측정하는 데 사용될 수도 있다. ② 무엇보다도, 구조는 방향성의 수단을 제공하며 문화에서 뿐만 아니라 개인의 삶에서 사건의 발생에 형식을 제공한다. ③ 그것은 정기적으로 반복되는 사건을 표시하고 특별한 사건을 배치하는 연속적이고 일관된 틀을 제공한다. ④ 순서, 단위 및 주기와 같은 근본적인 수학적 개념은 바로 그 구성 요소이다. ⑤ 이와 같이 시간에 부과되는 구조는 그 이상으로, 한 문화에서 많은 것을 반영하고 영향을 미친다.

30 주어진 문장의 위치 찾기

정답 ③

「오디세이」로 본 영웅 오디세우스

정답 해설

주어진 문장은 오디세우스가 죽고 부상당한 부하들을 포기하고 남은 부하들을 다시 배에 태우고 떠났다는 내용이다. 즉, 부하들이 공격을 받은 것이므로, 트라키아인들이 이스마루스에서 불길이 치솟는 것을 보고 술에 취한 선원들을 복수심에 불타 공격했다고 서술된 ③에 들어가는 것이 가장 적절하다.

핵심 어휘

- **aboard** : 탄, 탑승한, 승선한
- **in a different light** : 다른 시각[관점]으로
- **priest** : 사제, 성직자
- **undertake to** : ~할 것을 약속하다, ~할 책임[의무]를 지다
- **spare life** : 목숨을 살려주다
- **inland** : 내륙에, 내지에
- **charge** : 공격하다, 돌격하다
- **vengefully** : 복수심에 불타, 앙심을 품고
- **fierce** : 거센, 사나운, 격렬한
- **north-easterly** : 북동쪽에 있는, 북동쪽으로 향하는
- **southernmost** : 최남단의, 가장 남쪽의
- **oar** : 노, 노 젓는 사람
- **bear** : (왼쪽, 북쪽 등으로) 가다[돌다]
- **within sight of** : ~이 보이는 곳에
- **Lotus-eaters** : 로토파고스족

해석

> 오디세우스는 이들 대부분을 다시 배에 태웠으나, 그는 사망자들과 중상자들을 포기해야만 했다.

오디세우스를 다른 관점에서 보여주는 시인 「오디세이」에 따르면, 그는 트로이를 떠난 후 먼저 트라키아로 항해했다. 그곳에서 그는 도시 항구인 이스마루스를 공격했고 불태웠다. (①) 그가 목숨을 살려주기로 한 아폴로의 한 사제가 감사함에 달콤한 와인 몇 병을 주었고, 그 중 절반은 그의 부하들이 해변으로 나들이 갈 때 마셨다. (②) 내지에 살았던 몇몇 트라키아인들은 이스마루스에서 불길이 치솟는 것을 보았고, 술에 취한 선원들을 복수심에 불타 공격했다. (③) 거센 북동쪽 폭풍에 그의 배들은 에게해를 횡단하여 그리스 최남단에 위치한 섬인 시테라로 향했다. (④) 갑자기 폭풍이 잠잠해지자 그는 부하들에게 노를 젓도록 시켰고, 시테라를 돌아 이타카를 향해 북서쪽으로 가려했지만, 폭풍은 전보다 더 사납게 몰아쳤고, 아흐레 동안 불었다. (⑤) 마침내 배가 도착했을 때, 오디세우스는 북아프리카 해안에서 떨어진 로토파고스족의 섬인 시링크스가 눈에 들어왔다.

31 주어진 문장의 위치 찾기

정답 ④

핵심주제 그릴 기술의 발전

정답 해설

제시문은 야외 주방에서 그릴을 사용하기 위한 여러 가지 편의 사항들이 계속해서 발전하고 있다는 내용이다. 주어진 문장은 'of course(물론)'를 사용하여 그릴이 야외 주방에서 관심이 증가하고 있는 한 요소일 뿐이라고 단정하고 있으므로, 이후의 문장에서는 '그러나(however)'라는 역접의 내용이 와야 바람직하다. 또한 ④ 다음의 문장에서 these spaces(이러한 공간들)은 주어진 문장의 'outdoor kitchens(야외 주방들)'을 가리킨다. 그러므로 주어진 문장은 ④에 들어가는 것이 적절하다.

핵심 어휘

- **component** : 구성 요소, 구성 성분
- **flexibility** : 다루기 쉬움, 융통성, 편의성
- **outfit** : 갖추다, 준비하다
- **pullout drawer** : 이동 서랍, 접이식 서랍
- **accommodate** : 공간을 제공하다, 수용하다
- **charcoal** : 숯, 목탄
- **customize** : 주문 제작하다
- **on occasion** : 가끔, 때때로
- **opt for** : ~을 선택하다
- **tray** : 쟁반, 상자
- **invest in** : ~에 투자하다, ~에 돈을 쓰다
- **incorporate** : 포함하다, 통합하다
- **take on feature** : 특징을 띠다

해석

물론, 그릴은 야외 주방에서 관심이 증가하고 있는 한 요소일 뿐이다.

더 많은 편의성을 원하는 소비자들을 위해, 점차 더 많은 회사들이 숯과 나무를 사용할 수 있도록 팬이나 이동식 서랍을 갖춘 하이브리드 가스 그릴을 제공하고 있다. (①) 게다가 일부 바비큐는 냉장실이나 심지어 오븐을 포함한 카트로 주문 제작될 수 있어서 동시에 그릴과 구이를 할 수 있다. (②) 그리고 가끔 훈제된 고기를 좋아하는 사람들은 훈제 쟁반이나 훈제 박스와 같은 액세서리를 선택하거나 별도의 훈제기를 쉽게 추가 구매할 수 있다. (③) 또한 그릴은 주야간 활동이기 때문에, 오늘날의 바비큐들 중 상당수는 표면 조명뿐만 아니라, 날이 어두워진 후에도 온도 설정이 보이도록 제어 패널에 LED를 포함한다. (④) 그러나 이러한 공간들이 계속해서 기능적으로 확장됨에 따라 일 년 내내 즐길 수 있는 특징들을 띠게 되고, 그릴 기술의 발전 또한 그러할 것이다. (⑤) 결국, 러스 포크가 언급했듯이, "모든 것이 그릴에서 더 맛있다."

32 주어진 문장의 위치 찾기

정답 ②

핵심주제 인간의 진화를 촉진하는 전염병

정답 해설

주어진 문장은 전염병에 약한 사람들은 죽고 저항력이 더 강한 생존자들은 살아남아 공동체를 다시 형성한다고 설명하고 있다. 즉, 이것이 그러한 '도태(weeding out)'를 가리키므로, 주어진 문장은 ②에 들어가는 것이 가장 적절하다.

핵심 어휘

- **epidemic** : 전염병, 유행병
- **fierce** : 격렬한, 극심한
- **prolonged** : 오래 지속되는, 장기적인
- **the Black Death** : 흑사병
- **repopulate** : 다시 사람을 살게 하다
- **population** : 인구, 주민, 집단
- **genetic mutation** : 유전적 돌연변이
- **infection** : 감염, 전염
- **pathogen** : 병원균, 병원체
- **nonmutant** : 비 돌연변이
- **counterpart** : 상대, 대응 관계에 있는 사람[것]
- **weeding out** : 잡초 제거, 도태
- **pre-epidemic** : 유행 전, 유행 이전의
- **frequency** : 빈도, 빈발
- **trigger** : 촉발시키다, 작동시키다
- **genetic profile** : 유전자 특성[개요]

전염병이 특히 격렬하거나 장기화되면 (흑사병처럼), 약한 사람들이 대다수 사망하고 버텨낸 생존자들이 남아 그들의 공동체를 다시 사람들로 채울 것이다.

전염병이 집단에 발발할 때, 그 집단에는 감염에 더 자연스럽게 저항력을 갖게 만드는 유전적 돌연변이를 가진 개인들이 있을 것이다. (①) 병원체에 노출될 경우, 그들은 정상적인 비 돌연변이 개인들보다 생존할 가능성이 더 높을 것이다. (②) 수 세대에 걸친 그러한 "도태" 이후, 새로운 생존 집단은 본래의 유행 이전 집단보다 훨씬 더 높은 빈도의 돌연변이 개인들을 갖게 될 것이다. (③) 결과적으로, 만약 전염병이 다시 발생한다면, 그들은 유전적으로 더 잘 대비하게 될 것이다. (④) 따라서 전염병은 시간이 지남에 따라 집단의 유전자 특성에 변화를 촉발시키는 선택적인 압력으로 작용할 수 있다. (⑤) 다시 말해, 그것은 인간의 진화를 촉진할 수 있다.

33 주어진 문장의 위치 찾기

핵심주제 그리스 역사가 티마이오스라의 저술

정답 ④

정답 해설

주어진 문장에서 지중해 세계에서 온 방문객은 시칠리아 섬 출신의 티마이오스라는 그리스 역사가를 가리킨다. 그 역사가에 의해 구전되어 오던 이야기가 감명 깊은 세계사의 일부로 기록됨으로써 우리가 그 이야기에 대한 줄거리라도 개략적으로 알게 되었다는 내용이다. 그러므로 주어진 문장은 ④에 들어가는 것이 가장 적절하다.

핵심 어휘

- a bare outline : 기본 개요[윤곽], 개략
- be passed on by word of mouth : 구전되다
- Mediterranean : 지중해의
- windswept : 바람이 많이 부는
- blazing : 활활 타는, 맹렬한, 격렬한
- dwell : 살다, 거주하다
- legendary : 전설적인, 아주 유명한

해석

우리가 개략적이라도 알게 된 유일한 이유는 지중해 세계에서 온 방문객이 그 이야기를 기록할 때까지 그 이야기가 구전되었기 때문이다.

2천여 년 전, 춥고 바람이 많이 부는 대서양 연안에서 어떤 사람이 활활 타오르는 불 앞에 앉아 이야기를 들려주었다. (①) 오래 전에 형제인 두 신이 있었는데, 바다의 위대한 어머니 여신에게서 함께 태어난 쌍둥이였다고 이 사람은 말했다. (②) 이 형제들이 자랐을 때, 그들은 바다를 뒤로하고 바다 근처에 사는 사람들과 함께 살게 되었다. (③) 그 이야기에는 훨씬 더 많은 부분이 있었지만, 그것이 남아 있는 이야기의 전부이다. (④) 시간이 흘러 그 기록은 알렉산더 대왕의 시대 바로 직후에 살았던 시칠리아 섬 출신의 티마이오스라는 그리스 역사가에게 흘러갔다. (⑤) 그는 전설적인 시대부터 자신의 시대까지 감명 깊은 세계사의 일부로 그 이야기를 기록했다.

34 주어진 문장의 위치 찾기

정답 ③

게르만족의 이동이 언어에 미친 영향

정답 해설

주어진 문장에서 정복한 프랑크계 게르만인들의 많은 단어들이 프랑스 어휘에 포함되었다고 서술되어 있으므로, 다음 문장에는 어떻게 포함되었는지 그 사례를 설명한 문장이 들어가는 것이 바람직하다. ③ 다음의 문장에서 'These words(이 단어들)'가 주어진 문장의 'many words(많은 단어들)'를 받으며 그 사례에 대한 설명을 시작하고 있으므로, 주어진 문장은 ③에 들어가는 것이 적절하다.

핵심 어휘

- Frankish Germans : 프랑크계 독일인
- incorporate : 포함하다, 통합하다
- expansion : 확대, 확장
- subsequently : 그 뒤에, 나중에
- tribe : 부족, 민족
- take control of : ~을 장악[지배]하다
- Franks : 프랑크인(라인 강변의 게르만 족)
- prestige : 명성, 신망

해석

프랑스에서, 정복한 프랑크계 게르만인들의 많은 단어들이 어휘에 포함되었다.

5세기에 게르만의 확장은 로마 제국의 몰락을 가져왔다. 그 후 그들을 방어할 로마 군대가 없어, 많은 땅들이 게르만족들의 지배하에 들어갔다. (①)

서양 게르만족들의 이동은 영어에 관한 이야기에서 특히 중요하다. (②) 5세기 말까지, 서게르만어를 사용하는 사람들이 프랑스와 영국의 상당 부분을 장악했다. (③) 이 단어들은 그 땅의 이름 자체를 포함했다. 즉, 로마의 지배 하에서 갈리아(골)라고 불렸던 것이 이제는 '프랑크의 땅'인 프란시아(프랑스)로 불리게 되었다. (④) 그럼에도 여전히, 라틴어는 프랑스의 언어로 남아 있었다. (⑤) 정복자들이 정복된 사람들의 언어를 사용하는 것은 아마도 놀랄 일이지만, 위대한 제국과 문명의 언어로서 라틴어의 높은 명성은 그것의 생존에 기여했을지도 모른다.

35 글의 배열순서 정하기

정답 ③

핵심 주제 석유 탐사원, 박테리아!

정답 해설

주어진 문장에서 땅 속 깊이 매장되어 있는 석유를 어떻게 찾을 수 있는지 의문을 제기하고 있다. (B)에서 석유의 성분이 대부분 탄화수소이며, (C)에서 그러한 탄화수소가 암반의 틈을 통해 지표면으로 올라온다고 하였다. 마지막으로 (A)에서 탐사들은 석유를 먹고 사는 박테리아를 발견했을 때 그곳에 석유가 있다는 것을 알게 된다고 주어진 문장의 의문에 답하고 있다. 그러므로 주어진 글 다음에 (B)-(C)-(A) 순으로 배열되어야 글의 흐름이 가장 적절하다.

핵심 어휘

- petroleum : 석유
- distribution : 분배, 분포
- detect : 발견하다, 탐색하다
- quantity : 양, 수량
- in reserve : 비축되어 있는
- organic compound : 유기 화합물
- hydrocarbon : 탄화수소
- rock formation : 암반
- component : 요소, 성분
- leak : 누설되다, 새다

해석

석유는 산업의 "피"다. 그러나 땅 속 깊이 매장되어 있기 때문에, 어떻게 그것을 찾을 수 있을까? 때로는 석유의 분포 범위를 정확히 확인하지 않아서 상당한 노동, 재료, 그리고 비용이 소모된다.

(B) 여기서 박테리아는 석유와 신비한 결합을 하고 있다고 할 수 있다. 석유는 다양한 유기 화합물로 구성되어 있는데, 그중 대다수가 탄화수소라 불리는 탄소와 수소의 화합물이다.

(C) 비록 석유가 깊이 매장되어 있지만, 일부 탄화수소가 암반의 틈을 통해 지표면으로 항상 올라온다. 석유의 가스 성분 또한 표면에 누출될 수 있다. 일부 박테리아는 석유를 먹고 산다.

(A) 그러므로, 탐사자들이 어떤 장소에서 많은 양의 그러한 박테리아를 발견했을 때, 그들은 아마도 석유가 있다는 것을 알게 된다. 샘플로 검출된 박테리아의 양에 근거하여, 그들은 또한 비축되어 있는 석유와 가스의 양을 예측할 수 있다.

36 글의 배열순서 정하기

영화 산업을 위한 정부 정보 매뉴얼
정답 ③

정답 해설

주어진 문장에서 1942년에 전쟁 정보국(OWI)을 설립하였고, (B)에서 같은 달인 1942년 6월에 영화 산업을 위한 정부 정보 매뉴얼이 발표되었다. 다음으로 (C)에서 그 매뉴얼에 대한 내용을 평가하고 있고, 마지막으로 (A)에서 1942년 후반까지 그 매뉴얼이 스튜디오 제작에 영향을 미쳤다고 서술하고 있다. 그러므로 주어진 글 다음에 (B)-(C)-(A) 순으로 배열되어야 글의 흐름이 가장 적절하다.

핵심 어휘

- **unified** : 통합된, 통일된
- **the Office of War Information(OWI)** : 전쟁정보국
- **agency** : 대행사, 대리점, 기관
- **bureau** : 부서[국]
- **publicise** : 알리다, 공표하다
- **Allies** : 연합국[군], 동맹국[군]
- **domestic branch** : 국내 지점[지부]
- **administration** : 행정부
- **appointee** : 지명[임명]된 사람
- **New Deal** : 뉴딜 정책
- **liberal** : 자유민주적인, 자유주의의
- **self-defense** : 자기 방어, 정당방위

해석

진주만은 할리우드의 사회적 관심사의 본질을 바꾸었고, 1942년 상반기에 정부 정보 서비스에 대한 비판으로 대통령은 기존의 세 개 기관에서 하나의 통합된 기구인 전쟁 정보국(OWI)을 설립했다.

(B) 대통령의 가까운 친구이자 조언자인 Lowell Mellett는 OWI 국내 지부의 일부인 영화 산업국의 책임자가 되었다. 같은 달인 1942년 6월에, 행정부는 Mellett의 임명자인 Nelson Pointer와 그의 직원들이 쓴 문서인 영화 산업을 위한 정부 정보 매뉴얼을 발표했다.

(C) 이 매뉴얼은 '할리우드가 어떻게 전쟁에 맞서 싸워야 하는지에 대한 자유주의적 견해인 뉴딜의 가장 명확한 성명서'로 평가돼 왔다. '국민의 전쟁'은 단지 정당방위의 싸움이 아니라 민주주의를 위한 싸움이라고 강조했다.

(A) 그것은 또한 할리우드가 연합군과 노르웨이, 유고슬라비아 및 점령된 유럽의 다른 곳에 있는 저항 단체들의 노력을 알리도록 독려했다. 1942년 후반까지 이 매뉴얼은 스튜디오 제작에 영향을 미치기 시작했다.

37 글의 배열순서 정하기

과학 논문의 검증과 출판 현실
정답 ⑤

정답 해설

주어진 문장에서 모든 과학 논문은 객관성을 확보하기 위해 출판되기 전에 저자와 별개로 확인되어야 하며, (C)에서 이러한 확인은 동

료들의 성공적인 검토를 통해서라고 밝히고 있다. 다음으로 (B)에서 모든 연구자가 모든 과학 출판물에 쉽게 접근할 수 있어야 하는데, (A)에서 유료화의 벽에 막혀 그렇지 못함을 설명하고 있다. 그러므로 주어진 글 다음에 (C)-(B)-(A) 순으로 배열되어야 글의 흐름이 가장 적절하다.

핵심 어휘

- **reproducibility** : 복사[복제] 가능성, 재현성
- **backbone** : 근간, 중추
- **crucial** : 중대한, 결정적인
- **independently** : 독립하여, 별개로
- **peer-reviewed** : 동료 심사를 받은
- **behind pay-walls** : 유료화의 벽에 막힌
- **public fund** : 공금, 공적 자금
- **finance** : 자금[재원]을 대다
- **taxpayer** : 납세자, 과세 대상자
- **heritage** : 유산, 상속 재산
- **collectively** : 집합적으로, 총괄하여
- **constructive** : 건설적인, 구조상의
- **verify** : 확인하다, 검증[입증]하다

해석

발표된 결과의 복제 가능성은 과학 연구의 근간이다. 객관성은 과학에 아주 중요하며, 출판용으로 승인되기 전에 관찰, 실험 및 이론이 저자와 별개로 확인되어야 한다.

(C) 실제로 과학적으로 인정받기 위한 결과는 동료들이 검토하고 수용한 논문, 즉 연구자들이 이해하고 검증하며 필요한 경우 수정할 수 있는 글로 제시되고 설명되어야 한다. 성공적인 동료 검토를 마친 후에야 새로운 결과가 발표될 수 있고 과학적 지식에 속하게 된다.

(B) 결과적으로, 모든 과학 출판물은 연구자들이 수세기에 걸쳐 집합적으로 구축해왔고, 계속해서 발전하고 있는 공통의 유산이다. 과학의 건설적이고 보편적인 특성을 고려할 때, 어떤 연구자도 모든 과학 출판물에 가능한 한 조기에 그리고 쉽게 접근할 수 있어야 한다.

(A) 불행히도 오늘날은 그렇지 못한데, 동료 검토를 받은 대부분의 학술지들이 유료화의 벽에 막힌 과학 논문을 보관한 소수의 주요 출판사들에 속해 있기 때문이다. 전 세계적으로 대다수의 연구 프로그램들이 납세자들의 자금 지원을 받기 때문에 연구자들뿐만 아니라 모든 출신의 모든 사람들이 과학 출판물을 접할 수 있어야 한다.

38 글의 배열순서 정하기

국가와 개인의 정체성 함양을 위한 역사 교육의 필요성
정답 ④

정답 해설

주어진 문장에서 우리가 역사에 신경을 써야 하는가에 대한 답변은 (C)에서 국가의 정체성 의식을 제공하기 위해 교육적으로 필요하다는 역사 수호자들의 진부한 말처럼 뻔할 수도 있다. 그러나 (A)에서 너무나 분명해 보이기 때문에 이러한 답변들을 당연한 것으로 여겨서는 안 된다며, Oliver Sacks의 박탈과 비정상의 교훈에 대해 언급한다. 마지막으로 (B)에서는 온전한 정신을 지원하기 위한 개인적 역사에 대해 설명한다. 그러므로 주어진 글 다음에 (C)-(A)-(B) 순으

로 배열되어야 글의 흐름이 가장 적절하다.

핵심 어휘

- bother : 신경 쓰다, 애를 쓰다
- too obvious to labour : 너무나 분명해서 수고를 필요로 하지 않는, 너무 빤한
- be deprived of : ~을 빼앗기다
- realise = realize
- deprivation : 박탈, 상실, 부족
- abnormality : 기형, 이상, 비정상
- instructive : 유익한, 교육적인, 교훈적인
- malfunctioning : 오작동의, 제대로 작동하지 않는
- crucial : 중대한, 결정적인
- implication : 영향, 함축, 연루
- sanity : 제정신, 온전한 정신, 분별
- platitude : 상투어, 진부한 말

해석

왜 우리가 역사에 신경을 써야 하는가라는 질문에 대한 심리적 답변은 너무 빤한 것처럼 보일 수도 있다.

(C) 결국, 그 과목이 국가의 정체성 의식을 제공하기 위해 교육의 필수적인 부분으로써 필요하다는 것은 역사 수호자들의 진부한 말이 되었다. 그리고 개인적인 차원에서, 우리가 누구인지, 어디에 있는지, 심지어 가고 싶은 곳이 어디인지와 관련된 기억을 가지고 있다는 것을 우리 모두 충분히 잘 알고 있다.

(A) 그러나 단지 그것들이 너무나 분명해 보이기 때문에, 이러한 대답들은 쉽게 당연한 것으로 여겨질 수 있고, 그것들에 대한 실제적인 의존은 아니더라도, 그것들의 중요성을 깨닫는 것은 오직 우리가 과거를 빼앗겼을 때이다. 그렇기 때문에 Oliver Sacks와 다른 사람들에 의해 기록된 박탈과 비정상의 예들은 매우 교훈적이다.

(B) 그것들로부터 우리는 오작동하는 기억 혹은 완전한 기억의 상실이 개인적 정체성에 대한 우리의 의식과 그에 따라 다른 사람들과 함께 사회에서 살 수 있는 우리의 능력에 중대한 영향을 미치는 것을 볼 수 있다. 우리의 개인적 역사는 우리 자신과 우리의 온전한 정신을 위한 지원을 제공한다.

39 한 문장으로 요약하기

정답 ①

(A) various ⇒ 다양한
(B) prioritize ⇒ 우선시하다

정답 해설

훈련을 할 때 많은 여러 요소들이 신체 적용에 영향을 미치며, 무엇을 극대화시킬 것인지 아닌지 결정하는 것이 중요하다. 또한 작은 돌에 앞서 큰 돌들을 채우고 모래에 앞서 작은 돌들을 채우는 것처럼 중요도에 따라 우선순위를 결정해야 한다고 조언하고 있다. 그러므로 훈련에서 (A) 다양한 요소를 고려하는 것이 결과를 극대화하는 데 중요하기 때문에, 중요도 피라미드는 겉보기에는 상충되는 조언보다 핵심 요소를 (B) 우선시하는 데 도움이 될 수 있다고 한 문장으로 요약할 수 있다.

오답 해설

② 제한된 …… 우선시하다

③ 독특한 …… 발생시키다
④ 다양한 …… 발생시카다
⑤ 강력한 …… 특징짓다

핵심 어휘

- screw up : 망치다, 엉망으로 만들다
- resultant : 그 결과로 생긴, 그에 따른
- adaptation : 적응, 순응
- trainee : 훈련생, 훈련을 받는 사람
- explosively : 폭발적으로, 격정적으로
- burn : (심한 운동으로) 화끈거리는 느낌
- relative to : ~에 관하여, ~에 비례하여
- confusion : 혼란, 혼동
- brim : (잔·접시·쟁반 등의) 가장자리 cf) fill your cup to the brim 컵을 가득 채우다
- when it comes to : ~에 관한 한, ~에 대해서라면
- pebble : 자갈, 조약돌
- crucial : 중대한, 결정적인
- prioritize : 우선순위를 매기다, 우선적으로 처리하다
- diverse : 다양한, 여러 가지의
- characterize : 특징짓다

해석

비록 매우 단순하고 빠르게 들리지만, 사람들은 항상 이것을 망친다. 훈련을 할 때, 많은 다른 요소들이 서로 영향을 미치고 그에 따른 신체 적응이 일어난다. 지난 수십 년간의 연구와 결합하여, 지난 세기 동안 전 세계 체육관에서의 훈련생들의 경험은 당신의 훈련 노력으로부터 무엇을 극대화시킬 것인지 그렇지 않을 것인지에 대해 꽤 명확한 중요 순서를 세울 수 있도록 하였다. 어떤 훈련을 해야 할지, 얼마나 무거울지, 얼마나 많은 세트를 수행해야 할지, 실패할 때까지 훈련해야 할지, 폭발적으로 또는 천천히 '화끈거림을 느끼도록' 등 겉으로 보기에 상충되는 조언을 볼 때, 이러한 요소들이 당신의 목표에 비례하여 얼마나 중요한지, 그리고 그것들이 훈련의 다른 측면에 어떤 영향을 미칠지 결정해야 한다. 중요도 피라미드 렌즈를 통해 이 변수들을 살펴봄으로써, 불필요한 혼란을 덜어줄 수 있을 것이다. 고전 속담에 이르기를, 만일 훈련 잠재력에 대해 "컵을 가득 채우고 싶다면", 작은 돌들에 앞서 큰 돌들을 채우고 모래에 앞서 작은 돌들을 채워라.

↓

훈련에서 (A) 다양한 요소를 고려하는 것이 결과를 극대화하는 데 중요하기 때문에, 중요도 피라미드는 겉보기에는 상충되는 조언보다 핵심 요소를 (B) 우선시하는 데 도움이 될 수 있다.

40 한 문장으로 요약하기

정답 ①

(A) fundamental ⇒ 기본적인
(B) overflow ⇒ 초과

정답 해설

민주주의 사회에서 관용은 필요하며 책무로써 '보통 인정되는 것보다 더 어렵고 더 긴급할 수도 있다'고 한다. 그러나 '실천적인' 사람들은 그러한 관용을 종종 허용의 과잉으로 치부하기까지 한다고 서술되어 있다. 그러므로 이론적으로 민주주의 사회에서 관용은 (A) 기본

적인 것으로 간주되지만, 현실에서 일부 사람들은 허용의 (B) 초과로 보고 그것을 자주 간과한다고 한 문장으로 요약할 수 있다.

오답 해설

② 기본적인 …… 부족
③ 급진적인 …… 균형
④ 관례적인 …… 사치
⑤ 관례적인 …… 부족

핵심 어휘

- at odd : 다투어, 불화하여, 대립하여
- presumed : 당연한 것으로 여겨지는
- contemporary : 동시대의, 현대의
- go one's separate ways : 각자 제 갈 길을 가다, 다른 길을 가다
- theoretical : 이론의, 이론상의
- coherent : 통일성 있는, 일관성 있는
- comprehensive : 포괄적인, 종합적인
- appropriately : 적절히, 알맞게
- make the point that : ~이라고 주장하다
- commitment : 전념, 헌신, 책무
- urgent : 긴급한, 시급한
- recognition : 인정, 인식
- accommodation : 적응성, 순응성, 수용성
- register : 등록하다, 기입하다
- so much so that : 매우 그러하므로 ~하다, 그게 어찌나 심한지 ~할 정도이다
- dismiss : 무시하다, 묵살하다, 치부하다
- permissiveness : 허용됨, 관대함, 방임주의
- zero tolerance : 제로 관용 정책, 무관용
- overflow : 넘침, 범람, 초과
- radical : 근본적인, 급진적인
- customary : 관례적인, 습관적인
- shortage : 부족, 결핍

해석

이론과 실제는 자주 대립한다. 그러나 현대 사회에서 수용된 이론과 당연한 것으로 여겨지는 관용의 관행이 각자 다른 길을 가는 것처럼 보이는 데는 특히 이상한 무언가가 있다. 관용에 관한 이론적 진술들은 민주주의 사회에서 그것의 필요성과 통일성 있는 이상으로서 그것의 불가능성을 동시에 가정한다. 현대 생활에서 관용과 불관용에 관한 통합 모음집 소개에서, 수잔 멘더스는 자유주의 사회들이 관용을 해야 한다는 책무가 '보통 인정되는 것보다 더 어렵고 더 긴급할 수도 있다'는 점을 적절하게 주장한다. 이론이 주장하는 긴급성과 대조적으로, 실천은 만족스러운 것처럼 보일 수 있다. 즉, 자유 민주 사회들은 인정의 필요성과 차이의 수용성을 그것의 깊이를 명시하지 않고 받아들인 것처럼 보인다. 그게 너무 심해서 '실천적인' 사람들은 그러한 관용을 종종 허용의 과잉으로 치부하기까지 한다. '무관용'이 덜 용서받는 사회를 위한 구호로 성공한 것은 그러한 여론의 분위기가 확산되고 있음을 보여준다.

↓

이론적으로 민주주의 사회에서 관용은 (A) 기본적인 것으로 간주되지만, 현실에서 일부 사람들은 허용의 (B) 초과로 보고 그것을 자주 간과한다.

[41~42]

핵심 어휘

- ornamentation : 장식, 치장, 꾸밈
- add-on : 추가[부가]물
- lay : 전문 지식이 없는, 문외환의
- resort to : ~에 의지[의존]하다, ~에 기대다
- debunk : (정체를) 폭로하다, 틀렸음을 드러내다[밝히다]
- material : 중요한, 구체적인
- externalize : 외부화하다, 구체화하다
- imagery : 형상화, 이미지
- integrate : 통합하다, 합치다
- hidden power : 잠재력
- dissociation : 분리, 분열
- supplement : 보충[추가](물)
- inseparable : 갈라놓을 수 없는, 분리할 수 없는
- underlying : 근본적인, 근원적인
- superficial : 표면적인, 피상적인
- embodiment : 구현, 구체화, 구체화된 것
- externalization : 외부화, 구체화

해석

왜 우리는 제스처를 취할까? 많은 사람들은 제스처가 (일어나고 있는 일의 핵심이라고 가정되는) 말에 강조, 활력 그리고 장식을 준다고 말할 것이다. 간단히 말해서, 제스처는 "추가 기능"이다. 하지만 이에 반대되는 증거가 있다. 문외환의 관점에서 볼 때, 제스처는 어떤 이가 "손으로 말하는" 것이다. 단어를 찾을 수 없기 때문에 제스처에 의존한다. 마리안 걸버그는 이 구식 생각이 틀렸다는 것을 밝혀냈다. 그녀가 간단히 말했듯이, 말이 멈출 때 제스처를 시작하는 것이 아니라, 제스처 또한 멈춘다는 것이다. 우리가 제스처를 취하는 이유는 더 심오하다. 언어는 이미지와 분리할 수 없다. 제스처가 중요한 의미의 전달을 강화하는 동안, 그 핵심은 제스처와 말이 함께 한다. 그것들은 제스처가 "추가 기능" 또는 "장식"이라는 말 이상으로 더 단단히 묶여 있다. 그것들은 생각 그 자체와 통합되어 있다. 어떤 이유로 손의 사용이 제한적이고 제스처가 구체화되지 않더라도, 그것이 구현하는 이미지는 여전히 존재할 수 있고, 숨겨진 채로 말과 통합될 수 있다(예를 들어 발과 같은 신체의 다른 부분에서 나타날 수 있다).

41 글의 제목 유추하기

 제스처: 추가 이상의 기능   정답 ⑤

정답 해설

제시문에서 많은 사람들은 제스처가 말을 강조하고 활력을 주며, 말을 꾸미는 추가적 기능을 한다고 알고 있다. 그러나 제스처가 중요한 의미의 전달을 강화하고 생각 그 자체와 통합되어 언어와 분리될 수 없는 좀 더 심오한 기능을 한다고 설명하고 있다. 그러므로 ⑤의 '제스처: 추가 이상의 기능'이 제시문의 제목으로 가장 적절하다.

오답 해설

① 언어의 잠재력
② 제스처와 사고의 분리
③ 제스처의 필수 원칙

④ 생각의 깊이를 측정할 수 있을까?

42 빈칸 추론하기

정답 ①

핵심주제: 제스처: 추가 이상의 기능

정답 해설

제시문에서 제스처와 말은 함께 하며, 제스처가 "추가 기능" 또는 "장식"이라는 말 이상으로 더 단단히 묶여 있다고 설명하고 있다. 즉, 말과 제스처는 따로 분리된 것이 아니라 생각 그 자체와 통합되어 있는 것이다. 그러므로 ①의 'inseparable from imagery(이미지와 분리할 수 없는)'가 빈칸에 들어갈 말로 가장 적절하다.

오답 해설

② 근본적인 의미에 의해 강조되는
③ 표면적인 형태와 다른
④ 언어 장식에 의존하는
⑤ 외부화에 의해 구축된

[43~45]

핵심 어휘

• duty-free shop : 면세점
• be packed with : ~으로 꽉 차다[미어터지다]
• a multitude of : 다수의, 많은
• patient : 끈기 있게 일하는, 근면한
• considerate : 사려 깊은, 배려하는
• transaction : 거래, 매매
• attendant : 수행원, 승무원, 안내원
• by the skin of one's teeth : 가까스로, 간신히
• booth : 점포, 부스
• boarding : 승선, 승차, 탑승
• make a long face : 울상 짓다, 인상 쓰다, 얼굴을 찌푸리다
• be delighted with : ~을 기뻐하다

해석

(A)

"아빠, 시간 잘 보고 있어요?" 톰이 물었다. 그는 지금 탑승구로 가야 한다고 생각했지만, (a) 그의 아빠는 시간에 무심한 것처럼 보였다. "응, 톰. 걱정하지 마. 우리는 늦지 않을 거야."라고 아빠가 말했지만, 그는 적어도 20분 동안 그렇게 말하고 있었다. 아빠는 특별한 상표의 시계가 있는 면세점을 찾았다. 그들이 도착했을 때, 그 곳은 많은 사람들로 꽉 차 있었다. 공항에 있는 모든 사람들이 이 면세점에서 무언가를 원하는 것처럼 보였다.

(D)

가게 안에는 여러 물건들을 파는 작은 부스들이 많이 있었고, 아빠는 다시 시계 부스를 찾기 위해 주위를 걷고 있었다. "비행기는 4시 30분에 출발하고, 탑승은 30분 전에 시작하므로, 우리는 4시까지 탑승구에 도착해야 한다는 의미야." 톰은 마음속으로 계산을 하고 있었고, (e) 그의 시계를 보았다. 거의 4시였다. 그들은 이미 탑승구에 도착했어야만 한다. 그들이

있는 곳에서 탑승구에 도착하려면 적어도 10분은 걸릴 것이다. 톰은 아빠를 바라보며 얼굴을 찌푸렸다.

(B)

그러나 아빠는 아들을 보지도 않았다. 그는 앞에 있는 몇 개의 시계를 살펴보면서 판매원과 이야기를 나누고 있었다. 그 판매원은 매우 근면하고 사려가 깊었다. 마침내 아빠는 하나를 골랐고, 판매원은 "그럼 이걸로 포장해 드리겠습니다."라고 말했다. 아빠는 서둘러 지불했고 (b) 그로부터 포장꾸러미를 받았다. 마침내 거래는 끝이 났다. 아빠는 아들을 향해 돌아서서 "달리자"라고 말했다. 아빠가 그의 말을 마치기도 전에, 톰은 이미 뛰고 있었다.

(C)

그들은 100미터 경주자들처럼 통로를 질주했고, 포장 가방이 날아다니며 그들을 뒤쫓았다. 멀리서 (c) 그 아들이 문이 닫히는 것을 보고 "잠깐만요, 우리가 왔어요!"라고 소리쳤고, "잠깐만요, 제발!"이라고 아버지도 아들 바로 뒤에서 소리쳤다. 승무원이 그들을 보았고, 그들은 가까스로 도착했다. 자리에 앉으면서 아버지는 "봐, 내가 맞았어!"라고 말했다. 톰은 무슨 말인지 몰랐지만, (d) 그는 그저 안도의 한숨을 내쉬었다.

43 글의 배열 순서 정하기

정답 ④

핵심주제: 비행기 탑승 시간에 대한 부자 간의 동상이몽

정답 해설

(A)에서는 비행기 탑승 시간이 다 되어가는 데도 느긋하게 아빠가 원하는 브랜드의 시계를 사기 위해 면세점에 들렀고, (D)에서는 비행기 탑승 시간에 늦을까봐 걱정하는 아들이 그러한 아빠를 보며 얼굴을 찌푸린다. (B)에서는 아빠가 아들의 시선은 아랑곳하지 않고 자신이 원하는 시계를 구매한 후 아들에게 탑승구로 뛰자고 말한다. 마지막으로 (C)에서 그들은 간신히 비행기에 탑승하게 되고, 아들은 안도의 한숨을 내쉰다. 그러므로 제시된 글은 (D)-(B)-(C)의 순으로 배열되어야 글의 흐름상 적절하다.

44 지칭 대상과 다른 것 고르기

정답 ②

핵심주제: 비행기 탑승 시간에 대한 부자 간의 동상이몽

정답 해설

(a), (c), (d), (e)는 모두 아들을 가리키지만, (b)는 아빠에게 시계를 판 판매원을 가리킨다.

45 내용과 불일치 문장 고르기

 비행기 탑승 시간에 대한 부자 간의 동상이몽

정답 ⑤

정답 해설

톰은 비행기 탑승 시간이 다 되어 가는 데도 원하는 브랜드의 시계를 사기 위해 면세점에서 쇼핑하는 아빠를 보고 얼굴을 찌푸렸다. 그러므로 톰이 아빠가 쇼핑하는 것을 기뻐한 것은 아니다.

오답 해설

① 톰은 시간에 대한 아빠의 태도를 걱정했다. → 톰은 비행기 탑승 시간이 다 되어 가는 데도 시간에 무심한 아빠의 태도를 걱정함

② 톰이 방문한 면세점은 매우 붐볐다. → 톰이 면세점에 도착했을 때, 그 곳은 많은 사람들로 꽉 차 있었음

③ 그 판매원은 근면하고 사려 깊은 서비스를 제공했다. → 판매원은 아빠가 원하는 시계를 구입할 수 있도록 성실하게 설명함

④ 톰과 그의 아빠는 성공적으로 탑승했다. → 탑승구로 달려가 간신히 비행기에 탑승한 후 안도의 한 숨을 내쉼

수학영역

01 로그

로그부등식

정답 ②

step1 로그 형태를 변수로 치환하여 다항 형태 부등식의 해를 구한다.
$\log_{\frac{1}{2}} x = a$라 하자. 그러면
$(a-2) \times \frac{1}{2}a < 4$, $a^2 - 2a - 8 < 0$에서
$-2 < a < 4$이다.

step2 치환한 변수를 다시 로그로 바꿔 로그부등식의 해를 구한다.
치환한 a를 다시 바꾸면 $-2 < \log_{\frac{1}{2}} x < 4$이므로,
$\frac{1}{16} < x < 4$이고 이를 만족하는 자연수 x는 $1, 2, 3$의 3개이다.

02 함수의 극한

불연속함수의 극한

정답 ⑤

step1 주어진 식의 극한을 그래프를 이용해 계산한다.
$\lim_{x \to 1-} (f \circ f)(x) = f(1) = 2$이고
$\lim_{x \to -\infty} f\left(-2 - \frac{1}{x+1}\right) = \lim_{x \to -2+} f(x) = 2$이므로,
$\lim_{x \to 1-} (f \circ f)(x) + \lim_{x \to -\infty} f\left(-2 - \frac{1}{x+1}\right) = 2 + 2 = 4$

03 삼각함수

삼각함수의 주기

정답 ⑤

step1 삼각함수의 주기 공식을 사용하여 각 함수별로 주기를 찾는다.
ㄱ. $\tan \frac{3\pi}{2} x$의 주기는 $\frac{2}{3}$, $-\sin 2\pi x$의 주기는 1이므로, 이 함수의 주기는 둘의 최소공배수인 2이다. 그러므로 ㄱ은 참이다.

ㄴ. $\cos 2\pi x$의 주기는 1, $\sin \frac{4}{3}\pi x$의 주기는 $\frac{3}{2}$이므로, 이 함수의 주기는 둘의 최소공배수인 3이다. 그러므로 ㄴ도 참이다.

ㄷ. $\sin \pi x$의 주기는 2, $\left| \cos \frac{3\pi}{2} x \right|$의 주기는 $\frac{2}{3}$이므로, 이 함수의 주기는 둘의 최소공배수인 2이다. 그러므로 ㄷ도 참이다.

삼각함수의 주기

$y=a\sin(bx+c)+d$, $y=a\cos(bx+c)+d$의 경우,

주기 $t=\dfrac{2\pi}{b}$이다.

$y=a\tan(bx+c)+d$의 경우,

주기 $t=\dfrac{\pi}{b}$이다.

04 부정적분

 부정적분의 미분

정답 ②

step1 주어진 조건을 이용하여 $f'(x)$를 구하고 $g'(x)$를 $f(x)$에 대한 식으로 나타낸다.

조건 (가)에서, 양변을 미분하면

$xf'(x)=3x^2+6x$, $f'(x)=3x+6$이다.

또한 조건 (나)에서, 양변을 미분하면

$g'(x)=xf(x)$이다.

step2 주어진 값을 대입하여 $f(x)$를 구한다.

$g'(2)=0$이므로, 이를 대입하면

$2f(2)=0$에서 $f(2)=0$이다.

$f'(x)=3x+6$이므로 이를 적분하면

$f(x)=\dfrac{3}{2}x^2+6x+C$인데, $f(2)=0$이므로

$f(x)=\dfrac{3}{2}x^2+6x-18$이다.

그러므로 $f(-2)=6-12-18=-24$

05 거듭제곱

 거듭제곱근의 계산

정답 ③

step1 주어진 조건을 이용하여 a와 b를 구한다.

조건 (가)에서, $b^2=-\sqrt{8}a$이므로 $b^4=8a^2$이다.

또한 조건 (나)에서 $\left(a^{\frac{2}{3}}b\right)^3=a^2b^3=\dfrac{b^4}{8}\times b^3=-16$,

$b^7=-2^7$이므로 $b=-2$이고, $a=\dfrac{b^2}{-\sqrt{8}}=-\sqrt{2}$이다.

그러므로 $a^3-2b=(-\sqrt{2})^3+4=4-2\sqrt{2}$

06 정적분

 역함수로 둘러싸인 부분의 넓이

정답 ①

step1 구하고자 하는 넓이를 간단한 형태로 변형한다.

$g(x)$는 $f(x)$의 역함수이므로, $f(x)$는 $x=b$, $x=2b$에서 $y=x$와 만난다.

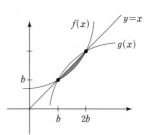

$f(x)$와 $g(x)$는 이러한 형태이며, 이때

$\displaystyle\int_b^{2b}\{g(x)-f(x)\}dx$는 $f(x)$와 $g(x)$로 둘러싸인 면적이

므로 $f(x)$와 $y=x$로 둘러싸인 면적(색칠한 면적)의 두배

이다.

즉, $\displaystyle\int_b^{2b}\{g(x)-f(x)\}dx=2\int_b^{2b}(x-f(x))dx$이다.

step2 주어진 $f(x)$의 형태를 이용하여 계수비교법으로 a, b를 구하여 넓이를 계산한다.

$f(x)$와 $y=x$는 $x=b$, $x=2b$를 근으로 가지므로

$f(x)-x=\dfrac{1}{12}(x-b)(x-2b)$,

$f(x)=\dfrac{x^2}{12}-\dfrac{b}{4}x+x+\dfrac{b^2}{6}$이다.

또한 문제조건에서 $f(x)=\dfrac{x^2}{12}+\dfrac{x}{2}+a$이므로

$b=2$, $a=\dfrac{2}{3}$이다. 그러므로,

$2\displaystyle\int_b^{2b}(x-f(x))dx=2\int_2^4\left(-\dfrac{1}{12}x^2+\dfrac{x}{2}-\dfrac{2}{3}\right)dx=\dfrac{2}{9}$

07 삼각함수

핵심 주제 사분면의 각

정답 ①

step1 문제조건을 이용하여 3θ, 4θ에 대한 부등식을 세운다.

3θ가 1사분면의 각이므로 가능한 경우는

1) $0<3\theta<\dfrac{\pi}{2}$인 경우

이 때는 $0<4\theta<\dfrac{3\pi}{2}$이므로, 4θ가 2사분면에 존재할 수 있다.

2) $2\pi<3\theta<\dfrac{5\pi}{2}$인 경우

이 때는 $\dfrac{8\pi}{3}<4\theta<\dfrac{10\pi}{3}$이므로, 4θ가 2사분면에 존재할 수 있다.

3) $4\pi<3\theta<\dfrac{9\pi}{2}$인 경우

이 때는 $\dfrac{16\pi}{3}<4\theta<6\pi$이므로, 4θ가 2사분면에 존재할 수 없다.

4) $6\pi<3\theta<\dfrac{13\pi}{2}$인 경우부터는, 1, 2, 3의 경우가 반복해서 나타나므로 생략한다.

step2 각 경우에 대해 θ가 존재하는 사분면을 찾는다.

그러므로 가능한 경우는 1)과 2)뿐이고,

1)의 경우 $0<\theta<\dfrac{\pi}{6}$이므로 θ는 1사분면의 각이고,

2)의 경우 $\dfrac{2\pi}{3}<\theta<\dfrac{5\pi}{6}$이므로 θ는 2사분면의 각이다.

$m+n=1+2=3$

08 수열

수열의 일반항
정답 ④

step1 주어진 식을 변형하여 수열의 일반항 a_n을 구한다.

주어진 식의 양변에 $2a_n$을 곱하면

$a_n^2-2=2\sqrt{n-1}a_n,\ a_n^2-2\sqrt{n-1}a_n-2=0$

$a_n=\sqrt{n-1}\pm\sqrt{n+1}$인데 a_n의 모든 항이 음수이므로

$a_n=\sqrt{n-1}-\sqrt{n+1}$이다.

step2 수열합의 규칙성을 찾아 계산한다.

그러므로 $\displaystyle\sum_{n=1}^{99}a_n=a_1+a_2+\cdots+a_{99}$

$=(\sqrt{0}-\sqrt{2})+(\sqrt{1}-\sqrt{3})+\cdots+(\sqrt{98}-\sqrt{100})$

$=\sqrt{0}+\sqrt{1}-\sqrt{99}-\sqrt{100}=-9-3\sqrt{11}$

09 함수의 극한과 연속

함수의 연속성
정답 ①

step1 주어진 조건을 이용하여 $f(x)$가 지나는 점들의 위치를 찾는다.

조건 (가)에서, $x=0$을 대입하면 $f(0)=\dfrac{1}{2}$이다.

조건 (나)에서, $g(x)$가 $x=2$와 $x=-1$에서 연속이므로 극한값이 존재한다.

그러므로 $2f(2)-7=0,\ 2f(-1)-7=0$에서

$f(2)=f(-1)=\dfrac{7}{2}$이다.

이를 다시 조건 (가)에 대입하면

$f(-2)=f(1)=-\dfrac{5}{2}$이다.

step2 대략적인 $f(x)$의 그래프를 그리고, 조건을 만족하는 k를 찾는다.

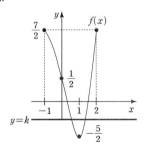

앞서 구한 점들을 지나도록 $f(x)$를 그려보면 대략적으로 위와 같은 형태를 띠게 된다.

이때 $y=k$가 $(0,2)$에서 $f(x)$와 두 번 이상 만나도록 하는 정수 k는 $0,-1,-2$의 3개이다.

핵심노트

함수의 연속성

어떤 함수 $f(x)$가 $x=t$에서 연속일 때

$\displaystyle\lim_{x\to t}f(x)=f(t)$이다. 또한, 이때

$\displaystyle\lim_{x\to t}f(x)=\lim_{x\to t}\dfrac{h(x)}{g(x)}$이고 $g(t)=0$이면

$h(t)=0$이다.

10 적분법

정답 ②
정적분으로 정의된 넓이의 최대최소

step1 주어진 조건을 이용하여 $|f(x)|$를 찾는다.

$f(x)$는 $(2,0)$를 지나면서 기울기가 2, 4인 함수이므로, 이를 x축에 대하여 접어 올린 $|f(x)|$는 다음과 같이 그려진다.

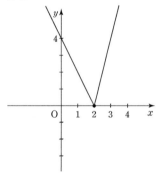

step2 $|f(x)|$의 그래프를 보면서 $g(t)$가 최소가 되는 t를 찾는다.

이때 $g(t)$는 $|f(x)|$를 $t-1$부터 $t+2$까지, 길이 3만큼 적분한 것이므로 $g(t)$의 최소값은,

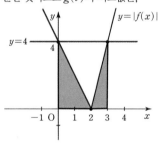

이와 같이 $x=2$를 기준으로 양쪽 직선의 높이가 같아지는 순간이다.

이때 $t=a=1,\ g(t)=3\times4-\dfrac{1}{2}\times3\times4=b=6$이므로

$a+b=1+6=7$

11 미분법

속도와 가속도
정답 ①

step1 문제조건을 이용하여 $v(t)$를 그리고 a를 구한다.

점 P의 위치 $x(t)$를 미분하면 속도 $v(t)$를 얻는다.

즉, $v(t)=3t^2-12at+9a^2=3(t-a)(t-3a)$이다.

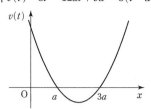

그러므로 $v(t)$는 이와 같은 형태이며

조건 (가)에서 점 P의 운동 방향이 최초로 바뀌는

$t=a$까지 변위가 32이므로 $\int_0^a v(t)dt=32$이다.

그런데 이차함수의 성질에 의해

$\int_0^a v(t)dt=\left|\int_a^{3a} v(t)dt\right|=32$이므로,

$\dfrac{3}{6}\times 8a^3=32$에서 $a=2$이다.

 step2 문제조건을 이용하여 변위를 계산하고 b를 구한다.

$v(t)$를 미분하면 가속도 $a(t)$를 얻는데,

$a(t)=6t-24$이므로 $t=4$에서 가속도가 0이 된다.

이때의 변위는 $\int_0^4 v(t)dt=+32-\dfrac{1}{2}\times 32=16$이므로

이때의 위치는 $x(0)+16=b+16=36$이므로

$b=20$이다.

그러므로 $b-a=20-2=18$

12 함수의 연속

 핵심주제 절댓값이 있는 함수의 연속성 정답 ④

step1 $f(x)$의 연속성을 이용하여 $f(x)$를 구하고, 이를 이용하여 $g(x)$와 $h(x)$를 구한다.

$f(x)$가 실수 전체에서 연속이므로

$\lim\limits_{x\to 5}f(x)=\lim\limits_{x\to 5}\dfrac{x^2+ax+b}{x-5}=\lim\limits_{x\to 5}\dfrac{(x+5)\left(x-\frac{b}{5}\right)}{x-5}$

$=5-\dfrac{b}{5}=7$, $b=-10$이므로 $f(x)=x+2\ (x\neq 5)$이다.

그러면 $g(x)=\sqrt{2-x}\ (x<1)$, $x+2\ (x\geq 1)$이고,

$h(x)=|(x+2)^2+a|-11$이다.

step2 $g(x)h(x)$의 연속성을 이용하여 이를 만족하는 a값을 구한다.

$g(x)h(x)$이 실수 전체에서 연속이므로

$\lim\limits_{x\to 1-}g(x)h(x)=\lim\limits_{x\to 1+}g(x)h(x)$,

$|9+a|-11=3\times(|9+a|-11)$이다.

즉, $|9+a|-11=0$에서 $a=2, -20$

그러므로 모든 a값의 곱은 -40

13 삼각함수

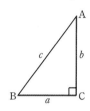 핵심주제 삼각함수의 성질 정답 ③

step1 주어진 조건과 사인법칙을 이용하여 $\triangle ABC$의 형태를 파악한다.

조건 (가)에서

$(\cos^2 A-1)+(\cos^2 B-1)-(\cos^2 C-1)=0$,

$-\sin^2 A-\sin^2 B+\sin^2 C=0$, $\sin^2 C=\sin^2 A+\sin^2 B$,

$\left(\dfrac{c}{2R}\right)^2=\left(\dfrac{a}{2R}\right)^2+\left(\dfrac{b}{2R}\right)^2$, $c^2=a^2+b^2$이므로

$\triangle ABC$는 $\angle C=\dfrac{\pi}{2}$인 직각삼각형이다.

이때 조건 (나)에서

$2\sqrt{2}\dfrac{b}{c}+2\dfrac{a}{c}=2\sqrt{3}$, $\sqrt{2}b+a=\sqrt{3}c$,

$2b^2+a^2+2\sqrt{2}ab=3c^2=3a^2+3b^2$,

$(\sqrt{2}a-b)^2=0$, $\sqrt{2}a=b$이다.

step2 주어진 길이를 이용하여 $\triangle ABC$의 넓이를 구한다.

이때 외접원의 반지름의 길이 $R=3$이므로

$c=2R=6$, $a^2+b^2=3a^2=c^2=36$이고

$a=2\sqrt{3}$, $b=2\sqrt{6}$이다.

그러므로 $\triangle ABC=\dfrac{1}{2}\times 2\sqrt{3}\times 2\sqrt{6}=6\sqrt{2}$

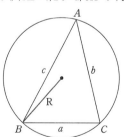

☑ 핵심노트

사인법칙

삼각형 ABC에서 $\overline{AB}=c$, $\overline{BC}=a$, $\overline{CA}=b$라 할 때 다음이 성립한다.

$\triangle ABC$에 대하여, 외접원 O의 반지름이 R일 때 다음이 성립한다.

$\dfrac{a}{\sin A}=\dfrac{b}{\sin B}=\dfrac{c}{\sin C}=2R$

14 부정적분

 핵심주제 부정적분의 계산 정답 ④

step1 문제조건을 이용하여 $f(x)$와 $F(x)$를 구한다.

조건 (가)에서, 극한값이 존재하므로 분자는 5차 다항함수가 되어야 한다. $f(x)$와 $F(x)$의 최고차항끼리 곱한 항이 5차항이므로, $f(x)$는 이차함수이다.

$f(x)=ax^2+bx+c$, $F(x)=\dfrac{a}{3}x^3+\dfrac{b}{2}x^2+cx+C$라 하면 조건 (가)에서,

$$\lim_{x\to\infty}\dfrac{\{F(x)-x^2\}\{f(x)-2x\}}{x^5}=\lim_{x\to\infty}\dfrac{\left(\dfrac{a^2}{3}x^5+\cdots\right)}{x^5}=\dfrac{a^2}{3}$$
$=3$, $a=3$이다.

또한 조건 (나)에서, $f(0)=2$이고 $f'(0)=2$이므로 $b=2$, $c=2$이다.

또한 조건 (다)에서
$f(0)F(0)=2F(0)=4$, $F(0)=2$이므로 $C=2$이다.

step2 구한 $f(x)$와 $F(x)$를 이용하여 구하고자 하는 도형의 넓이를 구한다.

$y=F(x)-f(x)=x^3-2x^2=x^2(x-2)$이므로

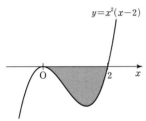

구하는 넓이는 색칠한 부분의 넓이이며 삼차함수의 성질에 의해 색칠한 부분의 넓이는

$\dfrac{1}{12}\times 2^4=\dfrac{4}{3}$

삼차함수의 성질

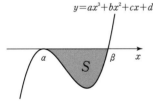

삼차함수 $y=ax^3+bx^2+cx+d$가 x축과 $x=\alpha$에서 접하고 $x=\beta$에서 만날 때, 삼차함수와 x축으로 둘러싸인 넓이를 S라 하면 다음이 성립한다.

$S=\dfrac{|a|}{12}\times(\beta-\alpha)^4$

15 수열

 등비수열 　　　　　　정답 ②

step1 주어진 식을 변형하여 a_n과 a_{n+1}의 관계를 찾는다.

조건 (나)에서 $7a_n>5a_{n+1}$, $\dfrac{7}{5}>\dfrac{a_{n+1}}{a_n}$이다.

또한 조건 (다)에서 $\dfrac{a_{n+1}}{a_n}=A$로 치환하면

$2\sin^2 A-5\sin\left(\dfrac{\pi}{2}+A\right)+1=2\sin^2 A-5\cos A+1=0$,

$2(1-\cos^2 A)-5\cos A+1=0$,

$2\cos^2 A+5\cos A-3=0$이므로 $\cos A=\dfrac{1}{2}$, $A=\dfrac{\pi}{3}$이다.

즉, $a_{n+1}=\dfrac{\pi}{3}a_n$이다.

step2 주어진 a_2값을 대입하여 $\dfrac{(a_4)^5}{(a_6)^3}$를 계산한다.

$a_2=\pi$이므로 $a_4=\dfrac{\pi^3}{3^2}$, $a_6=\dfrac{\pi^5}{3^4}$이다.

그러므로 $\dfrac{(a_4)^5}{(a_6)^3}=\dfrac{\dfrac{\pi^{15}}{3^{10}}}{\dfrac{\pi^{15}}{3^{12}}}=9$

16 도함수

 도함수의 활용 　　　　　　정답 ③

step1 주어진 식을 미분하여 a값에 따른 함수의 형태를 세 가지 경우로 나누고, 각각의 경우에 대하여 주어진 부등식을 만족시키는 a가 있는지 찾는다.

부등식의 좌변을 $y=2ax^3-3(a+1)x^2+6x$라 하자.
$y'=6ax^2-6(a+1)x+6=6(ax-1)(x-1)$이므로

1) $a<1$인 경우

$a<1$이므로 $\dfrac{1}{a}>1$이다. 그러므로 이때의 y'은

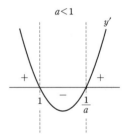

위와 같이 나타난다. 이때 $0\le x\le 1$에서 y는 증가함수이므로, 이 구간에서 y의 최대값은 $x=1$일 때이다.
$x=1$을 대입하면 $2a-3a-3+6=3-a$이므로
$3-a\le 1$, $2\le a$에서 모순이 발생하므로 이 경우는 부등식을 만족시키는 a가 존재하지 않는다.

2) $a=1$인 경우

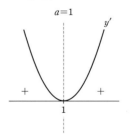

$a=1$인 경우 y'은 $x=1$에서 중근을 가지며 첫 번째 경우와 마찬가지로 $0\le x\le 1$에서 y는 증가함수이므로, 이 구간에서 y의 최대값은 $x=1$일 때이다.

이 경우 a의 범위는 첫 번째와 같이 $2 \leq a$가 나오며 모순이 발생하기 때문에 이 경우에도 부등식을 만족시키는 a가 존재하지 않는다.

3) $a > 1$인 경우

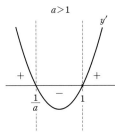

$a > 1$인 경우 $\dfrac{1}{a} < 1$이므로 y는 $0 \leq x \leq 1$에서

$0 \leq x \leq \dfrac{1}{a}$까지는 증가하다가 $\dfrac{1}{a} < x \leq 1$에서는 감소하게 되므로 이 구간에서 y의 최대값은 $x = \dfrac{1}{a}$일 때이다.

이를 대입하면

$\dfrac{2}{a^2} - \dfrac{3(a+1)}{a^2} + \dfrac{6}{a} = \dfrac{3a-1}{a^2}$이므로,

$\dfrac{3a-1}{a^2} \leq 1$, $3a-1 \leq a^2$, $a^2 - 3a + 1 \geq 0$에서

$a \geq \dfrac{3+\sqrt{5}}{2}$, $a \leq \dfrac{3-\sqrt{5}}{2}$인데,

이 경우는 $a > 1$이므로

a의 최소값은 $\dfrac{3+\sqrt{5}}{2}$

17 함수의 극한

 극한의 부정형   정답 ③

step1 조건 (가)를 이용하여 a, b, c의 관계를 파악한다.

조건 (가)에서

$\displaystyle\lim_{x \to \infty} (\sqrt{(a-b)x^2 + ax} - x)$

$= \displaystyle\lim_{x \to \infty} \dfrac{(a-b-1)x^2 + ax}{\sqrt{(a-b)x^2 + ax} + x}$

$= \displaystyle\lim_{x \to \infty} \dfrac{(a-b-1)x + a}{\sqrt{(a-b) + \dfrac{a}{x}} + 1} = c$이므로,

$a - b = 1$이고 $\dfrac{a}{2} = c$이다.

step2 조건 (나)를 이용하여 a, b, c, d의 값을 계산한다.

조건 (나)에서 $b = a - 1$을 대입하면

$\displaystyle\lim_{x \to -\infty} (ax - (a-1) - \sqrt{-ax^2 - 4x})$

$= \displaystyle\lim_{x \to \infty} (-ax - (a-1) - \sqrt{-ax^2 + 4x})$

$= \displaystyle\lim_{x \to \infty} \dfrac{(a^2+a)x^2 + \{2a(a-1)-4\}x + (a-1)^2}{-ax - (a-1) + \sqrt{-ax^2 + 4x}}$

$= \displaystyle\lim_{x \to \infty} \dfrac{(a^2+a)x + \{2a(a-1)-4\} + \dfrac{(a-1)^2}{x}}{-a - \dfrac{(a-1)}{x} + \sqrt{-a + \dfrac{4}{x}}} = d$인데,

분모의 최고차항의 계수가 0이므로 극한값이 존재하려면 분자의 최고차항의 계수도 0이어야 한다.

즉, $a^2 + a = 0$인데 $a \neq 0$이므로 $a = -1$이다.

그러면 $b = a - 1 = -2$, $c = \dfrac{a}{2} = -\dfrac{1}{2}$이다.

$a = -1$을 위 극한값에 대입하면 $d = 0$이다.

그러므로 $a + b + c + d = -1 - 2 - \dfrac{1}{2} + 0 = -\dfrac{7}{2}$

18 수열의 합

 수열의 합의 활용   정답 ②

step1 문제조건에 따라 a_{50}을 나타낸다.

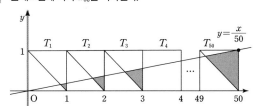

a_{50}은 다음과 같이 $y = \dfrac{1}{50}x$를 그렸을 때,
색칠한 영역들의 넓이의 합을 나타낸다.

step2 수열의 합을 이용하여 a_{50}을 계산한다.

각 삼각형의 넓이를 S_n이라 하면

$S_1 = \dfrac{1}{2} \times \dfrac{1}{50} \times \dfrac{1}{51}$, $S_2 = \dfrac{1}{2} \times \dfrac{2}{50} \times \dfrac{2}{51}$, $\cdots$이므로

$a_{50} = \displaystyle\sum_{k=1}^{50} \left(\dfrac{1}{2} \times \dfrac{k}{50} \times \dfrac{k}{51} \right)$

$= \dfrac{1}{2} \times \dfrac{1}{50} \times \dfrac{1}{51} \times \dfrac{50 \times 51 \times 101}{6} = \dfrac{101}{12}$

✓ 핵심노트

수열의 합

$\displaystyle\sum_{k=1}^{n} k = \dfrac{n(n+1)}{2}$, $\displaystyle\sum_{k=1}^{n} k^2 = \dfrac{n(n+1)(2n+1)}{6}$

$\displaystyle\sum_{k=1}^{n} k^3 = \left(\dfrac{n(n+1)}{2} \right)^2$

19 함수의 극한

 함수의 극한 활용   정답 ①

step1 문제조건에서 $\triangle$PQR에 대하여 넓이 $S(t)$를 t에 대한 식으로 나타낸다.

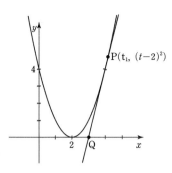

$f'(x)=2(x-2)$이므로 점 P에서의 접선의 방정식은
$y=2(t-2)(x-t)+(t-2)^2$이고, Q의 좌표는
$\left(\dfrac{t+2}{2},\ 0\right)$이다.

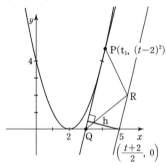

또한 $y=2(t-2)(x-5)$는 $(5,\ 0)$을 지나면서 이 접선과
기울기가 동일한 직선인데,
이때 $\triangle PQR$의 높이 h는 $\overrightarrow{PQ}$와 $(5,0)$사이의 거리와 같으
므로 $S(t)=\dfrac{1}{2}\times\overline{PQ}\times h$

$=\dfrac{1}{2}\times\sqrt{\left(\dfrac{t-2}{2}\right)^2+(t-2)^4}\times\dfrac{-(t-2)(t-8)}{\sqrt{4(t-2)^2+1}}$이다.

step2 주어진 극한을 계산한다.

이를 대입하면 $\displaystyle\lim_{t\to2+}\dfrac{S(t)}{(t-2)^2}$

$=\displaystyle\lim_{t\to2+}\dfrac{\dfrac{1}{2}\times\sqrt{\left(\dfrac{t-2}{2}\right)^2+(t-2)^4}\times\dfrac{-(t-2)(t-8)}{\sqrt{4(t-2)^2+1}}}{(t-2)^2}$

$=\displaystyle\lim_{t\to2+}\dfrac{1}{2}\times\sqrt{\left(\dfrac{1}{2}\right)^2+(t-2)^2}\times\dfrac{-(t-8)}{\sqrt{4(t-2)^2+1}}$

$=\dfrac{1}{2}\times\dfrac{1}{2}\times6=\dfrac{3}{2}$

20 삼각함수

 정답 ⑤

삼각함수의 치환

step1 $\sin x$를 t로 치환하여 $f(x)$를 t에 대한 식으로 바꿔준다.

$\sin x=t$라 하면
$f(x)=2(1-\sin^2 x)-|1+2\sin x|-2|\sin x|+2$
$=2(1-t^2)-|1+2t|-2|t|+2$이다.

step2 t의 범위에 따른 값을 그래프로 나타내고, 문제 조건을 만족시키는 t의 값들을 찾는다.

t의 값에 따라 범위를 나눠 y를 구해보면

1) $t<-\dfrac{1}{2}$인 경우 $y=-2t^2+4t+5$가 되고,

2) $-\dfrac{1}{2}\leq t<0$인 경우 $y=-2t^2+3$이 되고,

3) $t\geq0$인 경우 $y=-2t^2-4t+3$이 된다.

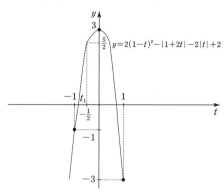

그러므로 t의 값에 따른 y는 이런 형태를 띄게 된다.
이때 $t=\sin x$이므로 $-1\leq t\leq1$인데,

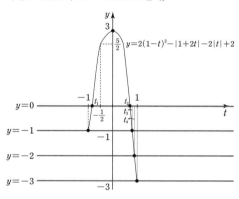

y가 0 이하의 정수가 되도록 하는 t는
$-1, t_1, t_2, t_3, t_4, 1$이다.

step3 이 값들에 대응되는 x값의 개수를 구한다.

문제조건을 만족하는 t가 $-1, t_1, t_2, t_3, t_4, 1$이므로,
$\sin x$가 $-1, t_1, t_2, t_3, t_4, 1$이면 된다.

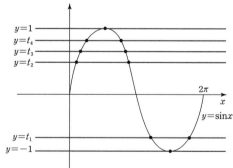

x에 대한 그래프를 그려 보면,
이를 만족하는 x의 개수는 10개이다.

21 도함수의 활용

 정답 4

함수의 연속과 미분가능성

step1 주어진 조건 중 연속성과 미분가능성을 이용하여 $f'(x)$를 구한다.

$g(x)$가 실수 전체에서 연속이므로

$\lim_{x \to -1-} g(x) = \lim_{x \to -1+} g(x)$, $f(1) = -f(1)$, $f(1) = 0$이다.

또한 $g(x)$가 실수 전체에서 미분가능하므로

$\lim_{x \to -1-} g'(x) = \lim_{x \to -1+} g'(x)$, $f'(1) = -f'(1)$, $f'(1) = 0$이다.

$g(x)$가 $x = -1$에서 극값을 가지므로

$g'(-1) = f'(-1) = 0$이다.

이때 $f(x)$는 최고차항의 계수가 1인 삼차함수이므로 $f'(x)$는 최고차항의 계수가 3인 이차함수이다.

$f'(1) = 0$, $f'(-1) = 0$이므로

$f'(x) = 3(x+1)(x-1)$이다.

step2 이를 부정적분하고 앞서 구한 함수값을 이용하여 $f(x)$를 구하고 극댓값을 구한다.

이를 부정적분하면 $f(x) = x^3 - 3x + C$인데

$f(1) = 0$이므로 $C = 2$, $f(x) = x^3 - 3x + 2$이다.

$f(x)$는 $x = -1$에서 극댓값을 가지므로

$f(x)$의 극댓값은 $f(-1) = -1 + 3 + 2 = 4$

22 미분법

| | 정답 | 31 |

미정계수의 추정

step1 주어진 항등식을 이용하여 $f(x)$를 하나의 변수로 나타낸다.

조건 (가)에서 $2f(x) - (x+2)f'(x) - 8 = 0$이 항등식이므로, 최고차항이 사라지려면 $f(x)$는 이차함수이어야 한다.

$f(x) = ax^2 + bx + c$로 놓으면 $f'(x) = 2ax + b$이므로 두 식을 대입하면

$2(ax^2 + bx + c) - (x+2)(2ax + b) - 8 = 0$,

$(b - 4a)x + 2c - 2b - 8 = 0$에서

$b - 4a = 0$이므로 $a = \dfrac{1}{4}b$이고,

$2c - 2b - 8 = 0$이므로 $c = b + 4$이다.

즉, $f(x) = \dfrac{b}{4}x^2 + bx + b + 4$.

step2 주어진 평균변화율을 대입하여 $f(x)$를 구한다.

조건 (나)에서

$\dfrac{f(0) - f(3)}{0 - (-3)} = \dfrac{(b+4) - \left(\dfrac{9}{4}b - 3b + b + 4\right)}{3} = \dfrac{1}{4}b = 3$

이므로 $b = 12$, $f(x) = 3x^2 + 12x + 16$이다.

그러므로 $f(1) = 3 + 12 + 16 = 31$

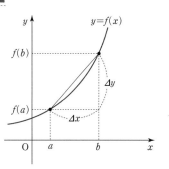

핵심노트

평균변화율

$y = f(x)$의 x가 a에서 b까지 변할 때의 평균변화율은 다음과 같이 정의한다.

$\dfrac{\Delta y}{\Delta x} = \dfrac{f(b) - f(a)}{b - a}$

23 함수와 그래프

| | 정답 | 9 |

치환과 실근의 개수

step1 주어진 식을 치환하여 간단한 다항식으로 변형한다.

$\sqrt{3^x} + \sqrt{3^{-x}} = A$라 하자.

산술, 기하 평균의 관계에 의해 $\sqrt{3^x} + \sqrt{3^{-x}} \geq 2$이므로 $A \geq 2$이다.

$3^x + 3^{-x} + 2 = A^2$, $3^x + 3^{-x} = A^2 - 2$이므로 주어진 방정식은

$A^2 - 2A - |k - 2| + 5 = 0$이 된다.

step2 다항식의 그래프를 그리고 실근을 갖지 않도록 하는 k의 개수를 구한다.

이 방정식을 다시 써보면,

$A^2 - 2A = |k - 2| - 5$이므로

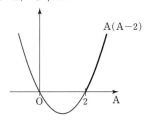

$A \geq 2$에서 $y = A(A-2)$와 $y = |k-2| - 5$가 실근을 갖지 않으려면, $|k-2| - 5 < 0$이면 된다.

그러므로 $-3 < k < 7$이다.

즉, 주어진 방정식이 실근을 갖지 않도록 하는 정수 k는 $-2, -1, \cdots, 6$로 9개이다.

24 등차수열

| | 정답 | 118 |

등차수열의 합

step1 주어진 식을 변형하여 n, $n-1$에 대하여 각각 식을 세운다.

b_n이 등차수열이므로 $b_n=2n-2+b_1$이다.

이를 주어진 식에 대입하면

$n(n+1)(2n-2+b_1)=\sum_{k=1}^{n}(n-k+1)a_k$를 얻는다.

또한 n대신 $n-1$을 대입하면

$(n-1)n(2n-4+b_1)=\sum_{k=1}^{n-1}(n-k)a_k$를 얻는다.

step2 두 식의 차를 이용해 an의 형태를 파악하고, 주어진 값을 대입하여 a_n을 구한다.

그러면, 위 식에서 아래 식을 빼 주면

$n(6n-6+2b_1)=\sum_{k=1}^{n}a_k$이다.

a_n의 합이 상수항이 없는 이차함수꼴이므로

a_n은 등차수열이고, $a_n=12n-12+2b_1$이다.

$a_5=58$이므로, $b_1=5$이고, $a_n=12n-2$이다.

그러므로 $a_{10}=120-2=118$

 핵심노트

등차수열의 합

등차수열 a_n의 첫째항이 a이고 공차가 d일 때,

$\sum_{k=1}^{n}a_k=\dfrac{n\{2a+(n-1)d\}}{2}$이다.

즉, 등차수열의 합은

1) 최고차항의 계수가 공차의 절반이고,

2) 상수항이 없는 형태로 나타난다.

25 지수함수

핵심주제: 지수함수의 평행이동

정답 78

step1 주어진 함수를 해석하여 그래프를 그린다.

$y=\dfrac{1}{2^a}\times 4^x-a=4^{x-\frac{1}{2}a}-a$이므로, 이 함수는

$y=4^x$를 x축으로 $\dfrac{1}{2}a$만큼, y축으로 $-a$만큼 평행이동한 것이다.

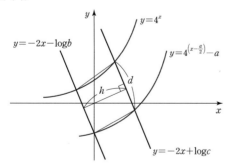

그러면 주어진 함수들로 둘러싸인 면적은 교점으로 이루어진 평행사변형의 넓이와 같게 된다.

step2 주어진 면적을 a, b, c에 대한 식으로 표현한다.

이때 $y=4^x$에서 $y=4^{x-\frac{1}{2}a}-a$로 평행이동한 거리를 d, 두 직선 간 거리를 h라 하면 평행사변형의 넓이

$S=dh=3$이다.

d는 가로가 $\dfrac{1}{2}a$, 세로가 a인 직각삼각형의 빗변의 길이이므로 $d=\dfrac{\sqrt{5}}{2}a$이고,

h는 $(0,-\log b)$와 $y=-2x+\log c$ 사이의 거리 공식을 써서 계산하면 $h=\dfrac{1}{\sqrt{5}}(\log b+\log c)$를 얻는다.

즉, $\dfrac{\sqrt{5}}{2}a\times\dfrac{1}{\sqrt{5}}(\log b+\log c)=3$, $a\times\log bc=6$이다.

step3 이를 만족하는 순서쌍 (a, b, c)의 개수를 구한다.

$a\times\log bc=6$을 만족하는 경우는

1) $a=1$인 경우

$\log bc=6$, $bc=10^6=2^6\times 5^6$이므로 약수의 개수는 $7\times 7=49$개이므로 (b, c)순서쌍은 49개이다.

2) $a=2$인 경우

$\log bc=3$, $bc=10^3=2^3\times 5^3$이므로 약수의 개수는 $4\times 4=16$개이므로 (b, c)순서쌍은 16개이다.

3) $a=3$인 경우

$\log bc=2$, $bc=10^2=2^2\times 5^2$이므로 약수의 개수는 $3\times 3=9$개이므로 (b, c)순서쌍은 9개이다.

4) $a=6$인 경우

$\log bc=1$, $bc=10=2\times 5$이므로 약수의 개수는 $2\times 2=4$개이므로 (b, c)순서쌍은 4개이다.

이상에서 모든 순서쌍 (a, b, c)의 개수는 $49+16+9+4=78$개이다.

2023 정답 및 해설

국어영역

01 독서

핵심
주제 글의 내용 이해하기
정답 ④

정답 해설

제시문에 따르면 경험적 적용은 이론의 예외가 되는 반증 사실이 있는지에 대해 검증하는 것이지 이론을 이상적으로 만드는 것은 아니다. 즉, 반증은 과학 이론에 대해 지속적인 비판이 이루어지는 것을 의미한다.

오답 해설

① 과학 이론 → 반증 가능성의 정도가 각기 다름
  3문단에서 모든 이론의 가설이 동일한 정도로 반증 가능성이 있는 것은 아니라고 서술되어 있다.
② 과학 이론 → 오류 제거를 통한 점진적 발전
  3문단에서 포퍼는 자연의 진화처럼 과학 이론 역시 끊임없는 반증과 오류 제거를 통해 점진적으로 발전한다고 보았다.
③ 가치 있는 이론 → 반증에 내구성이 있음
  3문단에서 좋은 이론은 반증 가능성이 큰 대담한 내용을 내포함에도 쉽게 무너지지 않는 이론으로 파악하고 있다.
⑤ 과학 이론 → 경험적 적용을 통해 타당성 검증
  2문단에서 과학 이론은 항상 오류 가능성을 포함하고 있기 때문에, 논리적으로 모순이 없다고 해도 반드시 경험적 적용을 통해 타당성을 검증해야 한다고 설명하고 있다.

02 독서

핵심
주제 글의 세부 내용 파악하기
정답 ⑤

정답 해설

4문단에서 포퍼는 현대 사회가 민주주의 사회로 발전했지만 다수결에 의해 폭군과 독재자가 통치하도록 결정될 수 있다는 역설을 배제할 수 없다고 보았다. 여기서 폭군과 독재자가 통치하도록 결정될 수 있는 사회는 주술적 가치를 통해 지배하는 닫힌 사회이다. 그러므로 주술적 가치가 다수결에 따를 때 나타날 수 없는 가치라는 ⑤의 설명은 옳지 못하다.

오답 해설

① 주술적 가치 → 비판과 검증을 허용하지 않는 가치

4문단에서 통치자가 어떤 반박도 허용하지 않는 주술적 가치를 통해 지배한다고 하였으므로, 주술적 가치는 비판과 검증을 허용하지 않는 가치라고 할 수 있다.
② 주술적 가치 → 열린 사회에서 배척되어야 하는 가치
  4문단에서 포퍼가 보기에 닫힌 사회는 주술적이라고 하였고, 닫힌 사회의 독단주의는 소수의 폐쇄된 집단만 사태를 정확히 인식한다고 전제하는 지적 오만을 드러낸다고 하였다. 그러므로 주술적 가치는 열린 사회에서 배척되어야 하는 가치이다.
③ 주술적 가치 → 사회를 무오류의 상태로 바꾸려는 가치
  4문단에서 열린 사회는 범할 수 있는 오류를 인정하는 사회이므로, 사회를 무오류의 상태로 바꾸려는 가치는 열린 사회와 반대되는 닫힌 사회의 주술적 가치라고 볼 수 있다.
④ 주술적 가치 → 미래가 어떻게 될지 확신할 수 있는 가치
  6문단에서 역사적 법칙이 미래를 확실히 예측하는 수단인 것 같지만 실제로 이러한 예측은 불가능하며 오히려 그 법칙이 독단이 되어 국민을 억압하게 된다고 설명하고 있다. 또한 마지막 문단에서 미래가 어떻지는 누구도 알 수 없고, 그것을 주장하는 사람은 마법사일 뿐이라고 서술되어 있다. 그러므로 미래가 어떻게 될지 확신하는 것은 닫힌 사회의 주술적 가치이다.

03 독서

핵심
주제 글의 세부 내용 파악하기
정답 ⑤

정답 해설

제시문에 따르면 포퍼는 사회도 자연의 진화처럼 시행착오와 오류 제거를 통해 변화한다고 보았으며, 독단의 법칙에 의해 뒷받침되는 불변적이고 절대적인 이상 사회인 유토피아가 최종 목적이 아니라고 보았다. 그러므로 ⑤의 '시행착오로 인한 희생이 있어도 이상적 미래를 구현하게 하는 제도'가 ㉡에서 말하는 사악하거나 무능한 지배자들이 심한 해악을 끼치지 않도록 하는 정치 제도는 아니다.

오답 해설

① 단편적 지식만 아는 다수 → ㉠
  5문단에서 포퍼는 단편적 지식만 아는 다수가 자신이 아는 지식을 자유롭게 교환하면서 국가의 미래를 논의하는 것이 전체주의보다 낫다고 보았다.
② 소수 집단의 자유로의 의견 → ㉡
  소수 집단이라 해도 자신의 의견을 자유롭게 개진하는 것은 열린 사회이므로, 그러한 제도는 사악하거나 무능한 지배자들이 심한 해악을 끼치지 않도록 하는 정치 제도에 해당한다.
③ 자유로운 의사 결정 → ㉡
  치열한 토론과 자유로운 의사 결정은 지식의 자유로운 교환을 통해 국가의 미래를 결정할 수 있으므로, 그러한 제도는 사악하거나 무능한 지배자들이 심한 해악을 끼치지 않도록 하는 정치 제도에 해당한다.

④ 단기적 목적의 설정 → ⓒ

마지막 문단에서 포퍼는 현재 문제를 점진적으로 해결하려는 합리적 과정을 통해 설정된 단기적 목적을 이루는 것이 더 중요하다고 보았다.

04 독서

핵심주제 한자어 익히기

정답 ①

✎ 정답 해설

ⓐ의 '싹트다'는 '어떤 생각이나 감정, 현상 따위가 처음 생겨나다'는 뜻이므로, '어떤 일이나 생기려는 기운이 싹틈'을 의미하는 ①의 '태동(胎動)'과 그 의미가 가장 유사하다.

✎ 오답 해설

② 준동(蠢動): 벌레 따위가 꿈적거린다는 뜻으로, 불순한 세력이나 보잘것없는 무리가 법석을 부림을 이르는 말이다.
③ 활동(活動): 몸을 움직여서 행동함을 의미한다.
④ 가동(可動): 움직일 수 있음을 의미한다.
⑤ 약동(躍動): 생기 있고 활발하게 움직임을 뜻한다.

05 독서

핵심주제 주어진 견해에 대한 반론 찾기

정답 ④

✎ 정답 해설

칼 포퍼는 '반증주의'를 통해 과학 이론은 항상 오류 가능성을 포함하고 있기 때문에 논리적으로 모순이 없다고 해도 반드시 경험적 적용을 통해 타당성을 검증해야 한다고 보았다. 또한 혁명적 과정에서 나타날 수 있는 정치적 독단은 지적 오만을 드러내고 국민을 억압하게 되므로 문제 해결을 오히려 저해할 수 있다고 설명하고 있다. 그러므로 〈보기〉의 견해에 대해 ④의 설명이 칼 포퍼가 제기할 만한 반론으로 가장 적절하다.

✎ 오답 해설

① 과학 이론 → 수정 또는 폐기될 수 있음

과학 이론은 경험적 적용을 통해 타당성을 검증해야 하고, 이론의 예외가 되는 반증 사실이 있을 경우 그 이론은 수정되거나 폐기될 수 있다. 그러므로 과학의 이론적 틀이 하나여서 결코 바뀌지 않는 것은 아니다.

② 반론의 방향 → 잘못됨

〈보기〉의 견해는 생각의 틀 자체를 바꾸는 혁명을 통한 급격한 변화가 과학과 정치의 발전을 가져올 수 있다는 내용이므로, 반증의 많고 적음이 과학 이론의 성공을 결정한다는 반론은 적절하지 못하다.

③ 과학 이론 → 점진적 발전

포퍼는 자연의 진화처럼 과학 이론 역시 끊임없는 반증과 오류 제거를 통해 점진적으로 발전한다고 보았으며, 정치 역시 반증 가능성이 발전의 조건이 된다고 보았다.

⑤ 반증주의 → 과학 이론의 타당성 검증

칼 포퍼의 '반증주의'는 과학 이론 또는 정치를 경험적 적용을 통해 타당성을 검증하는 가설이지, 여러 과학 이론이나 정치적 해결책 중 어느 것을 선택할지 결정하는 역할을 하는 것은 아니다.

06 현대 시 복합

핵심주제 작품의 내용 파악하기

정답 ⑤

✎ 정답 해설

(가)에서는 두만강을 건너 북간도로 온 과거 상황을 상상하여 시적 대상인 '가시내'의 슬픈 처지를 이해하고 있으며, (나)에서는 파초에 감정을 이입하여 조국을 떠나온 '파초의 꿈'을 통해 조국을 잃어버린 화자의 처지를 간접적으로 드러내고 있다. 그러므로 (가)와 (나)의 공통점은 '대상의 과거 상황을 상상하여 대상의 현재 처지를 이해한다.'는 ⑤의 설명이 가장 적절하다.

✎ 오답 해설

① (가) → 의인법(X) / (나) → 의인법(O)

(나)는 3연의 '소낙비를 그리는 너는 정열(情熱)의 여인(女人)'에서 의인법을 사용하여 '너', 즉 '정열의 여인'을 통해 동적인 이미지를 구현하고 있으나, (가)에서는 의인법이 사용되고 있지 않다.

② (가), (나) → 독백적 어조(X)

(가)와 (나) 모두 독백적 어조로 자신의 상황을 반성적으로 성찰한 부분은 보이지 않는다.

③ (가) → 서사적 맥락(O) / (나) → 서사적 맥락(X)

(가)에서는 단풍이 물들던 가을에 두만강을 건너 겨울인 지금 북간도 술막에서 일하고 있는 '가시내'의 서사적 맥락이 형성되어 있으나, (나)에서는 서사적 맥락이 보이지 않는다.

④ (가), (나) → 반어의 수사적 표현(X)

(가)와 (나) 모두 반어의 수사적 표현이 사용되지 않았다.

☑ 핵심노트

(가) 이용악, 「전라도 가시내」
• 갈래 : 자유시, 서정시
• 성격 : 서사적, 애상적, 비극적
• 제재 : 전라도 가시내
• 주제 : 일제강점기 유이민들의 비참한 삶
• 특징
  – 전형적인 이야기시의 서술 형식을 취함
  – 토속적인 시어와 사투리를 사용함
  – 전라도 가시내와 함경도 사내의 대화 형식으로 내용을 전개함

(나) 김동명, 「파초」
• 갈래 : 자유시, 서정시, 참여시
• 성격 : 상징적, 우의적, 의지적
• 제재 : 식민지의 극한 상황
• 주제 : 잃어버린 조국에 대한 향수와 극복 의지
• 특징
  – 자아와 세계와의 대결 구조
  – 자연물에 감정을 이입하여 화자의 정서를 표출함
  – 대상에 대한 호칭 변화(파초–너–우리)를 통해 정서적 거리감을 좁힘

07 현대 시 복합

정답 ②

시적 대상 파악하기

✏️정답 해설

(가)에서는 시적 화자인 '함경도 사내'가 북간도 술막에서 일하고 있는 시적 대상인 '전라도 가시내'의 슬픔에 공감과 위로를 보내고 있으며, (나)에서는 시적 화자가 시적 대상인 파초에 감정을 이입하여 조국을 잃어버린 자신의 처지에 공감하고 있다. 그러므로 (가), (나)의 화자가 시적 대상에 대해 가지고 있는 태도는 '공감적' 태도이다.

08 현대 시 복합

정답 ③

시어의 의미 파악하기

✏️정답 해설

(가)의 5연에서 '잠깐 너의 나라로 돌아가거라'라고 말한 것은 시적 화자인 '함경도 사내'가 '가시내'를 위로하기 위한 말이며, 실제로 '가시내'가 언제 떠날 수 있을 지는 기약이 없다. 오히려 봄이 되면 노래도 없이 자욱도 없이 사라지는 것은 시적 화자인 '함경도 사내'이다. 그러므로 '봄이 오면 술막을 떠날 예정이다.'라는 ③의 설명은 옳지 못하다.

🖊️오답 해설

① 가시내 → 고향에 대한 그리움
북간도 술막에서 만난 함경도 사내와의 대화를 통해 '가시내'가 고향을 그리워하고 있음을 알 수 있다.

② 두만강 건너기 → 가을
3연에서 석 달 전 단풍이 물들 때 두만강을 건너왔다고 하였으므로, '가시내'가 가을 무렵 두만강을 건너왔고 석 달 이후인 지금은 겨울임을 알 수 있다.

④ 자신의 처지 → 냉소적
5연의 '때로 싸늘한 웃음이 소리 없이 새기는 보조개'에서 술집 작부로 전락한 자신의 처지에 대한 냉소적 태도를 엿볼 수 있다.

⑤ 전라도 → 북간도
전라도 사람인 '가시내'가 먼 길을 떠나 현재의 장소인 북간도까지 오게 된 서사적 과정이 묘사되어 있다.

09 현대 시 복합

정답 ②

시어의 의미 파악하기

🖊️정답 해설

'불타는'은 파초의 고향인 남국의 특성이자 잃어버린 조국을 그리워하는 시적 화자의 열정적 마음의 표현이며, '밤'과 '겨울'은 일제 치하의 어두운 현실로 서로 대립적 관계에 있다고 볼 수는 없다. 또한 시적 대상인 '너'는 시적 화자인 '나'가 동반자적 애정과 일체감을 보이는 감정 이입의 대상이지 '밤'과 '겨울' 즉, 일제 치하의 어두운 현실

에 저항하는 능동적인 존재는 아니다.

🖊️오답 해설

① '불타는' → 파초의 고향인 남국의 특성
'불타는'과 '정열(情熱)'은 모두 파초의 고향인 남국의 특성으로, 파초가 뜨거운 고향인 남국을 그리워하듯 시적 화자 또한 감정 이입을 통해 잃어버린 조국을 열렬히 그리워하고 있음을 나타낸다.

③ '불타는' → '샘물'이 필요한 까닭
조국에 대한 그리움에 불타 갈증을 느끼는 것에 대해, '샘물'이 그리움이라는 갈증을 해소시켜주는 수단으로 사용되었다.

④ '불타는' → '소낙비'의 치유
조국에 대한 불타는 향수를 치유할 '소낙비'는 그리움의 대상이지만, '소낙비'가 내리지 않아 발등에 '샘물'을 길어 부음으로써 이를 대신하는 것이다.

⑤ '불타는' → 상승적 이미지
'불'과 '정열(情熱)'의 타오르는 모습은 상승적 이미지를 연상시키며, 시적 화자인 '나'는 감정 이입의 대상인 파초 즉, '너'를 긍정적 가치를 지닌 존재로 파악한다.

10 현대 시 복합

정답 ①

작품의 세부 내용 파악하기

🖊️정답 해설

㉠의 '헤매이자'는 '가시내'의 어두운 옛 이야기를 듣는 나의 모습을 나타낸 것으로 행위 주체는 화자이지만, ㉡의 '가리우자'는 일제 치하의 암울한 현실을 파초와 함께 이겨내자며 청자에게 청유하고 있는 것으로 행위 주체는 청자이다.

🖊️오답 해설

② ㉠, ㉡ → 화자와 청자의 심리적 거리 : 가까움
㉠의 '헤매이자'는 '가시내'의 어두운 옛 이야기에 빠져드는 화자의 모습에서, ㉡의 '가리우자'는 어두운 현실을 함께 극복하자는 청유에서 화자와 청자의 심리적 거리가 가까워지고 있다.

③ ㉠ → 행위의 동참 요구(X) / ㉡ → 행위의 동참 요구(O)
㉡의 '가리우자'는 암울한 현실을 이겨내자고 청자에게 행위의 동참을 요구하고 있지만, ㉠은 그렇지 않다.

④ ㉠, ㉡ → 불확실한 미래에 대한 걱정(X)
㉠의 '헤매이자'는 '함경도 사내'가 '가시내'의 어두운 옛 이야기에 빠져드는 모습으로, 불확실한 미래에 대한 걱정을 바탕으로 한 것은 아니다. ㉡의 '가리우자'도 현실 극복에 대한 의지를 나타낸 것으로 불확실한 미래를 걱정하고 있지는 않다.

⑤ ㉠ → 현실 극복 의지(X) / ㉡ → 현실 극복 의지(O)
㉡의 '가리우자'는 암울한 현실을 극복하면 현실의 고난에서 벗어날 수 있다는 믿음이 담겨 있지만, ㉠에서는 그런 모습을 볼 수 없다.

11 현대 소설

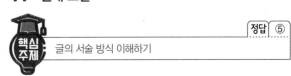

정답 ⑤

글의 서술 방식 이해하기

정답해설

이 글은 1인칭 주인공 시점으로 등장인물인 서술자, 즉 작품 속의 주인공인 '나'가 다른 인물들을 관찰하며 그들의 삶과 내면 심리를 논평하고 있다.

오답해설

① 우연성 강조 → X

위 작품은 인과 관계가 약한 사건들을 병치하여 우연성을 강조하기 보다는 생기를 잃고 무기력하게 살아가는 조선인의 비참한 삶을 있는 그대로 보여주고 있는 사실주의 소설이다.

② 액자 소설 → X

이야기 속 이야기는 외부 이야기가 내부 이야기를 액자처럼 포함하고 있는 소설 기법인데, 위의 작품에서는 이야기 속 이야기가 아니라 내화와 관찰을 통해 인물의 과거를 소개하고 있다.

③ 갈등의 해소 → X

위 작품은 '무덤'이라는 상징적 소재를 통해 일제 강점기 조선의 식민지 상황을 냉담하게 비판하고 있으나, 중심 갈등이 해소되는 과정은 서술되어 있지 않다.

④ 긍정적인 면모 → X

인물의 내적 독백을 통해 인물들의 긍정적인 면모가 아니라 일제 강점기 조선인들의 암울한 삶에 대한 부정적인 면모를 부각하고 있다.

☑ 핵심노트

- 갈래 : 현대 소설, 중편 소설, 사실주의 소설
- 성격 : 사실적, 비판적, 자조적
- 시점 : 1인칭 주인공 시점
- 배경
  - 시간 : 3·1 만세 운동 전
  - 공간 : 일본에서 조선으로 돌아오는 여정
- 주제 : 지식인의 눈으로 바라본 일제 강점기의 암울한 조선의 현실
- 특징
  - 일본에서 조선(부산–김천–서울)으로 돌아오는 여정을 중심으로 전개되는 여로형 소설임
  - 상세한 묘사와 함께 세태를 사실적으로 묘사함

12 현대 소설

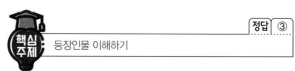

글의 태도 이해하기　　　　정답 ③

정답해설

(가)에서 '무덤'은 일제 강점기 식민지 조선의 참담한 모습을 상징하고, '구더기'는 그런 암울한 현실에서 비참하게 살아가는 조선 민중의 모습을 상징한다. 서술자이자 주인공인 '나'가 "이게 산다는 꼴인가? 모두 뒈져 버려라!"고 말한 혼잣말 속에서 한심하게 살아가는 조선 민중에 대한 안타까움과 분노의 태도를 엿볼 수 있다.

오답해설

① 대상에 대한 포용 → X

실의에 빠진 대상을 포용하는 것이 아니라 절망적인 상황을 냉소적인 시선으로 비판하는 태도를 보이고 있다.

② 일방적인 저주 → X

일방적으로 저주하는 태도가 아니라 조선인의 무기력한 삶의 모습에 안타까움과 분노의 태도를 보이고 있다.

④ 염려의 태도 → X

일본인들에게 굴종적인 모습을 보이는 조선인들을 마음의 소리로 표현한 것이지, 큰 소리로 말하고 싶은데 대상이 잘 받아들이지 않을 것을 염려하여 혼잣말로 외친 것은 아니다.

⑤ 구원의 시도 → X

무기력한 대상을 구원하려던 시도는 보이지 않으며, 극복 방안 없이 냉소적인 시선으로 비판만 하는 지식인의 한계를 드러내고 있다.

13 현대 소설

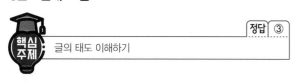

등장인물 이해하기　　　　정답 ③

정답해설

"예서 아주 자라났답니다. 제 어머니가 조선 사람인데요."라는 변론하는 듯한 말과 "그렇지!" 하며 얼굴을 들이대는 동료에 대해 '화롯불 가져온 아이'는 싫은 내색을 하거나 언짢아하는 모습을 보이지 않았다.

오답해설

① 화롯불 가져온 아이 → 조선에서 태어나고 자람

"예서 아주 자라났답니다. 제 어머니가 조선 사람인데요."라고 말하는 동무 계집애의 말을 통해 '화롯불 가져온 아이'는 조선에서 태어나고 자랐음을 알 수 있다.

② 화롯불 가져온 아이 → 혼혈인 것이 드러나는 것을 꺼림

조선애가 아닌가도 싶다고 추측하는 '나'의 시선에 "예서 아주 자라났답니다. 제 어머니가 조선 사람인데요."라고 '화롯불 가져온 아이'를 변론하는 듯한 동무 계집애의 말로 보아 '화롯불 가져온 아이'가 자신이 혼혈인 것이 드러나는 것을 꺼린다는 사실을 알 수 있다.

④ 화롯불 가져온 아이 → 어머니와 헤어짐

어머니가 대구에 있으며, 대구에 가는 인편을 통해 알아보고 싶다는 말을 통해 어머니와 헤어진 상태임을 알 수 있다.

⑤ 화롯불 가져온 아이 → 한글로 편지를 쓸 줄 모름

"천생 언문으로 편지를 쓸 줄 알아야죠."라는 말을 통해 '화롯불 가져온 아이'가 한글로 편지를 쓸 줄 모른다는 사실을 알 수 있다.

14 현대 소설

문맥적 의미 파악하기　　　　정답 ②

정답해설

ⓒ은 조선 사람들에 대한 비판적 내용 중 '소댕 뚜껑이 무거워야 밥이 잘 무른다'는 지식을 예로 들어 조선 사람의 무식함을 외국 사람에게 직접 눈으로 확인시켜 주었다는 비아냥거림을 담고 있다. 그러므로 외국 사람에게 조선인들이 실제 물건들을 사용하여 교육하는 것을 의미하는 것은 아니다.

오답 해설

① ⊙ → 조선인들에게 원인이 있음

⊙ 다음의 문장에서 조선 사람은 외국인에게 대해서 아무것도 보여 준 것이 없다며 조선 사람들에 대한 비판적 내용을 열거한 것으로 보아, ⊙의 '이러한 사실'은 문맥상 조선인들이 일본인에게 천대를 받는 것은 조선인들에게 원인이 있다는 사실을 의미한다.

③ ⓒ → 더 이롭다는 계산

딸자식으로 태어났으면서도 조선 사람인 어머니보다는 일본 사람인 아버지를 찾아가겠다는 것은 부모에 대한 자식의 정리를 지나서 타산이 앞을 서기 때문이라는 것으로 보아, ⓒ의 '어떠한 이해관계'는 일본인 아버지에게 기대어 사는 것이 더 이롭다는 계산을 의미한다.

④ ⓔ → 어머니가 더 가엾다는 생각

ⓔ은 딸아이가 아버지와 헤어진 조선인 어머니가 아니라 어떠한 이해관계 때문에 일본인 아버지를 찾아간다는 것은 그 어머니가 남편과 딸에게 모두 버림받았기 때문에 더 가엾다고 생각된다는 의미이다.

⑤ ⓜ → 찻간의 분위기를 더욱 무겁게 만듦

ⓜ의 '우중충한 남폿불'은 찻간 사람들의 머리 위를 밝히는 등불이 아니라 무덤 같은 찻간의 분위기를 더욱 무겁게 만드는 흐리고 침침한 램프 불빛을 의미한다.

15 현대 소설

	정답 ④
작품에 대한 비판적 사고 이해하기	

 정답 해설

작품 속 '무덤'은 일제 강점기 식민지 조선의 참담한 모습을 상징하고, '구더기'는 그런 암울한 현실에서 비참하게 살아가는 조선 민중의 모습을 상징한다. 그러므로 당시 조선인들을 무덤 속 구더기로 보는 '나'의 관점에서는 희망도 미래도 없는 무기력한 조선에서 민족의 자주성을 드높이는 만세 운동이 일어난 것은 이해할 수 없는 사건이다.

 오답 해설

① 자주적으로 선택한 삶 → X

작품 속 주인공인 '나'는 무덤 같은 일제 치하의 환경 속에서 구더기처럼 비굴하게 살고 있는 당시 조선인들의 삶을 비난하고 있지만, 그들이 자주적으로 선택한 삶이라고 보고 있지는 않다.

② 일본에 기대야 한다는 생각 → X

작품의 서술자인 '나'는 일제 치하에서 구더기처럼 굴종하며 살아가는 조선인들을 비난하고 있다. 그러므로 일본에 기대어야 한다는 생각을 벗어나지 못한 것은 아니다.

③ 자신이 우월하다는 생각 → X

작품 속 일본 유학생인 '나'는 구습에 젖은 당시 조선인들의 삶에서 희망을 찾거나 극복 방안을 제시함이 없이 비난만 하는 지식인의 한계를 드러내고 있다. 그러므로 '나'가 희망을 발견하려는 자신이 우월하다는 생각은 찾을 수 없다.

⑤ 일본인들의 잘못 → X

작품 속 중인공인 '나'는 시대에 뒤떨어진 조선 민중의 삶에 안타까움과 분노의 태도를 보이며 자조하고 있지, '나'가 일본인들의 잘못을 비난하는 모습은 보이지 않는다.

16 독서

	정답 ②
글의 서술 방식 이해하기	

 정답 해설

1문단에서 유전자 치료 중 현재 가장 발전한 것이 3세대 유전자 가위인 크리스퍼 시스템이라고 정의한 후, '일정한 스페이서를 둔 서열의 발견', '크리스퍼 시스템과 적응 면역의 관련 가능성', '인간의 유전자에 크리스퍼 시스템의 적용' 등 그와 관련된 사항들을 구체적으로 설명하고 있다. 그러므로 "대상을 정의한 후, 그와 관련된 사항들을 구체적으로 설명하고 있다"는 ②의 내용이 제시문의 서술 방식으로 가장 적절하다.

17 독서

	정답 ④
사건의 순서 이해하기	

 정답 해설

ⓒ → 1987년

박테리아 유전체에서 일정한 스페이서를 둔 서열이 발견된 것은 1987년이다.

ⓐ → 2002년

세균의 유전자에 존재하는 특정한 반복 염기서열을 크리스퍼로 명명한 것은 2002년이다.

ⓑ → 2007년

크리스퍼 시스템과 적응 면역의 관련 가능성을 실험적으로 증명한 것은 2007년이다.

ⓓ → 2008년

인간의 유전자에 크리스퍼 시스템을 사용할 수 있음을 확인한 것은 이듬해인 2008년이다.

18 독서

	정답 ④
글의 세부 내용 이해하기	

 정답 해설

제시문에 따르면 근본적인 원인이 되는 비정상 유전자를 고치는 것을 유전자 치료라고 하는데, 이것은 질병의 원인이 되는 표적 염기서열을 절단하는 것이다. 그래서 1세대의 징크핑거 뉴클레아제, 2세대의 탈렌에 이어 크리스퍼 시스템을 3세대 유전자 '가위'라고 한다. 그러므로 ④의 '가이드RNA와 카스에 의한 표적 염기서열 절단'이 크리스퍼 시스템의 핵심적인 작동 기제라고 볼 수 있다.

19 독서

	정답 ③
글의 세부 내용 이해하기	

정답해설

5문단의 말미에 크리스퍼 시스템이 아직까지는 기술적 정확성 면에서 한계가 있고 유전자 변이를 완벽히 통제하지 못하고 있다는 제약을 가지고 있으므로, 우생학적 편견 같은 잘못된 가치관을 만났을 때 잘못 이용되지 않도록 유전자 편집의 경계 기준을 기술적인 차원에서뿐 아니라 생명 윤리 차원에서도 다루어질 필요가 있다고 당부하고 있다. 이것은 크리스퍼 시스템이 ③에서처럼 생명 윤리 차원에서 우생학적 편견을 안고 있는 방법이라고 단정하고 있는 것은 아니다.

오답해설

① 비용이 적게 듦 → 2문단

2문단에서 크리스퍼 시스템은 기술적으로 비교적 다루기 쉽고 비용이 적게 든다는 장점이 있어 〈사이언스〉에서 가장 혁신적인 기술로 선정되었다고 서술되어 있다.

② 고등생물 대상 가능 → 4문단

4문단의 마지막 문장에 인간을 포함한 고등생물에서도 이 크리스퍼 시스템이 사용될 수 있다는 것이 증명되었다고 서술되어 있다.

④ 식량 증산의 산업적 활용 → 5문단

5문단의 첫 번째 문장에 크리스퍼 시스템은 생명과학 분야에서 유전자 교정을 통해 동식물의 생산량과 안정성을 조절하는 데 기여할 수 있다고 서술되어 있다.

⑤ 가장 발전한 유전자 치료법 → 1문단

1문단의 마지막 문장에 3세대 유전자 가위인 크리스퍼 시스템이 현재까지는 기술적으로 가장 발전한 유전자 치료 방법이라고 서술되어 있다.

20 독서

 핵심주제 글의 내용 이해하기 **정답 ⑤**

정답해설

5문단에서 여느 고객이 누리는 혜택에 더하여 배타적이고 고객 특화적인 추가 혜택이 주어지며 무료 혜택이 함께 부여되는 소비자는 구독료가 비싸더라도 구독 서비스에 충성한다고 하였다. 그러므로 구독 서비스가 충성도 높은 소비자를 유지하기 위해 반드시 값싼 구독료를 유지하는 일반적인 전략을 선택하는 것은 아니다.

오답해설

① 비용을 지불한 서비스의 계약 기간 → 1, 3문단

1문단에서 구독은 '정기적으로 내는 기부금, 가입, 모금, (서비스) 사용'으로 정의되며, 3문단에서 구독은 소비자가 비용을 지불한 이후에도 계약 기간 동안 그 관계가 지속된다고 하였다. 그러므로 구독 서비스는 비용을 지불한 서비스의 계약 기간을 조건으로 한다고 볼 수 있다.

② 판매자와 소비자의 관계 지속 → 3문단

3문단에 따르면 기존의 판매는 판매자가 상품을 소비자에게 건네주고 소비자가 그에 맞는 비용을 지불함으로써 그 관계가 일단 완성되는 반면, 구독은 소비자가 비용을 지불한 이후에도 계약 기간 동안 그 관계가 지속된다고 설명하고 있다.

③ 모바일 기술 발전 → 4문단

4문단에 모바일 기술이나 콜드 체인 기술 같은 발전된 기술로 인

해 판매자와 소비자가 직접 연결될 수 있게 되었고, 소비자의 요구에 따라 특화되거나 개별화된 상품을 신속하게 제공하는 것이 가능하게 되었다고 서술되어 있다.

④ 밀레니얼 세대의 가치 소비 경향 → 4문단

4문단에 기술적 발전 외에도 가치 소비 세대로서 밀레니얼 세대가 새로운 소비 주체로 등장하게 된 것도 구독 경제의 규모를 키우는 주요한 요인이 되었다고 서술되어 있다

21 독서

 핵심주제 내용상 특징 파악하기 **정답 ④**

정답해설

4문단에서 전통적인 유통 채널은 일방향성이라는 소통적 특성과 시간적 지연이 있는 반면에, 구독 서비스는 모바일 기술이나 콜드 체인 기술 같은 발전된 기술로 인해 판매자와 소비자가 직접 연결될 수 있게 되었고, 기업이나 판매자가 소비자와 쌍방향적으로 직접 소통하며 소비자의 요구에 따라 특화되거나 개별화된 상품을 신속하게 제공하는 것이 가능하게 되었다고 서술되어 있다. 그러므로 ④의 '유통 채널의 직접성과 쌍방향성'이 판매와 비교하여 구독 서비스가 갖는 특징으로 가장 적절하다.

오답해설

① 구독 서비스 → 상품의 독점적 사용(X)

소비자는 소유에 의한 독점적 이용도 가능하므로, '상품의 독점적 사용'이 구독 서비스만의 특징은 아니다.

② 구독 서비스 → 상품의 저렴한 가격(X)

기업이 소비자의 수요를 고려하여 싸고 질좋은 제품을 판매하는 것은 기본이므로, '상품의 저렴한 가격'이 구독 서비스만의 특징은 아니다.

③ 구독 서비스 → 상품의 높은 품질과 명성(X)

'상품의 높은 품질과 명성'은 충성 고객을 유도하기 위해 전통적인 판매자와 구독 서비스 모두 필요로 하는 특징이다.

⑤ 구독 서비스 → 소비 수요를 고려한 상품 생산과 제공(X)

기업이 소비자의 수요를 고려하여 싸고 질좋은 제품을 판매하는 것은 전통적인 판매의 특징이다.

22 독서

 핵심주제 글의 맥락 이해하기 **정답 ①**

정답해설

4문단에서 전통적인 유통 채널은 일방향성이라는 소통적 특성과 시간적 지연으로 인해 소비자의 욕구와 불만을 후속 판매에 반영하는 데 제약이 있다고 설명하면서, 소유를 전제로 한 이러한 경제 모델은 미래에도 존재할 것이라고 단서를 달고 있다. 그러므로 미래에는 소유를 목적으로 한 소비는 사라질 것이라는 ①의 설명은 윗글의 맥락과 일치하지 않는다.

오답 해설

② 구독 서비스 → 확대와 성장

4문단에서 기술적 발전, 1인 세대의 증가, 새로운 소비 주체로 밀레니얼 세대의 등장 등이 구독 경제의 규모를 키우는 주요한 요인이라고 설명하고 있다. 그러므로 구독 경제가 오늘날 경제에서 규모를 키워가고 있음을 알 수 있다.

③ 구독 서비스 → 세대 구성의 변화와 밀접

4문단에서 기술적 발전 외에 1인 세대가 증가한 것 그리고 가치 소비 세대로서 밀레니얼 세대가 새로운 소비 주체로 등장하게 된 것도 구독 경제의 규모를 키우는 주요한 요인이 되었다고 서술되어 있다. 그러므로 구독 서비스의 활성화는 세대 구성의 변화와 밀접한 관련이 있다고 볼 수 있다.

④ 구독 서비스 → 소비자가 상품 생산에 직접 영향

4문단에서 구독 서비스의 등장을 통해 기업이나 판매자가 소비자와 쌍방향적으로 직접 소통하며 소비자의 요구에 따라 특화되거나 개별화된 상품을 신속하게 제공하는 것이 가능하게 되었다고 설명하고 있다. 그러므로 구독 서비스에서는 소비자가 상품 생산에 직접적인 영향을 끼치기도 한다는 설명은 타당하다.

⑤ 소비자의 구독 정보 → 서비스 외의 목적 활용

5문단에서 소비자의 반복된 구독에 의해 생산되는 구독 정보를 구독 서비스의 비용 절감을 위한 평가 및 예측 정보로 활용할 수 있고 나아가 상품이나 서비스와 직접 관련이 없는 소비자 정보까지도 빅데이터로 활용하여 새로운 사업 진출에 중요한 판단 근거로 활용할 수 있다고 하였다. 그러므로 소비자의 구독 정보는 해당 구독 서비스 외의 목적을 위해서도 활용될 수 있다.

23 독서

핵심 주제: 주어진 글의 위치 찾기 　　　　　　정답 ④

정답 해설

〈보기〉의 사례는 꽃 구독 서비스이다. 〈보기〉의 마지막 문장에서 꽃 구독 서비스는 자주 꽃을 사서 직접 장식하기에는 시간과 노력의 부담이 있지만 집을 아름답고 생기 있게 꾸미고자 하는 젊은 가치 소비 세대에게 특히 호응을 얻고 있다고 설명하고 있다. 그러므로 새로운 소비 주체로써 가치 소비 세대인 밀레니얼 세대의 등장을 언급한 4문단 다음(ⓔ)에 들어가는 것이 가장 적절하다.

24 독서

핵심 주제: 답할 수 없는 질문 찾기 　　　　　　정답 ②

정답 해설

제시문에는 집단 내 가스라이팅 방식과 그 극복 방안 등에 대해 설명하고 있으나, 개인적 차원의 가스라이팅이 발생하는 원인이나 발생 방식 등에 대한 설명은 제시되어 있지 않다.

오답 해설

① '가스라이팅'이란 용어의 유래 → 1문단

1문단에 '가스라이팅'이란 용어는 1944년 조지 쿠커가 감독한 영화 〈가스등(Gaslight)〉에서 유래했다고 제시되어 있다.

③ 가스라이팅 발생 집단의 특징 → 2문단

2문단에 집단 내 가스라이팅은 특히 억압적 질서와 과잉된 친밀함을 제도화하고 있는 집단에서 강한 권력관계에 의한 불평등한 위계질서를 바탕으로 나타난다고 서술되어 있다. 그러므로 가스라이팅이 일어나는 집단은 억압적 질서와 과잉된 친밀함을 제도화하고 있다는 특징을 보인다.

④ 집단 내 가스라이팅 방식 → 4문단

4문단에서 집단 내 가스라이팅은 상급자에 의해 저질러지는 위계에 의한 성폭력 즉 권력형 성범죄를 포함하여 조직 내 괴롭힘의 형태인 폭력, 갑질, 업무 과중, 따돌림 등의 다양한 방식으로 이루어진다고 서술되어 있다.

⑤ 가스라이팅의 극복 방법 → 5문단

5문단에 가스라이팅을 당하지 않거나 거기서 벗어나기 위해서는 집단의 구성원은 자신의 목소리를 낼 수 있어야 할 뿐 아니라 그 목소리를 키우기 위해 같은 처지의 구성원들과 연대해야 한다고 그 극복 방법을 제시하고 있다.

25 독서

핵심 주제: 뒷받침할 사례 제시하기 　　　　　　정답 ⑤

정답 해설

제시문에 따르면 가스라이팅은 지속적인 심리 조작으로 피해자가 자기 불신과 가해자에 대한 자발적 순종 또는 의존을 하게 만드는 심리적 억압 기제를 갖는다고 하였다. 그러므로 심판의 날이 다가왔다며 종말에 대한 지속적인 심리 조작으로, 신도들 스스로 지옥에 떨어질 수 있다는 불신을 조장하고, 모든 재산을 헌납하고 종교활동에만 몰두하도록 지속적으로 세뇌하는 가해자인 신흥 종교의 교주에게 자발적으로 순종 또는 의존하게 만드는 것은 가스라이팅에 대한 가장 적절한 사례로 볼 수 있다.

오답 해설

① 자신의 중요성을 강조하는 친구 → 가스라이터(X)

"내가 없어서 그래."라는 말은 친구의 자기 확신이며, 가스라이팅의 요소인 피해자의 자기 불신에 대한 태도가 아니므로 가스라이팅의 적절한 사례로 볼 수 없다.

② 인구 감소의 원인을 주장하는 토론자 → 가스라이터(X)

사회의 급격한 인구 감소는 사회 현상에 해당하고, 토론자의 주장은 심리적 억압 기제가 아니므로 가스라이팅의 적절한 사례로 볼 수 없다.

③ 목숨을 바쳐 조국을 지키자는 부대장 → 가스라이터(X)

목숨을 바쳐 조국을 지키는 것은 가스라이팅의 요소인 심리적 억압 기제나 불신의 대상이 아니며, 보편적 가치를 지닌 숭고한 정신이다.

④ 명문대 합격을 당부하는 교장 → 가스라이터(X)

학생들에게 명문대에 합격해 줄 것을 부탁하는 교장의 훈시는 당부이자 격려이지, 가스라이팅의 요소인 심리적 억압 기제가 아니다.

2023학년도

26 독서

 글의 세부 사항 이해하기

정답 ①

정답 해설

5문단에서 가스라이터는 자기 주관이 약하고 의존적인 심리를 갖는 사람을 표적으로 삼는다고 하였으므로, 자기 주관이 강한 사람이 주로 가스라이팅의 표적이 된다는 ①의 설명은 옳지 못하다.

오답 해설

② 가스라이팅 피해자의 자책 → 3문단
3문단에서 심지어 가스라이팅을 자신의 무지와 무능 때문에 받는 처벌처럼 받아들이며 피해자가 자책하는 경우도 있다고 설명하고 있다.

③ 불평등한 위계질서가 뚜렷한 조직 → 2문단
2문단에서 '집단 내 가스라이팅'은 억압적 질서와 과잉된 친밀함을 제도화하고 있는 집단에서 강한 권력관계에 의한 불평등한 위계질서를 바탕으로 나타난다고 서술되어 있다.

④ 친밀함으로 위장된 권력 관계 → 3문단
3문단에 따르면, 집단의 권력 관계가 강해지면 더 커지는 권력 거리를 은폐하기 위해 집단 내 친밀성은 더 강하게 요구되며, 가해자는 친밀함으로 위장된 권력 관계를 이용하여 하급자에 대한 가스라이팅을 일상화한다.

⑤ 동료들은 침묵의 방관자 내지 동조자 → 4문단
4문단에서 피해자의 동료들이 침묵으로 가스라이팅의 방관자가 되고 무력감으로 인해 피해자와 동료들 모두가 순응하게 됨으로써 가스라이팅에 참여하게 된다고 설명하고 있다.

27 독서

 글의 문맥적 의미 이해하기

정답 ③

정답 해설

3문단에서 '집단 내 가스라이팅'으로 인해 피해자는 가스라이팅을 심지어 자신의 무지와 무능 때문이라며 자책하게 되고, 자신이 겪는 고통도 해결할 수 없기에 가해자에게 의존할 가능성도 더 커진다고 하였다. 즉, ⓒ의 '아이러니한 것'은 가스라이팅의 고통에서 벗어나려고 가해자인 가스라이터에게 더 의존하는 것을 의미한다.

28 갈래 복합

작품 내용 이해하기

정답 ②

정답 해설

(가)는 을녀가 갑녀와의 대화를 통해 임과 이별한 사연을 서술하고 있지만 그것을 자신과 조물주의 탓으로 돌리고 있으므로, 억울한 일을 당한 원통함의 정서라고 볼 수는 없다. (나) 또한 선비의 궁핍한 농촌 생활을 묘사하고 있지만 억울한 일을 당한 원통함의 정서는 보

이지 않는다.

오답 해설

① (가), (나), (다) → 대화체
(가)는 화자와 보조 화자인 '갑녀'와의 대화를 통해 연군의 마음을 전달하고 있고, (나)는 대화체와 일상 언어로 화자의 궁핍한 삶을 묘사하고 있으며, (다)는 대화와 문답 형식으로 시집살이라는 주제 의식을 표현하고 있다.

③ (가), (다) → 여성 화자
(가)는 여성 화자의 목소리로 연군지정을 노래하고 있고, (다)는 화자인 여성 아낙을 등장시켜 시집살이의 어려움과 애환을 표현하고 있다.

④ (나) → 화자의 경제적 궁핍
(가)에 비해 (나)는 농사를 지을 소가 없어 소를 빌리러 간 데서 화자의 경제적 궁핍이 구체적으로 그려져 있다.

⑤ (다) → 화자가 일상에서 겪는 실제적인 어려움
(가)에 비해 (다)는 밭에 당추와 고추 심기, 밥상 차리기, 물 긷기와 방아 찧기, 아홉 솥에 불 때기, 열두 방에 자리 걷기 등 화자가 시집살이를 통해 겪는 실제적인 어려움이 나타나 있다.

 핵심노트

(가) 정철, 「속미인곡」
• 갈래 : 양반 가사, 서정 가사, 정격 가사
• 성격 : 서정적, 충신연주지사
• 제재 : 임에 대한 그리움
• 주제 : 연군의 정
• 특징
– 대화 형식으로 내용을 전개함
– 여성 화자의 목소리로 노래함
– 세련되고 뛰어난 우리말 표현을 구사함

(나) 박인로, 「누항사」
• 갈래 : 양반 가사, 은일 가사, 정격 가사
• 성격 : 고백적, 사실적, 전원적, 사색적
• 제재 : 안분지족의 생활
• 주제 : 누항에 묻혀 사는 선비의 곤궁한 삶과 안빈낙도의 추구
• 특징
– 운명론적인 인생관이 나타남
– 농촌의 일상생활과 관련된 어휘들과 어려운 한자어가 많이 쓰임
– 자연에 은밀하면서도 현실의 어려움을 직시하는 삶을 사실적으로 드러냄

(다) 작자 미상, 「시집살이 노래」
• 갈래 : 민요, 부요(婦謠)
• 성격 : 여성적, 서민적, 풍자적, 해학적
• 제재 : 당대 여성의 고통과 애환
• 주제 : 시집살이의 어려움과 한(恨)
• 특징
– 언어 유희를 통해 가사에 재미를 줌
– 시집살이 상황을 해학적으로 그려 냄
– 대화와 문답의 형식으로 주제 의식을 강화함
– 대구, 대조, 반복, 열거 등 다양한 표현법을 사용함

29 갈래 복합

핵심주제 작품 간의 내용 비교하기

정답 ②

정답 해설

(가)는 날씨, 식사, 수면 등 건강과 관련하여 '님'에 대한 화자의 걱정을 드러내고 있는 반면에, 〈보기〉는 '님'과의 이별로 인해 한숨짓고 눈물 흘리는 화자의 현재 처지를 나타내고 있다.

오답 해설

① **(가), (나) → '님'과의 이별**

　(가)와 (나) 모두 '님'과의 이별을 소재로 시상을 그려내고 있다.

③ **(가) → 슬픔과 자책, (나) → 슬픔과 눈물**

　(가)는 '님'과의 이별을 자신의 탓으로 돌리는 슬픔과 자책의 감정을 보이고 있으며, 〈보기〉 또한 '님'과의 이별로 분노와 절망이 아닌 슬픔과 눈물을 표현하고 있다.

④ **(가), (나) → 정중하고 우아한 태도**

　(가)와 (나)의 화자 모두 '님'과의 이별로 인한 슬픔에 경박하고 소심한 태도가 아니라 정중하고 우아한 태도를 보이고 있다.

⑤ **(가) → 고사성어(X), (나) → 한시구(X)**

　(가)는 '빅옥경(白玉京)'과 같은 고유어의 사용은 보이나 고사성어를 사용한 시구는 보이지 않는다. 〈보기〉는 '광한뎐(廣寒殿)', '연지분(臙脂粉)' 등의 한자어의 사용은 보이나 한시구의 사용은 보이지 않는다.

30 갈래 복합

 작품 간의 내용 비교하기 ｜정답 ③｜

정답 해설

(나)는 당시의 음식인 기름에 튀긴 수펑 음식과 삼해주가 소재로 쓰였고, (다)는 밥상 차리기, 물 긷기와 방아 찧기, 아홉 솥에 불 때기, 열두 방에 자리 걷기 등 시집살이를 통한 가사노동의 양상이 반영되어 있다.

오답 해설

① **(나) → 사실적 분위기, (다) → 혹독한 시집살이**

　(나)는 농촌의 일상을 사실적으로 묘사하고 있으며, (다)는 아낙네의 가사노동을 통한 혹독한 시집살이가 묘사되어 있다.

② **(나) → 시간의 역전(X), (다) → 공간의 배치**

　(나)는 화자가 이른 저녁인 초경(初更)에 소를 빌리러 가고 있지만, 시간의 역전을 통한 시상 전개는 보이지 않는다. (다)는 밭, 부엌, 우물, 방앗간 등의 공간 배치를 통해 가사노동의 시상을 전개하고 있다.

④ **(나) → 사실적, (다) → 해학적**

　(나) 농촌 생활의 어려움을 직시하는 삶을 사실적으로 묘사하고 있으나 상징적이고 역설적인 표현은 보이지 않는다. (다)는 언어유희를 통해 가사에 재미를 주고 시집살이 상황을 해학적으로 그려내고 있다.

⑤ **(나) → 풍자(X), (다) → 서사(X)**

　(나)는 농사의 현실적 어려움을 대화를 통해 사실적으로 묘사하고 있으나 대상을 풍자하고 있지는 않다. (다)는 서사적인 상황이 아니라 대화와 문답을 통해 혹독한 시집살이라는 주제 의식을 강화하고 있다.

31 갈래 복합

 작품의 세부 내용 이해하기 ｜정답 ⑤｜

정답 해설

(가)의 ㉠은 백옥경을 떠나 '님'과 어떻게 이별하게 되었는지 묻는 갑(甲)녀의 질문에 을(乙)녀인 화자의 발화를 유도하여 '님'과의 이별이라는 주제를 드러내고 있다. (다)의 ㉡은 화자가 형님에게 시집살이가 어떻냐고 물음으로써 형님의 발화를 통해 문답 형식으로 시집살이라는 주제를 이끌어내고 있다.

32 갈래 복합

 작품의 세부 내용 이해하기 ｜정답 ①｜

정답 해설

화자는 임을 믿어 아무 생각 없이 한 ⓐ의 행동으로 반기시는 얼굴빛이 옛날과 다르다고 하였고, 이로 인한 '님'과의 이별을 자신의 탓으로 돌리고 있다. 그러므로 ⓐ의 행동은 자기의 행동에 대한 자부심과 만족감이 아니라 후회와 자책감이 드러난 것이라 볼 수 있다.

오답 해설

② **ⓑ → 화자가 '님'을 모신 적이 있음**

　물같이 연약하여 몸이 편한 적이 없었다고 '님'의 건강을 염려하는 모습에서 ⓑ을 통해 화자가 예전에 '님'을 모신 적이 있음을 드러내고 있다.

③ **ⓒ → 거절의 뜻을 완곡하게 전달**

　화자가 소를 빌리러 갔으나 건넛집 사람에게 소를 빌려주기로 되어 있어, 소 주인이 부탁을 들어주기 어렵다는 거절의 뜻을 ⓒ를 통해 완곡하게 전달하고 있다.

④ **ⓓ → 시어머니의 시집살이**

　'푸르다'는 세력이 당당함을 비유한 말로 ⓓ의 비교를 통해 화자를 힘들게 하는 시어머니의 시집살이가 혹독함을 나타낸다.

⑤ **ⓔ → 자녀 양육과 시집살이로 인한 고통**

　식구들의 시집살이도 힘든데 우는 아이로 인한 자녀 양육이 화자를 더욱 힘들게 하는 마음의 고통을 ⓔ를 통해 나타내고 있다.

33 고전 소설

작품 간 내용 비교하기 ｜정답 ③｜

정답 해설

(가)에서는 첫 번째 첩 초란이 길동의 비범한 재주가 장차 화근이 될까 두려워 특재라는 자객을 고용하여 길동이를 해하려 한다. (나)에서는 정한담이 충렬의 아버지인 유심을 모함하여 귀양을 보내게 한 후 유심의 집에 불을 놓아 충렬 모자마저 살해하려고 한다. 즉, (가)와 (나)는 모두 주인공 측과 적대자 측의 갈등이 심각한 양상으로 나타난다.

2023학년도

오답 해설

① **(가), (나) → 부모 상봉 방해(X)**

(가)에서는 서자로 태어난 길동이가 적대자 측의 공격을 방어한 후 아버지에게 인사를 드리고 집을 떠나게 되며, (나)에서는 충렬 모자가 적대자 측의 공격을 피해 목숨을 부지한다. 그러므로 (가)와 (나) 모두 적대자 측이 주인공의 부모 상봉을 방해하는 것은 아니다.

② **(가) → 구원자의 출현(X), (나) → 구원자의 출현(O)**

(가)에서는 길동이 위기에 빠질 것을 스스로 직감하고 대처한 반면에, (나)에서는 꿈속에 나타난 한 노인의 구원 덕택에 위기를 모면하고 목숨을 구한다.

④ **(가), (나) → 주인공의 행동과 태도**

(가)와 (나) 모두 전기적 요소가 강한 영웅의 일대기를 그린 작품으로 주인공의 내면적 고뇌보다는 행동과 태도가 중점적으로 나타난다.

⑤ **(가), (나) → 적대자 측의 공격**

(가)에서는 초란이 자객 특재를 고용하여 길동이를 죽이려 하고, (나)에서는 정한담이 유심의 집에 불을 놓아 충렬 모자마저 살해하려고 한다. 즉, (나)에서도 적대자 측에 대한 주인공 측의 포용은 보이지 않는다.

 핵심노트

(가) 허균, 「홍길동전」
- 갈래 : 고전 소설, 한글 소설, 영웅 소설
- 성격 : 현실 비판적, 영웅적, 전기적
- 시점 : 전지적 작가 시점
- 배경
  - 시간 : 조선 시대
  - 공간 : 조선국과 율도국
- 제재 : 적서 차별
- 주제 : 모순된 사회 제도의 개혁과 이상 사회의 건설
- 특징
  - 우리나라 최초의 국문 소설임
  - 사회 제도의 불합리성을 비판함
  - 영웅의 일대기 구조가 드러나며 전기적 요소가 강함
  - 불합리한 사회 제도에 대한 저항 정신이 반영된 현실 참여 문학임

(나) 작자 미상, 「유충렬전」
- 갈래 : 국문 소설, 영웅 소설, 군담 소설
- 성격 : 영웅적, 전기적, 비현실적
- 시점 : 전지적 작가 시점
- 배경 : 중국 명나라
- 주제 : 유충렬의 고난과 영웅적 행적
- 특징
  - 천상계와 지상계의 이원적 공간 설정
  - 유교, 불교, 도교 사상이 작품에 반영됨
  - 전형적인 영웅 일대기 구조 속에서 사건이 전개됨

34 고전 소설

 핵심주제 작품의 세부 내용 이해하기 | 정답 ⑤

정답 해설

(가)에서는 길동이가 자객의 습격에 죽음을 모면한 후 집을 나와 활빈당을 세우고 율도국의 왕이 된다. (나)에서는 정한담의 습격을 가까스로 모면한 충렬이 후에 도술을 연마하여 반란을 꾀한 정한담을

물리치고 위기에 빠진 나라를 구한다. 그러므로 (가), (나) 모두 최종의 성공에 이르기 위해 영웅이 역경에 처하여 고난을 겪는 과정을 묘사하고 있다.

오답 해설

① **(가) 길동 → 고귀한 혈통(X), (나) 충렬 → 고귀한 혈통(O)**

(나)의 충렬은 개국 공신의 후예인 유심의 아들로써 고귀한 혈통으로 태어났지만, (가)의 길동은 첩의 아들인 서자 출신으로 태어났다.

② **(가) 길동 → 비범한 출생(X), (나) 충렬 → 비범한 출생(O)**

(나)에서는 '옥황께서 주신 아들'이라는 장 부인의 꿈속에 나타난 노인의 말을 통해 영웅이 당하는 고난의 동기가 비정상적인 출생에 있음을 보여주고 있으나, (가)에서는 길동의 비범한 출생이 보이지 않는다.

③ **(가) 길동 → 비범한 능력 발휘(O), (나) 충렬 → 비범한 능력 발휘(X)**

(가)에서는 길동이 비범한 능력을 발휘하여 초란의 사주를 받은 자객 특재의 공격을 물리치지만, (나)의 충렬 모자는 한담의 공격에 가까스로 도망하여 살아남는다.

④ **(가) 길동 → 보조 인물의 도움(X), (나) 충렬 → 보조 인물의 도움(O)**

(가)에서는 길동이 위기에 빠질 것을 스스로 직감하고 대처한 반면에, (나)에서는 꿈속에 나타난 한 노인의 구원 덕택에 위기를 모면하고 목숨을 구한다.

35 고전 소설

핵심주제 작품의 세부 내용 이해하기 | 정답 ①

정답 해설

자객 특재가 길동과 대면하며 한 ㉠의 말에는 길동을 죽이려고 하는 이유를 설명하고 있으나, 초란으로부터 돈을 받았다는 내용은 직접적으로 언급되어 있지 않다. 그러므로 ㉠의 말이 길동이 특재의 재물 욕심을 꾸짖는 이유가 된 것은 아니다.

오답 해설

② **㉠ 특재 → 자신에게 잘못이 없음**

자객 특재가 초란의 사주를 받아 길동을 죽이려 한 것이므로 길동에게 개인적인 원한은 없다는 것이다. 그러므로 ㉠은 특재가 자신에게 잘못이 없다는 이유를 댄 것이다.

③ **㉠ 특재 → 거짓을 덧붙여 말함**

초란이 무녀인 관상녀와 함께 길동이를 죽일 계획을 세운 것은 맞으나 길동의 아버지인 상공과 의논한 것은 아니다. 즉, ㉠은 특재가 이전의 상황에 거짓을 덧붙여 말한 것이다.

④ **㉠ → 특재와 길동의 대립**

초란의 사주를 받은 특재가 길동을 죽이기 위해 밤에 길동의 거처를 습격하였으나, 길동이 이를 눈치 채고 둔갑술로 피한 후 특재와 대면한다. 그러므로 ㉠은 특재와 길동이 날카롭게 대립하는 중에 나온 말이다.

⑤ **㉠ 길동 → 관상녀를 죽임**

길동은 ㉠의 말을 통해 특재가 자신을 죽이려는 이유를 알고는 분한 마음을 이기지 못하고 그날 밤 바로 관상녀를 찾아가 그녀를 죽인다. 그러므로 ㉠은 관상녀를 죽이는 길동의 행동을 촉발하는 계기로 작용하였다.

경찰대학 3개년 국어·영어·수학

36 고전 소설

핵심주제 작품의 세부 내용 이해하기 | 정답 ② |

✏️ 정답 해설

ⓒ에는 정한담의 습격을 피해 도망하는 충렬 모자의 고난의 과정이 작가의 시선으로 잘 묘사되어 있을 뿐, 사건 전개상 이후의 사건을 암시하는 복선은 나타나 있지는 않다.

🖍 오답 해설

① ⓒ → 고난의 과정

  ⓒ에는 자신들을 죽이려는 정한담의 습격을 피해 도망하는 충렬 모자의 고난의 과정이 잘 묘사되어 있다.

③ ⓒ → 전지적 작가 시점

  (나)는 전지적 작가 시점으로, ⓒ에서 알 수 있는 것처럼 인물과 사건에 대한 서술자의 직접적인 개입이 나타나 있다.

④ ⓒ → 인물의 현재 모습 부각

  ⓒ에서 '백옥 같은 몸에 유혈이 낭자하고 월색같이 고운 얼굴 진흙빛이 되었으니'라는 표현을 통해, 평상시의 고귀한 모습과 대조하여 고난의 현재 모습을 부각하고 있음을 알 수 있다.

⑤ ⓒ → 독자의 동정심 유발

  ⓒ에서 '불쌍하고 가련함은 천지도 슬퍼하고 강산도 비감한다'는 표현을 통해, 독자의 동정심을 유발하기 위해 감정을 자극하는 표현을 쓰고 있음을 확인할 수 있다.

37 고전 소설

핵심주제 사자성어 뜻풀이 이해하기 | 정답 ③ |

✏️ 정답 해설

ⓒ의 '남가일몽(南柯一夢)'은 '덧없는 꿈'을 의미하는 것으로, 충렬의 어머니인 장 부인이 꾼 꿈을 말한다. 즉, 장 부인의 꿈속에서 한 노인이 나타나 곧 위험이 닥치니 충렬을 데리고 피하라는 내용이다.

🖍 오답 해설

① 첩첩산중 → 여러 산이 겹치고 겹친 산속

  ⓐ의 '첩첩산중(疊疊山中)'은 '여러 산이 겹치고 겹친 산속'을 뜻하며, 현실 속 배경이 아닌 길동의 진언으로 나타난 환상 속 배경이다.

② 진퇴유곡 → 꼼짝할 수 없는 궁지

  ⓑ의 '진퇴유곡(進退維谷)'은 '이러지도 저러지도 못하는 꼼짝할 수 없는 궁지'로, 길동을 죽이러 온 특재가 길동이 도술로 만든 조화 속에 갇힌 상황을 묘사하고 있다.

④ 일진광풍 → 한바탕 몰아치는 사나운 바람

  ⓓ의 '일진광풍(一陣狂風)'은 '한바탕 몰아치는 사나운 바람'을 뜻하며, 한담의 나졸들이 충렬 모자를 죽이기 위해 묻은 화약 염초가 폭발했음을 의미한다.

⑤ 추풍낙엽 → 가을바람에 떨어지는 낙엽

  ⓔ의 '추풍낙엽(秋風落葉)'은 '가을바람에 떨어지는 낙엽'을 뜻하며, 화약 염초의 폭발로 충렬의 집과 세간이 무너진 것을 묘사한 것이다.

38 독서

핵심주제 글의 내용 이해하기 | 정답 ④ |

✏️ 정답 해설

3문단에서 20세기에 장애인들이 경험했던 배제와 의존성은 자본주의의 초기에 손상을 지닌 사람들이 '비생산적'이고 의존적인 존재로 강등되었던 사실에서 기원을 찾을 수 있다며, 사회적 모델론이 초기 자본주의가 장애에 끼친 영향을 다루고 있음을 밝히고 있다.

🖍 오답 해설

① 장애 : 의료 & 복지의 문제 → 1970년대 이전

  1문단에서 장애가 오로지 의료나 복지의 문제로만 취급되는 것에 반대하면서, 이를 사회적 억압의 한 형태로 재공식화하는 작업은 1970년대 영국에서 시작되었다고 서술되어 있다. 그러므로 1970년대 이전에는 장애를 의료와 복지의 문제로 취급하였음을 알 수 있다.

② 사회적 모델론 → 손상의 체험이 지닌 중요성 간과

  마지막 문단에 따르면 사회적 모델론자들은 손상을 지닌 삶에 대한 개인적 경험은 장애학의 관심사가 아니라며 이의 중요성을 간과하였고, 이에 대한 비판으로 손상에 대한 체험의 중요성을 강조하는 손상의 사회학과 몸의 사회학이 제기되었다.

③ 사회적 모델론 → 인간 행위의 주체성 누락

  5문단에서 코커는 사회적 모델이 견지하는 유물론에서는 인간의 행위 주체성이 누락되고, 담론은 사회 구조의 부수적 효과로 간주되기 때문에, 행위 주체성도 담론도 사회 변화를 위한 초점이 될 수 없다고 비판하였다.

⑤ 사회적 모델론 → 손상을 지닌 사람들의 사회적 위상 분석

  4문단의 마지막 문장에서 지구적 자본주의 또는 초자본주의로 특징지어지는 현재의 경제 제도들이 손상을 지닌 사람들의 사회적 위상을 어떻게 변화시키고 있는지를 검토해야 한다고 서술되어 있다.

39 독서

핵심주제 글의 세부 내용 이해하기 | 정답 ③ |

✏️ 정답 해설

의료적 모델과 사회적 모델은 그 접근 방법과 해결책을 달리하지만, 장애가 손상 자체로부터 야기된다는 사실은 의료적 모델이든 사회적 모델이든 장애의 공통적 원인이므로 그러한 원인이 의료적 모델에 대한 사회적 모델의 반박 근거는 되지 못한다.

🖍 오답 해설

① 장애 → 손상과 구분되는 개념

  장애를 손상과 동일한 것으로 보는 의료적 모델에 대해 사회적 모델은 장애를 사회적 억압의 측면에서 손상과 구분되는 개념으로 이해하고 있다.

② 장애 → 사회 제도에 의한 제약

  장애를 신체적인 손상으로 보고 이를 치료하여 회복하려는 의료

53

2023학년도

적 모델에 대해 사회적 모델은 장애를 노동 시장에서의 배제나 강요된 빈곤 등 사회 제도에 의한 제약으로 이해하고 있다.

④ 장애 → 사회적 관계로부터 나타난 결과

장애를 개인적은 문제로 간주하는 의료적 모델에 대해 사회적 모델은 장애를 손상을 지닌 사람들과 그렇지 않은 사람들 간의 사회적 관계의 결과로 이해하고 있다.

⑤ 장애에 대한 해결책 → 사회의 책임

의료적 모델이 장애에 대한 해결책을 지식과 기술을 지닌 전문가에게 맡기는 것과 달리, 사회적 모델은 장애에 대한 해결책이 사회의 책임 하에 있으며 '장애인 운동'과 같은 하나의 사회적 양상으로 나타난다.

40 독서

정답 ③

글의 세부 내용 이해하기

정답 해설

기술의 발달은 장애인을 사회적 의존 상태에서 벗어나게 하는 것이 아니라 장애 보조 기술이나 보조 장치 등 기술 의존도를 심화시키므로 점점 더 의존적인 존재로 만든다.

오답 해설

① 장애 보조 기술이나 보조 장치의 사용 → 부정적인 사회 문화적 인식

ㄴ에서 손상을 지닌 사람들에 관한 부정적인 사회 문화적 인식들이 장애를 구성하는 역할을 하고 있다고 하였으므로, 장애 보조 기술이나 보조 장치 또한 장애를 두드러져 보이게 하므로 장애를 구성하는 데 사회 문화적 인식들이 역할을 하고 있다고 볼 수 있다.

② 장애 보조 기술이나 보조 장치의 사용 → 신체적·행동적 차이로 인한 사회적 제약

ㄴ에서 혐오스러운 것으로 속성화된 신체적·행동적 차이를 지닌 사람들을 제약한다고 하였으므로, 장애 보조 기술이나 보조 장치의 사용 또한 신체적·행동적 차이가 드러나기에 사회적 제약을 받을 수 있다.

④ 보조 기술 낙인 → 장애에 대한 사회 문화적 인식

ㄴ에서 손상을 지닌 사람들에 관한 부정적인 사회 문화적 인식들이 장애를 구성하는 역할을 하고 있다고 하였으므로, 기술이나 장치의 사용으로 숨겨져 있던 장애를 드러내고 이를 통해 장애의 낙인 효과를 발생시키는 '보조 기술 낙인' 또한 장애에 대한 일종의 사회 문화적 인식이라 할 수 있다.

⑤ 보조 기술 낙인 → 장애인의 자존감과 정체성 훼손

ㄴ에서 손상을 지닌 사람들에 관한 부정적인 사회 문화적 인식들이 장애인들의 자존감과 정체성을 심각하게 훼손한다고 하였으므로, 장애의 낙인 효과를 발생시키는 '보조 기술 낙인' 또한 장애인의 자존감과 정체성을 훼손시킬 수 있다.

41 독서

정답 ①

글의 세부 내용 이해하기

정답 해설

제시문에 따르면 장애인 운동을 계기로 의료나 복지 문제로만 취급하던 장애를 사회 문제로 취급하는 사회적 모델론이 제시되었다. 또한 장애학의 중심 사상이 된 사회적 모델론은 장애인 운동에 공감하는 장애 단체들을 불러 모아 사회생활의 모든 영역에서 장애인 운동을 다면화시키는 계기가 되었다. 그러므로 ⓐ의 '장애인 운동'과 ⓑ의 '사회적 모델론'은 서로 영향을 주고받는 상호 계기적 관계라고 볼 수 있다.

42 독서

정답 ⑤

글의 내용 이해하기

정답 해설

2문단에서 윤리적 이타주의는 타인의 이익을 위해 행동해야 한다는 입장으로 이는 성인(聖人)의 경지라고 하겠지만, 가족을 위할 때나 익명으로 기부할 때처럼 평범한 이들도 이러한 행위를 할 수 있다고 서술되어 있다. 그러므로 "성인이 아닌 평범한 사람은 타인을 위한 행위를 할 수 없다."는 ⑤의 설명은 적절하지 못하다.

오답 해설

① 윤리 규범 → 심리적 사실 기반

3문단에서 윤리적 이기주의자들은 자신의 입장이 심리적 이기주의를 기반으로 성립한다고 주장하고 있으며, 심리적 이기주의가 타당하다면 인간은 자기 이익을 위해 행동하는 것이 마땅하다는 윤리 규범도 성립하는 것으로 설명하고 있다.

② 이기심 → 타인과 상호부조

7문단의 마지막 문장에 이기심이 맹목적으로 지금 당장 자신만 위하게끔 하는 경향 외에 무엇이 자신에게 장기적으로 더 이익이 될 것인지 고려하면서 타인과 협력하거나 상호부조를 하게끔 하는 합리적인 경향으로도 나타날 수 있다고 서술되어 있다.

③ 이기심 → 인간의 모든 행위 포괄(X)

6문단에서 심리적 이기주의를 기반으로 윤리적 이기주의가 성립한다는 주장은 근거가 빈약할뿐더러 윤리적 이타주의로 되돌아가도 인간의 모든 행위를 포괄할 수 없다고 설명하고 있다.

④ 윤리적 이타주의 → 어떤 행위가 타인의 이익이 되는지 모를 수 있음

2문단에서 타인의 이익을 위해 행동해야 한다는 입장인 윤리적 이타주의는 무엇이 타인을 위한 행위가 되는지 모를 수 있다고 설명하고 있다.

43 독서

정답 ②

글의 세부 내용 이해하기

정답 해설

2문단에서 윤리적 이타주의를 행하는데 있어 무엇이 타인을 위한 행위가 되는지 모를 수 있고, 적절한 행위가 떠오른다고 해도 그것을 실제로 행할 능력이 없을 수도 있다고 하였다. 또한 〈보기〉에서 칸트는 마땅히 해야 할 것이라 해도 실천할 수 있어야 규범이 될 수 있다

고 설명하고 있다. 그러므로 이타적인 행위가 아무리 옳다고 해도 실천할 수 없다면 ⓒ의 '윤리적 이타주의'는 규범으로 성립할 수 없다.

44 독서

 글의 세부 내용 이해하기 　　정답 ④

정답 해설

5문단에서 자신과 타인의 이익 대신 오로지 도덕적으로 옳은 것만을 고려하는 의무적 동기에는 그 이면에 자기 이익이라는 동기가 반드시 숨어 있을 것이라고 하였다. 그러므로 말기 암 환자에게 암에 걸린 사실을 알려주고자 한 ⓓ의 행위가 진실을 알려줌으로써 환자에게 죽음에 대비할 시간을 주려고 했을 것이라는 해석에는 자기 이익이라는 동기가 숨어 있지 않으므로 바른 해석으로 볼 수 없다.

오답 해설

① ⓐ 악의적 동기 → 자기 이익이라는 동기가 숨어 있음

　타인에게 해를 끼치는 악의적 동기는 오로지 자신의 이익만 추구하는 이기적 동기의 변형으로, 그 이면에 자기 이익이라는 동기가 반드시 숨어 있을 것이다. 그러므로 재판에서 피고인을 빠뜨리려고 거짓 증언을 하는 ⓐ의 행위에는 그로 인해 얻는 유형무형의 이익이 반드시 있을 것이다.

② ⓑ 합리적 동기 → 자신의 이익이 우선

　자신과 타인의 이익을 같이 고려하는 합리적 동기는 자신의 이익을 우선으로 여기므로, 친구와 즐거운 시간을 보내려고 놀이공원에 가고자 하는 ⓑ의 행위는 자신의 즐거움이라는 이익을 보려 한 것이 우선일 것이며, 친구의 즐거움은 부수적일 것이다.

③ ⓒ 이타적 동기 → 심리적 자기만족이라는 동기가 숨어 있음

　타인의 이익만을 고려하는 이타적 동기는 겉으로는 이타적일지 몰라도 속으로는 심리적 자기만족이라는 동기가 숨어 있다. 그러므로 연인과 헤어진 동료에게 위로차 식사를 대접하고자 하는 ⓒ의 행위는 동료에게 자신이 인간적임을 드러내는 만족감을 느끼려 한 것이다.

⑤ ⓔ 유덕한 동기 → 자기 이익이라는 동기가 숨어 있음

　마음의 유덕한 성품에서 저절로 우러나오는 유덕한 동기는 그 이면에 자기 이익이라는 동기가 반드시 숨어 있을 것이다. 그러므로 길거리에 쓰러진 할머니를 측은하게 여기는 마음으로 돕고자 한 ⓔ의 행위는 할머니를 돕는 데 드는 노력과 시간보다 할머니를 외면함으로써 받을 도덕적 비난을 받지 않는 것이 더 낫다는 자기 이익의 동기가 숨어 있다.

45 독서

 글의 세부 내용 이해하기 　　정답 ①

정답 해설

7문단에서 '합리적인 윤리적 이기주의'는 이기심이 맹목적으로 지금 당장 자신만 위하게끔 하는 경향 외에 무엇이 자신에게 장기적으로 더 이익이 될 것인지 고려하면서 타인과 협력하거나 상호부조를 하게끔 하는 합리적인 경향으로도 나타날 수 있음을 시사한다고 하였

다. 즉, '합리적인 윤리적 이기주의'는 타인과 협력하거나 상호부조를 하게끔 하는 이기심이므로 〈보기〉의 사례에서 '그'를 포함한 모든 운전자들이 교통 규칙을 지키는 것이 더 이익이 된다고 믿었으니까 목적지에 빠르고 안전하게 도착하게 된 거라고 '그'에게 말할 수 있다.

영어영역

01 유사 어휘 고르기

정답 ④

persistent : 끊임없이 지속[반복]되는 = chronic : 만성의, 고질적인

정답 해설

'persistent'는 '끊임없이 지속[반복]되는'의 의미로 'chronic(만성의, 고질적인)'과 의미가 가장 유사하다.

핵심 어휘

- **trainee doctor** : 수련의, 견습 의사
- **persistent** : 끊임없이 지속[반복]되는
- **fatal** : 죽음을 초래하는, 치명적인
- **occasional** : 가끔의, 간헐적인
- **irregular** : 불규칙적인, 비정규의
- **infectious** : 전염되는, 병을 옮길 수 있는

오답 해설

① fatal → 치명적인
② occasional → 가끔의
③ irregular → 불규칙적인
⑤ infectious → 전염되는

해석

내가 수련의였을 때, 첫 환자들 중 한 명은 만성 기침 이 있는 노인이었다.

02 유사 어휘 고르기

정답 ②

contradicted : 상충되다, 엇갈리다 = opposed : 반대하다, 맞서다

정답 해설

'contradicted'는 '상충되다, 엇갈리다'라는 의미로 'opposed(반대하다, 맞서다)'와 그 의미가 가장 유사하다.

핵심 어휘

- **televised** : TV로 방송되는, TV로 중계된
- **court case** : 법정 사건
- **witness statements** : 목격자[증인] 진술
- **contradict** : 모순되다, 상충되다, 엇갈리다
- **confirm** : 확인하다, 확정하다
- **duplicate** : 복사[복제]하다, 사본을 만들다
- **appreciate** : 인정하다, 고마워하다, 감상하다

오답 해설

① agreed → 동의하다
③ confirmed → 확인하다
④ duplicated → 복사하다
⑤ appreciated → 인정하다

해석

그 법정 사건이 TV로 중계되는 동안, 목격자 진술이 서로 엇갈렸다.

03 유사 어휘 고르기

정답 ①

advent : 도래, 출현 = emergence : 출현, 나타남

정답 해설

'advent'는 '도래, 출현'의 의미로 'emergence(출현, 나타남)'와 그 의미가 가장 유사하다.

핵심 어휘

- **advent** : 도래, 출현
- **agribusiness** : 기업식 농업[영농]
- **emergence** : 출현, 나타남
- **transformation** : 변신, 변형, 탈바꿈
- **collapse** : 붕괴, 실패
- **manipulation** : 조작, 처리
- **supplement** : 보충, 보완

오답 해설

① transformation → 변형
③ collapse → 붕괴
④ manipulation → 조작
⑤ supplement → 보충

해석

농업의 출현이 없었더라면 무려 20억이나 되는 사람들이 지금 존재하지 않았을지도 모른다.

04 유사 어휘 고르기

정답 ⑤

exceptional : 예외적인, 이례적인 = unusual : 특이한, 드문

정답 해설

'exceptional'은 '예외적인, 이례적인'의 의미로 'unusual(특이한, 드문)'과 그 의미가 가장 유사하다.

핵심 어휘

- **promotion** : 승진, 승격
- **exceptional** : 예외적인, 이례적인
- **circumstances** : 사정, 상황
- **adverse** : 부정적인, 불리한
- **suspicious** : 의심스러운, 의혹을 갖는
- **customary** : 관례적인, 습관적인
- **profitable** : 이익이 되는, 유리한
- **unusual** : 특이한, 드문

오답해설

② adverse → 부정적인
② suspicious → 의심스러운
③ customary → 관례적인
④ profitable → 이익이 되는

해석

첫 해 승진은 이례적인 일이다.

05 유사 어휘 고르기

정답 ⑤

substandard : 수준 이하의, 열악한 = insufficient : 불충분한, 부적절한

정답해설

'substandard'는 '수준 이하의, 열악한'의 의미로 'insufficient(부족한, 불충분한)'와 그 의미가 가장 유사하다.

핵심 어휘

• **bias** : 편견, 편향
• **substandard** : 수준 이하의, 열악한
• **sophisticated** : 세련된, 정교한
• **considerate** : 사려 깊은, 배려하는
• **temporary** : 일시적인, 임시의
• **conventional** : 관습적인, 전통적인
• **insufficient** : 부족한, 불충분한

오답해설

① sophisticated → 세련된
② considerate → 사려 깊은
③ temporary → 일시적인
④ conventional → 관습적인

해석

간호사가 환자에게 편견을 가질 때, 수준 이하의 치료를 제공한다.

06 빈칸 추론하기

정답 ⑤

제일 좋아하는 셔츠 찾기

정답해설

A가 빨간 셔츠를 건조기에서 찾았지만 아직 마르지 않았다고 하였고, 빈칸의 다음 대화에서 통학 버스가 금방 올 것을 염려하고 있다. 그러므로 빈칸에는 대화의 흐름상 ⑤의 "It's going to take at least twenty more minutes.(적어도 20분 이상은 걸릴 거야.)"가 들어갈 말로 적절하다.

핵심 어휘

• **top drawer** : 맨 위 서랍
• **any minute** : 금방, 금세

• **at least** : 적어도

오답해설

① You can buy a new shirt instead.(대신 새 셔츠를 살 수 있어.)
→ 셔츠가 아직 덜 말랐을 뿐 못 입는 것은 아니므로, 셔츠를 새로 사야할 필요까지는 없음

② Then you can wear it right away.(지금 바로 입을 수 있어.)
→ 아직 마르지 않았다고 하였으므로 바로 입을 수는 없음

③ Just put it in the washing machine.(그냥 세탁기에 넣어.)
→ 건조기에서 찾았으므로 세탁은 이미 끝난 상태임

④ I hope you find your favorite shirt soon.(네가 제일 좋아하는 셔츠를 빨리 찾길 바래.) → 건조기에서 이미 셔츠를 찾음

해석

A: 엄마, 내가 제일 좋아하는 빨간 셔츠가 어디 있는지 알아요?
B: 네 방의 맨 위 서랍은 확인해봤니?
A: 네. 하지만 거기엔 없었어요.
B: 그럼 건조기 안을 한 번 보렴.
A: 아, 여기 있네요. 근데 아직 마르지 않았어요.
B: 적어도 20분 이상 걸릴 거야.
A: 이런! 통학 버스가 금방 올 거예요.
B: 음, 그러면 그냥 다른 셔츠를 입어야 해.

07 빈칸 추론하기

정답 ③

명예 훈장 수여

정답해설

B가 명예 훈장을 받은 것에 대해 A가 빈칸 다음에서 겸손하다고 하였으므로, 빈칸에는 B가 자신이 한 일에 대해 겸손함을 드러내는 표현이 들어가야 한다. 그러므로 빈칸에는 글의 흐름상 ③의 "I'm sure anyone else would have done the same.(다른 사람들도 그와 똑같이 했을 겁니다.)"가 들어갈 말로 적절하다.

핵심 어휘

• **the Medal of Honor** : 명예 훈장
• **Sergeant** : 병장, 하사, 경사
• **deserve** : ~을 받을 만하다, ~할 가치가 있다
• **Commissioner** : 위원, 경찰청장
• **modest** : 겸손한
• **department** : 부서, 학과
• **be doing well** : 회복 중이다, 건강하다
• **cherish** : 소중히 여기다, 간직하다
• **right person** : 적임자
• **criminal** : 범인, 범죄자

오답해설

① I've never been afraid of anything.(저는 아무런 걱정도 없습니다.) → 겸손한 내용과 무관함

② I've always considered myself to be a hero.(전 항상 스스로를 영웅이라고 생각했습니다.) → 빈칸에는 겸손한 표현이 사용되어야 하므로 적절하지 않음

④ I'm not sure if you're the right person for this medal.(당신이

이 훈장의 적임자인지 잘 모르겠네요.) → 훈장을 받은 것은 B이므로, B가 할 맡는는 작절하지 않음

⑤ I think arresting criminals should come before everything. (저는 무엇보다도 범인들을 검거하는 것이 우선이라고 생각합니다.)
　→ 한 젊은이의 생명을 구한 것 때문에 훈장을 받은 것이므로 범인 검거와는 관련이 없음

해석

A: 명예 훈장을 수여한 것을 축하합니다. 박 경사님.
B: 제가 그럴 자격이 있는지 모르겠네요, 청장님.
A: 물론 그럴 자격이 있습니다. 그 젊은이의 생명을 구한 것은 매우 용감했습니다.
B: 다른 사람들도 그와 똑같이 했을 겁니다.
A: 정말 겸손하네요. 당신은 우리 부서의 자랑입니다.
B: 감사합니다. 그 젊은이가 건강하다니 기쁠 뿐입니다.
A: 덕분에 우리 도시의 거리가 좀 더 안전하고 따뜻해졌습니다.
B: 이 순간을 영원히 간직하겠습니다.

08　어법상 틀린 것 고르기

 정답 ①

관계대명사가 이끄는 종속절의 수와 시제 일치 ⇒ 선행사

정답 해설

①의 'translate'가 포함된 문장에서 관계대명사 'which'의 선행사는 'control of food production'이다. 이때 관계대명사 'which'가 이끄는 종속절의 수와 시제는 앞의 선행사에 일치시켜야 하므로, ①의 'translate'는 3인칭 단수 현재 시제인 'translates'로 고쳐 써야 옳다.

핵심 어휘

• common theory : 통설
• physical power : 육체적인 힘, 물리력, 체력
• force into submission : 복종[굴복]시키다
• subtle : 미묘한, 예민한
• version : 설명, 생각, 견해
• claim : 주장, 요청, 권리
• monopolise : 독점하다, 독차지하다
• manual labour : 육체노동
• ploughing : 쟁기질
• in turn : 차례대로, 교대로, 번갈아
• translate : 번역[통역]하다, 바뀌다, 전환되다
• with regard to : ~과 관련하여
• resistant to : ~에 대해 저항하는
• fatigue : 피로, 피곤
• problematically : 문제가 많게, 의심스럽게
• exclude : 제외하다, 거부하다, 배제하다
• priesthood : 사제직, 성직
• craft : 공예, 기술, 기교

해석

남성이 여성보다 강하며, 남성이 여성을 복종시키기 위해 더 큰 물리력을 사용해 왔다고 보는 것이 통설이다. 이 주장에 대한 더 미묘한 견해는 그들의 힘이 쟁기질이나 수확과 같은 힘든 육체노동을 필요로 하는 일들을 남성들이 독점하게 한다고 주장한다. 이것은 그들이 식량 생산을 통제하게 하고, 이

는 다시 정치권력으로 전환된다. 그러나 '남성이 여성보다 강하다'는 말은 평균적이거나 특정 형태의 힘에 대해서만 타당하다. 여성은 일반적으로 남성보다 배고픔, 질병 그리고 피로에 더 저항력이 강하다. 또한 대다수 남성들보다 더 빨리 달리고 더 무거운 것을 들 수 있는 여성들도 많다. 게다가, 이 이론에서 가장 문제가 되는 것은 여성들은 역사를 통틀어 현장에서, 작업장에서 그리고 가정에서 힘든 육체 노동에 종사하는 반면, 주로 성직, 법률, 정치와 같은 육체적 노력을 거의 필요로 하지 않은 직업에서 배제되어 왔다는 것이다. 만약 사회 권력이 체력과 직접적 연관성이 있는 분야로 나뉘었다면, 여성들은 훨씬 더 많은 것을 얻었어야 했다.

09　어법상 틀린 것 고르기

 정답 ③

부대상황의 분사구문 ⇒ as, while : 동시동작

정답 해설

③의 문장은 글의 문맥상 동시동작의 부대상황을 나타나는 분사구문으로 '~while they asked about hugs received.'의 의미이다. 그러므로 ③의 'asked'는 'asking'으로 고쳐 써야 옳다.

핵심 어휘

• play a role in : ~에서 역할을 하다
• physical intimacy : 신체적 친밀감
• interplay : 상호 작용
• social support : 사회적 지원, 사회 복지
• exposure : 노출, 폭로
• buck : 달러, 루피
• inhale : 들이마시다, 흡입하다
• nasal drops : 콧물
• draw blood : 피를 뽑다, 혈액을 채취하다
• confirm : 확인해 주다, 사실임을 보여주다
• volunteer : 자원 봉사자, 지원자
• immune : 면역성이 있는
• survey : (설문) 조사하다
• consecutive : 연이은, 순차적인
• symptom : 증상, 징후
• mucus : 점액, 콧물
• quarantine : 격리, 차단
• impervious : 영향받지 않는, 통과시키지 않는

해석

포옹은 신체적 친밀감과 건강 사이에서 어떤 역할을 담당한다. 연구원들이 질병에 대한 노출, 사회 복지, 그리고 매일의 포옹 사이의 상호 작용을 조사했다. 과학이라는 미명하에 (아마 백 달러의 비용을 받고), 404명의 건강한 성인들이 일반적인 감기에 걸리도록 콧물을 들이마시는 것에 동의했다. 우선 연구원들은 지원자들이 면역력이 없다는 것을 확인시키기 위해 혈액 샘플을 채취했다. 그리고 나서 그들은 받은 포옹에 관해 물으면서, 14일 동안 연이어 참가자들을 조사했다. 마침내 그들은 지원자들을 감기 바이러스에 노출시키고 닷새 동안 격리시킨 상태에서 점액 생성과 같은 증상을 관찰했다. 매일 포옹하는 사람들은 아플 확률이 32퍼센트로 낮았다. 포옹이 감기에 걸리지 않게 만드는 것이 아니라는 사실도 밝혀졌다. 하지만 감기에 걸린 포옹자들은 덜 아팠다. 그들은 증상이 심하지 않았고 더 빨리 나았다.

10 문맥에 맞는 낱말 고르기

정답 ⑤

하이브리드 자동차는 친환경적인가?

정답 해설

(A) 하이브리드 자동차가 도시 운전자들에게 유용한 경우를 설명하고 있으므로, 연비가 '훌륭한', '뛰어난'의 의미인 'superb'가 적절하다.

(B) 하이브리드 자동차가 고속도로 상에서 전기 모터에 의존할 경우 더 빠른 속도를 낼 수 없다는 의미가 되어야 하므로, 앞의 부정어 'doesn't'와 호응하여 'higher'가 적절하다.

(C) 하이브리드 자동차가 생각한 것보다 친환경적이지 못하다는 내용이 와야 하므로 'less'가 적절하다.

핵심 어휘

- hybrid : 잡종, 혼성체
- environmentally : 환경적으로
- rely on : ~에 의지하다, ~을 필요로 하다
- emission : 배출, 배기가스
- stationary : 움직이지 않는, 정지해 있는
- crucially : 결정적으로, 중요하게
- superb : 최고의, 최상의, 뛰어난
- fuel economy : 연비
- fall back on : ~에 기대다[의지하다], 후퇴하다, 물러서다
- petrol engine : 가솔린 기관
- comparable : 비슷한, 비교할 만한
- conventional : 전통적인, 재래식의, 기존의
- petrol-powered car : 가솔린 자동차
- take into account : ~을 고려하다, 계산에 넣다
- manufacturing : 제조업
- decommission : 해체하다, 감축하다

해석

하이브리드 자동차는 정말 친환경적일까? 어떻게 사용하느냐에 달려있다. 하이브리드 자동차가 소음이 적고 배기가스를 발생시키지 않는 전기 모터에 거의 전적으로 의존할 수 있을 때, 차가 정지해 있을 때 완전히 꺼져 결정적으로 (A) 뛰어난 연비를 제공할 때 도시 운전자들에게는 아주 유용하다. 하지만 고속도로 상에서 차를 몰면 전기 모터는 (B) 더 빠른 속도로 차를 운전할 수 있는 동력이나 먼 거리를 달릴 수 있는 에너지가 없기 때문에 하이브리드는 가솔린 엔진에 의존해야 할 것이다. 이러한 경우 하이브리드는 유사한 연비와 동일한 배기가스를 배출하는 기존의 가솔린 자동차와 똑같다. 하이브리드 자동차용 배터리를 제조하려면 많은 에너지가 필요하다는 점도 고려해야 한다. 불과 몇 년 후, 배터리 수명이 다해 그것들을 해체하고 재활용하려면 더 많은 에너지를 필요로 한다. 이러한 점과 개발 영향 때문에 실제로 하이브리드 자동차는 제조업체가 믿길 바라는 것보다 (C) 덜 친환경적이다.

11 문맥에 맞는 낱말 고르기

정답 ④

미국 사회의 다양성으로 인한 이익 집단들의 공교육 위협

정답 해설

(A) 미국 사회의 다양성을 고려할 때 학교 조직과 교육과정을 두고 집단 간에 의견 차이가 있다는 의미가 되어야 하므로, '불일치'나 '의견 차이'를 뜻하는 'disagreements'가 적절하다.

(B) 이익 단체들이 교사, 학교 관계자, 그리고 교과서 출판업자들에게 그들의 관점을 강요한다고 하였으므로 교육과정을 정치에 개입시키는 'politicize'가 들어갈 말로 적절하다.

(C) 이익 집단들이 자신의 의제를 내세우며 극단주의의 선을 넘게 되면 교육과정 전체가 이익 집단들에 의해 좌지우지 되고 공교육이 위협받게 된다는 의미이므로, '취약한'의 의미를 지닌 'vulnerable'이 들어갈 말로 적절하다.

핵심 어휘

- given : ~을 고려하면, 특정한, 정해진
- diversity : 다양성
- insulate : 보호하다, 격리하다
- result from : 기인하다, 원인이다
- tension : 긴장감, 긴장 상태
- disagreement : 불일치, 의견 차이
- turn up : 나타나다, 도착하다
- racial segregation : 인종차별
- interest group : 이익 단체[집단]
- retain : 유지하다, 보유하다
- politicize : 정치에 개입시키다, 정치화하다
- impose A on B : B에게 A를 강요하다
- school officials : 학교 관계자
- local school boards : 지역 학교 이사회
- myths and fables : 신화와 우화
- imaginative : 창의적인, 상상력이 풍부한
- inject : 주사하다, 주입하다
- creationism : 천지창조설, 천지창조론
- biology : 생물학
- extremism : 극단주의, 극단론
- agenda : 의제, 강령
- without regard to : ~을 고려하지 않고, ~에 상관없이
- vulnerable : 취약한, 연약한

해석

미국 사회의 다양성을 고려할 때, 학교들을 집단 간의 차이와 긴장으로 인한 압박으로부터 격리시키는 것은 불가능했다. 사람들이 기본 가치관이 다를 때, 그러한 (A) 불일치는 학교가 어떻게 조직되는지 혹은 학교가 무엇을 가르쳐야 하는지에 대한 논쟁에서 조만간 나타난다. 때때로 이러한 논쟁은 인종차별과 같은 끔찍한 불공평을 제거한다. 그러나 때때로 이익 단체들은 교육과정을 (B) 정치화하고 교사, 학교 관계자, 그리고 교과서 출판업자들에게 그들의 관점을 강요하려고 한다. 전국적으로, 심지어 지금도, 이익 단체들은 어린 독자들로부터 신화와 우화 그리고 다른 창의적인 문학들을 없애고 생물학에 창조론의 가르침을 주입하도록 지역 학교 이사회를 압박하고 있다. 집단들이 이성이나 타인을 가리지 않고 자신의 의제를 내세우며 극단주의의 선을 넘을 때, 그들은 공교육 자체를 위협하여 어떤 문제도 정직하게 가르치기 어렵고 교육과정 전체가 정치 운동에 (C) 취약해진다.

59

12 문맥에 맞는 낱말 고르기

핵심주제 : 백상아리에 관한 흥미진진한 또 다른 실험

정답 ②

정답 해설

(A) 백상아리가 먹이를 몰래 잡기 위해 색깔을 바꾸는 것이므로, '위장'이나 '변장'의 의미인 'camouflage'가 들어갈 말로 적절하다.

(B) 연구원들이 바다표범 미끼를 보트 뒤에 매단 것은 상어들을 유인하기 위한 것이므로 '유인하다', '유도하다'의 의미인 'entice'가 들어갈 말로 적절하다.

(C) 턱에 있는 자국은 해당 상어가 다른 상어들과 구별되는 신체적 특징이므로, '식별할 수 있는'의 의미를 지닌 'identifiable'이 들어갈 말로 적절하다.

핵심 어휘

- **predatory fish** : 포식 어류
- **white shark** : 백상아리
- **impressive** : 인상적인, 인상 깊은
- **intrigue** : 강한 호기심, 흥미진진함
- **oceanic beast** : 해양 동물
- **camouflage** : 위장, 변장
- **cluster** : 무리, 군집
- **strategy** : 계획, 전략
- **sneak up** : 살금살금 다가가다, 몰래 다가가다
- **prey** : 먹이, 희생자
- **seal** : 바다표범, 물개
- **decoy** : 미끼
- **dispel** : 떨쳐 버리다, 없애다
- **entice** : 유인하다, 유도하다
- **identifiable** : 알아볼 수 있는, 식별할 수 있는
- **jaw** : 턱
- **verify** : 확인하다, 입증하다, 검증하다
- **variable** : 변수

해석

지구상에서 가장 큰 포식 어류인 백상아리는 300개 이상의 날카로운 이빨로 무장하고 5,000파운드에 달하는 무게로 이미 인상적이다. 이제, 새로운 연구는 그 해양 동물에게 더 많은 흥미를 더하며, 아마도 먹이를 몰래 잡기 위한 (A) 위장 전략으로 그 동물이 색깔을 바꿀 수 있다는 것을 보여준다. 남아프리카 앞바다의 새로운 실험에서, 연구원들은 바다표범 미끼를 보트 뒤에 매달고 흰색, 회색, 검은색 판으로 특별 제작된 색판 근처에서 물 밖으로 뛰어오르는 몇 마리 상어들을 (B) 유인했다. 연구팀은 상어가 점프할 때마다 사진을 찍으며 하루 종일 실험을 반복했다. 턱에 있는 자국 때문에 쉽게 (C) 식별할 수 있는 한 상어는 어두운 회색과 훨씬 밝은 회색으로 그때그때 다르게 나타났다. 과학자들은 컴퓨터 소프트웨어를 사용하여 날씨, 조명 수준, 카메라 설정과 같은 변수들을 수정해 가며 이것을 검증했다.

13 문맥상 부적절한 낱말 고르기

핵심주제 : 위생 가설 – 비위생적 접촉이 면역력을 강화시킴

정답 ①

정답 해설

윗글은 비위생적 접촉이 면역력을 강화시킨다는 위생 가설에 대해 설명하고 있다. 즉, 유아기 때 더러워지는 것에 대해 무관심하거나 방치함으로써 비위생적인 접촉에 의해 전염되는 유아기 감염이 튼튼한 면역 체계를 형성하는데 도움이 된다는 설명이다. 그러므로 ①의 'distaste(혐오감)'은 'indifference(무관심)'이나 'negligence(방치)'등으로 바꿔 써야 적절하다.

핵심 어휘

- **left to one's own devices** : 제멋대로 하게 내버려 둔
- **hesitate** : 주저하다, 망설이다
- **doorknob** : 문고리, 손잡이
- **wipe snot** : 콧물을 닦다
- **sleeve** : 소매
- **distaste** : 불쾌감, 혐오감
- **date to** : 연대를 추정하다, ~로 거슬러 올라가다
- **allergy** : 알레르기
- **city slicker** : 전형적인 도시인
- **epidemiologist** : 유행병학자, 전염병학자
- **sibling** : 형제자매
- **susceptible** : 민감한, 예민한, 걸리기 쉬운
- **hay fever** : 꽃가루 알레르기
- **eczema** : 습진
- **infection** : 감염, 전염병
- **transmit** : 전송하다, 전염시키다
- **unhygienic** : 비위생적인
- **foster** : 조성하다, 발전시키다
- **robust** : 튼튼한, 탄탄한
- **immune system** : 면역 체계
- **hygiene hypothesis** : 위생 가설
- **convenient** : 편리한, 적절한, 알맞은
- **asthma** : 천식
- **autoimmune disorder** : 자가 면역 질환
- **multiple sclerosis** : 다발성 경화증
- **Crohn's disease** : 크론병
- **microbiologist** : 미생물학자

오답 해설

② foster → 형성하다
③ convenient → 적절한
④ fearful → 겁내는
⑤ active → 작동하다

해석

제멋대로 하게 나두면, 대부분의 아이들은 주저하지 않고 손잡이를 핥거나 소매로 코를 닦는다. 하지만 더러워지는 것에 대한 혐오감(→ 무관심)이 그들의 건강에 이로울 수 있다는 생각에 어떤 근거가 있는가? 그 이론은 1800년대까지 거슬러 올라가는데, 농부들이 전형적인 도시인들보다 알레르기로 덜 고생한다는 사실을 유럽의 의사들이 깨달았던 때이다. 하지만 그 이론은 1989년이 되어서야 비로소 폭넓은 관심을 얻기 시작했는데, 영국의 전염병학자인 David Strachan은 손위의 형이나 누나가 있는 어린 아이들이 다른 아이들보다 꽃가루 알레르기와 습진에 덜 걸린다는 사실을 발견했다. Strachan은 "비위생적인 접촉에 의해 전염되는" 유아기 감염이 튼튼한 면역 체계를 형성하는데 도움이 된다고 말했다. 위생 가설이라고 불리는 그의 이론은 알

레르기와 천식뿐만 아니라 다발성 경화증과 크론병과 같은 자가 면역 질환이 1950년대 이후 미국에서 300% 이상 증가한 이유에 대해 적절한 설명을 제공한다. 아마도 서구 사회는 자신의 건강을 위해 지나치게 청결했고, 부모들은 조금의 먼지도 겁내했다. "현대 세계에서 일어나고 있는 일이 무엇이든 간에, 그것은 불필요할 때 면역 체계가 작동하는 원인이 되고 있다"고 런던 대학의 미생물학자인 Graham Rook이 말한다.

14 문맥상 부적절한 낱말 고르기

정답 ④

핵심 주제 | 생물학적 나이를 밝혀주는 노화 시계

정답 해설

생물학적 나이와 실제 나이가 다른 만큼 과학자들이 노화 시계를 개발한 것은 생물학적 나이를 감추기 위해서가 아니라 밝히기 위해서이다. 그러므로 ④의 'veil(감추다)'은 'reveal(드러내다, 밝히다)' 등으로 바꿔 써야 적절하다.

핵심 어휘

- clock : 기록하다, 재다, 세다
- cope with : ~에 대처하다[대응하다]
- wear and tear : 마모, 소모, 손상
- factor : 요인, 요소
- biological age : 생물학적 나이[연령]
- chronological age : 실제 나이[연령]
- reflection : 반사, 반영
- mortality : 사망자 수, 사망률
- straightforward : 간단한, 솔직한
- decade : 10년
- assess : 재다, 평가하다, 측정하다
- veil : 베일을 쓰다, 가리다, 감추다
- degrade : 저하시키다, 퇴화시키다

오답 해설

① clocked → 세다
② reflection → 반영
③ straightforward → 간단한
⑤ degraded → 퇴화하다

해석

나이는 당신이 센 생일 숫자보다 훨씬 더 많다. 스트레스, 수면, 그리고 식습관 모두 우리의 장기가 일상생활의 손상에 어떻게 대응하는지에 영향을 미친다. 이와 같은 요소들은 같은 날에 태어난 사람들보다 당신을 더 빨리 혹은 더 천천히 늙게 만들 수도 있다. 그것은 생물학적 나이가 실제 나이, 즉 여러분이 살아온 나이와 상당히 다를 수 있다는 것을 의미한다. 생물학적 나이는 실제 나이보다 신체적 건강과 심지어 사망률을 더 잘 반영한다. 그러나 그것을 계산하는 것은 그리 간단하지 않다. 과학자들은 지난 10년 동안 생물학적 나이를 감추기(→ 밝히기) 위해 신체적 표식을 측정하는 노화 시계라고 불리는 도구를 개발하는데 보냈다. 노화 시계 이면의 큰 개념은 기본적으로 여러분의 장기가 얼마나 퇴화되었는지를 표시하여 건강한 시간이 얼마나 남았는지를 예측하는 것이다.

15 내용과 일치하는 문장 고르기

정답 ③

핵심 주제 | 도자기 탑(Porcelain Tower)

정답 해설

글의 서두에 도자기 탑(Porcelain Tower)은 15세기 초 중국 명나라 영락제가 그의 어머니를 기리기 위해 세웠다고 서술되어 있다. 그러므로 "It was built to honor the Emperor's mother.(그것은 황제의 어머니를 기리기 위해 세웠다.)"는 ③의 설명이 제시문의 내용과 일치한다.

핵심 어휘

- the Yongle Emperor : 영락제(명나라 제3대 황제)
- Ming dynasty : 명 왕조(명나라)
- construction : 건설, 건축
- towering : 우뚝 솟은, 높이 치솟은
- monument : 기념물, 기념비
- Porcelain Tower : 도자기 탑
- imperial capital : 제국의 수도
- Buddhist Temple complex : 불교사원
- white porcelain : 백자, 백자기
- glisten : 반짝이다, 번들거리다
- adorn with : ~으로 꾸미다[장식하다]
- vibrant : 활기찬, 강렬한, 생생한
- glazed : 유약을 바른, 유약을 입힌
- the remnants : 유적, 유물
- replicate : 모사하다, 복제하다
- slab : 평판, 조각
- fade : 바래다, 사라지다
- decade : 10년
- rural : 시골의, 지방의

오답 해설

① Its bricks were all the same size.(그것의 벽돌은 크기가 모두 같았다.) → 벽돌들 중 큰 것은 두께가 50센티미터 이상이고 무게가 150킬로그램이나 되었다고 하였으므로, 벽돌의 크기가 모두 같은 것은 아님
② It stood in a temple of a rural area.(그것은 지방의 사원에 세워졌다.) → 지방의 사원이 아닌 당시 황실의 수도였던 난징시의 바오엔 불교 사원에 세워짐
④ It was decorated with the shapes of the sun.(그것은 태양 모양으로 장식되었다.) → 동물, 하층부, 풍경 등이 녹색, 노란색, 갈색의 생생한 유리로 장식됨
⑤ Its porcelain slabs have been successfully replicated today.(그것의 도자기 평판은 오늘날 성공적으로 복제되었다.) → 50센티미터에 한참 못 미치는 5센티미터의 두께로 만들거나, 색깔의 선명함이 불과 10년 후에 사라지는 등 그 기능이 과거에 미치지 못하였으므로 성공적인 복제는 아님

해석

15세기 초, 중국 명나라 영락제는 그의 어머니를 기리기 위해 우뚝 솟은 기념비를 세우라고 명령했다. 도자기 탑은 당시 황실 수도였던 난징시에 웅장한 바오엔 불교 사원의 일부로 세워진 거대한 탑이었다. 그 탑은 백자 벽돌로 건축되어 햇빛에 반짝거렸고, 동물, 하층부, 풍경 등이 녹색, 노란색, 갈색의 생생

한 유리로 장식되었다. 유물을 연구하는 역사학자들은 유약을 입힌 도자기 벽돌들이 고도의 숙련공들에 의해 만들어졌다고 말하지만, 안타깝게도 그것들을 만드는 방법은 역사 속으로 사라졌다. 가장 큰 벽돌들 중 몇 개는 두께가 50센티미터 이상이고 무게가 150킬로그램이나 나갔으며, 그 색유리는 수세기 동안 선명하게 남아 있었다. 오늘날 이 도자기 평판들을 복제하려고 하는 노동자들은 5센티미터 이상의 두께로 만들기 위해 애쓰고 있으며 그 색깔은 불과 10년 후에 사라진다.

16 내용과 일치하는 문장 고르기

남아프리카 공화국 소설가 Nadine Gordimer

정답 ④

정답 해설

글의 서두에서 남아프리카 공화국의 소설가 Nadine Gordimer는 뛰어난 문학 능력뿐만 아니라 흑인과 백인을 엄격히 분리하는 제도인 인종 차별 정책에 대해 일관되고 용기 있는 비판으로 1991년 노벨 문학상을 받았다고 서술되어 있다. 그러므로 "She was acknowledged for her strong stance against racial discrimination.(그녀는 인종 차별에 반대하는 강경한 태도로 그 공적을 인정받았다.)"는 ④의 설명이 제시문의 내용과 일치한다.

핵심 어휘

- apartheid : (남아프리카공화국의) 인종 차별 정책
- segregating : 차별, 분리
- in all spheres of : 모든 영역에서
- racism : 인종 차별 주의, 민족주의
- for one thing : 우선, 첫째로
- racist system : 인종 차별 제도
- in one's own way : 자기 나름대로
- concentrate on : ~에 집중하다, ~에 초점을 맞추다
- moral : 도덕적인, 도덕과 관련된
- dilemma : 딜레마, 진퇴양난
- unambiguous : 모호하지 않은, 분명한
- delicate : 미묘한, 민감한
- inequality : 불평등, 불균등
- injustice : 불공정, 부당함, 불의
- neglect : 방치하다, 소홀히 하다
- ethical : 윤리적인, 도덕적인
- be attributed to : ~의 탓이다. ~의 덕분이다
- be acknowledged for : 공적을 인정받다
- strong stance : 강경한 태도[입장]
- racial discrimination : 인종 차별

오답 해설

① Her novels neglected the ethical problems faced by the whites.(그녀의 소설은 백인들이 직면한 윤리적 문제를 소홀히 했다.) → 그녀의 소설은 인종 차별 제도를 유지하는 데 책임이 있는 백인들의 도덕적 딜레마에도 초점을 맞추고 있음

② Her fight against apartheid was mainly driven by political ambition.(인종 차별 정책에 대한 그녀의 투쟁은 주로 정치적 야망에 의해 추진되었다.) → 인종 차별 정책에 대한 그녀의 투쟁은 정치적 제스처가 아니라 인간적 측면에 더 큰 관심을 둠

③ Her growth as a writer was attributed to her middle-class black parents.(작가로서의 그녀의 성장은 중산층 흑인 부모의 덕분이었다.) → 그녀는 남아프리카에 사는 백인 중산층 지식인으로 성장함

⑤ She was praised for her ability to avoid delicate issues on South African politics.(그녀는 남아프리카 공화국의 정치에 관한 민감한 문제를 회피하는 능력으로 칭찬을 받았다.) → 그녀는 인종 차별 정책에 대한 일관되고 용기 있는 비판으로 1991년 노벨 문학상을 받음

해석

남아프리카 공화국 소설가 Nadine Gordimer는 뛰어난 문학 능력뿐만 아니라 모든 삶의 영역에서 흑인과 백인을 엄격히 분리하는 제도인 인종 차별 정책에 대해 일관되고 용기 있는 비판으로 1991년 노벨 문학상을 받았다. 인종 차별 정책에 대한 그녀의 투쟁은 주로 정치적 제스처가 아니었다. 소설가로서 그녀는 인종 차별 정책과 민족주의의 인간적 측면에 더 큰 관심을 두었다. 우선 그녀는 남아프리카에 사는 백인 중산층 지식인으로서 그 제도의 혜택을 받았다는 것을 알고 있었다. 그녀는 또한 인종 차별 제도를 유지하는 데 책임이 있는 백인들이 나름대로의 고통을 받았다는 사실도 알고 있었다. 그래서 그녀의 소설이나 단편소설은 남아프리카의 사회적 관계에 의해 개인들에게 부과된 도덕적 딜레마에 초점을 맞추고 있다. 비록 지식인으로서 그녀는 민감한 사회적 문제에 대해 분명한 정치적 발언을 할 수 있지만, 소설가로서 그녀는 불평등과 불공정에 바탕을 둔 사회에서 살아가는 인간의 보다 불명확한 측면에 더 관심이 많다.

17 빈칸 추론하기

칸트의 도덕론

정답 ⑤

정답 해설

칸트의 관점에서는 물에 빠진 아이를 구하는 것이 중요한 것이 아니라, 그들을 구하려는 의지나 의도가 중요하다. 즉, 결과론자가 행위의 결과를 중시하는 반면, 칸트는 행위의 동기를 중시한다고 볼 수 있다. 그러므로 빈칸에는 'motivation(동기)'이 들어갈 말로 적절하다.

핵심 어휘

- moral : 도덕적인, 도덕상의
- perspective : 관점, 시각
- count : 중요하다
- intention : 의도, 의향
- consequentialist : 결과론자, 결과주의자
- obviously : 분명하게, 명확하게
- be concerned with : ~에 관계가 있다, ~에 관심이 있다
- repression : 탄압, 진압, 억압
- intuition : 직관, 직감
- motivation : 동기

오답 해설

① repression → 억압
② decision → 결정
③ intuition → 직관
④ satisfaction → 만족

해석

물에 빠진 아이를 구하기 위해 강으로 뛰어든다고 생각해보라. 이것은 아마도 대부분의 사람들에게 좋은 일처럼 보일 것이다. 그러나 칸트에게는 물에 빠진 아이를 구하기 위해 강물에 뛰어들어야 하는 것이 자신의 도덕적 의무라는 것을 알았기 때문에 그렇게 하는 것이 좋은 일일 뿐이다. 당신을 멋지게 보이게 할 수도 있고, 친구들에게 감동을 줄 수도 있고, 텔레비전에 나올 수도 있고, 심지어 당신이 아이를 돌봤기 때문에 강물에 뛰어들어 아이를 구한다면, 칸트의 관점에서 그것은 더 이상 도덕적인 행위가 아니다. 칸트에게는 물에 빠진 아이를 구하는 것이 꼭 중요한 일은 아니다. 중요한 것은 그들을 구하려는 의지나 의도이다. 분명한 것은 결과론자가 결과에 주로 초점을 맞추는 반면, 칸트는 선택과 동기에 관심을 갖는다.

18 빈칸 추론하기

 핵심주제

정답 ⑤

정보 기록과 데이터화

정답 해설

윗글에 따르면 정보를 측정하고 기록하는 일은 원시 사회와 문명 사회를 구분 짓는 경계선이며, 초기 문명 사회에서 데이터화의 초기 기반이 되었다. 따라서 빈칸에는 정보를 측정하고 기록하는 것이 데이터 생성을 촉진시켰다는 의미가 되어야 하므로 'facilitated'가 들어갈 말로 적절하다.

핵심 어휘

- demarcation : 경계, 구분
- primitive : 초기의, 원시의
- conceptual : 개념의, 구상의
- millennium : 천년, 새로운 천년이 시작되는 시기
- significantly : 크게, 상당히, 중요하게,
- accuracy : 정확성, 정확도
- evolution : 진화, 발전
- script : 문자
- precise : 정확한, 정밀한
- method : 방법, 수법
- transaction : 거래, 처리
- retrieve : 되찾다, 검색하다
- datafication : 데이터화
- reverse : 뒤바꾸다, 반전[역전]시키다
- imitate : 모방하다, 흉내내다
- hinder : 방해하다, 저지하다
- facilitate : 가능하게[용이하게] 하다, 촉진시키다

오답 해설

① complicated → 복잡하게 만들다
② reversed → 뒤바꾸다
③ imitated → 모방하다
④ hindered → 방해하다

해석

정보를 기록하는 능력은 원시 사회와 선진 사회의 경계선 중 하나이다. 길이와 무게에 대한 기본적인 계산과 측정은 초기 문명의 가장 오래된 개념적 도구 중 하나였다. 기원전 3천년 경에 기록된 정보에 대한 개념은 인더스 계곡,

이집트, 메소포타미아에서 상당히 발전하였다. 일상생활에서 측정의 사용이 증가함에 따라 정확성이 향상되었다. 메소포타미아에서 문자의 진화는 생산과 사업상 거래를 추적하는 정확한 방법을 제공했다. 문자 언어는 초기 문명이 현실을 측정하고, 기록하고, 나중에 검색할 수 있도록 하였다. 측정과 기록 모두 데이터 생성을 촉진시켰다. 그것들은 데이터화의 초기 기반이다.

19 빈칸 추론하기

 핵심주제

정답 ③

기성 매체의 쇠락과 온라인 매체의 대세

정답 해설

기술 기업들이 온라인 광고 시장을 지배하면서 언론 본연의 임무인 진실 보도보다는 상업적으로 돈벌이가 되는 자극적인 낚시성 기사를 우선시 하여 '가짜 뉴스'를 양산하였다. 그러므로 빈칸에는 'boring truth(지루한 진실)'이 들어갈 말로 적절하다.

핵심 어휘

- bulletin : 뉴스 단신, 공고, 회보
- a profusion of : 많은, 풍성한
- spring up : 휙 나타나다, 갑자기 생겨나다
- compete with : ~와 경쟁하다[겨루다]
- online-only : 온라인 전용
- article : 글, 기사
- curated : 전문적인 식견으로 엄선한, 관장한
- algorithm : 알고리즘
- struggle : 투쟁하다, 몸부림치다
- dominate : 지배하다, 두드러지다
- print circulation : 발행부수
- collapse : 붕괴되다, 폭락하다
- go bust : 파산하다, 망하다
- prioritise : 우선순위를 매기다, 우선적으로 처리하다
- attention-grabbing : 눈길을 끄는, 주목을 끄는
- clickbait : 낚시성 기사, 클릭 미끼
- propel : 추진하다, 나아가게 하다
- declare : 단언하다, 선언하다
- fake news : 가짜 뉴스
- neologism : 신조어, 새로운 표현
- racy : 흥분되는, 짜릿한, 야한
- exaggerated : 과장된, 부풀린

오답 해설

① subjective opinion(주관적인 의견) → 빈칸에는 '가짜 뉴스'와 반대되는 개념이 들어가야 함
② racy headlines(짜릿한 제목) → 빈칸에는 낚시성 기사와 반대되는 개념이 들어가야 함
④ online etiquette(온라인 에티켓) → 본문에 온라인 에티켓에 대한 언급은 없음
⑤ exaggerated ads(과장된 광고) → 눈길을 끄는 낚시성 기사에는 광고가 많이 붙을 수 있으나 과장된 광고는 아님

해석

뉴스가 예전 같지 않다. 요즘 대부분의 소비자들은 뉴스 단신의 대부분을 온라인으로 받는다. 온라인 발행이 저렴하기 때문에, 많은 새로운 소식통이 갑

자기 생겨난다. 기성 신문이 운영하는 웹사이트는 페이스북과 트위터와 같은 소셜 미디어 사이트의 알고리즘에 의해 엄선된 논평, 디지털 체인 레터 및 기사의 편집은 말할 것도 없고, 보다 새로운 온라인 전용 매체 및 전문(또는 아마추어) 블로그와 경쟁한다. 기성 매체는 어려움을 겪어왔다. 기자들의 월급을 주던 광고의 많은 부분이 온라인 광고 시장을 지배하는 두 개의 큰 기술 회사인 페이스북과 구글에게 돌아갔다. 발행 부수가 폭락했다. 지역 신문들이 특히 큰 타격을 입었고, 많은 신문사들이 파산했다. 소셜 미디어 알고리즘은 <u>지루한 진실보다 눈길을 끄는 낚시성 기사를 우선시하며</u>, 전 세계적으로 말도 안 되는 일을 추진하는 데 일조한다. 사전 편찬사인 콜린스는 "가짜 뉴스"를 2017년 올해의 신조어로 선언했다.

20 빈칸 추론하기

정답 ②

핵심주제 클래식 음악과 범죄 예방

✏️ 정답 해설

범죄가 만연한 거리, 주차장, 쇼핑몰 등에 클래식 음악을 틀어 놓으면, 그러한 음향 환경을 좋아하지 않는 부랑자들이 그곳을 배회하지 않게 됨으로써 범죄를 막을 수 있다는 논리이다. 그러므로 앞의 부정어 'won't'와 호응하여 ②의 'want to loaf around there(그곳에서 배회하고 싶다)'가 빈칸에 들어갈 말로 적절하다.

핵심 어휘

- **team up** : 한 팀이 되다, 협력[협조]하다
- **pump** : 주다, 공급하다
- **crime-ridden** : 범죄가 많은, 범죄가 만연한
- **deter** : 단념시키다, 그만두게 하다, 막다
- **pipe** : 보내다, 송신하다
- **a tube station** : 지하철역
- **robbery** : 강도
- **vandalism** : 공공 기물 파손 행위
- **slice** : 썰다, 자르다, 줄어들다
- **light-rail** : 경전철
- **transit hubs** : 교통 중심지
- **Port Authority** : 항만청
- **vagrancy** : 부랑, 부랑률
- **crime-stopping** : 범죄 예방
- **maestro** : 명연주자, 거장
- **logic** : 논리, 타당성
- **calming** : 진정, 차분함
- **loiter** : 어슬렁거리다, 빈둥거리다
- **vandalize** : 공공 기물을 파손하다
- **soundscape** : 음향 풍경
- **annoy** : 괴롭히다, 짜증나게 하다
- **apparently** : 분명하게, 명백하게
- **scare away birds** : 새를 놀라게 하여 쫓다
- **blare** : 요란하게[쾅쾅] 울리다
- **stable** : 안정된, 차분한
- **loaf around** : 빈둥거리다, 배회하다

✏️ 오답 해설

① (won't) get emotionally stable(정서적으로 안정되지 않는다) → 음향

환경에 짜증이 난 사람이 정서적으로 안정되지 못해 범죄를 예방하는 것은 아님

③ (won't) be in the mood for classical music(클래식 음악을 듣고 싶어 하지 않는다) → 음향 환경에 짜증이 난 사람이 클래식 음악을 듣고 싶어 하지 않는 것은 아님

④ (won't) commit a serious crime on the spot(현장에서 중범죄를 저지르지 않는다) → 음향 환경이 싫어서 그곳을 피하게 되므로 범죄를 예방하는 것임

⑤ (won't) pay attention to the music any more(음악에 더 이상 귀를 기울이지 않는다) → 클래식 음악을 듣지 않는 것이 범죄를 막는 것은 아님

해석

1990년대 이래로, 기업과 경찰은 범죄가 만연한 거리, 주차장, 쇼핑몰에 클래식 음악을 공급하기 위해 협력해왔다. 왜 그럴까? 그것은 바흐 한 소절이 범죄를 막을 수 있다는 증거가 있기 때문이다. 2005년, 런던 지하철은 특정 지하철역에 클래식 음악을 방송하기 시작했고, 1년 내에 강도와 공공 기물 파손 행위가 3분의 1로 줄어들었다. 오리건주 포틀랜드의 경전철 역과 뉴욕 항만청 버스 터미널과 같은 다른 교통 중심지들도 비발디와 같은 바로크 거장들의 범죄 예방 덕택에 부랑률이 감소했다고 보도됐다. 원리는? 우선, 클래식 음악은 마음을 진정시킬 수 있다. 그러나 더욱 중요한 것은, 종종 십대들인 어슬렁거리고 공공 기물을 파손하는 이들은 대개 관현악을 즐기지 않는다는 것이다. 그리고 음향 환경에 짜증이 난다면, 그곳에서 배회하고 싶지 않을 것이다. 분명 이것은 동물에게도 또한 효과가 있다. 영국 Staverton에 있는 Gloucestershire 공항에서, 공항 책임자들은 새를 놀라게 하여 쫓는 가장 좋은 방법은 티나 터너의 빅 히트곡을 튼 밴을 모는 것이라는 사실을 알고 있다.

21 빈칸 추론하기

정답 ③

핵심주제 민권 운동 부흥에 일조한 피부색 실험

✏️ 정답 해설

Kenneth와 Mamie Pipps Clark의 실험에서 흑인 아이들이 피부색 때문에 스스로를 열등하게 생각한다는 사실을 알아냈다. 즉, 이것은 흑인 아이들이 피부색 때문에 인종차별을 받고 있다는 자의식이 내재되어 있다는 증거였다. 그러므로 ③의 'internalized the social values of their environment(그들 환경의 사회적 가치를 내면화한)'가 빈칸에 들어갈 말로 적절하다.

핵심 어휘

- **segregation** : 인종 차별
- **sense of self** : 자아감, 자의식, 자존감
- **pale** : 창백한, 연한, 옅은
- **take A as B** : A를 B로 여기다[간주하다]
- **internalize** : 내면화하다, 내재화하다
- **inferior** : 못한, 열등한
- **attorney** : 변호사, 대리인
- **lawsuit** : 소송 사건
- **testify** : 증언하다, 증명하다
- **self-hatred** : 자기 혐오[증오]
- **Supreme Court** : 대법원
- **ruling** : 결정, 판결
- **integrate** : 통합시키다, 합치다
- **spur** : 원동력이 되다, 박차를 가하다

- **burden** : 짐을 나르다, 부담을 지우다
- **oppressive** : 억압하는, 숨이 막힐 듯한
- **norm** : 표준, 규범, 기준
- **convention** : 관습, 규약

 오답해설

① felt the need to free themselves to succeed(성공에서 스스로 벗어날 필요성을 느꼈다) → 흑인 아이들은 인종차별로 인한 자기혐오감을 가짐

② were burdened with expectations from their elders(어른들로부터의 기대감에 부담감을 가졌다) → 피부색으로 인한 열등감 때문이지 어른들로부터의 기대감에 부담을 느낀 것은 아님

④ learned how to avoid oppressive norms and conventions(억압적인 규범과 관습을 피하는 방법을 배웠다) → 인종차별에 대한 자기혐오가 억압적인 규범과 관습에서 벗어나는 것은 아님

⑤ had the desire to develop and realize their own potential(잠재력을 개발하고 실현하려는 욕망이 있었다) → 흑인 아이들은 피부색으로 인한 열등감을 지님

해석

아프리카계 미국인 심리학자인 Kenneth와 Mamie Pipps Clark은 1940년대 인종 차별 속에 살고 있는 흑인 아이들이 어떻게 자의식을 발달시키는지 이해하기 위해 일부는 하얀 피부이고, 일부는 갈색 피부인 아기 장난감 세트를 이용했다. 두 가지 옵션 모두를 제시받은 흑인 아이들은 피부색이 옅은 인형을 선호했고, 어떤 인형들이 그들과 닮았는지 물었을 때 심지어 울기도 했다. Clark 연구원들은 이것을 아이들이 그들 환경의 사회적 가치를 내면화한 증거로 받아들였다. 즉, 그들은 피부색 때문에 스스로를 열등하다고 생각했다. 이 실험은 유명한 브라운 대 교육위원회 소송에서 변호사들에게 깊은 인상을 남겼고, Kenneth는 인종 차별이 자기혐오로 이어졌다고 증언했다. 1954년 대법원의 판결은 마침내 학교들을 통합시켰고 민권 운동 부흥에 박차를 가했다.

22 빈칸 추론하기

핵심주제 왕조를 위한 점성술의 발달 | 정답 ②

 정답해설

중국의 궁정 점성가들은 부정확한 예측을 하게 되면 처형되었기 때문에, 어떤 점성가들은 단순히 기록을 조작하여 나중에 해당 사건과 일치시켰다. 그러므로 빈칸에는 ②의 'they were in perfect conformity with events(그 기록들이 사건들과 완벽하게 부합하도록 했다)'가 들어갈 말로 적절하다.

핵심 어휘

- **astrology** : 점성술, 점성학
- **contend** : 주장하다, 다투다
- **constellation** : 별자리
- **profoundly** : 큰, 매우, 완전히
- **fate** : 운명, 숙명
- **Constellation of the Goat** : 염소자리
- **subtle** : 민감한, 예민한
- **capital offense** : 사형, 죽을 죄
- **overthrow** : 뒤집다, 전복시키다

- **regime** : 정권, 정부
- **inaccurate** : 부정확한, 오류가 있는
- **execute** : 처형하다, 실행하다
- **doctor** : 조작하다, 변조하다
- **conformity** : 순응, 부합
- **record-keeping** : 기장, 기록 관리
- **fuzzy** : 흐릿한, 어렴풋한, 모호한
- **fraud** : 사기, 가짜, 엉터리
- **cautious** : 조심스러운, 신중한
- **descendant** : 자손, 후손

오답해설

① a more cautious position would be adopted(좀 더 신중한 입장을 취할 것이다) → 더 신중한 입장을 취하기 위해 기록을 조작한 것은 아님

③ people would pay close attention to the stars(사람들은 별에 세심한 주의를 기울일 것이다) → 기록을 조작한 것은 잘못된 예측으로 죽임을 당할 수 있기 때문임

④ descendants could learn from their ancestors(후손들은 그들의 조상들로부터 배울 수 있었다) → 후손들을 위해 기록을 조작한 것이 아님

⑤ observations of the planets could be encouraged(행성들의 관측은 장려될 수 있었다) → 행성들의 관측과는 관련 없음

해석

점성술은 여러분이 태어났을 때 행성들이 어느 별자리에 있는지가 여러분의 미래에 큰 영향을 미친다고 주장한다. 수천 년 전에 행성의 움직임이 왕, 왕조, 제국의 운명을 결정한다는 생각이 발달했다. 점성가들은 행성의 움직임을 연구했고, 가령 지난 번 금성이 염소자리에서 떠오를 때 무슨 일이 있었는지 자문했다. 그리고 아마 이번에도 비슷한 일이 일어날 것이다. 그것은 민감하고 위험한 일이었다. 점성가들은 오직 국가에만 고용되었다. 많은 나라에서 공식 점성가가 아닌 다른 사람이 하늘의 징조를 읽는 것은 죽을 죄였고, 정권을 전복시키는 좋은 방법은 그것의 몰락을 예측하는 것이었다. 부정확한 예측을 한 중국 궁정 점성가들은 처형되었다. 다른 이들은 단순히 기록들을 조작하여 나중에 그 기록들이 사건들과 완벽하게 부합하도록 했다. 점성술은 관측, 수학, 그리고 모호한 생각과 거짓으로 신중하게 기록 관리된 이상한 조합으로 발전했다.

23 빈칸 추론하기

핵심주제 십대들의 감정을 인정하고 정당화하는 방법 | 정답 ②

정답해설

윗글은 십대들의 침묵에 대해 신뢰, 이해, 유연성의 분위기를 조성해 십대들의 감정을 이해하고 인정하는 방법에 대해 설명하고 있다. 그러므로 빈칸에는 ②의 'Acknowledge and legitimize a teenager's feelings(십대의 감정을 인정하고 정당화하라)'가 들어갈 말로 적절하다.

핵심 어휘

- **noted** : 저명한, 유명한
- **reprimand** : 질책하다, 문책하다
- **suspended animation** : 가사상태, 무기력감
- **establish** : 설립하다, 조성하다

- **atmosphere** : 대기, 공기, 분위기
- **flexibility** : 유연성, 신축성
- **legitimize** : 정당화하다, 합법화하다
- **outfit** : 옷, 복장
- **awful** : 끔찍한, 형편없는
- **refrain from** : ~을 삼가다
- **peer** : 또래, 친구
- **mean** : 비열한, 저속한, 못된
- **temptation** : 유혹, 꾐
- **ritual** : 의식, 절차
- **adolescent** : 청소년

오답 해설

① Resist the temptation to control and keep silent(통제하고 싶은 유혹을 뿌리치고 침묵하라) → 십대들의 침묵에 대해 침묵으로 응대하는 것은 바른 방법이 아님

③ Encourage teens to accept criticism from others(십대들이 다른 사람들의 비판을 받아들이도록 격려하라) → 십대의 감정을 인정하고 이해하려는 부모의 마음가짐에 대한 설명임

④ Maintain family rituals as a way of staying in touch(연락하고 지내는 방법으로 가족 의례를 유지하라) → 십대들의 감정 이해와 가족 의례는 무관함

⑤ Take adolescent mood swings and silences personally(사춘기의 감정 동요와 침묵을 개인적으로 받아들여라) → 사춘기의 감정 동요나 침묵을 극복하기 위한 방법을 제시함

해석

십대들은 부모들과 왜 말을 하지 않는가? "기본적으로, 그들은 부모님이 이해하지 못할 거라고 생각합니다."라고 한 저명한 심리학자가 말한다. "계속해서 질책과 지시를 받을 때, 그들은 부모가 자신들의 기분을 신경 쓰지 않는다고 느낄지도 모릅니다." 십대들에게 침묵은 무기다. 그것은 "더 이상 날 통제할 수 없어."라고 말하고 있는 것이다. 하지만 그렇다고 해서 앞으로 수년 간 가사 상태로 살아야 한다는 뜻은 아니다. 그것은 신뢰, 이해, 유연성의 분위기를 조성해야 한다는 것을 의미한다. 십대의 감정을 인정하고 정당화하는 방법은 다음과 같다. 만일 딸이 가장 친한 친구가 자신의 새 옷을 형편없다고 말했다면, "너는 제니퍼의 말에 왜 신경을 쓰니?"라고 말하는 것을 삼가라. 십대들은 자기 또래들이 어떻게 생각하는지 매우 신경을 쓰며, 현명한 부모는 그것을 정상으로 받아들인다. 대신, "그게 너를 마음 아프게 했을 거야. 좋아하는 사람들이 못된 말을 하면 마음이 아파."라고 해라.

24 글의 제목 유추하기

 먼지로 부자가 된 빅토리아 시대의 사람들

정답 ①

정답 해설

제시문의 마지막 문장에 나와 있는 'Golden Dustmen(황금 청소부)'처럼 빅토리아 시대에 런던에서 부자가 될 수 있는 직업은 석탄 가루를 치우는 청소부였다. 쓰레기통에서 도시 외곽까지 석탄 가루를 나르는 청소부들이 없었다면 도시의 거리가 막혔을 것이다. 그러므로 윗글의 제목으로 ①의 'When Victorians Got Rich on Dust(빅토리아 시대의 사람들이 먼지로 부자가 되었을 때)'가 가장 적절하다.

핵심 어휘

- **dig through** : ~를 파나가다[파헤치다]
- **junkyard** : 고철상, 고물상
- **resell** : 되팔다, 전매하다
- **scraps of metal** : 고철 조각
- **rag** : 해진 천, 누더기
- **furrier** : 모피상
- **prized** : 소중한, 귀중한
- **coal dust** : 석탄 가루
- **brickmaker** : 벽돌제조업자, 벽돌공
- **clay** : 점토, 찰흙, 진흙
- **scarce** : 부족한, 결핍한
- **open-hearth** : 평로, 덮개가 없는 난로
- **ash** : 재, 잿더미
- **clog** : 막다, 방해하다
- **dustman** : (옥외 쓰레기를 치우는) 청소부
- **lug** : 나르다, 끌다
- **dustbin** : 휴지통, 쓰레기통
- **outskirts** : 변두리, 근교, 외곽
- **thigh-deep** : 허벅지 깊이의
- **filthy rich** : 대단히 부유한
- **outstrip** : 앞지르다, 능가하다
- **tarnish** : 흐려지다, 퇴색하다
- **foolproof** : 극히 간단한, 바보라도 해 낼
- **coal mine** : 탄광

오답 해설

② A Foolproof Recipe for Brickmaking(아주 손쉽게 벽돌을 만드는 법)

③ How Bad Is Working in a Coal Mine?(탄광에서 일하는 것이 건강에 얼마나 나쁜가?)

④ Child Labor During the Industrial Revolution(산업 혁명 시대의 소년 노동)

⑤ Air Pollution: Why London Struggled to Breathe(대기 오염: 런던이 숨쉬기 힘든 이유)

해석

빅토리아 시대에 런던에서 아이들이 고물상을 파헤치며 되팔 수 있는 모든 것을 찾는 것은 드문 일이 아니었다. 단추와 비누를 만드는 데 사용될 수 있는 금속 조각, 누더기, 뼈, 그리고 심지어 죽은 고양이까지 그들은 모피상에게 팔았다. 하지만 가장 귀중한 발견물은 석탄 가루였다. 벽돌을 만들기 위해 그것을 진흙과 섞은 벽돌공들은 석탄 가루에 꽤 많은 돈을 지불했다. 석탄 가루가 부족했던 것은 아니다. 사실 덮개 없는 난로 때문에 재가 사방에 날렸고, 쓰레기통에서 도시 외곽까지 그것을 나르는 청소부들이 없었다면 도시의 거리가 막혔을 것이다. 그 장면은 흡사 여자, 남자, 그리고 아이들이 허벅지까지 먼지를 뒤집어쓰고 일하는 디킨스 소설의 정기적인 재활용 작업처럼 보였다. 그들의 상사들은 엄청 부유했지만 런던의 먼지 공급이 수요를 앞지르면서 수익이 감소했다. 19세기 후반까지, 한때 '황금 청소부'였던 이들에 대한 전망은 이미 퇴색되었다.

25 글의 제목 유추하기

 메타버스에서의 상점 개설 　　정답 ①

✏️ 정답 해설

제시문에 따르면 점점 더 많은 세계적인 회사들이 메타버스 내의 공간을 사들여 상점을 차리고 있고, 그 공간을 지배하기 위해 각축을 벌이고 있다고 설명하고 있다. 그러므로 제시문의 제목으로 ①의 'Setting up Shop in the Metaverse(메타버스에서의 상점 개설)'가 가장 적절하다.

핵심 어휘

- metaverse : 가상공간, 메타버스
- eventually : 결국, 드디어
- avatar : 화신, 아바타
- fanciful : 상상의, 허황된, 비현실적인
- retailer : 소매업자, 소매상
- dominant : 우세한, 우성의, 지배적인
- fade away : 사라지다, 쇠퇴하다
- obscurity : 무명, 모호함
- ecosystem : 생태계
- eco-friendly : 친환경적인, 환경 친화적인
- climb the social ladder : 출세하기

✏️ 오답 해설

② Opening Electronic Bank Branches(전자 은행 지점 개설)
③ Building Virtual Eco-friendly Environments(환경 친화적 가상 공간 구축)
④ Climbing the Social Ladder in the Metaverse(메타버스에서 출세하기)
⑤ Dominating the Shopping Space with Avatars(아바타로 쇼핑 공간 장악하기)

해석

이전에 페이스북으로 알려진 이 회사는 메타버스가 인터넷의 미래라고 확신해 작년에 이름을 메타로 바꾸었다. 메타와 그 회사 사장인 마크 주커버그는 결국 우리들 대다수가 메타버스에서 일하고, 놀고, 쇼핑할 것이라고 생각한다. 아니면 적어도 우리의 아바타들이 그럴 것이다. 많은 이들에게 이 모든 것이 허황되게 들리겠지만, 점점 더 많은 회사들이 메타버스 내의 공간을 사들여 그곳에 가게를 차리고 있다. 이 회사들은 아디다스, 버버리, 구찌, 토미 힐피거, 나이키, 삼성, 루이비통 그리고 심지어 HSBC와 JP 모건 같은 은행들도 포함한다. 그러나 그러한 사업체들의 문제는 그들이 어떤 장소를 선택하는냐이다. 현재 메타버스 내에는 샌드박스, 디센트럴랜드, 복셀, 솜니움 스페이스 및 메타 소유의 호라이즌 월드를 포함한 가장 인기 있는 50여 개의 세계적 공급사들이 있다. 소매업체와 다른 투자자들은 이들 중 어떤 업체가 우리의 아바타로부터 가장 많은 방문을 받으며 메타버스의 지배적인 세력이 될지 도박을 하고 있다. 그리고 어떤 다른 세계가 무명으로 사라질지 모른다. 더욱이 승리의 생태계 속에서 기업은 가장 인기 있는 영역을 선택하기 위해 노력해야만 한다.

26 글의 제목 유추하기

 삐거덕 거리는 바퀴가 기름을 가장 많이 얻을까? 　　정답 ②

✏️ 정답 해설

제시문에서 화가 많이 난 고객에게 더 많은 보상을 해줄 거라는 일반적인 통념과 달리 문화적 특성과 개인의 수용 수준에 따라 다르다는 것을 실험을 통해 증명하고 있다. 그러므로 제시문의 제목으로는 ②의 "Does the Squeaky Wheel Get the Most Oil?(삐거덕 거리는 바퀴가 기름을 가장 많이 얻을까?)"가 가장 적절하다.

핵심 어휘

- compensation : 보상, 배상
- intense : 강한, 강렬한
- service reps : 서비스 직원들
- hierarchy : 계급, 계층
- simulate : 모의 실험하다, 시뮬레이션하다
- service interaction : 서비스 상호작용
- inevitable : 불가피한, 필연적인
- subject : 연구[실험] 대상, 피실험자
- inappropriate : 부적절한, 부적합한
- perception : 지각, 인식, 통찰력
- mitigate : 완화시키다, 경감시키다
- squeaky : 끼익 하는 소리가 나는
- broth : 수프, 죽
- stitch : 바늘땀, (뜨개질의) 코

✏️ 오답 해설

① Does Time Really Fly When You're Having Fun?(즐거운 시간을 보내면 시간이 정말 빨리 갈까?) → 즐겁게 살다보면 세월 흐르는 것도 모르는 법이다.
③ Can a Rolling Stone Gather Any Moss?(구르는 돌에 이끼가 낄 수 있을까?) → 구르는 돌에는 이끼가 끼지 않는다.
④ Can Too Many Chefs Spoil the Broth?(요리사가 많으면 스프를 망칠까?) → 사공이 많으면 배가 산으로 간다.
⑤ Can a Stitch in Time Save Nine?(제때 꿰맨 한 땀이 아홉 땀의 수고를 덜까?) → 호미로 막을 일을 가래로 막는다.

해석

새로운 연구는 사람들이 서비스 실패 후 더 화가 난 것처럼 보일수록 더 많은 보상을 받을 것이라는 일반적인 통념을 시험하고 종종 그 반대가 사실이라는 것을 보여준다. 연구원들은 강한 분노가 서비스 직원들에게 미치는 영향은 권력 거리 또는 PD로 알려진 문화적 특성, 즉 권력 차이와 위계에 대한 개인의 수용 수준에 따라 다르다는 것을 발견했다. 모의실험을 거친 서비스 상호작용을 포함한 네 가지 실험에서 PD가 높은 참가자(권력 차이를 자연스러운 또는 불가피한 것으로 받아들인 참가자)는 몹시 화가 난 고객보다 조금 화가 난 고객에게 더 많은 보상을 제공했고, 반면에 PD가 낮은 참가자는 정반대였다. 왜 그럴까? PD가 높은 피실험자들은 강한 분노의 표현을 부적절하다고 보고 그들을 응징한 반면 PD가 낮은 피실험자들은 그 표현을 위협적인 것으로 보고 그들에게 보상을 했다. 그러나 위협에 대한 인식이 완화되었을 때(참가자들은 고객들이 자신들에게 해를 가할 수 없다고 들었다), PD가 낮은 사람들도 조금 화가 난 고객들에게 더 많은 보상을 해주었다.

27 글의 주제 파악하기

정답 ③

세계화의 안보 제일주의 모델로의 전환

정답 해설

세계 각국의 보호무역주의, 전염병과 전쟁으로 인한 공급 부족 및 인플레이션의 심화 등으로 세계화가 정체되면서 각국 정부는 자국의 글로벌 기업들이 우호적인 국가에서 사업하는 것을 선호한다고 하였다. 그러므로 ③의 'the switch to a security-first model of globalisation(세계화의 안보 제일주의 모델로의 전환)'이 제시문의 주제로 가장 적절하다.

핵심 어휘

- **go-go** : 호경기의
- **economic integration** : 경제 통합
- **stall** : 멈추다, 지연되다, 지체되다
- **aftershock** : (큰 지진 후의) 여진
- **populist** : 포퓰리즘
- **revolt** : 반란, 혐오
- **stagnate** : 침체되다, 정체되다
- **postpone** : 미루다, 연기하다
- **give way to** : 바뀌다, 대체되다
- **wait-and-see** : 관망하는
- **globalisation** : 세계화
- **blip** : 깜박 신호, 일시적인 상황[문제]
- **extinction** : 멸종, 소멸
- **pandemic** : 전국적인 유행병, 전염병
- **trigger** : 촉발시키다, 방아쇠를 당기다
- **reimagine** : 재상상하다
- **boardroom** : 중역 회의실, 이사회실
- **trillion** : 1조
- **inventory** : 물품 목록, 재고
- **stockpile** : 비축하다, 사재기하다
- **insurance** : 보험, 보장
- **prioritise** : 우선순위를 매기다, 우선적으로 처리하다
- **descend** : 내려오다, 내려앉다
- **protectionism** : 보호주의
- **usher** : 안내하다, 알려 주다
- **efficiency** : 효율성, 효율화
- **security-first** : 안전 제일
- **disruption** : 방해, 붕괴, 파괴

오답 해설

① the era of globalisation ushered in by new businesses(신생 사업들이 이끄는 세계화 시대) → 보호무역주의와 무역 전쟁 등으로 세계화가 지연되고 글로벌 기업들이 사업하기가 더 어려운 환경으로 변해가고 있음을 서술함

② the promotion of globalisation through cost efficiency(비용의 효율성을 통한 세계화 촉진) → 공급 부족과 인플레이션의 심화로 세계화가 어려워짐

④ the disruption of globalisation caused by war(전쟁으로 인한 세계화의 붕괴) → 전염병과 전쟁으로 세계화의 어려움은 하나의 사례임

⑤ the threat of globalisation to workers' rights(노동자의 권리에

대한 세계화의 위협) → 노동자의 권리에 대한 내용은 서술되어 있지 않음

해석

1990년대와 2000년대의 호경기 이후, 기업들이 금융 위기의 여진, 개방된 국경에 대한 포퓰리즘 반란, 도널드 트럼프 대통령의 무역전쟁으로 어려움을 겪으면서 2010년대에 경제 통합의 속도는 지체되었다. 상품과 자본의 흐름이 정체되었다. 많은 사장들이 해외 투자에 대한 큰 결정을 미루었고, 그에 맞추어 관망하는 쪽으로 선호하였다. 세계화가 일시적인 문제에 직면했는지 아니면 소멸에 직면했는지 아무도 몰랐다. 우크라이나에서 전염병과 전쟁이 한 세대에 한 번꼴로 세계 자본주의를 이사회와 정부에서 재상상하는 계기가 되었기 때문에 이제 기다림은 끝났다. 보이는 모든 곳에서 공급망은 9조 달러의 재고에서 공급 부족과 인플레이션에 대한 보험으로 비축되었고, 글로벌 기업들이 중국에서 베트남으로 옮겨감에 따라 노동자들의 싸움으로 바뀌어 가고 있다. 이러한 새로운 종류의 세계화는 여러분의 정부가 우호적인 국가들에서 여러분이 신뢰할 수 있는 사람들과 사업하는 것을 우선시한다. 그것은 보호무역주의, 큰 정부, 그리고 심화된 인플레이션으로 주저앉을 수 있다.

28 글의 주제 파악하기

정답 ②

위대한 아메리칸 드림의 오류

정답 해설

아메리칸 드림은 원래 신분에 관계없이 누구나 열심히 일하면 '무일푼에서 벼락부자로' 성공할 수 있다는 믿음이었으나, 1920년대 이후 미국의 현실과 모순되고 동떨어져 연구원들과 사회 과학자들로부터 비판을 받아왔다고 설명하고 있다. 그러므로 ②의 'the fallacy of the great American Dream(위대한 아메리칸 드림의 오류)'가 제시문의 주제로 가장 적절하다.

핵심 어휘

- **the Lost Generation** : 잃어버린 세대, 가치관을 잃은 세대(제1차 세계 대전 무렵의 환멸과 회의에 찬 미국의 젊은 세대)
- **deception** : 속임, 기만, 사기
- **prominent** : 중요한, 유명한
- **vast** : 방대한, 막대한
- **misery** : 고통, 빈곤, 비참
- **live the dream** : 꿈을 성취[실현]하다
- **self-sufficient** : 자급자족할 수 있는
- **stunningly** : 놀랍도록, 기막히게
- **prosperity** : 번영, 번창
- **assumption** : 추정, 가정
- **perseverance** : 인내, 참을성
- **risk-taking** : 위험을 각오한[무릅쓴, 감수한]
- **from rags to riches** : 무일푼에서 벼락부자로
- **mobile** : 이동하는, 움직이는
- **misplaced** : 부적절한, 잘못된
- **contradict** : 부정하다, 모순되다
- **repentance** : 뉘우침, 회개
- **self-reliance** : 자기 의존, 자립심
- **fallacy** : 오류, 착오
- **revision** : 수정, 변경

오답 해설

① the repentance of self-reliance through hard work(열심히 일해서 자립한 것에 대한 회개) → 열심히 일해서 자립하는 것은 아메리칸 드림의 본질에 해당하므로 뉘우칠 일이 아님

③ the revision of the American Dream(아메리칸 드림의 수정) → 아메리칸 드림이 현대 미국의 현실과 모순됨을 인정하고 있으나 그것을 수정하는 사항에 대한 언급은 없음

④ the criticism of material success in America(미국의 물질적 성공에 대한 비판) → 미국의 물질적 성공에 대한 비판이 아니라 아메리칸 드림의 현실적 모순에 대한 비판을 다룸

⑤ the realization of the Lost Generation's ideals(잃어버린 세대의 이상 실현) → 잃어버린 세대의 이상 실현이 아니라 아메리칸 드림에 대한 인식의 변화를 서술함

(**해석**)

잃어버린 세대의 일원들은 '아메리칸 드림'에 대한 생각을 거창한 속임수로 보았다. F.S. 피츠제럴드의 위대한 개츠비에서 이 이야기의 서술자 닉 캐러웨이가 개츠비의 막대한 자산이 엄청난 고통으로 보상받았다는 것을 깨닫게 되면서 이것은 유명한 주제가 되었다. 피츠제럴드에게, 열심히 일하면 성공한다는 아메리칸 드림의 전통적인 비전은 변질되었다. 잃어버린 세대에게 '꿈을 실현하는 것'은 더 이상 단순히 자급자족하는 삶을 구축하는 것이 아니라, 필요한 어떤 수단을 써서라도 엄청난 부자가 되는 것이었다. '아메리칸 드림'이란 용어는 그들이 어디에서, 어떤 사회 계층에서 태어났는지에 관계없이 누구나 번영과 행복을 추구할 권리와 자유를 가지고 있다는 믿음을 말한다. 아메리칸 드림의 핵심 요소는 열심히 일하고, 인내하고, 위험을 감수함으로써 누구나 '무일푼에서 벼락부자로' 상승하여 재정적으로 부유하고 사회적으로 출세한 성공 비전을 실현시킨다는 가정이다. 1920년대 이후, 아메리칸 드림은 현대 미국의 현실과 모순된 잘못된 믿음으로 종종 연구원들과 사회 과학자들에 의해 의문의 제기와 비판을 받아왔다.

29 글의 요지 파악하기

정답 ① 여전히 쓸모 있는 오래된 기술

정답 해설

반세기 전에 유행했던 오래된 기술이지만 큰 회사나 정부 기관에서 필수적인 기술이었기 때문에 Mooney는 구직 활동 당시 여러 고용주들로부터 고위직을 제안 받았다. 그러므로 ①의 "Old technology can still be of great use. (오래된 기술도 여전히 큰 도움이 될 수 있다.)"가 윗글의 요지로 가장 적절하다.

핵심 어휘

- passionate : 열정적인, 열광적인
- Sputnik : 세계 최초의 구소련 인공위성
- stuff : 잡동사니, 하찮은 것
- cool point : 좋은 점수
- insurance : 보험
- government agency : 정부 기관, 정부 당국
- institution : 기관, 시설
- potential : 가능성이 있는, 잠재적인
- expertise : 전문 지식[기술]
- senior position : 상급직, 고위직

- resilience : 회복력, 복원력, 반동
- decades-old : 수십 년 된
- specialize in : ~을 전문으로 하다

 오답 해설

② Keep up with the changing times in the tech world.(기술 세계에서 변화하는 시대에 뒤떨어지지 않도록 해라.) → 신기술의 습득이 아니라 오래된 기술의 필요성에 대해 말함

③ The best job is one that makes full use of your abilities.(가장 좋은 직업은 당신의 능력을 최대한 활용하는 것이다.) → 직업과 능력과의 관계가 아니라 오래된 기술도 도움이 된다는 것이 요지임

④ Silicon Valley is always in the market for new technology.(실리콘 밸리는 항상 새로운 기술을 위한 시장이다.) → 실리콘 밸리의 신기술에 대해 말하고자 한 것이 아님

⑤ The future of digital technology lies within academic institutions.(디지털 기술의 미래는 학술 기관 안에 있다.) → 디지털 기술에 대한 언급은 없음

(**해석**)

Caitlin Mooney는 24살이며 스프트닉 시대의 과거 기술에 열정적이다. 최근 뉴저지 공대 컴퓨터 공학과를 졸업한 Mooney는 컴퓨터 메인프레임과 이를 구동하는 코볼이라고 불리는 소프트웨어를 포함하여, 반세기 전에 유행했던 기술의 팬이다. 그런 것들은 실리콘 밸리에서 어떤 좋은 점수도 얻지 못하겠지만, 큰 은행, 보험 회사, 정부 기관 및 다른 큰 기관들에서는 필수적인 기술이다. Mooney의 구직 기간 동안, 잠재적인 고용주들은 그녀의 전문성을 보았고 그녀가 찾고 있던 것보다 더 높은 고위직에 관해 상담하고 싶어 했다. "그 고위직들은 정말 기대됩니다."라고 Mooney는 말했다. 그녀는 지금 여러 일자리 제안 중 하나를 결정하려고 노력하고 있다. 수십 년 된 컴퓨터 기술과 이를 전문으로 하는 사람들의 복원은 새로운 기술이 종종 많은 옛 기술 위에 구축된다는 것을 보여준다.

30 글의 요지 파악하기

정답 ② 반짝인다고 모두 금은 아니다.

정답 해설

Enron 스캔들로 물러난 CEO Jeff Skilling과 7년간 12억 달러의 과다 수익 처리로 불명예 퇴진한 도시바의 Hisao Tanaka의 사례처럼 성공 속에 사기와 기만이 감춰져 있을 수도 있다는 내용이다. 그러므로 ②의 "All that glitters is not gold.(반짝인다고 모두 금은 아니다.)"가 윗글의 요지로 가장 적절하다.

핵심 어휘

- multigenerational : 다세대의, 여러 세대의
- midsize : 중형의, 중견의
- sheer : 순전한, 온전한
- longevity : 장수, 수명
- architect : 건축가, 설계자
- attest to : 증명하다, 증언하다
- navigator : 조종사, 항해사
- sustained : 한결같은, 지속적인
- conceal : 숨기다, 은폐하다

- **trickery** : 사기, 기만, 속임수
- **hail** : 환영[환호]하다, 축하하다
- **well-regarded** : 인정받는, 존경받는
- **resign** : 퇴임하다, 물러나다
- **disgrace** : 불명예, 치욕
- **overstatement** : 과장, 과대
- **unearth** : 파헤치다, 밝혀내다
- **feather** : 털, 깃털

오답 해설

① A watched pot never boils.(지켜보는 냄비는 결코 끓지 않는다.)
→ 서둔다고 일이 되는 것은 아니다.

③ Time and tide wait for no man.(세월은 사람을 기다리지 않는다.) → 젊었을 때 마땅히 부지런히 힘쓰라.

④ Birds of a feather flock together.(깃털이 같은 새들끼리 모인다.) → 유유상종(類類相從)

⑤ Don't put all your eggs in one basket.(한 바구니에 모든 달걀을 담지 마라.) → 위험을 분산시켜라.

해석

과거의 성공을 좋은 판단의 표식이라고 가정하는 것은 유혹적이며, 일부 경우에는 그럴 수도 있다. 다세대에 걸친 몇몇 독일 중견기업의 성공과 워런 버핏의 장기간 투자 실적 등은 자주 인용되는 사례이다. 하지만 성공은 다른 부모를 가질 수 있다. 나폴레옹이 그의 장군들에게 요구했던 것으로 유명한 특성인 행운은 종종 인정받지 못한 성공의 설계자이다. 스포츠인들은 기술뿐만 아니라 행운의 중요성을 증언할 수 있다. 네 번의 아메리카 컵 요트 경기에서 승리한 항해사이자 설계자인 Grant Simmer는 경쟁자들의 실수로 인한 행운의 도움을 인정했다. 때로는 지속적인 성공으로 보이는 것이 속임수를 숨길 수도 있다. Enorn 스캔들이 터지기 전인 2001년, CEO Jeff Skilling은 매우 성공적인 리더로 환영받았다. 도시바의 존경받는 상사 Hisao Tanaka는 7년간 12억 달러의 과다 수익이 밝혀진 후 2015년에 불명예 퇴진했다.

31 전체 흐름과 관계 없는 문장 고르기

핵심주제 : 이의 증식과 건강과의 상관관계 **정답** ③

정답 해설

머리에 이가 많으면 건강한 사람이라는 뉴헤브리디스 원주민들의 생각은 오랜 관찰 결과 사실이 아닌 걸로 밝혀졌다. 건강한 사람들은 이가 서식하기에 알맞은 체온을 유지했기 때문에 이가 많은 것이지 이가 건강의 원인은 아니다. 그러므로 "이의 증식이 인체의 건강을 증진시키는 데 중요한 결정 요인이었다"는 ③의 내용은 전체적인 글의 흐름과 어울리지 않는다.

핵심 어휘

- **lice** : louse(이)의 복수
- **observation** : 관찰, 관측
- **accurate** : 정확한, 정밀한
- **statistics** : 통계, 통계학
- **correlation** : 연관성, 상관관계
- **proliferation** : 급증, 확산, 증식
- **determinant** : 결정 요인

- **flesh** : 살, 피부
- **scatter** : 뿌리다, 흩어지다
- **prey on** : ~을 먹이로 하다, 잡아먹다

해석

수세기 동안 뉴헤브리디스 제도의 원주민들은 이로 가득 찬 머리를 건강의 표시로 여겼다. "수세기에 걸친 관찰로 건강한 사람들은 대개 이가 있고 아픈 사람들은 그렇지 않은 경우가 많다는 사실을 알게 되었습니다. 관찰 자체는 정확하고 믿을 만 했습니다."라고 Darrell Huff는 「통계로 거짓말하는 방법」이란 책에 썼다. ①그러나 그 상관관계가 이가 건강의 열쇠라는 것을 의미하는 것은 아니었다. 오히려 그 반대였다. ②건강한 사람들은 그들의 몸이 딱 알맞은 온도, 즉 벌레를 위한 완벽한 집이었기 때문에 이가 있었다. ③따라서 이의 증식은 인체의 건강을 증진시키는 데 중요한 결정 요인이었다. ④그러나 사람들이 고열이 날 때, 그들의 몸은 뜨거워졌고 이로 인해 이가 흩어졌다. ⑤이는 건강의 원인이 아니라 건강을 해쳤다.

32 전체 흐름과 관계 없는 문장 고르기

핵심주제 : 암호화폐의 예견된 몰락 **정답** ①

정답 해설

제시문에 따르면 암호화폐는 그동안 실제 거래에서 큰 역할을 한 적이 없으며, 실물 경제에 활용도가 높은 제품을 결코 내놓은 적이 없다고 서술되어 있다. 그러므로 "실제 거래에서 유용함을 충분히 입증한 Venmo와 같은 디지털 결제 앱을 사용한다고 가정하자"는 ①의 설명은 전체적인 글의 흐름과 어울리지 않는다.

핵심 어휘

- **transaction** : 거래, 처리
- **much-hyped** : 대대적으로 과장된, 엄청 선전된
- **bitcoin** : 비트코인
- **national currency** : 자국 통화
- **disaster** : 재앙, 재난
- **payment app** : 결제 앱
- **amply** : 광범위하게, 충분하게
- **rein in** : 억제하다, 고삐를 죄다
- **stablecoin** : 가격 변동성을 최소화하도록 설계된 암호화폐
- **supposedly** : 추정상, 아마
- **peg** : 정하다, 고정시키다
- **unregulated** : 비규제의, 규제받지 않는
- **cascading** : 폭포같은, 계속되는, 연속적인
- **collapse** : 붕괴, 실패
- **reminiscent** : 연상시키는, 추억에 잠긴
- **the Great Depression** : 대공황
- **crypto industry** : 암호화폐 산업
- **come up with** : ~을 생산하다, 제시하다
- **spectacularly** : 눈부시게, 극적으로
- **cutting edge** : 최첨단
- **cultivate** : 경작하다, 양성하다
- **prominent** : 저명한, 유명한

해석

암호화폐는 2009년 무렵부터 있었으며, 그동안 실제 거래에서 큰 역할을 한 적이 없는데도 비트코인을 자국 통화로 만들려는 엘살바도르의 대대적인 시도는 재앙이 되었다. ①예를 들어, 실제 거래에서 유용함을 충분히 입증한 Venmo와 같은 디지털 결제 앱을 사용한다고 가정하자. ②그렇다면 어떻게 암호화폐가 절정에 달했을 때 거의 3조 달러의 가치가 되었을까? ③추정컨대 미국 달러에 고정돼 있었지만 분명 비규제 은행의 모든 위험 대상이었고, 대공황에 일조했던 은행 부도의 물결을 연상시키는 연쇄 붕괴를 경험한 지금 '스테이블코인'을 억제하기 위해 왜 아무런 조치도 취해지지 않았는가? ④내 대답은 암호화폐 산업이 실물경제에 활용도가 높은 제품을 결코 내놓은 적이 없지만, 마케팅 자체는 눈부시게 성공해 최첨단이자 존경할 만한 이미지를 만들어냈다는 것이다. ⑤특히 저명한 인물과 기관을 양성함으로써 그렇게 했다.

33 주어진 문장의 위치 찾기

정답 ③

빙하기 황새 렙탑틸로스 로부스투스에 관한 새로운 발견

정답 해설

고생물학자들은 빙하기 황새 렙탑틸로스 로부스투스가 날지 못하는 종(種)이라고 생각했지만, 왕립학회 오픈 사이언스지에 발표된 렙탑틸로스 로부스투스의 날개 뼈 화석을 통해 이 사실이 잘못되었다는 것을 알았다. 그러므로 주어진 문장은 날지 못하는 종(種)이라고 생각했지만, 12피트 길이의 날개폭은 황새가 머리 위로 날아오르도록 했을 것이라고 서술되어 있는 ③에 들어가는 것이 가장 적절하다.

핵심 어휘

- analyze : 분석하다, 조사하다
- fossil : 화석
- hobbit : 호빗(가상의 난장이)
- immense : 엄청난, 거대한
- stork : 황새
- tower over : ~보다 훨씬 높다
- paleontologist : 고생물학자
- previously : 이전에, 미리
- flightless : 날지 못하는
- wingspan : 날개 길이, 날개폭
- soar : 솟구치다, 날아오르다
- prompt : 즉각[지체 없이] ~하다, 촉발하다
- revise : 변경하다, 개정하다
- anatomy : 해부학
- scavenger : 청소부, 죽은 동물을 먹는 동물
- prehistoric : 선사의, 선사 시대의

해석

그러나 오늘 왕립학회 오픈 사이언스지에 발표된 날개 뼈를 포함한 새롭게 분석된 화석들이 이 이야기를 바꾸어 놓았다.

인도네시아 동부의 섬인 고대 플로레스에서, '호빗' 크기의 인간은 거대한 새와 그 풍경을 공유했다. (①) 크기가 5피트 이상인 빙하기 황새 렙탑틸로스 로부스투스는 6만 년 이전에 살았던 3피트 크기의 호모 플로레시엔시스보다 더 컸다. (②) 이전에 고생물학자들은 그 큰 새가 고립된 섬 생태계에 적응

해 살아가는 날지 못하는 종(種)이라고 생각했다. (③) 황새의 크기에도 불구하고, 12피트 길이의 날개폭은 황새가 머리 위로 날아오르도록 했을 것이다. (④) 이 새로운 사실에 고생물학자들은 L. 로부스투스의 해부학과 행동에 대해 이전에 생각했던 것을 즉각 수정했다. (⑤) 이 새로운 연구는 그 새가 작은 먹이를 사냥하기보다 아마도 죽은 동물들에게서 먹이를 구했던 것으로 알려진 다른 선사시대의 나는 황새들처럼 청소부였을 거라는 사실을 시사한다.

34 주어진 문장의 위치 찾기

정답 ④

고대 이집트인들이 사용한 아이라이너의 과학적 탐구

정답 해설

고대 이집트인들이 사용한 아이라이너의 일반적인 제조법에는 납이 포함되어 있었고, 납 이온은 다른 면에서 여전히 독성이 있지만 박테리아가 눈을 감염시키기 전에 죽이는 활성산소인 일산화질소를 생성하는 데 도움을 주었다. 이러한 사실을 파리의 화학 팀이 밝혀낸 것이므로 주어진 문장은 ④에 들어가는 것이 가장 적절하다.

핵심 어휘

- lead ions : 납 이온
- toxic : 독성의, 독이 있는
- nitric oxide : 일산화질소
- free radical : 활성 산소
- infect : 감염시키다, 오염시키다
- rim : 가장자리[테]를 이루다[두르다]
- makeover : 미용, 화장
- ritual : 의식상의, 의례적인
- slaughter : 도살, 학살
- manuscript : 원고, 사본
- wearer : 착용하는 사람, 사용하는 사람
- skeptical : 의심 많은, 회의적인
- formula : 공식, 화학식, 제조법
- scraped : 긁어낸
- onto something : 말이 맞는, 뭔가 이루어낸, 좋은 결과의
- compound : 화합물
- deliberately : 의도적으로, 일부러
- dub : 별명을 붙이다, 재녹음하다

해석

납 이온은 다른 면에서 여전히 독성이 있지만 또한 박테리아가 눈을 감염시키기 전에 죽이는 활성산소인 일산화질소를 생성하는 데 도움을 주었다.

이집트인들은 눈가에 검은 화장을 하는 것으로 유명하다. 이 화장은 단지 사람만을 위한 것이 아니라, 기원전 2500년의 예술에서 보듯이 도살 의식에 끌려가는 소들 또한 머리에 칠을 했다. (①) 그 시대의 기록들은 아이라이너가 눈의 감염으로부터 사용자들을 보호한다고 주장했지만, 현대 과학자들은 회의적이었다. (②) 결국 가장 일반적인 제조법에는 납이 포함되어 있었다. (③) 하지만 2009년, 파리의 Pierre와 Marie Curie 대학의 연구원이 이끄는 화학 팀은 무덤에서 긁어낸 샘플을 분석했고 고대인들의 말이 맞다는 것을 발견했다. (④) 게다가, 아이라이너의 일부 화합물은 이집트가 원산지

가 아니어서, 연구원들은 이 화장품이 단지 수중에 있었기 때문에 사용된 것이 아니라 의도적으로 제조된 것이라고 믿게 되었다. (⑤) 이 연구의 저자들은 그 아이라이너를 우리에게 알려진 최초의 대규모 화학 제조 공정이라고 이름 붙였다.

35 한 문장으로 요약하기

정답 ④

핵심 주제 : 현대 민주주의의 토대를 마련한 그리스와 로마의 정부 형태

정답 해설

고대 그리스는 국민 주권에 대한 개념을 제시한 반면 로마는 공화주의 개념을 제시했다. 즉, 그리스와 로마의 정부 형태는 달랐지만 수세기에 걸쳐 공화주의와 민주주의가 얽히면서 오늘날 우리가 알고 있는 현대 자유민주주의 체제를 만들어냈다. 그러므로 비록 고대 그리스와 로마의 정부 형태는 (A)달랐지만(dissimilar), 그들은 함께 현대 민주주의의 (B)토대(foundation)를 마련했다고 한 문장으로 요약할 수 있다.

핵심 어휘

- **governing decision** : 통치 결정
- **lay out** : 제시하다, 설계하다
- **republicanism** : 공화주의
- **representation** : 대표, 대리
- **popular sovereignty** : 국민 주권
- **derive** : 끌어내다, 유도하다, 도출하다
- **legislative body** : 입법부, 입법 기관
- **senate** : 원로원
- **liberal democracy** : 자유민주주의
- **intertwine** : 뒤얽히다, 얽이다
- **regime** : 정권, 제도, 체계
- **deficiency** : 결핍, 결점
- **interchangeable** : 교환[교체]할 수 있는, 호환할 수 있는
- **dissimilar** : 다른, 같지 않은
- **groundbreaking** : 획기적인, 신기원을 이룬

오답 해설

① (A) primitive → 원시적인
   (B) deficiencies → 결점
② (A) interchangeable → 교환할 수 있는
   (B) inspiration → 영감
③ (A) ideal → 이상적인
   (B) riddles → 수수께끼
⑤ (A) groundbreaking → 획기적인
   (B) groundwork → 기반

해석

고대 그리스 민주주의는 대중이 정부의 일에 직접 참여하여 정책을 선택하고 통치 결정을 내리도록 하였다. 이런 의미에서 국민은 국가였다. 이와 대조적으로, 로마 제국은 국가 내의 권력 분립과 선출된 관리들을 통한 대중의 대표성을 강조하는 공화주의의 개념을 제시했다. 따라서 그리스가 국민 주권에 대한 개념을 제시한 반면, 원로원과 같은 입법 기관의 개념을 도출한 것은 로마이다. 그들의 초기 형태에서, 그리스의 민주주의도 로마의 공화주의도 오

늘날의 기준으로 자유 민주주의로 정의되지는 않을 것이다. 둘 다 특정의 민주적 요소를 강조했지만 근본적인 방법으로 제한했다. 수세기에 걸쳐 정치적 권리와 제도가 확대되면서 공화주의와 민주주의가 얽혀 오늘날 우리가 알고 있는 현대 자유민주주의 체제를 만들어냈다.

비록 고대 그리스와 로마의 정부 형태는 (A)달랐지만, 그들은 함께 현대 민주주의의 (B)토대를 마련했다.

36 연결어구 넣기

정답 ③

알기 박사 : (A) For instance(예를 들어) ⇒ 예시
(B) Yet(그러나, 하지만) ⇒ 역접

정답 해설

(A) 꽃은 수분을 위해 그리고 양봉가는 꿀을 위해 각각의 입장에서 꿀벌의 목적을 예로 들어 설명하고 있다. 그러므로 (A)에 들어갈 연결어구는 예시의 의미를 나타내는 'For instance(예를 들어)'가 가장 적절하다.

(B) 특정한 목적을 위해 무언가를 이용하고 있지만, 자연에서는 누가 누구를 이용하고 있는지 명확하지 않다고 했으므로, (B)에는 역접의 의미를 나타내는 'Yet(하지만)'이 들어갈 연결어구로 가장 적절하다.

핵심 어휘

- **perceived** : 인지된, 감지된
- **pollinate** : 수분하다, 꽃가루를 주다
- **beekeeper** : 양봉가
- **hive** : 벌집
- **be relative to** : 관계가 있다
- **exploit** : 이용하다, 착취하다
- **tick** : 진드기
- **hide** : (짐승의) 가죽
- **rhinoceros** : 코뿔소
- **rid** : 없애다, 제거하다

해석

우리가 목적을 바라보는 방법은 종종 인지된 중요성과 관련이 있다. (A)예를 들어, 꽃을 주된 관심의 대상으로 본다면 꿀벌의 목적은 꽃을 수분시키는 것이라고 말한다. 하지만 우리가 양봉가라면, 꿀벌의 목적은 벌집에 공급할 꿀을 생산하는 것이라고 말할 가능성이 더 높다. 여기서 목적은 꽃을 위해 씨앗을 운반하거나 벌집을 위해 꿀을 생산하는 더 큰 맥락과 관련이 있다고 볼 수 있으며, 특정한 목적을 위해 무언가를 착취하거나 이용하는 것과 관련이 있다. (B)하지만, 자연에서는 누가 누구를 이용하고 있는지 종종 명확하지 않다. 코뿔소 가죽의 진드기를 먹는 작은 새는 코뿔소를 모두가 먹을 수 있는 큰 뷔페로 이용하는가, 아니면 코뿔소가 성가신 진드기를 없애는 수단으로 그 새를 이용하는가? 그 둘은 서로가 필요하다. 그래서 목적은 상대적인 것이며, 어떤 사물이나 사람의 상대적인 중요성과 관련이 있다.

37 글의 배열순서 정하기

핵심
주제 : 최근에 여성 운동이 활발하지 못한 이유 정답 ⑤

정답 해설

주어진 문장에서 화자는 최근에 여성 운동이 활발하지 못한 것에 의문을 던졌고, 글 (C)에서 실제 여성 운동이 유럽과 미국 전역에서 폭발했던 당시 상황을 설명하였다. 다음으로 글 (B)의 마지막 문장에서 일본 여성에 대한 사례를 언급했고, 글 (A)에서 그에 대한 구체적인 설명을 제시하였다. 그러므로 주어진 글 다음에 (C) − (B) − (A)의 순으로 글이 이어져야 한다.

핵심 어휘

- **burst** : 터뜨리다, 폭발하다
- **enormous** : 거대한, 엄청난
- **dissipate** : 소멸되다, 사라지다
- **extremely** : 매우, 극도로
- **explosion** : 폭발, 폭파
- **end up with** : 결국 ~하게 되다
- **narrow section** : 좁은 부분
- **population** : 인구, 주민

해석

60년대 이후 여성 운동은 전통적인 남성의 사고방식을 그대로 반영하는 방향으로 발전했다. 그것은 마치 뇌 속으로 타들어가는 모양과 같아서 밖으로 빠져나갈 수 없다. 나는 최근에 왜 여성 운동이 전체적으로 잠재력을 발휘하지 못하는지 생각해 보았다.

(C) 여성 운동은 유럽과 미국 전역에서 엄청난 에너지를 내며 현장에서 폭발했다. 하지만 에너지는 사라졌고, 실제로 성취된 것은 모든 유럽 국가들과 아마도 60년대에 젊고 현재 중년이 된 미국과 캐나다의 중산층 여성들이 오히려 더 잘 해냈다는 것이다.

(B) 그들은 대개 텔레비전과 라디오, 신문 등과 같은 문화적인 일에 좋은 직업을 갖고 있다. 이것은 일본처럼 여성들이 매우 힘든 시간을 보내는 나라들도 또한 사실이다.

(A) 오늘날 일본에는 공적인 생활을 하는 여성이 극히 드물고, 서구의 어느 곳보다 훨씬 적으며, 그들이 있을 때는 거의 항상 문화적인 일에 있다. 그래서 모든 엄청난 에너지의 폭발은 결국 여성 인구의 극히 일부만이 이전보다 더 잘하게 되었다.

38 글의 배열순서 정하기

핵심
주제 : 문화 기생충론 정답 ⑤

정답 해설

주어진 글에서 문화를 숙주의 몸 속에 기생하는 기생충에 비유하여 화제를 던지고 있고, 글 (C)에서 한 숙주에서 다른 숙주로 증식하며 퍼지는 기생충의 특성에 대해 설명하고 있다. 글 (B)에서 이런 식으로 문화적인 사상 또한 인간의 마음속에 기생하여 전파된다고 설명하고 있으며, 마지막으로 글 (A)에서 기생충에 잡아먹힌 숙주처럼 인간은 죽지만 그 사상은 퍼지며, 문화는 정신적 기생충이라고 결론을 내린다. 그러므로 주어진 글 다음에 (C) − (B) − (A)의 순으로 글이 이어져야 한다.

핵심 어휘

- **infection** : 감염, 전염병
- **parasite** : 기생충
- **unwitting** : 자신도 모르는, 부지불식간의, 무의식적인
- **host** : 주인, 성체, 숙주
- **organic parasite** : 유기[생물에서 나온] 기생충
- **multiply** : 증가하다, 증식하다
- **feed off** : ~을 먹다
- **pass along** : 전달하다, 부담시키다, 떠넘기다
- **in this fashion** : 이런 식으로
- **conspiracy** : 음모, 모의
- **emerge** : 나오다, 드러나다

해석

점점 더 많은 학자들이 문화를 정신적인 감염이나 기생충의 일종으로 보고 있으며, 인간을 무의식적인 숙주로 여긴다. 바이러스와 같은 유기 기생충은 숙주의 몸 속에 기생한다.

(C) 이 기생충들은 한 숙주에서 다른 숙주로 증식하여 퍼지면서 숙주를 먹고, 약화시키며, 때로는 죽이기도 한다. 숙주가 기생충에게 물려줄 만큼 충분히 오래 사는 한 숙주의 상태는 거의 신경 쓰지 않는다.

(B) 바로 이런 식으로, 문화적인 사상은 인간의 마음속에 살아 있다. 이들은 증식하여 한 숙주에서 다른 숙주로 전파되며, 때로는 숙주를 약화시키고 때로는 죽이기도 한다. 문화적인 사상은 심지어 죽음의 대가를 치르더라도 그 사상을 퍼뜨리기 위해 사람의 생명을 바치도록 강요할 수 있다.

(A) 인간은 죽지만, 그 사상은 퍼진다. 이 접근법에 따르면, 문화는 다른 사람들을 이용하기 위해 어떤 사람들에 의해 꾸며진 음모가 아니다. 오히려 문화는 우연히 나타난 정신적 기생충이며, 그 이후에 감염된 모든 사람들을 이용한다.

[39~40]

핵심 어휘

- **liberally** : 듬뿍, 아낌없이
- **troop** : 병력, 부대
- **overthrow** : 타도하다, 전복하다
- **be preoccupied with** : ~에 골몰하다[몰두하다]
- **hyperorganized** : 과조직화된
- **monarchy** : 군주국, 왕정
- **side with** : ~의 편을 들다, 두둔하다
- **the Confederacy** : 남부연합(미국의 남북전쟁 당시 북부에 대항하는 남부 연방)
- **defeat** : 패배시키다, 물리치다
- **Latino** : (미국에 사는) 라틴 아메리카인
- **spontaneous** : 자발적인, 즉흥적인
- **take place in** : ~에서 열리다, 일어나다
- **slavery** : 노예, 노예제도
- **significance** : 중요성, 중대성, 의의
- **fall by the wayside** : 도중에 실패하다, 사라지다
- **spirits industry** : 양주 산업, 양주 업계

- seize : 붙잡다, 장악하다
- ubiquitous : 어디에나 있는, 도처에 있는
- rage : 노하다, 맹위를 떨치다, 성행하다
- geographically : 지리적으로
- conspiracy : 음모, 모의
- ridden : 시달리는, 사로잡힌
- distorted : 왜곡된, 비뚤어진
- cuisine : 요리, 요리법
- immigration : 이민, 이주
- restoration : 부활, 회복

해석

많은 미국인들에게, 싱코 데 마요는 멕시코 음식을 먹고 아낌없이 마시는 날이다. 그러나 실제 역사는 훨씬 더 정치적 사안이다.

그것은 1860년대에 시작되었다. 프랑스는 멕시코로 제국을 확장하고 싶어 했고, 나폴레옹 3세는 아브라함 링컨이 내전에 몰두하는 동안 멕시코에서 민주적으로 선출된 대통령 베니토 후아레스를 타도하기 위해 그의 군대를 멕시코시티로 진격하도록 명령했다. 과조직화된 프랑스군은 승리할 것으로 크게 기대되었고, 이는 남부연합의 편에 설 새로운 멕시코 군주국을 탄생시켰다.

그러나 1862년 5월 5일, 멕시코군은 푸에블라 전투에서 프랑스를 물리쳤다. 그 뜻밖의 승리는 골드러시 기간 동안 북쪽으로 온 라틴 아메리카인들을 하나로 모았고, 자발적인 축하행사로 이어졌다고 「미국의 전통인 엘 싱코 데 마요(첫 번째는 캘리포니아의 투올룸네 카운티에서 열렸다.)의 저자 데이비드 E. 헤이스-바티스타는 말한다. 곧 그들은 멕시코와 미국의 두 노예제도에 대항하는 투쟁을 지원하기 위해 단체들을 조직하기 시작했다.

그러나 1930년대에 남북 전쟁에 대한 기억이 더 멀어지면서 민권 공휴일로서의 싱코 데 마요의 중요성은 점차 사라지기 시작했다. 1980년대와 1990년대까지 히스패닉 소비자의 수가 급격히 증가했고, 특히 양주 업계 판매자들이 그 순간을 장악했다. 그들은 그 공휴일을 멕시코-미국 문화의 일반적인 축제로 전환시켜 어디에서나 열었고, 파티는 오늘날에도 성행하고 있다.

39 빈칸 추론하기

 정답 ②

핵심 주제 싱코 데 마요의 놀라운 진화

정답 해설

싱코 데 마요는 푸에블라 전투, 남북 전쟁, 노예제도에 대한 투쟁 등의 역사에 비추어 볼 때, 멕시코-미국 문화의 일반적인 축제 이상의 정치적으로 훨씬 무게가 실린 사안이다. 그러므로 ②의 'politically charged(정치적 사안의)'가 빈칸에 들어갈 말로 가장 적절하다.

오답 해설

① geographically driven(지리적으로 추진된)
③ conspiracy ridden(음모에 사로잡힌)
④ culturally distorted(문화적으로 왜곡된)
⑤ economically balanced(경제적으로 균형 잡힌)

40 글의 제목 유추하기

 정답 ①

핵심 주제 싱코 데 마요의 놀라운 진화

정답 해설

제시문에 싱코 데 마요는 멕시코군이 푸에블라 전투에서 프랑스군을 물리친 후 라틴 아메리카인들의 자발적인 축하행사에서 비롯되었고, 이후 1980년대와 1990년대에 히스패닉 소비자의 수가 급격히 증가하면서 양주 업계 판매자들이 그 날을 멕시코-미국 문화의 일반적인 축제로 전환시켰다고 서술되어 있다. 그러므로 ①의 'The Surprising Evolution of Cinco de Mayo(싱코 데 마요의 놀라운 진화)'가 윗글의 제목으로 가장 적절하다.

오답 해설

② The Political Significance of Mexican Cuisine(멕시코 요리의 정치적 중요성)
③ Revisiting the History of Mexican Immigration(멕시코 이민의 역사 다시보기)
④ All Against Slavery: Struggles of the Confederacy(노예 제도에 반대하는 모든 것: 남부 연합의 투쟁)
⑤ The Restoration of Civil Rights Through Cinco de Mayo(싱코 데 마요를 통한 시민권 회복)

[41~42]

핵심 어휘

- gasp at : ~에 놀라 숨이 막히다
- glance up : 흘낏[획] 보다, 언뜻 보다
- shrink : 줄어들다, 움츠리다
- dub : 별명을 붙이다, 더빙하다
- moon illusion : 달 착시
- phenomenon : 현상, 사건
- trickery : 사기, 속임수
- disagree : 의견이 다르다, 일치하지 않다
- deceive : 속이다, 기만하다
- supermoon : 슈퍼문, 초대형 달
- coincide with : ~와 일치하다, 동시에 일어나다
- lunar orbit : 달의 (공전) 궤도
- roughly : 대략, 거의
- naked eye : 육안
- barely : 겨우, 거의
- juxtapose : 병치하다, 옆에 놓다, 나란히 놓다
- foreground : 전경, 앞 경치
- hypothesis : 가설, 추정
- intrigue : 강한 흥미[호기심]
- take the time to : ~하는데 시간을 내다[할애하다]
- savor : 맛, 풍미, 음미
- lunar eclipse : 월식
- breathtaking : 숨이 막히는, 숨이 멎는 듯한
- optical illusion : 착시, 착시 현상

해석

여러분은 밤의 지평선을 보고 엄청나게 큰 달이 뜨는 광경에 가슴이 벅찬 적이 있는가? 몇 시간 후에 하늘을 올려다보면, 대개는 달이 작아진 것처럼 보일 것이다. 달 착시라고 불리는 이 현상은 수천 년 동안 목격되어 왔으며, 모두가 마음속에서 일어나는 시각적 속임수이다. 그리고 그렇게 오랜 시간이 지난 후에도, 과학자들은 여전히 우리의 뇌에서 정확히 무슨 일이 일어나고

있는지에 대해 의견이 분분하다. 그것을 시험해 보려면, 지평선에서 떠오르는 달 사진을 찍어 그날 밤 늦게 찍은 이미지와 비교하면 된다. 눈은 순간적으로 속을지언정, 그 크기는 일정하게 유지될 것이다. (A)마찬가지로 슈퍼문 기간 동안 보름달의 날짜가 달의 궤도에서 지구와 가장 가까운 곳에 일치하고 달이 약 7% 더 크게 보일 때, 비록 다르다고 확신하더라도 육안으로는 그 차이를 거의 볼 수 없다.

그 착각에 대한 일반적인 설명은 달이 지평선 가까이 있을 때, 하늘과 마주하여 나란히 있는 나무나 건물들이 뇌를 속여 달이 지구에 더 가깝고 따라서 더 크다고 인식하는 것이다. (B)그러나, 궤도상의 우주 비행사들 또한 앞에 물체가 없는데도 달 착시를 목격하기 때문에, 이 설명이 문제를 완전히 해결하지는 못한다. 다른 가설들이 많지만, 달 착시는 여전히 과학자들과 이 달의 신비를 편안히 앉아 음미하는데 시간을 할애하는 사람들에게 약간의 흥미를 유발한다.

41 글의 제목 유추하기

정답 ④

핵심주제: 달의 크기에 대한 착시 현상

정답 해설

주어진 제시문은 수천 년 동안 목격된 달의 착시 현상에 대해 설명하고 있으며, 달이 작아지는 것처럼 보이는 이유에 대한 다양한 가설들을 제공하고 있다. 그러므로 ④의 'The Optical Illusion of the Size of the Moon(달의 크기에 대한 착시 현상)'이 윗글의 제목으로 가장 적절하다.

오답 해설

① Traveling to the Moon Made Easy(손쉬운 달 여행)
② Lunar Eclipse During Supermoons(슈퍼문 기간 동안의 월식)
③ The Breathtaking View from Outer Space(우주에서 바라본 숨막히는 광경)
⑤ The Shrinking Universe: A Cause for Worry?(작아지는 우주: 걱정거리인가?)

42 연결어구 넣기

정답 ③

핵심주제: 달의 크기에 대한 착시 현상

정답 해설

(A) 달 착시를 시험하기 위해 그 결과가 유사한 두 가지 방법을 제시하고 있다. 그러므로 'Similarly(마찬가지로)'가 빈칸 (A)에 들어갈 연결어구로 가장 적절하다.
(B) 나무나 건물들 때문에 달 착시가 나타난다는 앞의 설명과 달리 우주 비행사들은 앞에 물체가 없는데도 달 착시를 목격한다고 서술하고 있다. 그러므로 역접의 접속사 'However(그러나)'가 빈칸 (B)에 들어갈 연결어구로 가장 적절하다.

[43~45]

핵심 어휘

• be stuck in : ~에 처박혀 있다, ~에 갇히다
• polio : 소아마비
• antidote : 해독제, 해결책
• supposedly : 추측컨대, 아마도
• grab : 붙잡다, 움켜쥐다
• butcher paper : 고기 포장용지
• grasp : 완전히 이해하다, 파악하다
• instruction : 지시, 설명
• delicious-sounding : 맛있는 소리를 내는
• ward : 실, 병동
• keep under wraps : 숨기다, 비밀로 하다
• decade : 10년
• epidemic : 유행병, 전염병
• bowling alley : 볼링장
• moviegoer : 영화 관람객
• wary : 경계하는, 조심하는
• coupled with : ~와 결부된, 동반된
• eradicate : 근절하다, 뿌리 뽑다
• be inducted into : ~에 가입되다, 헌액[추대]되다
• the National Toy Hall of Fame : 국립 장난감 명예의 전당
• humble : 겸손한, 겸허한
• keep a low profile : 겸손함을 유지하다
• devote : 바치다, 헌신하다
• exploration : 탐사, 탐구
• royalty check : 저작권료
• bittersweet : 달콤한, 달콤쌉싸름한
• boost : 높이다, 신장시키다
• arithmetic : 산수, 산술
• be struck with : ~에 휩싸이다
• hospitalize : 입원시키다

해석

(A) 1948년이었고, 엘리너 애벗은 지루했다. 퇴원한 선생님은 그녀처럼 소아마비를 앓고 있는 어린 아이들에게 둘러싸여 샌디에이고 병원에 갇혀 있었다. 아이들은 외롭고 슬퍼했으며, 달리 할 일이 없었던 애벗은 유쾌한 보드 게임이 완벽한 해결책이 될 수 있으리라 생각했다. 그래서 그녀는 아마도 고기 포장용지 한 장을 쥐고 도안을 그리기 시작했다.

(D) 최종 결과 어린 아이들은 대만족이었다. 세거나 읽을 필요 없이, 참가자는 단순히 색을 파악하여 카드 상의 지시에 따라 보드를 여행하고, 도중에 맛있는 소리를 내는 여러 위치에 멈추면 되었다. 그녀는 소아마비 병동의 아이들과 그 게임을 함께 했고, 아이들은 좋아했다. 1년 후 밀턴 브래들리가 그 게임을 사들였는데, 그것은 공전의 히트작인 캔디랜드였다.

(B) 밀턴 브래들리는 수십 년 동안 그 이야기를 비밀에 부쳤지만, 그 게임과 병과의 연관성은 거기서 멈추지 않았다. 소아마비가 캔디랜드를 유명하게 만드는 데 일조했을 가능성이 있다. 1950년대 초, 소아마비 전염병이 전국을 휩쓸었다. 건강을 지키는 가장 좋은 방법은 사람들을 만나지 않는 것이었다. 공공 수영장, 놀이터, 그리고 볼링장은 폐쇄되었다. 영화 관람객들은 극장에서 서로 멀리 떨어져 앉도록 안내 받았다. 조심스러운 부모들은 아이들을 밖에서 놀도록 내버려두지 않았다. 건강하든 아프든, 모두가 시간을 보내는데 도움이 될 오락거리가 필요했다. 전후 미국인들이 그 어느 때보다 많은 돈과 여가 시간을 가졌다는 사실과 더불어, 그것은 어린이 보드 게임이 인기를 끌기 위한 이상적인 조건을 제공했다. 게다가, 그것은 사탕에 관한 것이지 않은가!

(C) 오늘날, 소아마비는 사실상 지구상에서 근절되었다. 그러나 캔디랜드는 계속해서 기부를 하고 있다. 그 게임은 4천만 장 이상이 팔렸고 2005년에 국립 장난감 명예의 전당에 헌액되었다. 하지만 애벗은 남은 여생 동

안 겸손함을 유지했다. 뉴욕 로체스터에 있는 박물관인 더 스트롱의 니콜라스 리케츠에 따르면, 애벗은 첫 저작권료를 받았을 때, 그 돈의 상당 부분을 병동에서 만난 아이들에게 바로 돌려주었다. 얼마나 자상한가!

43 글의 배열 순서 정하기

핵심주제: 캔디랜드의 달콤한 역사

정답 ④

✏️ 정답 해설

우선 글 (A)에서 앨리너 애벗이 소아마비 병동에서 보드 게임을 만든 상황을 설명하고 있고, 다음으로 보드 게임을 하는 방법에 대해 설명한 글 (D)가 이어져야 한다. 글 (D)의 말미에 밀턴 브래들리가 그 게임을 사들여 히트시킨 것이 캔디랜드였고, 그것이 유명하게 된 이유를 글 (B)에서 설명하고 있다. 마지막으로 글 (C)에서 캔디랜드를 처음 도안한 엘리너 애벗의 훈훈한 미담에 대해 설명하고 있다. 그러므로 글 (A) 다음에 (D)–(B)–(C)의 순서로 글이 이어져야 한다.

44 글의 제목 유추하기

핵심주제: 캔디랜드의 달콤한 역사

정답 ②

✏️ 정답 해설

캔디랜드는 엘리너 애벗이 샌디에이고 병원에 입원중일 때 소아마비에 걸린 아이들을 위해 고안했고, 소아마비가 사라진 이후에도 계속해서 기부를 이어가고 있으며, 애벗이 첫 저작권료를 받았을 때도 그 돈의 상당 부분을 병동에서 만난 아이들에게 돌려주었다고 서술하고 있다. 그러므로 ②의 'The Bittersweet History of Candy Land(캔디랜드의 달콤한 역사)'가 윗글의 제목으로 가장 적절하다.

🩹 오답 해설

① How to Play Candy Land with Kids(아이들과 캔디랜드 놀이하는 방법)
③ Using Candy Land as an Educational Tool(캔디랜드를 교육 도구로 사용하기)
④ Candy Land: Boosting Children's Confidence(아이들의 자신감을 높여주는 캔디랜드)
⑤ The Decline of the Popularity of Candy Land(캔디랜드의 인기 하락)

45 내용과 불일치 문장 고르기

핵심주제: 캔디랜드의 달콤한 역사

정답 ①

✏️ 정답 해설

글 (D)에서 세거나 읽을 필요 없이, 참가자는 단순히 색을 파악하여 카드 상의 지시에 따라 보드를 여행하고, 도중에 맛있는 소리를 내는 여러 위치에 멈추면 된다고 그 게임에 대해 설명하고 있다. 그러므로 "Candy Land requires basic arithmetic skills.(캔디랜드는 기본적

인 산술 능력을 필요로 한다.)"는 ①의 설명은 윗글의 내용과 일치하지 않는다.

🩹 오답 해설

② America was struck with an epidemic in the 1950s.(미국은 1950년대에 전염병이 유행하였다.) → 1950년대 초, 소아마비 전염병이 전국을 휩쓸었다고 글 (B)에 서술되어 있음
③ Eleanor Abbott made Candy Land while hospitalized.(엘리너 애벗은 입원 중에 캔디랜드를 만들었다.) → 엘리너 애벗이 샌디에이고 병원에 입원 중일 때 캔디랜드를 만들었다고 글 (A)에 서술되어 있음
④ Eleanor Abbott shared her first royalty check with others.(엘리너 애벗은 처음 받은 저작권료를 다른 사람들과 나누었다.)
→ 엘리너 애벗이 처음 받은 저작권료의 상당 부분을 병동에서 만난 아이들에게 바로 돌려주었다고 글 (C)에 서술되어 있음
⑤ At first, Milton Bradley did not reveal the origin story of Candy Land.(처음에 밀턴 블래들리는 캔디랜드의 유래를 밝히지 않았다.) → 밀턴 브래들리는 수십 년 동안 캔디랜드의 유래에 관한 이야기를 비밀에 부쳤다고 글 (B)에 서술되어 있음

수학영역

01 삼각함수

정답 ①

사인법칙과 코사인법칙

step1 삼각형의 넓이공식을 이용한다.

$\overline{AB}$, $\overline{AC}$의 길이가 각각 3, 5이고 주어진 삼각형의 넓이가 $5\sqrt{2}$이므로

$5\sqrt{2}=\dfrac{1}{2}\times 3\times 5\times \sin A$,

$\sin A=\dfrac{2\sqrt{2}}{3}$

이때, $\sin^2 A+\cos^2 A=1$이므로

$\dfrac{8}{9}+\cos^2 A=1$,

$\cos A=\dfrac{1}{3}$

step2 코사인법칙을 이용한다.

따라서 코사인법칙을 이용하여 $\overline{BC}$의 길이를 구하면

$\overline{BC}^2=3^2+5^2-2\times 3\times 5\times \dfrac{1}{3}=24$,

$\overline{BC}=2\sqrt{6}$

step3 사인법칙을 이용하여 외접원의 반지름의 길이를 구한다.

외접원의 반지름의 길이를 R이라 할 때, 사인법칙을 이용하면

$2R=\dfrac{2\sqrt{6}}{\sin A}$,

$\therefore R=\dfrac{3\sqrt{3}}{3}$

✔핵심노트

사인법칙

삼각형 ABC의 외접원의 반지름의 길이를 R이라 하면

$\dfrac{a}{\sin A}=\dfrac{b}{\sin B}=\dfrac{c}{\sin C}=2R$이 성립한다.

코사인법칙

삼각형 ABC에서 $\overline{AB}=c$, $\overline{BC}=a$, $\overline{CA}=b$라 할 때 다음이 성립한다.

㉠ $a^2=b^2+c^2-2bc\cos A$

㉡ $b^2=c^2+a^2-2ca\cos B$

㉢ $c^2=a^2+b^2-2ab\cos C$

02 정적분의 활용

정답 ④

속도와 위치

step1 시각 t에서의 위치를 구한다.

원점에서 출발하는 두 점 P, Q의 시각 t에서의 위치를 각각 $x_P(t)$, $x_Q(t)$라고 하면

$x_P(t)=\displaystyle\int_0^t 3t^2+2t-4dt=t^3+t^2-4t$

$x_Q(t)=\displaystyle\int_0^t 6t^2-6dt=2t^3-3t^2$

step2 두 점 P와 Q가 만나는 위치를 찾는다.

$t^3+t^2-4t=2t^3-3t^2$,

$t^3-4t^2+4t=0$,

$t(t-2)^2=0$

$\therefore t=2$

따라서 $t=2$일 때, 두 점이 처음으로 만나므로 이때의 위치는

$\therefore x_P(2)=x_Q(2)=4$

✔핵심노트

속도와 위치의 관계

수직선 위를 움직이는 점 P의 시각 t에서의 속도를 $v(t)$라 하면 시각 t에서의 위치는 $\displaystyle\int_0^t v(t)dt$이다.

03 지수와 로그

정답 ③

지수함수

step1 $x=a$일 때, P, Q, R의 좌표를 찾는다.

$x=a$일 때, P, Q, R의 좌표는 각각 $P(a, 4^a)$, $Q(a, 2^a)$, $R\left(a, -\left(\dfrac{1}{2}\right)^{a-1}\right)$이다.

step2 비례식을 이용하여 a의 값을 구한다.

이때 $\overline{PQ} : \overline{QR}=8 : 3$이므로 이를 식으로 나타내면

$4^a-2^a : 2^a+\left(\dfrac{1}{2}\right)^{a-1}=8 : 3$,

$3(4^a-2^a)=8(2^a+2^{1-a})$,

$3\times 2^{3a}-11\times 2^{2a}-16=0$,

$(2^a-4)(3\times 2^{2a}+2^a+4)=0$,

$\therefore a=2$

04 지수와 로그

정답 ⑤

지수의 계산

step1 집합 A를 해석한다.

집합 A에서 $2\leq a\leq k$이므로 a는 1보다 큰 자연수이다.

따라서 $\log_a b\leq 2$, $b\leq a^2$

step2 $a=2$부터 차례대로 대입하여 조건에 맞는 값을 구한다.

또한, 자연수 k는 $k \geq 2$이므로 $a=2$부터 집합 A에 차례대로 대입하면,

$a=2$일 때, $b \leq 4$이므로

$(a, b)=(2, 1), (2, 2), (2, 3), (2, 4)$: 4개

$a=3$일 때, $b \leq 9$이므로

$(a, b)=(3, 1), (3, 2), \cdots, (3, 9)$: 9개

$a=4$일 때, $b \leq 16$이므로

$(a, b)=(4, 1), (4, 2), \cdots, (4, 16)$: 16개

$a=5$일 때, $b \leq 25$이므로

$(a, b)=(5, 1), (5, 2), \cdots, (5, 25)$: 25개

따라서 $a=1$부터 $a=5$까지 원소의 개수의 합이 54이므로 자연수 a와 k의 최댓값은 5, 자연수 b의 최댓값은 25이다.

$\therefore 5+25+5=35$

05 정적분의 활용

 나머지 정리　　　　　　　　　　　정답 ①

step1 사차함수 $f(x)$을 구한다.

주어진 조건에서 사차함수 $f(x)$가 x^3으로 나누어떨어지므로 $f(x)$는 x^3을 인수로 가져야한다.

$\therefore f(x)=ax^3(x-b)$

step2 주어진 극값을 이용하여 a, b를 구한다.

이때, 함수 $f(x)$는 $x=1$에서 극값 2를 가지므로,

$f'(1)=0, f(1)=2$

함수 $f(x)$의 양변을 x에 대해 미분하면

$f'(x)=3ax^2(x-b)+ax^3$이므로

$f'(1)=3a(1-b)+a=0,$

$f(1)=a(1-b)=2$

위의 두 식을 연립하여 a, b를 구하면

$\therefore a=-6, b=\dfrac{4}{3}$

따라서 $f(x)=-6x^3\left(x-\dfrac{4}{3}\right)=-6x^4+8x^3$

step3 주어진 정적분을 변형한다.

한편,

$\displaystyle\int_0^2 f(x-1)dx=\int_{-1}^1 f(x)dx$이므로

$\displaystyle\int_{-1}^1 -6x^4+8x^3\,dx=-2\int_0^1 6x^4\,dx$

$\qquad\qquad\qquad\quad=-2\times\left[\dfrac{6}{5}x^5\right]_0^1$

$\qquad\qquad\qquad\quad=-\dfrac{12}{5}$

06 삼각함수

 코사인함수의 활용　　　　　　　정답 ③

step1 코사인 그래프의 특징을 통해 규칙성을 찾는다.

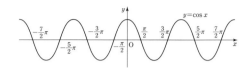

함수 $y=\cos x$그래프에서 $y=0$을 만족시키는 x값은

$x=\pm\dfrac{\pi}{2},\ \pm\dfrac{3\pi}{2},\ \pm\dfrac{5\pi}{2},\ \pm\dfrac{7\pi}{2},\ \cdots$이므로

$\cos\dfrac{(a-b)\pi}{2}=0$에서 $(a-b)=\pm(\text{홀수})$의 값을 만족시켜야 한다.

step2 가능한 순서쌍 (a, b)를 구한다.

따라서 $a^2+b^2\leq 13$와 $(a-b)=\pm(\text{홀수})$를 동시에 만족시키는 값을 구하면

$a=0$일 때, $b^2\leq 13$이므로 순서쌍 (a, b)는

$(0, 1), (0, -1), (0, 3), (0, -3)$

$a=\pm 1$일 때, $b^2\leq 12$이므로 순서쌍 (a, b)는

$(1, 0), (-1, 0), (1, 2), (-1, 2), (1, -2),$

$(-1, -2)$

$a=\pm 2$일 때, $b^2\leq 9$이므로 순서쌍 (a, b)는

$(2, 1), (-2, 1), (2, -1), (-2, -1), (2, 3),$

$(-2, 3), (2, -3), (-2, -3)$

$a=\pm 3$일 때, $b^2\leq 4$이므로 순서쌍 (a, b)는

$(3, 0), (-3, 0), (3, 2), (-3, 2), (3, -2),$

$(-3, -2)$

$\therefore$ 순서쌍 (a, b)는 총 24개

07 미분

 함수의 그래프　　　　　　　　　정답 ④

step1 삼차함수 $f(x)$의 그래프 개형을 구한다.

최고차항의 계수가 1인 삼차함수 $f(x)$가 $x=1$, $x=-1$에서 극값을 가지므로

$\therefore f'(x)=3(x-1)(x+1), f(x)=x^3-3x+C$

(단, C는 적분상수)

한편, $f(x)\leq 9x+9$에서 부등호의 양변을 함수 $y=f(x)$, 함수 $y=9x+9$라 하고, 이를 그래프로 나타내면 다음과 같다.

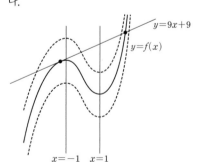

step2 경우를 나누어 $\{x \,|\, f(x)\leq 9x+9\}=(-\infty, a]$를 만족시키는 조건을 찾는다.

위의 그림에서 $f(x)\leq 9x+9$의 값을 만족시키는 구간이 $(-\infty, a]$이므로 경우를 나누어 이를 판단하면

(i) 함수 $y=f(x)$와 함수 $y=9x+9$의 그래프가 서로 다른 세 점에서 만날 때 함수 $y=f(x)$가 함수 $y=9x+9$보다 아래쪽에 위치한 부분이 두 군데 생기므로 $\{x|f(x)\leq 9x+9\}=(-\infty, a]$의 조건을 만족시키지 않는다.

(ii) 함수 $y=f(x)$와 함수 $y=9x+9$의 그래프가 한 점에서 만날 때 (단, a는 양수) 함수 $y=f(x)$가 함수 $y=9x+9$보다 아래쪽에 위치한 부분이 한 군데 생기므로 $\{x|f(x)\leq 9x+9\}=(-\infty, a]$의 조건을 만족시키나 a가 최솟값이 되지 않는다.

(iii) 함수 $y=f(x)$와 함수 $y=9x+9$의 그래프가 두 점에서 만날 때 (단, a는 양수)
함수 $y=f(x)$가 함수 $y=9x+9$보다 아래쪽에 위치한 부분이 한 군데 생기므로 $\{x|f(x)\leq 9x+9\}=(-\infty, a]$의 조건을 만족시키며 a가 최솟값이다.

따라서 함수 $y=f(x)$와 함수 $y=9x+9$의 그래프가 두 점에서 만날 때, 주어진 조건이 성립하므로 두 함수는 한 점에서 접하고, 다른 한 점에서 만난다.

step3 접선의 기울기를 이용하여 a의 값을 구한다.
이때, 접점에서의 접선의 기울기가 9이므로
$f'(x)=3(x-1)(x+1)=9$, $x^2=4$
$\therefore x=\pm 2$
이때, $x=2$이면, a의 값이 음수가 되므로 $x=-2$이고, 이때의 교점의 좌표는 $(-2, -9)$이므로 이를 $f(x)=x^3-3x+C$에 대입하면 $C=-7$
따라서 두 함수 $y=f(x)=x^3-3x-7$와 $y=9x+9$의 교점은
$x^3-3x-7=9x+9$, $x^3-12x-16=0$
$(x+2)^2(x-4)=0$
$\therefore a=4$

08 부등식의 활용

정답 ⑤
산술기하평균

step1 산술기하평균을 이용하여 부등식을 구한다.
주어진 원 $x^2+y^2=r^2$ 위의 점의 좌표가 (a, b)이므로
$a^2+b^2=r^2$
이때, 산술기하평균을 이용하면
$r^2=a^2+b^2\geq 2\sqrt{a^2b^2}$,
$\therefore \dfrac{r^2}{2}\geq |ab|$

step2 $f(64)$의 값을 구한다.
한편, $\log_r|ab|$에서 r은 1보다 큰 실수이므로 $|ab|$가 최댓값을 가질 때, $\log_r|ab|$도 최댓값을 갖는다. 따라서
$f(r)=\log_r\dfrac{r^2}{2}=2-\log_r 2$
$\therefore f(64)=2-\log_{64}2=2-\dfrac{1}{6}=\dfrac{11}{6}$

산술, 기하평균의 관계
$a>0$, $b>0$일 때 $\dfrac{a+b}{2}\geq\sqrt{ab}$가 성립한다.
(단, 등호는 $a=b$일 때 성립)

09 로그

정답 ⑤
로그의 활용

step1 조건 (나)를 이용하여 $f(1)+f(2)+f(3)$의 개수를 구한다.
조건 (나)에서 $\log\{f(1)+f(2)+f(3)\}=\log 12$이므로
$\therefore f(1)+f(2)+f(3)=12$
따라서 집합 $A=\{1, 2, 3, 4, 5\}$에서 A로의 함수에서 위의 식이 성립할 수 있도록 하는 $f(1)$, $f(2)$, $f(3)$의 값은 다음과 같다.
(i) $f(1)$, $f(2)$, $f(3)$이 $(5, 5, 2)$로 구성되어 있을 때 : 총 3가지
(ii) $f(1)$, $f(2)$, $f(3)$이 $(5, 4, 3)$으로 구성되어 있을 때 : 총 6가지
(iii) $f(1)$, $f(2)$, $f(3)$이 $(4, 4, 4)$로 구성되어 있을 때 : 총 1가지

step2 조건 (다)를 이용하여 $f(4)$, $f(5)$의 순서쌍을 구한다.
한편, 조건 (다)에서 $\log\{f(4)f(5)\}\leq 1$이므로
$\therefore f(4)f(5)\leq 10$
따라서 집합 $A=\{1, 2, 3, 4, 5\}$에서 A로의 함수에서 위의 식이 성립할 수 있도록 하는 $f(4)$, $f(5)$의 순서쌍은 다음과 같다.
$(f(4), f(5))=(1, 1), (1, 2), (1, 3), (1, 4), (1, 5),$
$(2, 1), (2, 2), (2, 3), (2, 4), (2, 5),$
$(3, 1), (3, 2), (3, 3),$
$(4, 1), (4, 2),$
$(5, 1), (5, 2)$
: 총 17가지

step3 조건 (가)를 이용하여 함수 $f(x)$의 개수를 구한다.
이때, 조건 (가)에 의해 함수 값이 같은 $\log f(x)$가 적어도 한 개 이상 존재해야 하므로
조건 (나)에서 구한 (i), (iii)의 값들은 이미 조건 (가)를 만족한다.
반면, (ii)는 $(f(4), f(5))=(1, 2)$, $(2, 1)$일 때, 함수 $\log f(x)$가 일대일함수가 되므로 조건 (가)를 만족시키지 않는다.
따라서 위의 조건을 모두 만족시키는 $f(x)$의 개수는
$\therefore 3\times 17+6\times(17-2)+1\times 17=158$

10 정적분의 활용

정답 ③
도형의 넓이

step1 $h(m)$을 구한다.

주어진 함수 $f(x)$와 직선 $y=mx+4$를 그래프로 나타내면 다음과 같다.

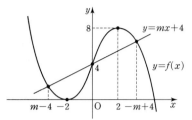

위의 그림에서 $h(m)$은 함수 $f(x)$와 직선 $y=mx+4$로 둘러싸인 영역이다.

이때, 두 영역은 점 $(0,\ 4)$에 대해 대칭이므로 넓이가 같다.

따라서

$$h(m)=2\int_{m-4}^{0}\{(mx+4)-(x+2)^2\}dx$$
$$=2\times\frac{|-1|}{6}\times(4-m)^3$$
$$=\frac{(4-m)^3}{3}$$

step2 m의 값에 -2와 1을 대입한다.

이때, $h(-2)+h(1)$의 값은

$$\therefore\ \frac{\{4-(-2)\}^3}{3}+\frac{(4-1)^3}{3}=72+9=81$$

 핵심노트

이차함수와 x축으로 둘러싸인 넓이

이차함수 $f(x)=a(x-\alpha)(x-\beta)\ (\alpha<\beta)$에서 x축과 $f(x)$로 둘러싸인 부분의 넓이 S는

$$S=\int_{\alpha}^{\beta}|a(x-\alpha)(x-\beta)|dx=\frac{|a|(\beta-\alpha)^3}{6}$$

11 수열의 합

 정답 ②

합의 기호 $\sum$

step1 수열 $\{a_n\}$을 변형한다.

주어진 수열 $\{a_n\}$의 일반항을 변형하면

$$a_n=\frac{\sqrt{9n^2-3n-2}+6n-1}{\sqrt{3n+1}+\sqrt{3n-2}}$$
$$=\frac{\sqrt{(3n+1)(3n-2)}+(3n+1)+(3n-2)}{\sqrt{3n+1}+\sqrt{3n-2}}$$

이때, 분자와 분모에 $(\sqrt{3n+1}-\sqrt{3n-2})$를 곱하여 유리화 하면

$$a_n=\frac{\{\sqrt{(3n+1)(3n-2)}+(3n+1)+(3n-2)\}(\sqrt{3n+1}-\sqrt{3n-2})}{(\sqrt{3n+1}+\sqrt{3n-2})(\sqrt{3n+1}-\sqrt{3n-2})}$$
$$=\frac{(\sqrt{3n+1})^3-(\sqrt{3n-2})^3}{(3n+1)-(3n-2)}$$
$$=\frac{(\sqrt{3n+1})^3-(\sqrt{3n-2})^3}{3}$$

step2 $\sum_{n=1}^{16}a_n$의 값을 구한다.

따라서

$$\sum_{n=1}^{16}a_n=\frac{1}{3}\sum_{n=1}^{16}(\sqrt{3n+1})^3-(\sqrt{3n-2})^3$$

$$=\frac{1}{3}\{(\sqrt{4^3}-\sqrt{1^3})+(\sqrt{7^3}-\sqrt{4^3})+\cdots+(\sqrt{49^3}-\sqrt{46^3})\}$$
$$=\frac{1}{3}(\sqrt{49^3}-\sqrt{1^3})=114$$

12 도함수의 활용

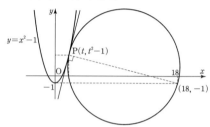 정답 ④

접선의 방정식

step1 원 C의 반지름의 길이가 최소가 되는 경우를 찾는다.

문제의 조건 (가)에서

주어진 조건에서 점 $(18,\ -1)$을 지나면서 곡선 $y=x^2-1$에 만나는 원 C를 그릴 때, 반지름의 길이가 최소가 되는 지점은 원이 곡선 $y=x^2-1$과 접하는 임의의 점 $P(t,\ t^2-1)$에서의 접선과 원의 지름이 수직을 이룰 때이고, 이를 그래프로 나타내면 다음과 같다.

step2 반지름의 길이를 구한다.

따라서 함수 $y=x^2-1$ 위의 점 $P(t,\ t^2-1)$에서의 접선의 기울기 $2t$와, 점 $P(t,\ t^2-1)$과 $(18,\ -1)$을 지나는 직선의

기울기 $\frac{(t^2-1)-(-1)}{t-18}$가 서로 수직이므로,

$$2t\times\frac{t^2}{t-18}=-1,$$
$$2t^3+t-18=0,$$
$$(t-2)(2t^2+4t+9)=0$$
$$\therefore\ t=2$$이므로 $P(2,\ 3)$

이때, $P(2,\ 3)$와 $(18,\ -1)$의 두 점 사이의 길이는
$$\sqrt{16^2+4^2}=4\sqrt{17}$$

따라서 원 C의 반지름의 길이는
$$\therefore\ 2\sqrt{17}$$

13 도함수의 활용

정답 ②

접선의 방정식

step1 접선의 방정식의 특징을 이용하여 식을 세운다.

임의의 점 $(a,\ b)$에서 함수 $y=x^2$에 그은 접선이 만나는 접점을 $(t,\ t^2)$라고 하면

$$\therefore\ y=2t(x-a)+b$$

이때, 접선 $y=2t(x-a)+b$에서의 기울기 $2t$는

점 $(t,\ t^2)$과 점 $(a,\ b)$ 사이의 기울기와 같으므로

$$\therefore\ 2t=\frac{t^2-b}{t-a},\ t^2-2at+b=0$$

한편, 접점 $(t,\ t^2)$는 곡선 $y=x^2$ 위에 두 군데 생기는 점이므로 이를 각각 $P(m,\ m^2),\ Q(n,\ n^2)$라고 하면

$t^2-2at+b=0$의 두 근이 m, n이므로 근과 계수의 관계에 의해

$\therefore mn=b$

또한, 접점 $P(m, m^2)$에서 (a, b)로 그은 접선의 기울기와, 접점 $P(m, m^2)$에서 (a, b)로 그은 접선의 기울기가 각각 $2m$, $2n$이고 두 접선은 수직이므로

$\therefore 2m \times 2n=-1$, $mn=-\dfrac{1}{4}$

step2 b의 값을 이용하여 a의 범위를 구한다.

따라서 $b=-\dfrac{1}{4}$

$a^2+b^2 \leq \dfrac{37}{16}$에서 $b=-\dfrac{1}{4}$을 대입하면

$a^2+\dfrac{1}{16} \leq \dfrac{37}{16}$, $a^2 \leq \dfrac{9}{4}$

$\therefore -\dfrac{3}{2} \leq a \leq \dfrac{3}{2}$

step3 p, q의 값을 구한다.

$b=-\dfrac{1}{4}$로 고정된 값이므로 $a+b$는 $a=-\dfrac{3}{2}$일 때 최소가 되고, $a=\dfrac{3}{2}$일 때 최대가 된다.

따라서 $p=\dfrac{5}{4}$, $q=-\dfrac{7}{4}$이므로

$\therefore pq=-\dfrac{35}{16}$

14 미분계수의 정의

 미분계수의 정의 활용 ┃ 정답 ③

step1 $\dfrac{1}{x}$를 치환하여 식을 변형한다.

주어진 식에서 $\dfrac{1}{x}=t$로 치환하면 $t \to 0$이므로

$\displaystyle\lim_{t \to 0}\sum_{k=1}^{4}\left\{\dfrac{f(1+3^k t)g(1+3^k t)}{t}\right\}$

$\displaystyle=\lim_{t \to 0}\sum_{k=1}^{4}\left\{f(1+3^k t) \times \dfrac{g(1+3^k t)}{t}\right\}$

$\displaystyle=\sum_{k=1}^{4}f(1) \times \lim_{t \to 0}\sum_{k=1}^{4}\left\{\dfrac{g(1+3^k t)}{t}\right\}$

이때, $g(1)=0$이므로 위의 식을 변형하면

$\displaystyle\sum_{k=1}^{4}f(1) \times \lim_{t \to 0}\sum_{k=1}^{4}\left\{\dfrac{g(1+3^k t)}{t}\right\}$

$\displaystyle=\sum_{k=1}^{4}f(1) \times \lim_{t \to 0}\sum_{k=1}^{4}\left\{\dfrac{g(1+3^k t)+g(1)}{3^k t} \times 3^k\right\}$

$\displaystyle=\sum_{k=1}^{4}\{f(1) \times g'(1) \times 3^k\}$

이때, $f(1)=2$, $g'(1)=2$이므로

$\displaystyle\sum_{k=1}^{4}\{f(1) \times g'(1) \times 3^k\}=\sum_{k=1}^{4}4 \times 3^k$

$=4(3+3^2+3^3+3^4)$

$=480$

15 함수의 극한과 연속

 함수의 연속 ┃ 정답 ③

step1 주어진 조건을 파악한다.

정삼각형 ABC에 내접하는 반지름의 길이가 1인 원 S를 그래프로 나타내면 다음과 같다.

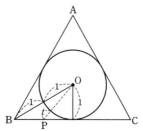

이때, 삼각형 위의 임의의 점 P에서 원 S까지 거리가 실수 $t(0 \leq t \leq 1)$이므로

구간을 나누어보면 다음과 같다.

(i) $t=0$일 때, P는 정삼각형 ABC와 원 S가 접할 때의 점

(ii) $0<t<1$일 때, P는 t값이 커질수록 정삼각형 ABC의 꼭짓점에 가까워진다.

(iii) $t=1$일 때, P는 정삼각형 ABC의 꼭짓점

step2 t값의 구간을 나누어 $f(t)$의 불연속인 지점을 구한다.

한편 $f(t)$는 점 P부터 원 S까지 거리가 t인 점 P의 개수이므로

(i), (iii) 즉, $t=0$, $t=1$일 때, 점 P는 3개이므로 $f(0)=3$, $f(1)=3$이고

(ii) 즉, $0<t<1$일 때, 점 P는 6개이므로 이때의 $f(t)=6$이다.

따라서 $f(t)$를 그래프로 나타내면 다음과 같다.

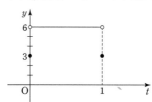

위의 그래프에서 불연속인 지점은 $k=0$, $k=1$일 때의 두 곳이므로

$\therefore a=2$

$\displaystyle\lim_{t \to 1^-}f(t)=6$이므로

$\therefore b=6$

따라서 $a+b=8$

핵심노트

함수의 연속

함수 $f(x)$가 실수 a에 대하여 다음 세 가지 조건을 모두 만족할 때, 함수 $f(x)$는 $x=a$에서 연속이라 한다.

㉠ 함수 $f(x)$가 $x=a$에서 정의되어 있다. ⇒ $x=a$에서 함숫값 $f(a)$가 존재한다.

㉡ 극한값 $\displaystyle\lim_{x \to a}f(x)$가 존재한다.

㉢ $\displaystyle\lim_{x \to a}f(x)=f(a)$

16 수열

수열의 규칙성 파악 　　　　　　　　　정답 ①

step1 주어진 조건을 해석한다.

주어진 조건에서 정사각형 $ABCD$의 변 위에 점 P가 있고, 내부에 점 (a, b)가 있으므로 이를 그래프로 나타내면 다음과 같다.

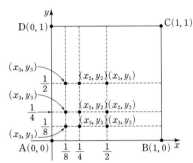

위의 그래프에서 n의 값을 $n=1$부터 차례대로 대입하면

(i) $n=1$일 때의 점 (a, b)를 (x_1, y_1)이라 하면,

점 P와 점 (x_1, y_1) 사이의 거리의 최솟값이 $\dfrac{1}{2^1}=\dfrac{1}{2}$

이므로

이를 만족시키는 (x_1, y_1)는 $\left(\dfrac{1}{2}, \dfrac{1}{2}\right)$이다.

$\therefore$ $n=1$일 때 (a, b)의 값은 총 1개이므로 $a_1=1$

(ii) $n=2$일 때의 점 (a, b)를 (x_2, y_2)라 하면,

점 P와 점 (x_2, y_2) 사이의 거리의 최솟값이 $\dfrac{1}{2^2}=\dfrac{1}{4}$

이고,

조건 (다)에 의해 x_2와 y_2의 분자는 항상 1의 값을 가지므로

이를 만족시키는 (x_2, y_2)는 $\left(\dfrac{1}{4}, \dfrac{1}{2}\right)$, $\left(\dfrac{1}{4}, \dfrac{1}{4}\right)$,

$\left(\dfrac{1}{2}, \dfrac{1}{4}\right)$이다.

$\therefore$ $n=2$일 때 (a, b)의 값은 총 3개이므로 $a_2=3$

(iii) $n=3$일 때의 점 (a, b)를 (x_3, y_3)이라 하면,

점 P와 점 (x_3, y_3) 사이의 거리의 최솟값이 $\dfrac{1}{2^3}=\dfrac{1}{8}$

이고, 조건 (다)에 의해 x_3와 y_3의 분자는 항상 1의 값을

가지므로 이를 만족시키는 (x_3, y_3)는 $\left(\dfrac{1}{8}, \dfrac{1}{2}\right)$,

$\left(\dfrac{1}{8}, \dfrac{1}{4}\right)$, $\left(\dfrac{1}{8}, \dfrac{1}{8}\right)$, $\left(\dfrac{1}{4}, \dfrac{1}{8}\right)$, $\left(\dfrac{1}{2}, \dfrac{1}{8}\right)$이다.

$\therefore$ $n=3$일 때 (a, b)의 값은 총 5개이므로 $a_3=5$

$\vdots$

step2 일반항 a_n을 구한다.

따라서 일반항 a_n을 구하면 $a_n=2n-1$이므로

$\therefore \displaystyle\sum_{n=1}^{10} a_n = \sum_{n=1}^{10} 2n-1=100$

17 삼각함수

 삼각함수의 활용 　　　　　　　　　정답 ①

step1 주어진 조건을 해석한다.

주어진 함수 $f(x)$의 주기는 $\dfrac{2\pi}{|a\pi|}=\dfrac{2}{a}$이고, 범위는

$-1+2b \le f(x) \le 1+2b$이므로 이를 그래프로 나타내면 다음과 같다.

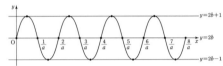

한편, 집합 $\{x|\log_a f(x)$는 정수$\}$에서 $\log_a f(x)=k$라고 하면 $f(x)=2^k$(단, k는 정수)이고,

이때, 원소의 개수가 8이 되어야 하므로, 위의 그래프와 직선 $y=2^k$(단, k는 정수)가 만나는 점의 개수가 8개가 되어야 한다.

step2 $b=1$부터 차례대로 대입하여 조건을 만족시키는 a의 값을 구한다.

a, b가 모두 자연수이므로 위의 그래프에 $b=1$부터 차례대로 대입하면,

(i) $b=1$일 때, 함수 $f(x)$의 범위는 $1 \le f(x) \le 3$
　　이때, 직선 $y=2^k$와 접점이 생기기 위한 k값은 $k=0$, $k=1$
　　따라서 함수 $f(x)$와 $y=2^k$의 접점의 개수가 8개를 만족시키는 a의 값은 5
　　$\therefore a=5$

(ii) $b=2$일 때, 함수 $f(x)$의 범위는 $3 \le f(x) \le 5$
　　이때, 직선 $y=2^k$와 접점이 생기기 위한 k값은 $k=2$,
　　따라서 함수 $f(x)$와 $y=2^k$의 접점의 개수가 8개를 만족시키는 a의 값은 7
　　$\therefore a=7$

(iii) $b=3$일 때, 함수 $f(x)$의 범위는 $5 \le f(x) \le 7$
　　직선 $y=2^k$와 접점이 생기기 위한 k값은 존재하지 않는다.

(iv) $b=4$일 때, 함수 $f(x)$의 범위는 $7 \le f(x) \le 9$
　　이때, 직선 $y=2^k$와 접점이 생기기 위한 k값은 $k=3$,
　　따라서 함수 $f(x)$와 $y=2^k$의 접점의 개수가 8개를 만족시키는 a의 값은 7
　　$\therefore a=7$

(v) $b=5$일 때, 함수 $f(x)$의 범위는 $9 \le f(x) \le 11$
　　직선 $y=2^k$와 접점이 생기기 위한 k값은 존재하지 않는다.
　　$\vdots$

따라서 $a=5$, $a=7$이외의 다른 a의 값이 존재하지 않으므로 모든 a의 값의 합은

$\therefore 5+7=1$

핵심노트

삼각함수의 최대, 최소

㉠ $y=a\sin(\omega x+b)+c$

　최댓값 : $|a|+c$, 최솟값 : $-|a|+c$, 주기 : $\dfrac{2\pi}{|\omega|}$

㉡ $y=a\cos(\omega x+b)+c$

　최댓값 : $|a|+c$, 최솟값 : $-|a|+c$, 주기 : $\dfrac{2\pi}{|\omega|}$

㉢ $y=a\tan(\omega x+b)+c$

　최댓값 : 없다, 최솟값 : 없다, 주기 : $\dfrac{\pi}{|\omega|}$

18 정적분

핵심주제 정적분의 성질　　　　　정답 ②

step1 함수 $g(x)$를 정리한다.

주어진 함수 $g(x)$에 $x=-1$을 대입하면 $g(-1)=0$이고 함수 $g(x)$를 정리하면

$g(x)=2x\displaystyle\int_{-1}^{x}f(t)dt-\int_{-1}^{x}f(t)^2dt$이다.

이때, 양변을 x에 대하여 미분하면

$\therefore g'(x)=2\displaystyle\int_{-1}^{x}f(t)dt+2xf(x)-\{f(x)\}^2$

step2 x값의 구간을 나누어 $g'(x)$를 구한다.

한편, 함수 $f(x)$는 x값의 구간에 따라 식이 달라지므로 x값의 범위를 나누어 $g'(x)$를 구하면

(i) $x<-1$일 때, $f(x)=0$

　$g'(x)=2\displaystyle\int_{-1}^{x}0dt+2x\times0-0^2=0$

(ii) $-1\le x<0$일 때, $f(x)=1+x$

　$g'(x)=2\displaystyle\int_{-1}^{x}(1+t)dt+2x(1+x)-(1+x)^2$

　$=x^2+2x+1+2x+2x^2-x^2-2x-1$

　$=2x^2+2x$

(iii) $0\le x<1$일 때, $f(x)=-x+1$

　$g'(x)$

　$=2\displaystyle\int_{-1}^{x}(-t+1)dt+2x(-x+1)-(-x+1)^2$

　$=\left\{2\displaystyle\int_{-1}^{0}f(t)dt+2\int_{0}^{x}(-t+1)dx\right\}$
　$\qquad\qquad+2x(-x+1)-(-x+1)^2$

　$=2\times\dfrac{1}{2}+2\left(-\dfrac{1}{2}x^2+x\right)-2x^2+2x-x^2+2x-1$

　$=-4x^2+6x$

(iv) $1\le x$일 때, $f(x)=0$

　$g'(x)=2\displaystyle\int_{-1}^{1}f(t)dt+\int_{1}^{x}f(t)dx+2x\times0-0^2$

　$=2\times1+0+0-0=2$

따라서 좌표평면에 함수 $y=g'(x)$의 그래프를 그리면 다음과 같다.

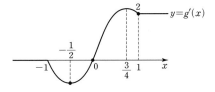

step3 함수 $g(x)$의 최솟값을 구한다.

위의 그래프에서 $x=0$일 때, 함수 $g(x)$가 극솟값을 가지므로 $g(0)$일 때 최솟값이다.

따라서

$g(0)=-\displaystyle\int_{-1}^{0}f(t)^2dt=-\int_{-1}^{0}(1+t)^2dt$

$\qquad=-\displaystyle\int_{-1}^{0}t^2+2t+1dt$

$\qquad=\left[\dfrac{1}{3}t^3+t^2+t\right]_{-1}^{0}$

$\qquad=-\dfrac{1}{3}$

 핵심노트

함수의 극대와 극소의 판정

함수 $f(x)$가 미분가능하고 $f'(a)=0$일 때, $x=a$의 좌우에서 $f'(x)$의 부호가

㉠ 양$(+)$에서 음$(-)$으로 바뀌면 $f(x)$는 $x=a$에서 극대이고, 극댓값 $f(a)$를 가진다.

㉡ 음$(-)$에서 양$(+)$으로 바뀌면 $f(x)$는 $x=a$에서 극소이고, 극솟값 $f(a)$를 가진다.

19 함수의 극한

핵심주제 함수의 극한에 대한 성질　　　정답 ④

step1 주어진 각각의 조건을 해석한다.

주어진 조건에서 함수 $y=f(x)$의 그래프를 y축에 대칭이동한 함수가 $y=g(x)$이므로 함수 $f(x)$와 함수 $g(x)$는 우함수 관계이다.

$\therefore f(x)=g(-x)$

한편,

조건 (가)에서 $\displaystyle\lim_{x\to1}\dfrac{f(x)}{x-1}$의 값이 존재하기 위해서는

(분모)→0으로 갈 때, (분자)→0으로 가야하므로

$\therefore f(1)=0$

이와 마찬가지로, 조건 (나)에서 $\displaystyle\lim_{x\to3}\dfrac{f(x)}{(x-3)g(x)}$는 임의의 k값으로 수렴하므로 (분모)→0으로 갈 때, (분자)→0으로 가야하므로

$\therefore f(3)=0$

조건 (다)에서 $\displaystyle\lim_{x\to-3+}\dfrac{1}{g'(x)}=\infty$ 즉, 양의 무한대로 발산하므로 $\displaystyle\lim_{x\to-3+}g'(x)=0+$으로 수렴해야한다, 따라서

$g'(-3)=0$

이때, $f(x)=g(-x)$이므로 함수 $f'(x)$와 함수 $g'(x)$는 기함수 관계 즉, $f'(x)=-g'(-x)$

$\therefore g'(-3)=-f'(3)=0, f'(3)=0$

step2 주어진 조건을 만족시키는 함수 $f(x)$를 구한다.

따라서 위의 조건에 따라 함수 $f(x)$를 설정하면

$\therefore f(x)=a(x-1)(x-3)^2\times Q(x)$

(단, a는 양수이고, $Q(x)$는 임의의 다항식)

이를 다시 조건 (나)에 대입하면

$\displaystyle\lim_{x\to3}\dfrac{a(x-1)(x-3)^2\times Q(x)}{(x-3)g(x)}$

2023학년도

$$=\lim_{x \to 3}\frac{a(x-1)(x-3) \times Q(x)}{g(x)}=k$$

또한, $g(x)=f(-x)$이므로

$$\lim_{x \to 3}\frac{a(x-1)(x-3) \times Q(x)}{g(x)}$$

$$=\lim_{x \to 3}\frac{a(x-1)(x-3) \times Q(x)}{f(-x)}$$

$$=\lim_{x \to 3}\frac{a(x-1)(x-3) \times Q(x)}{a(-x-1)(-x-3)^2 \times Q(-x)}=k$$

step3 k의 조건을 이용하여 m과 k의 값을 구한다.

이때, k는 0이 아닌 상수라는 조건을 만족시켜야 하는데, 분자에 $(x-3)$을 인수로 지니고 있으므로 $Q(-x)$는 $(x-3)$을 인수로 지니는 다항식이 되어야 한다.

$\therefore Q(-x)=(x-3)P(x)$ (단, $P(x)$는 임의의 다항식)

즉, $Q(x)=(-x-3)P(-x)=-(x+3)P(-x)$

이므로

$\therefore f(x)=-a(x-1)(x-3)^2(x+3)P(-x)$

함수 $f(x)$의 차수는 임의의 다항식 $P(-x)$가 상수항일 때 최소이므로

$\therefore m=4$

또한, 이때의 k값은

$$\lim_{x \to 3}\frac{a(x-1)(x-3) \times -(x+3)P(-x)}{a(-x-1)(-x-3)^2 \times (x-3)P(x)}=\frac{1}{12}=k$$

$\therefore k=\dfrac{1}{12}$

따라서 $m+k=4+\dfrac{1}{12}=\dfrac{49}{12}$

20 미분

| 정답 ② |
핵심주제 | 접선의 방정식 |

step1 점 A의 값을 구한다.

곡선 $y=x^3-x^2$ 위의 점 A에 그은 접선의 기울기가 8이므로

$y'=3x^2-2x=8$,

$3x^2-2x-8=0$,

$(3x+4)(x-2)=0$

$x=-\dfrac{3}{4}$ 또는 $x=2$

이때, 점 A는 제 1사분에 있는 점이므로

$\therefore A(2, 4)$

step2 좌표평면에 그래프를 그려 $\overline{BX}\sin\theta$의 의미를 파악한다.

한편, 주어진 조건에 따라 점 $B(0, 4)$, 원 S, 원위의 임의의 점 X, 그리고 위에서 구한 $A(2, 4)$를 좌표평면에 나타내면 다음 그림과 같다.

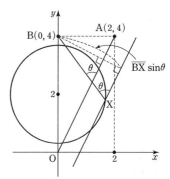

위의 그림에서 두 직선 OA와 BX가 이루는 예각의 크기가 θ이므로,

$\overline{BX}\sin\theta$의 값은 점 $B(0, 4)$에서 직선 OA와 평행하면서 X를 지나는 직선에 내린 수선의 발의 길이이다.

따라서 $\overline{BX}\sin\theta$가 최대인 지점은 직선 OA와 평행하면서 X를 지나는 직선이 원에 접할 때이고, 이때 $\overline{BX}\sin\theta$ 값이 $\dfrac{6\sqrt{5}}{5}$이다.

step3 닮음을 이용하여 r의 값을 구한다.

원 S의 반지름의 길이를 r이라 할 때, 삼각형의 닮음을 이용하여 r을 구하면

직선 OA와 평행하면서 원 S와 접하는 접선, 이 접선과 수직이면서 점 $B(0, 4)$를 지나는 직선, 그리고 y축으로 이루어진 직각삼각형과 직각삼각형 OAB는 두 각의 크기가 같은 AA닮음이므로 이때의 삼각형의 비는 $2:1:\sqrt{5}$

이때, 직선 OA와 평행하면서 원 S와 접하는 접선과 y축이 만나는 점을 M이라 하면,

$1:\dfrac{6\sqrt{5}}{5}=\sqrt{5}:\overline{BM}$

$\therefore \overline{BM}=6$

따라서 원의 반지름 r과 y축 그리고 직선 OA와 평행하면서 원 S와 접하는 접선을 각각 한 변으로 하는 직각삼각형의 비도 이와 같으므로

$r:\dfrac{6\sqrt{5}}{5}=4:6$

$\therefore r=\dfrac{4\sqrt{5}}{5}$

21 수열

| 정답 146 |
핵심주제 | 수열의 합 |

step1 a_1의 값을 구한다.

$\sum\limits_{k=1}^{n}\dfrac{a_k}{2k-1}=2^n$에서 $n=1$을 대입하면 $a_1=2$

step2 a_5의 값을 구한다.

한편, $S_n=\sum\limits_{k=1}^{n}\dfrac{a_k}{2k-1}=2^n$이므로

$$S_n-S_{n-1}=\frac{a_n}{2n-1}=2^n-2^{n-1}$$

$\therefore S_5-S_4=\dfrac{a_5}{9}=2^5-2^4$, $a_5=9(32-16)$, $a_5=144$

$a_1+a_5=2+144=146$

22 로그

정답 250

로그의 성질

step1 주어진 식을 정리한 후 치환한다.

주어진 식을 정리하면,

$\log a + \log b - \log 2 = (\log a)(\log b)$,
$\log b + \log c - \log 2 = (\log b)(\log c)$,
$\log c + \log a = (\log c)(\log a)$

이때, $\log a = A$, $\log b = B$, $\log c = C$라고 하면

(i) $A + B - \log 2 = AB$,
(ii) $B + C - \log 2 = BC$,
(iii) $C + A = CA$

step2 치환한 식을 연립하여 a, b, c의 값을 구한다.

위의 식에서 (i)−(ii)를 한 후 양변을 정리하면

$A - C = AB - BC$,
$A - C = B(A - C)$,
$(A - C) - B(A - C) = 0$,
$(1 - B)(A - C) = 0$

따라서 $B = 1$ 또는 $A = C$

그러나 $B = 1$인 경우 $\log b = 1$, $b = 10$이므로 a, b, c가 모두 10보다 크다는 조건에 모순이다.

$\therefore A = C$

이를 (iii)에 대입하면 $2A = A^2$이므로,

$\therefore A = 2$, $C = 2$, $B = 2 - \log 2$

따라서 $a = 100$, $c = 100$, $b = 50$이므로

$\therefore a + b + c = 250$

✔ 핵심노트

로그의 성질

$a > 0$, $a \neq 1$, $x > 0$, $y > 0$일 때,

㉠ $\log_a 1 = 0$, $\log_a a = 1$

㉡ $\log_a xy = \log_a x + \log_a y$

㉢ $\log_a \dfrac{x}{y} = \log_a x - \log_a y$

㉣ $\log_a x^n = n \log_a x$

23 함수의 연속

정답 7

함수의 증가와 감소

step1 임의의 함수 $f(x)$를 구한다.

함수 $f(x)$는 최고차항이 1인 이차함수이므로 꼭짓점을 $(t, f(t))$라고 하면,

$\therefore f(x) = (x - t)^2 + f(t)$

step2 좌표평면을 통해 임의의 함수 $f(x)$를 구체화 한다.

한편, 함수 $g(x)$는 $(x < 1)$인 영역에서 함수 $y = -x^2 + 2x + 2 = -(x-1)^2 + 3$이고, $(x \geq 1)$인 영역에서 $f(x)$이므로, 이를 그래프로 나타내면 다음과 같다.

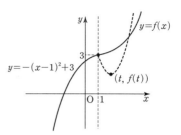

함수 $g(x)$는 $x = 1$에서 연속이므로 $f(1) = 3$

$f(1) = (1-t)^2 + f(t) = 3$,
$t^2 - 2t + 1 + f(t) = 3$,

$\therefore f(t) = -t^2 + 2t + 2$이므로 $f(x) = x^2 - 2tx + 2t + 2$

step3 조건을 만족시키는 t값을 구한다.

또한, t값의 범위가 $1 < t$인 경우 감소하는 부분이 존재하므로 실수 전체의 집합에서 증가하는 함수라는 조건에 모순이 생긴다. 따라서 조건을 만족시키는 t값의 범위는 $t \leq 1$

$f(x)$에 $x = 3$을 대입하면 $f(3) = -4t + 11$이므로 $t = 1$일 때 최솟값을 갖는다.

$\therefore f(3)$의 최솟값은 7

24 함수의 그래프

정답 14

함수의 최대 최소

step1 주어진 부등식을 정리한 후 치환한다.

$\sin^2 x + \cos^2 x = 1$, $\sin^2 x = 1 - \cos^2 x$이므로 주어진 부등식을 정리하면

$(a \sin^2 x - 4) \cos x + 4$
$= \{a(1 - \cos^2 x) - 4\} \cos x + 4 \geq 0$

이때, $\cos x = t$ $(-1 \leq t \leq 1)$라고 하면

$\{a(1 - t^2) - 4\} \times t + 4 \geq 0$,
$at - at^3 - 4t + 4 \geq 0$,
$-at^3 + (a - 4)t + 4 \geq 0$
$at^3 - (a - 4)t - 4 \leq 0$
$\therefore (t - 1)(at^2 + at + 4) \leq 0$

step2 부등식을 만족시키기 위한 조건을 찾는다.

위의 부등식에서 t값의 범위는 $-1 \leq t \leq 1$이므로 모든 t에 대하여 $(t - 1) \leq 0$가 성립한다.

따라서 부등식 $(t - 1)(at^2 + at + 4) \leq 0$의 조건을 만족하기 위해서는 $(at^2 + at + 4) \geq 0$가 되어야 한다.

step3 a의 구간을 나누어 함수 $f(t)$의 최댓값 최솟값을 만족시키는 a의 범위를 구한다.

함수 $f(t) = at^2 + at + 4$라고 하면 $f(t) \geq 0$,

$f(t) = a\left(t + \dfrac{1}{2}\right)^2 - \dfrac{a}{4} + 4$이고,

a의 범위에 따라 함수 $f(t)$의 값이 달라지므로 구간을 나누어 이를 판단하면

(i) $a < 0$일 때

함수 $f(t)$의 최고차항의 계수가 음수이므로 위로 볼록한 이차함수며,

t값의 범위가 $-1 \leq t \leq 1$이므로 이를 그래프로 나타내

면 다음과 같다.

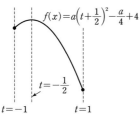

따라서 함수 $f(t)$는 $t=1$에서 최솟값을 가지므로

$f(1)=2a+4$

$\therefore 2a+4 \geq 0,\ -2 \leq a < 0$

(ii) $a=0$일 때

함수 $f(t)=4$이므로 $4 \geq 0$,

$\therefore a=0$일 때 성립

(iii) $a>0$일 때

함수 $f(t)$의 최고차항의 계수가 양수이므로 아래로 볼록한 이차함수며,

t값의 범위가 $-1 \leq t \leq 1$이므로 이를 그래프로 나타내면 다음과 같다.

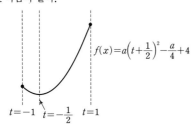

따라서 함수 $f(t)$는 $t=-\dfrac{1}{2}$에서 최솟값을 가지므로

$f\left(-\dfrac{1}{2}\right)=-\dfrac{1}{4}a+4$

$\therefore -\dfrac{1}{4}a+4 \geq 0,\ 0 < a \leq 16$

(i), (ii), (iii)에 의해 a의 범위는 $-2 \leq a \leq 16$이므로

최댓값과 최솟값의 합은

$\therefore -2+16=14$

25 정적분의 활용

정답 34

핵심주제 도형의 넓이

step1 주어진 조건에 따라 문제를 해석한다.

삼각형의 빗변을 $\overline{OP}=a$, 빗변 $\overline{OP}$와 x축이 이루는 각을 θ라고 할 때,

점 P의 좌표는 $P(a\cos\theta,\ a\sin\theta)$이다.

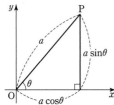

위의 그림을 참고하여 집합 A를 해석하면,

빗변 $\overline{OP}$의 길이가 2이고, 빗변 $\overline{OP}$와 x축이 이루는 각이 θ인 삼각형의 점 P의 좌표는

$P(2\cos\theta,\ 2\sin\theta)$이고, 이를 x축의 방향으로 2만큼 y축의 방향으로 2만큼 움직이면

$\therefore P(2+2\cos\theta,\ 2+2\sin\theta)\ \left(단,\ -\dfrac{\pi}{3} \leq \theta \leq \dfrac{\pi}{3}\right)$

이와 마찬가지로 집합 B를 해석하면,

$P(2\cos\theta,\ 2\sin\theta)$이고, 이를 x축의 방향으로 -2만큼 y축의 방향으로 2만큼 움직이면

$\therefore P(-2+2\cos\theta,\ 2+2\sin\theta)\ \left(단,\ \dfrac{2\pi}{3} \leq \theta \leq \dfrac{4\pi}{3}\right)$

또한, 집합 C는 두 직선 $y=2+\sqrt{3}$, $y=2-\sqrt{3}$가 $x=-3$부터 $x=3$까지의 영역에서 그려지므로 집합 $A \cup B \cup C$ 즉, 도형 X의 그래프는 다음과 같다.

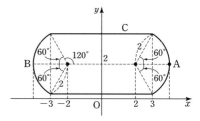

step2 α의 값을 구한다.

이때, 집합 X로 둘러싸인 부분의 넓이는 α이므로

$\therefore \alpha = 6\{(2+\sqrt{3})-(2-\sqrt{3})\}+4\left(\dfrac{1}{2} \times 2^2 \times \dfrac{1}{3}\pi - \dfrac{\sqrt{3}}{2}\right)$

$\quad = 12\sqrt{3}+\dfrac{8}{3}\pi-2\sqrt{3}$

$\quad = 10\sqrt{3}+\dfrac{8}{3}\pi$

step3 β의 값을 구한다.

한편, 곡선 $y=-\sqrt{3}x^2+2$는 꼭짓점의 좌표가 $(0,\ 2)$이고 위로 볼록한 이차함수이므로

도형 X와 곡선 $y=-\sqrt{3}x^2+2$를 그래프로 그리면 다음과 같다.

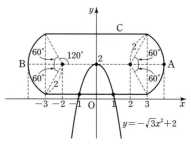

이때, 도형 X와 곡선 $y=-\sqrt{3}x^2+2$가 만나는 점은

$(1,\ 2-\sqrt{3})$, $(-1,\ 2-\sqrt{3})$이므로

$\therefore c=2-\sqrt{3}$

따라서 곡선 $y=-\sqrt{3}x^2+2$와 직선 $y=2-\sqrt{3}$로 둘러싸인 부분의 넓이가 β이므로

$\therefore \beta = \dfrac{|-\sqrt{3}| \times \{1-(-1)\}^3}{6}$

$\quad = \dfrac{4\sqrt{3}}{3}$

따라서 $\alpha-\beta$의 값은

$\alpha-\beta = 10\sqrt{3}+\dfrac{8}{3}\pi-\dfrac{4\sqrt{3}}{3}$

$\quad = \dfrac{8\pi+26\sqrt{3}}{3}$

$p=8$, $q=26$이므로

$\therefore p+q=34$

2022 정답 및 해설

국어영역

01 문법

 핵심주제 글의 내용 파악하기 | **정답** ①

정답 해설

외국인에게 있어 한국어의 어려움은 글의 6문단에서 통사 수준의 어려움은 음운 구조의 어려움보다 훨씬 더하다고 말하고 있다. '통사 구조가 한국어와 꽤 엇비슷한 일본어 화자의 경우'라는 문장에서 통사 구조는 문장에서 문장의 구성 요소들이 문장을 이루는 구조를 뜻한다. 한국어와 일본어의 문장을 이루는 구조는 엇비슷하며, 한국어와 일본어는 어순이 비슷하다는 것을 알 수 있다.

오답 해설

② 늘고 있다. → ✕

외국인이 한국어를 배우는 데 있어 어려움에 대한 것은 서술하고 있지만 배우려는 외국인이 늘고 있다는 내용에 대해선 서술하고 있지 않다.

③ 음운 구조는 체계적이다. → ✕

2문단에서 외국인이 한국어를 배우는 데 있어 음운 구조와 통사 구조가 주류 언어들과 크게 달라 어려움을 겪을 수밖에 없음을 말하고 있지만 음운 구조가 체계적이라는 점은 말하고 있지 않다.

④ 잘 이해하고 있다. → ✕

3문단의 한국어의 유성음에 대한 말과 4문단의 무성 평자음이 두 유성을 사이에서 유성 자음으로 변화하는 규칙에 대해 말했다. 5문단에서 대다수 한국인들도 이러한 음운 규칙이 일어나는 이유에 대해서는 모른다고 말하고 있다.

⑤ 성대 울림 유무로 변별된다. → ✕

2문단에서 많은 외국어는 조음부가 같은 자음에 대해 성대 울림 유무에 따라 변별된다고 말하고 있다. 한국어의 조음부는 공기의 흐름을 어떻게 방해하는지에 따라 이 자음들을 변별한다고 말하고 있다.

02 문법

핵심주제 글의 세부내용 파악하기 | **정답** ①

정답 해설

[A]에서 무성 평자음은 두 유성음 사이에서 유성 자음으로 변하는 규칙이다. 3문단에서 유성 자음에 대해 /ㄴ/ /ㄹ/ /ㅁ/ /ㅇ/ 소리 말고

는 유성음 사이의 동화로만 실현되며, 무성 평자음 'ㄱ'은 그것을 둘러싼 모음의 영향을 받으면 유성음으로 변한다고 말하고 있다. 논리[놀리]는 무성 평자음에 해당하는 'ㄱ'이 없기 때문에 적절하지 않다.

오답 해설

② 받침 'ㄱ' 뒤에 연결되는 'ㄹ' → [ㄴ]으로 발음

'독립문'에서 '독'의 받침 'ㄱ'에 '립'의 'ㄹ'이 연결되면 [ㄴ]으로 발음되고, 받침 'ㄱ'은 [ㄴ]으로 인해 [ㅇ]으로 발음되어 [동닙]으로 '닙'의 받침 'ㅂ'은 '문'의 'ㅁ'으로 인해 'ㅁ'으로 발음되어 [동님문]으로 발음한다. 이러한 규칙에 따라 '섭리'는 [섬니]로 발음한다.

③ 'ㄹ'의 앞뒤에 있는 'ㄴ' → [ㄹ]로 발음

유음화 현상으로 'ㄹ'과 'ㄴ'이 가까이 있게 되면 'ㄴ'이 'ㄹ'에 동화하여 'ㄹ'로 바뀐다. 그러므로 '칼날'은 [칼랄]로 발음한다.

④ '옷이', '윷이' → [오시], [오치]

연음 법칙에 해당하는 사례로, 앞 음절의 모음으로 시작되는 형식 형태소가 이어지면 앞 받침이 뒤 음절의 첫소리로 발음한다. 홑받침 또는 쌍받침이 모음으로 시작되는 조사, 모음으로 시작되는 어미, 접미사와 결합하는 경우와 겹받침의 두 번째 자음이 뒤 음절의 첫소리로 이동하는 경우가 있다.

⑤ '갓', '갖' → [갇]

자음이 단어의 끝 또는 다른 자음 앞에 오게 되면 음절 종성에 위치하게 된다. 받침소리는 7개 자음(ㄱ, ㄴ, ㄷ, ㄹ, ㅁ, ㅂ, ㅇ)만 발음할 수 있기 때문에 '갓'과 '갖'의 받침 'ㅅ', 'ㅊ'은 [ㄷ]으로 발음되어 [갇]으로 발음하게 된다.

> **✓ 핵심노트**
>
> **표준 발음법 제20항**
>
> 'ㄴ'은 'ㄹ'의 앞이나 뒤에서 [ㄹ]로 발음한다.
> 1. 난로[날:로], 신라[실라], 천리[철리], 광한루[광:할루], 대관령[대:괄령]
> 2. 칼날[칼랄], 물난리[물랄리], 줄넘기[줄럼끼], 할는지[할른지]
> [붙임] 첫소리 'ㄴ'이 'ㅀ', 'ㄾ' 뒤에 연결되는 경우에도 이에 준한다.
> 예 닳는[달른], 뚫는[뚤른], 핥네[할레]

03 문법

 핵심주제 글의 내용을 바탕으로 추론하기 | **정답** ②

정답 해설

3문단에서 한국인들은 유성음과 무성 평자음의 변화에 대한 규칙을 깊이 내면화하고 있어 깨닫지 못한 상태에서 실현하지만 외국인은 자신의 모국어에 이러한 규칙이 없다고 말하고 있다. 복잡한 음운규칙의 내면화는 한국어에만 해당되는 내용으로 외국어를 발음하기 쉽다는 추론은 적절하지 않다.

오답 해설

① 5문단 → 외국어에 /ㅡ/나 /ㅓ/ 같은 모음은 드묾

5문단에 외국인의 모국어에 /ㅡ/나 /ㅓ/에 가까운 모음이 없는 경우에는 외국인들이 이 소리를 제대로 익히는 일이 쉽지 않다고 말하고 있다.

③ 6문단 → 복잡한 경어 체계

6문단에 결론에 외국인들이 통사 구조를 익히는 것만으로 마무리되는 것이 아니라 한국인들도 헷갈릴 만큼 복잡한 경어 체계로 인해 외국인들이 실수로 반말하는 경우가 복잡한 경어 체계 때문이다.

④ 6문단 → 외국인들에게 낯선 주격조사와 보조사

6문단에서 한국어 초보자인 외국인들에게 주격 조사 '이', '가'와 보조사 '은', '는'의 구별은 악몽이라 말하고 있다.

⑤ 1문단 → 모국어로 인한 언어 구사의 차이

1문단에 한국어를 구사하는 외국인들의 모국어가 새로 익힌 한국어에 간섭하고 있다며, 한국인이 외국어를 배울 때에도 생기는 일이라 말한다. "Marry with me."는 한국인의 모국어인 한국어가 간섭한 결과이다.

04 문법

 핵심주제 | 글의 내용을 바탕으로 이해하기 | 정답 ③ |

✏️ 정답 해설

3문단에서 '가구'의 첫 음절과 둘째 음절은 둘 다 'ㄱ'으로 시작하지만 음성 수준에선 각각 [k]와 [g]로 실현된다고 말하고 있다. 〈보기〉에서는 음성은 의미 변별의 기준이 되지 못한다고 서술하고 있다. 그러므로 유성음이 되어 의미 변별이 된다는 것은 적절하지 않다.

✒️ 오답 해설

① 3문단 → [ka:gu]로 발음되는 '가구'

3문단에서 '가구'의 첫 번째, 두 번째 음절은 둘 다 'ㄱ'으로 이루어져 있으나, [k]와 [g]로 실현된다. 그러므로 외국인들에게는 서로 다르게 들릴 수 있다.

② 3문단 → 음성 [k]와 [g]

〈보기〉에서 음성은 사람이 말할 때 사용 되는 소리를 가리키며 [ka:gu]에서 [k]와 [g]는 말할 때 사용되는 소리이기 때문에 음성에 해당된다.

④ 2문단 → 공기 흐름의 방해로 자음들을 변별함

2문단에 많은 외국어는 성대 울림 유무로 자음을 변별하지만, 한국어는 공기의 흐름을 어떻게 방해하는지에 따라 자음을 변별한다고 말하고 있다. 그러므로 한국어는 성대 울림 유무만으로 단어의 뜻이 변별되는 경우는 없다.

⑤ 글 전체 → 음운의 자격과 자음, 모음의 변화

〈보기〉에서 음운은 머릿속에서 추상적으로 인식하는 소리라고 서술했다. 최소의 소리 단위로 자음과 모음의 변화가 단어의 의미를 다르게 하는 것이다. 4문단에서 '낯', '낮', '낫'은 자음이 'ㅊ', 'ㅈ', 'ㅅ'으로 의미를 변별하여 음운의 자격을 갖추게 된다.

05 문법

 핵심주제 | 문맥적 의미 파악하기 | 정답 ① |

✏️ 정답 해설

㉠ 방해는 '남의 일을 간섭하고 막아 해를 끼치다'라는 의미로, 2문단에서 한국어의 자음은 공기의 흐름을 어떻게 방해하는지에 따라 구별된다고 말하고 있다. ㉡, ㉢, ㉣, ㉤과 달리 ㉠은 '공기의 흐름'을 가리키고 있다.

✒️ 오답 해설

② 넘지 못할 산 → 자음 구별의 어려움

㉡ 넘지 못할 산이 가리키는 것은 자음의 변별에 대해 한국인들에게 너무 쉽지만, 한국어를 배우는 외국인들에게는 극복해야 하는 장애물임을 나타낸다.

③ 악몽 → 조사 구별의 어려움

㉢ 악몽이 가리키는 것은 주격조사 '이', '가'와 보조사 '은', '는'의 구별은 한국어 초보자인 외국인에게 있어 한국어 공부를 힘들게 할 정도로 어렵다는 것을 나타낸다.

④ 괴물 → 모국어에 없는 통사 구조

㉣ 괴물이 가리키는 것은 외국인의 모국어에는 없는 문법 개념일 경우에 구별하지 못하게 되면 한국어를 어색하게 구사할 수밖에 없는 어려운 문법 요소임을 나타낸다.

⑤ 어려움 → 유창한 구사를 막는 장애물

㉤ 어려움이 가리키는 것은 외국인이 한국어를 배우는 경우에 겪을 수밖에 없는 모든 어려운 문법 요소이다.

06 독서

 핵심주제 | 문맥적 의미 파악하기 | 정답 ① |

✏️ 정답 해설

패러다임은 한 시대의 사람들의 견해 또는 사고를 근본적으로 규정하는 테두리로서의 인식 체계이다. 2문단에서 디지털 시대는 글쓰기 조건, 지식 전달 방식, 지식 분배 방식과 대화 구조에서 사용되는 양방향적 채널을 통해 지식을 확대·재생산한다. 그러므로 문맥상 ㉠ 패러다임의 변화의 의미는 디지털 시대의 글쓰기 조건과 방식, 도구, 정보 전달 방향을 포함한 모든 변화이다.

✒️ 오답 해설

② 디지털 시대의 저자 → 디지털 이미지의 교환

3문단의 ㉡ 디지털 시대의 저자는 문자와 개념을 디지털 이미지로 만들어 수용자와 주고받는 사람을 나타낸다. 이미지와 상징을 문자로 표현하는 사람은 디지털 시대 이전의 저자에 해당된다.

③ 기술적 향상 → 디지털 시대의 소통 방식

4문단에서 ㉢ 기술적 형상은 이전 시대의 주도적 소통 방식인 문자의 개념적 의미를 이미지로 펼쳐 보인 것이라 말하고 있다. 따라서 '디지털 도구나 기계로 만든 대화 구조'라는 의미는 적절하지 않다.

④ 기술적 상상력 → 상상과 개념을 종합한 새 능력

5문단의 ㉣ 기술적 상상력은 기술적 형상을 이해하고 기술을 이용해 상상과 개념을 종합한 새로운 능력이라 말하고 있다. 그러므로 '문자가 개념화한 의미를 선형적으로 배열하는 능력'에 대한 의미로 적절하지 않다.

⑤ 정보 유희자 → 기술적 상상가

5문단의 ㉤ 정보 유희자는 기술적 상상가를 달리 이르는 용어라는 것을 알 수 있다. 1문단과 2문단에서 과거에 일방적이었던 전달 방식에 대해 말하는 내용이 있으며 정보 유희자가 내포하고 있는 의미과 거리가 멀다.

07 독서

핵심주제 | 글의 세부내용 파악하기 | 정답 ①

정답 해설

[A]에서 디지털 시대는 글쓰기의 조건, 지식 전달 방식, 지식 분배 방식을 변화시킨다. 디지털 글쓰기의 양방향적 채널은 지식을 확대·재생산하고 '구조화한 지식의 특징을 비판적으로 수용'할 수 있게 한다. 바둑, 장기, 체스 경기 이해에 필요한 기본 규칙은 구조화한 지식을 비판적으로 수용할 수 없기 때문에 거리가 먼 사례에 해당된다.

오답 해설

② 양방향적 채널 → 먼 곳에서도 서로를 인식 가능

대화 구조에서 사용되는 양방향적 채널에 대해 지식을 확대·재생산 할 수 있으며 과거의 일방적이었던 전달 방식이 구조화한 지식의 특징까지 비판적으로 수용할 수 있다고 말하고 있다. 과거에는 매체, 사건 등을 눈으로 직접 보는 일방적인 전달방식을 취했다면, 디지털 시대에는 먼 거리에서 매체와 사건 등을 통해 개인의 의사를 전달할 수 있다.

③ 글쓰기 조건과 방식 → 소프트웨어 미디어 위키

디지털 시대는 글쓰기 조건, 지식전달 방식, 지식 분배 방식의 변화는 누구나 글을 올리고 수정할 수 있는 소프트웨어 미디어 위키 등의 매체를 통해 지식을 전달할 수 있음을 알 수 있다.

④, ⑤ 지식 전달, 분배 방식 → SNS, 스마트 기기

디지털 시대의 조건 및 방식의 변화와 양방향적 채널이 복합적으로 작용한다. 스마트 기기 사용자는 관심 또는 취향에 관련한 검색 및 선호 매체 등을 저장하여 SNS 알고리즘을 통해 같은 선호 유형을 가진 사용자에게 추천하거나, 새롭게 나온 선호 매체를 추천하여 누구나 정보를 자유롭게 접할 수 있도록 한다.

08 독서

핵심주제 | 글의 내용 이해하기 | 정답 ②

정답 해설

5문단에서 새로운 소통방식인 기술적 형상에 대해 대중이 비판의 필요성을 간과, 무시했을 때, 권력, 자본은 대중 매체를 통해 정보 수용자들을 탈정치화, 탈윤리화, 탈가치화할 수 있다고 강조한다. 따라서 기술적 발전으로 의미의 해독과 생산을 방해해 탈정치화한다는 근거는 글에서 말하는 논지와 거리가 멀다.

오답 해설

① 4문단 → 대중매체와 대중문화 현상의 대두

4문단에서 기술적 발전과 대중 매체 확산에 따른 대중문화 현상들이 인간과 세계를 의미화하는 강력한 방식으로 대두되었다. 기술적 형상은 이전 시대의 소통 방식이었던 문자의 개념적 의미를 이미지로 변환해 수용자에게 빠르게 전달할 수 있다는 내용을 통해 디지털 사회와 깊은 연관성을 갖고 있음을 알 수 있다.

③ 1문단 → 지식의 공유, 전달 방식 변화

플루서는 1문단에서 저자와 독자의 상호 대화적 관계로의 변화, 2문단의 지식의 전달 및 분배 방식의 변화, 양방향적 채널을 통한 지식의 확대 재생산을 제시하고 있다. 이를 통해 상호 작용성, 지식 개방과 공유, 참여와 협력 등을 내비치고 있음을 알 수 있다.

④ 5문단 → 기술적 형상 장악과 대중 매체의 오용

정보 수용자들이 쉽고 간단한 이미지에 만족해 메시지를 주고받는 것에만 집중하고 비판의 필요성을 간과, 무시한다면 권력, 자본에 의해 탈정치화 될 수 있음을 말하고 있다. 그러므로 디지털 글쓰기 주체들은 협력적으로 지식을 생산, 공유해 저항하는 것은 지지하는 근거로 적절하다.

⑤ 5문단 → 디지털 시대의 이미지와 의식

플루서는 디지털 이미지가 은폐와 기만의 작용을 하고 있으며 우리는 아직 새로운 소통 방식인 기술적 형상에 어울리는 의식을 갖추지 못했다고 주장하고 있다. 이는 권력과 자본이 대중 매체를 이용하여 통제될 수 있음을 암시하기 때문에 새로운 소통 방식(기술적 형상)에 어울리는 의식을 갖추어야 한다.

09 현대 시 복합

핵심주제 | 시적 대상 파악하기 | 정답 ②

정답 해설

의인법을 활용하여 살아 있는 것처럼 생동감을 드러내고 있다. (가)는 바다를, (다)는 도토리 알을 소재로 의인법을 사용했다.

오답 해설

① 이국적인 소재 → ×

개인의 서정 및 자연을 시어로 활용하고 있으므로 이국적인 것과 거리가 멀다.

③ 삶에 대한 슬픔과 회한 → ×

(나)는 화자가 막차를 기다리며 소외된 사람들에 대한 연민과 삶의 애환이며, (다)는 도토리 알이 도토리묵이 되기까지 다양하고 개성적인 통찰을 정서로 하고 있다.

④ 시제 변화 → ×

(가), (나), (다)에서 시제 변화를 나타낸 표현을 찾을 수 없다.

⑤ 공간 변화 → ×

(다)의 외부에서 아궁이로의 시선의 이동에 따른 공간 변화를 제외하면, (가), (나)에서는 화자의 시선 이동으로 인한 공간 변화를 찾을 수 없다.

핵심노트

(가) 정지용, 「바다2」
- 갈래 : 서정시, 자유시
- 성격 : 감각적, 역동적
- 제재 : 바다
- 주제 : 밀려오고 밀려나는 바다의 모습
- 특징
  - 역동적 이미지를 부각
  - 색채 대비를 통한 선명한 시각적 표현
  - 현실에서 상상으로 시상이 확장됨

(나) 곽재구, 「사평역에서」
- 갈래 : 서정시, 자유시
- 성격 : 회고적, 애상적
- 제재 : 사평역 대합실의 풍경
- 주제 : 막차를 기다리는 사람들의 애환
- 특징
  - 감각적 표현의 사용으로 삶의 애환을 나타냄
  - 힘겹게 살아가는 사람에 대한 연민을 표현

(다) 김선우, 「단단한 고요」
- 갈래 : 서정시, 자유시
- 성격 : 감각적, 개성적, 산문적
- 제재 : 도토리묵
- 주제 : 도토리묵이 되는 과정에 대한 개성적 통찰
- 특징
  - 의인법을 활용하여 살아있는 존재로 표현함
  - 청각적 심상을 통해 대상을 개성화함
  - 도치법, 역설법을 사용하여 도토리묵을 강조함

10 현대 시 복합

 핵심주제 작품의 내용 파악하기   정답 ④

정답해설

반어적 표현으로 파도의 흔적을 구체화한 것이 아니라 시각적 표현으로 파도의 흔적을 나타내고 있다.

오답해설

① **비유, 이미지 → 도마뱀떼, 생채기**
빠르게 움직이는 파도를 '푸른 도마뱀떼'로 비유하였고, 모래사장과 뒤섞이는 파도의 흔적을 '붉고 슬픈 생채기'로 비유하여 다양한 비유 및 선명한 이미지가 사용되었다.

② **색채 대비 → 흰색, 붉은색**
4연의 '흰 발톱(파도)에 찢긴'과 파도가 남긴 '산호보다 붉고 슬픈 생채기!'를 통해 색채 대비를 엿볼 수 있다.

③ **음성 상징어 → 찰찰, 돌돌**
7연의 '찰찰 넘치도록'과 '돌돌 구르도록'에서 바다가 밀려오고 밀려나는 것을 음성적인 시어로 나타내고 있다.

⑤ **시 전체 → 바다, 지구**
1연부터 6연까지 바다에서 일어나는 파도를 관찰하는 이미지가 형성되고, 7연과 8연에서 화자의 시상이 확대되면서 상상을 중심으로 시상을 전개하고 있다.

11 현대 시 복합

 핵심주제 작품의 내용 파악하기   정답 ④

정답해설

'모두들 아무 말도 하지 않았다'는 고단한 삶을 사는 사람들의 모습을 표현한 것으로 서로를 믿지 않음을 암시하는 것으로 적절하지 않다.

오답해설

① **대합실 → ○**
사람들의 애환이 느껴지는 공간으로 고단한 삶을 살고 있는 사람들이 잠시 머무르다 떠나는 곳이다.

② **톱밥난로 → ○**
막차를 기다리는 사람의 고단한 삶을 위로해주는 소재이다.

③ **그믐처럼 몇은 졸고 → ○**
고단한 삶에 지친 사람들의 모습을 형상화한다.

⑤ **한 줌의 눈물 → ○**
사람들의 애환에 대한 화자의 연민과 슬픔을 나타낸다.

12 현대 시 복합

핵심주제 시어의 의미 파악하기   정답 ④

정답해설

ⓐ 단풍잎 같은 몇 잎의 차창에서 원관념은 단풍잎 같은 보조관념은 몇 잎의 차창이 된다. 〈보기〉에서 ⓐ는 원관념과 보조 관념 모두 구상성을 지닌다고 제시한다. 구상성은 사물이나 대상이 갖는 구체적인 성질, 추상성은 실제로 존재하지 않거나 구체적으로 경험할 수 없는 성질을 의미한다. 구상성은 실제로 존재하는 것을 뜻하므로 '푸른 건반인 듯 주름진 계단'이 ⓐ와 유사한 관계를 형성하고 있다.

오답해설

① **사랑은 숭고한 정념 → 추상성**
사랑과 숭고한 정념은 실제로 존재하여 구체화되지 않는 성질로 추상성에 해당된다.

② **내 마음같이 푸른 모래밭 → 추상성, 구상성**
내 마음같이는 추상성에 해당하며, 푸른 모래밭은 구상성에 해당한다.

③ **추억인 양 내리는 물안개 → 추상성, 구상성**
추억인 양은 추상성, 내리는 물안개는 구상성에 해당한다.

⑤ **해바라기처럼 타오르는 기도 → 구상성, 추상성**
해바라기처럼은 구상성, 타오르는 기도는 추상성에 해당한다.

13 현대 시 복합

핵심주제 시어의 의미 파악하기 　　　정답 ③

✏️ 정답 해설

가슴 동당거리는 소리, 이별 인사 하는 소리, 저토록 시끄러운, 저토록 단단한 등의 시구를 통해 정서를 드러냈음을 알 수 있다. 그러므로 정서를 배제했다는 설명은 적절하지 않다.

✒️ 오답 해설

① 유사한 시구 반복 → ~하는 소리

1연에서 가슴 동당거리는 소리, 어루만져 주는 소리, 이별 인사 하는 소리, 저희끼리 다시 엉기는 소리, 서로 핥아주는 소리 등으로 유사한 시구를 반복적으로 사용하고 있다.

② 역설법, 도치법 → 다갈빛 도토리묵, 저 고요

3연에서 '저 고요'와 '저토록 시끄러운'은 서로 역설적인 관계로 구성되어 있으며 2연의 '다갈빛 도토리묵', 3연의 '모든 소리들이 흘러들어 간 뒤에 비로소 생겨난 저 고요…'는 도치법이 사용되었다.

④ 다양한 감각 → 청각, 시각적 감각의 활용

멍석 위에 나란히 잠든, 채머리 떠는 소리, 맷돌 속에서 껍질 타지며 가슴 동당거리는 소리 등의 시구를 통해 청각적 감각이 두드러지며 시각적인 감각도 활용하여 도토리의 변화과정을 나타내고 있다.

⑤ 시상전개 → 도토리가 도토리묵이 되는 과정

가을에 익어 떨어진 도토리를 모아 햇볕에 말리고, 맷돌로 갈아 가루로 만든 뒤에 아궁이에서 엉기고 단단해져 도토리묵이 되는 과정을 나타내고 있다.

14 독서

핵심주제 글의 서술상 특징 파악하기 　　　정답 ②

✏️ 정답 해설

1문단에서 4문단까지는 플라톤이 주장한 이데아론의 통념을 제시했다. 현실 세계와 이데아 세계의 구분과 이데아에 가까운 것과 멀어진 것을 구분 하는 것이 중요하다는 것이 통념의 요점이 된다.

반면 5문단에서 플라톤이 이데아론을 체계화한 목적은 현실 세계 사물들 사이에 위계를 세우기 위함이었음을 추측하고 있다. 이데아는 허상으로부터 그은 직선을 연장할 때 도달하는 가장 진실한 극점이라 말한다. 역으로 극점에서 직선을 그어 연장했을 때 반대 극점은 허상이 된다고 주장한다. 이를 통해 이데아론이 가치론적 맥락에서 착상되었다는 기존의 통념과 다른 해석 관점을 주장하고 있다.

15 독서

핵심주제 글의 내용 파악하기 　　　정답 ⑤

✏️ 정답 해설

2문단의 '진짜가 존재하고 우리가 그것을 알 수 있다면, 다른 모든 것들은 진짜에 대한 모방의 성공 정도에 입각해 존재론적으로 파악할 수 있다'와 3문단의 '현실 세계의 의자는 의자의 이데아를 모방한 인공물이다' 등을 통해 이데아의 세계가 현실 세계보다 더 가치가 있음을 알 수 있다. 그러므로 현실 세계가 이데아의 세계보다 존재론적으로 가치가 있다는 내용은 일치하지 않는다.

✒️ 오답 해설

①, ② 3문단 → 자연을 모방한 인공물

3문단에서 인공물인 의자와 의자 그림은 존재론적 위계에서 차이가 난다. 현실 세계의 의자는 의자의 이데아를 모방한 인공물이다. 의자를 그린 그림은 현실 세계의 의자를 모방하였기에 이데아로부터 두 단계나 떨어져 있다고 주장한다.

③ 3문단 → 인공물과 자연물의 위계

3문단에서 이데아 모방론을 전제할 때, 결론 중 하나는 인공물에 대한 자연물의 존재론적 우위이다. 자연은 이데아를 모방했지만, 인공물은 자연물을 다시 모방한 산물이라는 것을 말하고 있다.

④ 4문단 → 유사한 것과 아예 멀어진 것을 구분

4문단에서 플라톤은 저서인 『소피스트』를 통해 모상술, 사상술, 허상술로 위계화한다. 이데아와 현실을 구분하는 것 못지않게, 이데아로부터 아예 멀어진 것을 구분하는 것이 중요하다고 말한다. 3문단의 현실 세계의 의자와 의자를 그린 그림을 통해 이데아로부터 얼마나 가까운지, 떨어져 있는 지를 알 수 있다.

16 독서

핵심주제 글의 세부내용 파악하기 　　　정답 ③

✏️ 정답 해설

3문단에서 현실 세계의 의자는 이데아를 모방한 것이 되며 의자를 그린 그림은 현실 세계의 의자를 모방하였기 때문에 현실 세계의 의자보다 이데아에서 더 멀어졌다는 통념을 제시하고 있다. '성공한 케이팝 아이돌의 이미지'는 곧 현실 세계의 의자를 모방한 '의자를 그린 그림'에 가까우며 이데아와는 거리가 멀다. 즉, '아이돌'의 원형적인 이미지가 이데아에 가깝다고 할 수 있다.

✒️ 오답 해설

① 2문단 → 남자, 여자의 이데아

2문단에서 현실 세계가 제작된 것으로 보는 관점에서 현실 세계가 이데아 세계를 모방하도록 창조되었다는 것을 말하고 있다. 그러므로 실제의 남자 철수와 여자 순이는 남자의 이데아, 여자의 이데아를 모방한 존재이다. 그러므로 남자의 이데아, 여자의 이데아는 현실 세계에 존재할 수 없다.

② 3문단 → 이데아를 모방한 산물

3문단에서 자연은 이데아를 모방한 산물이라는 통념을 통해 비슷

2022학년도

한 맥락으로 봤을 때, 인간(자연물)은 신(이데아)를 모방한 창조물이 될 수 있다.

④ 5문단 → 직선과 극점

5문단에 이데아는 허상으로부터 직선을 긋고 그 선을 계속 연장할 때 도달하게 되는 가장 진실한 극점이 이데아다. 역으로 이데아라는 극점에서 직선을 긋고 그 직선을 계속 연장했을 때 도달하는 반대 극점은 허상이라는 관점을 제시하고 있다. 이를 통해 원근법, 명암, 투시법은 이데아라는 극점에서 직선을 그어 계속 연장하여 도달한 반대 극점인 허상이 된다.

17 독서

 글의 내용을 바탕으로 이해하기 정답 ③

정답 해설

3문단의 이데아를 모방한 자연, 자연물을 모방한 인공물에 대한 통념을 통해 〈보기〉의 모방 대상을 이데아라고 빗댄다면 '서사시가 역사보다 위대하다.'고 본 것은 모방 대상의 본질을 꿰뚫은 허구(서사시)는 역사보다 모방 대상(이데아)에 더 가깝다는 결론을 내릴 수 있다. 그러므로 '서사시'는 '역사'보다 가치론적으로 우위에 있다고 할 수 있다.

오답 해설

①, ② 시적 진실 → ✕

〈보기〉의 시적 진실에 대한 설명에서 '모방 대상의 본질을 꿰뚫은 허구'는 이데아에 가깝다고 말한다. 그러므로 시적 진실은 현실을 모방한 가짜의 극점으로 적절하지 않다.

② 이데아로부터 떨어져 있다. → ✕

3문단에서 현실 세계의 의자는 '의자의 이데아'를 모방한 인공물이므로 현실 세계에 존재하는 의자는 의자의 이데아에서 한 단계 떨어지는 위계에 있으며, 〈보기〉의 시적 진실에 적용하면 역사보다 이데아에 떨어져 있는 것은 적절하지 않다.

④ 허구적 가치 → ✕

〈보기〉의 내용만으로 허구의 가치가 허상의 위계를 명확히 구분할 수 있는지에 대해 알 수 없다.

⑤ 서사시 → ✕

〈보기〉에서 '서사시와 역사보다 위대하다.'는 문장에서 서사시와 역사가 3문단의 내용처럼 이데아를 모방한 것을 다시 모방했다는 관계를 〈보기〉에서 설명하고 있지 않기 때문에 현실 세계에 대한 폄하가 반영되어 있다는 것은 적절하지 않다.

18 독서

 글의 내용을 바탕으로 이해하기 정답 ②

정답 해설

3문단에서 꿈꾸는 사람은 외부 세계로 향하던 정신적 에너지를 자아로 되돌려 집중하고, 4문단에서 정신적 에너지를 내면 세계로 집중한다고 말하고 있으므로 정신에너지가 외부로 향한다는 것은 적절하지 않다.

오답 해설

① 5문단 → 깨어 있는 의식

5문단에서 '깨어 있는 의식은 내면 세계를 가리거나 보호해 내면의 관찰을 방해하기 때문이다.'라는 내용을 반대로 본다면, 꿈은 인간의 내면세계를 들여다볼 수 있게 해주는 기제가 된다.

③ 4문단 → 정신적 에너지

4문단에서 정신적 에너지를 내면 세계로 집중함으로써 평소에 억누르고 있던 내적 욕구나 콤플렉스를 민감하게 느낄 수 있다. 3문단에서 꿈속에서는 모든 감각이 크게 과장되며 이를 꿈의 과장성이라 하며, 그 이유로 정신적 에너지를 자아에 집중하기 때문이라는 것을 말하고 있다.

④ 5문단 → 깨어 있을 때

5문단의 깨어 있을 때는 꿈이 알려 주는 문제를 쉽사리 알아내기 어렵다는 내용이 있다.

⑤ 3문단 → 감각의 과장

3문단의 꿈속에서는 모든 감각이 크게 과장되어 있기 때문에 깨어 있을 때보다 더 빨리, 더 분명하게 신체적 이상을 감지할 수 있다는 내용이 있다.

19 독서

 글의 세부내용 파악하기 정답 ⑤

정답 해설

ⓐ 퇴행은 말을 배우기 전의 유아처럼 스스로 한 행동에 대해 책임을 지지 않아도 되는 상태로 돌아가 자아를 보호하려는 방어기제라 설명하고 있다. 그러므로 동생이 태어난 후에 정신적인 충격 등으로 대소변을 제대로 못 가리는 아이가 ⓐ에 해당하는 사례로 가장 적절하다.

20 독서

 글의 내용을 바탕으로 이해하기 정답 ①

정답 해설

4문단에서 꿈꾸는 사람이 깨닫지 못하는 무의식의 세계를 구체적 형태로 바꾸어서 보여 준다는 점과 정신 분석학에서 무의식의 세계를 외적 형태로 구체화하는 꿈의 역할을 '투사'라 설명하고 있다. 4문단과 〈보기〉의 내용을 참고하면, 꿈은 즉각적인 쾌락을 추구하는 무의식인 이드(id)를 의식 세계와 연결하는 역할을 한다고 이해할 수 있다.

오답 해설

② 꿈은 '자아'의 표현 → ✕

1문단의 '자아를 보호하려는 방어기제', 3문단의 '사람이 외부 세계로 향하던 정신적 에너지를 자아로 되돌려 집중하기 때문에 가능하다.' 등의 내용을 통해 '내면'에 가깝다고 볼 수 있으므로 쾌락 원칙으로 해석하기 어렵다.

③ 꿈의 과장성 → ✕

3문단의 꿈속에서 모든 감각이 크게 과장된 것을 '꿈의 과장성'이라 하였고, 〈보기〉의 초자아는 규범과 가치를 내면화한 의식이며 도덕 원칙을 따른다고 정의하고 있다. 그러므로 초자아는 꿈의 과장성보다 내면 세계를 가리거나 보호하는 '깨어 있는 의식'에 더 가깝다고 볼 수 있다.

④ 외부 세계 → ✕

쾌락 원칙을 따르는 '이드'는 꿈에 의해 의식 세계와 연결되고, 4문단에서 외부 세계로 향하던 정신적 에너지를 자아(내부)로 집중하기 때문에 정신 작용의 방향을 외부가 아니라 내부로 돌린다고 이해할 수 있다.

⑤ 외부 세계, 도덕 원칙 → ✕

꿈은 외부가 아닌 내부 세계에 대한 관심이며, 도덕 원칙이 아니라 쾌락 원칙에 해당된다.

21 현대 소설

 핵심주제 글의 서술상 특징 파악하기   정답 ②

✏️ 정답 해설

화자는 어린 아이이며 6·25전쟁 이후, 가족들과 도시로 이사 온 '나'가 겪은 경험에 대해 서술하고 있다. 그러므로 '인물이 서술자가 되어 자신의 경험을 서술하고 있다'가 가장 적절하다.

✓ 핵심노트

이동하 장난감 도시

• 갈래 : 현대소설, 연작소설(3부작)
• 배경 : 6·25전쟁 직후의 도시
• 성격 : 회고적, 독백적
• 시점 : 1인칭 주인공 시점
• 주제 : 도시에서의 암울한 삶을 통한 소년의 의식 성장
• 구성
 – 발단 : 6·25전쟁이 끝난 직후, '나'와 가족들은 도시의 판자촌으로 이사함
 – 전개 : '나'와 가족은 가난한 생활로 도시의 냉혹한 현실을 깨닫고, 아버지는 풀빵과 냉차 장사를 시작함
 – 위기 : 아버지의 장사는 장마로 인해 끝나고, 형편이 더욱 어려워짐
 – 절정 : 아버지가 장물인 줄 모르고 나른 짐 때문에 경찰에 의해 유치장으로 끌려감
 – 결말 : 가족은 해체되고 '나'는 아버지를 잃은 슬픔, 도시 생활에 회의를 느낌

22 현대 소설

 핵심주제 글의 내용을 바탕으로 이해하기   정답 ②

✏️ 정답 해설

다른 사람들이 도시로 가는 '나'를 부러워 할 것이라 생각했지만, 도시는 훨씬 가까운 곳에 있어 다른 사람이 작정하면 금방 따라올 것이란 생각을 하게 되고 자존심이 상한 것이다. 그러므로 ⓒ 나는 조금 자존심이 상했다는 스스로 부끄럽게 생각한 것으로 적절하지 않다.

✒️ 오답 해설

① ㉠ → 이상과 동경의 투영

'도시는 더 멀고 아득한 곳에 있어야 한다'는 내용에서 아무나 갈 수 없는 도시에 대한 이상과 동경을 투영한 것이다.

③ ㉢ → 도시에서의 경이로운 체험

도시와 도시 생활이 주는 경이와 흥분을 오래도록 느끼고 싶은 마음에 돈을 주고 산 물을 마시지 않은 것이다.

④ ㉣ → 잘못했지만 어떤 것인지 모름

물장수가 컵을 들고 가려는 '나'를 불러 세우자, 스스로 어떤 잘못을 했는지 몰라 당혹해하고 있다.

⑤ ㉤ → 시골출신이라 무안당한 나의 심리

다른 사람들은 쉽게 오기 힘든 도시의 생활에 자부심을 느끼며 행동하고 있었지만, '나'의 실수로 물장수에게 시골출신이라 무안당한 나의 심리가 드러난다.

23 현대 문학

 핵심주제 글의 내용을 바탕으로 이해하기   정답 ④

✏️ 정답 해설

ⓐ는 실수 '나'가 물장수로부터 시골출신이라며 무안당한 것 때문에 어정거릴(한가하게 이리저리 천천히 걸음) 겨를이 없어질 정도로 부끄러웠던 것이다. 그러므로 비슷한 의미를 지닌 '쥐구멍에라도 들어가고 싶다.'가 적절하다.

✒️ 오답 해설

① 간에 기별도 안 간다. → ✕

'먹은 것이 적어 먹으나 마나 하다'의 의미를 지니고 있으므로 '나'의 상황과 거리가 멀다.

② 도랑 치고 가재 잡는다. → ✕

일의 순서가 뒤바뀌어 애쓴 보람이 없거나 뜻하지 않게 이익을 보는 경우를 가리키며, '나'의 상황과 거리가 멀다.

③ 바늘 도둑이 소도둑 된다. → ✕

자그마한 나쁜 일도 버릇이 되면 나중에 큰 죄를 저지르게 된다는 뜻으로, '나'가 처한 상황과 거리가 멀다.

⑤ 여우를 피하려다 호랑이를 만난다. → ✕

좋지 않은 어떤 일을 피하려다 더 불행한 일을 만난다는 뜻으로, '나'가 처한 상황에 맞지 않는 표현이다.

24 현대 문학

 핵심주제 글의 내용을 바탕으로 이해하기   정답 ②

✏️ 정답 해설

물을 먹고 탈이 난 '나'는 어지러움을 느끼다 토하게 된다. 그러므로 ⓑ는 '나'가 낯선 도시 생활에 적응하지 못하고 있다는 것을 비유적으로 나타낸 것이다.

✒️ 오답 해설

① 가족 간 갈등의 조짐 → ✕

'나'가 물을 잘못 먹고 탈이 났기 때문에 일어난 일로써 가족 간 갈등이 일어날 조짐과는 거리가 멀다.

③ 도시의 물과 환경이 비위생적 → ✕

도시의 물을 비롯하여 주변 환경이 비위생적인 이유로 토한 것이

아니며 그러한 내용으로 볼 수 없다.
④ 도시의 위치를 몰랐던 것 → ✗
  도시 위치를 몰랐던 것을 알게 된 이유와 거리가 멀다.
⑤ 도시를 피하기만 한 자신 → ✗
  '나'가 도시를 두려워하거나 피하고 있다고 볼 수 없다.

25 현대문학

 글의 내용을 바탕으로 이해하기 　　　정답 ①

✏️ 정답해설

〈보기〉의 도시의 인상과 감정이 시골에서의 추억과 대비되는 장면은 '시골에서 봐왔던 도시 골목에 잔뜩 쌓여 있는 세간살이들은 이물스 런 느낌을 준다'는 내용이다. 이물스런 느낌은 시골에서 그대로 가져 온 세간살이에 대해 도시와 어울리지 않음을 나타내는 것이다. 그러 므로 '나'가 세간살이들이 이사 와서 보니 촌스럽고 보잘것없게 느껴 졌다는 것과 거리가 멀다.

✏️ 오답해설

② 시골에선 귀한 이밥 → 오염된 물로 한 밥
  글 마지막 부분에 공동펌프장에서 길어 온 물로 밥을 지어 노란색 을 띠고 녹 냄새가 났다는 내용이 서술되어 있다.
③ 물장수의 핀잔 → 도시에 적응하지 못한 모습
  글 중간에 물장수가 컵을 가져가려는 '나'를 불러 시골에서 왔다는 말을 들은 뒤, 이후 도시의 이물스러움을 견디지 못해 속이 가슴 이 답답하고, 머리가 어지럽고, 속이 메스껍게 된 것이다.
④ 털털거리는 짐차 → 도시에 금방 도착해 실망함
  글 처음에 지금까지 상상해왔던 도시는 급행열차로 하루 낮, 하루 밤은 걸리는 아주 먼 곳이었지만 털털거리는 짐차를 타고 두세 시 간 만에 도착 한 것에 '결함처럼 내게는 느껴졌다'라는 장면에서 실망했음을 알 수 있다.
⑤ 도시의 판잣집 주변 → 시골과 반대되는 분위기
  글 중간에 좁고 어둡고 질척한 많은 골목들 등의 내용을 통해 코 크스 덩어리와 검은 탄가루 등을 통해 시골 교실과 반대되는 풍경 임을 알 수 있다.

26 독서

 글의 설명 방식 파악하기 　　　정답 ⑤

✏️ 정답해설

글의 서술 방식은 계약 이행에 대한 개념과 사례를 제시하고 있다. (가), (나)의 사례 및 [표]를 통한 예시로 이해를 돕고 있으며, 질문을 통해 설명의 범위를 확장시키고 있다.

✏️ 오답해설

① 논지의 신뢰성 강화 → ✗
  통계자료와 논지의 신뢰성을 강화하고 있는 내용을 서술하고 있 지 않다.
② 다양한 추론과 해석 → ✗

계약의 이행, 불이행 등으로 발생하는 사회적 순편익과 신뢰손실 에 대해 어떠한 결과가 나오는지 설명하고 있지만 다양한 추론과 해석으로 문제의 원인을 규명하는 것으로 적절하지 않다.
③ 가설 검증 → ✗
  글에서는 가설을 세워 검증하는 내용을 서술하지 않았다.
④ 서로 다른 주장 → ✗
  서로 다른 주장과 사례를 비교하는 내용을 서술하지 않았다.

27 독서

 글의 세부내용 파악하기 　　　정답 ⑤

✏️ 정답해설

㉠의 의미는 2문단에서 큰 레스토랑을 개업하려고 한빛조명이란 회 사와 계약한 A의 사례를 들고 있다. 3문단에서 A가 2백만 원을 지출 하여 개업 전단지를 돌렸다. 한빛조명이 계약을 이행하지 않으면 쓸 모없는 지출이 될 수 있음에도 A가 계약이 이행될 것이라 믿고 행한 투자를 '신뢰투자'라고 설명하고 있다. 같은 사례로 해외에 있는 친 구가 집을 못 빌려 줄 수 있음에도 비행기표를 미리 구입하는 경우를 ㉠에 해당하는 사례로 볼 수 있다.

✏️ 오답해설

① 헌혈하는 경우 → 투자에 해당되지 않음
  캠페인에 참가하여 헌혈하는 경우는 계약이행을 위해 투자한 것 이 아니기 때문에 신뢰투자로 볼 수 없다.
② 임대하고 점포세를 받음 → 투자에 해당되지 않음
  편의점을 임대하고 점포세를 받는 것은 계약이행을 위한 투자의 개념과 거리가 멀다.
③ 부동산 매입 → 계약 후 바로 이행된 경우
  지인의 조언으로 부동산을 매입 한 것은 계약을 맺어 자신의 소유 로 한 것이기 때문에 계약을 통한 투자의 개념에 해당되지 않는다.
④ 사이좋게 지내라는 당부 → 투자에 해당하지 않음
  조카에게 게임기를 사 주겠다며 친구와 사이좋게 지내라고 하는 것은 이득을 얻기 위한 투자에 해당되지 않는다.

28 독서

 글의 내용을 바탕으로 이해하기 　　　정답 ①

✏️ 정답해설

8문단에서 계약을 위반한 측이 손해를 본 측에게 만일 계약이 이행 되었더라면 누렸을 효용 수준과 동일한 수준을 보장하는 금액인 ⓐ 기대손실의 원칙, 만약 그 계약이 맺어지지 않았더라면 누렸을 효용 수준과 똑같은 수준의 효용을 보장하는 금액인 ⓑ 신뢰손실의 원칙 에 대해 설명하고 있다. 6문단에 있는 [표]에서 구입자의 순편익 항 목에 ⓐ를 적용하면 계약 이행시 비용과 손실된 신뢰투자분을 더한 5백만 원을, ⓑ를 적용하면 손실을 입은 신뢰투자분 2백만 원을 A에 게 지불해야 한다.

29 독서

핵심주제 글의 세부내용 파악하기
정답 ②

정답해설

5문단에서 한빛조명이 B의 제의를 받아들이고 A의 계약을 불이행하면 이윤은 700만 원이 된다. 문제는 A와 계약을 위반한 것 때문에 어느 정도의 손해배상을 해 주어야 하는가에 있다. 6문단의 [표]에서 계약 불이행시 사회적 순편익은 900만 원이 된다.

그러므로 B의 순편익과 한빛 조명의 이윤을 더한 값이 사회적 순편익이 될 수 없으며, A에게 손해배상 할 신뢰투자분까지 빼야 사회적 순편익이 된다.

오답해설

① 5문단 → A와의 계약을 불이행할 시

A는 한빛조명과 2천만으로 샹들리에를 계약했지만, 5문단에서 건축업자 B가 A와 계약한 샹들리에를 보고 2천 4백만 원에 샹들리에를 팔라고 제의한다. 이에 한빛조명이 이윤을 따져 검토를 하게 되면 효율적 계약불이행의 사례가 된다.

③ 6문단 → 사회적 순편익

6문단의 [표]에서 계약을 이행했을 때, 사회적 순편익은 600만 원이며, 계약 불이행 시 사회적 순편익은 900만 원이므로, 계약 불이행 시의 사회적 순편익이 더 크다.

④ 5문단 → 한빛조명의 이윤

5문단에서 B가 제안한 샹들리에의 가격은 2천 4백만 원이다. 2문단에서 한빛조명의 샹들리에 제작비는 1천 7백만 원이 된다. 그러므로 A와의 계약을 불이행하면 B가 제안한 2천 4백만 원에서 샹들리에 제작비 1천 7백만 원을 뺀 것이 된다.

⑤ 5문단 → 계약 불이행시 B의 순편익

한빛조명이 B의 제의를 거절해 계약이 불이행된다면, 5문단의 B가 샹들리에 구입에 지불할 용의가 있던 최고 금액인 2천 8백만 원에서 A와 계약한 샹들리에를 보고 지불하겠다고 제의한 2천 4백만 원을 뺀 값이 B의 순편익이 된다.

30 독서

핵심주제 글의 내용을 바탕으로 추론하기
정답 ③

정답해설

9문단에서 '(가) 사례의 경우에는 신뢰손실의 원칙이 효율적 계약불이행을 유발하며, 기대손실의 원칙하에서는 계약이 이행되는 비효율적 결과가 나타난다.'라 말하고 있다.

10문단에서는 9문단의 결론을 통해 신뢰손실의 원칙이 언제나 효율적인 계약불이행을 가져다주며, 기대손실의 원칙은 언제나 비효율적인 결과를 유발하지는 않는다고 말한다. 그러므로 어떤 손해 배상의 원칙이 효율적인 결과를 가져오는지는 주변 여건에 따라 달라지지 않는다는 추론은 적절하지 않다.

오답해설

① 8문단 → 과다한 신뢰투자 유발

기대손실 원칙, 신뢰손실 원칙 모두 계약을 위반한 측이 손해를 본 측에게 배상하는 것이다. 두 가지 원칙 모두 계약을 위반한 측에게 손해액을 보상받게 되므로, 손해를 본 측은 지연 등의 이유로 나타난 손실을 제외하고 손해를 입을 위험이 없게 된다. 그러므로 과다한 신뢰투자를 유발하게 된다.

② 12문단 → 손해 배상액이 이익보다 더 큼

12문단에서 '한빛조명이 기대손실의 원칙하에서 손해 배상액이 계약파기로 증가하는 이익보다 크므로 계약을 그대로 이행하기로 결정한다.'는 내용에서 기대손실의 원칙이 효율적인 결과를 가져오는 상황으로 반전되었음을 알 수 있다.

④ 9문단 → 과다한 계약불이행, 과소한 계약이행

9문단에서 A의 계약 불이행으로 인한 손해 배상액이 회사가 얻게 될 추가적 이윤보다 작으면 계약을 파기하면 신뢰손실의 원칙이 효율적인 계약불이행을 유발했다고 볼 수 있다. 신뢰손실의 원칙하에서는 예약 불이행으로 얻는 이익이 더 크므로 과다한 계약 파기 문제, 과소한 계약 이행 문제가 발생한다.

31 고전 시가 복합

핵심주제 글의 내용을 바탕으로 이해하기
정답 ④

정답해설

(가), (나), (다)의 공통점은 임을 떠나보낸 화자가 소식이 없는 임에 대한 답답함과 애절함을 나타내고 있다. 화자는 자신을 두고 멀리 떠난 임에 대한 추억과 원망의 감정을 표현하고 있다. 정서적으로, 물리적으로 먼 곳에 있는 임과의 추억과 임을 향한 원망의 감정이 가장 고조되는 밤을 시간대로 삼아 시상을 전개하고 있다.

핵심노트

(가) 작자미상, 「만전춘별사」
• 갈래 : 고려속요
• 성격 : 남녀상열지사, 퇴폐적, 노골적
• 주제 : 임과의 영원한 사랑을 소망하는 여인의 모습
• 특징
 – 화자의 임에 대한 사랑을 직접적으로 표현함
 – 과장법을 활용하여 화자의 사랑을 부각시킴
 – 「쌍화점」「이상곡」 등으로 대표되는 남녀상열지사 작품 중 하나

(나) 매창, 「이화우 흩날릴 제~」
• 갈래 : 평시조
• 성격 : 애상적, 연정적
• 주제 : 임을 그리는 마음과 이별의 슬픔
• 특징
 – 하강적인 심상의 시어로 화자의 쓸쓸한 감정을 심화함
 – 은유법을 사용하여 임과 이별한 애상적인 분위기를 부각시킴

홍랑, 「뫼ㅅ버들 가려 꺾어~」
• 갈래 : 평시조
• 성격 : 애상적, 연정적
• 주제 : 임을 그리는 마음과 이별의 슬픔
• 특징
 – 자연물에 의탁하여 임에 대한 지고지순한 사랑을 노래함
 – 상징법과 도치법을 사용하여 임을 강하게 그리워하고 있음을 표현함

(다) 작자 미상, 「상사별곡」
• 갈래 : 잡가
• 성격 : 비애적, 영탄적

• 주제 : 독수공방의 외로움과 사랑하는 임에 대한 그리움을 표현함
• 특징
 – 4음보 율격 구성으로 운율을 형성하고 있음
 – 자연물을 소재로 임과 이별한 화자의 심정을 상징화
 – 시조의 구성과 유사한 음보 및 단 구조

32 고전 시가 복합

 글의 세부내용 파악하기

정답 ④

✏️정답해설

(나)의 '추풍낙엽'과 (다)의 '오동추야'는 가을(秋)이라는 시간대를 나타내고 있으며, '낙엽'과 '오동'으로 대표되는 자연물을 활용하여 임을 떠나보낸 화자의 심정을 드러내고 있다.

✏️오답해설

① 과장적 표현을 반복 → ✕
 (가)는 극한적인 상황을 표현하여 사랑이 죽음(얼어 죽는 것)보다 강함을 나타냈다. (나)는 임과의 정서적 거리가 천 리만큼 멈을 나타냈다. 그러나 과장된 표현을 반복하여 화자의 심정을 고조시키고 있지 않다.

② 풍자적 기법 활용 → ✕
 (가)의 '아련 비올하'와 (나)의 '피는 불이 일러나면'은 임이 화자로부터 떠나는 것에 대해 원망하는 감정을 드러내는 것으로 풍자적 기법과는 거리가 멀다.

③ 어순 도치 → ✕
 (가)의 '보내노라 님의손대'는 어순 도치를 사용했지만, (다)의 '듣고지고 임의 소리'는 앞의 '보고지고 임의 얼굴'을 반복적으로 표현하여 리듬감을 형성하고 있다.

⑤ 과거와 현재를 대비 → ✕
 (나)의 '새 잎 곧 나거든'은 화자를 잊지 말아달라는 임에게 보내는 화자의 소망이 담겨있다. (다)의 '일촌간장 구비 썩어'는 화자의 애타는 심정이 나타나는 표현이다. 그러므로 과거와 현재를 대비하여 화자의 처지를 부각한 것은 적절하지 않다.

33 고전 시가 복합

 작품에 대한 이해

정답 ⑤

✏️정답해설

(나)의 [B] '뫼ㅅ버들 가려 걲어'는 임에 대한 화자의 사랑의 매개체이자 화자의 분신으로 화자의 사랑을 나타낸 표현이다. 그러므로 화자의 원망으로 이해한 것은 적절하지 않다.

✏️오답해설

① 도화 → 화자를 더욱 외롭게 하는 것
 (가)의 '도화'는 단어 그대로 복숭아꽃을 뜻한다. 아름답게 핀 복숭아꽃과 반대로 화자는 임을 떠나보내고 외로워하는 상태이다. 도화는 외로운 상태에 있는 화자의 마음을 아프게 하는 객관적 상관물이 된다.

② 넉시라도 님을 흔디 → 임과 화자의 약속
 (가)의 '넉시라도'에서 넋(마음) 만이라도 임과 함께 살고 싶다고 임과 이별하기 전에 화자가 함께 약속하는 장면이다.

③ 옥산, 금슈산 → 임과 만날 상상의 공간
 (가)의 화자가 상상해 낸 공간으로 임과 다시 만나고픈 화자의 욕망이 직접적으로 드러나는 장소이다.

④ 외로운 꿈, 오락가락 → 임과의 재회가 어려움
 [A]의 화자는 임을 그리워하고 있지만 정서적 거리가 멀다는 것을 알고 있어 임과 다시 만나기 어려울 것이라는 심리가 드러나 있다.

34 고전 시가 복합

 작품에 대한 이해

정답 ③

✏️정답해설

'천금주옥(금은보화)'에도 관심 없으며 세사 일부(세상에서 제일가는 부자)에 상관하지 않으며 오직 임만을 생각하는 화자의 사랑이 드러난 부분이다. 그러므로 화자가 임과 이별한 이유를 간접적으로 드러낸 부분으로 적절하지 않다.

✏️오답해설

① ㉠ → 상사불견
 '화자와 임과 만나지 못하는 상태(상사불견)'이며, 내 마음(진정)은 누구도 모른다는 것을 드러내고 있다. ㉠은 작품 전체의 내용과 주제를 압축적으로 제시하고 있다.

② ㉡ → 산과 물
 첩첩한(여러 겹으로 겹침) '산'과 충충(물이 흐리고 침침함) 흘러 '소(늪)'가 되는 물은 모두 임과의 만남을 방해하는 소재이며 화자의 고립감을 부각하고 있다.

④ ㉣ → 적적 심야 혼자 앉아
 적적(조용하고 쓸쓸함), 혼자는 임을 만날 수 없어 화자가 내쉬는 한숨의 의미를 강조하고 있다.

⑤ ㉤ → 우는 눈물과 배
 화자가 흘리는 눈물로 배를 탈 정도로 화자에 대한 연정을 과장되면서 설의적으로 나타내고 있다.

35 고전 시가 복합

 글의 내용을 바탕으로 이해하기

정답 ⑤

✏️정답해설

(가)의 제6연 중 '아소 님하'는 〈보기〉를 통해 고려 속요에서 발견된다는 내용을 찾아볼 수 없으며, 후렴구는 각 연마다 반복되는 특징을 지니고 있기 때문에 형식상 특징으로 적절하지 않다.

✏️오답해설

① 4음보 율격 → 제2연, 제5연
 제2연의 '경경 고침상애/어느 ᄌ미 오리오' 등과 제5연의 '남산애 자리 보와/옥산을 벼여 누어' 등을 통해 시조의 4음보 율격이 드러나 있음을 알 수 있다.

② **시조의 3단 구성 → 제2연, 제5연**

〈보기〉의 '3단 구성이 보이는 10구체 향가, 시조, 고려 속요' 등의 내용과 제2연, 반복되는 부분을 뺀 제5연은 시조의 3단 구성과 유사하다는 것을 알 수 있다.

③ **넉시라도 님은 흔뒤 녀져라 아으 → 제3연**

제3연의 '넉시라도 님을 흔뒤'는 〈보기〉에서 '넉시라도 님은 흔뒤 녀져라 아으'에서 확인할 수 있다.

④ **경기체가의 형식 → 제3연**

제3연 '녀넛 경(景) 너기더니'는 〈보기〉의 '위~경(景) 긔 엇더호니잇고'라는 내용을 통해 경기체가의 양식적 특징과 유사함을 알 수 있다.

36 독서

 글의 내용 파악하기   **정답 ⑤**

✏️ **정답 해설**

1문단에서 과학자들은 유전자를 조작해 해당 종에게 특성을 제공하는 생명 공학을 통해 자연 선택의 법칙을 위반하는 중이며, 자연 선택을 지적 설계로 대체하는 기술로 사이보그 공학, 비유기물 공학 등을 제시했다. 이러한 지적설계는 4문단에서 프로젝트 중 가장 혁명적인 것은 '뇌와 컴퓨터를 직접 연결하는 방법'이라고 제시하고 있다.

✏️ **오답 해설**

① **백신을 무력화하는 바이러스 → ✕**

6문단에서 유전적 프로그래밍의 원형은 컴퓨터 바이러스다. 백신 프로그램까지 피하는 능력이 있는 '변종 바이러스'가 나타난다면 더 잘 살아남을 것이라는 내용이 있다. 그러므로 컴퓨터 바이러스가 백신 프로그램을 무력화할 수 있도록 만들어졌다는 것과 일치하지 않는다.

② **선천적 비유기물적 속성 → ✕**

2문단에서 사이보그 공학에서 말하는 사이보그는 생물과 무생물을 부분적으로 합친 존재라 제시하고 있다. 인간이 '사이보그가 되는 경계선'을 넘게 되면 성격, 정체성 등이 달라지게 하는 비유기물적 속성을 갖게 된다. 그러므로 인간은 비유기물적 속성을 선천적으로 갖고 있다는 내용과 일치하지 않는다.

③ **스스로 복제할 능력 → ✕**

4문단에서 과학자들은 뇌와 컴퓨터를 직접 연결하는 방법을 시도하고 있으며 컴퓨터가 인간의 뇌에 전기 신호를 읽어내는 동시에 뇌가 읽을 수 있는 신호를 내보내는 것을 통해 '뇌 인터넷으로 발전할 수 있을 것'이라 예측하고 있다. 그러므로 스스로 복제할 수 있는 능력이 없다는 것은 글의 내용과 일치하지 않는다.

④ **망막의 신경 세포 → ✕**

3문단에서 '광세포'는 감각수용체로서 눈에 비치는 빛을 흡수해 전기 신호로 바꾸는 역할을 한다. 전기 신호는 망막의 손상되지 않은 신경 세포로 전달된다고 제시하고 있다. 그러므로 망막의 신경 세포가 외부의 빛을 전기 신호로 바꾸어 뇌에 보낸다는 것과 일치하지 않는다.

37 독서

 글의 세부내용 파악하기   **정답 ③**

✏️ **정답 해설**

1문단에서 과학자들은 살아 있는 개체의 유전자를 조작해 원래 해당 종에게 없던 특성을 제공하는 것을 ㉠ 생명 공학을 통해 자연 선택의 법칙을 위반하는 중이라 말한다. 뇌의 신경망을 모방한 컴퓨터 전기 회로를 컴퓨터 안에 심는 것은 2문단의 사이보그 공학에 해당되는 내용이므로 ㉠의 예로 적절하지 않다.

✏️ **오답 해설**

①, ②, ④, ⑤ **유전자 변형에 의한 생명공학에 해당**

38 독서

 글의 세부내용 파악하기   **정답 ③**

✏️ **정답 해설**

2문단에서 사이보그의 예로 생체 공학적 의수를 지닌 인간을 들었고, 타고난 감각과 기능을 안경, 심장 박동기, 의료 보장구, ㉡ 컴퓨터와 스마트폰으로 보완하고 있다고 말하고 있다. 그러므로 자료 저장, 처리의 부담을 덜어준다고 할 수 있다.

✏️ **오답 해설**

① **생리 기능과 면역계, 수명 → ✕**

글에서 인간의 생리 기능 등에 해당하는 내용을 말하고 있지 않다.

② **물리적 힘 → ✕**

글에서 인간이 자연 선택 결과에 해당하는 내용을 말하고 있지 않다.

④ **전기적 명령을 해석 → ✕**

컴퓨터와 스마트폰이 전기적 명령을 해석할 수 있는 생체 공학용 팔의 원시적 형태물이라는 것과 관련된 내용을 말하고 있지 않다.

⑤ **능력의 한계 → ✕**

컴퓨터와 스마트폰은 인간의 뇌가해야 하는 저장, 처리 등을 보완하는 역할을 하며, 데이터를 처리하는 능력의 한계와 거리가 멀다.

39 독서

 글의 내용을 바탕으로 이해하기   **정답 ④**

✏️ **정답 해설**

5문단에서 자연 선택의 법칙을 바꾸는 또 다른 방법은 완전히 무생물적 존재를 제작하는 것으로, 많은 프로그래머들이 창조자에게서 완전히 독립한 상태로 학습, 진화할 능력을 지닌 '프로그램을 창조하는 꿈'을 꾼다고 말하고 있다. 〈보기〉에서 비유기물 공학에서 독립적인 진화가 가능한 대상을 연구하고 있으므로, ㉮에 들어갈 적절한 말은 '컴퓨터 프로그램'이 된다.

40 독서

문맥적 의미 파악하기

정답 ⑤

정답 해설

'부분을 맞추어 전체를 꾸며 만들다'의 뜻으로 사용한 ⓐ 짰기는 '만들다' 또는 '여러 요소를 모아 일정하게 짜서 이룸' 등의 어감으로 이해하면, 제작(製作), 구성(構成), 조직(組織), 개발(開發) 등으로 바꿔 쓸 수 있다. 활용(活用)은 '충분히 잘 이용함'의 의미를 지니고 있으므로 ⓐ와 바꿔 쓸 수 있는 말로 적절하지 않다.

✅핵심노트

동음이의어 '짜다'

- **짜다¹**
  - 사개를 맞추어 가구나 상자 등을 만듦
  - 실이나 끈 등을 씨와 날로 걸어 천 등을 만듦
  - 머리를 틀어 상투를 만듦
- **짜다²**
  - 누르거나 비틀어 물기나 기름 따위를 빼냄
  - 온갖 수단을 동원해 남의 재물 등을 빼앗음
  - 새로운 것을 생각해 내기 위해 온 힘 · 정신을 쏟음
- **짜다³** : 소금과 같은 맛이 있음

41 고전 소설

글의 내용을 바탕으로 이해하기

정답 ⑤

정답 해설

여인(하씨녀)의 부모가 은그릇을 들고 길가에서 기다리던 양생을 보고 '여인이 노략질하던 왜구의 손에 죽어 장례를 치르지 못하다 절에서 재(불교에서 죽은 이를 천상에 가도록 기원하는 일)를 베풀어 저승 가는 길을 배웅하려는 참'이라는 대화를 통해 양생은 여인이 장례 후에 저승으로 간다는 사실을 알 수 있다.

오답 해설

① **아내가 되어 함께 살다 죽음 → ✕**

여인이 양생의 아내가 되어 함께 살다가 죽음을 맞이한 것이 아니라, 이승에 있는 사람이 아님에도 양생의 아내가 되고 싶었지만 이별할 수밖에 없는 상황에 슬퍼하고 있다.

② **거처를 소개하는 것이 부끄러움 → ✕**

여인은 양생에게 자신이 저승 사람이라는 사실을 고백하지 못하고 있다.

③ **부모가 양생을 만나기 위해 → ✕**

부모가 양생을 만나기 위해 일행을 이끌고 보련사로 향한 것이 아니라, 여인이 길가에서 기다렸다 자신의 부모와 함께 절에 가달라고 양생에게 부탁한 것이다.

④ **질문에 마지못해 대답함 → ✕**

지나가는 이들은 양생 옆에 여인이 함께 가는 것을 알지 못한 채로 어디로 가는지 묻고 있으며, 양생은 이들의 질문에 마지못해 대답했다는 서술은 글에서 찾아볼 수 없다.

✅핵심노트

김시습 만복사저포기

- 갈래 : 전기소설, 한문소설
- 성격 : 비극적, 비현실적
- 시점 : 전지적 작가시점
- 배경
  - 시간적 배경 : 고려 말 공민왕이 재위할 무렵
  - 공간적 배경 : 만복사, 개녕동, 보련사
- 구성
  - 기 : 양생이 불전에서 소원을 빌다가 부처와 저포 놀이 시합에서 이기고 여인을 만남
  - 승 : 여인(하씨녀)과 절에서 하룻밤을 보내고 서로 손을 잡으며 사랑을 나눔
  - 전 : 양생은 여인이 이 세상 사람이 아닌 것을 알게 되며, 결국 이별하게 됨
  - 결 : 이별의 슬픔을 이기지 못한 양생은 지리산으로 들어가 약초를 캐며 은둔함
- 주제 : 남녀 간의 시공을 초월한 사랑
- 특징
  - 불교 용어 및 소재를 사용함
  - 한시를 통해 남녀 간의 감정을 은유적으로 전달함
  - 최초의 한문소설이며 몽유록계 소설의 효시

42 고전 소설

글의 내용을 바탕으로 이해하기

정답 ①

정답 해설

[A]는 여인과 양생이 한시로 서로의 감정을 은유적으로 드러내고 있음을 알 수 있다. 〈보기〉에서 한시는 서사적 기능을 담당하며 그 중에서 '등장인물 간 대화를 대신하는 것'이 [A]의 역할로 가장 적절하다.

오답 해설

② **감정 위로 → ✕**

여인의 우스갯소리는 양생에게 자신의 감정을 전달하고 있고, 양생 또한 여인에 대한 자신의 감정을 전달하고 있다. 그러므로 남녀 주인공의 감정을 위로하는 것은 적절하지 않다.

③ **첫 만남을 매개 → ✕**

내용 상, 남녀 주인공은 이미 절(만복사)에서 하룻밤을 보내고 난 뒤에 해당되며, 첫 만남을 매개하는 것은 적절하지 않다.

④ **결말 암시 → ✕**

경물을 묘사한 것은 사건의 결말을 암시하는 것이 아니라 서로의 감정을 전달하기 위한 매개체이다.

⑤ **이별의 슬픔을 표현 → ✕**

이별의 슬픔을 표현하고 있지 않다. 여인이 장난스럽게 한시로 운을 떼고, 이어 양생도 화답하듯 한시로 화답하여 서로 감정을 전달하고 있다.

43 고전 소설

 글의 세부내용 파악하기

정답 ②

정답 해설

여인의 부모는 양생이 여인과 있었던 일을 말했음에도 의심하는 마음을 지울 수 없어 딸과 함께 절로 와 주기를 청한 것이며, 재를 베풀어 저승길을 배웅하려고 절에 온 것이다.

오답 해설

① 외로움 해소 → 저포놀이에서 이김

[앞부분 줄거리]에서 노총각 양생은 법당에서 좋은 배필을 달라고 소원을 빌고, 부처와 저포놀이 시합에서 이긴 것을 통해 여인을 만나기 위한 필요조건이라는 것을 알 수 있다.

③ 의심의 해소 → 수저 소리가 들림

양생과 여인이 손을 잡고 하얀 장막 안으로 들어가 밥을 먹기 시작했을 때, 수저 소리가 들리고 그가 한 말이 맞았음을 안 여인의 부모는 그를 믿게 된다.

④ 명문가 규수의 소양 → 「시경」과 「서경」

공자의 시경과 서경은 유교 서적이며 과거시험의 주요 출제 경전으로서, 이를 통해 여인이 명문가 규수로 유교적인 소양을 갖춘 인물임을 알 수 있다.

⑤ 운명론적 세계관 → 운명은 피할 수 없음

'양생의 아내가 되어 평생 도리를 다하고 싶었지만, 정해진 운명은 피할 수 없고 이승과 저승의 경계는 넘을 수 없었다.'는 내용을 통해 여인은 운명론적 세계관을 지니고 있음을 알 수 있다.

44 고전 소설

 글의 세부내용 파악하기

정답 ③

정답 해설

ⓒ의 여인이 양생과 헤어지기 전 건넨 '은그릇'은 두 남녀의 사랑의 징표이자 여인과 관련 있는 사람임을 알리는 매개체이다. 은그릇은 이어지는 사건 전개에 필연성을 강화하는 소재가 된다.

오답 해설

① 대상의 특징을 묘사 → ✕

㉠의 사건 이해에 필요한 대상의 특징을 묘사하는 상황이 아니라 절에서 마을로 이동하는 공간의 변화를 나타낸 것이다.

② 위기 상황을 나타냄 → ✕

㉡의 들판을 뒤덮은 쑥과 하늘을 가릴 정도로 가시나무가 뒤덮인 것은 비현실적인 배경을 나타내기 위한 소재에 해당된다.

④ 비범한 능력 부각 → ✕

㉢의 하인이 한 말은 양생의 비범한 능력을 부각한 것이 아니라 여인이 이미 죽은 존재임을 은유적으로 암시하고 있다.

⑤ 이승의 존재가 아님 → ✕

㉣의 다가오고 있는 여자 한 사람과 여종이 이승의 존재가 아님을 직설적으로 드러내는지 알 수 없다.

45 고전 소설

 글의 내용을 바탕으로 이해하기

정답 ④

정답 해설

[B]에서 한밤중에 양생에게 나타난 여인이 '규범을 어기면서까지 양생과 사랑을 맺으려 시도했지만, 운명에 의해 이별할 수밖에 없는 것을 슬퍼하는 것'이다. 그러므로 현실 세계의 고달픈 삶을 긍정하는 민중의식으로 이해하는 것은 적절하지 않다.

오답 해설

① 명혼 이야기 → 결핍 상태

명혼(冥婚)은 '부부가 되지 못하고 죽은 남녀'를 위해 인연을 맺게 하는 의식이다. 왜구에 의해 죽은 뒤, 골짜기에 묻힌 여인과 부모를 일찍 여의고 만복사에서 외롭게 지내던 양생은 각자 짝이 없는 결핍 상태에 처해 있다. 두 남녀가 만난 만복사는 현실(양생)과 비현실(여인)이 인연을 맺는 공간이 되며, 결핍 상태(짝이 없음)인 현실 세계의 벗어나고픈 욕망을 형상화한다고 볼 수 있다.

② 고독이 해소될 수 없음 → 이승과 저승의 경계

이승과 저승 간의 경계를 상징하는 불교 용어로 삼도천, 황천 등이 있다. 두 내(川)에는 이승에서 저승으로 이동하면 돌아올 수 없는 규칙이 있다. 이는 이승에서 저승으로 왕래할 수 없음을 상징한다. 그러므로 이승에 있는 양생과 곧 저승으로 가야하는 여인은 이어질 수 없으며, 양생의 고독은 해소될 수 없음을 의미한다.

③ 죽음을 넘으려 함 → 슬픈 이별

여인은 저승으로 갔어야 하지만 이를 어기고 양생과 사랑하고 싶었지만 결국 이별할 수밖에 없는 상황은 죽음을 넘어서고 싶었지만 운명에 의해 실현되지 못한 비극적 아이러니에 해당된다.

⑤ 부처의 도움 → 양생과 여인 간의 인연

[앞부분 줄거리]에 나온 양생이 불전에서 빈 소원과 [B]의 여인이 고백한 자신의 사연이 담긴 축원문의 바람이 서로 통하여 두 남녀의 인연이 부처에 의해 이루어졌음을 알 수 있다.

영어영역

01 유사 어휘 고르기

정답 ③

ubiquitous : 어디에나 있는 = omnipresent : 어디에나 있는, 편재하는

정답 해설

'ubiquitous'는 '어디에나 있는, 아주 흔한'이라는 의미로 'omnipresent(어디에나 있는)'와 의미가 가장 유사하다.

핵심 어휘

- **Track** : 추적하다
- **stray** : (자기도 모르게) 제 위치[길]를 벗어나다
- **thanks to** : ~의 덕분에, 때문에
- **soon** : 곧
- **microchip** : 마이크로칩
- **vociferous** : 소리 높여 표현하는
- **equivocal** : 모호한
- **inexorable** : 거침없는
- **complimentary** : 무료의

오답 해설

① vociferous → 소리 높여 표현하는
② equivocal → 모호한
④ inexorable → 거침없는
⑤ complimentary → 무료의

해석

어디에서나 볼 수 있는 마이크로칩 덕분에 길 잃은 개를 추적하는 것이 곧 쉬워질 것이다.

02 유사 어휘 고르기

정답 ⑤

unscrupulous : 부도덕한, 무원칙한 = dishonest : 정직하지 못한

정답 해설

'unscrupulous'는 '부도덕한'이라는 의미로 'dishonest(정직하지 못한)'과 가장 의미가 유사하다.

핵심 어휘

- **Through** : …을 통해[관통하여]
- **public** : 일반인[대중]의
- **education** : 교육
- **advocacy** : (생각 · 행동 노선 · 신념 등에 대한 공개적인) 지지[옹호]
- **protests** : 항의[반대/이의] (운동), 시위
- **prudent** : 신중한

오답 해설

① prudent → 신중한
② abnormal → 비정상적인
③ industrious → 근면한
④ indifferent → 무관심한

해석

공교육, 정치적 옹호, 시위를 통해 개방된 공간과 숲을 부도덕한 개발자들로부터 보호하고자 했다.

03 유사 어휘 고르기

정답 ⑤

ostracized : 외면하다 = excluded : 제외되는

정답 해설

'ostracized'는 '외면하다'의 의미로 'excluded(제외되는)'과 가장 의미가 유사하다.

핵심 어휘

- **Individual** : 각각[개개]의
- **risk** : 위험
- **fellow** : 동료
- **worker** : 노동자
- **bewildered** : 당혹한
- **rectified** : 정류한
- **inundated** : 범람한

오답 해설

① bewildered → 당혹한
② rectified → 정류한
③ inundated → 범람한
④ permeated → 스며들다

해석

그런 행동을 한 개인들은 동료들로부터 외면을 당할 위험이 있었다.

04 유사 어휘 고르기

정답 ①

nemesis : 강적 = adversary : 적수

정답 해설

'nemesis'는 '강적'의 의미로 'adversary(적수)'와 가장 의미가 유사하다.

핵심 어휘

- **Stuttering** : 말을 더듬는
- **embarrassing** : 난처한
- **struggled** : 투쟁[고투]하다
- **throughout** : 도처에

- **childhood** : 어린 시절
- **catalyst** : 촉매
- **convention** : 관습

오답 해설

② catalyst → 촉매
③ convention → 관습
④ prodigy → 영재
⑤ zenith → 천정

해석

말을 더듬는 것은 티모시가 어린 시절 내내 고군분투했던 당혹스러운 강적이었다.

05 유사 어휘 고르기

정답 ③

banal : 지극히 평범한 = ordinary : 일상적인

정답 해설

'banal'은 '지극히 평범한'이라는 의미로 'ordinary(일상적인)'와 가장 유사하다.

핵심 어휘

- **exchanged** : 교환
- **climbers** : 등반가
- **inwardly** : 마음속으로
- **frantic** : 정신없이[미친 듯이]
- **affectionate** : 다정한
- **aversive** : 혐오의

오답 해설

① affectionate → 다정한
② aversive → 혐오의
④ apprehensive → 걱정되는
⑤ exaggerated → 과장된

해석

등반가들과 지극히 평범한 축하 인사를 주고받다 보니 속으로 걱정이 앞섰다.

06 빈칸 추론하기

정답 ④

국제 우주 정거장과 별

정답 해설

A는 지난밤 국제 우주 정거장을 봤다고 말한다. B의 말에 A는 '나는 쉽게 그것과 별들 사이의 차이점을 쉽게 구별할 수 있어.' 라고 답한다. 따라서 B가 무엇을 물어봤는지 예상할 수 있다. ④의 "How did you know that it was the ISS (어떻게 구별을 했어?)"가 빈칸에 들어갈 말로 가장 적절하다.

핵심 어휘

- **International Space Station** : 국제 우주 정거장(ISS)
- **amazing** : (감탄스럽도록) 놀라운
- **possible** : 가능한
- **Earth** : 지구, 세상
- **across** : 건너서
- **location** : (…이 일어나는 · 존재하는) 장소[곳/위치]
- **neat** : 정돈된

오답 해설

① Would you explain the difference between the ISS and the NASA? (ISS와 NASA의 차이점을 설명해줄래?) → 별과 ISS의 차이와는 관련이 없음
② Can you see the star in the center of the clouds? (구름의 중심에 있는 별이 보여?) → 이어지는 대답과 어울리지 않음
③ What was the purpose of watching the ISS? (ISS를 본 이유가 뭐야?) → ISS에 대한 설명과 관련이 없음
⑤ How far is it from Earth? (지구에서 얼마나 떨어져 있니?) → 지구에서 얼마나 떨어져 있는지 와는 관련이 없음

해석

A : 이봐, 그거 알아? 어젯밤에 국제 우주 정거장을 봤어!
B : 정말? 대단해! 정말 ISS를 볼 수 있어? 지구에서?
A : 응. 하늘을 가로지르는 밝은 별처럼 보였어.
B : 어떻게 구별을 했어?
A : 그것은 굉장히 빨리 움직여서 그 주변의 별들 사이에서 쉽게 구별할 수 있었어. ISS 위치를 보려면 NASA 웹사이트에서 확인할 수 있어.
B : 정말 깔끔하게 들리네. 한번 해볼게.

07 빈칸 추론하기

 정답 ④

Scotland의 괴물

정답 해설

B는 블로그를 통해 접한 Nessie라고 불리는 스코틀랜드 호수의 괴물에 대해 이야기 하고 있다. 빈칸 이후 A는 사진이 수정 되었을 수도 있으니 보이는 모든 것을 믿지 말라고 이야기 한다. 따라서 ④의 "There are lots of photos of Nessie, though(하지만 Nessie의 사진이 많아.)"가 적절하다.

핵심 어휘

- **interesting** : 흥미로운
- **quite** : 꽤
- **proven** : 입증[증명]된
- **modified** : 수정된
- **approach** : 접근법
- **reasonable** : 타당한
- **suspicion** : 의심
- **authentic** : 진본[진품]인

오답 해설

① Scientists believed its existence, really. (실제로 과학자들은 그것의 존재를 믿었어.) → 과학자들의 믿음의 유무에 대해서는 언급되지 않았음

② However, that seems to be my mistake. (하지만 그것은 나의 실수인 것 같아.) → 실수에 대한 고백과는 어울리지 않음

③ The monster disturbs the order of nature. (괴물은 자연의 질서를 어지럽혀.) → 뒤에 이어지는 것과는 관련이 없음

⑤ Yes, they are completely proven to be authentic. (응, 그것들은 실존함이 입증되었어.) → 괴물들의 실존은 입증되지 않았음

해석

A : 뭐 하고 있어?

B : 블로그를 통해 몇 가지 흥미로운 것들에 대해 살펴보고 있어.

A : 뭐가 그렇게 흥미로운데?

B : 이 블로그에 따르면, 스코틀랜드의 한 호수에 Nessie라는 괴물이 살고 있대.

A : 오, 꽤 흥미롭긴 한데, 믿지 않는 게 좋을 거야. 이런 종류의 것들은 증명되지 않았어.

B : 하지만 Nessie의 사진이 많아.

A : 사진이 수정되었을 수 있어. 보이는 모든 것을 믿는 것보다 합리적인 의심을 가지고 접근하는 것이 중요하다고 생각해.

B : 알겠어. 명심할게.

08 어법상 틀린 것 고르기

정답 ①

태 considering ⇒ considered

정답 해설

능동인지 수동인지 고르는 것이 관건이다. factors가 고려하는 요소인지 고려되는 요소인지 확인해본다. factors는 고려되는 요소이다. 따라서 ①의 'considering'을 'considered'로 고쳐 써야 한다.

핵심 어휘

• **illness** : 병, 아픔

• **chemical** : 화학의

• **imbalance** : 불균형

• **factors** : 요인, 인자

• **environment** : (주변의) 환경

• **injury** : 부상

• **opinions** : (개인의) 의견[견해/생각]

• **society** : (공동체를 이루는 일반적인) 사회

• **supervision** : 감독

• **psychiatrist** : 정신과 의사

• **treatment** : 치료, 처치

• **pioneered** : (특정 지식문화 부문의) 개척자[선구자]

• **whereby** : (그것에 의하여) …하는

• **receives** : 받다, 받아들이다

• **above** : (위치나 지위 면에서) …보다 위에[위로]

해석

정신질환은 여러모로 우리에게 수수께끼로 남아 있다. 어떤 과학자들은 그것이 유전적이라고 생각한다. 다른 사람들은 이것이 신체의 화학적 불균형에 의한 것이라고 생각한다. 고려되는 다른 요인으로는 사람의 환경이나 뇌손상 등이 있다. 전문가들은 무엇이 정신질환을 유발하는지에 대해 각기 다른 의견을 가지고 있고, 그것을 어떻게 치료할지에 대해서는 다른 생각을 가지고 있다. 정신질환자를 병원이나 교도소에 배치해 사회로부터 격리시키는 것

도 한 방법이다. 또 다른 방법은 정신과 의사의 감독 아래 약을 투여해 행동을 수정하는 것이다. 약물 치료를 받고 있는 정신질환자들은 감독된 주택에서 생활하는 경우가 많다. Sigmund Freud가 개척한 또 다른 치료 방법은 정신분석으로, 환자는 정신과에서 많은 시간 동안 상담과 상담치료를 받는 것이다. 위의 치료법들은 종종 결합된다.

09 문맥에 맞는 낱말 고르기

정답 ①

심리적인 요인과 생리적인 요인의 복잡한 상호작용

정답 해설

(A) 위험을 향해 달려가는 사람들의 이야기가 전개 되어야 하므로 안전하게 사는 것을 불안해 한다는 문장이 나와야 한다. 'nervous(불안)'이 적절하다.

(B) 과학자들은 왜 고의적으로 상해, 죽음을 얻으려고 하는지 궁금해 하므로 'court(…을 얻으려고 하다)'가 적절하다.

(C) 육체적 또는 정신적으로 스트레스를 받는 상황이 유발되는 것을 의미하므로 'arises(발생하다)'가 적절하다.

핵심 어휘

• **nervous** : 불안해[초조해/두려워] 하는

• **relaxed** : 느긋한, 여유 있는

• **placidly** : 잔잔하게

• **surely** : 확실히

• **minuscule** : 극소의

• **deliberately** : 고의로, 의도[계획]적으로

• **evade** : (어떤 일이나 사람을) 피하다[모면하다]

• **interplay** : 상호 작용

• **ingredient** : (특히 요리 등의) 재료[성분]

• **adrenaline** : 아드레날린

• **chemical** : 화학의, 화학적인 (변화를 수반한)

• **adrenal** : 신장 부근의

• **arises** : 생기다, 발생하다

• **disappears** : (눈앞에서) 사라지다

• **swiftly** : 신속히

• **forcefully** : 힘차게

해석

어떤 사람들은 차분하고 안전하게 살면 (A) 불안해한다. 그들은 대부분의 사람들이 위험으로부터 도망치는 것처럼 확실하게 위험을 향해 달려간다. 번지 점프를 하거나 산악자전거를 타고 자갈길을 미끄러져 내려가거나 벼랑 앞 틈에 끼어 손끝으로 매달리거나 심지어 위험한 모험을 하기 위해 안전한 직장을 그만두기도 한다. 그들은 위험을 감수하는 사람들이고, 과학자들은 오랫동안 궁금해해왔다. 왜 고의적으로 상실, 상해, 심지어 죽음에 대한 (B) 구애를 하는지. 그 질문에 대한 대답은 심리적인 요인과 생리적인 요인의 복잡한 상호작용을 포함한다. 위험에 대한 신체의 생리학적 반응의 핵심 요소는 아드레날린이다. 신체는 이 화학물질을 신장의 부신 중앙에서 생산한다. 육체적으로나 정신적으로 스트레스를 받는 상황이 (C) 발생했을 때, 혈류로 흘러 들어가는 아드레날린은 신체가 스스로를 보호하기 위해 신속하고 강력하게 행동할 수 있도록 준비시킨다.

10 문맥에 맞는 낱말 고르기

정답 ③

핵심주제 : 사냥감의 생존 능력

정답 해설

(A) 사냥감의 속도와 지구력, 민첩성이라는 지문이 나오므로 'Fleeing(도망치는)'이 적절하다.

(B) 사자, 표범, 치타가 단거리의 폭발적인 스피드만 낼 수 있다는 것을 알고 있다고 했으므로 'panic(허둥지둥함)'할 일이 거의 없다는 것이 적절하다.

(C) 개들은 고양이만큼 빠르지는 않지만, 몸이 약하거나 늙거나 병든 먹이를 소진시킬 정도로 오랫동안 달릴 수 있다는 의미가 되어야 하므로 'exhaust(소진시키다)'가 적절하다.

핵심 어휘

- **Fleeing** : 도망치는
- **Hunting** : 사냥
- **inspiring** : (…하도록) 고무[격려/자극]하는
- **endurance** : 인내(력), 참을성
- **antelopes** : 영양
- **against** : …에 반대하여[맞서]
- **hoofed** : …한 발굽이 있는
- **rarely** : 좀처럼 …하지 않는
- **idle** : 게으른, 나태한
- **panic** : 허둥지둥함
- **predator** : 포식자
- **deadly** : 치명적인
- **prey** : (사냥 동물의) 먹이[사냥감]
- **depend** : 의존하다
- **endurance** : 인내(력)
- **exhaust** : 다 써 버리다, 고갈시키다
- **invigorate** : 활성화하다

해석

(A) 도망치는 것은 사냥감의 속도와 지구력, 민첩성의 신화적 수준에 영감을 주며 정교한 예술로 완성되었다. 영양, 가젤, 얼룩말과 같은 평범한 동물들 또한 공격자들의 재능과 자신의 능력을 비교하는 법을 배웠다. 사자, 표범, 치타가 단거리의 폭발적인 스피드만 낼 수 있다는 것을 알고 있는 발굽이 달린 것들은 달리기와 유리한 출발이 가능한 한 고양이를 보고 (B) 허둥지둥 하는 일이 거의 없다. 중요한 것은 맹수가 "기지를 공격"하지 않고 치명적인 전력 질주를 할 수 있을 만큼 가까이 가지 않도록 감시하는 것이다. 그러나 사냥개와 늑대에 맞서는 먹잇감 동물은 지구력만으로는 의존할 수 없다는 것을 알고 있다. 개들은 고양이만큼 빠르지는 않지만, 몸이 약하거나 늙거나 병든 먹이를 (C) 소진시킬 정도로 오랫동안 달릴 수 있다.

11 문맥에 맞는 낱말 고르기

정답 ①

핵심주제 : 선율적이고 조화로운 결합체의 결합방법

정답 해설

(A) 멜로디가 올라가면 최저음을 떨어뜨리며, 대조적인 모션을 취하고 있으므로 'contrary(대조적으로)'가 적절하다.

(B) 방향이 반대로 가는 것을 의미하므로 'separating(분리시키다)'가 적절하다.

(C) 단 하나의 선이 곡조를 전달하는 것으로 식별될 수 있게 하기 위해 다른 부분은 조화를 이루어야 함을 의미하므로 'harmony(조화)'가 적절하다.

핵심 어휘

- **struggling** : 발버둥이 치는
- **contrary** : ~와는 다른[반대되는]
- **parallel** : (두 개 이상의 선이) 평행한
- **In other words** : 다시 말해서
- **fall** : 떨어지다, 빠지다, 내리다
- **equally** : 똑같이, 동일[동등]하게
- **separating** : 분리
- **discord** : 불화, 다툼
- **harmony** : 조화, 화합
- **identified** : 확인된, 인정된, 식별된
- **Somehow** : 어떻게든

해석

만약 여러분이 선율적이고 조화로운 결합체에 대해 생각하고 있다면 두 가지 요소들을 결합시키는 방법은 (A) 대조적인 모션을 해야 효과가 있다. 너의 선율이 올라감에 따라 화음진행에 가장 낮은음을 떨어뜨리도록 노력해라. 마찬가지로 너의 멜로디가 떨어질 때 최저음을 위쪽으로 올려라. 대조적인 움직임은 두가지의 파트와 그들사이의 미러가 있다고 상상하고 (B) 분리시켜라. 한 방향으로의 움직임이 유발한다. 다른 부분이 다른 방향으로 움직이도록. 단 하나의 선이 곡조를 전달하는 것으로 확인 될 수 있게 하기 위해 (C) 조화를 이루어야 곡조가 전달이 된다.

12 문맥상 부적절한 낱말 고르기

정답 ②

핵심주제 : 콘벨트 운영의 어려움

정답 해설

제시문은 콘벨트에 대한 내용이다. 강우량이 풍부하며, 길고 따뜻한 생장기가 있고 이 모든 것이 땅을 매우 가치 있게 만든다고 했으므로 ②의 'futile(쓸데없는)'이 아니라 'useful(유용한)'등으로 바꿔 써야 적절하다.

핵심 어휘

- **running** : 운영, 경영
- **farm** : 농장, 농원
- **operation** : (대규모) 기업, 사업체
- **particularly** : 특히, 특별히
- **grown** : 재배하다
- **rainfall** : 강우(량)
- **valuable** : 가치가 큰
- **machinery** : (특히 큰 기계를 집합적으로 가리켜) 기계(류)
- **fertilizer** : 비료
- **owned** : [복합어를 이루어] …이 소유하는

- insurance : 보험
- rent : 임대
- equipped with : …을 갖춘
- electric lighting : 전기 조명
- round-the-clock : 24시간[밤낮 없이] 계속되는

 오답 해설

① fattens → (특히 가축을 도살하기 전에) 살찌우다
③ tenants → 소작인
④ produce → 공급하다
⑤ permit → 설치되다

해석

오늘날 중서부에서 농장을 운영하는 것은 매우 돈이 많이 드는 운영이 될 것 같다. 이는 특히 가축의 대부분을 살찌우는 옥수수가 재배되는 콘벨트에서 더욱 그렇다. 콘벨트의 중심은 아이오와, 일리노이, 인디애나에 있다. 토양은 극히 쓸데없고(→ 유용하고), 강우량이 풍부하며, 길고 따뜻한 생장기가 있다. 이 모든 것이 땅을 매우 가치 있게 만든다. 토지에 가축, 종자, 기계, 연료, 비료 등의 비용을 더하면 농사는 매우 돈이 많이 드는 운영이 된다. 그러므로 많은 농부들이 소작인들이고 땅의 많은 부분은 은행, 보험 회사 또는 부유한 사업가들이 소유하고 있다. 이 주인들은 일반적으로 기계와 노동력을 제공하는 농부들에게 땅을 임대해준다. 일부 농장은 제분업체와 계약하여 운영된다. 기업들은 농장을 매입하고 경영자를 투입해 농사를 짓게 하고 농사를 지을 수 있는 기계를 공급하며 농산물을 자체 용도로 가져간다. 기계에는 24시간 작동이 가능하도록 전기 조명이 설치되는 경우가 많다.

13 문맥상 부적절한 낱말 고르기

 핵심주제 디지털 정보와 지식의 불확실성 **정답** ④

 정답 해설

제시문은 디지털 정보와 지식의 불확실성에 대해 설명하고 있다. 지식의 위상이 도전받는 이유는 접근할 수 있는 것의 품질이 종종 알려져 있지 않기 때문이라고 한다. 그러므로 ④의 'unveiled(공개되다)'가 아닌 'cover(감추다)'로 바꿔 써야 적절하다.

핵심 어휘

- uncertainty : 불확실성, 반신반의
- infinitude : 무한
- response : 대답, 응답
- esoteric : 소수만 이해하는
- disciplines : 규율, 훈육
- stature : 지명도, 위상
- accessed : (장소로의) 입장[접근]
- publisher : 출판인
- affiliation : (개인의 정치 · 종교적) 소속[가입]
- clearly : 또렷하게
- deliberately : 고의로, 의도[계획]적으로
- simplistic : 지나치게 단순화한
- correct : 맞는, 정확한
- overcome : 극복하다
- nevertheless : 그렇기는 하지만, 그럼에도 불구하고

- caveat : 통고[경고]

 오답 해설

① dwarfs → 방해하다
② sample → (통계 조사의) 표본
③ unknown → 알려지지 않은
⑤ relative → 상대적인

해석

디지털 정보는 지식의 불확실성을 증가시키는 데 한몫을 한다. 첫째, 인터넷을 통해 접근할 수 있는 정보의 무한성은 어떤 주제에 숙달하려는 어떠한 시도도 어렵게 만든다. 어떤 분야에서든 무엇이 알려져야 하는지를 더 이상 알 수 없다. 그 응답은 점점 더 좁혀지거나 난해해지는 것에 초점을 맞추는 것이다. 훈련이나 관심사를 인정하거나, 할 수 있는 모든 것은 그 분야를 시도하는 것이다. 둘째, 지식의 위상이 도전받는 이유는 접근할 수 있는 것의 품질이 종종 알려져 있지 않기 때문이다. 인쇄된 책에는 대개 품질 출판사, 저자 소속 등의 표시가 선명하게 표시되어 있다. 그러나 인터넷 정보의 질이 항상 그렇게 명백하고, 때로는 의도적으로 공개되고(→ 감추어지고), 때로는 단순하지만 시끄럽지는 않다. 백과 사전도 보장되지 않는다. 위키백과는 다음과 같이 주장한다. 누구나 편집할 수 있는 무료 백과사전. 올바른 소재가 대개 잘못된 것을 극복한다는 이론에도 불구하고, 지식은 항상 상대적이라는 주의사항이 있다.

14 내용과 일치하는 문장 고르기

 핵심주제 Songbird House 소개 **정답** ④

 정답 해설

카페의 절반 이상의 손님들이 정기적으로 방문 한다고 하였으므로, 'More than half of the customers visit this cafe regularly. (이 카페는 고객의 절반 이상이 정기적으로 방문합니다.)'는 ④의 설명이 제시문의 내용과 일치한다.

핵심 어휘

- located : …에 위치한
- historic : 역사적으로 중요한, 역사에 남을 만한, 역사적인
- pastries : 패스트리
- proud : 자랑스러워하는, 자랑스러운
- personally : (다른 사람을 통하거나 하지 않고) 직접, 개인적으로
- assured : 확실한, 확실시 되는
- variety : 여러 가지, 갖가지, 각양각색
- creatives : 창의적인 사람, (창작 활동을 하는) 작가
- nursing mothers : 양모, 수양어머니
- comfortable : 편(안)한, 쾌적한
- extension : (세력 · 영향력 · 혜택 등의) 확대
- frequently : 자주, 흔히
- renovates : 개조하다

 오답 해설

① Songbird House was a well-known historical site in 1904. (Songbird House는 1904년에 유명한 유적지였다.) → 유적지였음은 지문에 언급되지 않았음

② Breakfast is not offered in Songbird House. (Songbird House 에서는 조식이 제공되지 않는다.) → 아침 샌드위치를 좋아할 것이라고 하였음

③ New staff members are frequently employed. (신입사원들은 자주 채용된다.) → 낮은 직원 이직률을 자랑스럽게 여긴다고 하였음

⑤ Songbird House is a company which renovates living rooms. (Songbird House는 거실을 개조하는 회사입니다.) → 거실을 개조하는 회사가 아닌 Songbird House는 당신의 거실의 연장선이라고 하였음

> **해석**

Songbird House는 2012년 7월 23일 오픈하였으며 이 건물은 1904년 지어진 역사적인 집입니다. 저희는 커피와 차에 중점을 두고 있지만, 여러분은 수제 페이스트리와 아침 샌드위치를 좋아하실 것입니다. 우리는 낮은 직원 이직률을 자랑스럽게 여겨서 우리 모두가 고객을 개인적으로 알게 되고 고객은 한결같은 것에 대해 확신하게 됩니다. 우리가 환영하는 얼굴의 60%는 단골들이지만, 우리는 매일 각계각층의 아름다운 다양한 사람들을 만나는 것이 즐겁습니다. 당신이 누구이든, 누구를 사랑하든, 당신이 어디에 있든 간에 방문하세요. 사업가, 학생, 작가, 양모 편안히 계세요. Songbird House는 당신의 거실의 연장선입니다.

15 내용과 불일치 문장 고르기

 핵심주제 The cobra lily | 정답 ②

> **정답 해설**

제시문은 코브라 백합에 대한 내용을 이야기 하고 있다. 코브라 백합은 놀라운 외모와 함께 작은 척추동물뿐만 아니라 곤충도 잡아먹는다고 서술되어 있으므로 'It is eaten by small animals with a backbone. (그것은 척추 동물들에게 먹힌다.)'라는 ②의 설명은 제시문의 내용과 일치하지 않는다.

> **핵심 어휘**

- **eye-catching** : (단번에) 눈길을 끄는
- **dramatic** : 극적인
- **curling** : (둥그렇게) 감기다[감다], (몸이[을]) 웅크러지다[웅크리다]
- **foliage** : 나뭇잎
- **appearance** : (겉)모습, 외모
- **carnivorous** : 〈식물이〉 식충성의
- **feed on** : ~을 먹고 살다
- **insects** : 곤충
- **distinct** : 뚜렷한, 분명한
- **boggy** : 늪지, 습지, 수렁
- **devoid** : ~이 전혀 없는
- **nutrition** : 영양
- **attracts** : 마음을 끌다
- **fuel** : 연료
- **trapping** : 덫, 올가미
- **digesting** : (음식을) 소화하다[소화시키다], 소화되다
- **prey** : (사냥 동물의) 먹이[사냥감]
- **enzymes** : 효소
- **rainwater** : 빗물

> **오답 해설**

① Its leaves take after the heads of cobra snakes. (잎은 코브라의 머리를 닮는다.) → 코브라 백합은 코브라 뱀의 머리를 닮은 독특한 잎 덕분에 눈길을 끄는 식물이라고 하였음

③ It is often found in marshlands. (습지대에서 종종 발견된다.) → 북아메리카가 원산지인 코브라 백합은 종종 영양이 부족한 습지대에서 뚜렷한 집단으로 자란다고 하였음

④ It attracts insects by secreting a pleasant smell. (그것은 기분 좋은 냄새를 분비하여 곤충을 유인한다.) → 코브라 백합의 잎은 곤충을 유인하는 향기를 분비함

⑤ It does not trap prey by gathering rainwater. (빗물을 모아 먹잇감을 가두지 않는다.) → 다른 많은 낭상엽 식물들과 달리 코브라 백합 식물들은 먹이를 가두기 위해 빗물을 모을 수 없음

> **해석**

코브라 백합은 코브라 뱀의 머리를 닮은 독특한 잎 덕분에 눈길을 끄는 식물이다. 그것의 웅크러진 잎은 식물의 밑부분에서 솟아올라 후드 잎으로 둥글게 된다. 이 육식성 식물은 놀라운 외모와 함께 작은 척추동물뿐만 아니라 곤충도 잡아먹는다. 북아메리카가 원산지인 코브라 백합은 종종 영양이 부족한 습지대에서 뚜렷한 집단으로 자란다. 후드를 쓴 잎은 곤충을 유인하는 향기를 분비하고, 식물이 먹이를 가두고 소화시켜 연료를 모을 수 있게 한다. 일단 안으로 들어가면 곤충들이 탈출하기 어렵고, 식물은 또한 동물성 물질을 분해하는 것을 돕기 위해 소화효소를 분비할 것이다. 그러나 다른 많은 낭상엽 식물들과 달리 코브라 백합 식물들은 먹이를 가두기 위해 빗물을 모을 수 없다.

16 글의 제목 유추하기

 핵심주제 대한민국 국민요리의 인기와 위기 | 정답 ⑤

> **정답 해설**

한국음식의 인기와 그에 따른 위기를 설명하고 있는 내용이므로 ⑤의 'Popularity and Crisis of Korea's National Dish (대한민국 국민요리의 인기와 위기)'가장 적절하다.

> **핵심 어휘**

- **unmistakable** : 오해의 여지가 없는, 틀림없는
- **permeates** : 스며들다, 침투하다
- **admirer** : (유명한 사람·물건을) 찬미하는 사람, 팬
- **valued** : 존중되는, 귀중한, 소중한
- **refrigerators** : 냉장고
- **peninsula** : 반도
- **cabbage** : 양배추
- **traditionally** : 전통적으로
- **communal** : (한 공동체 내의) 집단들이 관련된
- **heritage** : (국가·사회의) 유산
- **copious** : 엄청난 (양의), 방대한
- **damage** : 손상, 피해
- **Health** : (몸·마음의) 건강
- **Award** : (부상이 딸린) 상

> **오답 해설**

① Kimchi : Soaring in Popularity (김치 : 치솟는 인기)

② How does Kimchi Impact Health? (김치는 건강에 어떤 영향을 미치나요?)

③ Korea Wins a Trade War Against China (한국, 중국과의 무역전쟁에서 승리하다)

④ Kimjang : Put Forward for UNESCO Award (김장 : 유네스코 선정)

 해석

이 냄새는 출퇴근 시간대에 서울 지하철 객차에 스며들며, 찬미자들은 이 냄새가 지구상에서 가장 건강에 좋은 음식이라고 주장한다. 냉장고가 들어오기 전에 비타민C의 원천으로 평가받던 김치는 이제 한반도에서 멀리 떨어진 메뉴에서 떠오르고 있다. 맵고 마늘 냄새가 나는 양배추 요리는 영국, 호주, 미국에서 피자 토핑과 소를 채운 타코 음식으로 발견된다. 김치를 담그는 전통적인 공동 행위인 김장은 최근 유네스코로부터 세계문화유산으로 인정받았다. 그러나 로스앤젤레스부터 런던까지 한국 국적의 레스토랑에서 인기가 높아졌음에도 불구하고 요리는 원산지에서 위기에 처해있다. 배추, 마늘, 양념, 고춧가루 등 김치의 기본 재료에 중국과의 무역전쟁이 한국 문화의 정체성에 지속적인 손상을 우려하는 목소리가 더해진다.

17 글의 제목 유추하기

바다를 치유하고 싶나요? 더 많은 작업이 필요함 **정답 ④**

정답 해설

제시문은 전체적으로 기술 준비 상태에 도달한 솔루션은 거의 없었고 효율성 및 환경 영향에 대해 검증된 솔루션은 없었다고 한다. 그러므로 제시문의 제목으로는 ④의 'Want to Heal the Ocean? More Work Needed (바다를 치유하고 싶나요? 더 많은 작업이 필요함)'이 적절하다.

핵심 어휘

- Innovative : 획기적인
- solutions : (문제·곤경의) 해법, 해결책
- restore : (이전의 상황·감정으로) 회복시키다
- developed : (산업·경제·기술 등이) 발달한, 선진의
- implemented : 시행하다
- scattered : 산발적인
- accessible : 접근[입장/이용] 가능한
- prevention : 예방, 방지
- wastewater : 폐수, 하수
- inconsistent : 일관성 없는
- harmonization : 조화
- assess : (특성·자질 등을) 재다[가늠하다]
- targeted : 목표가 된
- Overall : 종합[전반]적인, 전체의
- readiness : 준비가 되어 있음
- validated : 적합하며
- environmental : (자연) 환경의

오답 해설

① Saving Marine Animals : Target the Microlitter(해양 동물 구하기 : Microlitter 대상 지정)

② A Passive Journey to the Marine Discovery (해양 발견을 위한 소극적 여행)

③ Oceanic Threats to Human Race (인류에 대한 해양 위협)

⑤ Questioning the Utility of Sea Wastes Recycling (해양폐기물 재활용의 효용성에 대한 의문)

 해석

해양 쓰레기를 예방, 감시, 청소하기 위한 혁신적인 솔루션은 건강한 해양을 복원하고 시간이 지남에 따라 그것의 안녕을 유지하기 위해 필요하다. 또한, 이러한 솔루션 중 몇 개가 개발 및 구현되었는지, 플랫폼 전체에 정보가 분산되어 쉽게 액세스할 수 없는 상황에서 어느 정도까지 효과적인지 거의 알려지지 않았다. 글로벌 분석 또한 Nature Sustainability에서도 177개의 PMC 솔루션을 식별한 연구진은 그 중 106개가 모니터링, 33개는 (대부분 폐수 처리를 통해) 33개는 예방, 30개만 청소하는 것으로 나타났다. 그들은 또한 다양한 개발자에 걸쳐 쓰레기 크기 용어의 일관되지 않은 사용을 발견한다. 이는 처리 대상 쓰레기의 유형을 평가하기 위한 조화와 노력이 필요했으며, 이는 해결책 중 137개가 Microlitter를 대상으로 한다는 것을 보여준다. 전체적으로 기술 준비 상태에 도달한 솔루션은 거의 없었고 효율성 및 환경 영향에 대해 검증된 솔루션은 없었다.

18 글의 주제 파악하기

미국의 개인화의 한 측면 **정답 ④**

정답 해설

제시문은 미국에서 노인들을 대상으로 한 '케어'를 관찰한 결과, 그 문화에서의 개인화는 특정한 상징과 지위의 획득뿐만 아니라 일련의 성공의 성취도 포함한다고 결론지을 수 있을 뿐이라고 이야기 한다. 따라서 제시문의 제목으로는 ④의 'one aspect of personalization in the United States (미국의 개인화의 한 측면)'이 적절하다.

핵심 어휘

- observing : 관찰하는
- aged : 고령의, 연로한
- personalization : 개인화, 인격화
- acquisition : 습득
- achievement : 업적, 성취한 것
- a series of : 일련의
- individual : 각각[개개]의
- withdrawn : (뒤로) 물러나다, 철수하다
- displaced : 추방된
- scarcely : 거의 …않다
- symbolize : 상징하다
- retention : 보유
- machinery : 기계 부품들
- adequate : 충분한
- indispensable : 없어서는 안 될

오답 해설

① various strategies of personalization(개인화의 여러 가지 전략)
  → 전략에 관한 내용은 없음

② a typical misconception about old people (노인에 대한 전형적인 오해) → 노인에 대한 전형적인 오해는 나오지 않았음

③ problems of aged care in the United States (미국의 노인요양

문제) → 노인요양 문제가 아닌 개인화의 측면에 대한 내용임

⑤ contribution of consumption to the United States economy (미국 경제에 대한 소비의 기여) → 개인의 소비능력 보유에 대한 설명만이 나와 있음

해석

미국에서 노인들을 대상으로 한 '케어'를 관찰한 결과, 그 문화에서의 개인화는 특정한 상징과 지위의 획득뿐만 아니라 일련의 성공의 성취도 포함한다고 결론지을 수 있을 뿐이다. 그 징표에 따르면 성공할 능력이 상실되거나 실패한 개인은 성공 메커니즘에서 물러났기 때문에 덜한 사람으로 간주된다. 미국의 노인들은, 그들이 직업 체계에서 물러났거나 쫓겨났기 때문에, 성공하거나 실패할 수 있는 능력을 박탈당하며; 그들은 여전히 지속적인 소비 능력으로 그들의 과거의 성공을 상징할 수 없는 한, 거의 없는 사람으로 보여진다. 이런 식으로 개인의 소비능력 보유는 성공 시스템에서 물러난 후에도 다음과 같이 받아들여진다. 이러한 소비를 통해, 경제에 없어서는 안 될 서비스가 제공되기 때문에, 성공을 대체할 적절한 수단이 된다.

19 글의 주제 파악하기

 핵심 주제 | 개인의 선택에 의해 결정되는 기술의 운명 | 정답 ⑤

정답 해설

제시문은 어떤 사람들은 주어진 기술을 사용하기로 선택하지만, 다른 사람들은 그렇지 않으며 어떤 기술이든, 개인이 사용하지 않기로 선택하는 경우가 될 수 있다고 하였다. 따라서 ⑤의 'the destiny of a technology determined by individual choices (개인의 선택에 의해 결정되는 기술의 운명)'이 제시문의 주제로 가장 적절하다.

핵심 어휘

• unclear : 불확실한, 분명하지 않은
• inevitable : 불가피한, 필연적인
• perspective : 관점, 시각
• autonomous : 자주적인, 자치의
• individuals : 각각[개개]의
• elect : (선거로) 선출하다
• competitor : (특히 사업에서) 경쟁자[경쟁 상대]
• arise : 생기다, 발생하다
• argument : 논쟁; 언쟁, 말다툼
• implemented : 시행하다
• decisions : 결정, 판단
• Insofar : …하는 한에 있어서는
• reflect : 반영하다

오답 해설

① technical critiques against autonomy (자율성에 대한 기술적 비판) → 기술이 어떻게 불가피할 수 있는지, 어떻게 자율적일 수 있는지 알 수 없다고 하였음

② the impact of ethics on the innovative technology (윤리가 혁신 기술에 미치는 영향) → 윤리가 혁신기술에 미치는 영향에 대한 내용은 없음

③ how to understand and utilize an ethical technology (윤리 기술을 이해하고 활용하는 방법) → 윤리 기술을 이해하고 활용하는 방법에 대한 언급은 없음

④ reasons why people have to publicize their favorite technology (사람들이 좋아하는 기술을 홍보해야 하는 이유) → 사

람들이 좋아하는 기술을 홍보해야 하는 이유는 내용에 나오지 않았음

해석

적어도 윤리적인 관점에서 기술이 어떻게 불가피할 수 있는지, 어떻게 자율적일 수 있는지 알 수 없다. 어떤 사람들은 주어진 기술을 사용하기로 선택하지만, 다른 사람들은 그렇지 않다. 어떤 기술이든, 모든 개인이 사용하지 않기로 선택하는 경우가 될 수 있다. 경쟁자가 생기거나 도덕적 논쟁이 나타나 다수의 사람들이 더 이상 기술을 사용하지 않도록 설득할 수 있다. 그 기술은 개인의 결정으로 인해 구현되지 않는다. 따라서 기술 또는 적어도 구현이 불가피한 것은 아니다. 그것을 유지하기로 한 개인의 선택에 의존하는 한, 그것은 자율적이지 않다. 기술의 필연성과 자율성을 바탕으로 기술 윤리를 구현하려는 노력은 사람들이 선택을 하는 방식을 반영하지도 않고, 윤리적 의사결정을 내리지도 않으며, 개인과 기술의 전체 관계를 반영하지도 않는다.

20 글의 요지 파악하기

 핵심 주제 | 이민자들의 미국 주류 문화 형성 | 정답 ⑤

정답 해설

제시문에 따르면 이민자들이 미국의 어떤 주류 문화를 형성했는지에 대해 설명하고 있다. 그러므로 ⑤의 'The immigrants released their own cultures into the American mainstream. (이민자들은 그들만의 문화를 미국 주류로 내보냈다.)'가 제시문의 요지로 적절하다.

핵심 어휘

• foreign-born : 외국 태생의
• native-born : 토박이
• minority : 소수자의
• professionals : 전문가
• priests : 사제들
• ministers : 장관들
• religions : 종교
• politics : 정치학
• institutions : 기관
• feast : 연회, 잔치
• emptied : 비어 있는, 빈
• Day of Atonement : 속죄일(금식하고 참회의 기도를 드리는 날)
• fraternal : 공제(共濟)의(사상·이해관계가 같은 개인·집단이 서로 돕기 위한 것)
• ghetto : (흔히 소수 민족들이 모여 사는) 빈민가[게토]
• ragtime : 래그타임

오답 해설

① American frontiers overcame unexpected troubles. (미국의 국경들은 예상치 못한 문제들을 극복했다.) → 예상치 못한 문제들을 언급되지 않았으며 어떻게 문제들을 극복했는지는 나타나 있지 않음

② The perilous damage was begot by the new people. (그 위험한 피해는 새로운 사람들에 의해 일어났다.) → 그들은 그들의 종교, 정치, 제도, 예술을 가져왔다고 했음

③ Diverse immigrants engendered the political renaissance. (다양한 이민자들이 르네상스를 일으켰다.) → 르네상스가 아닌 극장과 래그타임에 대한 언급이 나왔음

④ Minor cultures are transformed so as to fit into American ublic life. (소문화는 미국의 공공생활에 적합하도록 변화된다.)
→ 소문화에 대한 설명은 언급되지 않았음

해석

물밀 듯이 밀려오는 외국태생과 토착태생, 백인, 흑인 등 다양한 인종. 소수만이 전문직 종사자였다 : 사업가, 교사, 의사와 변호사, 성직자, 목사, 랍비. 대부분의 사람들은 공장을 가득 채우고, 집을 짓고, 바닥을 닦고, 유복한 자들의 아기들을 돌보는 일꾼들이었다. 그러나 이 새로운 거주자들은 더 많은 것을 도시로 가져왔다. 그들은 그들의 종교, 정치, 제도, 예술을 가져왔다. 그들은 마을 잔치에는 거리를 가득 메웠고 속죄일에는 거리를 비웠다. 그들은 작은 가게 앞 교회와 공제조직을 만들었다. 그들은 유대 연예인들이 그들의 기술을 연마하는 보드빌 극장들과 래그타임 밴드들이 미국 음악의 경계를 허무는 게토 댄스홀로 서둘렀다. 그리고 그들은 도시의 공공의 생활에 나타났다.

21 글의 요지 파악하기

 핵심주제 : 사과의 효과와 기능

정답 ③

정답 해설

제시문은 대등하지 못한 지위를 누리고 있었지만 사과를 함으로써 독일의 도움을 받을 수 있게 된 체코에 대한 내용이다. 그러므로 ③의 'Apologies restore equilibrium in domestic and international relations. (사과는 국내외 관계의 평형을 회복하게 해준다.)'가 제시문의 요지로 가장 적절하다.

핵심 어휘

• apologies : 사과
• veritable : (강조의 뜻으로 쓰여) 진정한
• Government : 정부, 정권
• demonstrate : 증거[실례]를 들어가며 보여주다, 입증[실증]하다
• wronged : 부당한 취급을 받은, 학대받은
• experiment : (과학적인) 실험
• effective : 효과적인
• restitution : 배상, 보상
• persecution : 박해, 학대
• formally : 정식으로, 공식적으로
• expulsion : (어떤 장소에서의) 축출[추방]
• receiving : 받는
• reparations : 배상금, 배상물
• responded : 대답[응답]하다, 답장을 보내다

오답 해설

① Germany did not pay Czech victims until the Czechs expressed apologies for their postwar behavior. (독일은 체코가 전후 행동에 대해 사과할 때까지 체코 피해자들에게 돈을 주지 않았다.) → 제시문의 요지와는 알맞지 않음
② Apologies help people repair schisms between the rich and the poor countries. (사과는 부유한 나라와 가난한 나라 사이의 분열을 바로잡는 데 도움을 준다.) → 국가의 빈부격차와 사과와의 관계는 언급되지 않았음
④ Apologies are often manipulated to suggest that people let

bygones be bygones. (사과는 사람으로 하여금 지나간 일을 잊게 만든다.) → 미국정부와 독일정부가 방치한 것이 아니므로 정반대되는 내용임
⑤ The United States apologized to African-American men who were denied treatment for syphilis. (미국은 매독 치료를 거부당한 흑인들에게 사과했다.) → 앞부분에만 언급이 되었을 뿐 전체적인 요지와는 맞지 않음

해석

배려의 표시로서의 사죄의 힘은 우리가 지금 공식적으로 보고 있는 진정한 사태의 핵심에 있다. 예를 들어, 정부는 1997년 미국이 의학 실험의 일환으로 매독 치료를 거부당한 흑인들에게 사과했을 때처럼 부당했던 집단에 대해 관심이 있다고 발표할 수 있다. 다른 나라에 사과를 하는 것은 향후 협력의 토대를 마련하는 효과적인 방법이다. 1990년대 후반, 체코는 유럽 국가 중 유일한 국가로 남아 있었다. 2차 세계 대전 동안 있던 나치에 박해에 있어 독일이 배상금을 제공하지 않은 유일한 국가는 체코다. 독일은 체코가 전후 Sudetenland에서 독일계 동포를 추방한 것에 대해 공식적으로 사과할 때까지 체코 피해자들에게 배상금을 지불하기를 거부했다. 체코 정부는 1997년 나토 가입에 대한 독일의 지원과 배상금을 모두 받기 위해 사과의 뜻을 밝혔다. 독일은 체코의 이익을 위해 기금을 마련하는 것으로 대응했고, NATO와 유럽연합은 체코를 그들의 멤버에 합류하도록 초청했다.

22 글의 요지 파악하기

 핵심주제 : 방해 받지 않도록 차단하라

정답 ⑤

정답 해설

이 제시문은 최악의 실수 중 하나는 당신이 무엇을 하든 모든 전화를 받는 습관을 들이는 것이라고 하며 전화를 다루는 방법에 대해 설명하고 있다. 그러므로 ⑤의 'Insulate yourself as much as possible from interruption. (방해를 받지 않도록 최대한 차단하라)'가 제시문의 요지로 가장 적절하다.

핵심 어휘

• jarring : 삐걱거림, 진동; 부조화
• nervous : 신경이 과민한
• repeated : 반복[되풀이]되는
• interruptions : 중단(시키는 것), 중단(된 기간)
• midst : 중앙, 한가운데
• concentrating : (정신을) 집중하다[집중시키다], 전념하다
• worst : 가장 나쁜[못한], 최악의
• segment : 부분
• rude : 무례한, 예의 없는, 버릇없는
• wise : 지혜로운, 현명한, 슬기로운
• victim : (속임수를 당한) 피해자
• consciously : 의식[자각]하여
• enjoyment : 즐거움, 기쁨
• Beware : 조심[주의]하다
• fears : 공포, 두려움

오답 해설

① Consciously project ease and enjoyment. (편안함과 즐거움을 함께 계획하라) → 방해를 받지 않도록 차단하라고 하였으므로 요지와 맞지 않음

② Beware of any lingering fears of success. (성공에 대한 두려움이 사라지지 않도록 주의하라.) → 성공에 대해 언급되지 않았음

③ Become aware of your natural optimum work cycles. (자연스러운 최적의 작업 주기를 알아두어라) → 작업 주기에 대한 설명은 언급되지 않았음

④ Think of success as a process, not a final destination. (성공을 최종 목적지가 아닌 과정으로 생각하라) → 성공에 대한 설명은 언급되지 않았음

> **해석**

중요한 문제에 집중하고 있을 때 반복되는 방해만큼 신경계에 거슬리는 것은 없다. 최악의 실수 중 하나는 당신이 무엇을 하든 모든 전화를 받는 습관을 들이는 것이다. 전화를 다루는 좋은 방법은 오전 9시에서 10시 사이, 오후 4시에서 5시 사이 등 한 번에 통화를 집중시키는 것이다. 그 시간 동안 당신은 모든 전화를 받고, 당신에게 전화한 사람들에게 다시 전화해라. 바쁘다고 전화를 거절하는 건 무례한 행동이 아니다. 당신은 현명한 것이다. 만약 당신이 전화의 희생자라면, 전화 심사는 당신의 직장생활을 바꿀 수 있다.

23 빈칸 추론하기

> 정답 ③

ambiguity ⇒ 모호함

정답 해설

제시문에서는 텔레비전이라는 단어를 사용하여 그 묶음의 다양한 부분, 즉 산업, 콘텐츠, 그리고 다른 모든 부분에 대해 이야기하기 때문에 텔레비전을 어렵게 생각할 필요가 없다고 한다. 또한 만약 우리가 삶의 모든 시스템의 모든 세부사항을 항상 생각해야 한다면, 우리는 과다 노출로 기절할 것이라고 했으므로 빈칸에는 'ambiguity(모호함)'이 들어갈 말로 가장 적절하다.

핵심 어휘

- **expressed** : (감정·의견 등을) 나타내다, 표(현)하다
- **seems** : (…인 · 하는 것처럼) 보이다
- **confusing** : (무엇이) 혼란스러운
- **various** : 다양한
- **industry** : 산업, 공업, 제조업
- **content** : (어떤 것의) 속에 든 것들, 내용물
- **overexposure** : 노출 과다
- **bundling** : 일괄 판매, 시스템 판매
- **collect** : 모으다, 수집하다
- **preserve** : (원래 상태·좋은 상태를 유지하도록) 보존[관리]하다
- **rare** : (존재하는 수가 많지 않아서) 진귀한[희귀한]
- **first editions** : (책의) 초판
- **mass-market** : 일반 대중을 대상으로 한, 대량 판매 시장용의
- **novel** : (장편) 소설
- **legitimately** : 합법적으로, 정당하게

오답 해설

① consistency → 일관성
② literacy → 글을 읽고 쓸 줄 아는 능력
④ discretion → (자유) 재량(권)
⑤ popularity → 인기

> **해석**

가게에서 텔레비전을 살 수 있기 때문에 집에서 텔레비전을 볼 수 있지만, 당신이 사는 텔레비전은 당신이 보는 텔레비전이 아니며 당신이 보는 텔레비전은 당신이 사는 텔레비전이 아니다. 그렇게 표현하면 혼란스러워 보이지만 일상 생활에서는 전혀 혼란스럽지 않다. 텔레비전이 무엇인지에 대해 너무 어렵게 생각할 필요가 없고, 텔레비전이라는 단어를 사용하여 묶음의 다양한 부분, 즉 산업, 콘텐츠, 가전제품에 대해 이야기하기 때문이다. 언어는 우리가 적절한 수준의 모호함을 가지고 일할 수 있게 해준다. 만약 우리가 삶의 모든 시스템의 모든 세부사항을 항상 생각해야 한다면, 우리는 과다 노출로 기절할 것이다. 이와 같은 객체 및 산업, 제품 및 서비스, 비즈니스 모델의 묶음들은 텔레비전에서만 볼 수 있는 것이 아니다. 희귀한 초판본을 수집 보존하는 사람들, 그리고 대량 판매 시장용의 로맨스 소설을 사서 다음 주에 나눠주는 사람들은 모두 합법적으로 label book 애호가에게 권리를 주장할 수 있다.

24 빈칸 추론하기

> 정답 ①

authority ⇒ 권한

정답 해설

제시문에서 역사적 증언은 진위에 달려 있기 때문에, 전자 역시 실질적인 기간이 더 이상 중요하지 않게 되면 재생산에 의해 위태로워진다고 말하고 있다. 그러므로 빈칸에는 'authority(권한)'이 들어갈 말로 가장 적절하다.

핵심 어휘

- **situations** : 상황, 처지, 환경
- **product** : (어떤 과정에 의한) 산물
- **mechanical** : 기계적인
- **reproduction** : 복사, 복제
- **bring** : 가져오다, 데려오다
- **presence** : (특정한 곳에) 있음, 존재(함)
- **depreciated** : 가치가 떨어지다[절하되다]
- **landscape** : 풍경
- **spectator** : 관중
- **nucleus** : 중심
- **interfered** : 간섭[개입/참견]하다
- **vulnerable** : (~에) 취약한, 연약한
- **transmissible** : 보낼[전할, 전도할] 수 있는; 전염하는
- **substantive** : 실질적인
- **duration** : 지속, (지속되는) 기간
- **testimony** : 증거

오답 해설

② negativity → 소극성
③ promotion → 승진
④ performance → 실적
⑤ limitation → 국한

> **해석**

기계적 재생산의 산물을 가져올 수 있는 상황은 실제 미술 작품에 영향을 미치지 않을 수 있지만, 그 존재의 질은 항상 절하된다. 이는 영화가 관객보다 먼저 심사하는 풍경은 물론 미술 작품까지 적용된다. 가장 민감한 중심인 미

술 대상의 경우 진위성이 방해받는 반면, 점수에 취약한 자연 대상은 그렇지 않다. 사물의 진위는 그 실체적 지속 시간부터 그 실체적 증언, 그 실체가 경험한 역사까지 모든 것의 본질이다. 역사적 증언은 진위에 달려 있기 때문에, 과거 역시 실질적인 기간이 더 이상 중요하지 않게 되면 재생산에 의해 위태로워진다. 그리고 역사적으로, 정말로 위태로운 것은 증언은 대상의 권한에 영향을 받는다.

는 전자를 가진 과산화물과 같은 원자와 분자를 자유라디칼이라고 한다. 자유 라디칼의 짝이 없는 전자는 원자나 분자를 불안정하게 만든다. 원자의 전자는 쌍으로 존재하지 않는다. 짝을 이루지 않은 전자를 가진 원자는 다시 안정되기를 원하기 때문에 다른 원자나 분자로부터 "훔쳐올" 또 다른 전자를 재빨리 찾는다. 활성산소의 불안정성은 DNA, RNA, 단백질, 그리고 지방산과 같은 거대 분자에 위협을 가하는 것이다.

25 빈칸 추론하기

정답 ④

핵심주제: 짝이 없는 전자, 자유라디칼

✏️ 정답 해설

제시문은 짝이 없는 자유라디칼에 대해 설명하고 있다. 자유라디칼의 짝이 없는 전자는 원자나 분자를 불안정하게 만든다. 원자들은 다시 안정되기를 원하기 때문에 훔쳐올 무언가를 찾는다고 한다. 그러므로 빈칸에는 ④의 'another electron(다른 전자)'이 들어갈 말로 가장 적절하다.

핵심 어휘

- remember : 기억하다
- electrons : 음전하를 가지는 소립자
- orbiting : 궤도를 선회하는
- nucleus : (원자)핵
- atom : 원자
- stable : 안정된
- stability : 안정, 안정성[감]
- depend on : ~에 의존하다
- orbit : (특정 개인조직 등의) 영향권[세력권]
- pairs : (둘씩) 짝을 짓다
- unpaired : 짝이 없는
- superoxide : 슈퍼옥사이드
- molecules : 분자
- free radical : 짝짓지 않은 전자를 가지는 원자단
- steal : 훔치다, 도둑질하다
- instability : 불안정
- fatty acids : 지방산

✏️ 오답 해설

① other cells (다른 세포) → 세포에 대한 언급은 없음
② powerful energy (강력한 에너지) → 안정되기 위해 무언가를 찾는다고 했으므로 답이 될 수 없음
③ a stable nucleus (안정된 핵) → 짝을 이루지 않은 원자에 대한 설명이므로 안정된 핵은 될 수 없음
⑤ nutritious proteins (영양분이 많은 단백질) → 단백질에 대한 설명은 언급되지 않았음

해석

원자의 핵을 돌고 있는 전자를 기억해라. 이 전자들은 에너지를 포함하고 있지만, 이 에너지가 항상 안정적이지는 않다. 안정성은 원자 안에 있는 전자의 수에 따라 달라진다. 원자는 전자가 짝을 지어 공전할 때 더 안정적이다. 홀수 전자를 가진 원자는 짝이 없는 전자를 가져야 한다. 산소가 짝을 이루지 않은 전자 하나를 가지고 있을 때 그것은 슈퍼옥사이드로 알려져 있다. 짝이 없

26 빈칸 추론하기

정답 ①

핵심주제: 귀인이론의 성공과 실패의 원인을 설명하는 방법

✏️ 정답 해설

귀인 이론이란 자신이나 다른 사람들의 행동의 원인을 찾아내기 위해 추론하는 과정을 설명하는 이론을 뜻한다. 사람들이 자신의 성공과 실패의 원인을 어떻게 설명하느냐에 초점을 맞춘다고 한다. 언어 수업에서 좋은 점수를 받지 못하였을 때 여러 가지 원인에 초점을 맞출 것이다. 그러므로 빈칸에는 ①의 'just plain old bad luck (그저 오래된 불운을 드러내기 위함)'이 들어갈 말로 가장 적절하다.

핵심 어휘

- underlying : (겉으로 잘 드러나지는 않지만) 근본적인[근원적인]
- self-esteem : 자부심
- learning : 학습
- fundamental : 근본적인
- attribution : 귀착시킴, 귀속, 귀인(歸因)
- self-efficacy : 자기 효능감
- failures : 실패
- describes : (~이 어떠한지를) 말하다[서술하다], 묘사하다
- explanations : 해명, 이유; 설명
- ability : (~을) 할 수 있음, 능력
- perceived : 인지된
- luck : 좋은 운, 행운
- internal : 내부의
- dimensions : 면적
- judged : (…로 미루어) 판단하다[여기다]

✏️ 오답 해설

② previous learning experiences (이전의 학습 경험) → 기말고사에서 좋지 못한 점수를 받았을 경우이기 때문에 적합하지 않음
③ excessive self-esteem in language learning (언어 학습에 대한 지나친 자부심) → 자부심에 대한 것은 문맥과 어울리지 않음
④ using inappropriate teaching methods (부적절한 교수법 사용) → 교수법에 대한 설명은 언급되지 않았음
⑤ the lack of self-efficacy (자기 효능감의 부족) → 자기 효능감은 문맥과 어울리지 않음

해석

언어 학습에서 자존감의 역할에 대한 이슈의 근본은 귀속과 자기 효율성의 개념이다. 귀인 이론은 사람들이 자신의 성공과 실패의 원인을 어떻게 설명하느냐에 초점을 맞춘다. Bernard Weiner는 성공 및/또는 실패에 대한 네 가지 설명(능력, 노력, 업무의 어려움 인식, 행운)으로 귀인 이론을 설명한다. 이 네 가지 요소 중 두 가지는 학습자의 내부 요인, 즉 능력과 노력이다. 그리고

두 가지는 학습자의 내부 요인이다. 학습자 이외의 외부 상황(과제 난이도 및 행운)에 기인한다. Weiner에 따르면, 학습자들은 이 4차원의 과제를 성공적으로 수행했다고 설명하는 경향이 있다고 한다. 개인에 따라 여러 가지 인과적 결정 요인이 인용될 수 있다. 그러므로, 언어 수업 기말고사에서 높은 점수를 받지 못하는 것은 그들의 부족한 능력이나 노력의 결과라고 판단될 수 있고, 다른 사람들은 시험의 난이도가 높다고 여기고, 다른 사람들은 그저 오래된 불운을 드러내기 위해서라고 판단될 수도 있다.

사망률이 두 배나 된다. 이러한 차이는 여러 요인의 결과일 가능성이 높다. 고혈압과 당뇨병과 같은 병적 질환은 Covid-19로 인한 사망과 밀접한 관련이 있으며 흑인과 히스패닉의 사회에서 더 흔하다. 하지만 무엇이 고혈압과 당뇨병의 높은 비율을 야기할까? 적절한 의료 서비스가 부족하다. 돈, 시간, 위치 또는 믿음에 대한 이유로 집에 머물며 바이러스를 퍼뜨릴 가능성이 높을 수 있으며 치료와 진단의 지연을 경험할 수 있다. 이 설명은 이탈리아, 뉴올리언스, 그리고 아마도 이란과 같은 뉴욕시에 대해서도 마찬가지다 : 이 바이러스는 나약함을 이용한다. 건강과 건강관리의.

27 빈칸 추론하기

 핵심주제

정답 ③

흑인 및 히스패닉계의 Covid-19의 위험성

정답 해설

제시문은 히스패닉계의 뉴요커들은 이 도시 인구의 51%를 차지하지만, Covid-19 사망자의 62%를 차지한다고 하며 그것은 그들의 여러 결과의 요인일 수 있음을 강조한다. 적절한 의료 서비스가 부족하며 여러 이유로 진단을 받기를 거부하는 요소들이 나열된다. 그러므로 ③ 'the virus exploits weaknesses (그 바이러스는 나약함을 이용한다)'가 들어갈 말로 적절하다.

핵심 어휘

- **population** : 인구, (모든) 주민
- **account for** : 설명하다
- **compared with** : ~과 비교하여
- **adjusted** : 조절[조정]된
- **disparity** : (특히 한쪽에 불공평한) 차이
- **strongly** : 튼튼하게
- **associated** : 관련된
- **poorly** : 좋지 못하게, 저조하게, 형편없이
- **Lack of** : ~이 부족하다
- **appropriate** : 적절한
- **health care** : 의료 서비스
- **trust** : 신뢰, 신임
- **undiagnosed** : 진단 미확정[회피]의
- **potentially** : 가능성 있게, 잠재적으로; 어쩌면
- **diagnosis** : 진단
- **explanation** : 해명, 이유; 설명

오답 해설

① doctors are reluctant to carry out their roles (의사들은 그들의 역할을 하는 것을 꺼린다) → 의사의 역할과는 무관함
② minorities develop an appropriate policy (소수민족이 적합한 정책을 개발한다.) → 정책에 대한 설명은 언급되지 않았음
④ we have understood the urgency (우리는 긴급한 일을 이해했다.) → 긴급한 상황을 이해했다는 것은 맞지 않음
⑤ treatments for the variants of Covid-19 require education (Covid-19의 변종에 대한 치료는 교육을 필요로 한다.) → 변종에 관한 설명은 본문에 맞지 않음

해석

흑인 및 히스패닉계 뉴요커들은 이 도시 인구의 51%를 차지하지만, Covid-19 사망자의 62%를 차지한다. 나이를 조절하여 봤을 때 백인에 비해

28 빈칸 추론하기

 핵심주제

정답 ②

창의성의 정의와 그 어려움에 대하여

정답 해설

제시문은 창의성을 어떻게 정의해야 하는지 그 어려움에 관해 설명하고 있다. 심리학자와 사회학자들의 예시를 들며 어떤 논쟁을 벌이는지 설명하고 있다. 또한 역사적, 문화적 시대에 따라 그 정의가 달라짐을 서술하고 있다. 그러므로 창의성의 정의에 대해 설명하기 위해서는 그것이 무엇인지 동의해야 함을 이야기 한다. ②의 'first need to agree on what it is (그것이 무엇인지에 대해 동의)'가 들어갈 말로 적절하다.

핵심 어휘

- **sociocultural** : 사회 문화적인
- **attacking** : 공격하다
- **creativity** : 창조적임, 창조성
- **surprisingly** : 놀랍게도
- **argue** : (논거를 들어) 주장하다, 논증하다
- **definitions** : (어떤 개념의) 의미[정의]
- **intelligence** : 지능
- **institution** : (특정 집단 사이에서 오랫동안 존재해 온) 제도[관습]
- **defining** : 본질적인 의미를 규정하는
- **creative** : 창조적인, 창의적인
- **complimentary** : 칭찬하는
- **praise** : 칭찬, 찬사, 찬양
- **whether** : …인지 (아닌지 · (아니면) ~인지)
- **useful** : 유용한, 도움이 되는, 쓸모 있는
- **scientific** : 과학의

오답 해설

① should establish a set of rules (일련의 규칙을 정해야 한다) → 규칙을 정하는 것과는 관련이 없음
③ must do an extensive research on the word (이 단어에 대한 광범위한 연구를 해야한다.) → 문제의 핵심을 공격하는 것으로 시작한다고 하였음
④ examine the psychological implication of the term (그 용어의 심리학적인 결과를 조사한다.) → 사회학자들에 대한 내용 또한 설명되어 있으므로 답에 적합하지 않음
⑤ mostly concentrate on the essence of its meaning (주로 그 의미의 본질에 집중한다.) → 의미의 본질에 집중한다는 설명은 제시문과 맞지 않음

해석

사회문화적 접근은 문제의 핵심을 공격하는 것으로 시작된다. 창의성이란 무엇인가? 창의성을 설명하기 위해서는 먼저 그것이 무엇인지에 대해 동의해야 하는데, 이것은 놀랄 만큼 어려운 것으로 나타났다. 모든 사회과학은 일상적이고 친숙해 보이는 개념을 정의해야 하는 과제에 직면해 있다. 심리학자들은 지능, 감정, 기억의 정의에 대해 논쟁을 벌인다; 사회학자들은 집단, 사회 운동, 그리고 제도의 정의에 대해 논쟁을 벌인다. 하지만 창의성을 정의하는 것은 사회과학이 직면한 가장 어려운 일 중 하나일 수 있다. 왜냐하면 모두가 창의적이라고 믿고 싶어하기 때문이다. 사람들은 일반적으로 "창의력"을 칭찬의 표현으로 사용한다. 역사적, 문화적 시대에 따라 창의적이라고 불리는 것이 달라졌다는 것이 밝혀졌다. 심리학자들은 때때로 우리가 창의성에 대한 합의를 이끌어낼 수 있을지, 심지어 그것이 과학 연구에 유용한 주제일지에 대해서도 궁금해 했다.

29 빈칸 추론하기

정답 ⑤

핵심주제 기술이 우리의 일상생활을 어떻게 편향시키는가

정답 해설

제시문은 새로운 기술로 사는 것은 사고방식과 행동에 영향을 미친다는 이야기이다. 따라서 사고와 행동에 영향을 미친다는 문장이 나와야 한다. 그러므로 빈칸에는 ⑤ 'how they bias everyday life (기술이 우리의 일상생활에 어떻게 편향시키는가)'가 들어갈 말로 적절하다.

핵심 어휘

- **shapes** : (중요한 영향을 미쳐서) 형성하다
- **cognition** : 인식, 인지
- **enlarging** : 확대[확장]하다, 확대[확장]되다
- **knowledge** : 지식
- **dramatically** : 희곡[연극]적으로, 극적으로
- **bickered** : 다투다
- **technological** : 과학[공업] 기술의[에 관한], (과학) 기술(상)의
- **apocalypse** : (성서에 묘사된) 세상의 종말
- **pundit** : 전문가
- **wrong** : 틀린, 잘못된
- **pushes** : (힘으로) 밀어붙이다[젖히다], 밀치다
- **nudging** : (…을 특정 방향으로) 살살[조금씩] 밀다[몰고 가다]
- **familiar** : 익숙한, 친숙한
- **understanding** : (특정 주제·상황에 대한) 이해
- **functions** : (사람·사물의) 기능
- **bias** : 편견, 편향

오답 해설

① why they were ignored in the past (왜 기술이 과거에 무시당했는지) → 기술이 무시당했다는 언급은 없음
② how the telegraph functions properly (전신이 제 기능을 하는 방법) → 기술에 대한 내용이 중점적이므로 전신의 기능과는 관련이 없음
③ what innovations should be made in the future(미래에는 어떤 혁신이 이루어져야 하는가) → 미래의 혁신에 대한 언급은 없음
④ what causes technological innovations (기술 혁신을 일으키는 요소) → 기술 혁신을 일으키는 요소는 제시문과 어울리지 않음

 해석

모든 새로운 기술은 우리의 사고방식을 형성한다. 인쇄된 단어는 우리의 지식을 저장하는 것을 크게 확장시키는 것과 함께 우리의 인식을 선형적이고 추상적으로 만드는 데 도움이 되었다. 신문은 세계를 움츠러들게 만들었다. 그리고 전신은 그것을 훨씬 더 극적으로 축소시켰다. 모든 혁신과 함께, 예언자들은 우리가 기술적 종말론에 직면하고 있는지 아니면 유토피아에 직면하고 있는지에 대해 언쟁을 했다. 빅토리아 시대 전문가에게 물어본 바에 따르면, 전신은 세계 평화의 시대를 안내하거나 바보 같은 잡동사니로 우리를 빠져들게 할 것이다. 물론 어느 예측도 옳지 않았지만, 어느 것도 틀리지 않았다. 종말론자와 유토피아가 모두 이해하고 동의하는 한 가지는 모든 새로운 기술이 우리를 새롭고 친숙한 행동으로부터 멀어지게 하면서 새로운 형태의 행동으로 내몰고 있다는 것이다. 기술이 우리의 일상생활에 어떻게 편향시키는지 이해하는 것을 의미한다.

30 빈칸 추론하기

정답 ③

핵심주제 도덕적 주장과 권리

정답 해설

제시문은 도덕적인 주장에 관한 설명이다. 도덕적인 논쟁의 혼란은 우리가 다른 사람들에게 강요할 권리가 없다는 생각에서 생겨난다. 즉, 우리의 견해를 다른 사람들에게 강요해서는 안 된다는 하나의 주장이 있다고 설명한다. 도덕적인 논쟁은 입장을 고려하기를 거부할 때 중단된다고 했으므로 빈칸에는 ③의 'that is just your opinion(그것은 단지 당신의 의견)'이 들어갈 말로 가장 적절하다.

핵심 어휘

- **argument** : 논쟁; 언쟁, 말다툼
- **stopped** : 멈춘, 정지된; 저지된
- **refuses** : (요청·부탁 등을) 거절[거부]하다
- **opinion** : (개인의) 의견[견해/생각]
- **implication** : (행동·결정이 초래할 수 있는) 영향[결과]
- **judgement** : 판단력
- **bearing** : 관련, 영향
- **similarly** : 비슷하게, 유사하게
- **implied** : 함축된, 은연중의, 암시적인, 언외의
- **disapprove** : 탐탁찮아[못마땅해] 하다
- **relevance** : (표현 등의) 적절, 타당성
- **confusion** : (정신 상태의) 혼란
- **deny** : (무엇이) 사실이 아니라고 말하다, 부인[부정]하다
- **asserting** : (사실임을 강하게) 주장하다
- **respect** : 존중, 정중

오답 해설

① action speaks louder than words (말보다는 행동이 중요하다.) → 입장을 고려하기를 거부할 때 중단된다고 했으므로 어울리지 않음
② I can't agree with you more (당신의 의견에 전적으로 동의한다.) → 전적으로 의견에 동의한다면 중단이 될 수 없음
④ we are on the same boat (나도 같은 처지야) → 같은 처지에 있다는 것은 입장을 고려하기를 거부하는 것이 아님
⑤ never judge a book by its cover (겉만 보고 판단하지 마라) → 겉모습으로 판단한다는 지문은 언급되지 않았음

해석

도덕적인 논쟁은 누군가가 '그것은 단지 당신의 의견'이라고 말하면서 입장을 고려하기를 거부할 때 종종 중단된다. 그 의미는 누군가의 판단력이 다른 사람만큼 뛰어나고, 아무도 다른 사람에게 말할 권리가 없다는 것이다. 내가 바나나를 좋아하지 않는다는 사실은 나에 대한 사실일 수 있지만, 당신이 무엇을 좋아하는지와는 상관이 없다. 이와 비슷하게, 내가 어떤 것에 동의하지 않는다면, 그것은 나에 대해 말해 줄 수 있지만, 그것은 당신이 해야 할 일과 관련이 없다. 이 모든 것의 혼란은 우리가 다른 사람들에게 말 할 '권리'가 없다는 생각에서 나타난다. 우리는 도덕적 주장이 모두를 구속할 수 있다는 것을 부인하는 동시에, 우리 모두가 존중해야 할, 즉 우리의 견해를 다른 사람들에게 강요해서는 안 된다는 최소한 하나의 도덕적 주장이 있다고 하는 것 같다.

31 연결어구 넣기

정답 ①

(A) for example(예를 들어) ⇒ 예시
(B) In comparison(~와 비교하여) ⇒ 비교

정답 해설

(A) 애착의 성격이 매우 중요하며 나중에 만들 수 있는 믿음에 강한 영향을 미친다고 한다. 처음에 경험한 애착에 관하여 설명하고 있으므로 빈칸에 들어갈 연결어구는 예시의 의미를 나타내는 'for example(예를 들어)'이 가장 적절하다.

(B) 처음 경험한 애착이 애증이 엇갈리는 감정을 느꼈다면 결국 그만두는 경향으로 이어진다고 한다. 이어지는 내용은 안정된 애착을 경험한 사람에 대한 설명이 나오므로 비교의 의미를 나타내는 'In comparison(~와 비교하여)'이 가장 적절하다.

핵심 어휘

- **initial** : 처음의, 초기의
- **attachments** : 애착
- **crucial** : 중대한, 결정적인
- **development** : 발달, 성장
- **social** : 사회의, 사회적인
- **influence** : 영향
- **ambivalent** : 반대 감정이 병존하는, 애증이 엇갈리는
- **insecure** : (자기 자신에 대해서나 다른 사람과의 관계에 대해) 자신이 없는
- **commitment** : 헌신
- **reluctantly** : 마지못해서, 꺼려하여
- **enthusiastic** : 열렬한, 열광적인
- **alert** : (문제·위험 등을) 경계하는
- **perceived** : 인지된
- **straightforward** : 간단한, 쉬운, 복잡하지 않은
- **reasonably** : 합리적으로
- **steadfast** : (태도·목표가) 변함없는
- **membership** : 회원 (자격·신분)

해석

우리가 삶에서 처음 경험한 애착의 성격은 나중에 우리의 발달과 사회적, 정서적 경험에 매우 중요하다. 이러한 애착은 우리가 나중에 만들 수 있는 믿음에 강한 영향을 미친다. (A) 예를 들어, 만약 처음에 경험한 애착이 애증이 엇갈리는 감정이었다면, 안전하다고 느끼는 것과 불안하다고 느끼는 것 사이를 왔다갔다 한다면, 그것은 또한 집단에 대한 개인의 헌신이 될 수 있다. 어떤

사람은 마지못해 이익집단에 가입하거나, 잠시 동안 열성적이 되기는 하지만, 그 집단의 다른 구성원들이 초래한 사회적 경시나 지위 상실에 대해 끊임없이 경계하게 된다. 이것은 그만두는 경향으로 이어질 것이다. (B) 이와 비교하여 처음에 경험한 애착이 안정적이었던 사람은 그룹에 가입하고 회원 자격을 합리적으로 확고하게 유지하는 데 직접적인 방법으로 끌릴 수 있다.

32 전체 흐름과 관계없는 문장 고르기

정답 ②

창조예술의 의문과 진화 생물학

정답 해설

제시문은 보편적인 창조예술의 의문에 관해 서술하고 있다. 재즈와 록의 혁신은 인간의 경험에서 더 직접적으로 생겨난다고 하며 해답을 알려줄 수 있을 것이라고 한다. 그러나 ②의 할리우드 작곡가들이 재즈의 어휘와 록의 구조화 모델을 실험하였다는 문장은 전체적인 글의 흐름과 어울리지 않는다.

핵심 어휘

- **deeper** : (위에서 아래까지가) 깊은
- **probe** : 캐묻다, 캐다, 조사하다
- **different** : 다른, 차이가 나는
- **depth** : (위 표면에서 아래쪽 바닥까지의) 깊이
- **exploring** : 탐구[분석]하다
- **causation** : (다른 사건의) 야기
- **dominated** : (...의) 가장 중요한[두드러지는] 특징이 되다
- **arising** : 생기다, 발생하다
- **directly** : 곧장, 똑바로
- **excavate** : 발굴하다, 출토하다
- **Nevertheless** : 그럼에도 불구하고
- **composers** : (특히 클래식 음악) 작곡가
- **experimenting** : 실험하기
- **entail** : 수반하다
- **universal** : 보편적인
- **evolutionary biology** : 진화 생물학
- **literate** : 글을 읽고 쓸 줄 아는

해석

다른 시각에서 다른 시각으로 더 깊이 들어가 인과관계를 탐구할 때다. 창조 예술이 역사를 통틀어 모든 곳에서 인간의 마음을 빼앗은 이유는 무엇일까? 우리는 최고의 미술관과 심포니 홀에서도 답을 찾지 못할 것이다. ① 재즈와 록의 혁신은 인간의 경험에서 더 직접적으로 생겨나는데, 아마도 우리에게 그 답을 더 잘 알려 줄 수 있을 것이다. ② 그럼에도 불구하고 할리우드 작곡가들은 재즈의 용어와 록의 구조화 모델을 실험하기 시작했다. ③ 창조 예술은 보편적이고 유전적인 특성을 수반하기 때문에 답은 진화 생물학에 있다. ④ 호모 사피엔스는 약 10만년 동안 존재해 왔지만 문맹 문화는 그 중 10분의 1도 되지 않았다. ⑤ 그래서 왜 보편적인 창조 예술이 있는지에 대한 미스터리는 인간이 존재의 처음 10분의 9동안 무엇을 하고 있었는지에 대한 질문으로 귀결된다.

33 전체 흐름과 관계없는 문장 고르기

정답 ③

유리가 깨지지 않게 작업하는 방법

정답 해설

제시문은 유리가 깨지지 않도록 작업하는 방법에 대해 서술하고 있다. pull-type 스크레이퍼를 사용하며, 유리고정핀을 제거하려면 pull-type 스크레이퍼의 날카로운 모서리를 부드러운 metal points에 걸고 퍼티와 함께 당겨 빼내라고 한다. 그러나 ③의 유리 제조사들이 생산 원가를 줄이기 위해 공장을 동아시아 일부 국가로 이전하기 시작했다는 것은 전체적인 글의 흐름과 어울리지 않는다.

핵심 어휘

- keep : (특정한 상태·위치에)계속 있다[있게 하다]
- break : 깨어지다, 부서지다; 깨다, 부수다
- movement : (몸·신체 부위의) 움직임
- parallel : (두 개 이상의 선이) 평행한
- pressure : 압박, 압력
- scraping : (무엇을 긁거나 깎아서 생긴) 부스러기
- scraper : (흙·성에 등을) 긁어내는 도구
- away from : ~에서 떠나서
- glazing points : 유리고정핀(퍼티가 완전히 굳기 전까지 유리를 고정시키기 위해 설치하는 끝이 뾰족한 작은 못)
- manufacture : (기계를 이용하여 대량으로 상품을) 제조[생산]하다
- factories : 공장
- production cost : 생산비
- beside : 옆에
- edge : (가운데에서 가장 먼) 끝, 가장자리, 모서리
- loose : (떨어질 것처럼) 헐거워진[풀린]

해석

유리가 깨지지 않도록 하려면 유리 근처와 유리의 모든 움직임이 평행이어야 하며(긁을 때 유리에 압력을 가하지 않아야 함), 항상 pull-type 스크레이퍼를 사용해야 한다. ① 그렇게 하면 모든 힘이 유리에서 떨어져서 깨지지 않는다. ② 유리고정핀을 제거하려면 pull-type 스크레이퍼의 날카로운 모서리를 부드러운 metal points에 걸고 퍼티와 함께 당겨 빼낸다. ③ 유리 제조사들이 생산 원가를 줄이기 위해 공장을 동아시아 일부 국가로 이전하기 시작했다. ④ 유리 부분이 모두 제거되었는지, 유리 가장자리 옆과 아래에 있는 오래된 퍼티가 느슨한지 다시 확인한다. ⑤ 그렇지 않다면, 당신은 다시 한 번의 열기가 필요하다.

34 글의 배열순서 정하기

정답 ③

유전적 전달과 학습능력

정답 해설

주어진 문장에서 심리학자들과 행동 생태학자들은 유전적 전달보다 학습능력을 우선시 해야 한다고 하였다. 그러므로 글 (B)에서 그러한 전달 수단은 학습 비용을 피하고 자손이 접하는 환경은 부모의 환경

과 비슷하기 때문이라고 설명한다. 뒤에 이어질 내용으로 (C) 과거의 경험은 예측 가치가 없고 학습된 반응보다 고정된 반응의 유전적 전달이 선호된다고 한다. 마지막으로 (A) 데이비드 스티븐스는 위와 같은 의견에 동의하면서도 다양한 유형의 안정성은 분리되어야 한다며 환경 안정성에 대한 가정에 이의를 제기해 왔다고 설명하고 있다. 그러므로 주어진 글 다음에 (B) - (C) - (A)의 순으로 이어져야 한다.

핵심 어휘

- Psychologists : 심리학자
- ecologist : 생태학자
- favoured : (조건 등이) 좋은
- environment : (주변의) 환경
- often : 자주, 흔히, 보통
- In such a case : 그런 경우
- stable : 안정된, 안정적인
- enough : 필요한 만큼의[충분한]
- stability : 안정, 안정성[감]
- separated : 갈라선
- genetic : 유전의, 유전학의
- rarely : 드물게, 좀처럼 …하지 않는
- learning : 학습
- Past experience : 과거 경험
- predictive : 예측[예견]의
- fixed : 고정된
- Somewhere : 어딘가에[에서/에로]
- worth : …의 가치가 있는[되는]

해석

심리학자들과 행동 생태학자들은 동물이 사는 환경이 자주 변하지만 적당히 변할 때 고정된 특성의 유전적 전달보다는 학습 능력이 우선시 되어야 한다고 생각한다.

(B) 정보는 환경이 거의 변하지 않을 때 유전적 전달에 의해 전달되는 것이 가장 좋다. 왜냐하면 그러한 전달 수단은 학습 비용을 피하고 자손이 접하는 환경은 부모의 환경과 비슷하기 때문이다. 하지만 환경이 끊임없이 변화한다면 배운 것이 다음 상황에서 완전히 무관한 것이므로 배울 가치가 없다.

(C) 따라서 과거의 경험은 예측 가치가 없다. 학습된 반응보다는 고정된 반응의 유전적 전달이 좋다. 변하지 않는 환경과 항상 변하지 않는 환경 사이 어디쯤에서 배움은 학습 비용을 지불할 가치가 있기 때문에 고정된 반응의 유전적 전달보다 좋다.

(A) 이 경우 환경은 학습에 유리할 정도로 안정적이지만 유전적 전달에 유리할 정도로 안정적이지 않다. 데이비드 스티븐스는 위와 같은 의견에 동의하면서도 다양한 유형의 안정성은 분리되어야 한다며 환경 안정성에 대한 가정에 이의를 제기해 왔다.

35 글의 배열순서 정하기

정답 ①

창의적 사고와 교육의 어려움

정답 해설

주어진 문장에서 최근 창의성 이론 중 하나는 심리경제학이라고 하

였다. 그것은 창의성을 뒷받침하는 교육을 설계하는데 문제의 이유를 명확히 하는데 도움이 된다고 한다. 그에 대한 예시가 나와야 하므로 (A) 예를 들어 교육 목표에 대한 개념을 고려한다고 한다. 이어지는 문장은 커리큘럼이 명확한 보상을 받아야 함을 의미하지만 창의성을 그렇지 않다는 (C)가 와야 한다. 마지막으로 (B) 창의적 사고는 독창적이기 때문에 문제의 효익이 불확실하고 비용을 정당화하기 어렵다는 설명이 있어야 한다. 그러므로 주어진 글 다음에 (A) - (C) - (B)의 순으로 이어져야 한다.

핵심 어휘

- **psychoeconomic** : 심리학과 경제학의 특성을 가지고 있는
- **applies** : 쓰다, 적용하다
- **clarify** : 명확하게 하다, 분명히 말하다
- **designing** : 설계의, 도안의
- **creativity** : 창조적임, 창조성; 독창력, 창조력
- **consider** : 사려[고려/숙고]하다
- **educational** : 교육의, 교육적인
- **objectives** : 목적, 목표
- **accountability** : 책임 (있음), 의무
- **original** : 독창적인
- **definition** : (어떤 개념의) 의미[정의]
- **educator** : 교육자
- **open-ended** : 제약[제한]을 두지 않은
- **uncertain** : 불확실한, 불안정한
- **justify** : 정당화시키다[하다], 해명[옹호]하다

해석

가장 최근의 창의성 이론 중 하나는 심리경제학이다. 이것은 교육에 직접적으로 적용되는 것처럼 들리지는 않겠지만, 실제로 교실에서 해야 할 일이 무엇인지, 그리고 창의성을 뒷받침하는 교육을 설계하는 데 문제가 있는 이유를 명확히 하는 데 도움이 된다.

(A) 예를 들어, 교육 목표에 대한 개념을 고려한다. 교육자들은 학교생활에 많은 시간과 자원을 가지고 있을 뿐이며, 적어도 미국에서는 오늘날의 학교에서는 많은 책임감이 있다.

(C) 이는 커리큘럼이 명확한 보상을 받아야 함을 의미한다. 창의성은 그렇지 않다. 그것은 종종 학생의 본질적인 동기부여와 개별 학생의 자기표현에 달려있다.

(B) 또한 창의적 사고는 독창적이기 때문에, 교육자가 실제로 창의적 사고를 할 수 있는 열린 과제를 제시한다면 그 결과가 어떻게 될지 알 수 없다. 따라서 문제는 효익이 불확실하고 비용(즉, 시간의 투자)을 정당화하기 어렵다는 것이다.

36 주어진 문장의 위치 찾기

핵심주제 : 판매원가 수치 식별 방법　　　　정답 ⑤

정답 해설

주어진 문장은 일부 사업은 회계기간이 경과함에 따라 각 매각을 특정 판매원가와 일치시키는 것이 실용적이지 않다고 한다. 그러므로 판매 수익을 판매 당시 판매된 상품의 원가와 일치시킨다는 문장의 뒤인 ⑤에 위치하는 것이 가장 적절하다.

핵심 어휘

- **practical** : 현실[실질/실제]적인
- **figure** : (특히 공식적인 자료로 제시되는) 수치
- **period** : 기간, 시기
- **identified** : 확인된, 인정된, 식별된
- **inclusion** : 포함
- **income** : 소득, 수입
- **statement** : 성명, 진술, 서술
- **retailers** : 소매업자, 소매상; 소매업
- **devices** : 장치
- **simultaneously** : 동시에
- **particular** : 특정한
- **relatively** : 비교적
- **revenue** : (정부 · 기관의) 수익[수입/세입]
- **accounting** : 회계 (업무)
- **period** : 기간, 시기

해석

그러나 일부 사업(예 : 소규모 소매업체)은 회계기간이 경과함에 따라 각 매각을 특정 판매원가와 일치시키는 것이 실용적이지 않다고 생각한다.

기간 동안의 판매원가(또는 판매된 재화의 원가) 수치는 다른 방법으로 식별할 수 있다. (①) 일부 사업장에서는 판매시점에 판매원가를 파악한다. (②) 매출액은 매출원가와 밀접하게 일치하므로 손익계산서에 포함하기 위한 매출원가를 식별하는 것은 문제가 되지 않는다. (③) 많은 대형마트(예 : 슈퍼마켓)는 각각의 판매를 기록하는 동시에 특정 판매의 대상이 되는 상품의 원가를 픽업하는 POS(Point-of-Sale) 장치를 보유하고 있다. (④) 상대적으로 적은 수의 고부가가치 품목을 판매하는 다른 사업체들도 판매 수익을 판매 당시 판매된 상품의 원가와 일치시키는 경향이 있다. (⑤) 이들은 회계기간 말에 판매원가를 보다 쉽게 파악할 수 있다.

[37~38]

핵심 어휘

- **mustered** : (특히 병사들이) 소집[동원]되다, 소집[동원]하다
- **completing** : 완료하다, 끝마치다
- **duty** : 직무, 임무
- **hostility** : 적의, 적대감, 적개심
- **fellow** : 같은 처지에 있는, 동료의
- **parades** : 열병식
- **unpopular** : 인기 없는
- **incident** : (국가 간의, 흔히 무력이 개입되는) 사건[분쟁]
- **chain-smoking** : 줄담배를 피우다
- **isolation** : 외로운[고립된] 상태
- **appeared** : 나타나다, 보이기 시작하다
- **timidly** : 겁많게, 소극적으로
- **gesture** : (특정한 감정의도의) 표시[표현]
- **undoubtedly** : 의심할 여지없이, 확실히
- **continuing** : 연속적인, 계속적인
- **survived** : 살아남다, 생존[존속]하다
- **stranger** : 낯선[모르는] 사람

의 군복무를 마치고 막 전역했다. 그러므로 ②의 'The narrator had been one of the military personnel. (서술자는 군인 중 한 사람이다.)'은 제시문의 내용과 일치한다.

 오답 해설

① The narrator has to return to Vietnam in a month. (서술자는 한 달 후에 베트남으로 돌아가야 한다.) → 서술자는 1970년 6월 23일에 전역했음

③ The narrator was emotionally hurt by the young girl. (서술자는 어린 소녀로 하여금 감정적으로 상처를 받았다.) → 서술자는 어린 소녀에게 위로와 따뜻한 친절을 느꼈음

④ The young girl had been a good friend of the narrator. (그 어린소녀는 서술자의 좋은 친구였다.) → 어린소녀와 서술자는 처음 만난 관계였음

⑤ The young girl followed the narrator's footsteps in her life. (어린소녀는 서술자의 발자취를 따라갔다.) → 어린소녀와의 만남은 지속되지 않았음

[39~40]

핵심 어휘

- twentysomething : 20대 풋내기
- period : 기간, 시기
- adulthood : 성인(임), 성년
- equivalent : (가치·의미·중요도 등이) 동등한[맞먹는]
- quarterlife crisis : 청년위기
- overwhelming : 압도적인, 너무도 강력한[엄청난], 저항[대응]하기 힘든
- instability : 불안정
- apprehension : 우려, 불안
- encounter : (특히 반갑지 않은 일에) 맞닥뜨리다[부딪히다]
- disorientation : 방향 감각 상실, 혼미
- confusion : (정신 상태의) 혼란
- independence : (개인의) 자립
- premature : 너무 이른, 시기상조의
- emerging : 최근 생겨난, 최근에 만들어진
- infinite : (수량이) 무한한[무한정의]
- mind : 마음, 정신
- steel : (~에 대비해서) 마음을 단단히 먹다

해석

20대 연령대를 성인이 된 시기라고 부르는 경우가 많다. 어떤 사람들은 30살이 되는 것이 이제 한 세대 전에 21살이 되는 것과 같다고 말한다. 청년 위기라는 용어는 20대들이 직면하고 있는 문제와 문제들을 묘사하기 위해 만들어졌다. 최근 대학 졸업자들에 따르면, 분기별 위기는 "압도적인 불안정성, 끊임없는 변화, 너무 많은 선택, 그리고 극심한 공포의 무력감"이라고 한다. 가족과 대학의 보호 영역을 떠날 때 20대는 정체성, 직업 선택, 생활 준비, 독립성 확립, 삶의 열정을 발견하고 활용하고 새로운 소셜 네트워크를 만드는 것에 대한 방향감각과 혼란을 겪는다. 주요한 삶의 결정을 내리고 책임을 받아들이는 경험이 거의 없는 20대들은 무엇을 해야 하고, 어디로 가야 하고, 누가 되어야 하는지에 대한 지침을 찾으려는 전환의 영역에 놓여 있다. 시행착오의 시기로 조급한 결심을 하고 때로는 우유부단으로 마비되기도 한다.

해석

1970년 6월 23일, 나는 베트남에서 1년간의 군복무를 마치고 막 전역했다. 나는 23세의 육군 참전용사로 캘리포니아 오클랜드에서 텍사스 달라스로 귀국하는 비행기에 타고 있었다.

나는 당시 많은 동포들이 적개심을 느꼈다는 경고를 받았다. 우리가 그 평판이 좋지 않은 전쟁에서 집으로 돌아왔을 때 우리를 위한 고향의 열병식은 없었다. 수만 명의 다른 사람들처럼, 나도 아무런 일도 없이 집에 가려고 했다. 나는 제복을 입고 창가 좌석에 앉아 줄담배를 피우며 동료 승객들과 눈을 마주치지 않았다. 옆자리에 아무도 앉지 않아 고립감을 더했다. 10살이 채 안 된 어린 소녀가 갑자기 통로에 나타났다. 그녀는 미소를 지으며 말없이 소심하게 나에게 잡지 한 권을 건넸다. 나는 그녀의 잡지를 받아들였다. "집에 온 것을 환영한다."라는 말에 "고맙다"는 말밖에 할 수 없었다. 그녀가 어디에 앉아 있는지, 누구와 함께 있었는지 모른다. 왜냐하면 그녀에게서 잡지를 받은 직후, 나는 창문 쪽으로 몸을 돌려 눈물을 흘렸기 때문이다. 그녀의 작은 연민의 몸짓은 내가 오랜만에 경험하는 것이었다.

저 어린 소녀는 의심의 여지없이 수년 전 일에 대한 기억이 없다. 나는 그녀가 커서 다른 사람들을 보듬어 주고 그녀의 아이들에게도 똑같이 하도록 가르친다고 생각한다. 어머니로부터 나에게 "선물"을 주라는 말을 들었을 수도 있다는 걸 안다. 그녀의 아버지는 그 시점에 아직 베트남에 있었을 수도 있고 전쟁에서 살아남지 못했을 수도 있다. 그녀가 왜 나에게 그 잡지를 주었는지는 중요하지 않다. 중요한 건 그녀가 그랬다는 사실이다.

그 이후로, 나는 그녀를 본받았고, 다른 방식으로 그들을 위해 똑같이 하려고 노력했다. 오래 전에 비행기를 탔던 나처럼, 그들은 왜 낯선 사람이 시간을 내어 손을 뻗었는지 결코 알 수 없을 것이다. 하지만 그 이후로 내 시도는 모두 그 어린 소녀 때문이라는 것을 알고 있다. 그녀가 지치고 겁에 질려 외로운 군인에게 잡지를 주었다는 것은 내 인생에서 상기된다.

37 글의 제목 유추하기

 핵심주제 | 작은 친절의 중요성 | 정답 ②

정답 해설

제시문은 환영받지 못한 군인에게 베푼 낯선 소녀의 위로에 대한 내용이다. 낯선 소녀의 작은 친절에 군인은 크게 감동을 느끼며 그녀를 본받기 위해 노력한다고 했다. 그러므로 제시문의 제목으로는 ②의 'A Small Act of Kindness Matters (작은 친절의 중요성)'이 가장 적절하다.

오답 해설

① Can We Beat the Combat? (전투에서 승리할 수 있을까?)
③ The Triumph of a Courageous Soldier (용기있는 병사의 승리)
④ Pain in the Mind of War Veterans (참전용사들의 마음의 고통)
⑤ In Search of the Little Girl (어린 소녀 찾기)

38 내용과 일치하는 문장 고르기

핵심주제 | 작은 친절의 중요성 | 정답 ②

정답 해설

서술자는 군인 중 한 사람으로 1970년 6월 23일, 베트남에서 1년간

39 글의 제목 유추하기

정답 ③

도전 : 성인에 직면하다

 정답 해설

제시문은 청년위기라는 용어를 사용하며 20대들이 겪는 불안감에 대해 서술하고 있다. 삶의 결정을 내리고 책임을 받아들이는 경험이 없는 20대들은 전환의 영역에서 큰 혼란스러움을 겪는다고 한다. 그러므로 ③ 'Challenges : What the Emerging Adult Faces (도전 : 성인에 직면하다)'가 제시문의 제목으로 가장 적절하다.

오답 해설

① Twentysomethings in Their Heyday (20대의 전성기)
② The Hot-blooded Youth of the Twenties (20대의 청춘)
④ Infinite Possibilities of Twentysomethings (20대의 무한한 가능성)
⑤ A Mind of Steel in the Twenties (20대의 강한 정신)

40 빈칸 추론하기

정답 ⑤

도전 : 성인에 직면하다

정답 해설

주요한 삶의 결정을 내리고 책임을 받아들이는 경험이 거의 없는 20대들은 무엇을 해야 하고, 어디로 가야하고, 누가 되어야 하는지에 대한 지침을 찾으려는 전환의 영역에 놓여 있다고 한다. 그러므로 빈칸에는 ⑤의 'trial and error(시행착오)'가 들어갈 말로 가장 적절하다.

오답 해설

① body and soul → 몸과 마음
② cause and effect → 원인과 결과
③ pride and joy → 자랑거리
④ pros and cons → 장단점

[41~42]

핵심 어휘

• filial imprinting : 부모 각인
• range : (변화차이의) 범위[폭]
• elicit : (정보·반응을 어렵게) 끌어내다
• imprinting : 각인
• visual : 시각의, (눈으로) 보는
• auditory : 청각의
• olfactory : 후각의
• movement : (몸·신체 부위의) 움직임
• stationary : 움직이지 않는, 정지된
• important : 중요한
• properly : 제대로, 적절히
• individual : 각각[개개]의
• odor : 냄새
• chain : 일련, 띠(처럼 이어진 것)

• demonstrates : 증거[실례]를 들어가며 보여주다, 입증[실증]하다
• shrews : 땃쥐류

해석

모체에 대한 반응을 부모 각인이라고 한다.
어린 새들의 접근과 애착을 이끌어낼 수 있는 물체의 범위는 매우 크다. 각인 자극은 시각, 청각 또는 후각일 수 있다. 시각 자극의 범위에는 제한이 없는 것 같다. 움직임은 번쩍이는 불빛처럼 주의를 끌도록 돕는다. 정지된 물체는 배경과 대비되는 경우라면 어린 새들을 유인할 수 있다.
청각 자극은 많은 어린 새들에게 매력적인 것으로 밝혀졌다. 예를 들어, 청둥오리 새끼들에게 있어 소리는 어미를 따라가도록 유도하는 데 매우 중요하다. 미국원앙새는 나무 구멍에 둥지를 튼다. 둥지 구멍 밖의 물에서 어머니의 부름은 어린 아이들이 어머니를 제대로 보지 못했음에도 불구하고 어미에게 다가가게 된다.
냄새 자극의 예는 생후 5일에서 14일 된 아기 땃쥐에 의해 제공된다. 아기 땃쥐들은 그들을 돌보는 어미의 냄새에 각인된다. 어린 땃쥐들은 일찍부터 어미의 냄새를 알게 되어 캐러밴을 형성하게 되며, 그 냄새를 따라가게 된다. 생후 5~6일 된 땃쥐를 다른 종의 어미가 돌보게 되면 이 돌봐준 어미의 냄새가 땃쥐에게 각인된다.
나중에, 그 땃쥐들이 15일이 되면, 그들은 그들의 진짜 어미에게로 돌아간다. 이 형제들은 그녀를 따라가지도 않고, 어떤 형제들에게도 사슬처럼 캐러밴을 형성하지도 않는 것으로 보였다. 하지만, 그들은 그들을 돌봐준 어머니의 냄새가 스며든 천 조각을 따라갔다. 어린 땃쥐들이 어렸을 때 그들을 돌보는 어미의 냄새로 각인된다는 것을 보여주는 반응이다.

41 어법상 틀린 것 고르기

정답 ①

수일치 are ⇒ is

정답 해설

주절의 주어 'The range'가 단수 이므로 동사도 단수가 되어야 한다. 따라서 'are'는 'is'로 고쳐야한다.

42 빈칸 추론하기

정답 ②

감각과 각인에 관하여

정답 해설

아기 땃쥐들은 그들을 돌보는 어미의 냄새에 각인된다. 어린 땃쥐들은 일찍부터 어미의 냄새를 알게 되어 캐러밴을 형성하게 되며, 그 냄새를 따라가게 된다. 생후 5~6일 된 땃쥐에게 다른 종의 어미를 대신하면 이 어미의 냄새가 땃쥐에게 각인된다고 하였으므로 빈칸에는 ②의 'odor of whoever nurses them when they are young (어렸을 때 그들을 돌보는 어미의 냄새)'가 들어가는 것이 가장 적절하다.

오답 해설

① time spent in following their caretaker mother (그들이 돌봐준 어머니를 따라다니며 보낸 시간) → 각인된 것과 보낸 시간과는 어울리지 않음
③ call of their caretaker mother before they leave their nest (둥

지를 떠나기 전에 돌봐주는 어미를 부른다) → 둥지를 떠나기 전에 돌봐주는 어미에 대한 언급은 나와 있지 않음

④ amount of visual attention paid to their real mother (그들의 친모에 대한 시각적 관심의 양) → 친모가 아닌 돌봐준 어미를 각인한다고 하였음

⑤ care of their real mother when they grow up (그들이 자라서 친모를 돌본다) → 친모를 돌본다는 내용은 언급되지 않음

[43~45]

핵심 어휘

- handgun : 근접 전투용 · 호신용 총기
- expressionless : 표정[감정]이 없는
- sideways : 옆으로, 옆에서
- awning : (창이나 문 위의) 차양, 비[해] 가리개
- seasick : 뱃멀미
- mottle : 얼룩덜룩하게 하다
- obscured : 잘 알려져 있지 않은, 무명의
- admission : 입장료
- Canadian : 캐나다 사람
- intensity : 강렬함, 강함, 격렬함
- deck : (배의) 갑판
- deprived : 궁핍한, 불우한
- whenever : …할 때는 언제든지
- locker : 로커, (자물쇠가 달린) 개인 물품 보관함
- wristband : 손목 밴드
- warm : (더) 따뜻해지다, 데워지다
- psyched : (특히 곧 있을 일에 대해) 들뜬[흥분한]

해석

(A) "과일이나 권총을 소지하고 계십니까?"
"물론, 트렁크에는 3킬로그램의 키위가 있고 그녀의 지갑에는 44구경 매그넘이 들어 있습니다."
아니, 국경수비대엔 그렇게 말하지 않았다. 이 사람들하고는 농담하지 않는 게 좋다. 그들은 유머 감각이 별로 없고 차를 뒤지는 것을 좋아한다. 국경수비대는 나를 긴장시킨다. 그 무표정한 눈과 얼어붙은 얼굴을 벗어나자마자 기분이 좋아졌다.

(B) 비가 옆으로 내리면서 덮개로 쓰려고 했던 비 가리개 안으로 다시 들어가게 된다. 페리가 흔들리기 시작했다. 마가렛은 디젤 연기와 파도로 인해 뱃멀미를 할 때 시칠리아에서 몰타까지 페리를 타고 갔던 이야기를 들려준다. 몇몇 아이들은 플라스틱 시트를 위 아래로 움직이며 장난감 자동차를 운행하고 있다. 빗방울 창을 통해 보는 산꼭대기는 안개 속에 가려져 있다. 곧 우리는 저편 부두로 차를 몰고 들어간다. 배에서 차들이 줄지어 떨어지고, 온천까지 9마일이라는 소리가 들렸다. 캐나다인의 입장료는 $4.00이다.

(C) Kootenai 호수를 따라 50마일을 도는데, 자동차가 전체 길을 통과할 수 있는 지점은 약 3개뿐이다. 우리는 마지막 탑승차였다. 남색 옷을 입은 항해사가 아래쪽 갑판에 있는 주차 공간으로 안내한다. 우리는 승객 층까지 가파른 계단을 오른다. 여객선이 부두에서 벗어나 호수를 가로질러 향할 때 바람과 비가 강렬해진다. 단 1분 동안만, 갑판 위로 걸어갈 뿐이지만.

(D) 하지만 Ainsworth의 여행은 백 명의 국경 수비대를 맞닥뜨릴 가치가 있는 곳이다. Ainsworth Hot Springs. 몇 년 전부터 가고 싶었다. 내가 아는 사람들은 전부 그곳을 방문했다. 누가 Ainsworth 얘기를 할 때마다 박탈감이 들 정도였다. 그래서 내 친구 마가렛과 나는 춥고 비가 오는 11월 화요일에 온천에 가기엔 나쁘지 않은 하루를 보낸다. 캐나다로 몇 마일 들어가면 길이 바뀐다.

(E) 사물함은 없다. 각자 옷을 넣을 비닐봉지를 준비한다. 접수번호가 적힌 벨크로 손목밴드를 나눠주는 점원에게 확인한다. 내 것은 380이다. 수영장으로 향할 때 비가 내 몸에 얼룩덜룩 묻게 내린다. 따뜻한 커다란 수영장, 기분전환하기에 좋은 장소, 위쪽의 수영장과 동굴들. 동굴들! 그게 바로 Ainsworth가 특별한 이유다. 우리는 뜨거운 물을 따라 다시 산중턱으로 노를 저어 들어간다. 희미한 불빛이 놀라운 광경을 보여준다.

43 글의 배열순서 정하기

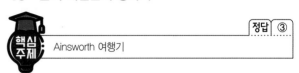

정답 ③

핵심주제 : Ainsworth 여행기

정답 해설

국경수비대에게는 농담을 하지 않는 것이 좋다며 여행의 서막을 알리는 지문이 나온다. 하지만 Ainsworth의 여행은 백 명의 국경 수비대를 맞닥뜨릴 가치가 있는 곳이라며 Ainsworth Hot Springs에 대하여 그 가치를 서술하는 (D)가 나오는 것이 적절하다. 캐나다로 몇 마일을 돌면 길이 바뀐다고 하였고 이어지는 (C)로 자동차가 전체 길을 통과할 수 있는 지점은 약 3개뿐이며, 필자는 마지막 탑승차라는 것이 이어짐이 적절하다. 페리가 부두에서 벗어나 호수를 가로질러 향할 때 바람과 비가 강렬해진다고 하였으므로 비가 옆으로 내리면서 필자가 덮개로 쓰려고 하는 비 가리개 안으로 다시 들어가게 된다는 설명의 (B)가 이어지는 것이 적절하다. 마지막으로 (E)의 동굴들. 그게 바로 Ainsworth가 특별한 이유라고 하였다. 마침내 Ainsworth를 마주한 필자의 감동적인 심정이 이어지는 것이 적절하다.

44 필자의 태도 파악하기

정답 ②

핵심주제 : Ainsworth 여행기

정답 해설

필자는 누군가 Ainsworth얘기를 할 때마다 박탈감이 들 정도로 그곳에 가고 싶었다. 따라서 Ainsworth에 가고 싶은 마음이 확고하였다(determined). 마침내 Ainsworth에 도착한 순간 신이 나고 흥분한(excited) 모습을 보인다.

오답 해설

① relieved : 안도하는 → tensed : 정신적으로 긴장한
③ frightened : 겁먹은 → amazed : 놀란
④ regretful : 유감스러워 하는 → committed : 열성적인
⑤ dejected : 낙담한 → uninterested : 무관심한

45 내용과 불일치 문장 고르기

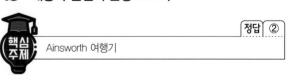

정답 ②

핵심주제 : Ainsworth 여행기

정답 해설

Ainsworth가 캐나다 국경에서 얼마나 떨어져 있었는지는 언급되지 않았다. 그러므로 ②의 'Ainsworth was nine miles away from the anadian border. (Ainsworth는 캐나다 국경에서 9마일 떨어져 있었다.)'는 제시문의 내용과 일치하지 않는다.

오답 해설

① The narrator did not have a casual talk with the border guard. (해설자는 국경수비대와 가벼운 대화를 나누지 않았다.)
→ 국경수비대와는 가벼운 대화조차 나누지 않았다고 했음

③ The travelers faced heavy rain and wind on the ferry. (여행객들은 페리에서 폭우와 바람을 만났다.) → 폭우와 바람이 내리는 날씨였음

④ Margaret went to the trip with the narrator. (Margaret은 필자와 함께 여행을 갔다.) → 마가렛과 나는 춥고 비가 오는 11월 화요일에 온천에 가기엔 나쁘지 않은 하루를 보낸다고 하였음

⑤ The cave was the point that made Ainsworth distinctive from other hot springs. (동굴은 Ainsworth를 다른 온천과 구별하게 만든 핵심이다.) → 그 동굴들은 Ainsworth을 특별하게 만든다고 하였음

수학영역

01 로그

정답 ④

핵심주제 로그의 성질

step1 $\log_a b = A$라 놓고 문제를 푼다.

$\log_a b = A$로 치환하면 $\log_b a = \dfrac{1}{A}$이므로

$\dfrac{1}{A} + A = \dfrac{1}{5} + 5$로 나타낼 수 있다.

따라서 $\log_a b = 5$이고 $a^5 = b$

문제에서 $ab = 27$이므로

$ab = a \times a^5 = a^6 = 3^3$

$a^2 = 3 \cdots$ ㉠

$b^2 = (a^5)^2 = (a^2)^5 = 3^5$

$b^2 = 3^5 \cdots$ ㉡

㉠, ㉡을 더하여 답을 구한다.

$\therefore a^2 + b^2 = 246$

✓ 핵심노트

로그의 성질

$a > 0, a \neq 1, x > 0, y > 0$일 때,

㉠ $\log_a 1 = 0, \log_a a = 1$

㉡ $\log_a xy = \log_a x + \log_a y$

㉢ $\log_a \dfrac{x}{y} = \log_a x - \log_a y$

㉣ $\log_a x^n = n\log_a x$

02 삼각함수

정답 ②

핵심주제 사인법칙

step1 문제의 식을 정리한다.

$4\cos^2 A - 5\sin A + 2 = 0$

$4(1 - \sin^2 A) - 5\sin A + 2 = 0$ → $\cos^2 A + \sin^2 A = 1$

$4\sin^2 A + 5\sin A - 6 = 0$

$(4\sin A - 3)(\sin A + 2) = 0$

$\sin A = \dfrac{3}{4}\, (\because -1 \leq \sin A \leq 1)$

step2 사인법칙을 이용해 값을 구한다.

$\dfrac{\overline{BC}}{\sin A} = 2R\,(R$은 외접원의 반지름의 길이)이므로

$R = \dfrac{1}{2} \times \dfrac{3}{\frac{3}{4}} = 2$

$\therefore$ 삼각형 ABC의 외접원의 반지름의 길이 $= 2$

✅ 핵심노트

사인법칙

삼각형 ABC의 외접원의 반지름의 길이를 R이라 하면

$\dfrac{a}{\sin A} = \dfrac{b}{\sin B} = \dfrac{c}{\sin C} = 2R$이 성립한다.

---

03 정적분의 활용

정답 ③

속도와 거리

step1 a, b의 값을 구한다.

$v(1) = a + b = 15 \cdots$ ㉠

$v(2) = 4a + 2b = 20 \cdots$ ㉡

㉠, ㉡을 연립하면 $a = -5,\ b = 20$

즉 $v(t) = -5t(t-4)$

step2 $t = 1$에서 $t = 5$까지 점 P가 움직인 거리를 구한다.

$t = 1$에서 $t = 5$까지 점 P가 움직인 거리를 S라 하면

$$S = \int_1^5 |v(t)|\,dt$$
$$= \int_1^4 (-5t^2 + 20t)\,dt + \int_4^5 (5t^2 - 20t)\,dt$$
$$= \left[-\dfrac{5}{3}t^3 + 10t^2 \right]_1^4 + \left[\dfrac{5}{3}t^3 - 10t^2 \right]_4^5$$
$$= \left(-\dfrac{320}{3} + 160 + \dfrac{5}{3} - 10 \right) + \left(\dfrac{625}{3} - 250 - \dfrac{320}{3} + 160 \right)$$
$$= -\dfrac{10}{3} + 60$$
$$= \dfrac{170}{3}$$

$\therefore$ $t = 1$에서 $t = 5$까지 점 P가 움직인 거리 $= \dfrac{170}{3}$

✅ 핵심노트

움직인 거리

수직선 위를 움직이는 점 P의 시각 t에서의 속도를 $v(t)$라 하면 시각 $t = a$에서 $t = b$까지의 점 P가 움직인 거리는 $\displaystyle\int_a^b |v(t)|\,dt$이다.

---

04 함수의 극한

정답 ④

함수의 극한값 계산

step1 조건 (가)를 이용하여 $f(x)$를 가정한다.

(가)에서 $f(x) - ax^2$의 이차항의 계수가 1이어야 하므로 $f(x)$의 이차항의 계수는 $(a+1)$이다.

$f(x) = (a+1)x^2 + bx + c$로 놓는다.

step2 조건 (나)를 이용하여 b를 a에 대해 정리한다.

$\displaystyle\lim_{x \to 0} \dfrac{f(x)}{x^2 - ax} = \dfrac{(a+1)x^2 + bx + c}{x(x-a)} = 2$에서

$x \to 0$일 때 (분모) $\to 0$이고 극한값이 존재하므로 (분자) $\to 0$이어야 한다.

즉 $\displaystyle\lim_{x \to 0} (a+1)x^2 + bx + c = 0 + 0 + c = 0,\ c = 0$

$f(x) = (a+1)x^2 + bx = x\{(a+1)x + b\}$

이를 (나)에 대입하여 계산하면

$$\lim_{x \to 0} \dfrac{f(x)}{x^2 - ax} = \lim_{x \to 0} \dfrac{x((a+1)x^2 + b)}{x(x-a)}$$
$$= \lim_{x \to 0} \dfrac{(a+1)x^2 + b}{(x-a)}$$
$$= \dfrac{b}{-a}$$
$$= 2$$

즉 $b = -2a$이고 이를 $f(x)$에 대입한다.

$f(x) = (a+1)x^2 + bx = (a+1)x^2 - 2ax$

$f(x)$에 2를 대입하면

$f(2) = 4a + 4 - 4a = 4$

$\therefore f(2) = 4$

---

05 지수와 로그

정답 ①

로그의 성질

step1 조건을 만족하는 a, b의 값을 구한다.

문제의 조건에 따라 $1 \le a \le 4,\ 1 \le b \le 4$이다.

$\log_2(a+b) = k(k$는 정수$) \to a + b = 2^k$

$2 \le a + b \le 8$이므로 $2 \le 2^k \le 8$

즉 $k = 1, 2, 3$

따라서 $(a, b) = (1, 1), (1, 3), (2, 2), (3, 1), (4, 4)$

step2 m, M의 값을 구한다.

$(3, 1)$에서 거리의 최솟값을 갖고, $(1, 1), (1, 3)$에서 거리의 최댓값을 갖는다.

$m = \sqrt{(4-3)^2 + (2-1)^2} = \sqrt{2}$

$M = \sqrt{(4-1)^2 + (2-1)^2} = \sqrt{10}$

$\therefore m^2 + M^2 = 12$

---

06 등비수열

정답 ②

등비수열의 일반항

step1 a_3의 값을 구한다.

$a_1 = 2a_4 = 2a_1 r^3$

이를 정리하여 r을 구한다.

$r^3 = 2^{-1}$

즉 $r = 2^{-\frac{1}{3}}$

$a_3^{\log_2 3} = 3^{\log_2 a_3} = 27 = 3^3$

$\log_2 a_3 = 3$

$a_3 = 2^3$

따라서 $a_3 = 8$

step2 조건을 만족하는 원소의 개수를 구한다.

$$\log_4 a_n - \log_{\mathrm{a}} \frac{1}{a_n} = \log_{2^2} a_n - \log_{\mathrm{a}} \frac{1}{a_n}$$

$$= \frac{1}{2}\log_{\mathrm{a}} a_n - \log_{\mathrm{a}} 1 + \log_{\mathrm{a}} a_n$$

$$= \frac{3}{2}\log_{\mathrm{a}} a_n$$

$\frac{3}{2}\log_{\mathrm{a}} a_n = k$라 놓으면

$\log_{\mathrm{a}} a_n = \frac{2k}{3}$

$a_n = 2^{\frac{2k}{3}}$

k가 자연수가 되기 위해서는 $2k$가 짝수가 되어야 한다.

$a_3 = 2^3 = 2^{\frac{9}{3}}$, $a_{\mathrm{a}} = 2^{\frac{10}{3}}$, $a_1 = 2^{\frac{11}{3}}$과 같이 값은 작아지므로 만족하는 a_n은 $2^{\frac{10}{3}}$, $2^{\frac{8}{3}}$, $2^{\frac{6}{3}}$, $2^{\frac{4}{3}}$, $2^{\frac{2}{3}}$이다.

따라서 $n = 2, 4, 6, 8, 10$으로 총 5개이다.

07 도함수의 활용

 변곡점에서의 접선 　　　정답 ③

step1 점 P를 구한다.

$$f(x) = x^3 + kx^2 + (2k-1)x + k + 3$$
$$= k(x^2 + 2x + 1) + x^3 - x + 3$$

k값에 관계없이 항상 점 P를 지난다고 했으므로

$x^2 + 2x + 1 = 0$, $x = -1$

즉 $\mathrm{P}(-1, 3)$

step2 k의 값을 구한다.

'곡선 $y = f(x)$ 위의 점 P에서의 접선이 곡선 $y = f(x)$와 오직 한 점에서 만난다'의 의미는 곡선 $y = f(x)$의 변곡점에서 접선이라는 의미이다.

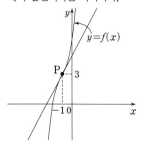

즉 $f''(x) = 0$을 만족하는 k값을 구한다.

$f''(x) = 6x + 2k$

$f''(-1) = -6 + 2k = 0$

$\therefore k = 3$

✓ **핵심노트**

변곡점

두 번 미분가능한 함수에 대하여 함수의 그래프가 위로 볼록인 상태에서 아래로 볼록인 상태로 변하거나 아래로 볼록인 상태에서 위로 볼록인 상태로 변하는 점

08 함수의 연속

 함수의 연속성 　　　정답 ①

step1 다항함수 $f(x)$를 구한다.

$\lim\limits_{x \to \infty} \dfrac{f(x) - x^3}{x^2} = 2$에서 분모의 차수가 2인데

극한값이 2로 존재하므로 $f(x) - x^3 = 2x^2 + ax + b$

$f(x) = x^3 + 2x^2 + ax + b$가 된다.

step2 n의 최솟값을 구한다.

$f(x) = 0$의 한 실근을 k라고 가정하면 $g(x)$가 $f(x) = 0$이 되는 경계에서 함수가 바뀌므로 $g(x)$가 실수 전체의 집합에서 연속이 되려면 $x = k$에서 좌극한, 우극한, 함숫값이 모두 같아야 한다.

즉 $\lim\limits_{x \to k} \dfrac{x-1}{f(x)} = \dfrac{1}{n}$이어야 한다.

$f(x) = 0$의 실근이 하나이고 나머지는 허근일 때 성립한다. (이외의 경우는 발산한다.)

$f(x) = x^3 + 2x^2 + ax + b = (x-k)(x^2 + \alpha x + \beta)$

$\lim\limits_{x \to k} \dfrac{x-1}{f(x)}$에서 (분모) $\to 0$인데 극한값이 존재하므로 (분자) $\to 0$으로 간다. 따라서 $k = 1$이 된다.

$f(x) = (x-1)(x^2 + \alpha x + \beta)$

$f(x) = x^3 + (\alpha - 1)x^2 + (\beta - \alpha)x - \beta$

$\quad = x^3 + 2x^2 + ax + b$

$\alpha - 1 = 2$

$\alpha = 3$

$f(x) = (x-1)(x^2 + 3x + \beta)$

$x^2 + 3x + \beta$이 허근이 되어야 하므로 $D < 0$이어야 한다.

따라서 $9 - 4\beta < 0$이고 $\beta > \dfrac{9}{4}$가 된다.

$\lim\limits_{x \to 1} \dfrac{x-1}{(x-1)(x^2 + 3x + \beta)} = \lim\limits_{x \to 1} \dfrac{1}{x^2 + 3x + \beta} = \dfrac{1}{4 + \beta}$

$n = 4 + \beta$

$\beta > \dfrac{9}{4}$이므로 $n > 4 + \dfrac{9}{4}(=6.25)$

$\therefore n$의 최솟값 $= 7$

✓ **핵심노트**

함수의 연속

함수 $f(x)$가 실수 a에 대하여 다음 세 가지 조건을 모두 만족할 때, 함수 $f(x)$는 $x = a$에서 연속이라 한다.

㉠ 함수 $f(x)$가 $x = a$에서 정의되어 있다. ⇒ $x = a$에서 함숫값 $f(a)$가 존재한다.

㉡ 극한값 $\lim\limits_{x \to a} f(x)$가 존재한다.

㉢ $\lim\limits_{x \to a} f(x) = f(a)$

09 도함수의 활용

 접선의 방정식 　　　정답 ①

step1 $g_1(t)$, $g_{\mathrm{a}}(t)$를 구한다.

$f(x)$의 그래프 위의 점 $(t, f(t))$에서의 접선의 방정식은

$y=f'(t)(x-t)+f(t)$

$=(3t^2+2t)(x-t)+t^3+t^2$

$=(3t^2+2t)x-2t^3-t^2$

$g_1(t)=-2t^3-t^2$

$f(x)$의 그래프 위의 점 $(t+1, f(t+1))$에서의 접선의 방정식은

$y=f'(t+1)(x-t-1)+f(t+1)$

$=\{3(t+1)^2+2(t+1)\}\{x-(t+1)\}+(t+1)^3+(t+1)^2$

$=\{3(t+1)^2+2(t+1)\}x-2(t+1)^3-(t+1)^2$

$g_2(t)=-2(t+1)^3-(t+1)^2$

step2 함수 $h(t)$의 최솟값을 구한다.

$h(t)=|g_1(t)-g_2(t)|$

$=|(-2t^3-t^2)-\{-2(t+1)^3-(t+1)^2\}|$

$=|-2t^3-t^2+2t^3+6t^2+6t+2+t^2+2t+1|$

$=|6t^2+8t+3|$

$=\left|6\left(t+\dfrac{2}{3}\right)^2+\dfrac{1}{3}\right|$

$\therefore$ 함수 $h(t)$의 최솟값$=\dfrac{1}{3}$

10 수열의 합

정답 ④

합의 기호 $\sum$

step1 a_n을 구하여 b_n의 식에 대입한다.

$a_n=\sum_{k=1}^{n}k$

$=1+2+3+\cdots+n$

$=\dfrac{n(n+1)}{2}$ ... ㉠

㉠을 문제의 b_n의 식에 대입한다.

$b_n=b_{n-1}\times\dfrac{a_n}{a_n-1}$

$=b_{n-1}\times\dfrac{\dfrac{n(n+1)}{2}}{\dfrac{n(n+1)}{2}-1}$

$=b_{n-1}\times\dfrac{\dfrac{n(n+1)}{2}}{\dfrac{n(n+1)-2}{2}}$

$=b_{n-1}\times\dfrac{n(n+1)}{(n-1)(n+2)}$

$\dfrac{b_n}{b_{n-1}}=\dfrac{n(n+1)}{(n-1)(n+2)}$

step2 규칙을 찾아 b_{100}의 값을 구한다.

$b_{100}=\dfrac{b_{100}}{b_1}$

$=\dfrac{b_2}{b_1}\times\dfrac{b_3}{b_2}\times\dfrac{b_4}{b_3}\times\cdots\times\dfrac{b_{100}}{b_{99}}$

$=\dfrac{2\times3}{1\times4}\times\dfrac{3\times4}{2\times5}\times\dfrac{4\times5}{3\times6}\times\cdots\times\dfrac{100\times101}{99\times102}$

$=\dfrac{3}{1}\times\dfrac{100}{102}$

$=\dfrac{50}{17}$

$\therefore b_{100}=\dfrac{50}{17}$

11 사인법칙과 코사인법칙

정답 ⑤

삼각형의 넓이

step1 $\angle A$, $\angle B$, $\angle C$를 구한다.

원주각의 크기와 호의 길이는 정비례한다.

$\angle A+\angle B+\angle C=180°$, $\angle A:\angle B:\angle C=4:5:3$이므로

$\angle A=60°$, $\angle B=75°$, $\angle C=45°$

step2 넓이 S를 구하여 답을 구한다.

삼각형 ABC의 외접원의 반지름의 길이를 R이라 하면

$2\pi R=3+4+5 \rightarrow$ 원의 둘레$=2\pi r$(r은 원의 반지름)

$R=\dfrac{6}{\pi}$ ... ㉠

$\overline{BC}=a$, $\overline{AC}=b$라 하면

$S=\dfrac{1}{2}ab\sin C$

$=\dfrac{1}{2}(2R\sin A)(2R\sin B)\sin C \rightarrow$ 삼각형 ABC의 외접원의 반지름 길이를 R이라 할 때

$=2R^2\sin A\sin B\sin C$ $\quad\sin A=\dfrac{a}{2R}$,

$=2R^2\times\dfrac{\sqrt3}{2}\times\dfrac{\sqrt6+\sqrt2}{4}\times\dfrac{\sqrt2}{2}$ $\quad\sin B=\dfrac{b}{2R}$,

㉠을 대입하여 계산하면

$S=2\times\dfrac{36}{\pi^2}\times\dfrac{\sqrt3}{2}\times\dfrac{\sqrt6+\sqrt2}{4}\times\dfrac{\sqrt2}{2}$ $\quad\sin C=\dfrac{c}{2R}$

$=\dfrac{9}{\pi^2}\times\dfrac{\sqrt6(\sqrt6+\sqrt2)}{2}$

$=\dfrac{9}{\pi^2}\times(3+\sqrt3)$

$\dfrac{\pi^2 S}{9}=\dfrac{\pi^2}{9}\times\dfrac{9}{\pi^2}\times(3+\sqrt3)=3+\sqrt3$

$\therefore \dfrac{\pi^2 S}{9}=3+\sqrt3$

12 미분계수와 도함수

정답 ③

미분법

step1 $f'(x)$를 구한다.

문제의 조건 (가)에서

$f(x)+x^2+2ax-3=\int_1^x\left\{\dfrac{d}{dt}(2f(t)-3t+7)\right\}dt$

$f(x)+x^2+2ax-3=\int_1^x(2f'(t)-3)dt$

좌변과 우변을 미분하면

$f'(x)+2x+2a=2f'(x)-3$

$f'(x)=2x+2a+3$ ... ㉠

step2 a값을 구한다.

$\lim_{h\to0}\dfrac{f(3+h)-f(3-h)}{h}$

$=\lim_{h\to0}\dfrac{f(3+h)-f(3)-(f(3-h)-f(3))}{h}$

$$=\lim_{h\to 0}\frac{f(3+h)-f(3)}{h}-\lim_{h\to 0}\frac{f(3-h)-f(3)}{h}$$
$$=f'(3)+f'(3)$$
$$=6$$
$$f'(3)=3$$
이를 ㉠에 대입하면
$$f'(3)=6+2a+3=3$$
$$2a=-6$$
$$\therefore a=-3$$

13 지수와 로그

핵심주제 | 지수 정답 ⑤

step1 $\sqrt[3]{2}$를 x로 치환하여 계산한다.

$x=\sqrt[3]{2}$로 치환하면

$$r=\frac{3}{x^2-x+1}$$

식의 우변에 $\frac{x+1}{x+1}$을 곱하면

$$r=\frac{3}{x^2-x+1}\times\frac{x+1}{x+1}$$
$$=\frac{3(x+1)}{x^3+1}$$
$$=\frac{3(x+1)}{(\sqrt[3]{2})^3+1}$$
$$=\frac{3(x+1)}{3}$$
$$=x+1$$
$$=\sqrt[3]{2}+1$$
$$r-1=\sqrt[3]{2}$$
$$(r-1)^3=2$$

step2 $r-1=t$로 치환하여 계산한다.

$r-1=t$로 치환하여 $r+r^2+r^3$을 t에 관한 식으로 정리한다.
$$r+r^2+r^3=(t+1)+(t+1)^2+(t+1)^3$$
$$=t^3+4t^2+6t+3$$
$$=2+4\sqrt[3]{4}+6\sqrt[3]{2}+3$$
$$=4\sqrt[3]{4}+6\sqrt[3]{2}+5$$
$a\sqrt[3]{4}+b\sqrt[3]{2}+c=4\sqrt[3]{4}+6\sqrt[3]{2}+5$
따라서 $a=4$, $b=6$, $c=5$이다.
$$\therefore a+b+c=15$$

14 사인법칙과 코사인법칙

핵심주제 | 코사인법칙 정답 ④

step1 x값을 구한다.

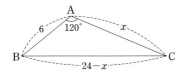

코사인법칙에 의해

$$(24-x)^2=x^2+6^2-2\times x\times 6\times\left(-\frac{1}{2}\right)$$
$$x^2-48x+576=x^2+6x+36$$
$$54x=540$$
따라서 $x=10$

step2 $\cos B$의 값을 구한다.

코사인법칙 변형에 의해
$$\cos B=\frac{6^2+14^2-10^2}{2\times 6\times 14}$$
$$=\frac{132}{12\times 14}$$
$$=\frac{11}{14}$$
$$\therefore \cos B=\frac{11}{14}$$

 핵심노트

코사인법칙

삼각형 ABC에서 $\overline{AB}=c$, $\overline{BC}=a$, $\overline{CA}=b$라 할 때 다음이 성립한다.
㉠ $a^2=b^2+c^2-2bc\cos A$
㉡ $b^2=c^2+a^2-2ca\cos B$
㉢ $c^2=a^2+b^2-2ab\cos C$

15 부정적분과 정적분

핵심주제 | 정적분의 성질 정답 ②

step1 접점의 좌표를 구한다.

$m<a<b$에서

$$\int_a^b (x^3-x^2-px+1)dx>0$$을 만족하려면

$m<x$인 모든 실수 x에 대하여
$x^3-x^2\geq px-1$이 되어야 한다.
즉 다음 그림처럼 $y=px-1$이 곡선 $y=x^3-x^2$에 접해야
m이 최소가 된다.

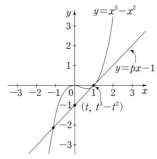

두 그래프의 접점의 좌표를 (t, t^3-t^2)이라 하면
접점에서의 접선의 식은
$$y=(3t^2-2t)(x-t)+(t^3-t^2)$$
이 접선은 점$(0, -1)$을 지나므로 대입하면
$$-1=-2t^3+t^2$$
$$2t^3-t^2-1=0$$
$$(t-1)(2t^2+t+1)=0$$
$2t^2+t+1$은 허근을 가지므로 $t=1$
따라서 접점의 좌표는 $(1, 0)$이고 $p=1$이다.

step2 m의 최솟값을 구한다.

$x^3 - x^2 = x - 1$

$x^3 - x^2 - x + 1 = 0$

$(x-1)^2(x+1) = 0$이므로

$x = 1, \ -1$

$\therefore \ m$의 최솟값$= -1$

16 삼각함수

삼각함수의 그래프 〔정답〕 ⑤

step1 그래프를 그려 y좌표가 자연수인 점의 개수를 확인한다.

(i) $n = 1$일 때 $y = \sin(\pi x)$

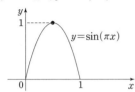

y좌표가 자연수인 점의 개수는 1개 이므로 $a_1 = 1$

(ii) $n = 2$일 때 $y = 2\sin(2\pi x)$

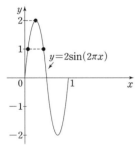

y좌표가 자연수인 점의 개수는 3개 이므로 $a_2 = 3$

(iii) $n = 3$일 때 $y = 3\sin(3\pi x)$

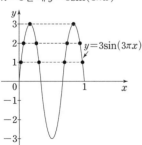

y좌표가 자연수인 점의 개수는 10개 이므로 $a_3 = 10$

(iv) $n = 4$일 때 $y = 4\sin(4\pi x)$

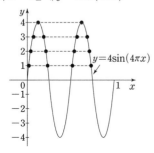

y좌표가 자연수인 점의 개수는 14개 이므로 $a_4 = 14$

step2 a_1부터 a_{10}까지의 합을 구한다.

$a_1 \sim a_4$는 다음과 같이 표현할 수 있다.

$a_1 = 1$

$a_2 = 1 \times (2 \times 1 + 1)$

$a_3 = 2 \times (2 \times 2 + 1)$

$a_4 = 2 \times (2 \times 3 + 1)$

이어서 a_5부터 a_{10}까지 표현하면 다음과 같다.

$a_5 = 3 \times (2 \times 4 + 1)$

$a_6 = 3 \times (2 \times 5 + 1)$

$a_7 = 4 \times (2 \times 6 + 1)$

$a_8 = 4 \times (2 \times 7 + 1)$

$a_9 = 5 \times (2 \times 8 + 1)$

$a_{10} = 5 \times (2 \times 9 + 1)$

$a_1 + a_2 + a_3 + \cdots + a_{10}$

$= 1 + 3 + 10 + 14 + 27 + 33 + 52 + 60 + 85 + 95$

$= 380$

$\therefore \ \sum\limits_{n=1}^{10} a_n = 380$

17 도함수의 활용

극댓값과 극솟값 〔정답〕 ③

step1 주어진 함수의 특징을 파악한다.

함수 $f(x) = |x^2 - 4|(x^2 + n)$에서 n은 자연수이므로,

$x^2 + n > 0$

따라서

$f(x) = |(x^2 - 4)(x^2 + n)|$

$\therefore \ x = 2, \ x = -2$에서 $f(x)$는 극값

step2 함수의 극값의 x좌표를 구한다.

함수 $g(x)$를 $g(x) = (x^2 - 4)(x^2 + n)$이라 하면

$f(x) = |g(x)|$

$g(x) = (x^2 - 4)(x^2 + n)$이므로

$g'(x) = 2x(x^2 + n) + (x^2 - 4)(2x)$

$\qquad = 2x(2x^2 + n - 4)$

따라서 $g'(x) = 0$을 만족하는 x의 값은

$x = 0$ 또는 $x = \pm\sqrt{\dfrac{4-n}{2}}$

step3 주어진 조건을 만족하는 n의 값을 구한다.

극값이 4개 이상이라는 조건을 만족해야 하므로 $4 - n > 0$이다. 자연수 n의 값은 1, 2, 3이다. n의 값이 클수록 극솟값 $f(0)$의 값이 커지므로, $f(x)$의 모든 극값의 합이 최대가 되도록 하는 n의 값은 3이다.

☑ 핵심노트

함수의 극대와 극소의 판정

함수 $f(x)$가 미분가능하고 $f'(a) = 0$일 때, $x = a$의 좌우에서 $f'(x)$의 부호가

㉠ 양(+)에서 음(−)으로 바뀌면 $f(x)$는 $x = a$에서 극대이고, 극댓값 $f(a)$를 가진다.

㉡ 음(−)에서 양(+)으로 바뀌면 $f(x)$는 $x = a$에서 극소이고, 극솟값 $f(a)$를 가진다.

18 도함수의 활용

핵심주제 극대와 극소, 정적분

정답 ⑤

step1 극값을 갖는 x값을 구한다.

$f(x)$를 미분하여 0이 되는 x값을 구하면
$$\begin{aligned}f'(x)&=6x^2-2(t+3)x+2t\\&=2\{3x^2-(t+3)x+t\}\\&=2(3x-t)(x-1)\\&=0\end{aligned}$$

$x=\dfrac{t}{3}$, 1이 된다.

이 때 $0<t<3$이므로 $0<\dfrac{t}{3}<1$이다.

따라서 다음 그림과 같은 모양의 그래프가 되고 $x=\dfrac{t}{3}$에서 극댓값을 갖는다.

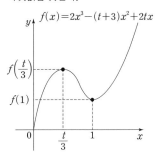

문제에서 $x=a$에서 극댓값을 갖는다고 하였으므로
$\dfrac{t}{3}=a$, $t=3a$

따라서 $g(t)=g(3a)=\dfrac{1}{2}\times a\times f(a)$

step2 문제에 제시된 식을 계산한다.

문제의 $\displaystyle\int_0^a f(x)dx$을 먼저 계산한 후 대입한다.
$$\begin{aligned}\int_0^a f(x)dx&=\left[\frac{1}{2}x^4-\frac{(3a+3)}{3}x^3+3ax^2\right]_0^a\\&=\frac{1}{2}a^4-a^4-a^3+3a^3\\&=-\frac{1}{2}a^4+2a^3\cdots\text{㉠}\end{aligned}$$

㉠을 구하고자 하는 식에 대입하여 계산한다.
$$\begin{aligned}&\lim_{t\to 0}\frac{1}{g(t)}\int_0^a f(x)dx\\&=\lim_{t\to 0}\frac{\int_0^a f(x)dx}{g(t)}\\&=\lim_{a\to 0}\frac{-\frac{1}{2}a^4+2a^3}{g(3a)}\\&=\lim_{a\to 0}\frac{-\frac{1}{2}a^4+2a^3}{\frac{1}{2}\times a\times(2a^3-(3a+3)a^2+6a^2)}\\&=\lim_{a\to 0}\frac{-\frac{1}{2}a^3(a-4)}{-\frac{1}{2}a^3(a-3)}\\&=\lim_{a\to 0}\frac{a-4}{a-3}=\frac{4}{3}\end{aligned}$$

$\therefore \displaystyle\lim_{t\to 0}\frac{1}{g(t)}\int_0^a f(x)dx=\frac{4}{3}$

19 삼각함수의 뜻과 그래프

핵심주제 삼각함수의 그래프

정답 ②

step1 p의 값을 구한다.

함수 $f(x)$를 그림으로 나타내면 다음과 같다.

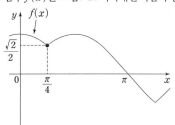

$g(x)=\cos ax$의 주기는 $\dfrac{2\pi}{a}$이다.

닫힌구간 $\left[0, \dfrac{\pi}{4}\right]$에서 $g(x)$의 주기인 $\dfrac{2\pi}{a}$가 $\dfrac{\pi}{4}$보다 작으면 두 곡선 $f(x)$와 $g(x)$의 교점의 개수가 2이상이다. 따라서 $a>8$이다.

이 때, 교점의 개수가 3이 되도록 하는 a가 최솟값이 되려면 $g(x)$가 $\left(\dfrac{\pi}{4}, \dfrac{\sqrt{2}}{2}\right)$를 지나야 하므로 $\cos\dfrac{\pi}{4}a=\dfrac{\sqrt{2}}{2}$

$a=1, 7, 9, 15\cdots$

따라서 $p=9$이고 다음 그림과 같다.

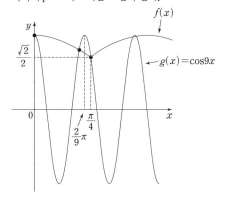

step2 q의 값을 구한다.

닫힌구간 $\left[0, \dfrac{11}{12}\pi\right]$에서 두 곡선 $y=f(x)$와 $y=\cos 9x$를 그리면 다음 그림과 같다.

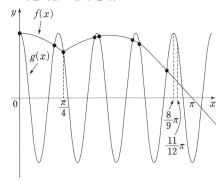

교점의 개수는 8개이므로 $q=8$이다.

$$\therefore p+q=17$$

20 도함수의 활용

정답 ①

핵심주제 미분계수

step1 조건 (가), (나), (다)로 알 수 있는 것들을 찾아낸다.

(가) 조건에 의해 $P(-4)\neq0$, $P(4)\neq0$, $Q(-4)\neq0$이다.

(나) 조건에 의해 $a_1=-2$, $a_2=0$, $a_3=2$이다.

(다) 조건에 의해 $P(x)=(x-a)^2$이다. (a는 -2, 0, 2 중에 하나)

step2 경우를 나누어 교점의 x의 좌표의 합을 구한다.

(i) $a=-2$일 때

$$f(x)=(x+4)(x+2)^2$$
$$g(x)=(x-4)x(x-2)$$

다음 그림과 같이 그려지며 교점은 없다.

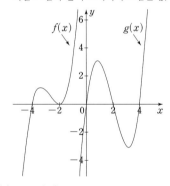

(ii) $a=0$일 때

$$f(x)=(x+4)x^2$$
$$g(x)=(x-4)(x+2)(x-2)$$

다음 그림과 같이 그려지며 교점은 2개이다.

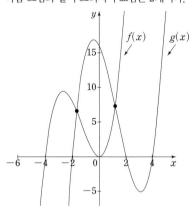

(iii) $a=2$일 때

$$f(x)=(x-2)^2(x+4)$$
$$g(x)=(x-4)x(x+2)$$

다음과 같이 그려지며 교점은 없다.

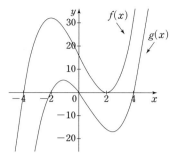

따라서

$$f(x)=(x+4)x^2,\ g(x)=(x-4)(x+2)(x-2)$$

일 때의 두 교점의 x좌표의 합을 구하면 된다.

$$(x+4)x^2=(x-4)(x+2)(x-2)$$
$$x^3+4x^2=x^3-4x^2-4x+16$$
$$8x^2+4x-16=0$$
$$2x^2+x-4=0$$에서 근과 계수와의 관계에 의해

두 교점의 x좌표의 합은 $-\dfrac{1}{2}$이다.

21 지수와 로그

정답 12

핵심주제 로그의 밑의 변환

step1 밑을 변환하여 계산한다.

$$\log_a(x+4)+\log_{\frac{1}{2}}(x-4)$$
$$=\log_a(x+4)+\log_{2^{-1}}(x-4)$$
$$=\log_a(x+4)-\log_a(x-4)$$
$$=\log_a\frac{x+4}{x-4}$$
$$=1$$
$$\frac{x+4}{x-4}=2$$
$$x+4=2x-8$$
$$\therefore x=12$$

✔ 핵심노트

로그의 정의

$a>0$, $a\neq1$, $N>0$일 때, $a^x=N$을 만족시키는 실수 x를 기호로 $\log_a N$으로 나타낸다.

$$a^x=N \Leftrightarrow x=\log_a N$$

이때, $\log_a N$에서 a를 밑, N을 진수라고 하고, $\log_a N$을 a를 밑으로 하는 N의 로그라고 한다.

22 수열의 합

정답 49

핵심주제 합의 기호 $\sum$

step1 k가 1부터 3까지의 값을 구하여 더한다.

근과 계수와의 관계에 의해 $\alpha+\beta=1$, $\alpha\beta=-1$이다.

(i) $k=1$일 때

$$a_3=\frac{1}{2}(\alpha^3+\beta^3)$$

$$= \frac{1}{2}\{(\alpha+\beta)^3 - 3\alpha\beta(\alpha+\beta)\}$$

$$= 2$$

(ii) $k=2$일 때

$$a_6 = \frac{1}{2}(\alpha^6 + \beta^6)$$

$$= \frac{1}{2}\{(\alpha^3 + \beta^3)^2 - 2(\alpha\beta)^3\}$$

$$= 9$$

(iii) $k=3$일 때

$$a_9 = \frac{1}{2}(\alpha^9 + \beta^9)$$

$$= \frac{1}{2}\{(\alpha^3 + \beta^3)(\alpha^6 + \beta^6) - \alpha^3\beta^3(\alpha^3 + \beta^3)\}$$

$$= 38$$

$$\therefore \sum_{k=1}^{3} a_{3k} = 49$$

23 정적분

 정답 21

핵심주제 정적분과 미분의 관계

step1 $g(x)$를 구한다.

$\displaystyle\lim_{x\to 1}\frac{g(x)}{x-1}=2$에서 (분모) → 0이고 극한값이 존재하므로 (분자) → 0이어야 한다.

즉 $g(1)=0$

$g(x)=\displaystyle\int_{-1}^{x} f(t)dt$의 양변에 -1을 대입하면

$g(-1)=0$

$g'(x)=f(x)$이므로 $f(x)$는 최고차항의 계수가 1인 이차함수이므로 $g(x)$는 계수가 $\frac{1}{3}$인 삼차함수이다.

$$g(x)=\frac{1}{3}(x-1)(x+1)(x+a)$$

$$\lim_{x\to 1}\frac{g(x)}{x-1}$$

$$=\lim_{x\to 1}\frac{\frac{1}{3}(x-1)(x+1)(x+a)}{x-1}$$

$$=\lim_{x\to 1}\frac{1}{3}(x+1)(x+a)$$

$$=\frac{2}{3}+\frac{2}{3}\times a$$

$$=2$$

$$a=2$$

$$g(x)=\frac{1}{3}(x-1)(x+1)(x+2)$$

step2 $f(4)$의 값을 구한다.

$$g(x)=\frac{1}{3}(x^2-1)(x+2)$$

$$=\frac{1}{3}x^3+\frac{2}{3}x^2-\frac{1}{3}x-\frac{2}{3}$$

$$g'(x)=f(x)$$

$$=x^2+\frac{4}{3}x-\frac{1}{3}$$

$$f(4)=16+\frac{16}{3}-\frac{1}{3}$$

$$=21$$

$$\therefore f(4)=21$$

 핵심노트

정적분과 미분의 관계

함수 $f(x)$가 닫힌구간 $[a, b]$에서 연속일 때,

$$\frac{d}{dx}\int_{a}^{x} f(t)dt = f(x) \ (\text{단, } a<x<b)$$

24 함수의 연속

 정답 5

핵심주제 구간에서의 연속

step1 삼각형의 넓이가 최소일 때와 최대일 때의 높이를 구한다.

문제의 조건을 그림으로 표현하면 다음과 같다.

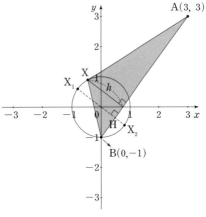

삼각형 ABX의 밑변 $\overline{AB}$의 길이는

$$\overline{AB}=\sqrt{(3-0)^2+(3+1)^2}$$

$$=\sqrt{9+16}$$

$$=5$$

점 A, B를 지나는 직선의 방정식은 $4x-3y-3=0$이므로 원점과 $\overline{AB}$의 사이의 거리 d는

$$d=\frac{|-3|}{\sqrt{4^2+3^2}}=\frac{3}{5}$$

$\overline{X_1H}$의 거리는 $1+\frac{3}{5}=\frac{8}{5}$

$\overline{X_2H}$는 반지름의 길이에서 d를 뺀 값이므로 $\frac{2}{5}$가 된다.

step2 연속하지 않은 t의 값들의 합을 구한다.

위의 그림에서 높이 h는 $0<h\leq\frac{8}{5}$이고

$0<t\leq 4$, $t=\frac{1}{2}\times 5\times h$이다.

$0<h<\frac{2}{5}$일 때, $0<t<1$이고 $f(t)=4$

$h=\frac{2}{5}$일 때, $t=1$이고 $f(t)=3$

$\frac{2}{5}<h<\frac{8}{5}$일 때, $1<t<4$이고 $f(t)=2$

$h=\frac{8}{5}$일 때, $t=4$이고 $f(t)=1$

t와 $f(t)$와의 관계를 그래프로 나타내면 다음 그림과 같다.

2022학년도

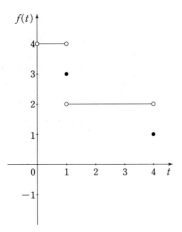

$0 < t \leq 4$에서 함수 $f(t)$가 연속하지 않을 때에는

$t = 1,\ 4$이므로

∴ 5

25 지수와 로그

정답 217

로그의 계산

step1 규칙성을 찾는다.

$\log a_n + \log a_{n+1} = 2n$

$\log a_n a_{n+1} = 2n$

$a_n a_{n+1} = 10^{2n} = 100^n$

$n = 1$부터 대입하여 나열하면

$a_1 \times a_2 = 100$

$a_2 \times a_3 = 100^2$

$a_3 \times a_4 = 100^3$

$\vdots$ $\vdots$

a_1부터 a_4까지 가능한 수를 정리하면 다음과 같다.

a_1	a_2	a_3	a_4
1	100	100	$10000 (= 100 \times 100)$
2	50	200	$5000 (= 50 \times 100)$
4	25	400	$2500 (= 25 \times 100)$
$\vdots$	$\vdots$	$\vdots$	$\vdots$

step2 p를 구한다.

집합 Y의 모든 원소는 a_4로 가능한 모든 값들의 합을 의미한다.

$a_4 = a_2 \times 100$이므로

p는 100의 양의 약수의 합과 같다.

$p = (1 + 2 + 2^2)(1 + 5 + 5^2)$

$\quad = 7 \times 31$

$\quad = 217$

시스컴은
여러분을
응원합니다

2025

경찰대학 기출문제 풀이의 지침서

경찰대학 기출백서

국어 · 영어 · 수학

책 속의 책
정답 및 해설

KOREAN POLICE UNIVERSITY

나두공

직렬별 써머리
Summary Note

**필수
5과목을
한 번에 잡자**

- ☑ 공통 3과목(국어 / 영어 / 한국사) + 직렬별 전문 2과목 반영
- ☑ 과목별로 분권화된 교재로 해당 직렬 완벽 대비
- ☑ 알찬 이론 + 최신기출 해설 + 친절한 강의로 공무원 시험의 시작과 끝을 한 번에!
- ☑ 직렬별 패스로 5과목 강의를 전부 합쳐 50,000원에 수강하자

다채로운
해설과
꼼꼼 핵심 정리로
마지막까지
확실하게

체계적인
단계별 학습을
통해 더욱
가까워지는
합격의 길

전문
강사진의
실력 up 시켜주는
강의로 꿈을
이루자

개념,
기출, 해설
3대장과 함께
하면 공부
시너지 up